スポーツ・運動科学
レファレンスブック

日外アソシエーツ

Reference Books of Sports and Exercise Science

Compiled by
Nichigai Associates, Inc.

©2017 by Nichigai Associates, Inc.
Printed in Japan

> 本書はディジタルデータでご利用いただくことができます。詳細はお問い合わせください。

●編集担当● 尾崎 稔
装 丁：赤田 麻衣子

刊行にあたって

　スポーツや運動科学について調査する際の基本となる参考図書には、事典・辞書はもちろん、書誌や年鑑・白書など多様な種類があるが、専門的なものも多く、それらの中から目当てのものを探すのは難しい。本書は、スポーツ・運動科学に関する参考図書を素早く探し出すことを目的とした図書目録である。

　小社では、参考図書を分野別に収録した"レファレンスブック"シリーズを 2010 年以降継続刊行している。これまでに、『福祉・介護』、『「食」と農業』、『動植物・ペット・園芸』、『児童書』、『環境・エネルギー問題』、『学校・教育問題』、『美術・文化財』、『歴史・考古』、『文学・詩歌・小説』、『図書館・読書・出版』『事故・災害』『児童・青少年』『音楽・芸能』『科学への入門』を刊行。本書はそれらに続くタイトルで、1,879 点の参考図書を収録した。全体を、スポーツ一般、競技スポーツ、レジャースポーツ、運動科学に分け、それぞれを参考図書のテーマに沿ってわかりやすく分類している。さらに書誌・事典・年鑑・年表・図鑑など形式ごとに分けて収録した。また、できる限り内容解説あるいは目次のデータを付記し、どのような調べ方ができるのかわかるようにした。巻末の索引では、書名、著編者名、主題（キーワード）から検索することができる。

　インターネットでの検索で、必要最低限のことがらをすぐに得られるようになった昨今だが、専門の年鑑や統計、事典に掲載されている詳細な情報が、より高い信頼性を持っていることは言うまでもない。本書が、スポーツや運動科学についての参考図書を調べるツールとして、既刊と同様にレファレンスの現場で大いに利用されることを願っている。

　2017 年 5 月

　　　　　　　　　　　　　　　　　　　　　　　日外アソシエーツ

凡　例

1. 本書の内容

　　本書は、スポーツ・運動科学に関する書誌、事典、辞典、ハンドブック、年鑑、図鑑など参考図書の目録である。収録した図書には、できる限り内容解説あるいは目次を付記し、どのような参考図書なのかがわかるようにした。

2. 収録の対象

　(1) 1990年（平成2年）から2016年（平成28年）に日本国内で刊行された、スポーツ・運動科学に関する参考図書1,879点を収録した。

　(2) 但し、個別の「ゴルフ場コースガイド」「釣り場ガイド」「山岳ガイド」のような、コースや場所・地域についてのガイドブック類は原則本書では割愛した。

　(3) また「競馬」については、騎手に焦点ををあてた図書のみの収録とし、"ギャンブル必勝法""サラブレッド血統一覧"等は収録対象外とした。

3. 見出し

　(1) 全体を「スポーツ一般」「競技スポーツ」「レジャースポーツ」「運動科学」に大別し、大見出しを立てた。

　(2) 上記の区分の下に、各参考図書の主題によって分類し、100の中見出し・小見出しを立てた。

　(3) 同一主題の下では、参考図書の形式別に分類し「書誌」「年表」「事典」「辞典」「名簿・人名事典」「ハンドブック」「図鑑・図集」「カタログ・目録」「年鑑・白書」「統計集」などの小見出しを立てた。

4. 図書の排列

　　同一主題・同一形式の下では、書名の五十音順に排列した。

5．図書の記述

記述の内容および記載の順序は以下の通りである。

書名／副書名／巻次／各巻書名／版表示／著者表示／出版地（東京以外を表示）／出版者／出版年月／ページ数または冊数／大きさ／叢書名／叢書番号／注記／定価（刊行時）／ISBN（Ⓘで表示）／NDC（Ⓝで表示）／目次／内容

6．索　引

（1）書名索引

各参考図書を書名の五十音順に排列し、所在を掲載ページで示した。

（2）著編者名索引

各参考図書の著者・編者を姓の五十音順、名の五十音順に排列し、その下に書名と掲載ページを示した。機関・団体名は全体を姓とみなして排列した。

（3）事項名索引

本文の各見出しに関するテーマなどを五十音順に排列し、その見出しと掲載ページを示した。

7．典拠・参考資料

各図書の書誌事項は、データベース「bookplus」およびJAPAN/MARCに拠った。内容解説はできるだけ原物を参照して作成した。

目　次

スポーツ一般

- スポーツ一般 ……………………… 1
  - アマチュアスポーツ …………… 7
  - プロスポーツ …………………… 9
- スポーツ史 ………………………… 11
- スポーツ用語 ……………………… 14
  - スポーツ用語（記号）………… 15
- スポーツルール …………………… 15
- スポーツ観戦 ……………………… 18
- スポーツ指導 ……………………… 19
- スポーツ政策 ……………………… 20
- スポーツと法律 …………………… 21
- スポーツとジェンダー …………… 26
- 生涯スポーツ ……………………… 27
  - 体育教育 ………………………… 31
  - スポーツボランティア ………… 36
  - 身体障害者スポーツ …………… 36
- スポーツ産業 ……………………… 37
- スポーツ施設 ……………………… 38
- スポーツ用品 ……………………… 39
- 世界のスポーツ …………………… 42

競技スポーツ

- 競技スポーツ一般 ………………… 44
  - 競技団体 ………………………… 44
- オリンピック ……………………… 45
- 体操競技 …………………………… 48
- 陸上競技 …………………………… 49
  - 陸上競技（マラソン）………… 53
  - 陸上競技（駅伝）……………… 53
- 球技 ………………………………… 53
- バスケットボール ………………… 53
- バスケットボール（日本）……… 54
- バスケットボール（海外）……… 55
- バレーボール ……………………… 56
- アメリカンフットボール ………… 56
- サッカー …………………………… 58
  - サッカー（W杯）……………… 60
  - サッカー（日本）……………… 63
  - サッカー（日本/プロ）………… 66
  - サッカー（日本/高校）………… 84
  - サッカー（海外）……………… 88
- ラグビー …………………………… 95
- テニス ……………………………… 98
- バドミントン ……………………… 99
- 卓球 ………………………………… 99
- 野球 ………………………………… 100
  - 野球（日本）…………………… 102
  - 野球（日本/プロ）……………… 105
  - 野球（日本/高校）……………… 128
  - 野球（米国）…………………… 133
  - 野球（韓国）…………………… 139
- ティーボール ……………………… 140
- ゴルフ ……………………………… 141
- ボウリング ………………………… 154
- 冬季競技 …………………………… 154
  - スキー …………………………… 155
  - スケート（フィギュア）……… 157
- 水泳 ………………………………… 157
- カヌー＆カヤック ………………… 159
- ヨット ……………………………… 159
- 武道 ………………………………… 159
  - 柔道 ……………………………… 162
  - 空手道 …………………………… 162
  - 太極拳 …………………………… 163
  - 剣道 ……………………………… 163

弓道	164
馬術	165
射撃	166
格闘技	166
相撲	167
プロレス	176
ボクシング	179
護身術	180

レジャースポーツ

レジャースポーツ一般	182
登山	184
クライミング	190
アウトドア	190
ロープワーク	193
サイクリング	193
オートバイ	198
スカイスポーツ	198
ダンス	198
社交ダンス	199
フォークダンス	200
日本舞踊	200
フラメンコダンス	201
バレエ	201
フィットネス	203
ダイビング	204
モータースポーツ	206
競艇	211
競馬	212
釣り	214

運動科学

運動科学	220
スポーツ医学	222
スポーツと脳科学	226
スポーツ心理学	226
運動療法	227
リハビリテーション	228
スポーツ栄養学	233
トレーニング理論	233
体力づくり	233
書名索引	237
著編者名索引	271
事項名索引	319

スポーツ一般

スポーツ一般

<書誌>

スポーツの本全情報 45／91 日外アソシエーツ編 日外アソシエーツ, 紀伊国屋書店〔発売〕 1992.6 1389p 21cm 23800円 ⓘ4-8169-1132-4 Ⓝ780.31

(内容)戦後47年間に国内で出版されたスポーツ関連図書約2万点を収録した初の本格的な総目録。オリンピックから相撲、F1、ゴルフ、健康法まで、幅広い主題から探すことができる。最近の図書には内容紹介・目次を掲載。書名索引つき。好評の「全情報」シリーズ、テーマ別の第1弾。

スポーツの本全情報 92／97 日外アソシエーツ編 日外アソシエーツ, 紀伊国屋書店〔発売〕 1998.10 780p 21cm 21000円 ⓘ4-8169-1511-7 Ⓝ780.31

(目次)スポーツ全般、体育理論、社会体育・生涯体育、学校体育、体操・ダンス、陸上競技、水泳、格闘技・武道、球技、ウインタースポーツ、マリン・水上スポーツ、アウトドア全般、サイクルスポーツ・モータースポーツ、乗馬・馬事・競馬

(内容)体育・スポーツに関する図書を集め、主題別に排列した図書目録。1992年(平成4年)から1997年(平成9年)までの6年間に日本国内で刊行された商業出版物、政府刊行物、私家版など10931点を収録。各図書を「スポーツ全般」「体育理論」「社会体育・生涯体育」「学校体育」「体操・ダンス」「陸上競技」「水泳」「格闘技・武道」「球技」「ウインタースポーツ」「マリン・水上スポーツ」「アウトドア全般」「サイクルスポーツ・モータースポーツ」「乗馬・馬事・競馬」に分類。図書の記述内容は、書名、副書名、巻次、各巻書名、著者表示、版表示、出版者、出版年月、ページ数または冊数、大きさ、叢書名、叢書番号、注記、定価(刊行時)、ISBN、NDC、内容など。事項名索引付き。

スポーツの本全情報 1998-2002 日外アソシエーツ編 日外アソシエーツ, 紀伊国屋書店〔発売〕 2003.3 830p 21cm 22000円 ⓘ4-8169-1768-3 Ⓝ780.31

(内容)1998～2002年に刊行されたスポーツ・体育に関する図書9948点をテーマ別に分類。個々の競技の入門・技術指導書、理論書、伝記、写真集は勿論、社会体育、学校体育、スポーツ文化論から登山コースガイドまで幅広く収録。巻末に便利な「事項名索引」付き。

スポーツの本全情報 2003-2008 日外アソシエーツ編 日外アソシエーツ, 紀伊国屋書店〔発売〕 2009.1 936p 22cm 〈索引あり〉 22000円 ⓘ978-4-8169-2157-5 Ⓝ780.31

(目次)スポーツ全般、体育理論、社会体育・生涯体育、学校体育、体操・ダンス、陸上競技、水泳、格闘技・武道、球技、ウィンタースポーツ、マリン・水上スポーツ、アウトドア全般、サイクルスポーツ・モータースポーツ、乗馬・馬事・競馬

(内容)2003年1月から2008年9月に国内で刊行された「スポーツ」「体育」に関する図書12855点をテーマ別に分類。個々の競技の入門・技術指導書、理論書、伝記、写真集の他、体育理論、学校体育から釣り場ガイドまで幅広く収録。巻末に便利な「事項名索引」付き。

図書館探検シリーズ 第18巻 スポーツってなんだろう 三原道弘著 リブリオ出版 1991.5 24p 31cm 〈監修：本田睨 編集：タイム・スペース 関連図書紹介：p24〉 ⓘ4-89784-260-3 Ⓝ028

<事典>

実戦・観戦 スポーツ辞典 大矢順正編 講談社 1999.11 254p 18cm 1300円 ⓘ4-06-268560-4 Ⓝ780.33

(目次)サッカータイプ(サッカー、ラグビー、バスケットボール、アメリカンフットボール、アイスホケー、ハンドボール、ホッケー)、テニスタイプ(テニス、バレーボール、卓球、ビーチバレー、バドミントン)、クリケットタイプ

（野球，ソフトボール，クリケット），記録タイプ（ゴルフ，スキー，水泳，モータースポーツ，ウエイトリフティング，自転車，陸上トラック競技，マラソン，走り高跳び，棒高跳び，走り幅跳び，三段跳び，砲丸投げ，円盤投げ，ハンマー投げ，やり投げ，競歩，十種競技，七種競技，ヨット，ボート，カヌー，アーチェリー，射撃，ボブスレー，リュージュ，スノーボード，カーリング，バイアスロン，トライアスロン），格闘タイプ（ボクシング，相撲，柔道，レスリング，K-1，空手，テコンドー，剣道，フェンシング），鑑賞タイプ（スキー，スケート，水泳，体操，新体操，馬術）

⦿内容 スポーツに関連する項目を収録した辞典。野球やサッカーなど日本人に人気の12大スポーツを中心に67種目を6タイプに分類し競技方法，特徴，見どころ，用語，ルールなどを紹介。付録としてスポーツ関連用語と巻末に索引がある。

21世紀スポーツ大事典　中村敏雄，高橋健夫，寒川恒夫，友添秀則編集主幹　大修館書店　2015.1　1343p　27cm　〈他言語標題：Encyclopedia of Modern Sport　索引あり〉　32000円　Ⓘ978-4-469-06235-9　Ⓝ780.36

⦿目次 スポーツと概念，スポーツと政策，スポーツと法，スポーツとジェンダー，スポーツと経済，スポーツとアカデミズム，スポーツと健康，スポーツと身体の文化，スポーツと医科学，スポーツとメンタリティー，スポーツと組織，スポーツと宗教，スポーツと技術・戦術，スポーツと学校体育，スポーツと歴史，スポーツと民族，スポーツと思想，オリンピック，スポーツとルール，スポーツとメディア，スポーツと倫理，スポーツと芸術，スポーツと科学技術，スポーツと人種，スポーツと障がい者，スポーツ種目

⦿内容 概念，歴史から，人種，ジェンダー，障がい者，オリンピックに至るまで26のテーマからスポーツ事象を解説。スポーツの知識の拠り所。

話題が広がるPOCKET雑学事典　スポーツ編　ブルドック打越編著　（名古屋）リベラル社，星雲社〔発売〕　1998.5　175p　17cm　950円　Ⓘ4-7952-4289-5　Ⓝ780.4

⦿目次 野球，大リーグ，サッカー，アメリカンフットボール，ラグビー，バスケットボール，バレーボール，テニス，ゴルフ，プロレス，格闘技，ボクシング，相撲，競馬，ウィンタースポーツ，水泳，陸上，オリンピック

⦿内容 「スポーツ通」と呼ばれるための必携の書。ためになること，無駄なこと，何でもわかるスポーツ雑学の決定版。

<辞　典>

スポーツ辞典　小倉伸一著　アルトテラス，えほんの杜（発売）　2012.12　380p　23cm　〈「スポーツ用語辞典」（三修社 2008年刊）の改題増補改訂　文献あり〉　1905円　Ⓘ978-4-904188-21-7　Ⓝ780.33

⦿内容 43競技，103種目を網羅。競技の解説，ルールの解説，専門用語の解説など，スポーツシーンのすべてがわかる用語辞典の最新版。

<名簿・人名事典>

最新世界スポーツ人名事典　日外アソシエーツ株式会社編　日外アソシエーツ　2014.1　596p　21cm　〈他言語標題：World athletes a biographical dictionary　発売：紀伊国屋書店〉　9500円　Ⓘ978-4-8169-2458-3　Ⓝ780.35

⦿目次 最新世界スポーツ人名事典，オリンピック金メダリスト一覧

⦿内容 2005年以降に世界のトップレベルで活躍する選手・指導者など2,667人を収録。大リーグ、サッカーなど欧米のプロスポーツから、馬術やリュージュなどの五輪種目まで、様々な競技を掲載。トップアスリート達のプロフィール、記録や戦績がこの一冊でわかる！巻末に「オリンピック金メダリスト一覧」付き。

スポーツ人名事典　日外アソシエーツ編　日外アソシエーツ，紀伊国屋書店〔発売〕　1990.4　549p　21cm　8300円　Ⓘ4-8169-0919-2　Ⓝ780.35

⦿内容 明治から今日まで、第一線で活躍した選手を中心に、コーチ、監督、体育学者まで、4500人を収録した、スポーツ・体育界初めての人名事典。ゴルフ、野球、テニス、陸上競技、水泳、乗馬、マリンスポーツ、格闘技、自動車ラリーなど広範囲をカバー。往年の名選手から新鋭の選手、スポーツ関係者のプロフィール、記録、業績、その後の活動などがこの1冊で調べられる。

スポーツ人名事典　増補改訂版　日外アソシエーツ，紀伊国屋書店〔発売〕　1995.7　626p　21cm　8300円　Ⓘ4-8169-1316-5　Ⓝ780.35

⦿内容 現役のスポーツ選手を中心に、1980年代以降に活動した選手、コーチ、監督、評論家、

キャスター等、スポーツ関係者を集めた人名事典。日本で活動する在日外国人も含め、5300人を収録する。排列は見出し人名の五十音順。

スポーツ人名事典 新訂第3版 日外アソシエーツ編 日外アソシエーツ,紀伊國屋書店〔発売〕 2002.1 719p 21cm 8800円 ⓣ4-8169-1701-2 Ⓝ780.35

(内容)1995年以降に活躍した選手から現在の若手選手まで、国内のスポーツ関係者5800名を紹介する人名録。現役選手を中心として、コーチ、監督、評論家、キャスターのほか、国内で活躍する外国人についても収録。15歳未満の人物、既に第一線を退いたと思われる高齢者については除外。各人物を五十音順に排列し、専門種目、職業・肩書、経歴、趣味、家族等を記載する。巻頭に肩書を付記した人名目次がある。

世界スポーツ人名事典 日外アソシエーツ編 日外アソシエーツ,紀伊國屋書店〔発売〕 2004.12 510p 21cm 8800円 ⓣ4-8169-1880-9 Ⓝ780.35

(内容)1995年以降に世界のトップレベルで活躍する選手・コーチ・監督など2783人を収録した人名事典。20世紀に世界を舞台に活躍した往年の名選手200人も併載。大リーグ、サッカー、陸上から、レスリング、馬術、テコンドーまで、様々な競技を網羅。プロフィール、記録、業績がこの一冊でわかる。

もっと知りたい!人物伝記事典 3 社会・冒険・スポーツ 漆原智良監修 フレーベル館 2003.4 103p 31×22cm 2800円 ⓣ4-577-02601-5 Ⓝ280.8

(目次)コロンブス,フレーベル,ナイチンゲール,田中正造,津田梅子,ガンジー,アムンゼン,シュバイツァー,野口英世,ヘレン・ケラー〔ほか〕

(内容)ガンジー、ヘレン・ケラー、コロンブス、植村直己など社会、冒険、スポーツの分野で活躍した国内外の100人を収録。21人については、2頁見開きで、経歴や作品、年譜、関連人物等を紹介し、次の2頁に子ども時代のエピソードを中心とした読みものを掲載している。32人については、人物事典として肖像写真入りで説明。47人は概要を記載。巻末に、1巻から4巻に収録されている400人の五十音順人名総索引が付く。参考文献付き。

<ハンドブック>

図解スポーツ大百科 フランソワ・フォルタン編著,室星隆吾監訳 悠書館,八峰出版〔発売〕 2006.6 11,367p 30cm 〈原書名:Sports:The Complete Visual Reference〉 9048円 ⓣ4-903487-00-8 Ⓝ780.36

(目次)陸上競技,自転車競技,体操競技,重量挙げ,水中・水上の競技,舟・船の競技,馬術競技,精度を追求するスポーツ,総合的な力を要するスポーツ,アイススポーツ,スノースポーツ,山のスポーツ,空のスポーツ,球技(小さなボール),球技(大きなボール),ラケットスポーツ,格闘技,ローラースポーツ,モータースポーツ,審美スポーツ

(内容)世界大会が行われている競技128種目を掲載したスポーツ百科。テレビ・新聞で目にしたスポーツの全体像から詳細までがすぐに分かる。モントリオールのCG技術研究所が制作したCGイラストで、各競技を視覚的に解説。テレビだけでは分からない選手な審判の動き、競技設備・用具を紹介。

ビジュアルスポーツ小百科 '96年版 大修館書店 1996.4 400p 21cm 1339円 ⓣ4-469-26338-9 Ⓝ780

(目次)平成7年度 全国高校総合体育大会ハイライト,集団行動,スポーツテスト,体操,器械運動,陸上競技,水泳,バスケットボール,ハンドボール,サッカー〔ほか〕

(内容)42種のスポーツについての概説書。準備運動・技術・練習方法等の実技事項をイラスト入りで解説する。巻頭に1995(平成7)年度全国高校総合体育大会ハイライト等がある。

ビジュアルスポーツ小百科 大修館書店編集部編 大修館書店 1994.4 400p 21cm 1236円 ⓣ4-469-26282-X Ⓝ780

(目次)平成5年度全国高校総合体育大会ハイライト,集団行動,スポーツテスト,体操,器械運動,陸上競技,水泳,バスケットボール,ハンドボール,サッカー,ラグビー,バレーボール,ソフトテニス・テニス,卓球,バドミントン,ソフトボール,ダンス,柔道,剣道,スキー,スケート〔ほか〕

ビジュアルスポーツ小百科 '95年版 大修館書店 1995.4 400p 21cm 1339円 ⓣ4-469-26301-X Ⓝ780

(目次)平成6年度・全国高校総合体育大会ハイライト,集団行動,スポーツテスト,体操,器械運動,陸上競技,水泳,バスケットボール,ハンドボール,サッカー〔ほか〕

(内容)高校生を対象としたスポーツの概説書。

スポーツ一般　　　　　スポーツ一般

準備運動，技術，練習法等の実技に基づいた事項をイラスト入りで解説する。巻頭に平成6年度全国高校総合体育大会ハイライト等がある。

ビジュアルスポーツ小百科　'97　大修館書店　1997.3　400p　21cm　1300円　ⓘ4-469-26361-3　Ⓝ780

目次　平成8年度・全国高校総合体育大会ハイライト，集団行動，スポーツテスト，体操，器械運動，陸上競技，水泳，バスケットボール，ハンドボール，サッカー，ラグビー，バレーボール，ソフトテニス・テニス，卓球，バドミントン，ソフトボール，ダンス，柔道，剣道，スキー，スケート，野外活動，新体操，カヌー，ホッケー，レスリング，ボクシング，アメリカンフットボール，フェンシング，ウエイトリフティング，漕艇，アーチェリー，ゴルフ，ヨット，すもう，なぎなた，弓道，空手道，フットサル，タッチラグビー，ソフトバレー，ゲートボール，グラウンドゴルフ，インディアカ，チェックボール，ドローのつくり方，テーピングのやり方，スポーツ競技の記録

<図鑑・図集>

スポーツ大図鑑　レイ・スタップズ編，岩井木綿子，大野千鶴，内田真弓訳　ゆまに書房　2014.5　456p　31cm　〈他言語標題：THE SPORTS BOOK〉　索引あり　原書名：The Sports Book　9200円　ⓘ978-4-8433-4409-5　Ⓝ780.36

目次　01 陸上競技，02 体操，03 団体競技，04 ラケットスポーツ，05 格闘技，06 ウォータースポーツ，07 ウィンタースポーツ，08 標的スポーツ，09 ホイールスポーツ，10 モータースポーツ，11 アニマルスポーツ，12 エクストリームスポーツ

内容　人類が発明した主なスポーツについての詳細な入門書。競技方法やフィールドなどの大きさ，最新の情報やデータを掲載。ワールドクラスのアスリートがどんなテクニックや戦術を用いているか，その秘密に迫ります。各オリンピック大会や各競技の歴史・エピソード及びそこで大活躍したアスリートを紹介する。

スポーツなんでもくらべる図鑑　1　大きさ・重さ　大熊廣明監修　ベースボール・マガジン社　2011.5　31p　30cm　2500円　ⓘ978-4-583-10352-5　Ⓝ780

目次　1 スポーツ用具編（ボールなど，ラケット／バットなど，いろいろな用具），2 スポーツ施設編（ゴールの大きさ／ネットの高さ，体操競技，的の大きさときょり，試合場）

内容　写真やイラストを豊富に使って，ボールをはじめ，スポーツで使われているさまざまな用具・施設の大きさ（長さ，高さ，広さ）・重さがよくわかるようにした図鑑。

スポーツなんでもくらべる図鑑　2　速さ・きょり　大熊廣明監修　ベースボール・マガジン社　2011.9　31p　29cm　〈索引あり〉　2500円　ⓘ978-4-583-10353-2　Ⓝ780

目次　1 スピード編（陸上競技の速さ，陸上競技の記録の更新，ボールの速さ，回転の速さ，いろいろな競技のスピード），2 きょり編（とぶ・とばすきょり，とぶ高さ，球技での走るきょり，ねらうきょり，長きょりレースのきょり）

内容　写真やイラストを豊富に使って，陸上競技や球技をはじめ，さまざまなスポーツの速度やきょり（高さ）がよくわかるようにした図鑑。

スポーツなんでもくらべる図鑑　3　すごい・めずらしい記録　大熊廣明監修　ベースボール・マガジン社　2011.11　31p　29×22cm　2500円　ⓘ978-4-583-10354-9　Ⓝ780

目次　1 すごい記録編（最年少・最年長の記録，最多出場の記録，勝利の記録，試合時間の最長記録，得点にまつわる記録，お金にまつわる記録），2 めずらしい記録編（いろいろな競技のすごい記録，とてもめずらしい記録，敗北の記録，失敗・反則の記録，めずらしい大会の記録）

内容　さまざまなスポーツの偉大な記録をはじめ，めずらしい記録や失敗の記録をくらべた図鑑。

ビジュアル博物館　13　スポーツ　ティム・ハモンド著，リリーフ・システムズ訳　（京都）同朋舎出版　1991.3　63p　29×23cm　3500円　ⓘ4-8104-0932-5　Ⓝ780

目次　サッカー，アメリカンフットボール，ラグビー，ホッケー，アイスホッケー，バスケットボール，野球，クリケット，テニス，卓球とバドミントン，スカッシュとラケットボール，陸上競技，体操，重量挙げ（ウェートリフティング），ボクシング，武道，フェンシング，アーチェリー，射撃，ボウリング，ゴルフ，プールとスヌーカー（ビリヤード）

内容　世界の主なスポーツの歴史とルールで見る博物図鑑。現代と昔のスポーツ用具の写真により，それぞれのゲームの発達，特徴，プレーヤーに必要とされる技術などを紹介する。

＜年鑑・白書＞

スポーツ年鑑　2008　ポプラ社　2008.3　255p　25×19cm　2800円　Ⓘ978-4-591-10111-7　Ⓝ780

⽬次 第86回天皇杯決勝戦―浦和レッドダイヤモンズが優勝，箱根駅伝―順天堂大学が総合優勝，全国高校サッカー選手権大会―岩手，盛岡商業高校が優勝，ラグビー全国大学選手権大会―関東学院大学が6度めの優勝，大相撲初場所14日め―朝青竜が4場所連続20度めの優勝，全豪オープン女子シングルス―セレーナ・ウィリアムズが優勝，NFLスーパーボウル―インディアナポリス・コルツが優勝，東京マラソン―ダニエル・ジェンガが優勝，佐藤智之おしくも2位に，UEFAチャンピオンズリーグ―決勝トーナメントに突入，ゼロックス・スーパーカップ―ガンバ大阪が優勝〔ほか〕

内容 2007年のおもなスポーツのできごと92本を選び，その背景や理由をわかりやすく説明。試合や競技にまつわる隠された感動のドラマも解説。

スポーツ年鑑　2009　小学館クリエイティブ，BBMアカデミー編　ポプラ社　2009.3　247p　26cm　2800円　Ⓘ978-4-591-10813-0　Ⓝ780

⽬次 箱根駅伝 駒沢大学が総合優勝，全日本バレーボール選手権大会 女子東レ，男子JTが初代王者に，ラグビー全国大学選手権大会 早稲田大学が2年ぶりの優勝，全国高校サッカー選手権大会 千葉・流通経済大付属柏高校が初優勝，レスリング国別対抗団体戦 吉田沙保里の連勝記録がストップ，全豪オープン女子シングル マリア・シャラポワが優勝，大相撲初場所千秋楽 白鵬が3場所連続の優勝，ハンドボールオリンピック予選再戦 男子日本代表が韓国代表に敗れる，サッカーワールドカップ3次予選 日本代表が，タイに勝利，日本カーリング選手権大会 チーム青森が長野に逆転勝ち〔ほか〕

内容 2008年におこったスポーツのできごとを，92本選んで紹介。スポーツ界の一年間の流れを知り，さまざまな競技の新しい魅力を発見してください。

スポーツ年鑑　2010　ポプラ社　2010.2　247p　26cm　2800円　Ⓘ978-4-591-11563-3　Ⓝ780

⽬次 1月，2月，3月，4月，5月，6月，7月，8月，9月，10月，11月，12月

内容 浅田真央，菊池雄星からメッシまで，2009年のスポーツのできごとを90本と，それにまつわる記録やエピソードを紹介，わかりやすく解説する。杉山愛（元・テニスプレーヤー），村上幸史（やり投げ選手）インタビュー掲載。

スポーツ年鑑　2011　ポプラ社　2011.2　223p　25×19cm　2800円　Ⓘ978-4-591-12247-1　Ⓝ780

⽬次 天皇杯全日本サッカー選手権ガンバ大阪が2年連続優勝，箱根駅伝東洋大学が連覇，大学ラグビー選手権大会帝京大学が初の日本一に，全国高校サッカー選手権大会山梨学院大学附属が初出場初優勝，全日本卓球選手権水谷選手が男子シングルス4連覇，大相撲横綱・朝青竜が引退，亀田大毅選手がWBA世界フライ級王者に，バンクーバーオリンピック女子モーグル，上村選手メダルならず，バンクーバーオリンピックスピードスケートで長島圭一郎選手が銀，加藤条治選手が銅，バンクーバーオリンピック男子フィギュア，高橋選手が銅メダル〔ほか〕

内容 2010年のスポーツのできごと150本とそれらにまつわる記録やエピソードを紹介。また，競技のルールや流れなど，試合観戦に役立つ話もふんだんに盛り込んだ。

スポーツ年鑑　2012　ポプラ社　2012.2　223p　25×19cm　3500円　Ⓘ978-4-591-12739-1　Ⓝ780

⽬次 清水エスパルスを下して鹿島アントラーズが天皇杯優勝，早稲田大学が18年ぶりの箱根駅伝総合優勝，全国高校バレー優勝は男子・東亜学園高校，女子・九州竜谷高校，全国大学ラグビー選手権帝京大学が2連覇を達成，全国高校サッカー選手権滝川第二高校が初優勝，全日本卓球選手権女子シングルス石川選手が22年ぶり高校生王者に，大相撲一月場所白鵬が大鵬にならぶ6連覇，サッカーアジアカップ日本が2大会ぶり4度目の優勝，大相撲八百長問題で三月場所の中止を決定，WBC世界ミニマム級井岡選手が国内最短記録で世界王者に〔ほか〕

内容 この本では，2011年のスポーツのできごと140本以上とそれらにまつわる記録やエピソードを紹介します。また，競技のルールや流れなど，試合観戦に役立つ話題もふんだんに盛りこみました。

スポーツ年鑑　2013　ポプラ社　2013.2　223p　26cm　3500円　Ⓘ978-4-591-13243-2　Ⓝ780

⽬次 史上初のJ2どうしの決戦を制してFC東京が天皇杯初優勝，東洋大学が大会記録を打ち立てて2年ぶり3度目の箱根駅伝総合優勝，全国大

スポーツ一般

学ラグビー帝京大学が史上2校目の3連覇を達成，FIFA女子最優秀選手に沢選手，最優秀監督に佐々木監督が選出，全国高校サッカー選手権市立船橋高校が5度目の優勝，ダルビッシュ投手がレンジャーズと契約合意，全豪オープン男子シングルス錦織圭選手がベスト8の快挙，ノルディックスキー複合のワールドカップ渡部選手が初優勝，ショートトラックのワールドカップ酒井選手が日本人初の総合優勝，東京マラソン藤原新選手が日本人最上位の2位〔ほか〕

(内容) 2012年のスポーツのできごとを約150本とそれらにまつわる記録やエピソードを紹介。競技のルールや流れなど，試合観戦に役立つ話題もふんだんに盛りこみました。

スポーツ年鑑　2014　小学館クリエイティブ，BBMアカデミー編　ポプラ社　2014.2　223p　25×19cm　3500円　Ⓘ978-4-591-13765-9　Ⓝ780

(目次) 巻頭特集 2020年オリンピック東京開催決定 2014年FIFAワールドカップブラジル大会，天皇杯全日本サッカー選手権柏レイソルが3度目の優勝，箱根駅伝日本体育大学が30年ぶりの総合優勝，ラグビー全国大学選手権帝京大学が史上初の大会4連覇，全国高校サッカー選手権鵬翔高校が初優勝をかざる，卓球全日本選手権女子は福原選手が優勝，男子は丹羽選手が初優勝，大相撲一月場所日馬富士が横綱昇進後初優勝，別府大分毎日マラソン川内選手が大会新記録で初優勝，ソチオリンピック最終予選アイスホッケー女子日本代表が出場権獲得，フィギュアスケートの四大陸選手権浅田選手が3年ぶりの3度目の優勝〔ほか〕

(内容) アジア予選を突破してサッカーワールドカップ出場を決めた日本代表。プロ野球では，開幕から24連勝の世界記録を達成した田中将大投手，投手と打者で活躍した大谷翔平選手。メジャーリーグで，イチロー選手は日米通算4000安打を達成，上原浩治投手はレッドソックスの優勝に貢献し，フィギュアスケートの羽生結弦選手，浅田真央選手はグランプリシリーズを制覇。2013年もたくさんの競技で新たな記録と感動が生まれ，さらに2020年の夏季オリンピック開催地が東京に決定しました。この本では，2013年のスポーツのできごとを約140本とそれらにまつわる記録やエピソードを紹介します。また，競技のルールや流れなど，試合観戦に役立つ話題もふんだんに盛りこみました。

スポーツ年鑑　2015　ポプラ社　2015.2　223p　26cm　3500円　Ⓘ978-4-591-14303-2　Ⓝ780

(目次) 巻頭特集 ソチオリンピック／パラリンピック・FIFAワールドカップブラジル大会，横浜F・マリノスが21年ぶりに天皇杯制覇，東洋大学が2年ぶり4度目の箱根駅伝総合優勝，ラグビー大学選手権 帝京大学が5連覇を達成，全国高校サッカー選手権 富山第一高校が初優勝，全日本卓球選手権 石川選手が3大会ぶり2度目の優勝，大相撲一月場所 白鵬が2場所ぶりの優勝，別府大分毎日マラソン キプリモ選手が制覇，ソチオリンピック開幕 旗手の小笠原選手らが笑顔で入場行進，テニス全米室内選手権 錦織選手が2連覇にかがやく〔ほか〕

(内容) この本では，2014年のスポーツのできごとを約150本とそれらにまつわる記録やエピソードを紹介します。また，競技のルールや流れなど，試合観戦に役立つ話題もふんだんに盛りこみました。スポーツに関する基礎知識や最新情報にふれながら，2015年のスポーツの感動との出会いにお役立てください。

スポーツ年鑑　2016　小学館クリエイティブ，BBMアカデミー編　ポプラ社　2016.2　223p　25×19cm　3500円　Ⓘ978-4-591-14819-8　Ⓝ780

(目次) 巻頭特集 サッカー女子ワールドカップカナダ大会リオデジャネイロオリンピックの展望，箱根駅伝初出場から73年目 青山学院大学が悲願の初優勝，全国大学ラグビーフットボール選手権 帝京大学で前人未到の6連覇達成，第93回全国高校サッカー選手権 星稜高校が創部48年目で初優勝，全日本卓球選手権 石川選手が2年連続3度目の優勝で3冠達成，大相撲一月場所白鵬が大鵬をぬいて33回目の優勝，メジャーリーグ イチロー選手がマーリンズに入団，スピードスケート世界距離別選手権 日本女子がオランダを破り初優勝，テニスメンフィス・オープン錦織選手が同一大会で3連覇，東京マラソン今井選手が日本人最高の7位〔ほか〕

(内容) この本では，2015年のスポーツのできごとを約150本とそれらにまつわる記録やエピソードを紹介します。また，競技のルールや流れなど，試合観戦に役立つ話題もふんだんに盛りこみました。スポーツに関する基礎知識や最新情報にふれながら，2016年のスポーツの感動と出会いにお役立てください。

スポーツ白書　2001年のスポーツ・フォア・オールに向けて　SSF笹川スポーツ財団　1996.8　223p　30cm　2000円　Ⓘ4-915944-09-3　Ⓝ780

(目次) 1 2001年のスポーツ・フォア・オールに向

けて，2 スポーツの現状と分析・国際比較（社会環境の変化とスポーツの意義，日本人のスポーツ参加動向，スポーツクラブの現状と実態，スポーツ指導者の種類と養成，スポーツ・ボランティア，スポーツのための施設・環境の整備，スポーツ振興のための財源，スポーツに関する情報・メディア・推進機関，スポーツイベントとプログラムの開発，スポーツ制度の現状と動向），3 まとめと提言

スポーツ白書　2010　スポーツ・フォー・オールからスポーツ・フォー・エブリワンへ　SSF笹川スポーツ財団　2001.4　247p　30cm　〈本文：日英両文〉　2800円　Ⓘ4-915944-26-3　Ⓝ780

⊡目次⊟第1章 21世紀の社会とスポーツ，第2章 日本人のスポーツ参加動向，第3章 青少年のスポーツ活動，第4章 スポーツクラブの現状，第5章 スポーツ指導者と資格制度，第6章 スポーツ・ボランティア，第7章 スポーツ施設・環境，第8章 スポーツ振興のための財源，第9章 スポーツに関する情報・メディア，第10章 スポーツイベントと振興プログラム，第11章 スポーツに関する制度

スポーツ白書　スポーツの新たな価値の発見　笹川スポーツ財団　2006.3　247p　30cm　〈年表あり〉　2800円　Ⓘ4-915944-39-5　Ⓝ780

スポーツ白書　〔2011年〕　スポーツが目指すべき未来　笹川スポーツ財団　2011.2　251p　30cm　〈文献あり　年表あり〉　3500円　Ⓘ978-4-915944-45-1　Ⓝ780

⊡目次⊟あなたにとってスポーツの価値とは？，第1章 日本人のスポーツ参加動向，第2章 スポーツ施設，第3章 スポーツクラブ，第4章 スポーツの人的資源，第5章 子どものスポーツ，第6章 プロスポーツと企業スポーツ，第7章 スポーツの発展と資金，第8章 スポーツに関する情報とメディア，第9章 スポーツイベントと振興プログラム，第10章 スポーツの行政機構と施策，トピックス・提言

スポーツ白書　2014　スポーツの使命と可能性　笹川スポーツ財団　2014.2　301p　30cm　〈文献あり　年表あり〉　3500円　Ⓘ978-4-915944-55-0　Ⓝ780

⊡目次⊟東京オリンピック・パラリンピックとスポーツの未来，スポーツ政策，スポーツ参加動向，子どものスポーツ，スポーツ財源，スポーツ施設，スポーツの人的資源，スポーツクラブ，スポーツとメディア，スポーツイベント，トップスポーツ

◆アマチュアスポーツ

<年鑑・白書>

日本アマチュアスポーツ年鑑　1990　日本体育協会編　ベースボール・マガジン社　1990.7　187p　30cm　4640円　Ⓘ4-583-02853-9　Ⓝ780.59

⊡目次⊟財団法人・日本体育協会の事業概要（1989年度），各競技界内外の動き＆各競技記録（アーチェリー，アイスホッケー，ウエイトリフティング，カヌー，空手，弓道，近代五種・バイアスロン，クレー射撃，剣道，サッカー，山岳，自転車，柔道，銃剣道，水泳，スキー，スケート，相撲，漕艇，ソフトボール，体操，卓球，テニス，軟式庭球，なぎなた，馬術，バスケットボール，バドミントン，バレーボール，ハンドボール，フェンシング，ボウリング，ボクシング，ホッケー，ボブスレー・リュージュ，硬式野球，軟式野球，ヨット，ライフル射撃，ラグビー，陸上競技，レスリング）

日本アマチュアスポーツ年鑑　1991　日本体育協会編　ベースボール・マガジン社　1991.7　215p　30cm　4640円　Ⓘ4-583-02928-4　Ⓝ780.59

⊡目次⊟日本体育協会の事業概要（1990年度），日本オリンピック委員会の事業概要（1990年度），各競技界内外の動き＆各競技記録（アーチェリー，アイスホッケー，ウエイトリフティング，カヌー，空手，弓道，近代五種・バイアスロン，クレー射撃，剣道，サッカー，山岳，自転車，柔道，銃剣道，少林寺拳法，水泳，スキー，スケート，相撲，漕艇，ソフトボール，体操，卓球，綱引，テニス，軟式庭球，なぎなた，馬術，バスケットボール，バドミントン，バレーボール，ハンドボール，フェンシング，ボウリング，ボクシング，ホッケー，ボブスレー・リュージュ，硬式野球，軟式野球，ヨット，ライフル射撃，ラグビー，陸上競技，レスリング）

日本アマチュアスポーツ年鑑　1992　日本体育協会編　ベースボール・マガジン社　1992.7　211p　30cm　4640円　Ⓘ4-583-02997-7　Ⓝ780.59

⊡目次⊟日本体育協会の事業概要（1991年度），各競技界内外の動き＆各競技記録（アーチェリー，アイスホッケー，ウエイトリフティング，カヌー，空手，弓道，近代五種・バイアスロン，ク

レー射撃，ゲートボール，剣道，硬式野球，ゴルフ，サッカー，山岳，自転車，柔道，銃剣道，少林寺拳法，水泳，スキー，スケート，相撲，漕艇，ソフトボール，体操，卓球，綱引，テニス，なぎなた，軟式庭球，軟式野球，馬術，バスケットボール，バドミントン，バレーボール，ハンドボール，フェンシング，武術太極拳，ボウリング，ホッケー，ボクシング，ボブスレー・リュージュ，ヨット，ライフル射撃，ラグビー，陸上競技，レスリング〉，第16回ユニバーシアード，第3回世界陸上競技選手権，第16回冬季オリンピック

日本アマチュアスポーツ年鑑　1993　日本体育協会編　ベースボール・マガジン社
1993.7　220p　30cm　4640円　Ⓘ4-583-03071-1　Ⓝ780.59

(内容)1992年度のアマチュアスポーツ界の動向を記録した年鑑。巻頭で日本体育協会の事業概要を記した後、約50競技別に1年間の競技記録等を収録し、巻末には1992年度の国際大会の記録を掲載する。

日本アマチュアスポーツ年鑑　1994　日本体育協会編　ベースボール・マガジン社
1994.7　221p　30cm　5000円　Ⓘ4-583-03134-3　Ⓝ780.59

(目次)財団法人・日本体育協会の事業概要（1993年度），各競技界内外の動き＆各競技記録（アーチェリー，アイスホッケー，ウエイトリフティング，カーリング，カヌー，空手，弓道，近代五種〈バイアスロン〉，クレー射撃，ゲートボール，剣道，硬式野球，ゴルフ，サッカー，山岳，自転車競技，柔道，銃剣道，少林寺拳法，水泳〈競泳，飛込，水球，シンクロナイズド・スイミング〉，スキー，スケート〈スピード，ショートトラック，フィギュア〉，相撲，漕艇，ソフトテニス，ソフトボール，体操〈新体操，スポーツアクロ体操，〉，卓球，綱引，テニス，なぎなた，軟式野球，馬術，バスケットボール，バドミントン，バレーボール，ハンドボール，フェンシング，武術太極拳，ボウリング，ボクシング，ホッケー，ボブスレー・リュージュ，ヨット，ライフル射撃，ラグビー，陸上競技，レスリング），第17回冬季オリンピック・リレハンメル会，1993年ユニバーシアード夏季大会，第4回世界陸上競技選手権1993

(内容)1993年度のアマチュアスポーツ界の動向を記録した年鑑。巻頭で日本体育協会の事業概要を記した後、約50競技別に1年間の競技記録等を収録し、巻末には1993年度の国際大会の記録を掲載する。

日本アマチュアスポーツ年鑑　1995　日本体育協会編　ベースボール・マガジン社
1995.7　222p　30cm　5000円　Ⓘ4-583-03227-7　Ⓝ780.59

(内容)1994年度のアマチュアスポーツ界の動向を記録した年鑑。50の競技について、1年間の競技記録等を収める。その他、巻頭に日本体育協会の事業報告等、巻末に広島で開催された第12回アジア競技大会等、各種大会の記録を掲載。

日本アマチュアスポーツ年鑑　1996　日本体育協会編　ベースボール・マガジン社
1996.8　223p　30×21cm　5000円　Ⓘ4-583-03328-1　Ⓝ780.59

(目次)アーチェリー，アイスホッケー，ウエイトリフティング，カーリング，カヌー，空手道，弓道，近代五種，バイアスロン，グラウンド・ゴルフ〔ほか〕

(内容)1995年度の、アマチュアスポーツ各競技界の内外の動きと競技記録とをまとめた年鑑。各大会の種目ごとに上位入賞者・団体名、記録を掲載する。

日本アマチュアスポーツ年鑑　1997　日本体育協会編　ベースボール・マガジン社
1997.7　230p　30cm　5000円　Ⓘ4-583-03404-0　Ⓝ780.59

(目次)アーチェリー，アイスホッケー，ウエイトリフティング，オリエンテーリング，カーリング，カヌー，空手道，弓道，近代五種〔ほか〕

日本アマチュアスポーツ年鑑　1998　日本体育協会編　ベースボール・マガジン社
1998.7　230p　30cm　5000円　Ⓘ4-583-03525-X　Ⓝ780.59

(目次)カラー口絵 第18回オリンピック大会ナガノの日本選手たち，グラビア SPORTS HIGH LIGHT 1997，各競技界内外の動き＆各競技記録―1997年度（アーチェリー，アイスホッケー，ウエイトリフティング，オリエンテーリング ほか），第18回冬季オリンピック長野大会記録，第52回国民体育大会〈冬・夏・秋季〉，第19回夏季ユニバーシアードシチリア大会

日本アマチュアスポーツ年鑑　1999　日本体育協会編　ベースボール・マガジン社
1999.7　193p　30cm　5000円　Ⓘ4-583-03607-8　Ⓝ780.59

(目次)各競技記録（1998年度）（陸上競技，水泳，サッカー，スキー，テニス ほか），第13回アジア夏季競技大会記録，第4回アジア冬季競技大会記録，第19回ユニバーシアード冬季競技大会

記録，第53回国民体育大会記録
(内容)1998年度の，アマチュアスポーツ各競技界の内外の動きと競技記録とをまとめた年鑑。各大会の種目ごとに上位入賞者・団体名，記録を掲載する。

日本アマチュアスポーツ年鑑 2000 日本体育協会編 ベースボール・マガジン社 2000.7 182p 31×22cm 5000円 ①4-583-03607-8 Ⓝ780.59
(目次)日本体育協会加盟団体名簿，第27回オリンピック大会シドニー五輪代表選手たち—さあ，シドニーだ!!(カラー口絵)，各競技記録(1999年度)(陸上競技，水泳，サッカー，スキー ほか)，第54回国民体育大会(夏季・秋季)，第55回国民体育大会(冬季)

日本アマチュアスポーツ年鑑 2001 日本体育協会編 ベースボール・マガジン社 2001.7 191p 30cm 5000円 ①4-583-03654-X Ⓝ780.59
(目次)陸上競技，水泳，サッカー，スキー，テニス，ボート，ホッケー，アマチュアボクシング，バレーボール，体操〔ほか〕
(内容)2000年度の，アマチュアスポーツ各競技界の内外の動きと競技記録とをまとめた年鑑。

日本アマチュアスポーツ年鑑 2002 日本体育協会編 ベースボール・マガジン社 2002.7 199p 31×22cm 5000円 ①4-583-03705-8 Ⓝ780.59
(目次)陸上競技，水泳，サッカー，スキー，テニス，ボート，ホッケー，アマチュアボクシング，バレーボール，体操〔ほか〕
(内容)2001年度のアマチュアスポーツ各競技界の内外の動きと競技記録とをまとめた年鑑。巻頭に，平成13年度の日本体育協会事業報告，日本体育協会加盟団体，開かれた21世紀の扉1「ソルトレーク・オリンピック2002回顧」，開かれた21世紀の扉2「東アジア競技大会2001大阪回顧」を掲載。

◆プロスポーツ

<年鑑・白書>

プロスポーツ年鑑 1994 日本プロスポーツ協会編 エイデル研究所 1994.4 251p 26cm 3800円 ①4-87168-189-0 Ⓝ780.59
(目次)第1章 '93年シーズン総括(相撲，野球，男子ゴルフ，女子ゴルフ，ボクシング，キックボクシング，ボウリング，サッカー，プロレス，中央競馬，地方競馬，競輪，モーターボート競走，オートレース)，第2章 プロスポーツ団体の概要

プロスポーツ年鑑 1995 日本プロスポーツ協会編 電通 1995.5 251p 26cm 3800円 ①4-88553-075-X Ⓝ780.59
(目次)第1章 '94年シーズン総括(相撲，野球ほか)，第2章 プロスポーツ界の現状(プロの条件，選手—その数，年齢層，獲得賞金，表彰制度 ほか)，第3章 プロスポーツ団体の概要(相撲，野球 ほか)
(内容)日本のプロスポーツ団体の1994年1年間の総括および概要，選手・観客等に関する各種の比較データを掲載する年鑑。掲載団体は相撲，野球，男・女ゴルフ，サッカー，ボクシング，キックボクシング，ボウリング，プロレス，中央・地方競馬，競輪，モーターボート競走，オートレース，その他。巻末にスポーツ関連団体連絡先一覧，'95年プロスポーツスケジュールを付す。

プロスポーツ年鑑 1997 日本プロスポーツ協会編 電通パブリックリレーションズ 1997.8 243p 26cm 3800円 ①4-925110-00-4 Ⓝ780.59
(目次)カラーグラビア 1996年ハイライトシーン，第1章 '96年シーズン総括(相撲，野球，男子ゴルフ，女子ゴルフ，サッカー，ボクシング，キックボクシング，ボウリング，プロレス，中央競馬，地方競馬，競輪，競艇，オートレース)，第2章 プロスポーツ団体の概要(相撲，野球，男子ゴルフ，女子ゴルフ，サッカー，ボクシング，キックボクシング，ボウリング，プロレス，中央競馬，地方競馬，競輪，競艇，オートレース，その他のプロスポーツ)，第3章 プロスポーツ界の現状(プロになる方法・条件，選手について，指導者について，観戦について，社会貢献度，表彰制度，主なスポンサー企業・団体)

プロスポーツ年鑑 2000 日本プロスポーツ協会編 日本プロスポーツ協会 2000.8 265p 26cm 3800円 ①4-9980920-0-6 Ⓝ780.59
(目次)カラーグラビア 1999年ハイライトシーン，第1章 '99年シーズン総括，第2章 プロスポーツ団体の概要，第3章 プロスポーツ界の現状(プロになる方法・条件，選手について：人数、年齢層、獲得賞金、活動、収入，指導者について，観戦について：動員数、開催延日数、チケット料金・入場料、販売方法、誘致策，社会貢献活

動，表彰制度，主なスポンサー企業・団体）

(内容)国内のプロスポーツの1999年の記録や基本情報を収録した年鑑。プロ団体のあるスポーツである相撲，野球，男女ゴルフ，サッカー，ボウリング，プロレス，ダンス，中央競馬，地方競馬，競輪，競艇，オートレースの各団体について，今シーズンの概要，団体の概要，プロになる条件，その他の活動について掲載する。ほかに付録として(財)日本プロスポーツ協会の概要，スポーツ関連団体連絡先一覧，'00年プロスポーツ主要予定スケジュールを付す。

プロスポーツ年鑑　2001　日本プロスポーツ協会編　日本プロスポーツ協会，ビッグボーイ〔発売〕　2001.9　279p　27cm　〈並列タイトル：Professional sports almanac　文献あり〉　3800円　①4-9901009-0-5　Ⓝ780.59

(内容)国内のプロスポーツの2000年の記録や基本情報を収録した年鑑。プロ団体のあるスポーツとして，相撲，野球，男女ゴルフ，サッカー，ボウリング，プロレス，ダンス，中央競馬，地方競馬，競輪，競艇，オートレースの各団体について，今シーズンの概要，団体の概要，プロになる条件，その他の活動について掲載する。ほかに日本プロスポーツ協会の概要，スポーツ関連団体連絡先一覧，2001年プロスポーツ主要予定スケジュールを付す。

プロスポーツ年鑑　2003　日本プロスポーツ協会編　日本プロスポーツ協会　2003.7　275p　26cm　3800円　①4-9901009-2-1　Ⓝ780.59

(目次)第1章　'02年シーズン総括（相撲，野球，男子ゴルフ，女子ゴルフ，サッカー　ほか），第2章　プロスポーツ団体の概要（相撲，野球，男子ゴルフ，女子ゴルフ，サッカー　ほか），第3章　プロスポーツ界の現状（プロになる方法・条件，選手について，指導者について，観戦について，社会貢献活動　ほか）

プロスポーツ年鑑　2004　日本プロスポーツ協会編　日本プロスポーツ協会　2004.7　285p　26cm　3800円　①4-9901009-3-X　Ⓝ780.59

(目次)第1章　'03年シーズン総括（相撲，野球，男子ゴルフ　ほか），第2章　プロスポーツ団体の概要（相撲，野球，男子ゴルフ　ほか），第3章　プロスポーツ界の現状（プロになる方法・条件，選手について，指導者について　ほか）

(内容)国内のプロスポーツ競技団体のトピックスをはじめシーズン記録や歴代記録，その他基本情報をわかりやすくまとめて掲載。

プロスポーツ年鑑　2005　日本プロスポーツ協会編　日本プロスポーツ協会　2005.7　287p　26cm　3800円　①4-9901009-4-8　Ⓝ780.59

(目次)第1章　'04年シーズン総括（相撲，野球，男子ゴルフ，女子ゴルフ　ほか），第2章　プロスポーツ団体の概要（相撲，野球，男子ゴルフ，女子ゴルフ　ほか），第3章　プロスポーツ界の現状（プロになる方法・条件，選手について―人数，年齢層，獲得賞金，活動，収入，指導者について，観戦について―動員数，チケット料金・入場料，開催延日数，チケット・入場券販売方法，観客誘致策　ほか）

プロスポーツ年鑑　2006　日本プロスポーツ協会編　日本プロスポーツ協会　2006.6　275p　26cm　3800円　①4-9901009-5-6　Ⓝ780.59

(目次)第1章　'05年シーズン総括（相撲，野球，男子ゴルフ，女子ゴルフ，サッカー，ボクシング，ボウリング，ダンス，フォーミュラ・カーレース，中央競馬，地方競馬，競輪，競艇，オートレース，キックボクシング），第2章　プロスポーツ団体の概要（相撲，野球，男子ゴルフ，女子ゴルフ，サッカー，ボクシング，ボウリング，ダンス，フォーミュラ・カーレース，中央競馬，地方競馬，競輪，競艇，オートレース，キックボクシング，その他のスポーツ），第3章　プロスポーツ界の現状（プロになる方法・条件，選手について，指導者について，観戦について，社会貢献活動，表彰制度，主なスポンサー企業・団体），付（日本プロスポーツ協会の概要，スポーツ関連団体連絡一覧先一覧，06年プロスポーツ主要スケジュール）

(内容)国内のプロスポーツ競技団体のトピックスをはじめシーズン記録や歴代記録，その他基本情報をわかりやすくまとめて掲載。

プロスポーツ年鑑　2007　日本プロスポーツ協会編　日本プロスポーツ協会　2007.6　277p　26cm　3800円　①4-9901009-6-4　Ⓝ780.59

(目次)第1章　'06年シーズン総括（相撲，野球，男子ゴルフ，女子ゴルフ，サッカー，ボクシング，ボウリング，ダンス，フォーミュラ・カーレース，中央競馬，地方競馬，競輪，競艇，オートレース，キックボクシング），第2章　プロスポーツ団体の概要（相撲，野球，男子ゴルフ，女子ゴルフ，サッカー，ボクシング，ボウリング，ダンス，フォーミュラ・カーレース，中央

競馬，地方競馬，競輪，競艇，オートレース，キックボクシング，その他のプロスポーツ），第3章 プロスポーツ界の現状（プロになる方法・条件，選手について―人数，年齢層，獲得賞金，活動，収入，指導者について，観戦について，社会後見活動，表彰制度，主なスポンサー企業・団体），付

プロスポーツ年鑑 2008 日本プロスポーツ協会編 日本プロスポーツ協会 2008.6 279p 26cm 3800円 ①978-4-9901009-7-1 Ⓝ780.59

〔目次〕第1章 '07年シーズン総括（相撲，野球，男子ゴルフ，女子ゴルフ，サッカー，ボクシング，ボウリング，ダンス，フォーミュラ・カーレース，中央競馬，地方競馬，競輪，競艇，オートレース，キックボクシング），第2章 プロスポーツ団体の概要，第3章 プロスポーツ界の現状（プロになる方法・条件，選手について，指導者について，観戦について，社会貢献活動，表彰制度，主なスポンサー企業・団体），付（（財）日本プロスポーツ協会の概要，スポーツ関連団体連絡先一覧，'08年プロスポーツ主要スケジュール）

プロスポーツ年鑑 2009 日本プロスポーツ協会編 日本プロスポーツ協会 2009.7 279p 26cm 3800円 ①978-4-9901009-8-8 Ⓝ780.59

〔目次〕第1章 '08年シーズン総括（相撲，野球，男子ゴルフ，女子ゴルフ，サッカー，ボクシング，ボウリング，ダンス，フォーミュラ・カーレース，中央競馬，地方競馬，競輪，競艇，オートレース，キックボクシング），第2章 プロスポーツ団体の概要（相撲，野球，男子ゴルフ，女子ゴルフ，サッカー，ボクシング，ボウリング，ダンス，フォーミュラ・カーレース，中央競馬，地方競馬，競輪，競艇，オートレース，キックボクシング），第3章 プロスポーツ界の現状（プロになる方法・条件，選手について，指導者について，観戦について，社会貢献活動，表彰制度，主なスポンサー企業・団体），付（（財）日本プロスポーツ協会の概要，スポーツ関連団体連絡先一覧，'09年プロスポーツ主要スケジュール）

プロスポーツ年鑑 2010 日本プロスポーツ協会編 日本プロスポーツ協会 2010.6 281p 26cm 3800円 ①978-4-9901009-9-5 Ⓝ780.59

〔目次〕カラーグラビア2009年ハイライトシーン，第1章（相撲，野球，男子ゴルフ，女子ゴルフ，サッカー ほか），第2章 プロスポーツ団体の概要，第3章 プロスポーツ界の現状（プロになる方法・条件，選手について，指導者について，観戦について，社会貢献活動 ほか），付

プロスポーツ年鑑 2011 日本プロスポーツ協会編 日本プロスポーツ協会 2011.7 283p 26cm 3800円 ①978-4-9905744-0-6 Ⓝ780.59

〔目次〕カラーグラビア2010年ハイライトシーン，第1章 '10年シーズン総括（相撲，野球，男子ゴルフ，女子ゴルフ，サッカー ほか），第2章 プロスポーツ団体の概要（相撲，野球，男子ゴルフ，女子ゴルフ，サッカー ほか），第3章 プロスポーツ界の現状（プロになる方法・条件，選手について，指導者について，観戦について，社会貢献活動 ほか），付（（財）日本プロスポーツ協会の概要，スポーツ関連団体連絡先一覧，'11年プロスポーツ主要スケジュール）

プロスポーツ年鑑 2012 日本プロスポーツ協会編 日本プロスポーツ協会 2012.7 283p 26cm 3800円 ①978-4-990574-41-3 Ⓝ780.59

〔目次〕第1章 '11年シーズン総括（相撲，野球，男子ゴルフ，女子ゴルフ，サッカー ほか），第2章 プロスポーツ団体の概要，第3章 プロスポーツ界の現状（プロになる方法・条件，選手について，指導者について，観戦について，社会貢献活動 ほか）

スポーツ史

＜年　表＞

近代スポーツの歴史　年表式　大谷要三著　ぎょうせい　1990.3　282p　21cm　2000円　①4-324-02179-1　Ⓝ780.32

〔内容〕日本と世界の近代スポーツの歴史をエピソードや裏話をまじえて年表式に記述。

日本スポーツ事典 トピックス1964-2005　日外アソシエーツ編　日外アソシエーツ　2006.8　722p　21cm　12000円　①4-8169-1985-6　Ⓝ780.21

〔内容〕東京オリンピックの1964年からセ・パ交流元年の2005年まで，日本スポーツ界の出来事を年月日順に一覧できる記録事典。プロ・アマを問わず，大会記録，通算記録，引退や新団体設立などの主要なトピックを幅広く収録し，記憶に残るシーン，気になることば・テーマをコラム記事で解説。巻末に競技や人名別に引ける便利な競技別索引・人名索引付き。

＜年鑑・白書＞

運動年鑑　第1巻（大正5年） 朝日新聞社編　日本図書センター　2001.6　21,300,55p 図版24枚　22cm　〈「野球年鑑」（朝日新聞社大正5年刊）の複製〉　Ⓘ4-8205-6772-1　Ⓝ780.59

運動年鑑　第2巻（大正6年） 朝日新聞社編　日本図書センター　2001.6　300,60p 図版24枚　22cm　〈「野球年鑑」（朝日新聞社大正6年刊）の複製〉　Ⓘ4-8205-6773-X　Ⓝ780.59

運動年鑑　第3巻（大正7年） 朝日新聞社編　日本図書センター　2001.6　264,94p 図版24枚　22cm　〈「野球年鑑」（朝日新聞社大正7年刊）の複製〉　Ⓘ4-8205-6774-8　Ⓝ780.59

運動年鑑　第4巻（大正8年） 朝日新聞社編　日本図書センター　2001.6　268,90p 図版24枚　22cm　〈朝日新聞社大正8年刊の複製〉　Ⓘ4-8205-6775-6　Ⓝ780.59

運動年鑑　第5巻（大正9年） 朝日新聞社編　日本図書センター　2001.6　258,82p 図版20枚　22cm　〈朝日新聞社大正9年刊の複製〉　Ⓘ4-8205-6776-4　Ⓝ780.59

運動年鑑　第6巻（大正10年） 朝日新聞社編　日本図書センター　2001.6　420p 図版20枚　22cm　〈朝日新聞社大正10年刊の複製〉　Ⓘ4-8205-6777-2　Ⓝ780.59

運動年鑑　第7巻（大正11年） 朝日新聞社編　日本図書センター　2001.6　446p 図版20枚　22cm　〈朝日新聞社大正11年刊の複製〉　Ⓘ4-8205-6778-0　Ⓝ780.59

運動年鑑　第8巻（大正12年） 朝日新聞社編　日本図書センター　2001.6　388p 22cm　〈朝日新聞社大正12年刊の複製〉　Ⓘ4-8205-6779-9　Ⓝ780.59

運動年鑑　第9巻（大正13年） 朝日新聞社編　日本図書センター　2001.6　542p 図版16枚　22cm　〈朝日新聞社大正13年刊の複製〉　Ⓘ4-8205-6780-2　Ⓝ780.59

運動年鑑　第10巻（大正14年） 朝日新聞社編　日本図書センター　2001.6　639p 図版16枚　22cm　〈朝日新聞社大正14年刊の複製〉　Ⓘ4-8205-6781-0　Ⓝ780.59

運動年鑑　第11巻（大正15年） 朝日新聞社編　日本図書センター　2001.6　404,169p 図版16枚　22cm　〈朝日新聞社大正15年刊の複製〉　Ⓘ4-8205-6782-9　Ⓝ780.59

運動年鑑　第12巻（昭和2年） 朝日新聞社編　日本図書センター　2001.6　369,185p 図版16枚　22cm　〈朝日新聞社昭和2年刊の複製〉　Ⓘ4-8205-6783-7　Ⓝ780.59

運動年鑑　第13巻（昭和3年） 朝日新聞社編　日本図書センター　2001.6　392,196p 図版16枚　22cm　〈朝日新聞社昭和3年刊の複製〉　Ⓘ4-8205-6784-5　Ⓝ780.59

運動年鑑　第14巻（昭和4年） 朝日新聞社編　日本図書センター　2001.6　308,186p 図版16枚　22cm　〈朝日新聞社昭和4年刊の複製〉　Ⓘ4-8205-6785-3　Ⓝ780.59

運動年鑑　第15巻（昭和5年） 朝日新聞社編　日本図書センター　2001.6　388,204p 図版16枚　22cm　〈朝日新聞社昭和5年刊の複製〉　Ⓘ4-8205-6786-1　Ⓝ780.59

運動年鑑　第16巻（昭和6年） 朝日新聞社編　日本図書センター　2001.6　336,236p 図版16枚　22cm　〈朝日新聞社昭和6年刊の複製〉　Ⓘ4-8205-6787-X　Ⓝ780.59

運動年鑑　第17巻（昭和7年） 朝日新聞社編　日本図書センター　2001.6　367,249p 図版16枚　22cm　〈朝日新聞社昭和7年刊の複製〉　Ⓘ4-8205-6788-8　Ⓝ780.59

運動年鑑　第18巻（昭和8年） 朝日新聞社編　日本図書センター　2001.6　383,257p 図版16枚　22cm　〈朝日新聞社昭和8年刊の複製〉　Ⓘ4-8205-6789-6　Ⓝ780.59

運動年鑑　第19巻（昭和9年） 朝日新聞社編　日本図書センター　2001.6　375,310p 図版16枚　22cm　〈朝日新聞社昭和9年刊の複製〉　Ⓘ4-8205-6790-X　Ⓝ780.59

運動年鑑　第20巻（昭和10年） 朝日新聞社編　日本図書センター　2001.6　382,338p 図版16枚　22cm　〈朝日新聞社昭和10年の複製〉　Ⓘ4-8205-6791-8　Ⓝ780.59

運動年鑑　第21巻（昭和11年） 朝日新聞社編　日本図書センター　2001.6　383,404p 図版16枚　22cm　〈朝日新聞社昭和11年刊の複製〉　Ⓘ4-8205-6792-6　Ⓝ780.59

運動年鑑　第22巻（昭和12年） 朝日新聞社編　日本図書センター　2001.6　397,458p 図版16枚　22cm　〈朝日新聞社昭和12年刊の複製〉　Ⓘ4-8205-6793-4　Ⓝ780.59

運動年鑑　第23巻（昭和13年） 朝日新聞社編　日本図書センター　2001.6　367,353p 図版16枚　22cm　〈朝日新聞社昭和13年刊

スポーツ一般　　　　　　スポーツ史

の複製〉　①4-8205-6794-2　Ⓝ780.59

運動年鑑　第24巻（昭和14年）　朝日新聞社編　日本図書センター　2001.6　344,375p　図版16枚　22cm　〈朝日新聞社昭和14年刊の複製〉　①4-8205-6795-0　Ⓝ780.59

運動年鑑　第25巻（昭和15年）　朝日新聞社編　日本図書センター　2001.6　340,412p　図版16枚　22cm　〈朝日新聞社昭和15年刊の複製〉　①4-8205-6796-9　Ⓝ780.59

運動年鑑　第26巻（昭和16年）　朝日新聞社編　日本図書センター　2001.6　331,434p　図版16枚　22cm　〈朝日新聞社昭和16年刊の複製〉　①4-8205-6797-7　Ⓝ780.59

運動年鑑　第27巻（昭和17年）　朝日新聞社編　日本図書センター　2001.6　219,331p　図版16枚　22cm　〈朝日新聞社昭和17年刊の複製〉　①4-8205-6798-5　Ⓝ780.59

運動年鑑　第28巻（昭和18年）　朝日新聞社編　日本図書センター　2001.6　466p　図版16枚　22cm　〈朝日新聞社昭和18年刊の複製〉　①4-8205-6799-3　Ⓝ780.59

運動年鑑　第29巻（昭和23年）　朝日新聞社編　日本図書センター　2001.6　508p　22cm　〈朝日新聞社昭和23年刊の複製〉　①4-8205-6800-0　Ⓝ780.59

運動年鑑　第30巻（昭和24年）　朝日新聞社編　日本図書センター　2001.6　392p　22cm　〈朝日新聞社昭和24年刊の複製〉　①4-8205-6801-9　Ⓝ780.59

運動年鑑　第31巻（昭和25年）　朝日新聞社編　日本図書センター　2001.6　463p　図版12枚　22cm　〈朝日新聞社昭和25年刊の複製〉　①4-8205-6802-7　Ⓝ780.59

運動年鑑　第32巻（昭和26年）　朝日新聞社編　日本図書センター　2001.6　463p　図版16枚　22cm　〈朝日新聞社昭和26年刊の複製〉　①4-8205-6803-5　Ⓝ780.59

運動年鑑　第33巻（昭和27年）　朝日新聞社編　日本図書センター　2001.6　400p　図版16枚　22cm　〈朝日新聞社昭和27年刊の複製〉　①4-8205-6804-3　Ⓝ780.59

運動年鑑　第34巻（昭和28年）　朝日新聞社編　日本図書センター　2001.6　384p　22cm　〈朝日新聞社昭和28年刊の複製〉　①4-8205-6805-1　Ⓝ780.59

スポーツ年鑑　1（1954年版）　アサヒスポーツ年鑑　1954年　日本図書センター　1995.7　264p　27cm　〈複製〉　①4-8205-9340-4　Ⓝ780.59

スポーツ年鑑　2（1955年版）　アサヒスポーツ年鑑　1955年　日本図書センター　1995.7　260p　27cm　〈複製〉　①4-8205-9341-2　Ⓝ780.59

スポーツ年鑑　3（1956年版）　アサヒスポーツ年鑑　1956年　日本図書センター　1995.7　266p　27cm　〈複製〉　①4-8205-9342-0　Ⓝ780.59

スポーツ年鑑　4（1957年版）　アサヒスポーツ年鑑　1957年　日本図書センター　1995.7　292p　27cm　〈複製〉　①4-8205-9343-9　Ⓝ780.59

スポーツ年鑑　5（1958年版）　アサヒスポーツ年鑑　1958年　日本図書センター　1995.7　292p　27cm　〈複製〉　①4-8205-9344-7　Ⓝ780.59

スポーツ年鑑　6（1959年版）　KRTスポーツ年鑑　1959年　ラジオ東京運動部〔編〕　日本図書センター　1995.7　90p　27cm　〈複製〉　①4-8205-9345-5　Ⓝ780.59

スポーツ年鑑　7（1960年版）　KRTスポーツ年鑑　1960年　ラジオ東京運動部〔編〕　日本図書センター　1995.7　137p　27cm　〈複製〉　①4-8205-9346-3　Ⓝ780.59

スポーツ年鑑　8（1961年版）　TBSスポーツ年鑑　1961年　東京放送運動部〔編〕　日本図書センター　1995.7　108p　27cm　〈複製〉　①4-8205-9347-1　Ⓝ780.59

スポーツ年鑑　9（1962年版）　ベースボール・マガジン社版　1962年　広瀬謙三〔ほか編〕　日本図書センター　1996.1　504p　22cm　〈複製〉　①4-8205-9350-1　Ⓝ780.59

スポーツ年鑑　10（1963年版）　ベースボール・マガジン社版　1963年　広瀬謙三〔ほか編〕　日本図書センター　1996.1　434p　22cm　〈複製〉　①4-8205-9351-X　Ⓝ780.59

スポーツ年鑑　11（1964年版）　ベースボール・マガジン社版　1964年　ベースボール・マガジン社〔編〕　日本図書センター　1996.1　504p　22cm　〈複製〉　①4-8205-9352-8　Ⓝ780.59

スポーツ年鑑　12（1965年版）　ベースボール・マガジン社版　1965年　ベース

ボール・マガジン社〔編〕 日本図書センター 1996.1 486p 22cm 〈複製〉 ⓘ4-8205-9353-6 Ⓝ780.59

スポーツ年鑑 13（1966年版） ベースボール・マガジン社版 1966年 ベースボール・マガジン社〔編〕 日本図書センター 1996.1 357p 22cm 〈複製〉 ⓘ4-8205-9354-4 Ⓝ780.59

スポーツ年鑑 14（1967年版） ベースボール・マガジン社版 1967年 ベースボール・マガジン社〔編〕 日本図書センター 1996.1 635p 22cm 〈複製〉 ⓘ4-8205-9355-2 Ⓝ780.59

スポーツ用語

＜辞典＞

（絵でわかる）楽しい英語辞典 6 スポーツ 小峰書店 1991.4 39p 27cm 〈監修：平尾邦宏〉 1845円 ⓘ4-338-09406-0 Ⓝ833

(目次)野球，サッカー，バレーボール，バスケットボール，テニス，卓球，トラック競技，フィールド競技，体操，いろいろなスポーツ，水泳，海辺のスポーツ，キャンプ，スキーとスケート，やさしい英会話

ことば絵事典 5 音楽・芸術・スポーツのことば 江川清監修 偕成社 2006.4 143p 21cm （探検・発見 授業で活躍する日本語） 2000円 ⓘ4-03-541350-X Ⓝ703.6

(目次)音楽の名前とことば，舞踊・演劇の名前とことば，映画の名前とことば，演芸の名前とことば，美術の名前とことば，文学の名前とことば，スポーツの名前とことば

最新版 スポーツ用語 角山修司編 （東村山）教育社 1992.11 1114p 18cm （Newton DATABASE） 2500円 ⓘ4-315-51267-2 Ⓝ780.59

(目次)スポーツ全般（7大スポーツ，競技スポーツ，レジャースポーツ，スポーツサブ知識），特別付録（「第25回オリンピック・バルセロナ大会」全記録，「第16回冬季オリンピック・アルベールビル大会」全記録），付録（スポーツカレンダー，主要スポーツ協会・団体一覧，「スポーツ用語」索引）

(内容)ビッグスポーツ・主要100スポーツ用語総覧。ルール・ゲーム進行・戦術から最新用語。

スポーツからきた英語表現辞典 R.A.パルマティア，H.L.レイ著，本名信行，鈴木紀之編訳 大修館書店 1997.3 508p 19cm 〈原書名：SPORTS TALK：A Dictionary of Sports Metaphors〉 3800円 ⓘ4-469-04149-1 Ⓝ834.4

(内容)スポーツやゲームや娯楽と関連することばからきたアメリカ英語でよく使われる単語や表現を収録。収録語数は、約1800語。

スポーツ基本用語辞典 6版 田口知弘編 同学社 1998.5 391p 18cm （同学社基本用語辞典シリーズ） 〈他言語標題：Sport・elementarer Wortschatz〉 2000円 ⓘ4-8102-0016-7 Ⓝ780.33

すぐわかるスポーツ用語辞典 学習研究社 1998.1 570p 18cm 1750円 ⓘ4-05-300298-2 Ⓝ780.33

(内容)テレビや新聞・雑誌で使われるスポーツ用語約6400語を五十音順に収録、巻末には協議団体リスト、競技別索引が付く。

スポーツ用語辞典 小倉伸一著 笠倉出版社 2004.9 239p 18cm 1905円 ⓘ4-7730-0284-0 Ⓝ780.33

(内容)TV、ラジオのスポーツ観戦がグーンと楽しくなる。約四〇〇〇語の収録。スポーツファンの必携書。電子辞書にも登場。

スポーツ用語辞典 2007年度改訂版 小倉伸一著 笠倉出版社 2006.9 357p 18cm 1905円 ⓘ4-7730-0337-5 Ⓝ780.33

(内容)TV、ラジオのスポーツ観戦がグーンと楽しくなる約3000語を収録。

スポーツ用語辞典 小倉伸一監修，小倉伸一編著 三修社 2008.9 243p 19cm 2200円 ⓘ978-4-384-01878-3 Ⓝ780.33

(内容)スポーツ観戦に必携。あらゆるスポーツを網羅。懇切丁寧な解説約3500語。英文表記付き。

スポーツ用語辞典 改訂版 小倉伸一編著 三修社 2011.7 277p 19cm 〈他言語標題：Sports dictionary 文献あり〉 2200円 ⓘ978-4-384-04444-7 Ⓝ780.33

(内容)あらゆるスポーツを網羅した3,700語。読んで楽しい辞典。英文表記付き。

ニュースポーツ用語事典 野々宮徹著 遊戯社 2000.12 311p 22cm 4200円 ⓘ4-89659-625-0 Ⓝ780.33

必携 スポーツ用語辞典 2005-2006年度版 笠倉出版社 2005.8 246p 18cm

1905円 Ⓘ4-7730-0307-3 Ⓝ780.33

㊤内容㊦TV、ラジオのスポーツ観戦がグーンと楽しくなる。約三、○○○語の収載。スポーツファンの必携書。電子辞書にも登場。

ポーランド語スポーツ用語辞典　中村史絵編　(岡山)西日本法規出版，星雲社〔発売〕 2003.1　60p　21cm　1000円　Ⓘ4-434-02856-1　Ⓝ780.33

㊤内容㊦ポーランド語初級以上の知識のある人たちが、特にスポーツに関わる単語について調べたいときに役に立つようにと作成したスポーツ用語辞典。日本語使用者向け、約2000語を収録。ポ和の部、和ポの部として、それぞれ対訳用語を記載。ポ和の部はアルファベット順に排列。和ポの部はスポーツ全般および各競技種目別の項目立てで、それぞれの項目ごとに五十音順に排列。「体の部位の名称」「体育授業・練習等で使用する語彙」を日本語見出しで巻末に収載。参考文献を付す。

◆スポーツ用語（記号）

＜事　典＞

NEWマーク・記号の大百科　1　ことばや文化、スポーツのマーク・記号　太田幸夫監修　学研プラス　2016.2　47p　27×22cm　2800円　Ⓘ978-4-05-501199-0　Ⓝ727

㊤目次㊦ことばのマークや記号（絵文字から生まれた漢字、漢字をくずしてできたひらがな、漢字の一部を使ったかたかな　ほか）、文化のマークや記号（将棋のマークや記号，チェスのマークや記号，囲碁・オセロのマークや記号　ほか）、スポーツのマークや記号（国際スポーツ大会のマーク、国体のマーク、サッカーで使われているマークや記号　ほか）

＜図鑑・図集＞

よくわかる！記号の図鑑　5　グループ、スポーツ、遊びの記号　木村浩監修　あかね書房　2015.3　47p　31cm　〈索引あり〉 3000円　Ⓘ978-4-251-09329-5　Ⓝ727

㊤目次㊦グループ、集団の象徴としての記号（世界各国のシンボルマーク、国旗、都道府県の県章やシンボルマーク、政令指定都市・省庁のシンボルマーク、企業の記号、仕事・家紋などの記号）、スポーツにつかわれる記号、遊び（文化）につかわれる記号（カード遊びの記号、じゃんけん、○×ゲームでつかう記号、盤と駒をつかった遊びの記号）

㊤内容㊦国旗や都道府県の県章、家紋なども記号です。また、スポーツでつかわれるマスコットや、遊びでつかう将棋、チェスなどの駒、これらも記号です。

スポーツルール

＜事　典＞

図解 スポーツルール大事典　第3訂版　綿井永寿監修　東陽出版　1997.6　419p　30cm　9800円　Ⓘ4-88593-180-0　Ⓝ780.36

㊤目次㊦陸上競技（トラック競技、フィールド競技）、水上競技、体操競技、球技（バスケットボール、ハンドボール、バレーボール、卓球、テニス、バドミントン、サッカー、ラグビー、アメリカンフットボール、野球、ソフトボール）、冬季競技（スキー、スケート）、武道・格技（すもう、柔道、剣道、弓道、空手道、レスリング、ボクシング、フェンシング）、その他の競技（ウエイトリフティング、アーチェリー、ゴルフ、ゲートボール、ヨット、ボート、カヌー、馬術、射撃、近代五種競技）

＜ハンドブック＞

イラストによる最新スポーツルール 2000　大修館書店・編集部編　大修館書店　2000.4　384p　21cm　762円　Ⓘ4-469-36366-9　Ⓝ780

イラストによる最新スポーツルール 2001　大修館書店・編集部編　大修館書店　2001.4　384p　21cm　762円　Ⓘ4-469-36382-0　Ⓝ780

イラストによる最新スポーツルール 2003　大修館書店編集部編　大修館書店　2003.4　381p　21cm　781円　Ⓘ4-469-36398-7　Ⓝ780

㊤目次㊦バレーボール、バスケットボール、ハンドボール、サッカー、ラグビー、陸上競技、水泳、体操、柔道、剣道、ソフトテニス・テニス、卓球、バドミントン、野球、ソフトボール、スキー、スケート

イラストによる最新スポーツルール百科 〔1990〕　大修館書店編集部編　大修館書店　1990.4　336p　21cm　〈付：近代の体

育・スポーツ年表〉 1100円 ⓘ4-469-26164-5 ⓃN780

(内容)36種目のスポーツについて、施設、用具、服装、ゲームの進め方とルール、審判法などを1,500枚のイラスト入りで解説した事典。

イラストによる最新スポーツルール百科

〔1991〕 大修館書店編集部編 大修館書店 1991.4 336p 21cm 1100円 ⓘ4-469-26164-5 Ⓝ780

(目次)バレーボール、バスケットボール、ハンドボール、サッカー、ラグビー、陸上競技、水泳、体操、柔道、剣道、テニス、卓球、バドミントン、野球、ソフトボール、スキー、スケート

イラストによる最新スポーツルール百科

〔1992〕 大修館書店・編集部編 大修館書店 1992.4 336p 21cm 1068円 ⓘ4-469-26164-5 Ⓝ780

(内容)36種目のスポーツについて、施設、用具、服装、ゲームの進め方とルール、審判法などを1,500枚のイラスト入りで解説した事典。

イラストによる最新スポーツルール百科

〔1993〕 大修館書店・編集部編 大修館書店 1993.4 336p 21cm 1100円 ⓘ4-469-26164-5 Ⓝ780

イラストによる最新スポーツルール百科

〔1994〕 大修館書店編集部編 大修館書店 1994.4 336p 21cm 1236円 ⓘ4-469-26281-1 Ⓝ780

(目次)バレーボール、バスケットボール、ハンドボール、サッカー、ラグビー、陸上競技、水泳、体操、柔道、剣道、テニス、卓球、バドミントン、野球、ソフトボール、スキー、スケート〔ほか〕

イラストによる最新スポーツルール百科

'95年版 大修館書店 1995.4 336p 21cm 1339円 ⓘ4-469-26300-1 Ⓝ780

(目次)バレーボール、バスケットボール、ハンドボール、サッカー、ラグビー、陸上競技、水泳、体操、柔道、剣道〔ほか〕

(内容)31種のスポーツのルールをイラストで解説したガイドブック。各種目の歴史、特色、用具・服装等、用語、規則違反と罰則規定等について図解する。

イラストによる最新スポーツルール百科

'96年版 大修館書店 1996.4 336p 21cm 1339円 ⓘ4-469-26337-0 Ⓝ780

(目次)1 バレーボール、2 バスケットボール、3 ハンドボール、4 サッカー、5 ラグビー、6 陸上競技、7 水泳、8 体操、9 柔道、10 剣道、11 テニス、12 卓球、13 バドミントン、14 野球、15 ソフトボール、16 スキー、17 スケート

(内容)バレーボール・バスケットボール・サッカー・野球など31種のスポーツのルールを解説した事典。競技場の大きさ・ゲームに必要な用具・ルール・マナー・技術等をイラストを用いて説明。巻末ではねんざを保護する際などのテーピング方法を紹介する。

イラストによる最新スポーツルール百科

'97 大修館書店 1997.3 336p 21cm 1300円 ⓘ4-469-26360-5 Ⓝ780

(目次)バレーボール、バスケットボール、ハンドボール、サッカー、ラグビー、陸上競技、水泳、体操、柔道、剣道、テニス、卓球、バドミントン、野球、ソフトボール、スキー、スケート、新体操、ホッケー、レスリング、すもう、なぎなた、弓道、アメリカンフットボール、ウエイトリフティング、ボクシング、アーチェリー、フェンシング、ゴルフ、ボート、ヨット

最新スポーツルール百科 '98

大修館書店・編集部編 大修館書店 1998.4 336p 21cm 1400円 ⓘ4-469-26392-3 Ⓝ780

(目次)スポーツ・ハイライト、エアロビック体操、ストレッチ体操、バレーボール、バスケットボール、ハンドボール、サッカー、ラグビー、陸上競技、水泳〔ほか〕

最新スポーツルール百科 '99

大修館書店・編集部編 大修館書店 1999.4 336p 21cm 1400円 ⓘ4-469-26415-6 Ⓝ780

(目次)スポーツ・ハイライト、エアロビック体操、ストレッチ体操、バレーボール、バスケットボール、ハンドボール、サッカー、ラグビー、陸上競技、水泳、体操、柔道、剣道、テニス、卓球、バドミントン、野球、ソフトボール、スキー、スケート、新体操、ホッケー:レスリング、すもう、なぎなた、弓道、アメリカンフットボール、ウエイトリフティング、ボクシング、アーチェリー、フェンシング、ゴルフ、ボート、ヨット

最新スポーツルール百科 2000

大修館書店・編集部編 大修館書店 2000.4 336p 21cm 1400円 ⓘ4-469-26445-8 Ⓝ780

(目次)バレーボール、バスケットボール、ハンドボール、サッカー、ラグビー、陸上競技、水泳、体操、柔道、剣道、ソフトテニス・テニス、卓球、バドミントン、野球、ソフトボール、ス

キー，スケート，新体操，ホッケー，レスリング，すもう，なぎなた，弓道，アメリカンフットボール，ウエイトリフティング，ボクシング，アーチェリー，フェンシング，ゴルフ，ボート，ヨット
(内容)各種スポーツのルールを解説する資料集。バレーボール、バスケットボールなど31種目を収録。各種目は競技のおいたちと発展、特徴と数値データも含めた試合場、試合に必要な用具、服装等と競技のルール、判定、校内競技会の持ち方を解説している。

最新スポーツルール百科　2001　大修館書店・編集部編　大修館書店　2001.4　336p　21cm　1500円　①4-469-26460-1　Ⓝ780
(目次)バレーボール，バスケットボール，ハンドボール，サッカー，ラグビー，陸上競技，水泳，体操，柔道，剣道，ソフトテニス・テニス，卓球，バドミントン，野球，ソフトボール，スキー，スケート，新体操，ホッケー，レスリング，すもう，なぎなた，弓道，アメリカンフットボール，ウエイトリフティング，ボクシング，アーチェリー，フェンシング，ゴルフ，ボート，ヨット
(内容)各種スポーツのルールを解説する資料集。バレーボール、バスケットボールなど31種目を収録。各種目は競技のおいたちと発展、特徴と数値データも含めた試合場、試合に必要な用具、服装等と競技のルール、判定、校内競技会の持ち方を解説している。

最新スポーツルール百科　2002　大修館書店・編集部編　大修館書店　2002.5　336p　21cm　1500円　①4-469-26494-6　Ⓝ780
(目次)バレーボール，バスケットボール，ハンドボール，サッカー，ラグビー，陸上競技，水泳，体操，柔道，剣道〔ほか〕
(内容)各種スポーツのルールを解説する資料集。バレーボール、バスケットボールなど31種目を収録。各種目は競技のおいたちと発展、特徴と数値データも含めた試合場、試合に必要な用具、服装等と競技のルール、判定、校内競技会の持ち方等を、イラスト図解で細かく説明している。巻頭では、スポーツ・ハイライト写真を紹介、エアロビック体操、ストレッチ体操の紹介を行っている。

最新スポーツルール百科　2003　大修館書店・編集部編　大修館書店　2003.4　336p　21cm　1500円　①4-469-26517-9　Ⓝ780
(目次)バレーボール，バスケットボール，ハンドボール，サッカー，ラグビー，陸上競技，水泳，体操，柔道，剣道，ソフトテニス・テニス，卓球，バドミントン，野球，ソフトボール，スキー，スケート

最新スポーツルール百科　2004　大修館書店編集部編　大修館書店　2004.4　336p　21cm　1500円　①4-469-26547-0　Ⓝ780
(目次)バレーボール，バスケットボール，ハンドボール，サッカー，ラグビー，陸上競技，水泳，体操，柔道，剣道，ソフトテニス・テニス，卓球，バドミントン，野球，ソフトボール，スキー，スケート

最新スポーツルール百科　2005　大修館書店　2005.4　336p　21cm　1500円　①4-469-26569-1　Ⓝ780
(目次)バレーボール，バスケットボール，ハンドボール，サッカー，ラグビー，陸上競技，水泳，体操，柔道，剣道〔ほか〕

最新スポーツルール百科　2006　大修館書店編集部編　大修館書店　2006.4　352p　21cm　1600円　①4-469-26600-0　Ⓝ780
(目次)スポーツハイライト，エピソードから考えるボールゲームの戦術・作戦・戦略，競技会の組み合わせを知ろう，スポーツミュージアムへの招待，スポーツに合わせた食事メニュー，みんなの体力トレーニング，陸上競技，水泳競技，体操競技，バレーボール〔ほか〕

最新スポーツルール百科　2007　大修館書店編集部編　大修館書店　2007.4　352p　21cm　1600円　①978-4-469-26633-7　Ⓝ780
(目次)スポーツハイライト，エピソードから考えるボールゲームの戦術・作戦・戦略，競技会の組み合わせを知ろう，スポーツミュージアムへの招待，スポーツに合わせた食事メニュー，みんなの体力トレーニング，陸上競技，水泳競技，体操競技，バレーボール，バスケトボール，ハンドボール，サッカー，ラグビー，ソフトテニス，テニス〔ほか〕
(内容)50種以上の競技規則をイラストを用いて解説したルール百科の最新版。

最新スポーツルール百科　2008　大修館書店編集部編　大修館書店　2008.4　352p　21cm　1600円　①978-4-469-26658-0　Ⓝ780
(目次)陸上競技，水泳競技，体操競技，バレーボール，バスケットボール，ハンドボール，サッカー，ラグビー，ソフトテニス，テニス，卓球，バドミントン，野球，ソフトボール，柔道，剣道，スキー，スケート，スノーボード，新体操，ゴルフ，レスリング，アメリカンフットボール，

ホッケー，すもう，なぎなた，弓道，空手道，少林寺拳法，ウエイトリフティング，ボクシング，アーチェリー，フェンシング，ボート，ヨット，カヌー，パークゴルフ，アルティメット，自転車競技，ラクロス，馬術，トランポリン，トライアスロン，ビーチバレーボール，テコンドー，ライフル射撃＆クレー射撃，バイアスロン，カーリング，リュージュ＆スケルトン，ボブスレー，フリースタイルスキー，ショートトラック・スピードスケート，ライフセービング，フラッグフットボール

最新スポーツルール百科　2009　大修館書店編集部編　大修館書店　2009.4　352p　21cm　〈年表あり〉　1600円　①978-4-469-26681-8　Ⓝ780

(目次)陸上競技，水泳競技，体操競技，バレーボール，バスケットボール，ハンドボール，サッカー，ラグビー，ソフトテニス，テニス，卓球，バドミントン，野球，ソフトボール，柔道，剣道，スキー，スケート，スノーボード

最新スポーツルール百科　2010　大修館書店編集部編　大修館書店　2010.4　352p　21cm　〈年表あり〉　1600円　①978-4-469-26699-3　Ⓝ780

(目次)陸上競技，水泳競技，体操競技，バレーボール，バスケットボール，ハンドボール，サッカー，ラグビー，ソフトテニス，テニス〔ほか〕

最新スポーツルール百科　2012　大修館書店編集部編　大修館書店　2012.4　352p　21cm　1600円　①978-4-469-26729-7　Ⓝ780

(目次)陸上競技，水泳競技，体操競技，バレーボール，バスケットボール，ハンドボール，サッカー，ラグビー，ソフトテニス，テニス〔ほか〕

最新スポーツルール百科　2013　大修館書店編集部編　大修館書店　2013.4　352p　21cm　1600円　①978-4-469-26746-4　Ⓝ780

(目次)陸上競技，水泳競技，体操競技，バレーボール，バスケットボール，ハンドボール，サッカー，ラグビー，ソフトテニス，テニス〔ほか〕

観るまえに読む大修館スポーツルール　2014　大修館書店編集部編　大修館書店　2014.4　352p　21cm　1600円　①978-4-469-26759-4　Ⓝ780

(目次)陸上競技，水泳競技，体操競技，バレーボール，バスケットボール，ハンドボール，サッカー，ラグビー，ソフトテニス，テニス〔ほか〕

観るまえに読む大修館スポーツルール　2015　大修館書店編集部編　大修館書店　2015.4　352p　21cm　1600円　①978-4-469-26774-7　Ⓝ780

(目次)陸上競技，水泳競技，体操競技，バレーボール，バスケットボール，ハンドボール，サッカー，ラグビー，ソフトテニス，テニス〔ほか〕

観るまえに読む大修館スポーツルール　2016　大修館書店編集部編　大修館書店　2016.4　352p　21cm　1600円　①978-4-469-26792-1　Ⓝ780

(目次)陸上競技，水泳競技，体操競技，バレーボール，バスケットボール，ハンドボール，サッカー，ラグビー，ソフトテニス，テニス〔ほか〕

スポーツ観戦

＜事　典＞

スポーツまるかじり事典　テレビで見るスポーツが断然面白くなる！　小林智明著　ひかり出版，ヒカリコーポレーション〔発売〕　1996.7　383p　19cm　1200円　①4-906500-93-5　Ⓝ780

(目次)プロ野球，サッカー，相撲，ボクシング，プロレス，競馬，バレーボール，NBA，ラグビー，テニス，ゴルフ，F1

(内容)プロ野球・サッカー・相撲・ボクシング・プロレス・競馬・バレーボール・NBA・ラグビー・テニス・ゴルフ・F1について，その歴史・選手・観戦のポイント・用語・ルールなどを解説した事典。―テレビで見るスポーツが断然面白くなる。

＜ハンドブック＞

スポーツカードチェックリスト　1999　ベースボール・マガジン社編　ベースボール・マガジン社　1998.12　282p　19cm　2000円　①4-583-04544-1　Ⓝ780

(目次)野球，サッカー，プロレス，相撲，その他

(内容)スポーツカードのチェックリスト。記載項目は，各選手ごとにカードナンバー，発行年，メーカー名，シリーズ名，インサートの種類，パラレルの種類などがあり，各カードごとにチェック欄がつく。

スポーツ観戦ガイド　ぴーあい出版編　ぴーあい出版，星雲社〔発売〕　1993.9　144p　21cm　1200円　①4-7952-9121-7　Ⓝ783

(目次)サッカー，野球，ラグビー，アメリカン

フットボール，テニス，バスケットボール，バレーボール

⑱内容⑲7種目のスポーツ観戦について、各競技の歴史・ルール・スケジュール等、観戦に必要な知識をとりまとめたガイドブック。

スポーツ指導

＜辞典＞

健康運動指導者必携キーワード （横須賀）
医道の日本社　1991.5　296p　26cm　〈監修：郡司篤晃〉　5200円　Ⓘ4-7529-3029-3　Ⓝ780.33

＜ハンドブック＞

スポーツ関連資格ガイドブック　'97 総合
就職問題研究会編　ナツメ社　1996.8　199p　19cm　1000円　Ⓘ4-8163-2051-2　Ⓝ780.7
⑱目次⑲1 プロスポーツ，2 競技スポーツ，3 マリンスポーツ，4 ウインタースポーツ，5 モータースポーツ，6 スカイスポーツ，7 アウトドア，8 武術，9 インストラクター
⑱内容⑲各種スポーツのライセンスを紹介するガイドブック。プロスポーツ、競技スポーツ、武道などスポーツをジャンル別に9分類し各スポーツおよびライセンスに関する概要・特徴をまとめた解説、ライセンスの受験資格・受講資格、受験内容・受講内容、期日、費用、問い合わせ先などのデータを掲載する。データの内容は1996年4月末現在。

スポーツ関連資格ベスト・ガイド よくばり資格情報源 取り方＆活用法 大栄出版　1994.12　286p　21cm　（ライセンス・ライブラリーオムニバス版）　1500円　Ⓘ4-88682-301-7　Ⓝ780.7
⑱目次⑲インストラクター，プレジャー，プロスポーツ，審判員
⑱内容⑲スポーツ関連資格を紹介する資格ガイド。スポーツインストラクター、楽しめるスポーツ資格、プロスポーツや審判までを対象に、それぞれの資格紹介、資格取得方法、仕事への結び付け方などを掲載する。

スポーツ指導・実務ハンドブック スポーツ指導・実務ハンドブック編集委員会編，日本スポーツ学会監修　〔出版地不明〕）スポーツ指導・実務ハンドブック編集委員会　2010.4　477p　22cm　〈発行所：道和書院　年表あり　索引あり〉　3619円　Ⓘ978-4-8105-2114-6　Ⓝ780.21
⑱目次⑲第1編 現代スポーツの動向，第2編 スポーツを支える理念と法，第3編 スポーツ振興と健康づくりの基本政策，第4編 学校における体育・スポーツ，第5編 スポーツの裁判と法的手続き，第6編 スポーツの事故防止と安全管理，第7編 スポーツ関係組織・団体，資料編

スポーツ指導・実務ハンドブック 法、政策、行政、文化 第2版　日本スポーツ学会監修，スポーツ指導・実務ハンドブック編集委員会編　道和書院　2012.6　461p　21cm　3619円　Ⓘ978-4-8105-2118-4　Ⓝ780.21
⑱目次⑲第1編 現代スポーツの動向，第2編 スポーツを支える理念と法，第3編 スポーツ振興と健康づくりの基本政策，第4編 学校における体育・スポーツ，第5編 スポーツの裁判と法的手続き，第6編 スポーツの事故防止と安全管理，第7編 スポーツ関係組織・団体，資料編

スポーツ指導・実務ハンドブック 法、政策、行政、文化 第2版ダイジェスト版　スポーツ指導・実務ハンドブック編集委員会編　道和書院　2013.4　239p　21cm　2400円　Ⓘ978-4-8105-2122-1　Ⓝ780.21
⑱目次⑲1 スポーツを支える法と理念，2 スポーツ振興，3 学校における体育・スポーツ，4 指導・施設管理上の法的責任，5 事故防止と安全管理，6 スポーツ関係組織・団体，資料編

スポーツの資格オールガイド　'99 資格試験研究会編　実務教育出版　1998.2　220p　21cm　1500円　Ⓘ4-7889-2072-7　Ⓝ780.7
⑱目次⑲1 pleasure sports（熱気球，グライダー ほか），2 instructor（スクーバダイビングインストラクター，水泳指導員 ほか），3 professional sports（中央競馬騎手，地方競馬騎手 ほか），4 judge（カートオフィシャル，綱引き審判員 ほか），5 others（調教師―地方競馬，認定装蹄師 ほか）

スポーツの資格オールガイド　2000年度版　資格試験研究会編　実務教育出版　1998.12　222p　21cm　1500円　Ⓘ4-7889-2039-5　Ⓝ780.7
⑱目次⑲1 趣味・技能資格，2 指導員資格，3 プロ資格，4 審判員資格，5 その他の資格
⑱内容⑲スポーツの各種ライセンスの取得法、インストラクターや審判員、プロへの道を、人気スポーツとスポーツ関連の資格を中心に、ライ

センスを取る（プロになる）ための受験（受講）手続き・費用・講習内容・その資格の活用方法などを項目別にまとめたガイド。索引、スポーツ関連の学校ガイド付き。

地域スポーツクラブ指導者ハンドブック
二杉茂，藤井一成，田端太，秋田和彦，伊藤淳，上谷聡子著　（京都）晃洋書房　2009.3　146p　21cm　1800円　Ⓘ978-4-7710-2061-0　Ⓝ780.7

目次 第1章 スポーツの考え方，第2章 地域コミュニティスポーツ，第3章 スポーツコーチング，第4章 スポーツマネジメント，第5章 トレーニングの基礎，第6章 スポーツコンディショニング，第7章 救急処置

中高年の運動実践ハンドブック　指導者のための基礎知識
大久保衛編著，土井龍雄，池端裕子，尾陰由美子，竹尾吉枝，髙橋正行著　（京都）昭和堂　2007.7　237p　26cm　2400円　Ⓘ978-4-8122-0749-9　Ⓝ780.7

目次 1 総論（今，なぜ運動・スポーツか？―超高齢社会を明るくするために，それでは，運動・スポーツとは何か ほか），2 運動プログラムを組み立てる（筋力トレーニング，エアロビックダンス，ウォーキング ほか），3 指導者のための内科学（中高年の特徴，中高年のスポーツ，なぜ危険なのか？ ほか），4 指導者のための整形外科学（運動器の問題点，各関節について ほか）

内容 運動・スポーツに遅すぎる歳はない。すぐに使える実践プログラムと専門医による解説。

＜法令集＞

スポーツ指導者のためのスポーツと法　三
村寛一編著　（京都）嵯峨野書院　2011.4　125p　26cm　〈執筆：野中耕次ほか〉　2100円　Ⓘ978-4-7823-0514-0　Ⓝ780

目次 第1章 スポーツと法，第2章 学校とスポーツ，第3章 地域とスポーツ，第4章 障害者とスポーツ，第5章 スポーツと事故，補遺 スポーツ事故判例集

＜図鑑・図集＞

夢に近づく仕事の図鑑　2　スポーツが好き！
仕事の図鑑編集委員会編　あかね書房　1996.4　79p　26cm　2800円　Ⓘ4-251-00832-4　Ⓝ366

目次 エアロビクスインストラクター，グラウンドキーパー，サッカー選手，審判（プロ野球），水泳インストラクター，スポーツ学者，スポーツカメラマン，スポーツ記者，スポーツ誌編集者，スポーツ食品開発，スポーツドクター，スポーツ用品開発，選手サポート，体育教師，プロゴルファー，野球選手

内容 様々な分野の仕事を児童向けに紹介したもの。全6巻構成で，134職種を収録する。本巻ではスポーツにかかわる職種について，仕事の概要と，その職業に就いている人の体験談を写真入りで掲載する。巻末に全巻共通の職種名の索引がある。

夢のお仕事さがし大図鑑　名作マンガで「すき！」を見つける　5　芸能とスポーツの仕事
夢のお仕事さがし大図鑑編集委員会編　日本図書センター　2016.9　47p　27cm　〈索引あり〉　3000円　Ⓘ978-4-284-20383-8　Ⓝ366.29

目次 巻頭インタビュー 中川翔子さん（歌手・タレント），ファッションモデル（ウォーキン・バタフライ），俳優（スキップ・ビート！），ミュージシャン（BECK），声優（声優かっ！），落語家（昭和元禄落語心中），歌舞伎役者（ぴんとこな），舞台俳優（ガラスの仮面），芸能マネージャー（チョコレートガール），プロサッカー選手（俺たちのフィールド），プロ野球選手（MAJOR），プロボクサー（はじめの一歩），プロテニス選手（ベイビーステップ）柔道選手（YAWARA!），ボートレーサー（モンキーターン），サッカー監督（GIANT KILLING），バレエダンサー（SWAN―モスクワ編―），アイスダンサー（キス＆ネバークライ）），スポーツアナリスト（神様のバレー），将棋棋士（3月のライオン）），競技かるた選手（ちはやふる）

スポーツ政策

＜年鑑・白書＞

中国地域経済白書　2013　スポーツによる地域活性化
中国電力エネルギア総合研究所監修，中国地方総合研究センター編　（広島）中国地方総合研究センター　2013.9　206p　30cm　2800円　Ⓝ601.17

目次 第1部 中国地域の経済情勢と景気動向（2012年の中国地域経済の動向，主要項目別にみた中国地域経済），第2部 スポーツによる地域活性化（スポーツによる地域活性化の動き，中国地域各県の取り組み，スポーツによる地域

活性化の諸相，スポーツによる地域活性化に向けて）

文部科学白書　平成22年度　東日本大震災への対応　スポーツ立国の実現／教育と職業　文部科学省編　佐伯印刷　2011.8　427p　30cm　1900円　Ⓘ978-4-905428-11-4　Ⓝ372.1

⦅目次⦆東日本大震災への対応（震災による被害の概況，震災の発生を受けての文部科学省の対応，復興に向けた対応），第1部 スポーツ立国の実現／教育と職業（スポーツ立国の実現，教育と職業），第2部 文教・科学技術施策の動向と展開（生涯学習社会の実現と教育政策の総合的推進，子どもたちの教育の一層の充実，大学等の多様な発展 ほか）

我が国の文教施策　平成4年度　スポーツと健康 豊かな未来に向けて　文部省編　大蔵省印刷局　1992.11　595p　21cm　2300円　Ⓘ4-17-551104-0　Ⓝ372.1

⦅目次⦆第1編 スポーツと健康（体育・スポーツの振興，健康教育の充実），第2編 文教施策の動向と展開（教育改革の推進，生涯学習の振興，初等中等教育の改善・充実，高等教育の改善・充実，私立学校の振興，学術研究の振興，社会教育の振興，文化の振興，国際化の進展と教育・文化・スポーツ，情報化の進展と教育の対応）

我が国の文教施策　心と体の健康とスポーツ　平成10年度　文部省編　大蔵省印刷局　1998.10　623p　21cm　2240円　Ⓘ4-17-551110-5　Ⓝ372.1

⦅目次⦆教育改革の動向，第1部 心と体の健康とスポーツ（これからの健康とスポーツ，健康教育の充実のために，生涯にわたるスポーツライフの実現のために，国際競技力の向上とスポーツの国際交流の推進），第2部 文教施策の動向と展開（教育改革にかかわる審議会の活動，生涯学習社会の実現に向けて，初等中等教育の一層の充実のために，高等教育の多様な発展のために ほか）

スポーツと法律

＜ハンドブック＞

諸外国から学ぶスポーツ基本法　日本が目指すスポーツ政策　笹川スポーツ財団　2010.11　55p　30cm　1000円　Ⓘ978-4-915944-46-8　Ⓝ780

⦅目次⦆わが国のスポーツ政策 いまこそ，基本法論議を…，世界のスポーツ政策（イギリス，フランス，韓国，アメリカ，中国，オーストラリア，カナダ，ロシア，ドイツ），資料，採録 記者懇談会

スポーツ事故ハンドブック　伊藤堯，入沢充編著　道和書院　2000.8　219p　21cm　2000円　Ⓘ4-8105-2030-7　Ⓝ780

⦅目次⦆1 事例編（スポーツ事故1998～1999，事故による死亡・傷害・負傷・疾病の概況），2 判例編（国内の判例，アメリカの判例），3 資料編（事故関連法条・通知，災害共済給付・保険，事故防止のためのチェックリスト）

⦅内容⦆本書は，「安心してスポーツに参加するために」をモットーに，事故の実態の把握から，補償対策まで，詳細にわたってまとめてある。「備えあれば憂いなし」，スポーツを楽しむ人から指導，管理に当たる人まで，すべての人々の座右の書として編集されたものである。

＜法令集＞

Q&A スポーツの法律問題　そこが知りたい関連知識から紛争・事故の対処法まで　スポーツ問題研究会編　民事法研究会　1997.10　265p　21cm　2400円　Ⓘ4-944027-97-4　Ⓝ780

⦅目次⦆第1章 総論，第2章 スポーツと人権，第3章 スポーツ紛争・スポーツ事故，第4章 スポーツと契約・規則，第5章 スポーツビジネスをめぐる問題，第6章 スポーツと保険，第7章 スポーツと犯罪

⦅内容⦆スポーツと法律の関わりについて、スポーツをする権利からゴルフ会員権問題、プロ選手の税金問題、八百長・賭博のような違法・犯罪行為、事故・紛争が生じたときの法的対処法まで具体例でわかりやすく解説!電話相談"スポーツ119番"に寄せられた深刻な悩みや問題点から、プロとアマの違い、伊良部選手の移籍などの市民の疑問にもQ&Aで答える!指導者、法律実務家だけでなくスポーツをするあらゆる人々の必携書。

Q&A スポーツの法律問題　プロ選手から愛好者までの必修知識　改訂増補版　スポーツ問題研究会編　民事法研究会　2003.11　363p　21cm　3300円　Ⓘ4-89628-177-2　Ⓝ780

⦅目次⦆第1章 総論，第2章 スポーツと人権，第3

章 スポーツ紛争・スポーツ事故，第4章 スポーツと契約・規則，第5章 スポーツビジネスをめぐる問題，第6章 スポーツと保険，第7章 スポーツと犯罪

(内容)プロ，アマチュア，指導者，教師，地域の愛好者やコーチなど，スポーツにかかわるあらゆる法律問題を解説。スポーツをめぐる疑問や悩み，問題点に答えるとともに，契約や税金問題から事故・紛争等の法的対応策を明示。スポーツ少年団，二宮清純・宮本恒靖氏他コラムも多数。

Q&Aスポーツの法律問題　プロ選手から愛好者までの必修知識　第3版　スポーツ問題研究会編　民事法研究会　2012.3　291p　21cm　2350円　Ⓘ978-4-89628-755-4　Ⓝ780

(目次)第1章 総論，第2章 スポーツと人権，第3章 スポーツ紛争・スポーツ事故，第4章 スポーツと契約・規則，第5章 スポーツとビジネス，第6章 スポーツと保険，第7章 スポーツと犯罪

(内容)2011年「スポーツ基本法」成立!2012年4月「中学校武道必修化」。選手・教師・指導者・スポーツ関係者必読の最新改訂版。

Q&Aスポーツの法律問題　プロ選手から愛好者までの必修知識　第3版補訂版　スポーツ問題研究会編　民事法研究会　2015.7　292p　21cm　2400円　Ⓘ978-4-86556-023-7　Ⓝ780

(目次)第1章 総論，第2章 スポーツと人権，第3章 スポーツ紛争・スポーツ事故，第4章 スポーツと契約・規則，第5章 スポーツとビジネス，第6章 スポーツと保険，第7章 スポーツと犯罪

SHINZANSHAスポーツ六法　2013　小笠原正，塩野宏，松尾浩也編集代表　信山社　2013.4　24,812p　19cm　〈タイトルは背による.標題紙等のタイトル：スポーツ六法　年表あり　索引あり〉　2500円　Ⓘ978-4-7972-5614-7　Ⓝ780

(内容)スポーツ関連法を中心に，条約・規約や憲章・宣言，各種規程・規定や条例などを幅広く，かつ必要な情報のみを抽出・抄録してコンパクトに纏める。スポーツ事故判例，スポーツ関係年表等も収録。

スポーツ六法　平成3年版　伊藤堯，山田良樹編　道和書院　1991.3　423p　19cm　2600円　Ⓝ780

スポーツ六法　平成4年版　伊藤堯，山田良樹編　道和書院　1992.3　430p　19cm　2900円　Ⓘ4-8105-1032-2　Ⓝ780

(目次)第1編 基本法，第2編 スポーツ振興，第3編 事故・責任，第4編 スポーツ安全，第5編 学校スポーツ，第6編 組織・運営・その他，資料編

スポーツ六法　平成5年版　伊藤堯，山田良樹編　道和書院　1993.3　438p　19cm　2900円　Ⓝ780

(目次)第1編 基本法，第2編 スポーツ振興，第3編 事故・責任，第4編 スポーツ安全，第5編 学校スポーツ，第6編 組織・運営・その他，資料編

スポーツ六法　平成6年版　伊藤堯，山田良樹編　道和書院　1994.3　439p　19cm　2900円　Ⓘ4-8105-4014-6　Ⓝ780

(目次)第1編 基本法，第2編 スポーツ振興，第3編 事故・責任，第4編 スポーツ安全，第5編 学校スポーツ，第6編 組織・運営・その他

スポーツ六法　平成7年版　伊藤堯，山田良樹編　道和書院　1995.3　439p　19cm　2900円　Ⓝ780

スポーツ六法　平成8年版　伊藤堯，山田良樹編　道和書院　1996.3　470p　19cm　2900円　Ⓝ780

スポーツ六法　平成9年版　伊藤堯，山田良樹編　道和書院　1997.3　476p　19cm　2816円　Ⓘ4-8105-4017-0　Ⓝ780

(目次)第1編 基本法，第2編 スポーツ振興，第3編 事故・責任，第4編 スポーツ安全，第5編 学校スポーツ，第6編 組織・運営・その他，資料編

スポーツ六法　平成10年度　伊藤堯，山田良樹編　道和書院　1998.3　484p　19cm　2857円　Ⓘ4-8105-4018-9　Ⓝ780

スポーツ六法　平成11年度　伊藤堯，山田良樹編　道和書院　1999.3　485p　19cm　〈付属資料：別刷(13p)〉　2857円　Ⓘ4-8105-4019-7　Ⓝ780

スポーツ六法　2000　伊藤堯，山田良樹編　道和書院　2000.3　509p　19cm　2857円　Ⓘ4-8105-4020-0　Ⓝ780

スポーツ六法　2002　スポーツ六法研究会，伊藤堯，山田良樹編　道和書院　2002.4　497p　19cm　2857円　Ⓘ4-8105-2060-9　Ⓝ780

スポーツ六法　2003　スポーツ六法編集委員会編　道和書院　2003.4　505p　19cm　2857円　Ⓘ4-8105-2061-7　Ⓝ780

スポーツ六法　小笠原正，塩野宏，松尾浩也

編集代表　信山社，大学図書〔発売〕　2005.3　923p　20cm　3200円　ⓘ4-7972-5605-2　Ⓝ780

目次 スポーツの基本法，スポーツの行政と政策，生涯スポーツ，スポーツと健康，スポーツと環境，スポーツの享受と平等，学校スポーツ，スポーツとビジネス，スポーツ事故，スポーツ紛争と手続，スポーツの補償，スポーツの安全管理，スポーツ関連団体，資料編

内容 あらゆるスポーツに関する法的知識の裏付けに必要となるスポーツ関連法を中心に，国際条約・規約や憲章・宣言，また各種規程・規定や条例など350点を収録。見易い画期的な横組み六法で，最大限に幅広く，かつ必要な情報のみを抽出・抄録してコンパクトに纏めた。学校関係者、指導者、学生、アスリート、行政・関係団体・研究者必携。スポーツ事故・トラブルの解決に必要な法知識。

スポーツ六法　2006　小笠原正，塩野宏，松尾浩也編集代表　信山社　2006.4　22，945p　20cm　〈年表あり〉　2850円　ⓘ4-7972-5606-0　Ⓝ780

スポーツ六法　2007　小笠原正，塩野宏，松尾浩也編集代表　信山社　2007.4　970p　20cm　〈年表あり〉　3000円　ⓘ978-4-7972-5607-9　Ⓝ780

スポーツ六法　2008　小笠原正，塩野宏，松尾浩也編集代表　信山社　2008.4　994p　20cm　〈年表あり〉　3000円　ⓘ978-4-7972-5608-6　Ⓝ780

内容 スポーツに関連する法令、国際条約・規約や憲章・宣言、各種規程・規定や条例など339件をわかりやすい解説付きで収録した、総合スポーツ法令集。学校教育法関係の改正などに対応。

スポーツ六法　2009　小笠原正，塩野宏，松尾浩也編　信山社　2009.4　755p　19cm　〈年表あり　索引あり〉　2500円　ⓘ978-4-7972-5609-3　Ⓝ780

内容 スポーツに関連する法令、国際条約・規約や憲章・宣言、各種規程・規定や条例などをわかりやすい解説付きで収録した、総合スポーツ法令集。法令の改正に対応し、抄録部分の見直しを行った2009年度版。

スポーツ六法　2010　小笠原正，塩野宏，松尾浩也編　信山社　2010.4　771p　19cm　〈年表あり　索引あり〉　2500円　ⓘ978-4-7972-5610-9　Ⓝ780

内容 スポーツに関連する法令、国際条約・規約や憲章・宣言、各種規程・規定や条例などをわかりやすい解説付きで掲載した、総合スポーツ法令集。「学校保健安全法施行令」等を新規収録し、法令の改正に対応。

スポーツ六法　2011　小笠原正，塩野宏，松尾浩也編　信山社　2011.4　782p　19cm　〈年表あり　索引あり〉　2500円　ⓘ978-4-7972-5612-3　Ⓝ780

内容 スポーツに関連する法令、国際条約・規約や憲章・宣言、各種規程・規定や条例などをわかりやすい解説付きで掲載した、総合スポーツ法令集。

スポーツ六法　2012　小笠原正，塩野宏，松尾浩也編　信山社　2012.4　24,794p　19cm　〈年表あり〉　2500円　ⓘ978-4-7972-5613-0　Ⓝ780

内容 スポーツに関連する法令、国際条約・規約や憲章・宣言、各種規程・規定や条例などをわかりやすい解説付きで掲載した、総合スポーツ法令集。スポーツ基本法を登載し、法令の改正に対応。

スポーツ六法　2014　小笠原正，塩野宏，松尾浩也編集代表　信山社　2014.4　24，816p　19cm　〈他言語標題：Sports & Law「SHINZANSHAスポーツ六法」の改題、巻次を継承　年表あり　索引あり〉　2500円　ⓘ978-4-7972-5615-4　Ⓝ780

目次 1 スポーツの基本法，2 スポーツの行政と政策，3 生涯スポーツ，4 スポーツと健康，5 スポーツと環境，6 スポーツの享受と平等，7 学校スポーツ，8 スポーツとビジネス，9 スポーツ事故，10 スポーツ紛争と手続，11 スポーツの補償，12 スポーツの安全管理，13 スポーツ関係団体，14 資料編

必携スポーツ関係六法　2004（平成16年）　スポーツ関係六法編集委員会編　道和書院　2004.3　517p　19cm　〈年表あり〉　2857円　ⓘ4-8105-2062-5　Ⓝ780

必携スポーツ関係六法　2005（平成17年）　スポーツ関係六法編集委員会編　道和書院　2005.3　515p　19cm　〈年表あり〉　2857円　ⓘ4-8105-2063-3　Ⓝ780

必携スポーツ関係六法　2006　日本スポーツ学会監修，スポーツ関係六法編集委員会編　道和書院　2006.3　577p　19cm　2857円

ⓘ4-8105-2064-1　Ⓝ780

⦗目次⦘法令編（スポーツ基本権，スポーツと健康づくりの振興政策，権利としてのスポーツ，学校における体育・スポーツ，スポーツ・学校事故，スポーツの安全管理と災害補償，スポーツと環境，スポーツ関係組織・団体），資料編

⦗内容⦘本書は，誰もが共に楽しめるスポーツ社会を築き上げるために，というコンセプトのもと，スポーツに関する法令資料等を編集したものである。

必携スポーツ関係六法　2007（平成19）年版
日本スポーツ学会監修，スポーツ関係六法編集委員会編　道和書院　2007.3　623p　19cm　〈年表あり〉　2857円　ⓘ978-4-8105-2101-6　Ⓝ780

必携スポーツ関係六法　2008（平成20）年版
日本スポーツ学会監修，スポーツ関係六法編集委員会編　道和書院　2008.3　607p　19cm　〈年表あり〉　2857円　ⓘ978-4-8105-2103-0　Ⓝ780

⦗目次⦘法令編（スポーツ基本権，スポーツと健康づくりの振興政策，権利としてのスポーツ，学校における体育・スポーツ，スポーツ・学校事故，スポーツの安全管理と災害補償，スポーツと環境，スポーツ関係組織・団体），資料編

必携スポーツ関係六法　2009年版
日本スポーツ学会監修，スポーツ関係六法編集委員会編　道和書院　2009.3　641p　19cm　〈年表あり〉　2857円　ⓘ978-4-8105-2110-8　Ⓝ780

⦗内容⦘誰もが共に楽しめるスポーツ社会を築き上げるというコンセプトのもと，スポーツに関する法令資料等を掲載。スポーツがもつ文化的社会的役割を重視し，国民の権利としてのスポーツという概念を包含しつつ編集。

＜その他の参考図書＞

アジア各国におけるスポーツ法の比較研究
日本スポーツ法学会編　エイデル研究所　2010.12　239p　21cm　（日本スポーツ法学会年報　第17号）　4286円　ⓘ978-4-87168-487-3,ISSN1340-8895　Ⓝ780.8

⦗目次⦘アジアスポーツ法学会国際学術研究大会2009兼日本スポーツ法学会第17回大会—アジア各国におけるスポーツ法の比較研究（基調講演 国際スポーツ法とアジアの課題，シンポジウム アジア各国におけるスポーツ法の比較研究，日本スポーツ法学会第17回大会アピール—スポーツ基本法律法とスポーツ権の確立を求める），日本のスポーツを強くするシンポジウム—スポーツ基本法立法を求めて，スポーツ権の確立をめざして，自由研究発表，スポーツ仲裁）

アジアにおけるオリンピック・パラリンピック開催をめぐる法的諸問題　平昌、東京そして北京への法的整備の推進と課題
エイデル研究所　2016.12　243p　21cm　（日本スポーツ法学会年報　第23号）　4286円　ⓘ978-4-87168-591-7　Ⓝ780.8

⦗目次⦘アジアにおけるオリンピック・パラリンピック開催をめぐる法的諸問題—平昌、東京そして北京への法的整備の推進と課題 アジアスポーツ法学会国際学術研究大会2015兼日本スポーツ法学会第23回大会（記念講演 東京2020オリンピック・パラリンピック競技大会の準備状況，シンポジウム 2020年東京オリンピック・パラリンピックの成功に向けた「法」の役割，研究セッション1 五輪におけるソフトレガシーとしてのIntegrity関連規制はいかにあるべきか—求められる罪刑法定主義の理念と明確な規定の必要性，研究セッション2 2020年東京五輪とアジアスポーツガバナンスの新展開），スポーツ庁が果たすべき役割とその法的問題点—日本スポーツ法学会2015年総会・講演会及びパネルディスカッション（基調講演 スポーツ庁の概要と果たすべき役割，パネルディスカッション（日本バスケットボール協会に対する制裁（資格停止処分）が解除されるまでの経緯，スポーツ庁設置の沿革と課題，団体自治とスポーツ庁の役割に関する政策的観点からの検討—財源を取っ掛かりとして），パネルディスカッション討論要旨，報告「スポーツ法学教育の普及・推進に関する声明」について，原著論文 学校運動部活動時の「体罰」判例に見る体罰の特徴とその要因に関する研究，スポーツ仲裁評釈 JSAA‐AP‐2014‐007（自転車）仲裁判断について—国際大会代表をめぐる紛争，スポーツ仲裁評釈 JSAA‐AP‐2015‐007仲裁判断（水泳）について，スポーツ仲裁評釈 ホッケー女子日本代表監督の解任をめぐる仲裁申立事件について—日本スポーツ仲裁機構2015年5月25日JSAA‐AP‐2015‐002仲裁判断，スポーツ仲裁評釈 JSAA‐AP‐2015‐001中間判断及び仲裁判断（空手）について，スポーツ仲裁評釈 U23世界選手権軽量級スイープカテゴリー代表選手決定をめぐる仲裁申立事件—日本スポーツ仲裁機構2015年6月4日JSAA‐DP‐2015‐003仲裁判断，スポーツ仲裁評釈 JSAA‐AP‐2015‐004仲裁判断（テコンドー）について）

スポーツ一般　　　　　　　　　　　　　　　　スポーツと法律

スポーツ仲裁・調停　日本スポーツ法学会年報　第15号　エイデル研究所　2008.7　271p　21cm　4286円　Ⓘ978-4-87168-439-2,ISSN1340-8895　Ⓝ780.8

〔目次〕基調講演 日本スポーツ仲裁機構とその活動，シンポジウム，自由研究発表，論説 パウエル二重契約問題が残したもの，夏期合同研究会，海外研究動向 第3回アジアスポーツ法学会に参加して，スポーツ仲裁 日本スポーツ仲裁機構2005年5月6日JSAA-AP-2005-001仲裁判断について，ブックレビュー，スポーツ法関連日誌，学会通信

スポーツと人権　日本スポーツ法学会年報　第16号　エイデル研究所　2009.7　215p　21cm　4286円　Ⓘ978-4-87168-459-0　Ⓝ780.8

〔目次〕基調講演 スポーツと人権，シンポジウム，自由研究発表（商品スポーツ事故における業界の刑事責任，イギリスにおけるスポーツ団体のチャイルドプロテクションについて，プロスポーツにおける移籍制限制度と「取引制限の法理」，ドーピング規則違反に対する制裁措置の判断基準），論説 「スポーツ大会参加学生の落雷受傷事故に関する学校設置者及び大会主催者の責任」再論，夏期合同研究会（スポーツ権の位置づけと基本法の役割，スポーツ振興法の改正論議におけるプロセスと内容についての考察，アドバイザリーボードから見たスポーツ法創設の動きとその政治的背景），海外研究動向（中国法学会体育法学会研究会について，韓国スポーツ法学会2008スポーツ法学会国際学術大会について），スポーツ仲裁 JSAA-AP-2006-001仲裁判断について，スポーツ法関連日誌，学会通信

スポーツにおける契約の諸問題　日本スポーツ法学会，早稲田大学出版部〔発売〕　1996.12　163p　21cm　（日本スポーツ法学会年報 第3号）　Ⓘ4-657-96933-1　Ⓝ780.8

〔目次〕クリステル・マルムステーン「スウェーデンにおけるスポーツ法とスポーツに関する紛争の解決」，スポーツ選手契約の法的課題，日本スポーツ法学会第三回大会（基調講演，シンポジウム・提言，シンポジウム・討論要旨，自由研究），書評，学会通信

スポーツにおける第三者委員会の現状と課題　日本スポーツ法学会年報　第21号（2014）　笠井修編　エイデル研究所　2014.12　247p　21cm　4286円　Ⓘ978-4-87168-553-5,ISSN1340-8895　Ⓝ780.8

〔目次〕基調講演，報告，原著論文，講演，スポーツ仲裁評釈，研究ノート，調査報告，海外研究動向，学会通信

スポーツにおける紛争と事故　日本スポーツ法学会，早稲田大学出版部〔発売〕　1995.12　197p　21cm　（日本スポーツ法学会年報 第2号（1995））　4500円　Ⓘ4-657-95946-8　Ⓝ780.8

〔目次〕スポーツ事故と自己責任による加害者側の減責，アメリカのスポーツ紛争―スポーツ・バイオレンスの規制をめぐって，スポーツ紛争とその処理制度―スポーツ固有法の機能，スポーツ障害・事故の法律的側面の現状と課題，スポーツ・ボランティアとスポーツ事故，スポーツ事故の予防―社会状況の変化及び過失理念から見る指導上の注意〔ほか〕

スポーツにおける法の下の平等　日本スポーツ法学会年報　第13号　エイデル研究所　2006.12　215p　21cm　4286円　Ⓘ4-87168-420-2,ISSN1340-8895　Ⓝ780.8

〔目次〕基調講演 スポーツにおける平等の諸次元，シンポジウム・提言，シンポジウム・討論要旨，自由研究発表，夏期合同研究会 落雷による大会参加学生の受傷事故と学校設置者および大会主催者の責任について，スポーツ契約等研究専門委員会 プロスポーツと独占禁止法，スポーツ法学研究小史…(2) 濱野吉生先生に聞く，国内研究動向 労働法学からみたスポーツ法研究の動向と課題，スポーツ仲裁 オリンピック馬術競技出場選手の選出をめぐる仲裁申立事件，ブックレビュー，スポーツ法関連日誌，学会通信，日本スポーツ法学会会則，『日本スポーツ法学会年報』編集規程・原稿執筆要領

スポーツの権利性と文化性　早稲田大学出版部　1997.12　212,3p　21cm　（日本スポーツ法学会年報 第4号）　4500円　Ⓘ4-657-97941-8,ISSN1340-8895　Ⓝ780.8

〔目次〕スポーツの文化性・権利性と法理念，スポーツ文化における権利の形成・侵害・放棄，日本スポーツ法学会第四回大会（基調講演，シンポジウム・提言，シンポジウム・討論要旨，自由研究，書評）

日本スポーツ法学会年報　第11号　生涯スポーツをめぐる諸問題・法と政策　エイデル研究所　2004.12　143p　21cm　4286円　Ⓘ4-87168-386-9,ISSN1340-8895　Ⓝ780.8

〔目次〕基調講演 地域スポーツクラブの育成と法―日本と外国の比較 生涯スポーツ振興の観点から，シンポジウム・提言（総合型地域スポーツクラブと地域社会，地域スポーツクラブの運営

と事故についての法的責任），シンポジウム 討論要旨，自由研究発表（リスクが高い演習における大学生の「危険の引き受け」をめぐって—卒業研究課題遂行中の事故をケーススタディーとして，スポーツイベントにおける参加受付時の安全対策の試み，イギリス1998年人権法とスポーツ，スポーツにおける階級分け決定および代表選抜に関する紛争の法的性質—フランスにおけるスポーツ訴訟およびスポーツ調停の事例を通して），夏期合同研究会報告（高校サッカー部員落雷受傷事故裁判の一審判決と教育的視点，五竜遠見雪崩死亡訴訟（国家賠償法に基づく損害賠償請求）についての報告，免責同意書の有効性—富士スピードウェイレース事件），海外研究動向 アメリカの研究動向，スポーツ法学会に参加して，スポーツ仲裁（スポーツ仲裁に関する経験的雑感—日本スポーツ仲裁機構の第1号仲裁事件の仲裁人として，スポーツ仲裁機構2号事件について），書評，スポーツ法関連日誌（2003年10月1日～2004年9月30日），学会通信，日本スポーツ法学会会則

日本スポーツ法学会年報　第18号　スポーツ団体の自立・自律とガバナンスをめぐる法的諸問題　エイデル研究所　2011.12
　191p　21cm　4286円　①978-4-87168-500-9,ISSN1340-8895　Ⓝ780.8

(目次)基調講演 スポーツ団体の自立・自律とガバナンスをめぐる法的考え方，シンポジウム スポーツ団体の自立・自律とガバナンスをめぐる法的諸問題，自由研究発表，論説，スポーツ仲裁，海外研究動向 国際スポーツ法学会第16回国際大会について，学会通信

日本スポーツ法学会年報　第19号／2012 スポーツ基本法制定と今後の課題　エイデル研究所　2012.12　231p　21cm　4286円　①978-4-87168-519-1　Ⓝ780.8

(目次)スポーツ基本法制定と今後の課題—日本スポーツ法学会第19回大会，原著論文，研究資料，スポーツ仲裁評釈，海外研究動向，ASLA発表報告，学会通信

プロスポーツの法的環境　日本スポーツ法学会年報　第14号（2007）　エイデル研究所　2007.7　231p　21cm　4286円　①978-4-87168-426-2,ISSN1340-8895　Ⓝ780.8

(目次)基調講演，シンポジウム，自由研究発表，論説，夏季合同研究会，海外研究動向，スポーツ仲裁，ブックレビュー，スポーツ法関連日誌，学会通信

法的観点から見た競技スポーツの Integrity 八百長、無気力試合とその対策を中心に　エイデル研究所　2013.12　223p　21cm　（日本スポーツ法学会年報 第20号）　4286円　①978-4-87168-535-1,ISSN1340-8895　Ⓝ780.8

(目次)競技スポーツにおけるIntegrityとは何か—八百長、無気力試合とフェアネス，Integrity問題の法的な論点整理と国際的傾向—Sports Bettingに関連する八百長問題、無気力試合・故意的敗退行為、その他，大相撲におけるIntegrity問題—八百長問題を中心に，Integrity実現に向けて—アジアサッカーにおけるマネジメント向上のための取り組み，Integrity実現に向けて—わが国のプロスポーツにおける暴力団排除活動の現状，アメリカスポーツ界の薬物問題—MLBにみる法的論点と労使関係，ドーピング検査におけるアスリートの権利保護のあり方—JSAA - DP - 2012 - 001号事件を通じて，子どもに対するスポーツ指導のあり方に関するガイドライン構築の必要性について—国際的動向及びイギリスにおけるスポーツ団体のチャイルド・プロテクション制度を参考にして，「スポーツから暴力・人権侵害行為を根絶するために」の声明について，「アスリートの尊厳を守るためのシンポジウム」報告，スポーツ仲裁評釈

スポーツとジェンダー

<年鑑・白書>

目でみる女性スポーツ白書　井谷惠子，田原淳子，来田享子編著　大修館書店　2001.4　347p　21cm　2500円　①4-469-26459-8　Ⓝ780.4

(目次)第1章 女性スポーツをめぐる世界の動向，第2章 競技スポーツと女性，第3章 女性の生涯スポーツ参加，第4章 スポーツ産業と女性，第5章 メディアにみる女性とスポーツ，第6章 「女の子」とスポーツ，第7章 学校体育と女性，第8章 女性のからだ，第9章 女性の生活とスポーツ参加

(内容)女性とスポーツに関わる各種の研究データを9つの視点から収集・分析した資料集。女性スポーツの現状と課題を浮き彫りにするとともに、21世紀における新たなスポーツ像を展望するためのもの。

<統計集>

スポーツ・ジェンダーデータブック 2010
日本スポーツとジェンダー学会データブック編集委員会編　日本スポーツとジェンダー学会　2010.3　77p　30cm　〈他言語標題：Sport and gender data book　年表あり　文献あり〉　Ⓘ978-4-904767-01-6　Ⓝ780.59
内容 体育・スポーツにおける男女共同参画の現状など，ジェンダー研究を進めるための研究資料集。「年表でみるスポーツ・女性・ジェンダー1900～2009」「スポーツとセクハラ」「スポーツメディアとジェンダー」などのテーマ別8章で構成する。巻末に参考文献・関連Webサイトを掲載する。

生涯スポーツ

<事典>

ど忘れ らくらく健康法事典　全教図著　教育図書，人文社〔発売〕　1997.3　351p　17cm　981円　Ⓘ4-7959-1171-1　Ⓝ498.3
内容 徹底活用マニュアル，あなたの不健康度テスト，からだづくりの基礎，ストレッチ体操，スポーツストレッチ，ウォーキング，ジョギング，なわ跳び，サイクリング，スイミング，エアロビクス，ダンベル体操，症状別健康体操，ホームマッサージ，手足のツボ刺激療法，休養の上手なとり方，リラクセーション，呼吸法，快眠健康法，入浴健康法，シャワー健康法，アロマテラピー，快便トイレット健康法，健康情報箱，健康法以前の心構え，健康データ集

ビジネスマンのための健康管理事典　チェック 健診・運動・食生活　岩井浩一，庄司正実，杉山薫，為永淑子，永井明，成田昌道著　学習研究社　1990.12　488p　17cm　1400円　Ⓘ4-05-104247-2　Ⓝ498
目次 健康診断と検査結果の見方，自分でできる健康度チェック，成人病の症状・治療と医師のかかり方，体力チェックと運動処方，食生活チェックと改善方法，心の健康と自己コントロール，応急手当て
内容 本書は，成人病検査などの健康診断の検査結果を自らも理解し，また日常の健康状態をさまざまな側面から自己チェックし，体や心の健康度を把握できるように構成した。

<ハンドブック>

生涯スポーツのさまざま 介護福祉ハンドブック　馬場哲雄著　一橋出版　1996.4　102p　21cm　730円　Ⓘ4-8348-0005-9　Ⓝ780
目次 1 生涯スポーツとは何か，2 生涯スポーツの歴史，3 生涯スポーツの現状と課題，4 生涯スポーツの実践
内容 スポーツは国民が生涯にわたり健康で明るく充実した生活を送るために日常的に実施する「生涯スポーツ」，オリンピックや世界選手権などのような勝敗を重視する「チャンピオン・スポーツ（競技スポーツ）」，子どもの心身の発達のために行う「学校体育・スポーツ」に区分できます。そこで，本書ではそのうち，生涯スポーツを取り上げます。そして，今後生涯スポーツの担い手となると予測される「ニュースポーツ」と呼ばれるものに限定して紹介します。

スポーツ推進委員ハンドブック 生涯スポーツのコーディネーター　全国スポーツ推進委員連合編　全国スポーツ推進委員連合　2014.4　220p　27cm　〈年表あり〉　1000円　Ⓝ780.7
目次 1 スポーツ推進委員の制度，2 スポーツ推進委員の組織，3 生涯スポーツ推進とスポーツ推進委員，4 スポーツ推進委員の資質向上，資料編
内容 「体育指導委員の基礎知識」に替わる一冊。

リフレッシュ体操ハンドブック 仕事疲れ，運動不足を解消！　湯浅景元著　PHP研究所　2001.6　182p　18cm　1150円　Ⓘ4-569-61687-9　Ⓝ498.3
目次 第1章 仕事中にできる簡単エクササイズ（簡単エクササイズ，どこでもすぐできる！，ふくらはぎのストレッチ ほか），第2章 自宅でチャレンジ！簡単エクササイズ（自宅でできる簡単エクササイズ，慢性的な症状を自分で治そう！ ほか），第3章 いつでもどこでも簡単ひきしめエクササイズ（まだ間に合う！簡単ひきしめエクササイズ，肩をひきしめ，肩こり軽く荷物も軽く！ ほか），第4章 自宅でステップアップ！筋力トレーニング（自宅でできる筋肉増強トレーニング，あごと歯を鍛えて老化防止 ほか）
内容 本書では，多くの人が遭遇する体力低下，疲労蓄積，肥満といった問題を解消するための最新の運動方法を紹介しています。

<年鑑・白書>

スポーツクラブ白書 2000 生涯スポーツ社会の実現に向けて 日本スポーツクラブ協会編著 厚有出版 2001.4 210p 30cm 2800円 ①4-906618-28-6 Ⓝ780.21

(目次)第1部 スポーツクラブ育成の現状 1996-2000年(地域スポーツクラブ実態調査1999,総合型地域スポーツクラブ,広域スポーツセンターほか),第2部 スポーツクラブ育成のビジョン(21世紀のスポーツクラブ育成施策 2001-2010年,総合型地域スポーツクラブがつくる生涯スポーツ社会),第3部 スポーツクラブ育成の方法(総合型地域スポーツクラブの立ち上げ,クラブマネジャーになろう,クラブハウスをつくろう ほか)

(内容)スポーツクラブの動向と将来展望,関連資料を収録した資料集。スポーツ関連団体、大学、NPO法人の関係者を対象に、先駆的な事例や海外でのクラブ事例の報告等の情報を整理し、総合型地域スポーツクラブを考えるために必要な情報を総合的にまとめたもの。

スポーツライフ白書 する・観る・視る・読む・支える・話す 江田昌佑監修, 余暇開発センター編 ぎょうせい 1998.7 152p 30cm 2600円 ①4-324-05483-5 Ⓝ780.13

(目次)第1章 暮らしにとけ込むスポーツ(する,観る,視る,読む,支える,話す),第2章 スポーツに求めるもの,第3章 暮らしに占めるスポーツコスト(年間時間でみるスポーツライフ,年間費用でみるスポーツライフ),第4章 スポーツのある暮らし,第5章 スポーツライフの充実感,第6章 スポーツライフと公共サービス,ポストオリンピック 人生80年時代のスポーツライフを考える

(内容)暮らしにとけ込むスポーツの実態を「する」「観る」「視る」「読む」「支える」「話す」といった多面的側面からとらえ、その量的な把握を試みるとともに、今後の国民生活におけるスポーツライフ充実のための課題、方向性を明らかにしたもの。調査対象者は、18歳以上の男女2442人。

<統計集>

社会生活基本調査報告 平成3年 第9巻 (地域 生活行動編 2) 総務庁統計局編 日本統計協会 1993.3 600,61p 26cm 5000円 ①4-8223-1505-3 Ⓝ365.5

(目次)1 調査の概要,2 用語の解説(個人の属性に関する事項,世帯に関する事項,1日の生活時間の配分に関する事項,過去1年間の生活行動に関する事項),統計表

(内容)この報告書は、平成3年10月に実施した社会生活基本調査の結果を収録したものである。社会生活基本調査は、国民の生活時間の配分及び自由時間におけるスポーツ、学習・研究、趣味・娯楽、社会的活動、旅行・行楽の活動内容を詳細に調査し、国民の社会生活の実態を明らかにすることを目的とした。

社会生活基本調査報告 平成8年 第4巻 (地域 生活行動(余暇活動)編) 総務庁統計局編 総務庁統計局 1998.3 2冊 26cm〈英文併記 他言語標題: Survey on time use and leisure activities〉 Ⓝ365.5

社会生活基本調査報告 平成8年 第4巻 (地域 生活行動編) スポーツ、学習・研究、社会的活動 総務庁統計局編 日本統計協会 1998.3 740p 26cm 6900円 ①4-8223-2137-1 Ⓝ365.5

(目次)1 平成8年社会生活基本調査の概要,2 用語の解説,3 統計表,付録,結果の利用について

社会生活基本調査報告 平成8年 第6巻 国民の生活時間・余暇活動 総務庁統計局編 日本統計協会 1998.7 534p 26cm 5700円 ①4-8223-2154-1 Ⓝ365.5

(目次)1 結果の概要(生活時間,生活行動(余暇活動)),2 統計表(生活時間,生活行動(余暇活動),時系列統計表),3 平成8年社会生活基本調査の概要,4 用語の解説

(内容)1日の生活時間の配分及び1年間の主な余暇活動(スポーツ、学習・研究、社会的活動、趣味・娯楽及び旅行・行楽)について調査し、国民の社会生活の実態を明らかにすることを目的として実施された、社会生活基本調査の結果を収録したもの。平成8年10月1日現在。

社会生活基本調査報告 平成13年 第4巻 (地域生活行動編)その2 スポーツ,趣味・娯楽 総務省統計局編 日本統計協会 2003.3 748p 26cm〈他言語標題: Survey on time use and leisure activities 英文併記〉 5400円 ①4-8223-2811-2 Ⓝ365.5

スポーツ生活圏構想 スポーツ豊かさ度都道府県ランキング コミュニティ再構築のカギとしてのスポーツ 電通総研スポーツ文化研究チーム, 加藤久編著 厚有出版 1999.3 323p 21cm 2300円 ①4-906618-

14-6　Ⓝ780.21

(目次)序論 文化としてのスポーツ―子供の笑い声が響くコミュニティへ，第1章 スポーツ豊かさ度都道府県別ランキング，第2章 スポーツ生活圏構築のヒントを探る―生活者スポーツ意識調査より，第3章 スポーツを通じたコミュニティ再構築への試み―先進事例ヒアリング調査より，第4章 スポーツ豊かさ度項目別データ集，スポーツデータパック

スポーツライフ・データ　スポーツライフに関する調査報告書　1996　SSF笹川スポーツ財団　1997.3　176p　30cm　2000円　Ⓘ4-915944-12-3　Ⓝ780.21

(目次)1 要約，2 ダイジェスト(スポーツ人口の動向，スポーツ人口の国際比較，スポーツ施設，スポーツクラブ・同好会，スポーツ観戦，ファミリースポーツ，スポーツ指導者，サッカーくじ，長野冬季オリンピック，2002年ワールドカップサッカー，健康法，マリンスポーツ)，3 調査票・単純集計結果およびクロス集計結果，4 用語の解説，5 参考文献，6 データ使用申請

スポーツライフ・データ　スポーツライフに関する調査報告書　1998　SSF笹川スポーツ財団　1998.12　167p　30cm　2000円　Ⓘ4-915944-18-2　Ⓝ780.21

(目次)要約，ダイジェスト(スポーツ人口の動向，スポーツ参加の国際比較，スポーツ施設の利用，スポーツクラブ・同好会，スポーツ観戦，ファミリースポーツ，スポーツ・ボランティア，運動・スポーツに対する満足度と促進条件，スポーツ用品・用具の購入希望とその種類，スポーツイベントの認知状況，スポーツライフと健康，「少子・高齢化社会」に向けてのスポーツライフ，スポーツ実施レベルと実際の体力レベルとの関係―ケーススタディー，調査票・単純集計およびクロス集計結果(調査票・単純集計結果，クロス集計結果)

スポーツライフ・データ　スポーツライフに関する調査報告書　2000　SSF笹川スポーツ財団　2000.12　167p　30cm　2000円　Ⓘ4-915944-23-9　Ⓝ780.21

(目次)ダイジェスト(スポーツ人口の動向，スポーツ参加の国際比較，スポーツ施設の利用，スポーツクラブ・同好会，スポーツ観戦，スポーツ・ボランティア，ライフワーク，運動・スポーツ活動に対する満足度と促進条件，スポーツライフと健康，学校時代の運動・スポーツ，スポーツイベントの認知状況)，調査票・単純集計およびクロス集計結果(調査票・単純集計結果，クロス集計結果)

(内容)日本のスポーツ活動の実態を調査した結果をまとめた調査統計。平成12年5～6月に男女3000人を対象に行われ，有効回答数は2,238。「スポーツクラブ・同好会」への加入状況，「スポーツボランティア」の実施状況，「学校時代の運動・スポーツ活動」の評価，「ライフワーク」におけるスポーツ活動の位置づけなどを中心に取り上げるほか，「スポーツ人口」と「実施種目」については国際比較を行う。

スポーツライフ・データ　スポーツライフに関する調査報告書　2002　SSF笹川スポーツ財団　2002.12　191p　30cm　〈本文：日英両文〉　2000円　Ⓘ4-915944-30-1　Ⓝ780.21

(目次)1 要約，2 ダイジェスト(運動・スポーツ実施状況，スポーツ実施の国際比較，運動・スポーツ施設，スポーツクラブ・同好会，スポーツ観戦 ほか)，3 トピック，4 調査票・単純集計およびクロス集計結果，5 用語の解説，6 参考文献，7 データの使用申請について

スポーツライフ・データ　スポーツライフに関する調査報告書　2004　SSF笹川スポーツ財団　2004.12　191p　30cm　2000円　Ⓘ4-915944-35-2　Ⓝ780.21

(目次)1 要約，2 ダイジェスト(運動・スポーツ実施状況，運動・スポーツに対する意識の国際比較，運動・スポーツ施設 ほか)，3 トピック，4 調査票・単純集計およびクロス集計結果，5 用語の解説，6 参考文献，7 データの使用申請について

(内容)本調査はわが国の運動・スポーツ活動の実態を総合的に把握し，スポーツ・フォー・エブリワンの推進に役立つ基礎資料とすることを目的としている。特色は，「実施頻度」「実施時間」「運動強度」の3つの観点からスポーツ実施率を算出している点である。この他，基本項目である「スポーツクラブ・同好会」「スポーツ観戦」「スポーツ・ボランティア」「健康に関する意識と行動」の他に，「マリンスポーツ」「スポーツ振興政策」などを取り上げている。

スポーツライフ・データ　スポーツライフに関する調査報告書　2006　SSF笹川スポーツ財団　2006.12　181p　30cm　2000円　Ⓘ978-4-915944-40-6　Ⓝ780.21

(目次)1 要約，2 ダイジェスト，3 トピック，4 調査票・単純集計およびクロス集計結果，5 用語の解説，6 参考文献，7 データの使用申請について

生涯スポーツ　　　　　　　　　　スポーツ一般

⑰本調査はわが国の運動・スポーツ活動の実態を総合的に把握し、スポーツ・フォー・エブリワンの推進に役立つ基礎資料とすることを目的としている。特色は、「実施頻度」「実施時間」「運動強度」の3つの観点からスポーツ実施率を算出している点である。基本項目である「スポーツクラブ・同好会」「スポーツ観戦」「スポーツ・ボランティア」「健康に関わる意識と行動」に加えて、トピック項目として「運動・スポーツの実施理由、非実施理由」「スポーツ振興機関の認知度」などを取り上げている。

スポーツライフ・データ　スポーツライフに関する調査報告書　2008　SSF笹川スポーツ財団　2009.3　191p　30cm　2000円　Ⓘ978-4-915944-41-3　Ⓝ780.21

⑰1 要約，2 ダイジェスト，3 トピック，4 調査票・単純集計結果，5 クロス集計結果，6 用語の解説，7 参考文献，8 データの使用申請について

スポーツライフ・データ　スポーツライフに関する調査報告書　2010　笹川スポーツ財団　2010.12　191p　30cm　2000円　Ⓘ978-4-915944-44-4　Ⓝ780.21

⑰1 要約，2 ダイジェスト，3 トピック，4 調査票・単純集計結果，5 クロス集計結果，6 用語の解説，7 参考文献，8 データの使用申請について

スポーツライフ・データ　スポーツライフに関する調査報告書　2012　笹川スポーツ財団　2012.12　191p　30cm　3000円　Ⓘ978-4-915944-51-2　Ⓝ780.21

⑰1 要約，2 SSFの視点，3 トピック，4 調査結果，5 調査票・単純集計結果，6 クロス集計結果，7 参考文献，8 データの使用申請について

スポーツライフ・データ　スポーツライフに関する調査報告書　2014　笹川スポーツ財団　2014.12　191p　30cm　3000円　Ⓘ978-4-915944-57-4　Ⓝ780.21

⑰1 要約，2 トピック（2020年東京オリンピック・パラリンピックとの関わり方と国民の期待，私の好きなスポーツ，ストレス対処能力（SOC：Sense Of Coherence）と運動・スポーツ実施，運動・スポーツ実施の阻害要因 ほか），3 調査結果（運動・スポーツ実施状況，スポーツ施設，スポーツクラブ・同好会・チーム，スポーツ観戦 ほか），4 調査票・単純集計結果，5 クロス集計結果，6 参考文献，7 データの使用申請について

スポーツライフ・データ　スポーツライフに関する調査報告書　2016　SSFスポーツライフ調査委員会，笹川スポーツ財団編　笹川スポーツ財団　2016.12　191p　30cm　3000円　Ⓘ978-4-915944-62-8　Ⓝ780.21

⑰1 要約，2 トピック，3 調査結果，4 調査票・単純集計結果，5 クロス集計結果，6 参考文献，7 データの使用申請について

青少年のスポーツライフ・データ　10代のスポーツライフに関する調査報告書　2002　SSF笹川スポーツ財団　2002.8　175p　30cm　2000円　Ⓘ4-915944-29-8　Ⓝ780.59

⑰1 要約，2 ダイジェスト（スポーツ実施状況，スポーツ実施の国際比較，スポーツ施設，スポーツクラブ・運動部，スポーツ指導者，スポーツへの態度 ほか），3 調査票・単純集計およびクロス集計結果，4 参考文献，5 データの使用申請について

青少年のスポーツライフ・データ　10代のスポーツライフに関する調査報告書　2006　SSF笹川スポーツ財団　2006.3　175p　30cm　2000円　Ⓘ4-915944-38-7　Ⓝ780.59

⑰1 要約，2 ダイジェスト（運動・スポーツ実施状況，スポーツ実施の国際比較，スポーツ施設，スポーツクラブ・運動部，スポーツ指導者，スポーツへの態度，スポーツ観戦，好きなスポーツ選手，スポーツ・ボランティア，BMI（体格指数）ほか），3 調査票・単純集計およびクロス集計結果，4 参考文献，5 データの使用申請について

青少年のスポーツライフ・データ　10代のスポーツライフに関する調査報告書　2010　笹川スポーツ財団　2010.1　183p　30cm　〈他言語標題：The 2010 SSF national sports-life survey of young people　2006までの出版者：SSF笹川スポーツ財団　文献あり〉　2000円　Ⓘ978-4-915944-42-0　Ⓝ780.59

⑰1 要約，2 ダイジェスト（運動・スポーツ実施状況，スポーツ施設，スポーツクラブ・運動部，スポーツ指導者，スポーツへの態度，スポーツ観戦，好きなスポーツ選手，スポーツボランティア，体力・運動不足感・体型，スポーツ傷害，習いごと，保護者の運動・スポーツ実施），3 トピック，4 調査票・単純集計結果，5 クロス集計結果，6 参考文献，7 データの使用申請について

青少年のスポーツライフ・データ　10代の スポーツライフに関する調査報告書
2012　笹川スポーツ財団　2012.3　199p　30cm　〈他言語標題：The 2012 SSF National Sports-Life Survey of Young People　文献あり〉　2000円　①978-4-915944-49-9　Ⓝ780.59

⽬次 1 要約，2 ダイジェスト，3 トピック，4 調査票・単純集計結果，5 クロス集計結果，6 参考文献，7 データの使用申請について

青少年のスポーツライフ・データ　10代の スポーツライフに関する調査報告書
2013　笹川スポーツ財団　2013.12　199p　30cm　〈他言語標題：The 2013 SSF national sports-life survey of young people〉　2000円　①978-4-915944-53-6　Ⓝ780.59

⽬次 1 要約，2 トピック，3 調査結果，4 調査票・単純集計結果，5 クロス集計結果，6 参考文献，7 データの使用申請について

青少年のスポーツライフ・データ　10代の スポーツライフに関する調査報告書
2015　笹川スポーツ財団　2015.12　199p　30cm　〈他言語標題：The 2015 SSF National Sports-Life Survey of Young People　文献あり〉　2000円　①978-4-915944-59-8　Ⓝ780.59

⽬次 1 要約，2 トピック，3 調査結果，4 調査票・単純集計結果，5 クロス集計結果，6 参考文献，7 データの使用申請について

ワーク・ライフ・バランスと日本人の生活行動　永山貞則，勝浦正樹，衛藤英達編著　日本統計協会　2010.4　263p　26cm　〈付属資料：CD-ROM1〉　3200円　①978-4-8223-3669-1　Ⓝ365.5

⽬次 第1部 日本人の生活行動の分野別分析（ワーク・ライフ・バランスと社会生活基本調査，スポーツと趣味・娯楽，旅行・行楽，学習・研究，ボランティア活動，インターネットの利用，高齢化と生活行動の変化），第2部 日本人の生活行動の概観（行動者率の総合ランキングと平均行動種目数，行動者ベスト10の項目の中から，伝統的文化と生活行動，活動規模によるランキング，都道府県別の特性），第3部 生活行動の統計表（CD-ROM）と調査項目の変遷（収録統計表（CD-ROM）について，社会生活基本調査の調査項目の変遷（1976年～2006年））

内容 各世代の生活行動が，今明らかになる。スポーツ、趣味、旅行、学習、ボランティアを統計データから徹底分析。

◆**体育教育**

<書　誌>

近代日本女子体育・スポーツ文献目録　1876-1996　掛水通子著　大空社　1999.10　324p　21cm　3200円　①4-7568-0960-X　Ⓝ780.31

戦後体育基本資料集　16-30　大空社　1996.1　15冊（セット）　21cm　130000円　①4-7568-0076-9　Ⓝ780.8

⽬次 近世日本体育概史，西洋体育史（上），西洋体育史（下），アメリカの体育，世界のスポーツ界，アメリカの体育と健康教育，新しい小学校の体育，中学校の体育 新しい指導のありかた，学校体育指導要綱解説 総説編，学校体育指導要綱解説 球技編，学校体育指導要綱解説 体操編，学校体育指導要綱解説 遊戯編，学校体育指導要綱解説 陸上競技編，学校体育指導要綱解説 ダンス編，学校体育指導要綱解説 水泳編，学校体育指導要綱解説 衛生編，体育のカリキュラム，学習指導要領 小学校体育編，中学校・高等学校学習指導要領 保健体育科体育編，体育講話資料，教養としての体育概論，学校体育概論

体育資料事典　1 第1巻　日本図書センター　2002.2　832p　27cm　〈不昧堂昭和56年刊の複製〉　①4-8205-7939-8　Ⓝ780.31

体育資料事典　1 第2巻　日本図書センター　2002.2　762p　27cm　〈不昧堂昭和45年刊の複製〉　①4-8205-7940-1　Ⓝ780.31

体育資料事典　1 第3巻　日本図書センター　2002.2　392p　27cm　〈不昧堂昭和50年刊の複製〉　①4-8205-7941-X　Ⓝ780.31

日本体育基本文献集　大正・昭和戦前期 別巻・解説　成田十次郎監修，大熊廣明，野村良和編　日本図書センター　1998.12　126p　22cm　①4-8205-5830-7　Ⓝ780.1

<年　表>

近代体育スポーツ年表　1800-1997　三訂版　岸野雄三，成田十次郎，大場一義，稲垣正浩編　大修館書店　1999.4　369p　26cm　2800円　①4-469-26408-3　Ⓝ780.32

内容 1800（寛政12）年から1997（平成9）年までの近代体育スポーツに関する事柄を掲載した年表。年表の掲載項目は「社会一般」「社会の体育・スポーツ」「学校の体育・スポーツ」「外国

の体育・スポーツ」の4つ。表音式50音順の索引付き。

<事典>

新しい小学校学校行事 実践活用事典 第3巻 健康安全・体育的行事編 全国小学校学校行事研究会編 東洋館出版社 1991.5 315p 26cm 5500円 ①4-491-00803-5 Ⓝ374.4

[目次]第1章 新しい小学校学校行事の特質と役割，第2章 新しい小学校学校行事の指導計画と指導体制，第3章 健康安全・体育的行事の実践のために，第4章 健康安全・体育的行事の実践活用編

運動会企画 アクティブ・ラーニング発想を入れた面白カタログ事典 根本正雄編著 学芸みらい社 2016.5 181p 21cm 2200円 ①978-4-908637-14-8 Ⓝ374.48

[目次]1 運動会の計画と準備，2 運動会種目編，3 カッコイイ・大声援の上がる応援団指導編，4 運動会を盛り上げる環境準備編，5 全ての子どもが参加できるユニバーサル環境づくり，6 スムーズな運営・マネージメント編，7 "あわてる場"想定外の事態への対応編

[内容]体育主任になった…。わくわく待ち遠しい運動会にしたい!組体操を安全で華ある形でぜひ入れたい!という要望に応える，"定番+新開発種目の企画リスト"総覧。

学校体育授業事典 阪田尚彦，高橋健夫，細江文利編集 大修館書店 1995.7 798p 26cm 11330円 ①4-469-06210-3 Ⓝ375.49

[内容]実践者の立場から授業実践に役立つ内容や進め方を多数のイラストによってわかりやすく提示した。体育授業の考え方や理論的立場にこだわらず，授業の考え方や方法論の問題点，課題を客観的に明らかにした。戦後の体育授業実践史を振り返り，それぞれの思潮を踏まえた「優れた授業実践」の典型例を抽出し解説した。国際的な視野から授業研究の方法や成果を取り上げ，とくに現場の授業研究に役立つ方法を具体的に示した。体育授業に関する用語が多岐にわたってきているため，教育学用語や関連用語に配慮してその概念を明確にした。

集会・行事・運動会のための体育あそび大事典 三宅邦夫著 （名古屋）黎明書房 2011.9 325p 27cm 5800円 ①978-4-654-07626-0 Ⓝ376.157

[目次]準備のいらないゲーム，ボールを使って，ピンポン玉を使って，新聞紙を使って，紙を使って，紙テープを使って，紙袋を使って，タイヤ・チューブを使って，ふとんを使って，いすを使って〔ほか〕

[内容]"遊びは「知恵」の伝承であり「文化」の伝承である"と考え，60年の永きにわたり，遊びの創作と普及に努めている著者オリジナルの体育あそびを収録。準備のいらないゲーム，ボール・あきカン・あきビン・ふうせん等を使ったゲーム，指遊び・手遊び・リズム遊び，異年齢児の集団ゲーム，運動会のゲーム等，631種を収録。時・場所・人数・ねらいに応じて，自由に活用できる大事典。

小学校新体育科授業の基本用語辞典 池田延司，戸田芳雄著 明治図書出版 2000.7 115p 19cm （学習指導要領早わかり解説）1460円 ①4-18-798514-X Ⓝ375.492

[目次]第1部 運動領域編（「学習指導要領」に示された用語，「学習指導要領解説」に示された用語，「学習指導要領の全体」にかかわる用語，「体育の授業づくり」にかかわる用語），第2部 保健領域編（「学習指導要領」に示された用語，「学習指導要領解説」に示された用語，「学習指導要領の全体」にかかわる用語，「保健の授業づくり」にかかわる用語）

[内容]小学校の体育科の授業に関する用語辞典。平成14年4月から実施される改訂学習指導要領に基づき，2部に分けて基本用語項目を立て，内容・意義・工夫を解説する。巻末に付録として「小学校学習指導要領・体育」を収録。

小学校体育運動・用語活用事典 小学校体育指導者研究会編 東洋館出版社 2003.7 105p 21cm 1600円 ①4-491-01905-3 Ⓝ375.492

[内容]運動編，用語編，資料編の3部で構成。運動編では全学年の運動領域の内容の例示を網羅。用語編では最近使われだした用語や外来カタカナ語などもとりあげて解説。資料編では昭和24年の学習指導要領試案からその変遷を理解できるように目標や改訂の要旨を掲載。巻末に運動編索引，用語編索引が付く。

体育訓練→科学的強化メニューのすべて―てんこ盛り事典 私たちの授業でオリンピック選手をめざそう! 根本正雄編 明治図書出版 2015.3 112p 26cm 2600円 ①978-4-18-784827-3 Ⓝ375.492

[目次]1 オリンピック選手をめざす!，2 オリ

ピックの歴史としくみ，3 パラリンピックの意義と選手の頑張り→子どもに語ろう，4 オリンピック選手のトレーニング法に学ぶ，5 図解＝オリンピック種目と体育教材のクロス一覧，6 科学的トレーニング法—どこまで解明されているか

みんなで楽しむ体育あそび・ゲーム事典
三宅邦夫著　（名古屋）黎明書房　1999.11　325p　26cm　〈『つどいと仲間づくりの体育あそび・ゲーム事典』改題書〉　5700円　Ⓣ4-654-07590-9　Ⓝ376.157

〔目次〕準備のいらないゲーム，ボールを使って，ピンポン玉を使って，新聞紙を使って，紙を使って，紙テープを使って，紙袋を使って，タイヤ・チューブを使って，ふとんを使って，いすを使って〔ほか〕

〔内容〕遊びを通じて子どもたちが心をふれあわせ，仲間づくりができ，精神的，身体的にきたえられる遊びとゲームなど631種収録した事典。掲載項目は，ゲーム名，用意するもの，遊び方，ねらいなど。巻末にねらい別さくいんがある。

＜辞典＞

中学校新保健体育科授業の基本用語辞典
本村清人，戸田芳雄編著　明治図書出版　2000.10　154p　19cm　（学習指導要領早わかり解説）　1560円　Ⓣ4-18-798816-5　Ⓝ375.493

〔目次〕第1章　基本用語選択の考え方と内容構成（基本用語選択の考え方，内容構成），第2章　新中学校学習指導要領保健体育科—基本用語選択指定付（目標，各分野の目標及び内容，指導計画の作成と内容の取り扱い），第3章　新中学校学習指導要領保健体育科の基本用語解説（教科目標に関する基本用語，体育分野の目標及び内容に関する基本用語，保健分野の目標及び内容に関する基本用語，指導計画の作成と内容の取り扱いに関する基本用語，授業づくりに関する基本用語）

〔内容〕中学校の保健体育科の授業に関する用語辞典。平成14年4月から実施される改訂学習指導要領に基づき，4つの側面から68の基本用語項目を立てて，内容・意義・工夫を解説する。巻頭に「基本用語選択の考え方と内容構成」「新中学校学習指導要領保健体育科」を収載。

プロスポーツ界のかっこいい指示・用語事典　きびきびした体育授業をつくる　根本正雄編　明治図書出版　2006.12　123p　21cm　1860円　Ⓣ4-18-704712-3　Ⓝ375.492

〔目次〕1　ボール運動，2　陸上運動，3　器械運動，4　表現運動，5　水泳，6　体つくり

〔内容〕プロスポーツ界のかっこいい指示・用語を取り上げ，授業でどのように活用したか紹介。子どもが聞いて強い影響力のある指示・用語を収集。

保健体育科・スポーツ教育重要用語300の基礎知識　松岡重信編　明治図書出版　1999.8　316p　21cm　（重要用語300の基礎知識 11巻）　2500円　Ⓣ4-18-718107-5　Ⓝ375.49

〔目次〕1　体育・スポーツの基礎，2　体育科教育における授業構成，3　運動学習のバックグラウンド，4　健康学・体育学と指導内容，5　運動学とスポーツ活動，6　スポーツと生活

〔内容〕保健体育科・スポーツ教育に関わる重要語を300語収録し解説した事典。分野ごとに6章に分け，各章ごとに50音順に配列。関連する用語欄も掲載している。

幼児体育用語辞典　日本幼児体育学会監修，前橋明編著　（岡山）大学教育出版　2015.5　102p　19cm　〈索引あり〉　1800円　Ⓣ978-4-86429-378-5　Ⓝ376.157

〔内容〕幼児体育を理解するための基本用語をわかりやすく解説。伝統的な用語から最新の用語まで，410項目を収録している。幼児体育指導者や運動リーダー，ボランティアを目指す人の必携書。

＜ハンドブック＞

イラストでわかる小学校単元別教材・教具一覧　3　体育・算数・国語・視聴覚　学校教材研究会編　学事出版　1994.12　191p　26cm　3000円　Ⓣ4-7619-0418-6　Ⓝ374.79

〔内容〕小学校教師・予算担当事務職員向けの教材要覧。新学習指導要領と採択率の高い教科書に基づき，各教科の単元ごとに目標・指導内容・使用教材を示し，教材の使用例等を図解する。教科書に示してある教材のほか文部省の「標準教材品目」や参考となる教材と指導例も示す。

運動が体と心の働きを高めるスポーツ保育ガイドブック　文部科学省幼児期運動指針に沿って　178種類の運動遊びを紹介！！
静岡産業大学編，小林寛道監修，小栗和雄，山田悟史，山本新吾郎著　（静岡）静岡新聞社　2014.3　95p　26cm　1800円　Ⓣ978-4-

7838-2244-8　Ⓝ376.157

（目次）第1部 概要（幼児期になぜ運動遊びが必要なのか，幼児期にどのような運動遊びを行うべきか），第2部 実践編（より良い運動遊びを実践するために，スポーツアビリティとは，より楽しく，よりたくさん，体を動かすために，遊びをちょっぴり効果的にする ほか）

高等学校スポーツ・文化データブック 2004年度版　真珠書院編集部編　真珠書院
2004.3　193p　26cm　1500円　Ⓘ4-88009-219-3　Ⓝ376.41

（目次）陸上，体操，水泳，バスケットボール，バレーボール，卓球，ソフトテニス，ハンドボール，サッカー，ラグビー〔ほか〕

（内容）最近3〜5年間の全国大会3位以内（準決勝まで）の学校名・個人名を掲載。スポーツ編48種目・文化編15種目を掲載。最近5年間の全国大会3位以内の入賞回数学校ランキングを種目ごとに掲載。定時制通信制大会・高専大会も掲載。

高等学校データブック スポーツ・文化編
真珠書院編集部編　真珠書院　2003.4　189p　26cm　1000円　Ⓘ4-88009-214-2　Ⓝ376.41

（目次）陸上，体操，水泳，バスケットボール，バレーボール，卓球，ソフトテニス，ハンドボール，サッカー，ラグビー〔ほか〕

（内容）最近3〜5年間の全国大会3位以内（準決勝まで）の学校名・個人名を掲載。スポーツ編46種目・文化編15種目を掲載。最近5年間の全国大会3位以内の入賞回数学校ランキングを種目ごとに掲載。定時制通信制大会・高専大会も掲載。

災害共済給付ハンドブック 児童生徒等の学校の管理下の災害のために　日本スポーツ振興センター編　ぎょうせい　2012.10　171p　30cm　2381円　Ⓘ978-4-324-09543-0　Ⓝ373.22

（目次）日本スポーツ振興センターと災害共済給付，災害共済給付制度への加入・契約，名簿の更新及び共済掛金，センターに対する国の補助，給付金の支払の請求，給付金の支払とその受給者，「災害」の範囲―どのようなけがや病気などが給付対象となるか，「学校の管理下」の範囲―どのような場合が給付対象となるか，センターの給付対象とする災害共済給付の範囲，災害共済給付の行われる期間〔ほか〕

最新 学校体育経営ハンドブック 体育の実務と運営　宇土正彦編著　大修館書店
1994.11　623p　23×17cm　5871円　Ⓘ4-469-06234-0　Ⓝ375.49

（目次）序章 体育経営の基礎理論と学校体育経営，1章 体育経営の目標・方針と体育計画，2章 学校の体育経営組織，3章 教科経営と運営，4章 特別活動の計画と運営，5章 課外活動の計画と運営，6章 体育施設・用具の管理，7章 体育財務・体育事務，8章 体育経営の諸問題，付録

（内容）小学校から大学までの体育科経営の知識を体系的にまとめた事典。全8章で構成し，巻末付録には学習指導要領，標準教材品目など7点の資料を収録する。学習指導要領の改定を機に旧版を改訂したもので，重要性を増した社会体育との関連も示した，としている。

新学習指導要領ハンドブック これからの授業に役立つ 2008（平成20）年3月告示 中学校 保健体育　小沢治夫，今村修，佐野金吾，押谷由夫，渋沢文藏，山口満〔著〕，時事通信出版局編　時事通信出版局，時事通信社（発売）　2008.6　76,28p　21cm　750円　Ⓘ978-4-7887-4908-5　Ⓝ375.1

（目次）第1章 ビジュアル要点整理，第2章 総則，第3章 道徳，第4章 総合的な学習の時間，第5章 特別活動，第6章 保健体育，資料 中央教育審議会答申「幼稚園，小学校，中学校，高等学校及び特別支援学校の学習指導要領等の改善について」（抜粋）

図解体育授業 高学年　藤崎敬編著　東洋館出版社　2004.4　215p　21cm　（教師力向上ハンドブック）　2500円　Ⓘ4-491-01975-4　Ⓝ375.492

（目次）1章 基本的事項の解説（体育の授業力，体育科の目標と評価規準，指導計画の作成と各学年にわたる内容の取扱い，5・6学年の目標と評価規準，5・6学年の内容の取扱い），2章 運動の内容と授業の進め方（体つくり運動，器械運動，陸上運動，水泳，ボール運動，表現運動）

図解体育授業 中学年　藤崎敬編著　東洋館出版社　2004.4　184p　21cm　（教師力向上ハンドブック）　2300円　Ⓘ4-491-01974-6　Ⓝ375.492

（目次）1章 基本的事項の解説（体育の授業力，体育科の目標と評価規準，指導計画の作成と各学年にわたる内容の取扱い，3・4学年の目標と評価規準，3・4学年の内容の取扱い），2章 運動の内容と授業の進め方（基本の運動，ゲーム，器械運動，水泳，表現運動）

図解体育授業 低学年　藤崎敬編著　東洋館出版社　2004.4　119p　21cm　（教師力向上ハンドブック）　1800円　Ⓘ4-491-01973-8

Ⓝ375.492

(目次) 1章 基本的事項の解説(体育の授業力, 体育科の目標と評価規準, 指導計画の作成と各学年にわたる内容の取扱い, 1・2学年の目標と評価規準, 1・2学年の内容の取扱い), 2章 運動の内容と授業の進め方(基本の運動, ゲーム)

スポーツなんでも事典 学校スポーツ こどもくらぶ編 ほるぷ出版 2010.1 71p 28×22cm 3200円 ①978-4-593-58414-7
Ⓝ374.98

(目次) 学校とスポーツの歴史, 体操着, 運動場, 器具と固定施設, かけっこ・短距離走, マット運動, 鉄棒, とび箱, ドッジボール, フットベースボール, 新しいボールゲーム, おにあそび, 一輪車, 竹馬, なわとび, ゴムとび, 運動会, 国際大会, 世界の学校のスポーツ, 学校スポーツと健康

(内容) 学校スポーツについて, その歴史から, 体操着や運動場について, 各スポーツのルールについて, また, 世界の学校スポーツ事情についてなど—この本は, 学校スポーツにかかわるさまざまなことがらをテーマごとにまとめて解説した, ヴィジュアル版の子ども向け事典です。学校スポーツについて, 何を, どのように調べたらよいかがわかります。

体育・スポーツ指導実務必携　平成2年版
文部省体育局監修　ぎょうせい　1990.4　2101p　19cm　3200円　①4-324-02235-6
Ⓝ780

(目次) 法令・例規編(基本, 行政組織, 学校体育, 社会体育, 補助金, 公益法人, 関係法令), 団体規程等編, 統計・資料編

(内容) 本書は, 体育・スポーツ関係諸法令, 通知等のほか, 主な補助金交付要綱, 関係団体規程等, 統計資料などを収録し, 学校体育, 社会体育の全般にわたる理解に役立て, 関係者の執務のためのハンディな参考書として利用されることを念願して編集した。

体育・スポーツ指導実務必携　平成3年版
文部省体育局監修　ぎょうせい　1991.4　2122p　19cm　3400円　①4-324-02598-3
Ⓝ780

(目次) 法令・例規編(基本, 行政組織, 学校体育, 社会体育, 補助金, 公益法人, 関係法令), 団体規程等編, 統計・資料編

(内容) 本書は, 体育・スポーツ関係諸法令, 通知等のほか, 主な補助金交付要綱, 関係団体規程等, 統計資料などを収録した。収録内容は, 平成3年2月15日現在における法令66件, 通知・要綱等81件, 団体規程等8件及び統計・資料33件である。

体育・スポーツ指導実務必携　平成4年版
文部省体育局監修　ぎょうせい　1992.4　2122p　19cm　3400円　①4-324-03257-2
Ⓝ780

(目次) 法令・例規編(基本, 行政組織, 学校体育, 社会体育, 補助金, 公益法人関係法令), 団体規程等編, 統計・資料編(学校体育, 社会体育, 答申・報告書等)

(内容) 本書は, 体育・スポーツ関係諸法令, 通知等のほか, 主な補助金交付要綱, 関係団体規程等, 統計資料などを収録しました。

体育・スポーツ指導実務必携　平成15年版
体育・スポーツ指導実務研究会監修　ぎょうせい　2003.4　1630p　21cm　3800円　①4-324-07075-X　Ⓝ780

(目次) 法令・例規編(基本, 行政組織, 学校体育ほか), 団体規程等編(国民体育大会開催基準要項, 国民体育大会参加資格及び年齢基準等(抄)(国民体育大会開催基準要項細則第三項)), 統計・資料編(学校体育, 社会体育, 答申・年表)

(内容) 本書は, 体育・スポーツ関係諸法令, 通知等のほか, 主な補助金交付要綱, 関係団体規程等, 統計資料などを収録し, 学校体育, 社会体育の全般にわたる理解に役立て, 関係者の執務のためのハンディな参考書として利用されることを念願して編集している。

＜統計集＞

子どものスポーツライフ・データ　4〜9歳のスポーツライフに関する調査報告書
2010　笹川スポーツ財団　2010.1　119p　30cm　〈他言語標題：The 2010 SSF national sports-life survey of children　文献あり〉　2000円　①978-4-915944-43-7
Ⓝ780.59

(目次) 序章 SSF調査研究委員会(調査の概要, 本報告書の読み方, 用語の解説), 1 要約, 2 ダイジェスト(運動・スポーツ実施状況, スポーツ施設, スポーツ指導者, スポーツクラブ・運動部, ローレル指数(R1)と体力, 習いごと, スポーツへの態度, 好きなスポーツ選手, 家族の運動・スポーツ実施と子どもの運動・スポーツ実施), 3 トピック(子どもの運動・スポーツ実施とジェンダー, 家族の運動・スポーツ参与別にみる子どもの運動・スポーツ実施への期待), 4 調査票・単純集計結果, 5 クロス集計結果, 6

生涯スポーツ　　　　　　　　　　スポーツ一般

参考文献，7 データの使用申請について

子どものスポーツライフ・データ　4～9歳のスポーツライフに関する調査報告書
　2012　笹川スポーツ財団　2012.3　135p
　30cm　〈他言語標題：The 2012 SSF
　National Sports-Life Survey of Children
　文献あり〉　2000円　Ⓘ978-4-915944-50-5
　Ⓝ780.59
　(目次)1 要約，2 ダイジェスト，3 トピック，4
　調査票・単純集計結果，5 クロス集計結果，6 参
　考文献，7 データの使用申請について

子どものスポーツライフ・データ　4～9歳のスポーツライフに関する調査報告書
　2013　笹川スポーツ財団　2013.12　135p
　30cm　〈他言語標題：The 2013 SSF
　national sports-life survey of children〉
　2000円　Ⓘ978-4-915944-54-3　Ⓝ780.59
　(目次)1 要約，2 トピック，3 調査結果，4 調査
　票・単純集計結果，5 クロス集計結果，6 参考
　文献，7 データの使用申請について

子どものスポーツライフ・データ　4～9歳のスポーツライフに関する調査報告書
　2015　笹川スポーツ財団　2015.12　167p
　30cm　〈他言語標題：The 2015 SSF
　National Sports-Life Survey of Children
　文献あり〉　2000円　Ⓘ978-4-915944-60-4
　Ⓝ780.59
　(目次)1 要約，2 トピック，3 調査結果，4 調査
　票・単純集計結果，5 クロス集計結果，6 参考
　文献，7 データの使用申請について

◆スポーツボランティア

<ハンドブック>

スポーツ・ボランティア・データブック
　笹川スポーツ財団　2004.6　51p　30cm
　1000円　Ⓘ4-915944-34-4　Ⓝ780.13
　(目次)スポーツ・ボランティアの定義，1 わが国
　のスポーツ・ボランティアの現状（自治体のス
　ポーツ・ボランティアバンク設置状況，全国調
　査にみるスポーツ・ボランティアの実施状況），
　2 スポーツ・ボランティア国内先進事例（かなが
　わスポーツボランティアバンク（KSVB），大阪
　市スポーツボランティア「おおさかスポ・ボラ」
　ほか），3 スポーツ・ボランティア国際比較調
　査（アジア・オセアニア9ヵ国），4 諸外国のス
　ポーツ・ボランティアの事例・調査報告（諸外
　国のスポーツ・ボランティアの先進事例，「イ
ングランドのスポーツ・ボランティア活動調査報告2002」）

◆身体障害者スポーツ

<ハンドブック>

うつくしまふくしま大会　第31回全国身体障害者スポーツ大会　報告書　（〔出版地不明〕）第31回全国身体障害者スポーツ大会福島県実行委員会　1996.3　303p　30cm　〈会期：平成7年10月28日—29日〉　2913円
　Ⓝ780.69

「かながわ・ゆめ大会」写真集　第34回全国身体障害者スポーツ大会　ダイジェスト版　神奈川新聞社制作　〔横浜〕かながわ・ゆめ国体実行委員会　1999.3　72p　30cm　〔横浜〕かなしん出版（発売）　共同刊行：第34回全国身体障害者スポーツ大会事務局〉　1905円　Ⓘ4-87645-254-7　Ⓝ780.69

行幸啓誌　第49回国民体育大会・第30回全国身体障害者スポーツ大会　（〔名古屋〕）愛知県　1995.3　103p　32cm　Ⓝ288.48

行幸啓誌　第51回国民体育大会・第32回全国身体障害者スポーツ大会　（〔広島〕）広島県　1997.3　112p　32cm　Ⓝ288.48

行幸啓誌　第52回国民体育大会・第33回全国身体障害者スポーツ大会　（〔大阪〕）大阪府　1998.3　52p　26×27cm　Ⓝ288.48

行幸啓誌　第54回国民体育大会　第35回全国身体障害者スポーツ大会　（〔熊本〕）熊本県　2000.2　73p　26×26cm　Ⓝ288.48

行幸啓誌　第55回国民体育大会・第36回全国身体障害者スポーツ大会　（〔富山〕）富山県　2001.3　75p　26×26cm　Ⓝ288.48

「きらりんぴっく富山」大会報告書　第36回全国身体障害者スポーツ大会　（富山）2000年国体富山県実行委員会，（富山）北日本新聞社〔発売〕　2001.3　76p　30cm　3333円　Ⓘ4-90667-854-8　Ⓝ780.69
　(内容)平成12年10月に開催された大会の記録・資料集。

総合ガイドブック　第29回全国身体障害者スポーツ大会　躍動のうずしお大会　（徳島）第29回全国身体障害者スポーツ大会徳島県実行委員会　〔1993〕　20p　30cm

Ⓝ780.69

第30回全国身体障害者スポーツ大会　（〔名古屋〕）第30回全国身体障害者スポーツ大会名古屋市準備会　1995.3　84p　30cm　〈期日：平成6年11月12・13日　夢と友情をありがとう〉　Ⓝ780.69

第35回全国身体障害者スポーツ大会「ハートフルくまもと大会」報告書・写真集　〔〔熊本〕〕第35回全国身体障害者スポーツ大会熊本県実行委員会　2000.3　112,54,76p　30cm　〈〔熊本〕　熊本日日新聞情報文化センター（製作・発売）　会期：平成11年11月6日—7日〉　3333円　Ⓘ4-87755-065-8　Ⓝ780.69

第37回鹿児島県身体障害者スポーツ大会プログラム　（〔鹿児島〕）鹿児島県　1999.5　94p　30cm　〈会期・会場：平成11年5月23日鹿児島県立鴨池陸上競技場ほか〉　Ⓝ780.69

第34回全国身体障害者スポーツ大会「かながわ・ゆめ大会」報告書　パーフェクト版　（〔横浜〕）かながわ・ゆめ大会国体実行委員会第34回全国身体障害者スポーツ大会事務局　1999.3　71p　30cm　〈〔横浜〕　かなしん出版（発売）　製作：神奈川新聞社　背のタイトル：かながわ・ゆめ大会第34回全国身体障害者スポーツ大会〉　3333円　Ⓘ4-87645-253-9　Ⓝ780.69

第25回全国身体障害者スポーツ大会　はまなす大会　北海道新聞社編　〔〔札幌〕〕第25回全国身体障害者スポーツ大会実行委員会　1990.3　261p　30cm　〈奥付の書名：希望と友愛のはまなす大会報告書　期間：平成元年9月30日～10月1日〉　Ⓝ780.69

ほほえみの石川大会　ほほえみに広がる友情わく力　第27回全国身体障害者スポーツ大会　（〔金沢〕）第27回全国身体障害者スポーツ大会石川県実行委員会　1992.2　2冊　30cm　〈「写真集」「報告書」に分冊刊行　会期・会場：平成3年10月26日・27日　石川県金沢市・松任市〉　Ⓝ780.69

スポーツ産業

＜ハンドブック＞

スポーツツーリズム・ハンドブック　日本スポーツツーリズム推進機構編　（京都）学芸出版社　2015.8　134p　26cm　〈他言語標題：Sport Tourism Handbook　文献あり　索引あり〉　2000円　Ⓘ978-4-7615-2602-3　Ⓝ689.21

目次　第1章 スポーツツーリズムとは何か，第2章 スポーツツーリズムには誰が関係しているのか，第3章 スポーツツーリストはどのように行き先を決めているか，第4章 スポーツイベントのマネジメント，第5章 スポーツイベントツアーのマネジメント，第6章 地域活性化とスポーツツーリズム

内容　誘致・主催に携わる地元の方，ツアーを造成する旅行業の方のための入門書。スポーツツーリズムとはそもそも何か，どんな人が関わっているのか，どんなお客さまか，イベント誘致のために必要なこと，イベントやツアーのマーケティングそのマネジメント地域振興のためのポイント。オリンピックに備える！

スポーツBiz.ガイドブック　'07-'08　江戸川大学スポーツビジネス研究所編著　日経BP企画，日経BP出版センター〔発売〕　2007.8　104p　30cm　933円　Ⓘ978-4-86130-283-1　Ⓝ780.5

目次　巻頭言 スポーツイベントの可能性と社会的な意義（石原慎太郎・東京都知事），トップインタビュー（星野仙一・野球日本代表監督，犬飼基昭・Jリーグ専務理事，稲垣純一・ジャパンラグビートップリーグ・最高執行責任者（COO）），スポーツ産業の定義と可能性，スポーツを仕事にするProfessionals—仕事人たち，スポーツBiz採用ガイド，スポーツを学ぶ，スポーツBiz進学ガイド

＜年鑑・白書＞

韓国スポーツ産業総覧　2003／04　DACO IRI編　ビスタピー・エス　2004.3　224p　26cm　〈「韓国の産業と市場」別冊〉　28000円　Ⓘ4-939153-22-3　Ⓝ780.221

目次　第1部 スポーツ産業（スポーツ産業の現況，スポーツ産業育成政策），第2部 スポーツ施設（一般概要，体育施設 ほか），第3部 スポーツ政策（体育と体育政策環境，体育振興の制度的基盤），第4部 アマチュアスポーツ（学校体育，町内の体育施設現況）

スポーツ施設

<ハンドブック>

海のレジャー&スポーツ施設総ガイド 日本海事広報協会 1991.5 266p 21cm 3200円 ⓘ4-89021-042-3 Ⓝ689.4

海のレジャー&スポーツ施設総ガイド 2000 日本海事広報協会 2000.1 286p 21cm 1400円 ⓘ4-89021-083-0 Ⓝ689.4

(目次)博物館，水族館，保存船・復元船，マリーナ，海洋スポーツセンター，海浜公園・海浜レジャー施設，海釣り施設，展望塔，遊覧船・クルーズ船，定期旅客船会社，港湾の旅客ターミナル，関係官庁・団体ほか

(内容)日本財団の補助を受けて平成11年度に行った「海洋・海事施設に関する調査」により作成した「海の施設総ガイド」を掲載した施設ガイド。1999年8月に各施設にアンケートを実施，10月末日までに得た回答により掲載した。

公共社会体育施設要覧 神奈川県 平成元年度版 体育施設出版編 体育施設出版 1990.3 237p 26cm 3090円 ⓘ4-924833-01-0 Ⓝ780.67

新版 スポーツ施設BOOK 京都・大阪・兵庫・滋賀・奈良・和歌山 (大阪)京阪神エルマガジン社 1990.10 307p 19cm 1000円 ⓘ4-87435-004-6 Ⓝ780.67

(目次)フィットネス，スイミング，テニス，グラウンド・体育館，ゴルフ，マリン&スカイスポーツ，サイクル&モータースポーツ，レジャースポーツ

スポーツ施設book 京都・大阪・兵庫・滋賀・奈良・和歌山 新版 (大阪)京阪神エルマガジン社 1992.5 307p 19cm 1000円 ⓘ4-87435-004-6 Ⓝ780.67

スポーツ施設BOOK 関西版 (大阪)京阪神エルマガジン社 1993.5 303p 19cm 1200円 ⓘ4-87435-011-9 Ⓝ780.67

(目次)フィットネス，スイミング，テニス，グラウンド・体育館，ゴルフ，マリン&スカイスポーツ，レジャースポーツ

スポーツ施設BOOK 関西版 大阪・兵庫・京都・滋賀・奈良・和歌山 (大阪)京阪神エルマガジン社 1995.8 292p 19cm 1300円 ⓘ4-87435-023-2 Ⓝ780.67

(目次)フィットネス，スイミング，テニス，グラウンド・体育館，ゴルフ，マリン&スカイスポーツ，アウトドア&レジャースポーツ

(内容)大阪・兵庫・京都・滋賀・奈良・和歌山のスポーツ施設の連絡先，所在地，交通，営業時間，駐車場，施設概要，料金，利用申し込み方法等を紹介するガイド。フィットネス，スイミング，テニス，グラウンド・体育館，ゴルフ，マリン&スカイスポーツ，アウトドア&レジャースポーツの7ジャンル別に2200件を掲載する。内容は1995年6月現在。

スポーツ施設book 関西版 改訂版 (大阪)京阪神エルマガジン社 1997.5 300p 19cm 1238円 ⓘ4-87435-047-X Ⓝ780.67

全国スポーツ施設計画総覧 全国の官・民のスポーツ施設整備計画1020件を網羅 1995年版 産業タイムズ社 1994.10 263p 26cm 13390円 ⓘ4-915674-72-X Ⓝ780.67

(目次)第1部 わが国のスポーツ施設と建設計画動向，第2部 全国スポーツ施設建設計画，第3部 関連資料

全国スポーツ施設計画総覧 1996年度版 産業タイムズ社 1996.3 102p 26×18cm 13390円 ⓘ4-915674-87-8 Ⓝ780.67

(目次)第1部 全国スポーツ施設建設計画，第2部 関連資料(我が国の体育・スポーツ施設，スポーツ施設の整備の指針，国民体育大会開催地等一覧，日本体育施設協会加入の体育施設状況)

(内容)全国自治体・民間企業などの施設建設計画1075件を網羅。

全国スポーツ施設計画総覧 1999年度版 産業タイムズ社 1998.12 206p 26cm 13000円 ⓘ4-88353-018-3 Ⓝ780.67

全国スポーツ施設名鑑 '93 スポーツビジネス研究所 1992.12 655p 30cm 72100円 Ⓝ780.67

(目次)フィットネスクラブ，スイミングクラブ，テニスクラブ，ゴルフ練習場

<図鑑・図集>

現代建築集成／スポーツ・レクリエーション施設 メイセイ出版編 メイセイ出版 1994.10 224p 31cm 〈英語書名：New concepts in architecture & design 英文併記 監修：長島孝一 発売：オーク出版サービス〉 16000円 ⓘ4-87246-317-X Ⓝ526.78

**現代建築集成／スポーツ・レクリエーショ

ン施設　長島孝一監修，メイセイ出版編　メイセイ出版　1995.9　224p　31cm　〈他言語標題：Athletic & recreational facilities 英文併記　東京　プロトギャラクシー（発売）〉　15534円　Ⓘ4-938812-34-7　Ⓝ526.78

＜統計集＞

特定サービス産業実態調査報告書　平成21年　スポーツ施設提供業編　経済産業省経済産業政策局調査統計部　2011.3　123p　30cm　Ⓝ673.9

(内容)各種サービス産業のうち，行政，経済両面において統計ニーズの高い特定サービス産業の活動状況及び事業経営の現状を調査した統計書。統計法（平成19年法律第53号）に基づく基幹統計として，昭和48年（1973年）に始まり，毎年実施されている。

特定サービス産業実態調査報告書　平成22年　スポーツ施設提供業編　経済産業省大臣官房調査統計グループ　2012.3　107p　30cm　Ⓝ673.9

(内容)各種サービス産業のうち，行政，経済両面において統計ニーズの高い特定サービス産業の活動状況及び事業経営の現状を調査した統計書。統計法（平成19年法律第53号）に基づく基幹統計として，昭和48年（1973年）に始まり，毎年実施されている。

特定サービス産業実態調査報告書　平成25年　スポーツ施設提供業編　［東京］）経済産業省大臣官房調査統計グループ　2014.12　109p　30cm　Ⓝ673.9

特定サービス産業実態調査報告書　平成26年　スポーツ施設提供業編　［東京］）経済産業省大臣官房調査統計グループ　2015.9　111p　30cm　Ⓝ673.9

特定サービス産業実態調査報告書　平成21年　スポーツ施設提供業編　経済産業省経済産業政策局調査統計部編　経済産業統計協会　2011.5　123p　30cm　6000円　Ⓘ978-4-904772-40-9　Ⓝ673.9

(目次)統計 スポーツ施設提供業（全規模の部，事業従事者5人以上の部），参考

特定サービス産業実態調査報告書　平成22年　スポーツ施設提供業編　経済産業省大臣官房調査統計グループ編　経済産業統計協会　2012.3　107p　30cm　6000円　Ⓘ978-4-904772-69-0　Ⓝ673.9

(目次)スポーツ施設提供業（全規模の部，事業従事者5人以上の部）

(内容)各種サービス産業のうち，行政，経済両面において統計ニーズの高い特定サービス産業の活動状況及び事業経営の現状を調査した統計書。統計法（平成19年法律第53号）に基づく基幹統計として，昭和48年（1973年）に始まり，毎年実施されている。

特定サービス産業実態調査報告書　平成25年　スポーツ施設提供業編　経済産業省大臣官房調査統計グループ編　経済産業統計協会　2015.2　109p　30cm　7000円　Ⓘ978-4-86499-034-9　Ⓝ673.9

(目次)スポーツ施設提供業（全規模の部（総合統計表，都道府県別統計表），事業従事者5人以上の部）

特定サービス産業実態調査報告書　平成26年　スポーツ施設提供業編　経済産業省大臣官房調査統計グループ編　経済産業統計協会　2015.12　111p　30cm　6900円　Ⓘ978-4-86499-065-3　Ⓝ673.9

(目次)1 全規模の部（総合統計表，都道府県別統計表），2 事業従事者5人以上の部，参考

スポーツ用品

＜ハンドブック＞

業種別貸出審査事典　第8巻　スーパー・旅行・レジャー・スポーツ・娯楽・教育・冠婚葬祭　第9次新版　金融財政事情研究会編　金融財政事情研究会，きんざい〔発売〕　1999.12　1044p　26cm　12000円　Ⓘ4-322-10038-4　Ⓝ338.55

(目次)1 スーパー・ディスカウント関連，2 通信・訪問販売業関連，3 旅行・宿泊・ホテル関連，4 レジャー・スポーツ関連，5 映画・芸能関連，6 娯楽・遊戯場関連，7 学校・教育サービス関連，8 冠婚葬祭・宗教法人関連

(内容)農林水産業からサービス産業まで全産業の中堅・中小企業業種を中心に，業種の特色，業界動向，業務知識等をまとめた事典。8巻構成で，1005業種を産業分類別に収録する。本巻は，スーパー・旅行・レジャー・スポーツ・娯楽・教育・冠婚葬祭，およびこれら関連業種を収録。内容は1999年9月現在。掲載項目は，業種の特色，業界動向，業務知識，審査のポイント，経営改善・収益向上策へのアドバイス，関

スポーツ用品　　　　　　　　スポーツ一般

連法規等、業界団体など。巻末に各巻別収録業種一覧と、全8巻に収録した1005業種の五十音順の収録業種総索引がある。

業種別審査事典　第8巻　スーパー、旅行、レジャー、スポーツ、娯楽、教育、冠婚葬祭　第10次新版　金融財政事情研究会編　金融財政事情研究会，きんざい〔発売〕　2004.1　1087p　26cm　14000円　Ⓘ4-322-10466-5　Ⓝ338.55

〔目次〕1 スーパー・ディスカウントショップ・その他商品小売，2 無店舗販売関連，3 旅行・宿泊関連，4 レジャー・スポーツ関連，5 娯楽・遊技場関連，6 映画・芸能関連，7 音楽・写真・映像・美術工芸関連，8 学校・教養技能教授関連，9 地公体・協同組合，10 冠婚葬祭・宗教関連

〔内容〕本書は、全国の金融機関本支店において、融資・審査および営業推進のための業種別取引事典であるとともに、関係各業界ならびに研究諸団体等においては、産業・商品事典として十分役立つよう編集したものである。

業種別審査事典　第9巻　サービス関連〈運輸 旅行〉スポーツ レジャー 娯楽 9001-9152　第13次　金融財政事情研究会編　金融財政事情研究会　2016.1　1262p　26cm　〈索引あり　発売：きんざい〉　18000円　Ⓘ978-4-322-12652-5　Ⓝ338.55

〔目次〕第9巻 サービス関連（運輸、旅行）・スポーツ・レジャー・娯楽分野（運輸サービス関連，旅行・宿泊関連，スポーツ・レジャー用品関連，スポーツ・レジャー施設関連，娯楽・遊技場関連，音楽・写真・映像・美術工芸関連，玩具関連）

第7次新版　業種別貸出審査事典　第3巻　石油・化学・プラスチック製品・窯業・土石・玩具・スポーツ用品　金融財政事情研究会編　金融財政事情研究会，きんざい〔発売〕　1992.3　1136p　26cm　10000円　Ⓘ4-322-20035-4　Ⓝ338.55

〔内容〕"信用リスク管理"時代の融資・審査判断に不可欠な産業事典の決定版。サービス業を中心にニュービジネスなど注目・話題業種を新たに140業種追加。総計800業種収録。

第7次新版　業種別貸出審査事典　第7巻　スーパー・物販・旅行・レジャー・スポーツ・娯楽・飲食店　金融財政事情研究会編　金融財政事情研究会，きんざい〔発売〕　1992.3　1096p　26cm　10000円　Ⓘ4-322-20075-2　Ⓝ338.55

〔目次〕1 百貨店・スーパー関連，2 通信販売・物品販売関連，3 旅行・宿泊・ホテル関連，4 レジャー・スポーツ関連，5 映画・芸能関連，6 娯楽・遊技場関連，7 料亭・バー関連，8 飲食店関連，9 冠婚葬祭・宗教法人関連，巻末付録（各巻収録業種一覧，収録業種50音順総索引）

〔内容〕全国の170機関、500名余の融資・審査・調査のベテラン執筆陣を総動員し、激変する産業界の動向を業種別に最新時点で調査・解析。全国ベースのデータはもちろん、地域データ、主要個別企業の統計・資料なども駆使して各業種の動向を動態的にとらえ、信用リスク管理の重要性が一段と高まるなか、融資・審査の実務判断の指針を明示。「取引推進へのアドバイス」を新設。各業種の特性をふまえ、既取引先との深耕、新規先開拓のための留意事項等を記載。

第11次業種別審査事典　第9巻　サービス関連・スポーツ・レジャー・娯楽　金融財政事情研究会編　金融財政事情研究会，きんざい〔発売〕　2008.1　1052p　26cm　15619円　Ⓘ978-4-322-11119-4　Ⓝ338.55

〔目次〕1 運輸サービス関連，2 旅行・宿泊関連，3 スポーツ・レジャー用品関連，4 スポーツ・レジャー施設関連，5 娯楽・遊技場関連，6 音楽・写真・映像・美術工芸関連，7 玩具関連

第12次業種別審査事典　第9巻　サービス関連・スポーツ・レジャー・娯楽　金融財政事情研究会編　金融財政事情研究会，きんざい〔発売〕　2012.2　1166p　26cm　17143円　Ⓘ978-4-322-11895-7　Ⓝ338.55

〔目次〕9-1 運輸サービス関連，9-2 旅行・宿泊関連，9-3 スポーツ・レジャー用品関連，9-4 スポーツ・レジャー施設関連，9-5 娯楽・遊技場関連，9-6 音楽・写真・映像・美術工芸関連，9-7 玩具関連

<年鑑・白書>

学校における製品安全教育のすすめ方 家電製品・スポーツ用品編　製品安全教育事業等に関する調査報告書　経済企画庁国民生活局消費者行政第一課編　大蔵省印刷局　1997.3　180p　30cm　1165円　Ⓘ4-17-154002-X　Ⓝ375

〔目次〕第1部 総論（わが国における製品安全のシステム，学校における家電製品の安全教育の在り方，学校におけるスポーツ用具の安全教育の在り方，製造物責任法の理念と家電製品・スポーツ用具の安全教育），第2部 各論（家電製品等の安全教育の現状，平成7年度作成教材（ビデオ）

について），第3部 参考資料（国内ヒアリング調査報告，すごろく「安全パトロール」授業実践例紹介，警告表示，製品安全教育に関する指針）

<統計集>

特定サービス産業実態調査報告書　平成20年 スポーツ・娯楽用品賃貸業編　経済産業省経済産業政策局調査統計部　2010.3　140p　30cm　Ⓝ673.9

(内容)各種サービス産業のうち，行政，経済両面において統計ニーズの高い特定サービス産業の活動状況及び事業経営の現状を調査した統計書。統計法（平成19年法律第53号）に基づく基幹統計として，昭和48年（1973年）に始まり，毎年実施されている。平成19年からは調査業種に4業種を追加し11業種になった。

特定サービス産業実態調査報告書　平成21年 自動車賃貸業、スポーツ・娯楽用品賃貸業、その他の物品賃貸業編　経済産業省経済産業政策局調査統計部　2011.3　346p　30cm　Ⓝ673.9

(内容)各種サービス産業のうち，行政，経済両面において統計ニーズの高い特定サービス産業の活動状況及び事業経営の現状を調査した統計書。統計法（平成19年法律第53号）に基づく基幹統計として，昭和48年（1973年）に始まり，毎年実施されている。

特定サービス産業実態調査報告書　平成22年 自動車賃貸業、スポーツ・娯楽用品賃貸業、その他の物品賃貸業編　経済産業省大臣官房調査統計グループ　2012.3　335p　30cm　Ⓝ673.9

(内容)各種サービス産業のうち，行政，経済両面において統計ニーズの高い特定サービス産業の活動状況及び事業経営の現状を調査した統計書。統計法（平成19年法律第53号）に基づく基幹統計として，昭和48年（1973年）に始まり，毎年実施されている。

特定サービス産業実態調査報告書　平成25年 自動車賃貸業、スポーツ・娯楽用品賃貸業、その他の物品賃貸業編　〔東京〕　経済産業省大臣官房調査統計グループ　2014.12　335p　30cm　Ⓝ673.9

特定サービス産業実態調査報告書　平成26年 自動車賃貸業、スポーツ・娯楽用品賃貸業、その他の物品賃貸業編　〔東京〕　経済産業省大臣官房調査統計グループ　2015.9　337p　30cm　Ⓝ673.9

特定サービス産業実態調査報告書　平成20年 スポーツ・娯楽用品賃貸業編　経済産業省経済産業政策局調査統計部編　経済産業統計協会　2010.3　140p　30cm　9400円　①978-4-904772-09-6　Ⓝ673.9

(目次)第1編 スポーツ・娯楽用品賃貸業（総合統計表，都道府県別統計表），別表 時系列統計表，参考

(内容)各種サービス産業のうち，行政，経済両面において統計ニーズの高い特定サービス産業の活動状況及び事業経営の現状を調査した統計書。統計法（平成19年法律第53号）に基づく基幹統計として，昭和48年（1973年）に始まり，毎年実施されている。平成19年からは調査業種に4業種を追加し11業種になった。

特定サービス産業実態調査報告書　平成21年 自動車賃貸業、スポーツ・娯楽用品賃貸業、その他の物品賃貸業編　経済産業省経済産業政策局調査統計部編　経済産業統計協会　2011.4　346p　30cm　12000円　①978-4-904772-32-4　Ⓝ673.9

(目次)第1編 自動車賃貸業（全規模の部，事業従事者5人以上の部），第2編 スポーツ・娯楽用品賃貸業（総合統計表，都道府県別統計表），その他の物品賃貸業（全規模の部，事業従事者5人以上の部），参考

特定サービス産業実態調査報告書　平成22年 自動車賃貸業、スポーツ・娯楽用品賃貸業、その他の物品賃貸業編　経済産業省大臣官房調査統計グループ編　経済産業統計協会　2012.3　335p　30cm　12000円　①978-4-904772-61-4　Ⓝ673.9

(目次)第1編 自動車賃貸業（全規模の部，事業従事者5人以上の部），第2編 スポーツ・娯楽用品賃貸業，第3編 その他の物品賃貸業

(内容)各種サービス産業のうち，行政，経済両面において統計ニーズの高い特定サービス産業の活動状況及び事業経営の現状を調査した統計書。統計法（平成19年法律第53号）に基づく基幹統計として，昭和48年（1973年）に始まり，毎年実施されている。

特定サービス産業実態調査報告書　平成25年 自動車賃貸業、スポーツ・娯楽用品賃貸業、その他の物品賃貸業編　経済産業省大臣官房調査統計グループ編　経済産業統計協会　2015.2　335p　30cm　13500円

①978-4-86499-026-4　Ⓝ673.9
目次　第1編　自動車賃貸業（全規模の部（総合統計表，都道府県別統計表），事業従事者5人以上の部），第2編　スポーツ・娯楽用品賃貸業，第3編　その他の物品賃貸業

特定サービス産業実態調査報告書　平成26年　自動車賃貸業，スポーツ・娯楽用品賃貸業，その他の物品賃貸業編　経済産業省大臣官房調査統計グループ編　経済産業統計協会　2015.12　337p　30cm　13300円
①978-4-86499-057-8　Ⓝ673.9
目次　第1編　自動車賃貸業（全規模の部，事業従事者5人以上の部），第2編　スポーツ・娯楽用品賃貸業，第3編　その他の物品賃貸業，参考

世界のスポーツ

＜事典＞

ニュースポーツ百科　清水良隆，紺野晃編　大修館書店　1995.9　261p　24×19cm　3296円　④4-469-26318-4　Ⓝ780
目次　パドルテニス，エスキーテニス，テニスバット，パンポン，バスケットピンポン，インディアカ，ビーチバレーボール，ソフトバレーボール，セパタクロー，リングテニス〔ほか〕

ニュースポーツ百科　新訂版　清水良隆，紺野晃編　大修館書店　1997.7　261p　24×18cm　3200円　④4-469-26373-7　Ⓝ780
目次　パドルテニス，エスキーテニス，テニスバット，パンポン，バスケットピンポン，インディアカ，ビーチバレーボール，ソフトバレーボール，セパタクロー，リングテニス，ラケットボール，フットサル，ネットボール，ミニバスケットボール，タッチラグビー，スピードボール，ユニバーサルホッケー，ラクロス，チェックボール，ドッジボール，ローンボウルス，ペタンク，シャフルボード，ユニカール，グラウンド・ゴルフ，ターゲットバードゴルフ，ゲートボール，レクリエーションクロッケー，14インチ・スローピッチソフトボール，ティーボール，カンガクリケット，フライングディスク，綱引競技，カバディ，一輪車，ウォークラリー，ダーツ

みんなのスポーツ大百科　世界のスポーツ160　ドーリング・キンダースリー社編集部編，クライブ・ジフォードコンサルタント，山根玲子訳　（神戸）BL出版　2015.3　160p　29×23cm　〈原書名：Children's Book of SPORT〉　3500円　①978-4-7764-0677-8　Ⓝ780
目次　チームスポーツ，ラケットスポーツ，陸上競技と体操，ターゲットスポーツ，ウォータースポーツ，格闘技，ウィンタースポーツ，ホーススポーツ，ホイール＆モータースポーツ，エクストリームスポーツ，オリンピック
内容　サッカーや野球など人気競技をはじめ，ボウルズやポロ，クリフダイビングなど，日本ではあまり知られていないスポーツまで160種類を紹介。ダイナミックで美しい写真に加え，基本ルールや競技のポイントも簡潔に解説。子どもたちの興味をひきだすビジュアルな一冊！

ワールドスポーツ大事典　世界の国ぐにのいろんな競技　新しいスポーツにチャレンジしよう！　日本ワールドゲームズ協会監修，造事務所編・構成　PHP研究所　2007.2　79p　29×22cm　2800円　①978-4-569-68664-6　Ⓝ780
目次　1　えっ，これも!?ワールドスポーツ入門（つな引き，スポーツチャンバラ　ほか），2　これならできる！そっくりさんスポーツ（クリケット，スカッシュ　ほか），3　うっとり見ちゃう！ビューティフルスポーツ（ダブルダッチ，トランポリン　ほか），4　まだまだあるよ！ワールドスポーツ（カーリング，ペタンク　ほか），5　きみもチャレンジ！ワールドスポーツ（ワールドスポーツをはじめよう！，準備運動、整理運動をしよう　ほか）

＜ハンドブック＞

ニュースポーツ100　2002年版　自由時間デザイン研究会編著　評言社　2002.3　221p　30cm　6800円　④4-8282-0279-X　Ⓝ780
目次　プレジャースポーツ（マリンスポーツ，スカイスポーツ，ランドスポーツ），エスニック＆エクササイズスポーツ（エクササイズスポーツ，エスニックスポーツ），コミュニティスポーツ（ニューバージョンスポーツ，コミュニティスポーツ）
内容　新しいスポーツについてのガイドブック。近年，人々の人気を集め，地域でイベント等も開催され，今後も注目されるであろう競技であり，競技団体・事務局等を設置しているニュースポーツ100種目について紹介する。プレジャースポーツ，エスニック＆エクササイズスポーツ，コミュニティスポーツの3種に大きく区分し，それぞれ，概要・特徴とともに，歴史，参加人口・年齢層，競技方法・ルール，用具，各種団体等の

情報を写真も交えて紹介している。プレジャースポーツは、マリンスポーツ・スカイスポーツ・ランドスポーツの3ジャンルに分けて紹介。サッカーをアレンジしたフットサル等、いつでも、どこでも、誰でも参加できる形態のものを、コミュニティスポーツとして紹介している。

＜図鑑・図集＞

民族スポーツってなんだろう？ 寒川恒夫監修, こどもくらぶ編 ベースボール・マガジン社 2013.6 30p 29×22cm （ビジュアル図鑑 調べよう！考えよう！やってみよう！世界と日本の民族スポーツ 1） 2500円
Ⓘ978-4-583-10577-2 Ⓝ780

(目次)1 「民族スポーツ」と「民俗スポーツ」, 2 民族スポーツには競争よりも大事なものがある!, 3 狩猟採集民族の民族スポーツは?, 4 農耕農族の民族スポーツをみてみよう!, 5 遊牧民族にはどんな民族スポーツがつたわっているか?, 6 民族スポーツと国際スポーツ, 7 民族スポーツが国際スポーツになる意味とは?, 8 オリンピックと民族スポーツ, 9 世界でいちばん多くの人がたのしむスポーツ、サッカー, 10 国技には2種類ある!

＜年鑑・白書＞

イタリア・スポーツ白書 1997～98年年次報告書及び今後の展望 イタリアオリンピック委員会著 笹川スポーツ財団 1999.1 66p 26cm （SSF海外レポート no.13）〈原書名：Lo sport italiano rapporto annuale.〉 Ⓘ4-915944-19-0 Ⓝ780.237

競技スポーツ

競技スポーツ一般

<事典>

スポーツ記録 オリンピックをはじめ全記録総覧 栄光と挑戦の記録 スポーツ記録編集委員会編 (東村山)教育社 1990.11 1056p 18cm 〈Newton DATABASE〉 2000円 ①4-315-51109-9 Ⓝ780.36

〈目次〉育ちゆく年、近代スポーツ史、主要大会開催地一覧、オリンピック大会記録、冬季オリンピック大会記録、ユニバーシアード大会記録、冬季ユニバーシアード大会記録、世界選手権大会記録、全日本選手権大会記録、公認世界・日本記録一覧、人気スポーツ記録

スポーツ記録 オリンピックをはじめ全記録総覧 92年版 スポーツ記録編集委員会編 (東村山)教育社 1992.6 1212p 18cm 〈Newton DATABASE〉 2000円 ①4-315-51264-8 Ⓝ780.36

〈内容〉第1回のアテネ大会から1992年のアルベールビル冬季大会までのオリンピック大会全記録、およびユニバーシアード、アジア大会、世界選手権、日本選手権など内外のスポーツ大会の記録を網羅。さらに野球、大相撲、ゴルフ、ボクシング、マラソンなどの人気スポーツの記録を収録。明治初期から今日までの120年間におよぶスポーツの歩みを概観したスポーツ記録大事典。

<地図帳>

スポーツ日本地図 1 球技 チームの本拠地や試合会場を知ろう! こどもくらぶ編集 ベースボール・マガジン社 2016.10 31p 29cm 〈索引あり〉 2500円 ①978-4-583-11004-2 Ⓝ780.21

〈目次〉1 野球・ソフトボール、2 サッカー、3 ラグビー、4 バレーボール、5 バスケットボール、6 そのほかの球技(ハンドボール、ホッケー、卓球、バドミントン)

スポーツ日本地図 2 屋外スポーツ 陸上競技などの大会や会場を知ろう! こども

もくらぶ編集 ベースボール・マガジン社 2016.11 31p 29cm 〈索引あり〉 2500円 ①978-4-583-11005-9 Ⓝ780.21

〈目次〉1 陸上競技(おもな陸上競技場、日本陸上競技選手権大会、もっと知りたい!陸上競技の種目と記録、マラソン、駅伝競走、もっと知りたい 東京箱根間往復大学駅伝競走)、2 レガッタ(ボート、カヌー、ヨット(セーリング))、3 そのほかの屋外スポーツ(自転車競技(トラックレース)、アーチェリー、トライアスロン、もっと知りたい 国民体育大会)

スポーツ日本地図 3 屋内スポーツ 体操、水泳、武道などの大会や会場を知ろう! こどもくらぶ編集 ベースボール・マガジン社 2016.12 31p 29cm 〈索引あり〉 2500円 ①978-4-583-11006-6 Ⓝ780.21

〈目次〉1 体操(体操競技、新体操、トランポリン競技)、2 水泳(競泳、飛び込み、シンクロナイズドスイミング)、3 武道(柔道、剣道、相撲)、4 格技(レスリング、ボクシング、フェンシング)、5 そのほかの屋内スポーツ(ウエイトリフティング)

〈内容〉この本では、全国でおこなわれているスポーツの大会や、全国各地にあるスポーツのリーグなどについて、競技ごとに地図に示しています。そして、どんな大会がどんな場所や施設でおこなわれているのか、どんなリーグがあってどのようなチームが所属しているのかなどを、都道府県ごとに知ることができるようになっています。

◆競技団体

<ハンドブック>

スポーツガバナンス実践ガイドブック 基礎知識から構築のノウハウまで スポーツにおけるグッドガバナンス研究会編 民事法研究会 2014.7 269p 21cm 2700円 ①978-4-89628-948-0 Ⓝ780

〈目次〉第1部 事例にみるガバナンスの実情と課題(国際サッカー連盟(FIFA)―不正な利益供与

疑惑とガバナンス，日本オリンピック委員会—国庫補助金等の不正受給とガバナンス，国民体育大会—参加者資格違反事案と国体におけるガバナンス，全日本柔道連盟—暴力・暴言事案とガバナンス，日本クレー射撃協会—内部対立とガバナンス，テコンドー—スポーツ団体の対立・不祥事とガバナンス，全日本スキー連盟—内部対立とガバナンス，日本アイスホッケー連盟—内部対立とガバナンス，日本高等学校野球連盟—特待生問題とガバナンス，日本野球機構—不祥事とガバナンス，日本プロサッカーリーグ（Ｊリーグ）—我那覇事件とガバナンス，日本相撲協会—不祥事とガバナンス，第2部 グッドガバナンスの構築と実践（「グッドガバナンス」はなぜ必要か—スポーツ団体の健全運営が問われる時代，スポーツガバナンス実践編（事前の防止策編—紛争・不祥事が起きない健全な組織運営のために何が必要か，不祥事・紛争対応編），今後の課題）

内容 基礎知識から構築のノウハウまで。スポーツ団体のガバナンスの必要性を不祥事事例で理解し，その実現の方法が具体的，実践的にわかる！

オリンピック

<事典>

オリンピック事典　ポケット版　日本オリンピック・アカデミー「ポケット版オリンピック事典」編集委員会編　楽　2008.1　279p　19cm　〈年表あり　文献あり〉　1429円
Ⓘ978-4-947646-25-5　Ⓝ780.69

目次 第1章 オリンピックのしくみ（初代オリンピックの創始者クーベルタン，オリンピズム ほか），第2章 オリンピックの歴史（古代オリンピック，近代オリンピック），第3章 記憶に残るオリンピアン（陸上，水泳 ほか），第4章 オリンピックの教育（日本のオリンピック教育，世界のオリンピック教育），第5章 北京大会・バンクーバー冬季大会（北京大会2008，バンクーバー冬季大会2010）

内容 オリンピックについて体系的に解説する事典。日本オリンピック・アカデミー創立30周年記念出版。巻末に，オリンピック憲章，年表，開催地一覧などの資料と，事項索引を付す。

オリンピック大百科　クリス・オクスレード，デーヴィッド・ボールハイマー著　成田十次郎日本語版監修　あすなろ書房　2008.3　55p　29cm　（「知」のビジュアル百科 45）〈原書名：Eyewitness-Olympics.〉　2500円
Ⓘ978-4-7515-2455-8　Ⓝ780.69

目次 オリンピックの起源，古代オリンピック，古代オリンピックの終わり，オリンピック復活，伝統精神，大会の歴史，夏季オリンピック，冬季オリンピック，パラリンピック，新種目，旧種目〔ほか〕

内容 古代ギリシャで，宗教の祭典のひとつとして開催されてきた古代オリンピック。そして，1896年に復活して以来，人びとの心に残るたくさんの名勝負を生み出してきた近代オリンピック。ふたつのオリンピックの歴史をビジュアルで紹介。

オリンピック・パラリンピック大百科　1　2つの東京オリンピック 1964／2020　日本オリンピック・アカデミー監修　小峰書店　2016.4　43p　29×23cm　3000円
Ⓘ978-4-338-30001-8　Ⓝ780.69

目次 1 1964年，東京にオリンピックがやってきた！（アジア初のオリンピック，7年間にわたった招致活動，建設ラッシュにわいた東京，ととのえられた熱戦の舞台，活躍した選手たち），2 アジアで行われたオリンピック（1972年冬季・札幌，1988年夏季・ソウル，1998年冬季・長野，2008年夏季・北京，オリンピックと小・中学生），3 東京にオリンピックがやってくる！（2013年9月，東京開催が決定！，開催に向けて進む準備，予定されている競技会場，応援しよう！未来の選手たち，被災地の人たちといっしょに大会をもりあげよう！，日本のよいところを発見し，未来へつなげよう！）

オリンピック・パラリンピック大百科　2　平和の祭典・オリンピック競技大会　日本オリンピック・アカデミー監修　小峰書店　2016.4　43p　29×23cm　3000円　Ⓘ978-4-338-30002-5　Ⓝ780.69

目次 1 オリンピックって何だろう（世界が注目するのはなぜ?，広がりつづけるオリンピック，「オリンピズム」って何だろう，「オリンピック・ムーブメント」って何?，オリンピックのシンボルとモットー，オリンピックを開催する組織と活動），2 オリンピズムがめざすもの（古代と現代をつなぐ聖火，フェアプレーの精神，人類の平和のために，芸術分野の発展をめざして，広がる女性選手の活躍，新しい思想 オリンピック・レガシー），3 競技大会のあらまし（夏季大会の競技，冬季大会の競技，そのほかの国際競技大会，オリンピックの公式ポスター，選手の栄光をたたえるメダル，大会の開会式と閉

会式)

オリンピック・パラリンピック大百科 3 オリンピックの歴史 古代から近代へ 日本オリンピック・アカデミー監修 小峰書店 2016.4 43p 29×23cm 3000円 Ⓘ978-4-338-30003-2 Ⓝ780.69

⦿目次 1 オリンピックの誕生(1200年つづいた競技祭, 古代ギリシャの四大競技祭, 始まりは, 戦争をやめるため? ほか), 2 古代から近代へバトンタッチ(近代オリンピックの誕生, 第1回大会はギリシャのアテネで, 博覧会とともに開かれた第2〜4回大会 ほか), 3 世界平和と現代のオリンピック(世界大戦の時代をむかえて, 第二次世界大戦後のオリンピック, 国々がボイコットし合った2つの大会 ほか)

オリンピック・パラリンピック大百科 4 オリンピックの発展と課題 日本オリンピック・アカデミー監修 小峰書店 2016.4 43p 29×23cm 3000円 Ⓘ978-4-338-30004-9 Ⓝ780.69

⦿目次 1 オリンピックの進化と発展(のびていく記録, 技術の進歩, スポーツ用具の進化, トレーニング法の開発, オリンピック設備の進歩, 感動を伝えるメディアの発達), 2 オリンピックがかかえる課題(増大するオリンピックの経費, 大きな役割をになうスポンサー, 競技・種目数と参加選手の増加, 根本にあるアマチュア・プロの問題, ドーピング問題の解決をめざして, 人種差別問題を乗りこえる, 切りはなすのはむずかしいスポーツと政治), 3 東京オリンピック・パラリンピック大会に向けて(知ってほしい!スポーツの魅力, もっともっと, オリンピックを!, 東京オリンピックの安全対策最前線)

オリンピック・パラリンピック大百科 5 オリンピックのヒーロー・ヒロインたち 日本オリンピック・アカデミー監修 小峰書店 2016.4 43p 29×23cm 3000円 Ⓘ978-4-338-30005-6 Ⓝ780.69

⦿目次 1 世界を感動させた日本の選手たち・夏季(織田幹雄 人見絹枝, 西田修平/大江季雄 円谷幸吉, 高橋尚子 野口みずき 有森裕子 ほか), 2 世界を感動させた日本の選手たち・冬季(猪谷千春 荻原健司 葛西紀明, 上村愛子 平野歩夢/平岡卓, 橋本聖子 清水宏保 伊藤みどり ほか), 3 記憶に残る世界の選手たち(エミール・ザトペック アベベ・ビキラ, カール・ルイス ウサイン・ボルト, マイケル・フェルプス ほか)

オリンピック・パラリンピック大百科 6 パラリンピックと障がい者スポーツ 日本オリンピック・アカデミー監修 小峰書店 2016.4 43p 29×23cm 3000円 Ⓘ978-4-338-30006-3 Ⓝ780.69

⦿目次 1 パラリンピックはどんな大会?(もう1つのオリンピック, 始まりは, けがの治療から, 国際競技大会として発展! ほか), 2 パラリンピックで活躍!名選手たち(成田真由美, 田中康大, 高橋勇輝 ほか), 3 障がい者スポーツの発展(「できること」をいかし, 公正に競い合う, 選手の目となるサポーター, 選手をささえる障がい者スポーツ用具 ほか)

オリンピック・パラリンピック大百科 7 オリンピック競技完全ガイド 日本オリンピック・アカデミー監修 小峰書店 2016.4 43p 29×23cm 3000円 Ⓘ978-4-338-30007-0 Ⓝ780.69

⦿目次 1 オリンピックの競技と種目(競技, 種目って何?, 2020年東京オリンピックでは, どんな競技が増える?, 2020年東京パラリンピックの新しい競技は?), 2 夏季オリンピック競技の見どころ(ゴルフ, 7人制ラグビー, 陸上競技 ほか), 3 冬季オリンピック競技の見どころ(雪と氷のスポーツ7競技(スキー, バイアスロン, スケート ほか))

オリンピックまるわかり事典 大記録から2020年東京開催まで PHP研究所編 PHP研究所 2014.3 63p 29cm (楽しい調べ学習シリーズ) 〈「オリンピック絵事典」(2004年刊)の改題・加筆修正・再構成 文献あり 索引あり〉 3000円 Ⓘ978-4-569-78385-7 Ⓝ780.69

⦿目次 第1章 日本にオリンピックがやってくる(2020年オリンピック大会は東京で開催, どんなオリンピック, パラリンピックになるのだろう), 第2章 オリンピックの歴史をみてみよう(古代オリンピックの発祥と近代オリンピックの誕生, 第1回(1896年)アテネ大会 ほか), 第3章 どんな競技があるのだろう(オリンピック競技種目一覧表, オリンピック記録をくらべてみよう ほか), 第4章 オリンピック・パラリンピックをもっと知りたい(オリンピックのときによく聞くIOC, JOCってなに?, 五輪のマークってなにをあらわしているの? ほか)

⦿内容 過去のオリンピック夏季大会をふりかえりながら, その大会で活躍した選手を紹介。知られていないエピソードや, メダル獲得数の多い国・地域のベスト3, 日本のメダル数・順位など。冬季大会, パラリンピックについても, かんたんに紹介。男女のオリンピック競技種目を表にまとめ, 代表的な種目の記録がどれほど進

歩したのか、金メダルをとった日本人にはどういう人がいたのかから、五輪のマークはなにをあらわしているのか、聖火がとちゅうで消えたらどうするのかなど、気になる疑問まで。

JOAオリンピック小事典 日本オリンピック・アカデミー編著 メディアパル 2016.6 319p 19cm 〈他言語標題：The Comprehensive Guide to the Olympic Movement 文献あり 索引あり〉 1800円
Ⓘ978-4-89610-160-7 Ⓝ780.69

(目次)第1章 オリンピック，第2章 オリンピック競技大会の歴史，第3章 オリンピックの競技・種目，第4章 パラリンピック，第5章 記憶にのこるオリンピック・パラリンピックの選手たち，第6章 資料

21世紀オリンピック豆事典 オリンピックを知ろう！ 日本オリンピック・アカデミー編 楽 2004.3 199p 19cm 952円 Ⓘ4-947646-22-5 Ⓝ780.69

(目次)第1章 アテネ・オリンピック2004，第2章 オリンピックとは，第3章 オリンピックのしくみ，第4章 オリンピックのヒーロー、ヒロイン，第5章 古代オリンピックはこんな大会だった，第6章 近代オリンピック大会の歩み，第7章 オリンピックと教育

(内容)内容は一般向けとしながらも、子どもたちにオリンピックの真の姿を知ってもらうことを願って教育的な面も考慮して作成。また大学などの高等教育機関でも教材として使えるように配慮した。

＜辞 典＞

夏季オリンピック六ヶ国語辞典 日英独仏露西 1 オリンピック一般用語、アーチェリー、カヌー、競泳、近代五種競技、サッカー、水球、自転車競技、射撃、柔道、重量挙げ編 本多英男著 （名古屋）三恵社 2015.8 416p 21cm 2800円
Ⓘ978-4-86487-386-4 Ⓝ780.33

(内容)オリンピック鑑賞・研究に必携の辞典シリーズ。夏季オリンピックの主要競技で使われる用語の綴り・発音を網羅!全5巻で約1万語の日、英、仏、独、露、西6ヶ国語版を収載します。本書はオリンピック一般用語、アーチェリー、カヌー、競泳、近代五種競技、サッカー、水球、自転車競技、射撃、柔道、重量挙げの用語を収載。

夏季オリンピック六ヶ国語辞典 日英独仏露西 2 シンクロナイズド・スイミング、新体操（一般用語・難度表・手具）、男子体操競技（一般用語・ゆか・あん馬・つり輪・跳馬・平行棒・鉄棒）編 本多英男著 （名古屋）三恵社 2015.8 488p 21cm 3000円 Ⓘ978-4-86487-394-9 Ⓝ780.33

(内容)オリンピック鑑賞・研究に必携の辞典シリーズ。夏季オリンピックの主要競技で使われる用語の綴り・発音を網羅! 全5巻で約1万語の日、英、仏、独、露、西6ヶ国語版を収載します。本書はシンクロナイズド・スイミング新体操（一般用語・難度表・手具）男子体操競技（一般用語・ゆか・あん馬・つり輪・跳馬・平行棒・鉄棒）の用語を収載。

夏季オリンピック六ヶ国語辞典 日英独仏露西 3 女子体操競技（一般用語・跳馬・段違い平行棒・平均台・ゆか）、卓球、テコンド、テニス編 本多英男著 （名古屋）三恵社 2015.8 380p 21cm 2600円 Ⓘ978-4-86487-395-6 Ⓝ780.33

(内容)オリンピック鑑賞・研究に必携の辞典シリーズ。夏季オリンピックの主要競技で使われる用語の綴り・発音を網羅! 全5巻で約1万語の日、英、仏、独、露、西6ヶ国語版を収載します。本書は女子体操競技（一般用語・跳馬・段違い平行棒・平均台・ゆか）、卓球、テコンド、テニスの用語を収載。

夏季オリンピック六ヶ国語辞典 日英独仏露西 4 飛び込み競技、トライアスロン、トランポリン（一般用語・技術種目と競技種目用語）、馬術、バスケットボール、バドミントン、バレーボール、ハンドボール、ビーチ・バレーボール、フェンシング編 本多英男著 （名古屋）三恵社 2015.8 404p 21cm 2700円
Ⓘ978-4-86487-396-3 Ⓝ780.33

(内容)オリンピック鑑賞・研究に必携の辞典シリーズ。夏季オリンピックの主要競技で使われる用語の綴り・発音を網羅!全5巻で約1万語の日、英、仏、独、露、西6ヶ国語版を収載します。本書は飛び込み競技、トライアスロン、トランポリン（一般用語・技術種目と競技種目用語）、馬術、バスケットボール、バドミントン、バレーボール、ハンドボール、ビーチ・バレーボール、フェンシングの用語を収載。

夏季オリンピック六ヶ国語辞典 日英独仏露西 5 ボート、ボクシング、ホッケー競技、野球・ソフトボール、ヨット、陸上競技、レスリング、7人制ラグビー、

ゴルフ編 本多英男著 （名古屋）三恵社 2015.8 312p 21cm 2400円 ⓘ978-4-86487-397-0 ⓃZ80.33
内容 オリンピック鑑賞・研究に必携の辞典シリーズ。夏季オリンピックの主要競技で使われる用語の綴り・発音を網羅！全5巻で約1万語の日、英、仏、独、露、西6ヶ国語版を収載します。本書はボート、ボクシング、ホッケー競技、野球・ソフトボール、ヨット、陸上競技、レスリング、7人制ラグビー、ゴルフの用語を収載。

冬季オリンピック四カ国語辞典 日・ロ・英・独 本多英男編 不昧堂出版 1996.1 452p 21cm 5000円 ⓘ4-8293-0316-6 ⓃZ80.33
目次 1 一般用語，2 スキー競技とバイアスロン，3 リュージュとボブスレー，4 スピード・スケート，5 フィギュア・スケート，6 アイス・ホッケー，7 カーリング，8 スノー・ボード
内容 冬季オリンピックの運営や競技種目に関する用語の日本語—ロシア語—英語—ドイツ語4ヶ国語対訳辞典。排列は見出し語の五十音順。ロシア語、英語、ドイツ語にはその発音をカタカナ表記で示す。

<名簿・人名事典>

長野パラリンピック日本選手名鑑 1998 日本身体障害者スポーツ協会監修 中央法規出版 1998.2 83p 21cm 800円 ⓘ4-8058-1667-8 ⓃZ80.69
目次 観戦ガイド，競技ガイド，日本選手名鑑（アルペンスキー，クロスカントリー・バイアスロン，アイススレッジスピード，アイススレッジホッケー）
内容 長野パラリンピック冬季競技大会に出場する日本選手を紹介した選手名鑑。プロフィールのほかに各選手のコメントもある。

<ハンドブック>

感動のドラマの記録 オリンピック絵事典 オリンピックがよくわかって楽しめる！ PHP研究所編 PHP研究所 2004.6 79p 29×22cm 2800円 ⓘ4-569-68480-7 ⓃZ80.69
目次 第1章 アテネオリンピックをのぞいてみよう（オリンピックの舞台となるアテネ，さまざまなドラマが待ち受けるオリンピック会場 ほか），第2章 オリンピックの歴史と選手たちを見てみよう（古代オリンピックの発祥と近代オリンピックの誕生，1896年第1回アテネ大会 ほか），第3章 オリンピックの競技を知ろう（陸上，水泳 ほか），第4章 オリンピックなぜなにQ&A（オリンピックのときによく聞くIOC、JOCってなに?，五輪のマークってなにをあらわしているの? ほか）

<図鑑・図集>

写真で見るオリンピック大百科 別巻 パラリンピックってなに？ 舛本直文監修 ポプラ社 2014.4 55p 29×22cm 3000円 ⓘ978-4-591-13889-2 ⓃZ80.69
目次 2020年オリンピック・パラリンピック東京開催決定!，2020年オリンピック・パラリンピック招致活動のあゆみ，2020年東京オリンピック・パラリンピックはこうなる!，パラリンピックってなに?，パラリンピックの歴史，パラリンピックで活躍した日本選手，パラリンピックで使われるさまざまな用具，パラリンピックでおこなわれる競技・種目（夏季パラリンピック競技，冬季パラリンピック競技），さまざまな障がい者スポーツ大会
内容 パラリンピックの全競技掲載！

体操競技

<辞 典>

体操競技六ヶ国語用語辞典 本多英男，遠藤幸一，山田まゆみ著 （名古屋）三恵社 2012.9 475p 21×30cm 5048円 ⓘ978-4-86487-015-3 ⓃZ81.5
内容 体操競技で使用する用語を日本語、英語、ドイツ語、フランス語、ロシア語、スペイン語で表記する対訳辞典。新体操競技の用語も収録する。

<ハンドブック>

スポーツなんでも事典 体操 こどもくらぶ編 ほるぷ出版 2008.11 71p 30cm 3200円 ⓘ978-4-593-58412-3 ⓃZ81.5
目次 歴史，体育館とセッティング，ウェアと用具，ルール，演技と技，ゆか，あん馬，つり輪，跳馬，平行棒〔ほか〕

(内容)体操の歴史から、各種目のルールや器具の特徴、選手が着るウェアの秘密、そして、体操選手の生活、引退後についてなどなど。体操にかかわるさまざまなことがらをテーマごとにまとめ解説した、ヴィジュアル版子ども向け体操事典です。体操について、何を、どのように調べたらよいかがわかります。

体操競技・新体操観戦ガイドブック 2004 日本体操協会 2004.5 65p 26cm 952円 Ⓘ4-583-03812-7 Ⓝ781.5

(目次)巻頭カラー 技と美に挑戦する若人たち, 体操競技・新体操種目紹介, ルール紹介, 2004ナショナルメンバー, 2004アテネオリンピック日程とみどころ, 日本体操小史1950～2004, オリンピック栄光の軌跡, 国際体操殿堂, 2000シドニーオリンピック成績, 2003世界選手権成績, 2004～2005大会予定

陸上競技

<事典>

ランニング医学大事典 評価・診断・治療・予防・リハビリテーション F.G.オコナー, R.P.ワイルダー編, 福林徹, 渡辺好博監訳 西村書店 2013.10 617p 26cm 〈原書名：Textbook of Running Medicine〉 9500円 Ⓘ978-4-89013-436-6 Ⓝ782

(目次)1部 一般的考察, 2部 ランナーの評価, 3部 一般的なランニング障害, 4部 内科的問題, 5部 特別な考察, 6部 リハビリテーション, 7部 手術の考慮

(内容)すべてのスポーツの基本、ランニングのすべてを知るために! ランナーの評価から、整形外科的障害、内科的問題、若年者・女性・高齢者・障害者ランナーの問題、リハビリテーション、手術の適応と考察まで。

<ハンドブック>

クリーンアスリートをめざして 陸上競技者のためのアンチドーピングハンドブック 2001 日本陸上競技連盟編 創文企画 2001.7 88p 19cm 800円 Ⓘ4-921164-09-6 Ⓝ780.19

(目次)1 アンチドーピングとは(ドーピングとは, アンチドーピングとは ほか), 2 ドーピング検査の実際を知ろう(ドーピング検査の種類, いつ, どこで, 誰を, どのように検査するのかほか), 3 結果と罰則(禁止物質の副作用ー「クスリのリスク」, 禁止方法とは ほか), 4 クリーンアスリートであるために(うっかりを避ける, 総合感冒薬について ほか), 5 アンチドーピング活動(IOC、WADAのアンチドーピング活動, 国際陸連のアンチドーピング活動 ほか)

クリーンアスリートをめざして 陸上競技者のためのアンチ・ドーピングハンドブック 2003 日本陸上競技連盟編 創文企画 2003.6 92p 21cm 800円 Ⓘ4-921164-21-5 Ⓝ780.19

スポーツなんでも事典 陸上競技 こどもくらぶ編 ほるぷ出版 2008.3 71p 29×22cm 3200円 Ⓘ978-4-593-58409-3 Ⓝ782

(目次)歴史, 陸上競技場, 走る競技, 跳ぶ競技, 投げる競技, ウェアとシューズ, オリンピック, いろいろな国際大会, 国内大会, 世界の陸上事情, 審判員と判定, 障害者陸上, 陸上選手への道

(内容)陸上競技の歴史から、各種目のルールや特徴、歴史に残るスター選手や陸上競技選手の生活についてなどなど。陸上競技にかかわるさまざまなことがらをテーマごとにまとめて解説した、ヴィジュアル版子ども向け陸上競技事典です。陸上競技について、なにを、どのように調べたらよいかがわかります。

北海道ランニング大会全ガイド (札幌)北海道新聞社 1996.2 151p 21cm 900円 Ⓘ4-89363-814-9 Ⓝ782.3

(目次)Special Talk Essay—有森裕子選手, 大会情報の読み方, ランニング大会ガイド, トライアスロン大会ガイド, ランニングクラブ情報, 冬のトレーニング方法, ランナーズサロン, シューズガイド, ランニングを科学する

(内容)道内141大会の情報を完全収録。市民のスポーツとして人気を集めるランニング。大会に出ようと思ったランナーの「いつ、どこで」の疑問に答える一冊。仲間と走れば楽しさも倍増。有森裕子選手の特別インタビューも掲載。

北海道ランニング大会全ガイド '97 北海道新聞社編 (札幌)北海道新聞社 1997.5 127p 21cm 1000円 Ⓘ4-89363-837-8 Ⓝ782.3

(目次)大会情報の読み方, ランニング大会ガイド, トライアスロン大会ガイド, ランニングクラブガイド

北海道ランニング大会全ガイド '98 北海道新聞社編 (札幌)北海道新聞社 1998.3 143p 21cm 1200円 Ⓘ4-89363-882-3

Ⓝ782.3
内容「走春」ももうすぐ—今年のランニングプランは、この一冊でバッチリ！大会情報からクラブ案内、専門家による「健康で楽しく走るために」など多彩な内容。ランニング、トライアスロン、歩くスキー154大会情報満載。

北海道ランニング大会全ガイド　'99　北
海道新聞社編　（札幌）北海道新聞社　1999. 4　163p　21cm　1200円　①4-89453-015-5
Ⓝ782.3
目次ランニング大会ガイド，駅伝大会ガイド，トライアスロン大会ガイド，歩くスキー大会ガイド，ランニングクラブガイド，ランナーのための故障予防講座
内容北海道で開催されるランニング大会を紹介したガイド。開催日順に配列し、開催地、コースの特徴、種目、スタート会場、スタート時間、受付、参加料、募集期間、参加資格、参加申込方法などを掲載。

北海道ランニング大会全ガイド　2000　北
海道新聞社編　（札幌）北海道新聞社　2000. 5　143p　21cm　952円　①4-89453-086-4
Ⓝ782.3
目次ランニング大会ガイド，駅伝大会ガイド，トライアスロン大会ガイド，歩くスキー大会ガイド，トレーニングダイアリー2000
内容北海道内で行われるランニング大会のガイドブック。2000年4月から2001年3月に行われる大会を収録。ランニング大会のほかに駅伝大会ガイド、トライアスロンガイド、歩くスキー大会ガイドを収録。大会は4月から3月の順に掲載。大会名と開催地、開催種目、参加料および資格、募集期間、申込方法などのほか問い合わせ申込先を掲載。また、大会情報のほかに大会チェック、1年間のトレーニング予定などを載せたトレーニングダイアリーを収録する。

北海道ランニング大会全ガイド　2001　北
海道新聞社編　（札幌）北海道新聞社　2001. 5　199p　21cm　952円　①4-89453-154-2
Ⓝ782.3
目次ランニング大会ガイド（春の合宿村まつり春一番伊達ハーフマラソン，ハーフマラソン挑戦会（苫小牧市），伊藤杯ロードレース大会（北見市）ほか），駅伝大会ガイド（大沼湖畔駅伝走大会（七飯町），森林浴リレーマラソン（八雲町），美幌駅 - 美幌峠間駅伝競走大会兼レディースカップ ほか），トライアスロン大会ガイド（帯広の森inアクアスロン帯広大会，ハスカップトライアスロン全道大会in苫小牧，トライアスロ
ン深川 ほか），歩くスキー大会ガイド
内容北海道で開催される、マラソンや駅伝、トライアスロンなどの大会情報をまとめたガイドブック。トレーニングダイアリーを掲載。

北海道ランニング大会全ガイド　2002　北
海道新聞社編　（札幌）北海道新聞社　2002. 4　197p　21cm　1048円　①4-89453-202-6
Ⓝ782.3
目次ランニング大会ガイド（春の合宿村まつり春一番伊達ハーフマラソン，阿部重広杯長距離競技大会（帯広市），ハーフマラソン挑戦会（苫小牧市）ほか），駅伝大会ガイド（大沼湖畔駅伝走大会（七飯町），美幌駅 - 美幌峠間駅伝競走大会兼レディースカップ，森林浴リレーマラソン（八雲町）ほか），トライアスロン大会ガイド（帯広の森inアクアスロン大会，ハスカップトライアスロン全道大会in苫小牧，ビホロ100kmデュアスロン大会 ほか），歩くスキー大会ガイド，トレーニングダイアリー2002
内容北海道で開催される、マラソンや駅伝、トライアスロンなどの大会情報をまとめたガイドブック。2002年4月～2003年3月に開催予定の、マラソン・駅伝・トライアスロン、歩くスキー等の大会について、開催月別に、例年開催予定日、開催地、種目、参加資格、募集要項、会場、交通手段、主催者、問い合わせ先等の情報と、2001年以前の大会記録を紹介する。巻末にマラソンの通過タイム早見表等のデータも付いたトレーニングダイアリーを掲載する。

北海道ランニング大会全ガイド　2003　北
海道新聞社編　（札幌）北海道新聞社　2003. 4　155p　21cm　952円　①4-89453-250-6
Ⓝ782.3
目次ランニング大会ガイド（春の合宿村まつり春一番伊達ハーフマラソン，阿部重広杯長距離競技大会（帯広市），ハーフマラソン挑戦会（苫小牧市）ほか），駅伝大会ガイド（大沼湖畔駅伝競走大会（七飯町），美幌駅 - 美幌峠間駅伝競走大会兼レディースカップ，森林浴リレーマラソン（八雲町）ほか），トライアスロン大会ガイド（帯広の森アクアスロン大会，ハスカップトライアスロン全道大会in苫小牧，ビホロ100kmデュアスロン大会 ほか），歩くスキー大会ガイド

北海道ランニング大会全ガイド　2004　北
海道新聞社編　（札幌）北海道新聞社　2004. 4　171p　21cm　1048円　①4-89453-291-3
Ⓝ782.3
目次ランニング（春の合宿村まつり春一番伊達ハーフマラソン，阿部重広杯長距離競技大会

（帯広市）ほか），駅伝（日新産業杯小学校ミニ駅伝競走大会（函館市），読売北海道小樽～札幌間駅伝競走大会 ほか），トライアスロン・その他（帯広の森アクアスロン大会，ハスカップトライアスロン全道大会in苫小牧 ほか），初心者ランナーのためのトレーニングガイド
⟨内容⟩歩くスキーガイド掲載。初心者ランナーのためのトレーニングガイド収録。主要大会の上位記録付。

北海道ランニング大会全ガイド　2005
北海道新聞社編　（札幌）北海道新聞社　2005.3　165p　21cm　1048円　Ⓘ4-89453-330-8　Ⓝ782.3

北海道ランニング大会全ガイド　2006
北海道新聞社編　（札幌）北海道新聞社　2006.3　165p　21cm　1048円　Ⓘ4-89453-365-0　Ⓝ782.3

北海道ランニング大会全ガイド　2007
北海道新聞社編　（札幌）北海道新聞社　2007.3　159p　21cm　1048円　Ⓘ978-4-89453-401-8　Ⓝ782.3
⟨目次⟩ランニング（春の合宿村まつり春一番伊達ハーフマラソン，阿部重廣杯長距離競技大会（帯広市），クロスカントリー大会（士別市），市民健康マラソン（室蘭市） ほか），駅伝（大沼湖畔駅伝競走大会（七飯町），読売北海道小樽～札幌間駅伝競走大会，美幌駅―美幌峠間駅伝競走大会兼レディースカップ，森林浴リレーマラソン（八雲町） ほか）
⟨内容⟩歩くスキーガイド掲載。主要大会の上位記録付。

北海道ランニング大会全ガイド　2008
北海道新聞社編　（札幌）北海道新聞社　2008.3　159p　21cm　1048円　Ⓘ978-4-89453-428-5　Ⓝ782.3
⟨目次⟩ランニング（阿部重広杯長距離競技大会（帯広市），春の合宿村まつり春一番伊達ハーフマラソン，クロスカントリー大会（士別市），市民健康マラソン（室蘭市） ほか），駅伝（大沼湖畔駅伝競走大会（七飯町），美幌駅-美幌峠間駅伝競走大会兼レディースカップ，森林浴リレーマラソン（八雲町），名寄～下川間往復駅伝競走 ほか）

北海道ランニング大会全ガイド　2009
北海道新聞社編　（札幌）北海道新聞社　2009.3　159p　21cm　1048円　Ⓘ978-4-89453-492-6　Ⓝ782.3
⟨目次⟩ランニング（阿部重廣杯長距離競技大会

（帯広市），春の合宿村まつり春一番伊達ハーフマラソン，クロスカントリー大会（士別市） ほか），駅伝（大沼湖畔駅伝競走大会（七飯町），美幌駅‐美幌峠間駅伝競走大会兼レディースカップ，森林浴リレーマラソン（八雲町） ほか），トライアスロン・その他（帯広の森アクアスロン大会，ハスカップトライアスロン全道大会in苫小牧，ビホロ100kmデュアスロン大会）

陸上競技審判ハンドブック　2001-2004年版
日本陸上競技連盟著　あい出版　2001.2　262p　19cm　1905円　Ⓝ782

陸上競技審判ハンドブック　2005-2006年版
日本陸上競技連盟著　あい出版　2005.2　279p　19cm　1905円　Ⓝ782

陸上競技審判ハンドブック　2007-2008年版
日本陸上競技連盟編著　あい出版　2007.4　308p　19cm　1619円　Ⓝ782

陸上競技審判ハンドブック　2009-2010年版
日本陸上競技連盟編著　あい出版　2009.3　347p　19cm　1619円　Ⓝ782

陸上競技審判ハンドブック　2011年版
日本陸上競技連盟編著　あい出版　2011.3　363p　19cm　1619円　Ⓝ782

陸上競技審判ハンドブック　2012年度版
日本陸上競技連盟，ベースボール・マガジン社（発売）　2012.3　415p　17cm　1619円　Ⓘ978-4-583-10451-5　Ⓝ782
⟨目次⟩公認審判員，陸上競技会の組織，競技会役員，トラック競技，フィールド競技，競歩競技，混成競技，陸上競技場と道路コース，付録

陸上競技審判ハンドブック　2013-2014年度版
日本陸上競技連盟，ベースボール・マガジン社（発売）　2013.3　412p　17cm　1619円　Ⓘ978-4-583-10571-0　Ⓝ782
⟨目次⟩公認審判員，陸上競技会の組織，競技会役員，トラック競技，フィールド競技，競歩競技，混成競技，陸上競技場と道路コース，付録

陸上競技審判ハンドブック　2015-2016年度版
日本陸上競技連盟　2015.4　424p　17cm　〈背のタイトル：HAND BOOK〉　発売：ベースボール・マガジン社　1650円　Ⓘ978-4-583-10818-6　Ⓝ782
⟨目次⟩公認審判員，公認競技会と公認記録，競技会役員，トラック競技，フィールド競技，競歩競技，混成競技，陸上競技場と道路コース，付録

陸上競技ルールブック　1998
日本陸上競

技連盟編著 あい出版 1998.5 527p
19cm 2190円 Ⓝ782

陸上競技ルールブック 1999 日本陸上競
技連盟編著 あい出版 1999.6 527p
19cm 2190円 Ⓝ782

陸上競技ルールブック 2000年版 日本陸
上競技連盟編著 あい出版 2000.5 535p
19cm 2286円 Ⓝ782

陸上競技ルールブック 2001年版 日本陸
上競技連盟編著 あい出版 2001.5 535p
19cm 2286円 Ⓝ782

陸上競技ルールブック 2002年版 日本陸
上競技連盟編著 あい出版 2002.5 551p
19cm 2286円 Ⓝ782

陸上競技ルールブック 2003年版 日本陸
上競技連盟編著 あい出版 2003.5 534p
19cm 2286円 Ⓝ782

陸上競技ルールブック 2004年版 日本陸
上競技連盟編著 あい出版 2004.6 566p
19cm 2286円 Ⓝ782

陸上競技ルールブック 2005年版 日本陸
上競技連盟編著 あい出版 2005.5 575p
19cm 2286円 Ⓝ782

陸上競技ルールブック 2006年版 日本陸
上競技連盟編著 あい出版 2006.5 582p
19cm 2286円 Ⓝ782

陸上競技ルールブック 2007年版 日本陸
上競技連盟編著 あい出版 2007.4 447p
19cm 1714円 Ⓝ782

陸上競技ルールブック 2008年版 日本陸
上競技連盟編著 あい出版 2008.4 455p
19cm 1714円 Ⓝ782

陸上競技ルールブック 2009年版 日本陸
上競技連盟編著 あい出版 2009.4 486p
19cm 1714円 Ⓝ782

陸上競技ルールブック 2010年版 日本陸
上競技連盟編著 あい出版 2010.4 493p
19cm 1714円 Ⓝ782

陸上競技ルールブック 2011年版 日本陸
上競技連盟編著 あい出版 2011.4 437p
19cm 1714円 Ⓝ782

陸上競技ルールブック 2012年度版 日本
陸上競技連盟, ベースボール・マガジン社
〔発売〕 2012.3 462p 17cm 1714円
Ⓘ978-4-583-10450-8 Ⓝ782

〔目次〕国際陸上競技連盟競技会規則及び国内適
用, 日本陸上競技連盟競技規則, 駅伝基準およ
び広告, 公認審判員, 競技場に関する規定, 細
則, 競技場一覧

陸上競技ルールブック 2013年度版 日本
陸上競技連盟, ベースボール・マガジン社
〔発売〕 2013.3 468p 18cm 1714円
Ⓘ978-4-583-10570-3 Ⓝ782

〔目次〕国際陸上競技連盟競技会規則及び国内適
用(国際競技会及び日本国内競技会と出場資格,
参加資格 ほか), 日本陸上競技連盟競技規則(競
技会役員, 競技会一般規則 ほか), 駅伝基準お
よび広告, 公認審判員(競技会役員, 競技会 ほ
か), 競技場に関する規定, 細則(第1種・第2種
公認陸上競技場の基本仕様, 陸上競技場公認に
関する細則 ほか), 競技場一覧(都道府県別公
認陸上競技場一覧表, 都道府県別公認長距離競
走路・競歩路一覧表 ほか)

陸上競技ルールブック 2014年度版 日本
陸上競技連盟, ベースボール・マガジン社
〔発売〕 2014.3 489p 17cm 1750円
Ⓘ978-4-583-10675-5 Ⓝ782

〔目次〕国際陸上競技連盟競技会規則及び国内適
用, 日本陸上競技連盟競技規則, 競技会におけ
る広告および展示物に関する規程, 競技場に関
する規定、細則, 競技場一覧

陸上競技ルールブック 2015年度版 日本
陸上競技連盟, ベースボール・マガジン社
〔発売〕 2015.4 515p 17cm 1750円
Ⓘ978-4-583-10817-9 Ⓝ782

〔目次〕国際陸上競技連盟競技会規則及び国内適
用(国際陸上競技連盟競技規則及び国内適用,
国際競技会及び日本国内競技会と出場資格 ほ
か), 日本陸上競技連盟競技規則(競技会役員,
競技会一般規則 ほか), 競技会における広告お
よび展示物に関する規程, 競技場に関する規定、
細則(公認陸上競技場および長距離競走路なら
びに競歩路規程, 第1種・第2種公認陸上競技場
の基本仕様 ほか), 競技場一覧(都道府県別公
認陸上競技場一覧表, 都道府県別公認長距離競
走路・競歩路一覧表 ほか)

陸上競技ルールブック 2016年度版 日本
陸上競技連盟, ベースボール・マガジン社
〔発売〕 2016.4 510p 17cm 1750円
Ⓘ978-4-583-11003-5 Ⓝ782

〔目次〕国際陸上競技連盟競技会規則及び国内適
用(定義, 国際競技会及び日本国内競技会と出
場資格 ほか), 日本陸上競技連盟競技規則(競

技会役員，競技会一般規則 ほか），競技会における広告および展示物に関する規程，競技場に関する規定，細則（公認陸上競技場および長距離競走路ならびに競歩路規程，第1種・第2種公認陸上競技場の基本仕様 ほか），競技場一覧

◆陸上競技（マラソン）

<ハンドブック>

日本マラソン100選＋1 欲張りランナーが選んだ大会ガイド マラソン塾編 窓社
1998.12 236p 21cm 1600円 Ⓘ4-89625-011-7 Ⓝ782.3

⽬次 満足大会10選―いたれりつくせりのオンパレード，家族で楽しめる大会10選―それぞれの成長にびっくり，一泊するなら温泉つき大会10選―せっかくだから前泊で，ハードで過酷な大会も10選―走力アップをめざして，参加料なしでもグッドな大会10選―こんなにしてもらっては…，オモロイナー!大会10選―何が出るやら初体験，味覚を堪能する大会10選―足と舌は健康の素，花見・景観ならマカせて大会10選―目がさえて走り快調，参加賞だけでも満足大会10選―やはりうれしい町自慢，ホット手づくり大会10選―こだわる理由がよくわかる

内容 マラソンを楽しむための全国大会ガイド。掲載内容は，開催時期，種目，大会名，開催会場，主催，問い合わせ，申込先，大会概要を記載した「アウトライン」，制限時間・参加時間を記載した「INFORMATION」，ポイント，データ，コラム，宿泊，アクセス，コース地図ないし高低差図，写真，自分の記録を書くことができる「個人記録」。開催月別の「索引」，「あなたが選ぶ，とっておきの1選」，「年間スケジュール表」付き。

◆陸上競技（駅伝）

<事典>

大学駅伝記録事典 箱根・出雲・伊勢路 三浦健編 日外アソシエーツ 2015.6 335p 26cm 〈索引あり 発売：紀伊國屋書店〉 6000円 Ⓘ978-4-8169-2545-0 Ⓝ782.3

内容 箱根駅伝（全91回），出雲駅伝（全26回），全日本大学駅伝（全46回）の記録がわかる事典。全出場校・順位・タイム，出場選手・成績がわかる「大会別記録」と，各年度の三大会の成績を一覧することができる「年度別大会記録」。全出場選手を収録。選手名索引付き。

<ハンドブック>

箱根駅伝まるごとガイド 2008 昭文社
2007.11 144p 21cm 1200円 Ⓘ978-4-398-60518-4 Ⓝ782.3

内容 観る，歩く，応援する。実踏調査でコース完全網羅。

観る・歩く・応援する箱根駅伝まるごとガイド 第83回東京箱根間往復大学駅伝競走 昭文社 〔2006.12〕 128p 21×17cm 1200円 Ⓘ4-398-60516-9 Ⓝ782.3

球 技

<事典>

ボールゲーム指導事典 G.シュティーラー, I.コンツァク, H.デブラー著，唐木国彦監訳 大修館書店 1993.10 416p 26cm 〈原書名：SPORTSPIELE〉 5665円 Ⓘ4-469-06207-3 Ⓝ783

目次 第1章 ボールゲームの社会的意義と歴史，第2章 ボールゲームにおける競技力構造と行為規整，第3章 ボールゲームにおける基礎訓練の内容と方法，第4章 ボールゲームにおける試合，第5章 バスケットボール，第6章 サッカー，第7章 バレーボール，第8章 ハンドボール

<辞典>

球技用語事典 桜井栄七郎編 不昧堂出版
1998.1 1037p 22×17cm 18000円 Ⓘ4-8293-0349-2 Ⓝ783

内容 日本で比較的知られているものを中心に25種目，同類系のゲームを含むと約260種目の用語を集め解説した事典。巻末に種目別の索引，球技史年表が付く。

バスケットボール

<ハンドブック>

スポーツなんでも事典 バスケットボール こどもくらぶ編 ほるぷ出版 2006.3 72p 28×22cm 3200円 Ⓘ4-593-58402-7

Ⓝ783.1
(目次)歴史，ボール，シューズ，コート，ポジション，ルール，審判，NBA，海外リーグ，世界選手権〔ほか〕
(内容)バスケットボールの歴史や道具のことから，日本のバスケットボールリーグやアメリカのNBA，そして車椅子バスケットボールやストリートバスケットボールなどなど。バスケットボールにかかわるさまざまなことがらをテーマごとにまとめて解説した，ヴィジュアル版子ども向けバスケットボール事典です。バスケットボールについて，なにを，どのように調べたらよいかがわかります。

◆バスケットボール（日本）

<ハンドブック>

JBLスーパーリーグ2001-2002 第35回バスケットボール日本リーグ公式プログラム　バスケットボール日本リーグ機構，扶桑社〔発売〕　2001.10　103p　30cm　1143円　Ⓘ4-594-03284-2　Ⓝ783.1
(目次)スーパーリーグ・チーム紹介（いすゞ自動車ギガキャッツ，トヨタ自動車アルバルク ほか），日本リーグ・チーム紹介（新潟アルビレックス，オーエスジーフェニックス ほか），バスケットボール用語集，JBL2001・2002ゲームスケジュール－スーパーリーグ／日本リーグ，第34回JBLプレスーパーリーグ記録，日本リーグ（1部）歴代記録，第34回JBL日本リーグ記録，日本リーグ（2部）歴代対決，体育館，チケット情報，主要会場マップ，大会競技規定＆競技規則，スーパーリーグ応援メッセージ

JBLスーパーリーグ2002-2003 第36回バスケットボール日本リーグオフィシャルプログラム　バスケットボール日本リーグ機構監修　バスケットボール日本リーグ機構，TOKYO FM出版〔発売〕　2002.11　110p　30×21cm　1143円　Ⓘ4-88745-076-1　Ⓝ783.1
(目次)CHAIRMAN TALK JBLが果たすべき役割と展望―「革新と調和」そして次世代の礎の為に，JBL MEMORIAL チャンピオンの軌跡，SUPER LEAGUE SPECIAL TALK 1 "指揮官" 小野秀二（トヨタ自動車）×鈴木貴美一（アイシン），SUPER LEAGUE SPECIAL TALK 2 "親友"（ライバル）折茂武彦（トヨタ自動車）×佐古賢一（アイシン），PICK UP ROOKIE 田臥勇太，加藤吉宗（トヨタ自動車），伊藤俊亮（東芝）ら11名，SUPER LEAGUE TEAM GUIDE（トヨタ自動車アルバルク，アイシンシーホース ほか），JAPAN LEAGUE TEAM GUIDE（Close Up Player，さいたまブロンコス ほか）

JBLスーパーリーグ2003-2004 第37回バスケットボール日本リーグオフィシャルプログラム　（JBL）バスケットボール日本リーグ機構，TOKYO FM出版〔発売〕　2003.11　111p　30cm　1143円　Ⓘ4-88745-088-5　Ⓝ783.1
(目次)後藤正規×佐古賢一（アイシン），折茂武彦（トヨタ自動車），北卓也（東芝），庄司和広（新潟），渡邉拓馬（トヨタ自動車），鈴木貴美一（アイシン／ヘッドコーチ），青野文彦（松下電器）×伊藤俊亮（東芝），PICK UP ROOKIE,SUPER LEAGUE TEAM GUIDE,JAPAN LEAGUE TEAM GUIDE

JBLスーパーリーグ2004-2005 第38回バスケットボール日本リーグオフィシャルプログラム　バスケットボール日本リーグ機構（JBL）企画・監修　日本バスケットボール機構，TOKYO FM出版〔発売〕　2004.10　119p　30cm　1143円　Ⓘ4-88745-117-2　Ⓝ783.1
(目次)SPECIAL（SUPER LEAGUE SPECIAL TALK 1 渡辺拓馬（トヨタ自動車）×佐古賢一（アイシン）―日本を背負う星 "リーダー" になれ，SUPER LEAGUE SPECIAL TALK 2 五十嵐圭（日立）×柏倉秀徳（三菱電機）×網野友雄（トヨタ自動車）―2年目トリオ座談会・2006年のキープレーヤーズ ほか），FEATURE（PLAYBACK 2003-2004 JBL SUPER LEAGUE,PICK UP ROOKIE 柏木真介（日立），佐藤浩貴（松下電機），山田大治（トヨタ自動車），鵜沢潤（三菱電機）ら12名 ほか），SUPER LEAGUE TEAM GUIDE（アイシンシーホース，東芝ブレイブサンダース ほか），JAPAN LEAGUE TEAM GUIDE（JAPAN LEAGUE CLOSE UP PLAYER，さいたまブロンコス ほか），OTHERS（JBLスーパーリーグオールスターゲーム2004-2005,JBLオフィシャルサイトアクセスガイド ほか）

JBLスーパーリーグ2005-2006 第39回バスケットボール日本リーグオフィシャルプログラム　TOKYO FM出版　2005.11　119p　30×21cm　1143円　Ⓘ4-88745-141-5　Ⓝ783.1
(目次)SUPER LEAGUE SPECIAL TALK 1 節政貴弘（東芝）×五十嵐圭（日立）×柏木真介（日

立)―それぞれの挑戦 日本を支える司令塔, SUPER LEAGUE SPECIAL INTERVIEW 1 佐古賢一(アイシン)―王座奪還への挑戦, SUPER LEAGUE SPECIAL INTERVIEW 2 梶山信吾(三菱電機)―ファイナルへの挑戦, SUPER LEAGUE SPECIAL INTERVIEW 3 古田悟(トヨタ自動車)―新天地での挑戦, SUPER LEAGUE SPECIAL TALK 2 庄司和広(福岡)×堀田剛司(福岡)×竹田謙(福岡)―ゼロからの挑戦, PLAYBACK SUPER LEAGUE 2004-2005―チャンピオンの軌跡, PICK UP ROOKIE―桜井良太(トヨタ自動車)、西塔佳郎(松下電器)、川村卓也(オーエスジー)ら10名, PREVIEW SUPER LEAGUE 2005-2006, ROAD TO SAITAMA FIBA World Championship 2006―日本代表の戦士たち 2006年FIBAバスケットボール世界選手権, JBLプレーヤー出身地MAP&ランキング〔ほか〕

JBLスーパーリーグ2006-2007 第40回バスケットボール日本リーグオフィシャルプログラム バスケットボール日本リーグ機構(JBL)企画・監修 (JBL)バスケットボール日本リーグ機構, TOKYO FM出版〔発売〕 2006.10 120p 30cm 1143円 ⓘ4-88745-170-9 Ⓝ783.1

⊟目次⊟SPECIAL(SUPER LEAGUE SPECIAL TALK 1 未来への飛躍 五十嵐圭(日立)×柏木真介(アイシン)×川村卓也(オーエスジー), SUPER LEAGUE SPECIAL TALK 2 未来への懸け橋 佐古賢一(アイシン)×折茂武彦(トヨタ自動車)×北卓也(東芝)ほか), FEATURE(PLAYBACK SUPER LEAGUE 2005‐2006, PREVIEW SUPER LEAGUE 2006‐2007 ほか), SUPER LEAGUE TEAM GUIDE(トヨタ自動車アルバルク, オーエスジーフェニックス ほか), JAPAN LEAGUE TEAM GUIDE(JAPAN LEAGUE CLOSE UP PLAYER, 千葉ピアスアローバジャーズ ほか), OTHERS(会長挨拶, JBLオールスターゲーム2006‐2007 ほか)

◆**バスケットボール(海外)**

<事 典>

NBA大事典 北舘洋一郎著 小学館 1993.12 239p 19cm (ビッグコロタン 58) 880円 ⓘ4-09-259058-X Ⓝ783.1

⊟内容⊟アメリカのNBA(National Basketball Association)のシステム、ルール、用語、主要135選手、全コーチの写真名鑑、スーパースターのスーパープレイ紹介などの情報を収録した観戦ガイドブック。

<名簿・人名事典>

NBA選手名鑑 エキサイティング・プロバスケットボール!! '94 ZANDER HOLLANDER編, 沢田敏典ほか訳 宝島社 1993.12 287p 19cm 1380円 ⓘ4-7966-0746-3 Ⓝ783.1

⊟目次⊟NBA選手名鑑ガイド, ジョーダンの影のなかから スコッティー・ピッペンの台頭, NBAチャンピオンにかけた人生 チャールズ・バークレイ, 巨人の国の小さな戦士 マグジー・ボーグス, 奇跡のコーチ 帰ってきたジョン・ルーカス, NBAの今季の予想〔ほか〕

⊟内容⊟アメリカのNBA(National Basketball Association)の主力選手・ヘッドコーチのプロフィールとデータを収録した選手名鑑。ほかにNBAの昨シーズンの成績及び過去の記録, '94NBA公式スケジュールなどの観戦のための情報も収録する。

完全・NBA選手名鑑 '96-'97 ザンダー・ホランダー編 ザ・マサダ 1996.11 364p 18cm 〈原書名:THE BASKETBALL HANDBOOK 1997〉 1400円 ⓘ4-915977-33-1 Ⓝ783.1

⊟目次⊟ボストン・セルティックス, マイアミ・ヒート, ニュージャージー・ネッツ, ニューヨーク・ニックス(ニッカボッカーズ), オーランド・マジック, フィラデルフィア・76ers, ワシントン・ブレッツ, アトランタ・ホークス, シャーロット・ホーネッツ, シカゴ・ブルズ〔ほか〕

完全・NBA選手名鑑 '98 ザンダー・ホランダー編 ザ・マサダ 1997.11 397p 19cm 〈原書名:THE COMPLETE HANDBOOK OF PRO BASKETBALL 1998 EDITION〉 1400円 ⓘ4-915977-49-8 Ⓝ783.1

⊟目次⊟Eastern Conference,Western Conference,1997年ドラフト指名選手一覧, NBA記録一覧, NBA歴代記録, NBA公式スケジュール

⊟内容⊟NBA29チームの選手とコーチ420人のプロフィールを写真付で紹介。巻末には1997年ドラフト指名選手一覧、記録一覧、公式スケジュール、NBA関連インターネット・サイト一覧が付く。

バレーボール

<ハンドブック>

最新 ソフトバレー・ハンドブック 日本ソフトバレーボール連盟編, 豊田博, 橋爪静夫, 志村栄一著 大修館書店 2001.4 121p 24×19cm 1500円 Ⓘ4-469-26469-5 Ⓝ783.2

⦅目次⦆第1章 ソフトバレーボールの生い立ちとその普及, 第2章 ソフトバレーボールの技術と練習法, 第3章 ソフトバレーボールのフォーメーション, 第4章 競技会の開き方と運営法, 第5章 ソフトバレーボールのルールと審判法

最新 ソフトバレー・ハンドブック 改訂版 日本バレーボール協会編 大修館書店 2006.5 127p 24×19cm 1500円 Ⓘ4-469-26608-6 Ⓝ783.2

⦅目次⦆第1章 ソフトバレーボールの生い立ちとその普及, 第2章 ソフトバレーボールの技術と練習法, 第3章 ソフトバレーボールのフォーメーション, 第4章 競技会の開き方と運営法, 第5章 ソフトバレーボールのルールと審判法, 付録 挑戦!「ルールQ&A」

スポーツなんでも事典 バレーボール こどもくらぶ編 ほるぷ出版 2006.11 72p 30cm 3200円 Ⓘ4-593-58406-X Ⓝ783.2

⦅目次⦆歴史, ボール, ユニフォーム, コート, プレー, ポジションとローテーション, ルール, 反則, 審判, 国際大会, オリンピック, 海外のプロリーグ, Vリーグ, ビーチバレー, ソフトバレーボール, シッティングバレーボール, プロ選手への道

⦅内容⦆バレーボールの歴史や道具のことから, 日本Vリーグや世界のバレーボールリーグ, そしてビーチバレーやシッティングバレーボールなどなど。バレーボールにかかわるさまざまなことがらをテーマごとにまとめて解説した, ヴィジュアル版子ども向けバレーボール事典。

バレーボール医科学ハンドブックQ&A バレーボール競技関係者からのよくある質問に答えて 埼玉県バレーボール協会医科学委員会編 冬至書房 2007.3 141p 26cm 1800円 Ⓘ978-4-88582-144-8 Ⓝ783.2

⦅目次⦆第1編 バレーボールに関するQ&A, 第2編 バレーボール競技者のためのQ&A(バレーボール競技者への応急処置, バレーボール競技者の運動器疾患, バレーボール競技者の内科的疾患, バレーボールの競技力向上を目指す選手のトレーニング方法, バレーボール競技者のコンディショニング, バレーボール競技者のアスレチクリハビリテーション, バレーボール競技者のその他の問題), 資料編 バレーボール関係資料

アメリカンフットボール

<名簿・人名事典>

NFL選手名鑑 '93 宝島社 1993.10 287p 19cm 1500円 Ⓘ4-7966-0711-0 Ⓝ783.46

⦅内容⦆アメリカのNFL (National Football League)の選手・ヘッドコーチ308名の名鑑。昨シーズンの記録と73年間の戦績, '93年度公式試合日程も掲載する。

<ハンドブック>

NFLアメリカンフットボールを知り尽くす! 2004年版 アメリカンフットボール・マガジン編 ベースボール・マガジン社 2004.9 1冊 21cm 1500円 Ⓘ4-583-03826-7 Ⓝ783.46

⦅目次⦆NFL全32チーム フランチャイズ・マップ, NFL2004 ユニフォームカタログ, ドノヴァン・マクナブ トップスターの資質, 21世紀に花開いたシンデレラ・ストーリー トム・ブレイディ伝, 常に書き換えられるプロフットボール勢力図 下克上リーグ, NFL。, 全世界から注目を浴びるNFL優勝決定戦 スーパーボウルを知り尽くす!, 最強戦術、ウェストコースト・オフェンスの神髄 進化を続ける「攻め」の哲学, 相次ぐ他競技からの参戦 NFL現代マルチアスリート白書, 世界最高峰プロスポーツを目指す若者たちへのメッセージ 「NFLで生きる。」, NFLアメリカンフットボール全32チームデータ・ファイル〔ほか〕

NFLアメリカンフットボールを知り尽くす! 2005年版 ベースボール・マガジン社 2005.9 175p 21cm 1500円 Ⓘ4-583-03862-3 Ⓝ783.46

⦅目次⦆NFL2005ユニフォームカタログ, 現代NFLを彩る新世紀の申し子たち 黒人クォーターバックの台頭, 長き苦難と偏見の末に―黒人クォーターバックの歴史, NFL全32チーム フランチャイズ・マップ, 「コーチが主役」時代の到来 ビル・ベリチック現代NFL最高の知将, プロフト

ボール写真家・タック牧田 私が目撃したNFL名将の系譜，現代NFL戦術トレンド・ウォッチ「3-4ディフェンス」その強さと流行の秘密，「NFLを語る。」コルツラジオ実況ボブ・レイミー氏インタビュー，怪物アスリートたちのプロフットボール革命 幕を開けた「タイトエンドの時代」，感動作が目白押し アメリカンフットボール映画を知り尽くす！〔ほか〕

NFLアメリカンフットボールを知り尽くす！ 2006年版 アメリカンフットボール・マガジン編 ベースボール・マガジン社 2006.9 175p 21cm 1500円 ①4-583-03917-4 Ⓝ783.46

(目次)NFL2006ユニフォームカタログ，スポットライト・プレイヤー「ようこそ，TO劇場へ。」——テレル・オーウェンズ＝ダラス・カウボーイズWR，次代の王座へ，リスタート——カーソン・パーマー＝シンシナティ・ベンガルズQB，特集1「QB出身レシーバーの時代」オフェンス戦術の閉塞を打破する"マルチプル・パサー"のトレンド，「QB→WR」の肖像，特集2「父と子——2世QBの物語」マニング父子・シムズ父子・グリーシー父子，NFLプロフットボール意外史，「僕の夢，NFL。」プロフットボールプレイヤー・堀龍太 たゆまぬ挑戦の日々を語る，プロフットボールの頂点 スーパーボウル40年の歩み，NFL全32チームフランチャイズ・マップ，NFLアメリカンフットボール 全32チームデータ・ファイル，NFLアメリカンフットボール 観戦に役立つ用語集，NFLアメリカンフットボール 観戦に役立つ記録集

NFLを知り尽くす 初心者からマニアまで大満足のNFLパーフェクトブック ベースボール・マガジン社 1999.10 162p 21cm (B.B.mook 114)〈折り込1枚〉933円 ①4-583-61073-4 Ⓝ783.46

NFLを知り尽くす 2001 アメリカンフットボール・マガジン編 ベースボール・マガジン社 2001.9 175p 21cm 1400円 ①4-583-03665-5 Ⓝ783.46

(目次)新時代クォーターバックの顔ぶれ，ポケット・パサーは滅びゆくのか？，NFLクォーターバック小史，全米カレッジフットボールQB白書，NFL2001ポジション別ランキング，新NFLプレイヤーカテゴライズ，日本のNFLビジネス現場から，NFLプレイヤーパーソナル・ファイル，NFLとスポンサー企業，目指せ！NFLフットボールの頂点を!，山田晋三×時本昌樹，全31チーム情報，NFLカタカナ用語事典，怒濤のレギュラーシーズンを完全網羅，NFL全31チームフランチャイズマップ

(内容)プロフットボールのデータブック。NFL全31チームのデータやポジション別人材評価表，NFLカタカナ用語事典などを収録。

NFLを知り尽くす！ NFL Complete Guide Book 2002 アメリカン・フットボール・マガジン編 ベースボール・マガジン社 2002.8 223p 21cm 1500円 ①4-583-03714-7 Ⓝ783.46

(目次)バッファロー・ビルズ，マイアミ・ドルフィンズ，ニューイングランド・ペイトリオッツ，ニューヨーク・ジェッツ，ボルティモア・レイヴァンズ，シンシナティ・ベンガルズ，クリーヴランド・ブラウンズ，ピッツバーグ・スティーラーズ，ヒューストン・テキサンズ，インディアナポリス・コルツ〔ほか〕

(内容)NFL(ナショナル・フットボール・リーグ)のデータブック。チーム情報，NFLの現状などについての読み物，記録集・用語集で構成。チーム情報は，AFCチームとNFCチームに分け，それぞれの地区ごとに構成。チーム名，概要，今季スケジュール，注目選手，今季予想先発メンバーとフォーメーション，2001年個人記録，主要選手プロフィールなどを記載。

NFLを知り尽くす！ NFL Complete Guide Book 2003 アメリカンフットボール・マガジン編 ベースボール・マガジン社 2003.9 223p 21cm 1500円 ①4-583-03762-7 Ⓝ783.46

(目次)バッファロー・ビルズ，マイアミ・ドルフィンズ，ニューイングランド・ペイトリオッツ，ニューヨーク・ジェッツ，ボルティモア・レイヴァンズ，シンシナティ・ベンガルズ，クリーヴランド・ブラウンズ，ピッツバーグ・スティーラーズ，ヒューストン・テキサンズ，インディアナポリス・コルツ〔ほか〕

NFLハンドブック 1993 タック牧田著 南雲堂 1993.11 262p 18cm 1500円 ①4-523-51316-3 Ⓝ783.46

(内容)テレビ観戦が100倍楽しくなる。NFL28チームのメンバー表，チームガイド，部門別データ，インサイドストーリーetcを満載したファン待望のメディア・ブック。

NFLファクトブック ザ・プロフェッショナルズ プロフット完全データブック 2002 タッチダウン 2002.8 136p 21cm 1500円 ①4-924342-51-3 Ⓝ783.46

(目次)2002 NFL Fact (ザ・プロフェッショナル

―プロフット繁栄の縮図，NFLスケジュール・フォーミュラ／2002-2005），2002 NFL Team Fact（AFCチーム創立グラフ，NFCチーム創立グラフ），NFL Record & Fact

⒩NFL（ナショナル・フットボール・リーグ）のデータブック。NFLの概要、チーム情報、各種記録の3部で構成。チーム情報は、AFCチームとNFCチーム別に、チーム名、所属、昨年成績、チームカラー、本部、スタジアム、チームスタッフ、2002年ドラフト、2002年スケジュール、歴代監督、2002年7月30日現在の登録選手を記載。記録には、2001年のチームや個人記録、サラリーリストのほか、歴代各種記録などもある。

サッカー

＜事典＞

最新 サッカー百科大事典　日本サッカー協会，日本サッカーライターズ協議会編　大修館書店　2002.4　545p　26cm　7800円
　①4-469-06216-2　⒩783.47

㋲第1部 サッカーとはどんなスポーツか，第2部 サッカーの歴史，第3部 ワールドカップ，第4部 日本のサッカー，第5部 現代のサッカー環境，第6部 世界のサッカー，第7部 資料編

⒩サッカーの総合情報ガイドブック。サッカーの特徴、歴史を解説、2002年のワールドカップ韓国／日本大会の概要、及びワールドカップのこれまでの各大会の内容を紹介し、日本サッカーリーグ及びJリーグ、日本代表チームの歴史を解説する。ユースサッカーや女子サッカー、フットサル等の関連競技や、サッカーの医・科学についても付記。ワールドカップとテレビ放映の関係や、日本の年間最優秀選手等について紹介したコラムも掲載している。

サッカー足ワザ大事典　毎日フェイント！200テクニック　菊原志郎，鈴木正治，福永泰，三浦淳寛，福西崇史解説　学研パブリッシング　2015.6　226p　21cm　〈GAKKEN SPORTS BOOKS〉〈ストライカーDX特別編集　発売：学研マーケティング〉　1500円　①978-4-05-800479-1　⒩783.47

㋲ドリブル（シザーズ―ボールをまたぐ定番のフェイント。内から外にまたぐものや、外から内にまたぐものなど、種類も豊富。ダブルタッチ―2回の連続タッチで敵をかわす世界的に人気のテクニック。密集を突破するときに威力を発揮する ほか），コントロール（ボディーフェイク―タッチする前に足や体を動かして敵を惑わすコントロールテク。逆を取るための演技力が必要。軸裏トラップ―軸足の裏でタッチし、方向転換するコントロールで、アレンジテクも複数ある。敵の意表を突くコントロールの代表格 ほか），パス（ダブルタッチパス―ダブルタッチ系の連続タッチフェイクをそのままパスに変化。近距離の味方に通すときに便利，ループパス―敵の裏のスペースへ落としたり、足の上を越したりする浮き球のパス。最終ラインの裏を狙うときに重宝する ほか），シュート（変化球―ボールに回転をかけたり、無回転にしたりすることで、ボールの弾道が変化するキックテクニック，フェイント―GKやDFとの駆け引きによるシュートの数々。敵を抜くものや逆を取るものなど、多くのパターンがある ほか）

⒩サッカーの足ワザは練習すればするほど上達します。本書は、初心者から上級者までサッカーを楽しみたいプレーヤーであれば、誰でもお使いになれます。ページ順でも、好きな足ワザからでも、レベルの低い順でも自分に合ったスタイルで練習してみてください。「毎日フェイント」を合言葉に、足ワザを一つ一つマスターしてみよう！

サッカーマルチ大事典　国吉好弘著，週刊サッカー・マガジン訳　ベースボール・マガジン社　2001.7　574p　21cm　3000円
　①4-583-03653-1　⒩783.47

⒩サッカーに関する事柄をできる限り収録した事典。選手・監督347人、代表チーム204カ国、クラブチーム103チーム、サッカー用語集、主要大会データを収録。資料編として「サッカー基本知識」「ワールドカップ基礎知識」「ワールドカップデータ集」「国内外主要大会記録集」がある。「国・地域別索引」「人名索引」「チーム名索引」「国別人名・チーム名索引」、付録「サッカー歴史年表」付き。

サッカーマルチ大事典　改訂版　週刊サッカー・マガジン編　ベースボール・マガジン社　2006.4　667p　21cm　3000円　①4-583-03880-1　⒩783.47

⒩選手＆監督373人、代表チーム207カ国、クラブチーム141チーム、サッカー用語、全大陸の主要大会データが収録された最新版。巻末索引で知りたいデータもすぐ検索。

徹底図解！ 誰でもよくわかるサッカー戦術、フォーメーション事典　都並敏史監修　実業之日本社　2013.12　253p　21cm

（LEVEL UP BOOK） 1300円 ⓘ978-4-408-45468-9 Ⓝ783.47

⦅目次⦆第1章 チーム戦術の基礎知識（サッカーにおける戦術とは何か？，マンツーマンディフェンスの考え方と基本 ほか），第2章 フォーメーションと戦術（サッカーでフォーメーションが必要な理由，4-4-2（中盤フラット）の特性と機能させるポイント ほか），第3章 チーム戦術のバリエーション（プレッシングの考え方と基本，プレッシングを機能させるポイント ほか），第4章 セットプレーの戦術（コーナーキックの守備の基本（マンツーマン），コーナーキックの守備の基本（ゾーン） ほか），第5章 サイドバックの基本と戦術（サイドバックの役割と動き方の基本，サイドバックの守備（1対1） ほか）

⦅内容⦆プレッシング、サイド攻撃、カウンター、ラインコントロールなどチーム戦術のバリエーションを身につけよう！「個の力」を「チーム」として機能させる戦術、練習法フォーメーションがよくわかる！

<辞 典>

最新サッカー用語大辞典 世界の戦術・理論がわかる！ 大塚一樹著 マイナビ
2014.11 155p 21cm 1480円 ⓘ978-4-8399-5374-4 Ⓝ783.47

⦅目次⦆初級編（オフサイド，シュートレンジ，アディショナルタイム ほか），中級編（ギャップ，ラインコントロール，シミュレーション ほか），上級編（ボトムアップ，アドバンテージ，ゼロトップ ほか）

⦅内容⦆イラスト・図解ですぐに学べる！実践できる！あまり聞いたことがない…本当の意味をくわしく知らない…勘違いをしている…そんなサッカー「用語」はありませんか？言葉の意味を正しく理解すれば、サッカーのプレーや観戦が、もっとわかりやすく、楽しくなります！

サッカー7カ国語辞典 本多英男編 エイデル研究所 2002.4 175p 21cm 1886円 ⓘ4-87168-336-2 Ⓝ783.47

<ハンドブック>

サッカーTV観戦入門 カウチサポーター・ハンドブック 湯浅健二著 小学館
1998.5 191p 21×14cm 1200円 ⓘ4-09-346031-0 Ⓝ783.47

⦅目次⦆第1章 ボールを追うな！先を見ろ！―勝負はボールのないところで決まる，第2章 3バックかライン4か。それが問題だ―サッカーシステムの基礎知識，第3章 これがスーパープレイだ―用語がわかればサッカーが見えてくる，第4章 日本代表選手へのラストアドバイス―17＋1の勇者へ，第5章 私ならこう戦う！―日本代表、W杯誌上模擬対戦

⦅内容⦆「試合中の中田選手の姿勢を見てほしい。彼の顔はつねにあがっている。プレー中に下を向いているような選手は世界に通用しない」「井原選手は試合中にいつも首を左右に振っている。彼の首が動かなくなったときチームは劣勢になっているはずだ」…ちょっと知らなかった画面でわかるチェックポイントが満載。理論的な分析と図版で、お茶の間サポーターはもちろん、アマチュア競技者、サッカーママも思わずうなずく、サッカーの本質が見えてくる本。

サッカー・ハンドブック '91-'92 扶桑社編 扶桑社 1991.11 159p 26×15cm 1200円 ⓘ4-594-00832-1 Ⓝ783.47

⦅目次⦆ザ・ベスト・プレーヤー30，ワールドカップ・ヒストリー，世界のスーパースター，アジア・アフリカ・オセアニア サッカー事情，ダイヤモンドサッカーが僕らに教えてくれた，何故勝てない？あの強豪、この強豪、サポーターがいるからこそ強豪は盛り上がる，トヨタカップ，奥寺康彦―"サッカーで認められてはじめてプロなんだ"，JSLのトッププレーヤー，世界サッカー主要記録，日本代表国際公式試合記録〔ほか〕

サッカー・ハンドブック '93 ニッポン放送出版，扶桑社〔発売〕 1993.4 159p 26×51cm 1200円 ⓘ4-594-01134-9 Ⓝ783.47

⦅目次⦆フットボール的！，日本のトッププレーヤー，Jリーグ10チーム・ガイド，世界を熱狂させる男たち〔ほか〕

⦅内容⦆Jリーグのチーム・選手紹介など、日本と世界のサッカーの各種データを収録した、観戦のためのハンドブック。

サッカー・ハンドブック '93 ワールドカップ・スペシャル 扶桑社 1993.10 112p 26×15cm 1000円 ⓘ4-594-01248-5 Ⓝ783.47

⦅目次⦆日本代表への祈り，ガズの「予選得点王」に日本のUSA行きがかかっている，強敵を倒せ!!，アジアの好敵手〔ほか〕

⦅内容⦆ワールドカップアジア地区最終予選徹底ガイド。

サッカー・ハンドブック '94 ニッポン放送出版，扶桑社〔発売〕 1994.3 113p 26×15cm 1300円 ①4-594-01374-0 Ⓝ783.47

内容 日本と世界のサッカーの各種データを収録した、観戦のためのハンドブック。別冊として「Jリーグスタジアム観戦ポケットブック」を併録する。

杉山茂樹の史上最大サッカーランキング 杉山茂樹著 廣済堂出版 2007.11 351p 21cm 1900円 ①978-4-331-51273-9 Ⓝ783.47

目次 最強クラブはどこだ!?，最強の国はどこだ!?，最強のストライカーは誰だ!?，最強の鉄人は誰だ!?，MVP，杉山茂樹独断ランキング，審判＆監督

内容 レアル・マドリーから水戸ホーリーホックまで、約200のランキングで見る世界基準。膨大な記録と緻密な分析で、サッカーの歴史と潮流を読み解く。

スポーツなんでも事典 サッカー こどもくらぶ編 ほるぷ出版 2005.11 71p 30cm 3200円 ①4-593-58403-5 Ⓝ783.47

目次 歴史，用具，ユニフォーム，スタジアム，記録，チーム，Jリーグ，海外リーグ，ワールドカップ，日本の挑戦〔ほか〕

内容 Jリーグについて、日本代表について、日本のワールドカップへの挑戦の歴史などなど。サッカーにかかわるさまざまなことがらをテーマごとにまとめて解説した、ヴィジュアル版子ども向けサッカー事典です。

＜図鑑・図集＞

サッカーパーフェクト図鑑 大熊広明監修 ポプラ社 2016.4 159p 27cm （もっと知りたい!図鑑）〈他言語標題：SOCCER PERFECT GUIDE 文献あり 索引あり〉 4900円 ①978-4-591-14832-7 Ⓝ783.47

目次 世界のサッカーの歴史，日本のサッカーの歴史，女子サッカーの歴史，サッカーの国際大会，世界のプロリーグ，日本のプロリーグ，Jリーグ，日本の女子サッカーリーグ，なでしこリーグ，知っておきたい、試合のルール，選手の役割と戦術，Jリーガーになるには、Jクラブをささえる人たち，サッカーの記録と賞

内容 サッカーは、いつ、どこで生まれ、どうやって世界に広まったのか？日本には、いつやってきたのか？Jリーグは、どうやって生まれたのか？プロのサッカー選手になるには、どうすればいいのか？この本には、サッカーにかんする知識がなんでもつまっている！サッカーの奥深い世界をのぞいてみよう！

サッカー布陣図鑑 オールカラー！観戦力を鍛える41のフォーメーション 杉山茂樹著 廣済堂出版 2014.5 224p 21cm〈他言語標題：SOCCER FORMATION CATALOGUE〉 1850円 ①978-4-331-51827-4 Ⓝ783.47

目次 第1章 4バックの布陣（4-4-2（中盤フラット型），4-4-2（中盤ダイヤモンド型）ほか），第2章 3バックの布陣（3-5-2,3-4-1-2 ほか），第3章 10人・9人の布陣（4-1-4,4-2-3 ほか），第4章 歴代日本代表の布陣―オフト時代〜ザッケローニ時代（ハンス・オフト監督時代「4-1-3-2」，パウロ・ロベルト・ファルカン監督時代「4-4-2」ほか），特別収録 2014年ワールドカップ・ブラジル大会出場全32チーム布陣図鑑（グループA（ブラジル，クロアチア，メキシコ，カメルーン），グループB（スペイン，オランダ，チリ，オーストラリア）ほか）

内容 最もよく使われる4-2-3-1から退場者が出た際の布陣まで完全網羅！各布陣の特性や採用チームを解説した豪華保存版。歴代日本代表チーム採用布陣＆2014W杯出場全32か国の布陣も掲載。

◆サッカー（W杯）

＜書 誌＞

朝日新聞で見るワールドカップ全紙面2002年6月 朝日新聞縮刷版特別版 朝日新聞社編 朝日新聞社 2002.7 287p 28×22cm 2400円 ①4-02-258683-4 Ⓝ783.47

目次 躍動・鼓動・感動，W杯特集，組み合わせと日程，熱気沸くW杯会場，キミに任せた、日本代表23人，ハンマダン・2カ国開催盛り上がるか，W杯あす開幕，出場32チーム登録メンバー，日韓W杯外交，得点は、日韓W杯きょう開幕，社説・共通言語を楽しもう〔ほか〕

内容 2002年のサッカーワールドカップ関連新聞記事の資料集。2002年5月30日〜7月1日の、朝日新聞に掲載された、ワールドカップ関連記事を収録。朝刊・夕刊に区分、記事が載っている頁全体の縮刷を掲載する。日付別・朝夕刊別に新聞見出しを挙げた目次を巻頭に付す。

競技スポーツ　　　　　　　　　　　　　　　　　　　　　　　サッカー

<名簿・人名事典>

ワールドカップ・スカウティングレポート
　奥寺康彦著　ザ・マサダ　1998.6　320p　19×11cm　1400円　④4-915977-64-1　Ⓝ783.47

〔目次〕グループA（ブラジル，モロッコ，ノルウェー，スコットランド），グループB（オーストリア，カメルーン，チリ，イタリア），グループC（デンマーク，フランス，サウジアラビア，南アフリカ），グループD（ブルガリア，ナイジェリア，パラグアイ，スペイン），グループE（ベルギー，オランダ，メキシコ，韓国），グループF（ドイツ，イラン，米国，ユーゴスラビア），グループG（コロンビア，イングランド，ルーマニア，チュニジア），グループH（アルゼンチン，クロアチア，ジャマイカ，日本）
〔内容〕1998年サッカーワールドカップの出場32カ国のデータブック。各チームの主力選手・監督267名の名鑑。フランス大会地区予選全結果付き。

<ハンドブック>

最新情報アトラス ワールドカップ2002スタジアム　小学館　2002.4　48p　22cm　〈付属資料：地図〉　952円　④4-09-526192-7　Ⓝ783.47

〔目次〕日本から韓国へのアクセス，ソウル，ソウル市街図（中心部），ソウル地下鉄及び首都圏鉄道路線図，インチョン，スウォン，テジョン，テグ，チョンジュ，ウルサン〔ほか〕
〔内容〕2002年サッカーワールドカップのスタジアムガイド。2002年ワールドカップが開催される，韓国・日本の全20スタジアムについて，所在地や概要，アクセス，試合日程等ワールドカップ観戦に必要な情報を，写真・地図をまじえて紹介する。特に韓国については，日本から韓国へのアクセス方法や国内鉄道路線図，国内長距離バス路線図等の交通情報も紹介。中心会場のソウルについては，市街図や地下鉄，及び首都圏鉄道路線図も掲載している。巻末にワールドカップ対戦スケジュール，地名索引，関連協会・都市等のホームページURL一覧等を付す。

ドイツワールドカップ観戦ガイド完全版
　DAI-X出版　2006.4　175p　26cm　1200円　④4-8125-2800-3　Ⓝ783.47

〔目次〕Exclusive Interview with KAKA ブラジル代表MFカカ独占インタビュー「ワールドカップを楽しむために」，1章 出場32カ国データ，2章 日本代表，3章 グループリーグ，4章 決勝トーナメント，5章 ホスト国ドイツ＆W杯の歴史

2002年W杯 韓国へ行こう 観戦＆旅行完全ガイド　安田良平著，DAI-X出版編集部編　DAI-X出版　2002.4　182p　21cm　1200円　④4-8125-1870-9　Ⓝ783.47

〔目次〕32チーム紹介，時系列観戦ガイド，開催10都市案内，時系列観戦ガイド＆スタジアム案内IN日本，補足情報
〔内容〕本書は，"FIFAワールドカップを韓国で観戦しようと思っている方に，より具体的で，かつ「使える」情報を提供することで，慣れない地でのワールドカップ観戦に少しでも役立ててもらえれば"のコンセプトで作成したもの。料金や時間などといったデータは，2002年2月に行った現地取材を元に作成。

2002ワールドカップガイド＆マップ 日刊ゲンダイ特別版　日刊現代編　日刊現代，出版研〔発売〕　2002.3　190p　21cm　457円　④4-87969-083-X　Ⓝ783.47

〔目次〕決勝トーナメントスケジュール（フランス，セネガル ほか），注目のSuper star 11（クレスポ，ラウール ほか），W杯TV観戦 これだけは見逃せない予選リーグこのカード（日本vsベルギー，アルゼンチンvsイングランド ほか），スタジアム周辺徹底ガイド（札幌ドームHiroba，宮城スタジアム ほか）
〔内容〕2002年サッカーワールドカップのガイドブック。決勝トーナメント出場チーム32チームについて，8つのグループ別に，出場国データ，ワールドカップ戦歴や国際試合結果の記録，ポジション別主要メンバー一覧，監督プロフィール等を紹介。注目される世界のスター選手11名のプロフィールや，予選リーグの注目カード7試合以上を，ピックアップして紹介し，試合が開催される10スタジアムについて，アクセス，宿泊，食事，周辺のお店・娯楽施設，関連サイトURLや観光案内問い合わせ先等，観戦に必要な情報をまとめている。韓国旅行関連の情報も付記している。

2002 World Cup Perfect Guide Top 100 Players & 32 Teams　原悦生写真，加部究文　アミューズブックス　2002.1　159p　26cm　1524円　④4-906613-93-4　Ⓝ783.47

〔目次〕出場32カ国ガイド，トップ100プレイヤーズ＆10監督，フォワード・トップ20，攻撃的ミッドフィルダー・トップ20，守備的ミッドフィル

ダー・トップ10，センターバック・トップ20，右サイドバック・トップ10，左サイドバック・トップ10，ゴールキーパー・トップ10，監督・トップ10，ワールドカップの見方，読み方，楽しみ方

(内容)2002年サッカーワールドカップ出場チームのランキング資料集。出場32ヵ国別に、プレイヤーや監督の特徴、戦績などを、写真やフォーメーション図、10の評価項目別の戦力ランキング分析とともに解説する。また、ポジション別世界のトップ100プレイヤーと監督トップ10も紹介する。ほかに本大会のスケジュール一覧や、本大会までの経緯などワールドカップを楽しむための情報ガイドも付す。

まるごとワールドカップ 加藤久監修 ポプラ社 2002.2 95p 26×21cm 980円 ①4-591-07183-9 Ⓝ783.47

(目次)世界を熱狂させる選手たち(日本の代表選手，世界の代表選手)，出場32ヵ国徹底分析(グループリーグスケジュール，決勝トーナメントスケジュール，グループH ほか)，2002ワールドカップを楽しもう(20都市開催スタジアム全紹介，チーム別・おもな国内キャンプ地 ほか)，ワールドカップの歴史(歴史に残るスーパースター，数字あれこれデータ集，自分で作るワールドカップ)

(内容)2002年サッカーワールドカップのガイドブック。日本代表選手や世界の代表的な選手について、ポジション別にプロフィールを写真とともに紹介、また出場32カ国を8つのリーググループ別に紹介しチームの戦力を分析している。また、試合が開催される20都市の全スタジアムやチーム部別国内キャンプ地、テレビ放映スケジュール、グループリーグや決勝トーナメントのスケジュール観戦のための情報や、ワールドカップの歴史について、歴史的名プレイヤーの写真やデータ集をまじえて紹介している。

WORLD CUP SOCCER PERFECT GUIDE 2006 BEST 150 PLAYERS & 32 TEAMS 原悦生写真，加部究文 TOKYO FM出版 2006.1 143p 26cm 1429円 ①4-88745-152-0 Ⓝ783.47

(目次)本大会グループ組み合わせ&試合スケジュール，2006年ワールドカップ展望「ドイツ大会の主人公はブラジル以外に見当たらない」，Best 150Players & Head Coaches,Forward Best 30,Side Attacker Best 10,Offensive Midfielder Best 10, Central Midfielder Best 30,Right Side Back Best 10,Left Side Back Best 10,Center Back Best 20 〔ほか〕

(内容)本書独自の視点で選手・代表チームを徹底分析&評価。ポジション別注目選手ランキングを発表。W杯の新しい楽しみ方がここに。

ワールドカップ全記録 講談社文庫編 講談社 1998.5 228p 15cm (講談社文庫) 552円 ①4-06-263834-7 Ⓝ783.47

(目次)ワールドカップ本大会 全試合記録，ワールドカップ 全地域予選 全データ

(内容)サッカーワールドカップの1930年第1回ウルグアイ大会から1998年までの本大会516試合の記録を収録。1998年大会予選の日本代表の全試合記録、フランス大会の試合日程つき。

ワールドカップ全記録 2002年版 原田公樹編 講談社 2002.3 294p 15cm (講談社文庫) 571円 ①4-06-273421-4 Ⓝ783.47

(目次)2002年第17回日本／韓国大会，出場32ヵ国データ，'98-'02年日本代表〜トルシエジャパンの軌跡，1930年ウルグアイ大会(第1回)，1934年イタリア大会(第2回)，1938年フランス大会(第3回)，1950年ブラジル大会(第4回)，1954年スイス大会(第5回)，1958年スウェーデン大会(第6回)，1962年チリ大会(第7回)〔ほか〕

(内容)2002年FIFAワールドカップ公式ガイドブック。2002年第17回日本／韓国大会について出場32ヵ国のデータを紹介すると同時に、1998〜2002年のトルシエ監督率いる日本代表の軌跡について紹介。また、1930年第1回ウルグアイ大会から1998年第16回フランス大会までのワールドカップの各大会について、全試合のチーム・得点・出場メンバー等のデータ、日本代表の1954〜1998年のワールドカップ予選出場試合についてのデータも紹介する。巻末にFIFAランキングと通算成績、全出場チームの大会別成績、ワールドカップ全580試合チーム名別索引、ワールドカップ全予選記録等のデータも付す。

ワールドカップ全記録 2006年版 原田公樹編 講談社 2006.5 399p 15cm 1500円 ①4-06-213231-1 Ⓝ783.47

(目次)2006年ドイツ大会 第18回，2010年南アフリカ大会 第19回，ワールドカップ記録集、ジーコジャパンの軌跡，日本代表歴代記録，日本代表ワールドカップへの挑戦，1930年ウルグアイ大会 第1回，1934年イタリア大会 第2回，1938年フランス大会 第3回，1950年ブラジル大会 第4回〔ほか〕

(内容)ワールドカップに異なる代表チームから出場した選手がいた。ジーコは準々決勝でPK

を外したことがある。ジーコジャパンの最強ユニホームはブルーじゃない。2006年大会でパン職人の資格を持つ代表監督が率いるチームとは？ワールドカップがより楽しくなる世界初の完全データとトリビア満載の一冊。

ワールドカップ全記録　2010年版　原田公樹編　講談社　2010.4　431p　15cm　（Football Nippon books）〈他言語標題：FIFA WORLD CUP 1930-2010 COMPLETE RECORD　文献あり〉　1500円　①978-4-06-216217-3　Ⓝ783.47

(目次)2010年南アフリカ大会第19回，2014年ブラジル大会第20回，ワールドカップ記録集，オシム／岡田ジャパンの軌跡，日本代表ワールドカップへの挑戦，歴代日本代表記録，1930年ウルグアイ大会第1回，1934年イタリア大会第2回，1938年フランス大会第3回，1950年ブラジル大会第4回〔ほか〕

(内容)長い間，論争の種となっていた，ワールドカップ史上初のハットトリックが誰か，ようやく決着した。44年ぶりに出場する北朝鮮，66年大会の驚きの大躍進とは。今大会，同姓同名で父親が監督，息子が選手というチームがある。なぜ日本のFIFAランキングは低い？4年間の再調査をもとに「2006年版」から大幅にデータを見直し，加筆，訂正したワールドカップ観戦必携の完全データブック。

◆サッカー（日本）

<ハンドブック>

慶応義塾体育会蹴球部百年史　慶応義塾体育会蹴球部黒黄会編　慶応義塾大学出版会　2000.9　699p　26cm　18000円　①4-7664-0796-2　Ⓝ783.47

(目次)黒黄ジャージー闘魂百年，祝辞，年度別シーズンの歩み，先人の夢，栄光の時，公式試合戦績全記録，資料編，蹴球部年表

(内容)明治，大正，昭和と日本にラグビーの種を播き，育てながら，その開花隆盛のため大きく貢献してきた慶応義塾蹴球部の百年の歴史。

財団法人日本サッカー協会　75年史　ありがとう。そして未来へ　日本サッカー協会，ベースボール・マガジン社〔発売〕　1996.9　430p　30cm　10000円　①4-583-03337-0　Ⓝ783.47

(目次)2002年ワールドカップは日韓共催で，日本サッカー協会と日本サッカーの75年，ワールドカップ目指して日本代表の歩み，各年代代表チームの足跡，日本女子サッカーの歩み，日本審判の75年，天皇杯全日本選手権，日本サッカーリーグ「プロ時代」への変貌の歴史，日本選手の意識変えたJリーグ，Jリーグの理念，日本での国際大会〔ほか〕

(内容)日本サッカー協会創立当時から1996年まで75年間の日本サッカー界の動向と大会の記録。国内の大会のほか，世界の大会やアジアの大会の予選記録・決勝記録を収める。審判規程・選手登録規程等を収録した規程集，日本代表選手個人ランキング，日本歴代優秀選手，日本協会の役員と組織図等の資料を巻末に収録する。

サッカー＆フットサル競技規則　2000／2001　日本サッカー協会審判委員会編　日本サッカー協会，ベースボール・マガジン社〔発売〕　2000.10　199p　21cm　1500円　①4-583-03583-7　Ⓝ783.47

(目次)サッカー競技規則，2000年競技規則に関する質問と回答，フットサル競技規則，日本協会・地域協会連絡先，都道府県協会連絡先

(内容)本競技規則は，FIFAが発行しているLAWS OF THE GAMEを(財)日本サッカー協会審判委員会が翻訳し，同協会が発行する我が国唯一の公式ルールブックである。本年度は新たにフットサルを加え，内容の充実をはかっている。

サッカー＆フットサル競技規則　2001／2002　日本サッカー協会審判委員会編　日本サッカー協会，ベースボール・マガジン社〔発売〕　2001.10　197p　21cm　1500円　①4-583-03668-X　Ⓝ783.47

(目次)サッカー競技規則，競技規則に関する質問と回答，主審，副審ならびに第4の審判員への追加指示，日本語版付録，フットサル競技規則，各協会連絡先

(内容)本書は，国際サッカー連盟（FIFA）が発行しているLAWS OF THE GAMEを(財)日本サッカー協会審判委員会が翻訳した，本協会が発行する公式の競技規則である。審判員，競技者および指導者はもとより，サッカーに関わっているすべての人たちに必要な競技規則や関連する事項を網羅した一冊である。

サッカー＆フットサル競技規則　2002／2003　日本サッカー協会審判委員会編　日本サッカー協会，ベースボール・マガジン社〔発売〕　2002.10　202p　21cm　〈原書名：Laws of the Game2002／2003〉　1500円　①4-583-03711-2　Ⓝ783.47

(目次)サッカー競技規則，主審，副審ならびに

第4の審判員への追加指示,競技規則に関する質問と回答,日本語版付録,フットサル競技規則,各協会連絡先

(内容)本書は,国際サッカー連盟(FIFA)が発行しているLaws of the Gameを(財)日本サッカー協会審判委員会が翻訳した,本協会が発行する公式の競技規則である。審判員,競技者および指導者はもとより,サッカーに関わっているすべての人たちに必要な競技規則や関連する事項を網羅した一冊である。

サッカー競技規則 1998／99 日本サッカー協会審判委員会編 日本サッカー協会,ベースボール・マガジン社〔発売〕 1998.9 107p 21cm 〈原書名：Laws of the Game〉 1300円 ⓘ4-583-03550-0 Ⓝ783.47

(目次)競技のフィールド,ボール,競技者の数,競技者の用具,主審,副審,試合時間,プレーの開始および再開,インプレーおよびアウトオブプレー,得点の方法〔ほか〕

(内容)サッカーの公式ルールブック。本競技規則は,FIFAが発行しているLAWS OF THE GAMEを(財)日本サッカー協会審判委員会が翻訳し,同協会が発行する我が国唯一の公式ルールブックである。オフサイドや反則の図解,審判のシグナルの写真が盛り込まれ,特に日本語版付録として対角線式審判法,質問と回答などの項が付け加えられている。

サッカー競技規則 1999／2000 日本サッカー協会審判委員会編 日本サッカー協会,ベースボール・マガジン社〔発売〕 1999.7 126p 21cm 1300円 ⓘ4-583-03606-X Ⓝ783.47

(目次)競技のフィールド,ボール,競技者の数,競技者の用具,主審,副審,試合時間,プレーの開始および再開,インプレーおよびアウトオブプレー,得点の方法〔ほか〕

(内容)本書は,FIFAが発行しているLAWS OF THE GAMEを(財)日本サッカー協会審判委員会が翻訳し,同協会が発行する我が国唯一の公式ルールブックである。本年度は新たに審判員の目標と重点6項目,審判報告書の記入上の注意,審判インスペクター報告書,ロスタイムの表示の仕方,日本サッカー協会ユニフォーム規程,の5項目を加えて内容の充実をはかっている。

サッカー競技規則 2003／2004 日本サッカー協会審判委員会編 日本サッカー協会,ベースボール・マガジン社〔発売〕 2003.11 161p 21cm 1500円 ⓘ4-583-03773-2 Ⓝ783.47

(目次)サッカー競技規則(競技のフィールド,ボール,競技者の数,競技者の用具,主審,副審,試合時間,プレーの開始および再開,ボールのインプレーおよびアウトオブプレー,得点の方法 ほか),主審、副審ならびに第4の審判員への追加指示,競技規則に関する質問と回答,日本語版付録

(内容)本競技規則は,FIFAが発行しているLAWS OF THE GAMEを(財)日本サッカー協会審判委員会が翻訳した、本協会が発行する公式の競技規則である。審判員,競技者および指導者はもとより,サッカーに関わっているすべての人たちに必要な競技規則や関連する事項を網羅した一冊である。

サッカー競技規則 2004／2005 日本サッカー協会審判委員会編 日本サッカー協会,ベースボール・マガジン社〔発売〕 2004.11 173p 21cm 1500円 ⓘ4-583-03828-3 Ⓝ783.47

(目次)競技のフィールド,ボール,競技者の数,競技者の用具,主審,副審,試合時間,プレーの開始および再開,ボールのインプレーおよびアウトオブプレー,得点の方法〔ほか〕

(内容)本競技規則は,FIFAが発行しているLAWS OF THE GAMEを(財)日本サッカー協会審判委員会が翻訳した、本協会が発行する公式の競技規則である。審判員,競技者および指導者はもとより,サッカーに関わっているすべての人たちに必要な競技規則や関連する事項を網羅した一冊である。

サッカー競技規則 2005／2006 日本サッカー協会審判委員会編 日本サッカー協会,ベースボール・マガジン社〔発売〕 2005.10 209p 21cm 1500円 ⓘ4-583-03866-6 Ⓝ783.47

(目次)サッカー競技規則,主審、副審ならびに第4の審判員への追加指示,競技規則に関する質問と回答

(内容)本競技規則は,FIFAが発効しているLAWS OF THE GAMEを(財)日本サッカー協会審判委員会が翻訳した、本協会が発行する公式の競技規則である。審判員,競技者および指導者はもとより,サッカーに関わっているすべての人たちに必要な競技規則や関連する事項を網羅した一冊である。

サッカー競技規則 2007／2008 日本サッカー協会審判委員会編・制作 日本サッカー協会,ベースボール・マガジン社〔発

売〕　2007.11　204p　21cm　1500円
①978-4-583-10058-6　Ⓝ783.47
(目次)サッカー競技規則，審判員のための追加的指示およびガイドライン，日本語版付録，各協会連絡先
(内容)最新版、オフィシャルルールブック。

サッカー競技規則　2008／2009　日本サッカー協会審判委員会編集・制作　日本サッカー協会，ベースボール・マガジン社（発売）　2008.10　223p　21cm　〈他言語標題：Laws of the game〉　1500円　①978-4-583-10124-8　Ⓝ783.47
(目次)競技のフィールド，ボール，競技者の数，競技者の用具，主審，副審，試合時間，プレーの開始および再開，ボールインプレーおよびボールアウトオブプレー，得点の方法〔ほか〕

サッカー競技規則　2009／2010　日本サッカー協会審判委員会制作・編　日本サッカー協会，ベースボール・マガジン社〔発売〕　2009.10　216,3p　21cm　1500円
①978-4-583-10229-0　Ⓝ783.47
(目次)競技のフィールド，ボール，競技者の数，競技者の用具，主審，副審，試合時間，プレーの開始および再開，ボールインプレーおよびボールアウトオブプレー，得点の方法，オフサイド，ファウルと不正行為，フリーキック，ペナルティーキック，スローイン，ゴールキック，コーナーキック，試合またはホームアンドウェーの対戦の勝者を決定する不法，テクニカルエリア，第4の審判員およびリザーブ副審，競技規則の解釈と審判員のためのガイドライン，国際サッカー評議会の規約

サッカー競技規則　2010／2011　日本サッカー協会審判委員会編　日本サッカー協会，ベースボール・マガジン社〔発売〕　2010.10　227p　21cm　1500円　①978-4-583-10304-4　Ⓝ783.47
(目次)競技のフィールド，ボール，競技者の数，競技者の用具，主審，副審，試合時間，プレーの開始および再開，ボールインプレーおよびボールアウトオブプレー，得点の方法，オフサイド，ファウルと不正行為，フリーキック，ペナルティーキック，スローイン，ゴールキック，コーナーキック
(内容)最新版オフィシャルルール・ブック。

サッカー競技規則　2012／2013　日本サッカー協会　2011.8　226p　21cm　〈原書名：Laws of the game〉　Ⓝ783.47

サッカー競技規則　2011／2012　日本サッカー協会　2012.7（第2刷）　231p　21cm　〈原書名：Laws of the game〉　Ⓝ783.47

サッカー競技規則　2012／2013　日本サッカー協会審判委員会編・制作　日本サッカー協会，ベースボール・マガジン社〔発売〕　2012.12　226p　21cm　1500円
①978-4-583-10516-1　Ⓝ783.47
(目次)競技のフィールド，ボール，競技者の数，競技者の用具，主審，副審，試合時間，プレーの開始および再開，ボールインプレーおよびボールアウトオブプレー，得点の方法〔ほか〕

サッカー競技規則　2013／2014　日本サッカー協会審判委員会編　日本サッカー協会，ベースボール・マガジン社〔発売〕　2013.11　220p　21cm　1500円　①978-4-583-10653-3　Ⓝ783.47
(目次)競技のフィールド，ボール，競技者の数，競技者の用具，主審，副審，試合時間，プレーの開始および再開，ボールインプレーおよびボールアウトオブプレー，得点の方法〔ほか〕

サッカー競技規則　2014／2015　日本サッカー協会審判委員会編　日本サッカー協会，ベースボール・マガジン社〔発売〕　2014.9　209p　21cm　1500円　①978-4-583-10761-5　Ⓝ783.47
(目次)競技のフィールド，ボール，競技者の数，競技者の用具，主審，副審，試合時間，プレーの開始および再開，ボールインプレーおよびボールアウトオブプレー，得点の方法，オフサイド，ファウルと不正行為，フリーキック，ペナルティーキック，スローイン，ゴールキック，コーナーキック

サッカー競技規則　2015／2016　日本サッカー協会審判委員会編・制作　日本サッカー協会，ベースボール・マガジン社〔発売〕　2015.10　214p　21cm　1500円
①978-4-583-10919-0　Ⓝ783.47
(目次)競技のフィールド，ボール，競技者の数，競技者の用具，主審，副審，試合時間，プレーの開始および再開，ボールインプレーおよびボールアウトオブプレー，得点の方法，オフサイド，ファウルと不正行為，フリーキック，ペナルティーキック，スローイン，ゴールキック，コーナーキック

日本のサッカースタジアム　今日そして明日　日本サッカー協会監修　日本サッカー協

会、体育施設出版（製作・発売）　1996.5　304p　30cm　〈他言語標題：Soccer stadiums in Japan〉　4855円　Ⓘ4-924833-19-3　Ⓝ783.47

日本のサッカースタジアム　日本サッカー協会監修　日本サッカー協会、体育施設出版（製作・発売）　2002.1　319p　30cm　〈他言語標題：Soccer stadiums in Japan　企画・編集：全国自治体職員サッカー連盟　1996年刊の新版〉　5000円　Ⓘ4-924833-39-8　Ⓝ783.47

<年鑑・白書>

Lリーグ年鑑　1995　Lリーグ事務局著　扶桑社　1995.12　189p　19cm　1000円　Ⓘ4-594-01808-4　Ⓝ783.47

⦅内容⦆Lリーグ全選手の個人データおよび1994年度の全試合のデータ。

少年サッカー年鑑　'90　講談社　1990.2　199p　26cm　1800円　Ⓘ4-06-193890-8　Ⓝ783.47

⦅目次⦆私の指導法，コーチングメソッド，講習会レポート，クラブ訪問，私の少年時代，少年サッカー指導のQ&A，少年サッカーこの一年，第13回全日本少年サッカー大会，ダイエーカップ国際サッカー'89，第3回清水カップ全国少年草サッカー大会記録，'89全日本チャンピオンズカップ少年サッカー大会，セントラルトレセン，日本サッカー協会少年委員会指導員一覧，日本サッカー協会第4種登録チーム名簿

日本サッカーリーグ・イヤーブック　'90～'91　日本サッカーリーグ編著　日本サッカーリーグ，南雲堂〔発売〕　1990.10　210p　30cm　1000円　Ⓘ4-523-31032-7　Ⓝ783.47

⦅内容⦆1990～91年のJSL1部12チーム、JSL2部16チームの横顔と全記録を掲載。

日本サッカーリーグ・イヤーブック　'91～'92　日本サッカーリーグ編著　日本サッカーリーグ，南雲堂〔発売〕　1991.9　210p　30cm　1000円　Ⓘ4-523-31033-5　Ⓝ783.47

⦅目次⦆JSL1部91／92全日程，JSL1部全12チームの横顔，JSL2部91／92全日程，JSL2部全16チームの横顔，JSL1部90／91総評，JSL1部90／91全記録，JSL1部90／91個人記録，JSL1部90／91表彰式，JSL2部90／91総評，JSL2部90／91全記録，コニカカップ・チャレンジ92選手権，地域リーグ決勝大会，JSL1部1965～1991全記録，JSL1部チーム記録／個人記録，JSL2部1972～1991全記録，JSL91／92競技場ガイド〔ほか〕

◆◆サッカー（日本／プロ）

<事典>

Jリーグ観戦大事典　橋本孝幸編　小学館　1993.10　208p　19cm　（ビッグコロタン23）　820円　Ⓘ4-09-259023-7　Ⓝ783.47

⦅目次⦆第1章 ベスト11完璧データ，第2章 カトリーヌあやこのザ・似顔SHOW!，第3章 めざせ!最強サポーター，第4章 クラブハウス潜入ルポ，第5章 目・耳・頭で楽しむサッカー情報，第6章 マル得語学講座，第7章 ルール&用語テスト，第8章 よくわかるワールドカップ講座，第9章 珍説サッカーことわざ・慣用句辞典

Jリーグ大事典　小学館編　小学館　1993.3　263p　19cm　（ビッグコロタン55）　820円　Ⓘ4-09-259055-5　Ⓝ783.47

⦅目次⦆Jリーグサッカー・エキサイティングシーン，1992Jリーグヤマザキナビスコカップ，マンガ Jリーグへの道，10チーム完全ガイド 全登録選手名鑑，Jリーグ サポーターズグッズカタログ，ウルトラマル秘プレーテクニック，みどころポイントJリーグ観戦入門，タイプ別徹底分析 キミもJリーグプレーヤーになれる!，輝く!!Jリーグの星たち，サッカーなんでも百科事典

Jリーグ大事典　1994-1995　小学館　1994.6　263p　19cm　（ビッグコロタン62）　880円　Ⓘ4-09-259062-8　Ⓝ783.47

⦅目次⦆勝利への道をひた走る，Jリーグガイド，全登録選手名鑑，Jリーグサポーダーズグッズカタログ，ウルトラマル秘プレーテクニック，マニアへの道，めざせ!Jリーグ，こんな選手になりたい，Jリーグスターグラフ，サッカーなんでも百科事典〔ほか〕

⦅内容⦆Jリーグの全選手名鑑を中心としたJリーグの観戦ガイドブック。

中田英寿「超」事典　ワールドアッカファンズ著　アートブック本の森，コアラブックス〔発売〕　1999.5　212p　19cm　1000円　Ⓘ4-87693-466-5　Ⓝ783.47

⦅目次⦆アストン・ビラ─実際に足を運んだイングランドの名門クラブ，アトランタ・オリンピック─世界を驚かせた結果は栄光と心の傷を残した，アルゼンチン─天才児マラドーナを生んだ南米のサッカー大国，移籍─ペルージャから他

競技スポーツ　　　　　　　　　　　　　　サッカー

チームへの移籍?それはいつ?，イラン―三得点をすべてアシスト。アジア予選の会心の好ゲーム，インターハイ―高校時代は並みの成績?，イン・フロント・キック―世界への道を開いた超一流の技術，ウルトラ本場の熱狂的サポーターの真実の姿〔ほか〕
(内容)いまや日本の若者を代表する重要な人物・中田英寿!!サッカーへの夢がすべて!パーフェクト解体新書。

＜名簿・人名事典＞

Jリーガー白書　2002　飛鳥新社データ・フットボール・プロジェクト編著　飛鳥新社　2002.4　199p　21cm　857円　Ⓘ4-87031-502-5　Ⓝ783.47
(目次)J1(FW(フォワード)編，MF(ミッドフィルダー)編，DF(ディフェンダー)編，GK(ゴールキーパー)編)，J2
(内容)Jリーガーの実力を数値化して紹介する名鑑。海外の有名クラブで選手査定に使われるOptaデータにより，選手のプレーを完全に数値化して個々の能力を徹底分析している。各選手のシュート数，パス成功率，クロス成功率，ドリブル成功率，タックル成功率などを記載。また2002年度のJリーグチームの戦力評価もしている。J1・J2それぞれポジション別に構成。巻末にインデックスを付す。

Jリーグ全40クラブ選手名鑑　2012　コスミック出版　2012.3　239p　15cm　(Cosmic mook)　476円　Ⓘ978-4-7747-5639-4　Ⓝ783.47

Jリーグ全40クラブ選手名鑑　2013　コスミック出版　2013.4　239p　15cm　(COSMIC MOOK)　476円　Ⓘ978-4-7747-5781-0　Ⓝ783.47

Jリーグ・プロサッカー選手写真名鑑　'93　日刊スポーツ出版社　1993.3　63p　15cm　280円　Ⓘ4-8172-0126-6　Ⓝ783.47

スポニチJリーグ選手名鑑　'93　改訂版　スポーツニッポン新聞社編　スポーツニッポン新聞社，洋々社〔発売〕　1993.7　64p　19cm　300円　Ⓘ4-89674-854-9　Ⓝ783.47

スポニチJリーグ選手名鑑　'94　スポーツニッポン新聞社編　スポーツニッポン新聞社，洋々社〔発売〕　1994.3　80p　19cm　300円　Ⓘ4-89674-855-7　Ⓝ783.47

スポニチJリーグ選手名鑑　2003　スポーツニッポン新聞社，キルタイムコミュニケーション〔発売〕　2003.3　64p　21cm　333円　Ⓘ4-86032-041-7　Ⓝ783.47
(目次)J1日程表・年間スケジュール，J2日程表，ヤマザキナビスコカップ日程，2002年対戦成績，Jリーグ主審・副審担当一覧，ホームスタジアム一覧，J2・12チームメンバー表，2002年J1・1stステージ・2ndステージ成績，2002年J1・年間順位・得点ランキング，2002年ヤマザキナビスコカップ成績〔ほか〕
(内容)J1登録選手完全ガイド・J2メンバー表，日程，各種記録etc，情報満載。

日本代表スカウティングレポート　日本代表スカウティングチーム編　広済堂出版　2002.5　255p　19cm　1500円　Ⓘ4-331-50892-7　Ⓝ783.47
(内容)2001年日本代表選手の分析データガイドブック。2001年に行われた日本代表の試合とJリーグの試合データをもとに，日本代表およびその候補を含めた86名の選手の個人データや能力値を分析する。GK・DF・MF・FWのポジション別に排列，写真・プロフィールに加えて，過去2年間成績・通算成績，シュート決定率・パス成功率，2001年日本代表戦・Jリーグの各試合別個人データを一覧表にまとめて紹介。スポーツライターによる分野別5つ星評価も交えての選手分析を掲載する。日本代表OBのコラムも掲載。巻頭に五十音順選手索引を付す。

＜ハンドブック＞

浦和レッズ・オフィシャル・ハンドブック　1995　あすとろ出版　1995.3　207p　23×11cm　1000円　Ⓘ4-7555-0856-8　Ⓝ783.47
(目次)RED DIAMONDS 1995(選手リスト，全選手プロフィール，監督プロフィール，コーチプロフィール，コーチ・チームスタッフ)，CLUB INFO 1995(浦和市駒場競技場，埼玉県営大宮公園サッカー場，東京・国立競技場 ほか)，OFFICIAL SUPPORTERS' CLUB

浦和レッズ・オフィシャル・ハンドブック　1996　アストロ教育システム　1996.3　199p　23×11cm　1000円　Ⓘ4-7555-0862-2　Ⓝ783.47
(目次)ホームタウン・浦和市，ALWAYS PLAY TO WIN,ALWAYS PLAY FAIR,FIXTURE LIST：1996年試合日程，オジェック監督手記，PLAYERS 1996：選手リスト，全選手プロフィール，監督プロフィール，コーチプロフィール，

チームスタッフ，NATIONAL PLAYERS：レッズの代表選手，R-FILE：レッズ記録集，CLUB INFO 1996,Jサテライトリーグ1996試合日程，OFFICIAL SUPPORTERS' CLLUB,1995年オフィシャル・サポーターズ・クラブ全名簿

浦和レッズ・オフィシャル・ハンドブック 1997 浦和レッドダイヤモンズ監修　アストロ教育システム　1997.3　215p 23cm　1000円　Ⓣ4-7555-0864-9　Ⓝ783.47

(目次)URAWA RED DIAMONDS 1997 (PLAYERS 1997：背番号順選手リスト，全選手プロフィール，監督プロフィール ほか)，CLUB INFO 1997 (浦和市駒場スタジアム，東京・国立競技場，大原サッカー競技場 ほか)，OFFICIAL SUPPORTERS' CLUB (1996年オフィシャル・サポーターズ・クラブ全名簿)

浦和レッズ・オフィシャル・ハンドブック 1998 浦和レッドダイヤモンズ監修　あすとろ出版部　1998.3　216p 23cm　1000円　Ⓣ4-7555-0866-5　Ⓝ783.47

(目次)浦和レッドダイヤモンズの活動理念，浦和レッドダイヤモンズ 活動の考え方，HOME TOWN浦和市，監督インタビュー，全選手プロフィール，監督・コーチプロフィール／チームスタッフ，NATIONAL PLAYERS：レッズの代表選手〔ほか〕

浦和レッズ・オフィシャル・ハンドブック 1999 浦和レッドダイヤモンズ監修　アストロ教育システム　1999.3　209p 23cm　1000円　Ⓣ4-7555-0869-X　Ⓝ783.47

(目次)浦和レッドダイヤモンズの活動理念，活動の考え方，HOMETOWN浦和市，監督インタビュー，URAWA RED DIAMONDS (全選手プロフィール，監督・コーチプロフィール／チームスタッフ，レッズの代表選手，歴代外国籍選手)，R-FILE (浦和レッズJリーグ記録表，浦和レッズJリーグ戦績，浦和レッズJリーグ全得点者，浦和レッズJリーグ全ゴール，浦和レッズJリーグ出場全選手)，CLUB INFO,OFFICIAL SUPPORTERS' CLUB (オフィシャル・サポーターズ・クラブ全名簿，1999年Jサテライトリーグ)

(内容)プロサッカーチーム浦和レッドダイヤモンズのオフィシャルハンドブック。

浦和レッズ・オフィシャル・ハンドブック 2000 浦和レッドダイヤモンズ監修　あすとろ出版　2000.3　213p 23cm　1000円　Ⓣ4-7555-0871-1　Ⓝ783.47

(目次)FIXTURE LIST (試合日程)，浦和レッドダイヤモンズの活動理念，ホームタウン浦和市，監督インタビュー，URAWA RED DIAMONDS2000,R-FILE2000,CLUB INFO2000, OFFICIAL SUPPORTERS' CLUB

浦和レッズ・オフィシャル・ハンドブック 2001 浦和レッドダイヤモンズ監修　アストロ教育システムあすとろ出版部　2001.3　220p 23cm　1000円　Ⓣ4-7555-0873-8　Ⓝ783.47

(目次)浦和レッドダイヤモンズの活動理念，ホームタウン浦和市，監督インタビュー，NEW LEADER井原正巳，全選手／監督／コーチ・プロフィール，浦和レッズの20世紀，駒場スタジアム，埼玉スタジアム2002，国立競技場，浦和レッズ・Jリーグ戦績〔ほか〕

浦和レッズ・オフィシャル・ハンドブック 2002 浦和レッドダイヤモンズ監修　あすとろ出版　2002.3　219p 23cm　1000円　Ⓣ4-7555-0875-4　Ⓝ783.47

(目次)Fixture List (試合日程)，Urawa Red Diamonds 2002,Stadiums,R-File 2002,Club Info 2002,Official Supporters' Club

(内容)浦和レッズダイヤモンズのチーム・オフィシャルガイドブック。2002年の浦和レッズダイヤモンズの試合日程や活動理念，2002年の全選手・監督・コーチの名鑑，2001年までの戦績・出場選手等の試合記録等について紹介。あわせてオフィシャル・サポーターズ・クラブ，後援会，ユースチーム等の関連組織の2002年における活動情報を紹介していく。巻頭にはゼネラルマネージャー・監督のインタビューも掲載している。

浦和レッズ・オフィシャル・ハンドブック 2003 浦和レッドダイヤモンズ監修　アストロ教育システムあすとろ出版部　2003.3　212p 23cm　1000円　Ⓣ4-7555-0877-0　Ⓝ783.47

(目次)FIXTURE LIST (試合日程)，浦和レッドダイヤモンズの活動理念，監督インタビュー，ホームタウンさいたま市，URAWA RED DIAMONDS2003,Tales of Two Stadiums,R-File2003,CLUB INFO2003，レッズ・アーカイブス，2003ヤマザキナビスコカップ，2003サテライトリーグ，OFFICIAL SUPPORTERS' CLUB

浦和レッズ・オフィシャル・ハンドブック 2004 浦和レッドダイヤモンズ監修　あすとろ出版　2004.3　228p 23cm　1143円

Ⓘ4-7555-0879-7　Ⓝ783.47

㋱FIXTURE LIST（試合日程），浦和レッドダイヤモンズの活動理念，ホームタウンとの新しい関係：ハートフルクラブ，監督インタビュー，URAWA RED DIAMONDS2004，ギド・ブッフバルト物語，STADIUMS，R‐FILE2004，CLUB INFO2004，2004ヤマザキナビスコカップ〔ほか〕

浦和レッズ・オフィシャル・ハンドブック2005　浦和レッドダイヤモンズ監修　あすとろ出版　2005.3　215p　13cm　1143円
Ⓘ4-7555-0881-9　Ⓝ783.47

㋱FIXTURE LIST（試合日程），浦和レッドダイヤモンズの活動理念，2005シーズンの浦和レッズ，レッズランドがついにスタートします。，監督インタビュー，URAWA RED DIAMONDS 2005（全選手／監督／コーチ・プロフィール，チームスタッフ ほか），R-FILE 2005（Jリーグ戦績・全得点者・全出場選手・記録集，ヤマザキナビスコカップ戦績・全得点者・全出場選手・記録集 ほか），浦和レッズ年表，CLUB INFO 2005（スタジアム（埼玉・駒場），新ユニホーム ほか），クラブエンブレムの由来，オフィシャル・サポーターズ・クラブ，2005ヤマザキナビスコカップ大会方式，2005Jサテライトリーグ，クラブプロフィール（英語）

浦和レッズ・オフィシャル・ハンドブック2006　浦和レッドダイヤモンズ，あすとろ出版〔発売〕　2006.3　255p　23×11cm　1238円　Ⓘ4-7555-0884-3　Ⓝ783.47

㋱浦和レッドダイヤモンズチームスタッフ，スタジアム，浦和レッズレディース，全試合記録，オフィシャルクラブを収載。オールカラー写真掲載。

浦和レッズ・オフィシャル・ハンドブック2007　浦和レッドダイヤモンズ，あすとろ出版〔発売〕　2007.3　263p　23×11cm　1238円　Ⓘ978-4-7555-0886-8　Ⓝ783.47

㋱URAWA REDS FIRST TEAM 2007，NATIONAL PLAYERS，URAWA REDS LADIES 2007，URAWA REDS ACADEMY CENTER，CLUB INFO 2007，R-FILE

浦和レッズ・オフィシャル・ハンドブック2008　浦和レッドダイヤモンズ，あすとろ出版〔発売〕　2008.3　263p　23×11cm　1238円　Ⓘ978-4-7555-0888-2　Ⓝ783.47

㋱URAWA REDS FIRST TEAM 2008（トップチーム全選手プロフィール，監督・コーチプロフィールチームスタッフ），NATIONAL PLAYERS（浦和レッズの代表選手），CLUB INFO 2008（新ユニホーム，スタジアムガイド ほか），REDS FAMILY 2008（浦和レッズレディース選手・監督・コーチ，レッズユース ほか），R・FILE（浦和レッズ全試合記録，リーグ戦・ナビスコカップ・天皇杯記録 ほか）

浦和レッズ・オフィシャル・ハンドブック2009　（〔さいたま〕）浦和レッドダイヤモンズ，あすとろ出版（発売）　2009.3　263p　23×11cm　〈他言語標題：Urawa Reds official handbook〉　1238円　Ⓘ978-4-7555-0890-5　Ⓝ783.47

㋱URAWA REDS FIRST TEAM 2009，NATIONAL PLAYERS 2009，TICKET INFORMATION 2009，HOME STADIUMS 2009，CLUB INFO 2009，REDS FAMILY 2009，R-FILE 2009

浦和レッズ・オフィシャル・ハンドブック2010　（〔さいたま〕）浦和レッドダイヤモンズ，あすとろ出版（発売）　2010.3　255p　23×11cm　〈他言語標題：Urawa Reds official handbook〉　1238円　Ⓘ978-4-7555-0896-7　Ⓝ783.47

㋱URAWA REDS FIRST TEAM 2010，NATIONAL TEAM PLAYERS，TICKET INFO 2010，HOME STADIUMS 2010，CLUB INFO 2010，URAWA REDS FAMILY 2010，R-FILE 2010

浦和レッズ・オフィシャル・ハンドブック2011　浦和レッドダイヤモンズ監修　あすとろ出版　2011.3　160p　23×11cm　〈他言語標題：URAWA REDS OFFICIAL HANDBOOK　2010までの出版者：浦和レッドダイヤモンズ〉　952円　Ⓘ978-4-7555-0899-8　Ⓝ783.47

㋱URAWA REDS FIRST TEAM 2011，TICKET INFO 2011，HOME STADIUM 2011，CLUB INFO 2011，REDS FAMILY 2011

浦和レッズ10年史　浦和レッドダイヤモンズ，ベースボールマガジン社編，大住良之監修　ベースボール・マガジン社　2002.4　248p　26cm　2857円　Ⓘ4-583-03685-X　Ⓝ783.47

㋱「True Love Story」，福田正博「愛と哀しみの日々」，Close Up Star in Red，苦楽を越え成長した小野伸二の1271日，カリスマが遺した世界のスピリット ギド・ブッフバルト，With All My Heart，歴代監督の苦闘を振り返る，ビッグクラブへの道すじを語る，オレたちに任せろ!，サポーターズカレンダーがつなぐ架け橋〔ほか〕

(内容)Jリーグチーム浦和レッズダイヤモンズの10年史をまとめたオフィシャルガイドブック。1992年～2002年のチームの歴史を、相川宗さいたま市長をはじめ、監督、元選手、現役選手、スタッフ、ジャーナリスト等関係者10名以上のコメントで振り返る。名選手・名試合もピックアップして紹介、またチーム年表、歴代ベストイレブン等選手データ、Jリーグ年度別試合結果等チームデータをそれぞれ掲載する。

サッカーくじtotoハンディデータブック 2001 J1 & J2 前半戦 toto GET CLUB編 ワニブックス 2001.3 95p 17cm 〈表紙の書名：Handy data book toto〉 650円 Ⓘ4-8470-1383-2 Ⓝ783.47

(目次)totoのしくみ，totoの買い方，くじの種類いろいろ，toto会員になって得しよう，指定試合について、toto，私ならこう買う！(長谷川健太「マルチで勝負！」，白石美帆「1点で当てるゾ！」，toto情報はここでGET!，J1 DATA,J2 DATA，その他のDATA

(内容)サッカーくじ「toto」の買い方や予想のしかたなどを解説したデータブック。J1・J2の2000シーズンの成績や各チームの2001シーズン選手一覧、リーグ戦前半期試合日程を掲載。

サッカー日本代表世界への挑戦 1936-2002 新紀元社 2002.1 224p 26cm 2500円 Ⓘ4-7753-0024-5 Ⓝ783.47

(目次)1 シドニーへの道のり(1999年～2000年)，2 世界との出会いと躍進(1936年～1968年)，3 世界の壁、苦闘の歴史(1969年～1992年)，4 世界の扉をたたいたJリーグ発足(1992年～1994年)，5 世界へ羽ばたく日本サッカー(1995年～1998年)，6 2002年ワールドカップへの課題―世界No.1を目指して(2000年～2002年)

(内容)1936年～2001年のサッカー日本代表チームの歴史ガイド。年代順に6章に分けて構成。オリンピック、ワールドカップなど各国際大会に出場したサッカー日本代表チームの歩みを、フォート・キシモトの映像写真と、日本サッカー協会役員、選手やスタッフ、ジャーナリストなど関係者へのインタビュー記事で紹介する。付録に日本代表チームのオリンピック、ワールドカップ各大会の戦績全記録を掲載する。

Jリーグオフィシャル・ファンズ・ガイド スタジアムへ行こう！ 1999 日本プロサッカーリーグ，トランスアート〔発売〕 1999.4 204p 21cm 1500円 Ⓘ4-88752-100-6 Ⓝ783.47

(目次)1999Jリーグ今季の見どころ，栄光の証，J1クラブ紹介(鹿島アントラーズ，浦和レッズ，ジェフユナイテッド市原 ほか)，J2クラブ紹介(コンサドーレ札幌，ベガルタ仙台，モンテディオ山形 ほか)

Jリーグオフィシャル・ファンズ・ガイド スタジアムへ行こう！ 2000 日本プロサッカーリーグ，トランスアート〔発売〕 2000.4 226p 21cm 1429円 Ⓘ4-88752-102-2 Ⓝ783.47

(目次)J1リーグ戦スケジュール／開催概要，J2リーグ戦スケジュール／開催概要，栄光の証シャーレ、カップ、ホームタウンマップ、2000シーズン展望：「Jリーグの楽しみ方」、J1クラブ紹介、J2クラブ紹介、スタジアム・アクセスマップ、国立霞ケ丘競技場・19スタジアム、進化するJヴィレッジ、担当主審、副審一覧

J.League official fans' guide Here we go! スタジアムへ行こう 2001 日本プロサッカーリーグ監修 Jリーグエンタープライズ、トランスアート〔発売〕 2001.4 224p 21cm 〈2000までの出版者：日本プロサッカーリーグ〉 1429円 Ⓘ4-88752-104-9 Ⓝ783.47

(目次)川淵チェアマン・インタビュー，J1リーグ戦スケジュール・開催概要，J2リーグ戦スケジュール・開催概要，ヤマザキナビスコカップスケジュール・開催概要，勝者の記憶―シャーレ、カップの紹介，2001Jクラブホームタウン地図，2001Jリーグ展望「世界と競う誇りと自覚を」，世界一クラブへの道，スタジアムの魅力，J1クラブ紹介，J2クラブ紹介，スタジアム・アクセスマップ

(内容)日本プロサッカーリーグ(Jリーグ)ファンのためのガイドブック。J1、J2全28クラブのプロフィールや、スタジアム・アクセスマップなどを掲載。

Jリーグオフィシャルファンズガイド 2002 日本プロサッカーリーグ，NTT出版〔発売〕 2002.4 232p 21cm 〈付属資料：トレーディングカード2〉 1429円 Ⓘ4-7571-8116-7 Ⓝ783.47

(目次)川淵チェアマンに聞く『2002年に新プロジェクトが本格的にスタート』，J1リーグ戦スケジュール・開催概要，J2リーグ戦スケジュール・開催概要，ヤマザキナビスコカップスケジュール・開催概要，勝者の記憶＆2002Jクラブホームタウン、J1クラブ紹介、J2クラブ紹介、スタジアム・アクセスマップ，2002シーズン展望，兄弟トークセッション『街とクラブとスタジア

ム，その素敵な関係』，観戦前のルール・セミナー『Jリーグをもっと楽しむために』，担当審判員一覧

⦅内容⦆サッカーJリーグのクラブチーム公式ガイドブック。2002年開幕時点でのJリーグJ1・J2の全28クラブを紹介。J1とJ2に区分して，各チームのロゴ・2002年版ユニフォーム，2001年までの戦績，所在地，ホームタウン，公式ホームページやファンクラブ・クラブショップ等についてのチームデータ，及び選手名鑑を写真とともに紹介している。ホームスタジアム以外の国内スタジアムのアクセスマップや，サッカー専門誌や新聞の記者による2002年シーズン分析，Jリーグについてのコラムもある。巻頭に川渕チェアマンへのインタビュー，リーグ戦スケジュールを付す。

J.LEAGUE OFFICIAL FANS' GUIDE 2003
日本プロサッカーリーグ，NTT出版〔発売〕　2003.4　236p　21cm　953円　Ⓘ4-7571-8134-5　Ⓝ783.47

⦅目次⦆巻頭言『2003Jリーグの取り組み』，チェアマンインタビュー『次の10年に向け，新しいスタートを切ったJリーグ』，Jリーグプレイバック2002,2003Jリーグ公式戦スケジュール・開催概要，Jリーグクラブマップ，ようこそ!Jのスタジアムへ，東アジア最強クラブ決定戦『A3 MAZDAチャンピオンズカップ2003』解説，新生『AFCチャンピオンズリーグ』解説，J1（16クラブ）紹介，toto『予想を楽しみながらスポーツ文化に貢献』〔ほか〕

J.LEAGUE OFFICIAL FANS' GUIDE 2004
日本プロサッカーリーグ（Jリーグ）編　日本プロサッカーリーグ，コナミメディアエンタテインメント〔発売〕　2004.4　236p　21cm　952円　Ⓘ4-86155-802-6　Ⓝ783.47

⦅目次⦆スタジアムカラーグラフ，鈴木昌チェアマンインタビュー，Jリーグプレイバック2003,2004Jリーグ公式戦スケジュール・開催概要，Jリーグクラブマップ，A3 NISSAN チャンピオンズカップ2004,AFCチャンピオンズリーグ2004,J1（16クラブ）紹介，J2（12クラブ）紹介，全28クラブビジュアル紹介〔ほか〕

⦅内容⦆2004J1，J2全選手写真名鑑＆スタジアムアクセスガイド，チケットガイド。

J.LEAGUE OFFICIAL FANS' GUIDE 2005
日本プロサッカーリーグ，コナミメディアエンタテインメント〔発売〕　2005.4　269p　21cm　1429円　Ⓘ4-86155-805-0　Ⓝ783.47

⦅目次⦆スタジアムカラーグラフ，鈴木昌チェアマンインタビュー，Jリーグプレイバック2004,2005Jリーグ公式戦スケジュール・開催概要，Jリーグクラブマップ，A3 NISSANチャンピオンズカップ2005,AFCチャンピオンズリーグ2005,J1（18クラブ）紹介，J2（12クラブ）紹介，全30クラブビジュアル紹介，スタジアム・アクセス（＆，アンド）マップ，J1ホームスタジアム，その他のホームスタジアム，J2ホームスタジアム，その他のスタジアム，Jリーグ担当審判員一覧，J1・J2リーグ戦 戦績表・対戦表

J・リーグオフィシャルファンズガイド 2006
日本プロサッカーリーグ（Jリーグ）広報部監修　日本プロサッカーリーグ，コナミ〔発売〕　2006.3　268p　21cm　1429円　Ⓘ4-86155-811-5　Ⓝ783.47

⦅目次⦆スタジアムカラーグラフ，インタビュー：Jリーグチェアマン鈴木昌＆ジーコ監督，Jリーグプレイバック2005,2006Jリーグ公式戦スケジュール・開催概要，ヤマザキナビスコカップ，Jリーグクラブマップ，AFCチャンピオンズリーグ2006,FIFAクラブワールドチャンピオンシップトヨタカップジャパン2006,J1（18クラブ）紹介，J2（13クラブ）紹介〔ほか〕

J.LEAGUE OFFICIAL FANS' GUIDE 2007
日本プロサッカーリーグ（Jリーグ）監修　日本プロサッカーリーグ，コナミデジタルエンタテインメント〔発売〕　2007.4　287p　21cm　1429円　Ⓘ978-4-86155-839-9　Ⓝ783.47

⦅目次⦆スタジアムカラーグラフ，チェアマンインタビュー，Jリーグプレイバック2006,2007Jリーグ公式戦スケジュール・開催概要，Jリーグクラブマップ，AFCチャンピオンズリーグ2007,A3チャンピオンズカップ，15周年記念コラム，レフェリーによるワンランクアップ観戦術，J1（18クラブ）紹介〔ほか〕

Jリーグ観戦ガイドブック 10倍たのしめる
後藤健生著　ロングセラーズ　1993.5　213p　18cm　（ムックセレクト 441）　850円　Ⓘ4-8454-0398-6　Ⓝ783.47

⦅目次⦆Jリーグとは何だ!，10倍たのしめる観戦ガイド，戦力分析・見所徹底解明，チーム別DATABOOK，スタジアム全ガイド

⦅内容⦆Jリーグの観戦のための各種データ・記事を収録したガイドブック。収録内容は，誰も言わなかった観戦テクニック，各チームの戦力分析と見所，選手・監督・ファンクラブ等のデー

タ，全スタジアムへのアクセス・席割り等のデータなど．

J.League Kanzen Databook 2002
カンゼン　2002.3　627p　21×14cm　2500円　Ⓣ4-901782-00-2　Ⓝ783.47

〔目次〕W杯特別企画：データから見る日本代表，Jリーグランキング，J1・J2全チームデータ（全チームデータの構成内容，J1（2001年時），J2（2001年時）），J1・J2全リーグ戦データ

〔内容〕Jリーグのチームデータガイドブック．J1・J2全28チームについて，チーム概要と，監督・コーチ及び2002年シーズン選手のデータを一覧表にまとめ，2002年2月19日時点の移籍新加入選手も紹介．2001年時の全チームのデータを，5角形戦力分析やフォーメーション分析等で多角的に表示し，2001年の全リーグ戦記録もまとめている．巻頭特集では，2002年ワールドカップ日本代表選手のデータを紹介している．

SYDNEY2000サッカー五輪代表　サポートガイドブック　U-23サポーターズ編
東邦出版社　2000.8　127p　26×15cm　1333円　Ⓣ4-8094-0208-8　Ⓝ783.47

〔目次〕夢を再び!中田に賭けろ!，ひと目でわかるシドニー五輪サッカーガイド，TV中継を10倍おもしろくする名物解説者のツボ，世界を摑め，ヤングジャパン，シドニー五輪アジア予選日本五輪代表の軌跡，シドニーを沸かす参加国，五輪サッカーを彩るプレイヤーたち，五輪代表と呼ばれる前ユースの星1997～1999，グループリーグの展望と見どころ，歴代日本五輪代表本大会完全データ

〔内容〕シドニー五輪サッカーのガイドブック．アジア予選の日本代表の戦歴，シドニー五輪参加国の戦力，地区予選結果，試合開催予定日などのデータを掲載．ほかにも歴代の日本五輪代表の大会データなどを掲載する．

DECADE 柏レイソル10年史 KASHIWA Reysol Official History 1995-2004
文化工房，星雲社〔発売〕　2004.2　195p　28×21cm　2000円　Ⓣ4-434-04119-3　Ⓝ783.47

〔目次〕第1章 History，第2章 People，第3章 Verification，第4章 Hometown，第5章 Next，第6章 Directory，第7章 Data

〔内容〕栄光と挫折，歓喜と悲嘆，感動と落胆，勝利と敗北―．すべてが詰まった柏レイソル10年の集大成．

命中!toto必勝ハンドブック　プラネット出版
2001.3　87p　19cm　380円　Ⓣ4-939110-13-3　Ⓝ783.47

〔目次〕J1チーム（コンサドーレ札幌，鹿島アントラーズ，浦和レッドダイヤモンズ ほか），J2チーム（ベガルタ仙台，モンテディオ山形，水戸ホーリーホック ほか），J1／J2各ホームスタジアム所在地，占い犬フーチくんがアナタの生れ月でツキを占う，セルフデータベース

〔内容〕toto的中のための情報・データ満載!Jリーグ全28チーム（J1・J2）戦力徹底分析．チーム別過去の戦績データ徹底分析．対戦チーム別相性徹底分析．

Yokohama F・Marinos official handbook 2009
横浜マリノス株式会社編　（横浜）横浜マリノス，神奈川新聞社（発売）　2009.3　97p　24cm　〈本文は日本語〉　1238円　Ⓣ978-4-87645-437-2　Ⓝ783.47

〔目次〕2009選手名鑑，2009トップチーム・スタッフ，マリノスタウン紹介，ホームタウン活動紹介，インフォメーション，オフィシャルショップガイド，トリコロールメンバーズ，チケットインフォメーション，ごあいさつ，2009シーズン展望・試合日程〔ほか〕

横浜F・マリノス オフィシャルハンドブック 2003
（横浜）神奈川新聞社　2003.3　82p　24×17cm　1143円　Ⓣ4-87645-326-8　Ⓝ783.47

〔目次〕巻頭言，メッセージ，2003チーム・コンセプト，強化方針，選手・スタッフ名鑑／2003スポンサー一覧，シーズン展望，チケットインフォメーション，2003Jリーグ日程，クラブプロフィール，下部組織選手＆スタッフ，ふれあいサッカー・プロジェクト『クラブが手がける世界規格の野望』〔ほか〕

横浜F・マリノス パーフェクトデータブック 2002
新紀元社　2003.4　239p　21cm　1700円　Ⓣ4-7753-0140-3　Ⓝ783.47

〔目次〕2002年1stステージ試合データ（浦和レッドダイヤモンズ，名古屋グランパスエイト，FC東京 ほか），2002年2ndステージ試合データ（ガンバ大阪，サンフレッチェ広島，ベガルタ仙台 ほか），横浜F・マリノス選手データ（榎本達也，佐藤浩，榎本哲也 ほか），2002年シーズン総合データ表

〔内容〕2002年シリーズは年間総合2位の横浜F・マリノス．1stステージでは第13節まで無敗の記録を作り，名門復活ぶりをアピールした．しかし，2ndステージは低迷，さらにラザロニ監督

の解任。下条新体制になりチームは息を吹き返す。無敗記録、低迷、復活と波乱万丈の2002シリーズの横浜F・マリノスを徹底分析する。

RED DIAMONDS OFFICIAL HANDBOOK 1994 （浦和）三菱自動車フットボールクラブ，南雲堂〔発売〕 1994.5 193p 21cm 1000円 ①4-523-31036-X Ⓝ783.47

(目次)94年Jリーグサントリーシリーズ日程，横山謙三監督インタビュー，選手リスト，全選手プロフィール，監督プロフィール，93年のレッズを振り返る，サポーター'93,1993年全試合出場選手リスト，浦和レッズの歴史，オーストラリア遠征1994〔ほか〕

<年鑑・白書>

赤菱のイレブンオフィシャルイヤーブック 2007 古沢優著 ゴマブックス 2008.2 127p 21cm 1000円 ①978-4-7771-0853-4 Ⓝ783.47

(内容)2007シーズン「赤菱」の激闘を完全掲載。

赤菱のイレブンオフィシャルイヤーブック 2008-09 古沢優著 アスペクト 2009.7 125p 21cm 〈2007の出版者：ゴマブックス〉 1000円 ①978-4-7572-1684-6 Ⓝ783.47

(目次)赤菱の激闘全記録1 J League Division1，架空インタビュー 熱烈サポに惜しまれつつ引退 内舘（ウッチー）に聞く!，赤菱の激闘全記録2 ヤマザキナビスコカップ，赤菱の激闘全記録3 AFCチャンピオンズリーグ2008，赤菱の激闘全記録4 第88回天皇杯全日本サッカー選手権大会，これが定番 あるあるサポー隊モリッチが行く，赤菱的今シーズン注目のポイント!浦和2009，赤菱のイレブン選手名鑑2008

(内容)「赤菱」たちの2008年の苦闘の記録を完全収録。期待の2009年の展望もあわせて掲載。

赤菱のイレブンオフィシャルイヤーブック 2009-10 古沢優著 アスペクト 2010.3 126p 21cm 1000円 ①978-4-7572-1773-7 Ⓝ783.47

(目次)赤菱の激闘全記録1 J League Division1，架空インタビュー 埼玉が生んだスター!浦和の生え抜き 山岸選手，堀之内選手に聞く，赤菱の激闘全記録2 ヤマザキナビスコカップ，赤菱の激闘全記録3 第89回天皇杯全日本サッカー選手権大会，赤菱的今シーズン注目のポイント!浦和2010，赤菱のイレブン 選手名鑑2009，悲願!なでしこリーグ制覇 浦和レッズレディース2009，赤菱のイレブン レディース選手名鑑2009

(内容)「赤菱のイレブン」イヤーブック100倍パワーアップして登場!悪戦苦闘の2009年シーズンを回顧、復活期待の2010年シーズンの展望も収録。さらに'09なでしこ制覇のレディースの名鑑付き。

赤菱のイレブンオフィシャルイヤーブック 2010-11 古沢優著 アスペクト 2011.3 111p 21cm 1048円 ①978-4-7572-1907-6 Ⓝ783.47

(目次)赤菱の激闘全記録 J League Division1—第1節・鹿島アントラーズ戦から第34節・ヴィッセル神戸戦まで全34戦収録，赤菱の激闘全記録ナビスコカップ&天皇杯（ヤマザキナビスコカップ—第1節・ジュビロ磐田戦から第7節・横浜F・マリノス戦まで全6戦収録，天皇杯—2回戦・東京国際大学戦から準々決勝・ガンバ大阪戦まで全4戦収録），赤菱的今シーズン注目のポイント!浦和2011（ペトロヴィッチ新監督就任，大型補強でV奪回!!，惜しまれつつ退団した選手達），赤菱のイレブン選手名鑑2010

(内容)ポンテ、細貝、阿部、都築…愛すべき名選手たちの勇姿を忘れない!苦戦の連続だった2010シーズンを回顧。ペトロヴィッチ新監督、新10番マルシオは苦境のチームを救うか?チームが一新した2011シーズンの見所も掲載。

浦和レッズ 2006年全記録 （さいたま）埼玉新聞社 2006.12 113p 30cm （速報グラフ・Saitama Graphic Vol.7） 952円 ①4-87889-283-8 Ⓝ783.47

(目次)特集—悲願のリーグ初制覇，特集—天皇杯V，充実した戦力，豊富な経験，熟成したチーム。ナビスコ杯を振り返る，さいたまダービーを振り返る，今季を振り返る，2006シーズンのレッズサポーター，2006年全選手出場記録

浦和レッズ・オフィシャル・イヤーブック 1995 アストロ教育システム 1996.2 112p 30cm 2800円 ①4-7555-0861-4 Ⓝ783.47

(内容)福田正博得点王への道、ブッフバルト、レッズ残留決意までを本人が語る。オジェック新監督が95年を総括／新戦術の分析。「レッズとサポーターの95年」を考えるetc.95年の浦和レッズのすべてがわかる特集。

浦和レッズ・オフィシャル・イヤーブック 1996 浦和レッドダイヤモンズ監修 あすとろ出版 1997.2 104p 30cm 2800円

ⓘ4-7555-0863-0　Ⓝ783.47

(目次)LIEBE REDS―ホルガー・オジェック，THE LEADER―岡野雅行，THE COLOSSUS―ギド・ブッフバルト，A FRUSTRATED SEASON―福田正博，THE BRAVE HEART―田北雄気，THE FIGHTING MUSCLE―バジール・ボリ，A GIFTED MAN―山田暢久，NEVER ENDING DREAM，1996年Jリーグ，1996年ナビスコ杯〔ほか〕

(内容)96年のレッズのすべてがここに。オジェック監督の浦和での2年間。岡野、ギド、福田、田北、ボリ、山田の96年。写真が語るドラマの数々、公式試合全記録をはじめ充実のデータ。

浦和レッズ・オフィシャル・イヤーブック 1997
浦和レッドダイヤモンズ監修　あすとろ出版　1998.2　1冊　30cm　2800円
ⓘ4-7555-0865-7　Ⓝ783.47

(目次)YEAR FOR STEPPING・UP／変革の年，ホルスト・ケッペル，福田正博，土田尚史，アイトール・ベギリスタイン，アルフレッド・ネイハイス，岡野雅行，THE FUTURE，TRIAL & ERROR／1997年Jリーグ，THE PROFESSIONALS〔ほか〕

(内容)「リアクション・サッカー」から「アクション・サッカー」への変革のため、優勝に値するチームへと脱皮するために、最後までもがき苦しんだ1997シーズン。けれども、新しい光は射しこんでいる。かならず、「殻を破る」ときが来る。その「とき」に、この苦闘の記録を捧げる。

浦和レッズ・オフィシャル・イヤーブック 1998
浦和レッドダイヤモンズ監修　アストロ教育システムあすとろ出版部　1999.2　1冊　30cm　3000円　ⓘ4-7555-0868-1　Ⓝ783.47

(目次)Progress（Jリーグ1stステージ，Red Warriors，ナビスコカップ，Jリーグ2ndステージ），タイトルへの布石（'98戦術分析），敗戦のたびにためてきたパワー，1998：Data&Record（Jリーグ試合記録・戦評・出場記録，ナビスコカップ試合記録・戦評・出場記録，天皇杯試合記録・戦評・出場記録，浦和レッズ・在籍選手記録，浦和レッズ・ダイアリー），We Love Reds，We Hate Red!／天皇杯，The Heart・Full Wonderland

(内容)原博実が監督としての1年目を振り返る。選手手記も満載。

浦和レッズ・オフィシャル・イヤーブック 1999
浦和レッドダイヤモンズ監修　あすとろ出版　2000.2　103p　30cm　3000円

ⓘ4-7555-0870-3　Ⓝ783.47

(目次)愛するレッズへ，4つの「決勝戦」，「あきらめない」ということ，SEASON 1999（Jリーグ1stステージ，Jリーグ2ndステージ，ナビスコカップ），RED WARRIORS（小野伸二，田北雄気，中村忠 ほか），1999シーズンの戦い方，1999 DATA&RECORD（Jリーグ記録，ナビスコカップ記録，天皇杯記録 ほか），天皇杯，心をひとつに

浦和レッズ・オフィシャル・イヤーブック 2000
浦和レッドダイヤモンズ監修　あすとろ出版　2001.2　101p　30cm　3000円
ⓘ4-7555-0872-X　Ⓝ783.47

(目次)REDS 2000（2つの「Vゴール」のあいだに，何かを変えなければならなかった，何かを変えなければならなかった，ナビスコカップ），RED WARRIORS（小野伸二，山田暢久，岡野雅行，阿部敏之，室井市衛，ペトロヴィッチ，広瀬治，土田尚史，田北雄気，2000シーズンの戦い，こんなはずじゃ，天皇杯），2000 DATA & RECORD（Jリーグ試合記録・戦評，ナビスコカップ試合記録・戦評，天皇杯試合記録・戦評，天皇杯試合記録，浦和レッズ・在籍選手記録，浦和レッズ・ダイアリー2000），WALK ON TOGETHER

(内容)J2は甘くない。一人ひとりが骨身にしみたシーズンだった。もう二度ともどらない。一人ひとりが心に刻み込んだ11月19日だった。最初で最後のディビジョン2でのYEARBOOK。北へ西へと休みなく転戦した、長い、40試合の記録。

浦和レッズ・オフィシャル・イヤーブック 2001
浦和レッドダイヤモンズ監修　あすとろ出版　2002.2　103p　31×22cm　3000円　ⓘ4-7555-0874-6　Ⓝ783.47

(目次)The Nes Wonderland，Season 2001，Red Warriors，2001 Data & Records，The Reds Wonderland

(内容)Jリーグサッカーチーム、浦和レッズの公式データブック。浦和レッズの2001年のチーム体制や監督・プレイヤーの動向、戦績等をグラビアとともに紹介している。山田暢久、永井雄一郎、石井俊也などトッププレイヤー9名についてそれぞれ見開き2ページで紹介。Jリーグ、ナビスコカップ、天皇杯等の2001年全戦績及び戦評、在籍選手記録も付す。

浦和レッズ・オフィシャル・イヤーブック 2002
浦和レッドダイヤモンズ監修　あすとろ出版　2003.1　117p　31×22cm　3000

円　①4-7555-0876-2　Ⓝ783.47

⦅目次⦆Masahiro Fukuda TRIBUTE,A YEAR OF GREAT ADVENTURE，オフト監督，RED WARRIORS,2002シーズンの戦い，「待つ」ことも応援の形，THE EMPEROR'S CUP,J‐LEAGUE AWARDS,2002 DATA&RECORDS,REDS WONDERLAND

浦和レッズ・オフィシャル・イヤーブック 2003　浦和レッドダイヤモンズ監修　あすとろ出版　2004.2　128p　31×22cm　3143円　①4-7555-0878-9　Ⓝ783.47

⦅目次⦆4つのゴールが「壁」を破った：ナビスコカップ，「6+6＝6」：Jリーグ，赤い戦士たち，チームは大きく成長した（ハンス・オフト），動き始めたボール：オフト監督の2年間，WE ARE REDSの精神，天皇杯，福田正博引退試合，井原正巳引退試合，さいたまシティカップ，Jリーグアウォーズ，記録，レッズワンダーランド

浦和レッズ・オフィシャル・イヤーブック 2004　浦和レッドダイヤモンズ監修　アストロ教育システムあすとろ出版部　2005.1　136p　31×22cm　3333円　①4-7555-0880-0　Ⓝ783.47

⦅目次⦆ブッフバルト監督手記，山田暢久キャプテン手記，貫きとおしたレッズスタイル：Championship2004，この優勝をスタートに，凛凛と攻める―レッズスタイル完成：Season2004，攻撃的サッカーの舞台裏，6万人のWe are REDS!，Jリーグアウォーズ，Red Warriors，仲間たちへ〔ほか〕

⦅内容⦆美しく凛凛と、つらぬきとおした攻撃サッカー、これが、浦和スタイル!今季最高はわれらREDS、その最高の瞬間のひとこまひとこま。

浦和レッズ・オフィシャル・イヤーブック 2005　浦和レッドダイヤモンズ，あすとろ出版〔発売〕　2006.1　1冊　31×21cm　3238円　①4-7555-0883-5　Ⓝ783.47

⦅目次⦆13年目の夢、25年ぶりのカップ―THE EMPEROR'S CUP,Runners‐upへの長い道―J.LEAGUE 2005，困難を乗り越えたチームの力―ブッフバルト監督手記，RED WARRIORS 1―選手手記，閉ざされた「4年連続」の夢―NABISCO CUP 2005，国際親善試合―INTERNATIONAL FRIENDLIES,RED WARRIORS 2―赤き戦士たちの活躍，勝った満足度と、勝たせた満足度，浦和レッズ新世紀へのスタート，レッズワンダーランド

⦅内容⦆長かったシーズン、困難を乗り越えて粘り強く戦いながら勝ち点差1で逃したチャンピオンシップ。その軌跡をたどり、直後に書かれたブッフバルト監督と選手たちの手記を読むと、天皇杯優勝への道筋が見えてくる。一方クラブは新しいファミリーも増え、さらなる発展の時期を迎えようとしている。ますます身近にますますアクティブになっていくクラブのさまざまな取り組みを特集。大原クラブハウスの初公開インサイドリポートも必見。

浦和レッズ・オフィシャル・イヤーブック 2006　浦和レッズダイヤモンズ，あすとろ出版〔発売〕　2007.2　119,31p　31×22cm　3333円　①978-4-7555-0885-1　Ⓝ783.47

⦅目次⦆みんなの力でつかんだ栄光―J.LEAGUE，喜びを分かち合う日―PARADE，優勝は全員の努力のたまもの―ブッフバルト監督手記，実りの「ギド時代」，J.LEAGUE AWARDS,RED WARRIORS選手手記，RED WARRIORS選手の活躍，ホーム無敗を成し遂げた応援の力―SUPPORTERS，「タイトル」からのスタート―XEROX SUPER CUP，「アウェーゴール」に散る―THE NABISCO CUP,PARTNERSHIP／CAMP／FAMILY,REDS WONDERLAND，「有終」の2冠―THE EMPEROR'S CUP，記録―DATA&RECORDS

⦅内容⦆フレームからはじける強烈なインパクトと美しさ。オフィシャルならではの素晴らしい写真でつづるレッズの栄光。そして、監督ギドと12人の選手たちが語る闘いの軌跡。

浦和レッズ・オフィシャル・イヤーブック 2007　浦和レッドダイヤモンズ，あすとろ出版〔発売〕　2008.2　120,32p　30cm　〈付属資料：ステッカー1，紙吹雪1〉　3429円　①978-4-7555-0887-5　Ⓝ783.47

⦅目次⦆世界のひのき舞台へ―FIFA CLUB WORLD CUP JAPAN 2007，アジアの頂点―AFC CHAMPIONS LEAGUE 2007,GREAT CHALLENGE―オジェック監督手記，連覇ならず―2007 J.LEAGUE DIVISION ONE，YAMAZAKI NABISCO CUP 2007,THE 87th EMPEROR'S CUP,XEROX SUPER CUP 2007,A3 CHAMPIONS CUP 2007,SAITAMA CITY CUP 2007,BULL'S CUP 2007〔ほか〕

浦和レッズ・オフィシャル・イヤーブック 2008　（さいたま）浦和レッドダイヤモンズ，あすとろ出版（発売）　2009.2　88,31p　30cm　3143円　①978-4-7555-0889-9　Ⓝ783.47

⦅目次⦆2008 J.LEAGUE DIVISION ONE，エンゲルス監督手記，AFC CHAMPIONS LEAGUE

サッカー　　　　　　　　　　　　競技スポーツ

2008, YAMAZAKI NABISCO CUP 2008, THE 88th EMPEROR'S CUP, 藤口光紀代表手記, 中村修三強化本部長手記, RED WARRIORS, 岡野雅行・内舘秀樹手記, SUPPORTERS, REDS FAMILY, REDS WONDERLAND, DATA & RECORDS…記録

⦿内容　もう一度高く跳ぶために足もとを見つめなおすとき開幕2戦での監督交代, ユース選手の躍動がありながら未勝利に終わったナビスコカップ, 連覇の夢をかけて戦いながらもかなわなかったACL, 終盤まで優勝争いにからみながら1ー6の大敗で幕を閉じたリーグ…衝撃と落胆の連続だった2008シーズン。タイトルをとることの難しさ, 1勝することのたいへんさを知り, 心をひとつにして同じ目標に向かうことの難しさも知ったシーズンだった。この1年を意義あるものとするために, しっかりと検証する。

浦和レッズ・オフィシャル・イヤーブック 2009　（浦和）浦和レッドダイヤモンズ, あすとろ出版〔発売〕　2010.2　119p　30cm　3143円　①978-4-7555-0895-0　Ⓝ783.47

⦿目次　2009 J. LEAGUE DIVISION ONE—新たなる挑戦, YAMAZAKI NABISCO CUP 2009—若者たちの躍動, VOLKER FINKE—フィンケ監督手記, RED WARRIORS—選手手記, RED WARRIORS—選手の活躍, SUPPORTERS 2009—学び, 成長しているサポーター, URAWA REDS LADIES—赤き花咲く, DATA&RECORD 2009—戦績・記録, REDS WONDERLAND

浦和レッズ・オフィシャル・イヤーブック 2010　浦和レッドダイヤモンズ監修　あすとろ出版　2011.2　96p　30cm　2857円　①978-4-7555-0898-1　Ⓝ783.47

⦿目次　ROBSON PONTE「10番」が泣いた日, 2010 J.LEAGUE DIVISION ONE—「10位」の向こうに見えるもの, RED WARRIORS選手手記, RED WARRIORS選手の活躍, YAMAZAKI NABISCO CUPナビスコカップ, THE EMPEROR'S CUP天皇杯, VOLKER FINKE監督手記, SUPPORTERS同じ夢をいだくために, REDS LADIES連覇ならず, DATA&RECORDS戦績・記録, REDS WONDERLAND

鹿島アントラーズイヤーブック 2002　鹿島アントラーズエフ・シー, ベースボールマガジン社〔発売〕　2002.3　111,20p　30cm　952円　①4-583-03686-8　Ⓝ783.47

⦿目次　アントラーズの「10番」その栄光の系譜を受け継ぎし戦士／本山雅志, 2トップのニューリーダーがアントラーズの"進化"を担う／鈴木隆行×柳沢敦, 変革の1年—キーとなる3人の"進化"／小笠原満男×中田浩二×曽ヶ端準, トニーニョ・セレーゾ監督 2002シーズンの所信表明, Play back 2001 秋田豊が語る2001年シーズン, ジーコサッカーキャンプ&ブラジル日本友好カップ, 選手をサポートするエキスパート「コーチ&スタッフ」, Antlersism—世界のクラブへ：選手たちの進化, President interview—2002年アントラーズの目指すもの／牛島洋, Soccer school〔ほか〕

⦿内容　鹿島アントラーズの記録と資料をまとめた年鑑。ファンクラブ会員32459名の名簿一覧などを掲載。

鹿島アントラーズイヤーブック 2003　鹿島アントラーズエフ・シー, ベースボール・マガジン社〔発売〕　2003.3　125,30p　30×21cm　〈「月刊アントラーズフリークス」臨時増刊〉　952円　①4-583-03740-6　Ⓝ783.47

⦿目次　OVER'03 TALK（2003アントラーズの指標／牛島洋社長&トニーニョ・セレーゾ監督, 未年男5戦士見参!／中田浩二／小笠原満男／本山雅志／曽ヶ端準／石川竜也, ROAD TO ATHENS／羽田憲司×野沢拓也×青木剛）, PLAY BACK 2002—本田泰人が語る2002年シーズン, 2003それぞれのOVER宣言, 選手をサポートするエキスパート「コーチ&スタッフ」, 2003年登録アントラーズ全選手PROFILE, スタジアム&クラブハウスアクセスガイド, SOCCER SCHOOL, RESULT,DATA FILE, アントラーズホームタウンは魅力がいっぱい!〔ほか〕

KASHIMA ANTLERS YEAR BOOK 2004　鹿島アントラーズエフ・シー, ベースボール・マガジン社〔発売〕　2004.3　130,24p　30cm　〈「月刊アントラーズフリークス」臨時増刊〉　952円　①4-583-03790-2　Ⓝ783.47

⦿目次　牛島洋社長&トニーニョ・セレーゾ監督, 2004 RE-BORN THE ANTLERS 新井場徹×小笠原満男×本山雅志, 外国籍選手 ファビオ・ジュニオール×フェルナンド, PLAY BACK 曽ヶ端準が語る2003シーズン, NEW COMER対談, 2004年アントラーズ登録全選手PROFILE, 「奪冠10」をもたらすコーチ&スタッフ, NEXT TALK 1 中島裕希×深井正樹, ディフェンスリーダーが語る 大岩剛〔ほか〕

鹿島アントラーズイヤーブック 2005　鹿島アントラーズエフ・シー, ベースボール・マガジン社〔発売〕　2005.3　130,24p

30cm 952円 ①4-583-03842-9 Ⓝ783.47

〔目次〕アントラーズ戦士たちの反撃宣言，牛島洋社長＆トニーニョ・セレーゾ監督，Determination2005 小笠原満男，新井場徹が語る2005シーズンの勝負どころ，Determination2005 鈴木隆行，2005 PLAYER'S FILE,NEW COMER 田代有三×中後雅喜×興梠慎三，2005年アントラーズ登録全選手，コーチ＆スタッフ，アントラーズ魂の継承者たち 本田泰人×本山雅志×増ケ端準〔ほか〕

KASHIMA ANTLERS YEAR BOOK 2006 鹿島アントラーズエフ・シー，ベースボール・マガジン社〔発売〕 2006.3 136p 30cm 〔「月刊アントラーズフリークス」臨時増刊〕 952円 ①4-583-03887-9 Ⓝ783.47

〔目次〕MESSAGE 牛島洋社長，勝利への哲学 パウロ・アウトゥオリ監督，2006年の見どころ 本山雅志／小笠原満男，3年目の決意—新井場徹×岩政大樹×増田誓志，最強のコラボレーション／GOLDEN STADIUMへの挑戦 カシマサッカースタジアム＆鹿島アントラーズFC,2006 PLAYER'S FILE,2006 NEW COMER—内田篤人×大道広幸×佐々木竜太，2006年アントラーズ登録選手，コーチ＆スタッフ，鹿島アントラーズの百年構想，2006年は勝負の年—本田泰人×野沢拓也〔ほか〕

KASHIMA ANTLERS YEAR BOOK 2007 鹿島アントラーズエフ・シー，ベースボール・マガジン社〔発売〕 2007.3 138p 30cm 952円 ①978-4-583-10014-2 Ⓝ783.47

〔目次〕MESSAGE 大東和美社長，VISION OF THE ANTLERS 2007 新生アントラーズ、かく戦う，王者復活への決意表明 オズワルドオリヴェイラ監督，2007年鹿島アントラーズ登録選手，2007 PLAYER'S FILE,2007 KeyPlayer×5 TALK 野沢拓也×田代有三×中後雅喜×内田篤人×増田誓志，新外国籍3選手の魂 ファボン×ダニーロ×マルキーニョス，2007 Rookies TALK 石神直哉×船山祐二×當間建文×遠藤康×小谷野顕治，コーチ＆スタッフ，アントラーズ魂の継承者たちへ〔ほか〕

KASHIMA ANTLERS YEAR BOOK 2008 鹿島アントラーズエフ・シー，ベースボール・マガジン社〔発売〕 2008.3 98,41p 30cm 952円 ①978-4-583-10092-0 Ⓝ783.47

〔目次〕11 Glorys SPECIAL TALK 01 本田泰人＆長谷川祥之，鹿島アントラーズ11冠の軌跡 1996年，11冠を築き上げた男たち 秋田豊，11冠を築き上げた男たち 相馬直樹，鹿島アントラーズ11冠の軌跡 1997年，PARABENS!Message from THE WORLD,11冠を築き上げた男たち 柳沢敦，鹿島アントラーズ11冠の軌跡 1998年，11冠を築き上げた男たち 熊谷浩二，11冠を築き上げた男たち 名良橋晃，アントラーズ担当記者が語る2007年優勝の裏側，鹿島アントラーズ11冠の軌跡2000年，11 Glorys SPECIAL TALK02 石井正忠＆奥野僚右，鹿島アントラーズ11冠の軌跡2001年，11 Glorys SPECIAL TALK03 曽ケ端準＆野沢拓也，鹿島アントラーズ11冠の軌跡2002年，11 Glorys SPECIAL TALK04 大岩剛＆新井場徹，鹿島アントラーズ11冠の軌跡2007年，キーワードで振り返るアントラーズヒストリー KASHIMA ANTLERS A to Z

鹿島アントラーズイヤーブック 2009 鹿島アントラーズエフ・シー，ベースボール・マガジン社〔発売〕 2009.3 138p 30cm 952円 ①978-4-583-10166-8 Ⓝ783.47

〔目次〕2009ANTLERS VISION,2009アントラーズかく戦う，2009アントラーズ選手名鑑，オズワルドオリヴェイラ監督，2009アントラーズスタッフ紹介，ANTLERS PERFECT CALENDAR2009,2009PLAYER'S FILE,2009NEW COMER'S TALK,SUGGESTION from LEGEND PLAYERS,at the CROSSROADS—1998年組の岐路〔ほか〕

KASHIMA ANTLERS YEAR BOOK 2010 (鹿島)鹿島アントラーズ・エフ・シー，ベースボール・マガジン社〔発売〕 2010.3 138p 30cm 952円 ①978-4-583-10254-2 Ⓝ783.47

〔目次〕新たな挑戦に向かって、力を合わせて戦いましょう（代表取締役社長・大東和美），鈴木満取締役強化部長に聞く2010アントラーズ「新化」の基本構想，2010アントラーズ選手名鑑，2010 SPECIAL INTERVIEW 01 オズワルド・オリヴェイラ監督，2010アントラーズスタッフ紹介，2010 SPECIAL INTERVIEW 02／03（小笠原満男，内田篤人），2010ナイキ新ユニフォーム，アントラーズスケジュールカレンダー2010，特別LEGENDメッセージ レオナルド（ACミラン監督），2010 ANTLERS PLAYERS FILE〔ほか〕

鹿島アントラーズイヤーブック 2011 (鹿嶋)鹿島アントラーズエフ・シー，ベースボール・マガジン社〔発売〕 2011.3 138p 30cm 952円 ①978-4-583-10355-6 Ⓝ783.47

〔目次〕代表取締役社長・井畑滋ごあいさつ，鈴

サッカー　　　　　　　　　　競技スポーツ

木満常務取締役強化部長に聞く2011年チームの構想と将来展望，2011アントラーズ選手名鑑，5年目の挑戦オズワルド・オリヴェイラ監督，2011アントラーズスタッフ名鑑，鹿島アントラーズ創立20周年記念歴代監督からのメッセージ，ファーストクラスの宴へようこそ!Invitation from The Golden Age,2011 NIKE新ユニフォーム，ANTLERS CALENDAR 2011,2011 ANTLERS PLAYERS FILE〔ほか〕

KASHIMA ANTLERS YEAR BOOK 2012　（鹿島）鹿島アントラーズ エフ・シー，ベースボール・マガジン社〔発売〕　2012.3　138p　30cm　952円　Ⓘ978-4-583-10460-7　Ⓝ783.47

(目次)2012アントラーズ選手名鑑，ANTLERS CALENDAR 2012,LEGEND No.2 TALK ジョルジーニョ監督×名良橋晃氏，2012スタッフ名鑑，東日本大震災鹿島アントラーズの戦い，2012 ANTLERS PLAYERS FILE,NEW SIGNING，2012 NIKE NEW UNIFORM,GET OVER!スペシャル座談会 興梠慎三×増田誓志×西大伍，2011シーズンPLAYBACK〔ほか〕

鹿島アントラーズ パーフェクトデータブック 2002 Jリーグ全30試合徹底分析　ユーコーポレーション編　新紀元社　2003.4　239p　21cm　1700円　Ⓘ4-7753-0141-1　Ⓝ783.47

(目次)2002年第1stステージ試合データ（FC東京，清水エスパルス，ジェフユナイテッド市原ほか），2002年2ndステージ試合データ（ベガルタ仙台，ジュビロ磐田，東京ヴェルディ1969 ほか），鹿島アントラーズ選手データ（GK,DF,MFほか），2002年シーズン総合データ表

(内容)常に高い理想を掲げ，Jリーグを代表するチームとして君臨してきた鹿島アントラーズ。2002年シーズンはタイトルこそ逃したものの，ナビスコカップ優勝，天皇杯準優勝と改めて鹿島アントラーズの強さを証明できた。まさにチームにとって，激動のシーズンであった2002年を振り返りながら，進化の過程を徹底分析をする。

柏レイソル公式イヤーブック 2003　講談社　2003.3　87p　30cm　（講談社mook）　1000円　Ⓘ4-06-179391-8　Ⓝ783.47

柏レイソル公式イヤーブック 2005　文化工房　2005.3　79p　30cm　〈他言語標題：Kashiwa Reysol official yearbook　東京 星雲社（発売）〉　952円　Ⓘ4-434-05919-X　Ⓝ783.47

柏レイソル公式イヤーブック 2006　文化工房，星雲社〔発売〕　2006.3　88p　30×21cm　952円　Ⓘ4-434-07488-1　Ⓝ783.47

(目次)「家族 写真」，KASHIWA REYSOL Graphic 2006,Special Interview,Team members 2006―柏レイソル2006全選手＆スタッフ名鑑，THE SONS OF SUN―若き太陽戦士たち 2005年度柏レイソルユースメンバー，Fresh Forces into the Top―柏レイソルユース，ホームスタジアムガイド，柏レイソルヒストリー，石川直樹選手がご案内!!ホームタウン柏市探訪，J2クラブガイド，柏レイソル新クラブコンセプト＆2006チーム指針，サポーターズカンファレンスダイジェスト

柏レイソル公式イヤーブック 2007　文化工房，星雲社〔発売〕　2007.3　111p　30cm　952円　Ⓘ978-4-434-10334-6　Ⓝ783.47

(目次)KASHIWA REYSOL Graphic 2007, Special Interview,Special Contents1 フィールドの外の選手たち―選手の私服大公開，Special Contents2 僕の愛車紹介します，Special Contents3 中谷選手の家庭訪問!―勇介＆エイミーの愛の巣潜入記

柏レイソル公式イヤーブック 2008　文化工房，星雲社〔発売〕　2008.3　111p　30cm　952円　Ⓘ978-4-434-11701-5　Ⓝ783.47

(目次)KASHIWA REYSOL GRAPHIC 2008，監督石崎信弘「今年は選手に決めてもらいたい」，MF太田圭輔×MF杉山浩太「オレンジとイエローの縁」，MFアレックス×MFポポ「強くなる条件」，Team members2008 柏レイソル2008全選手＆スタッフ名鑑，MF大谷秀和「信頼を裏切らない」，OFF THE PITCH1 北嶋家のとある1日，FW李忠成「もっと貪欲に，もっと進化」，DF藏川洋平「陰からの支え」，GK菅野孝憲「争いなくして成長なし」，OFF THE PITCH2 応援番組におじゃまします!―チバテレビ「ライジングレイソル」ボウリング大会編，OFF THE PITCH3 応援番組におじゃまします!―J：com「レイソルタイム」焼き肉パーティー編

柏レイソル公式イヤーブック 2009　文化工房，星雲社〔発売〕　2009.2　112p　30×21cm　952円　Ⓘ978-4-434-12910-0　Ⓝ783.47

(目次)KASHIWA REYSOL GRAPHIC 2009，PLAYERS GUIDE 2009，トップチームスタッフ一覧，監督・髙橋真一郎「すべては決断の連続」，ヘッドコーチ・井原正巳「経験は確実に生かされる」，GKコーチ・シジマール「記録を塗り替える選手を育てる」，FW10・フランサ「高

い期待は，僕の喜び」，MF15・菅沼実「貪欲にチャンスをものにする」，DF13・小林祐三「『過去の自分』と戦う」，澤昌克選手のおうちにおじゃまします!〔ほか〕

柏レイソル公式イヤーブック　2010　文化工房，星雲社（発売）　2010.3　112p　30cm　〈他言語標題：Kashiwa Reysol official yearbook〉　1143円　Ⓘ978-4-434-14186-7　Ⓝ783.47

（目次）KASHIWA REYSOL GRAPHIC 2010，PLAYERS GUIDE 2010，トップチームスタッフ一覧，MANAGER'S INTERVIEW 監督ネルシーニョ「最終節での約束を果たすために」，PLAYER'S INTERVIEW01 DF6パクドンヒョク「常に勝利を追い求めて」，PLAYER'S INTERVIEW02 FW9北嶋秀朗「新たな自分を創る」，PLAYER'S INTERVIEW03 MF28栗沢僚一「完全移籍の理由」，PLAYER'S INTERVIEW04 MF14大津祐樹「仕掛けるのが僕の持ち味」，CROSS TALK01 MF4アルセウ×MF11レアンドロ「共鳴する2人」，CROSS TALK02 FW18田中順也×DF22橋本和「飛躍の年にするために」〔ほか〕

コンサドーレ札幌オフィシャル・ガイドブック　1997　北海道フットボールクラブ監修　（札幌）北海道フットボールクラブ　1997.4　79p　30cm　〈他言語標題：Consadole sapporo official guidebook　発行所：イエローページ〉　952円　Ⓘ4-900835-02-1　Ⓝ783.47

コンサドーレ札幌オフィシャル・ガイドブック　2004　北海道フットボールクラブ監修　（札幌）北海道新聞社　2004.3　119p　29×21cm　1143円　Ⓘ4-89453-289-1　Ⓝ783.47

（目次）全力蹴球コンサドーレ札幌，柳下正明監督インタビュー，北海道フットボールクラブ社長インタビュー，Top Team Players Guide，育成普及・地域活動ガイド，チームサポートガイド，データ編

コンサドーレ札幌オフィシャル・ガイドブック　2005　北海道フットボールクラブ監修　（札幌）北海道新聞社　2005.3　119p　29×21cm　1143円　Ⓘ4-89453-327-8　Ⓝ783.47

（目次）柳下監督インタビュー──「アクション＆ムービング」で飛躍を目指す，12番目の日々，トップチームプレイヤーズガイド，育成・普及，地域活動ガイド，チームサポートガイド，スタジアムガイド，データ編

コンサドーレ札幌オフィシャル・ガイドブック　2006　北海道フットボールクラブ監修　（札幌）北海道新聞社　2006.3　123p　29×21cm　1143円　Ⓘ4-89453-362-6　Ⓝ783.47

（内容）トップチームプレイヤーズガイド、育成・普及、地域活動ガイド、チームサポートガイド、スタジアムガイド、コンサドーレ札幌公式記録データを収録。巻頭に柳下正明監督インタビュー、サポーターの声、北海道フットボールクラブ社長インタビューを収載。オールカラー写真掲載。

コンサドーレ札幌オフィシャル・ガイドブック　2007　北海道フットボールクラブ監修　（札幌）北海道新聞社　2007.3　119p　29×21cm　1143円　Ⓘ978-4-89453-400-1　Ⓝ783.47

（目次）三浦監督インタビュー 札幌は若いチーム、僕はそこに魅かれた，北海道フットボールクラブ社長インタビュー 今年はコンサドーレが北海道を元気にします，TOP TEAM PLAYERS GUIDE，BRINGING UP GUIDE,HOME TOWN ACTIVITY GUIDE,TEAM SUPPORT GUIDE，STADIUM GUIDE,OFFICIAL RECORD DATA

コンサドーレ札幌オフィシャル・ガイドブック　2008　北海道フットボールクラブ監修　（札幌）北海道新聞社　2008.3　119p　30cm　1143円　Ⓘ978-4-89453-444-5　Ⓝ783.47

（目次）PLAYERS GUIDE（中山元気，芳賀博信，曽田雄志，高木貴弘 ほか），TEAM SUPPORT GUIDE（ホームタウン活動，コンサドールズ，オフィシャルファンクラブ「doZe」，2008「doZe」プレミアムメンバー ほか），OFFICIAL RECORD DATA

コンサドーレ札幌オフィシャル・ガイドブック　2009　北海道フットボールクラブ監修　（札幌）北海道新聞社　2009.3　119p　29cm　1143円　Ⓘ978-4-89453-490-2　Ⓝ783.47

（目次）石崎信弘監督インタビュー，北海道フットボールクラブ中期経営計画2009-2011，北海道フットボールクラブ矢萩竹美社長インタビュー，トップチームプレーヤーズガイド，チームサポートガイド，スタジアムガイド，コンサドーレ札幌公式記録データ

コンサドーレ札幌オフィシャル・ガイド

ブック　2010　北海道フットボールクラブ監修，北海道新聞社編　（札幌）北海道新聞社　2010.3　1冊　29×21cm　1143円
　Ⓘ978-4-89453-536-7　Ⓝ783.47
（目次）石崎信弘監督インタビュー，北海道フットボールクラブ矢萩竹美社長インタビュー，トップチームプレーヤーズガイド（中山雅史，横野純貴，宮沢裕樹 ほか），チームサポートガイド（ホームタウン活動，コンサドールズ，オフィシャルファンクラブ「doZe」 ほか），コンサドーレ札幌公式記録データ（2009年，2008年，2007年 ほか）

コンサドーレ札幌オフィシャル・ガイドブック　2011　北海道新聞社編，北海道フットボールクラブ監修　（札幌）北海道新聞社　2011.3　119p　30cm　1143円
　Ⓘ978-4-89453-589-3　Ⓝ783.47
（目次）トップチームプレーヤーズガイド（中山雅史，高木貴弘，横野純貴，河合竜二，三上陽輔 ほか），チームサポートガイド（ホームタウン活動，コンサドールズ，オフィシャルサポーターズクラブ，クラブコンサドーレ，2011プレミアムメンバー ほか），コンサドーレ札幌公式記録データ

コンサドーレ札幌オフィシャル・ガイドブック　2012　北海道新聞社編，北海道フットボールクラブ監修　（札幌）北海道新聞社　2012.3　112p　30cm　1143円
　Ⓘ978-4-89453-638-8　Ⓝ783.47
（目次）トップチームプレーヤーズガイド（古田寛幸，宮澤裕樹，砂川誠，高木純平，イホスン ほか），チームサポートガイド（ホームタウン活動，コンサドールズ，オフィシャルサポーターズクラブ，クラブコンサドーレ，2012プレミアムメンバー ほか），コンサドーレ札幌公式記録データ

コンサドーレ札幌オフィシャル・ガイドブック　2013　北海道新聞社編著，北海道フットボールクラブ監修　（札幌）北海道新聞社　2013.2　128p　30cm　1143円
　Ⓘ978-4-89453-683-8　Ⓝ783.47
（目次）財前恵一監督インタビュー，新旧社長対談 矢萩竹美×野々村芳和，SPECIAL TALK 砂川誠×河合竜二，My home town,2013 TOP TEAM PLAYERS，ユース頂点からJへ U‐18昇格6選手座談会，チームスタッフ，2013シーズンオフィシャルスーツ，コンサドーレ札幌アカデミー，ユース観戦ガイド〔ほか〕

コンサドーレ札幌オフィシャル・ガイドブック　2014　北海道新聞社編著，北海道フットボールクラブ監修　（札幌）北海道新聞社　2014.2　144p　30cm　1200円
　Ⓘ978-4-89453-726-2　Ⓝ783.47

コンサドーレ札幌オフィシャル・ガイドブック　2015　北海道新聞社編著，北海道フットボールクラブ監修　（札幌）北海道新聞社　2015.3　128p　30cm　1204円
　Ⓘ978-4-89453-774-3　Ⓝ783.47
（目次）バルバリッチ監督インタビュー，北海道フットボールクラブ・野々村芳和社長インタビュー，2015 TOP TEAM PLAYERS一覧，対談 小野伸二×稲本潤一，TOP TEAM PLAYERS 2015，杉山哲，金山隼樹，阿波加俊太，クソンユン，福森晃斗〔ほか〕

J2白書 永久保存版　2010　2011年のサッカーを楽しむ必須バイブル　J's GOAL J2ライター班著　東邦出版　2011.2　395p　19cm　1500円　Ⓘ978-4-8094-0910-3　Ⓝ783.47
（目次）第1章 月別J2白書，第2章 テーマ別J2白書（選手，スタッフ，ワールドカップ，ホームタウン ほか），第3章 クラブ別J2白書（コンサドーレ札幌，水戸ホーリーホック，栃木SC，ザスパ草津 ほか）
（内容）J2リーグの2010年を振り返り2011シーズンを1000倍楽しむ。J's GOALの超人気コンテンツ「J2日記」が待望の書籍化。

J2白書　2011　J's GOAL J2ライター班著　東邦出版　2012.2　379p　19cm　1500円
　Ⓘ978-4-8094-1005-5　Ⓝ783.47
（目次）第1章 クラブ別（コンサドーレ札幌，水戸ホーリーホック，栃木SC ほか），第2章 月別（3～4月，5月，6月 ほか），第3章 テーマ別（選手，イベント，スタジアム ほか）
（内容）天皇杯決勝初のJ決戦。史上最強の「J2リーグ」の1年がココに!J's GOALの超人気コンテンツ「J2日記」が待望の書籍化!J2の予習・復習ができる世界唯一の専門書。

J2白書　2012　J's GOAL J2ライター班著　東邦出版　2013.2　395p　19cm　1500円
　Ⓘ978-4-8094-1096-3　Ⓝ783.47
（目次）第1章 クラブ別（モンテディオ山形，水戸ホーリーホック，栃木SC，ザスパ草津，ジェフユナイテッド千葉 ほか），第2章 月別，第3章 テーマ別（選手，サポーター，スタッフ，ホームタウン，イベント ほか）

J2白書　2013　永久保存版　J's GOAL J2

競技スポーツ　　　　　　　　　　　　サッカー

ライター班著　東邦出版　2014.2　357p　19cm　1500円　Ⓣ978-4-8094-1187-8　Ⓝ783.47

〔目次〕第1章 クラブ別（コンサドーレ札幌，モンテディオ山形，水戸ホーリーホック，栃木SC，ザスパクサツ群馬，ジェフユナイテッド千葉，東京ヴェルディ，横浜FC，松本山雅FC，カターレ富山 ほか），第2章 月別，第3章 J2日記スペシャルセレクト

〔内容〕J2の楽しみ方を体感できる世界唯一の専門書．

J2白書　2014／2015　永久保存版　J's GOAL J2ライター班著　東邦出版　2015.2　361p　19cm　1500円　Ⓣ978-4-8094-1292-9　Ⓝ783.47

〔目次〕第1章 クラブ別，第2章 月別，第3章 J2日記スペシャルセレクト

〔内容〕J2の予習・復習ができる世界唯一の専門書．ファン・サポーター，選手，関係者に捧げるJリーグを楽しむための必読バイブル．

J.LEAGUE YEARBOOK　Jリーグ公式記録集　1999　J.LEAGUE YEARBOOK 1999編集委員会編　日本プロサッカーリーグ，トランスアート〔発売〕　1999.4　322p　21cm　1500円　Ⓣ4-88752-099-9　Ⓝ783.47

〔目次〕1999Jリーグ日程，クラブデータ（ディビジョン1（J1），ディビジョン2（J2），第2選手リスト），選手・監督・審判インデックス（選手インデックス，クラブ別外国籍選手，監督インデックス，審判インデックス），ゲームテーブル1998（'98サントリーチャンピオンシップ，1998Jリーグ1stステージ，1998Jリーグ2ndステージ，J1参入決定戦，'98Jリーグヤマザキナビスコカップ，XEROX SUPER CUP，Kodakオールスター，JOMO CUP，日本代表1998），過去の大会―Jリーグ1992-98（リーグ戦，リーグカップ戦，その他の公式大会，Jリーグアウォーズ，クラブの国際試合），Jリーグ通算成績（チーム通算成績，リーグ戦試合記録，チーム記録，リーグ戦個人記録，リーグ戦入場者数データ），記録基準

〔内容〕日本プロサッカーリーグ（Jリーグ）の年鑑．J1，J2全26クラブのプロフィールや，選手，監督，審判のインデックス，1998シーズン全公式試合の詳細記録，Jリーグの全大会式データを収録．

J.LEAGUE YEARBOOK　Jリーグ公式記録集　2000　J.LEAGUE YEARBOOK 2000編集委員会編　日本プロサッカーリーグ，トランスアート〔発売〕　2000.4　390p　21cm　1429円　Ⓣ4-88752-101-4　Ⓝ783.47

〔目次〕2000Jリーグ日程，Jクラブデータ，インデックス，ゲームテーブル1999，過去の大会，通算記録，記録基準，大会名略称一覧，会場略称一覧，チーム略称一覧

〔内容〕日本プロサッカーリーグ（Jリーグ）の年鑑．J1，J2全27クラブのプロフィールや，クラブ別外国籍選手一覧，選手，監督，審判のインデックス，1999シーズン全公式試合の詳細記録，Jリーグの全大会式データ，1993年からのクラブ別入場者数，リーグ戦通算成績などを収録．

J.LEAGUE YEARBOOK　Jリーグ公式記録集　2001　日本プロサッカーリーグ監修，J.League yearbook 2001編集委員会編　Jリーグエンタープライズ，トランスアート〔発売〕　2001.4　410p　21cm　1905円　Ⓣ4-88752-103-0　Ⓝ783.47

〔目次〕2001Jリーグ日程，Jクラブデータ（ディビジョン1（J1），ディビジョン2（J2），対戦データ（J1，J2チーム別）），インデックス，ゲームテーブル2000，過去の大会，通算記録

〔内容〕日本プロサッカーリーグ（Jリーグ）の年鑑．J1，J2全28クラブのプロフィールや，クラブ別外国籍選手一覧，選手，監督，審判のインデックス，2000シーズン全公式試合の詳細記録，Jリーグの全大会式データ，リーグ戦通算成績などを収録．

J.LEAGUE YEARBOOK　Jリーグ公式記録集　2002　日本プロサッカーリーグ，NTT出版〔発売〕　2002.4　395p　21cm　1905円　Ⓣ4-7571-8117-5　Ⓝ783.47

〔目次〕2002Jリーグ日程，Jクラブデータ，インデックス，ゲームテーブル2001，過去の大会，通算記録

〔内容〕サッカーのJリーグの記録と資料をまとめた年鑑．巻末に記録基準，大会名略称一覧，会場略称一覧，チーム名略称一覧あり．

J.LEAGUE YEARBOOK　Jリーグ公式記録集　2003　日本プロサッカーリーグ，NTT出版〔発売〕　2003.4　431p　21cm　1905円　Ⓣ4-7571-8135-3　Ⓝ783.47

〔目次〕2003Jリーグ日程，Jクラブデータ，インデックス，ゲームテーブル2002，過去の大会，通算記録

J.LEAGUE YEARBOOK　Jリーグ公式記録集　2004　日本プロサッカーリーグ

（Jリーグ）編　日本プロサッカーリーグ，コナミメディアエンタテインメント〔発売〕　2004.4　446p　21cm　1905円　①4-86155-801-8　Ⓝ783.47

（目次）2004Jリーグ，Jクラブデータ，インデックス，ゲームテーブル2003，過去の大会，通算記録

J.LEAGUE YEARBOOK　Jリーグ公式記録集　2005　日本プロサッカーリーグ，コナミメディアエンタテインメント〔発売〕　2005.4　483p　21cm　1905円　①4-86155-806-9　Ⓝ783.47

（目次）2005Jリーグ，Jクラブデータ，インデックス，ゲームテーブル2004，過去の大会，通算記録

J.LEAGUE YEARBOOK　Jリーグ公式記録集　2006　日本プロサッカーリーグ，コナミ〔発売〕　2006.3　512p　21cm　1905円　①4-86155-812-3　Ⓝ783.47

（目次）2006Jリーグ，Jクラブデータ，チーム別対戦データ，インデックス，ゲームテーブル2005，過去の大会，通算記録

J.LEAGUE YEARBOOK　Jリーグ公式記録集　2007　日本プロサッカーリーグ（Jリーグ）監修　日本プロサッカーリーグ，コナミデジタルエンタテインメント〔発売〕　2007.4　544p　21cm　1905円　①978-4-86155-840-5　Ⓝ783.47

（目次）2007Jリーグ，Jクラブデータ，チーム別対戦データ，インデックス，ゲームテーブル2006，過去の大会，通算記録

J.LEAGUE YEARBOOK　Jリーグ公式記録集　2011　日本プロサッカーリーグ（Jリーグ）監修　日本プロサッカーリーグ，朝日新聞出版（発売）　2011.3　658p　21cm　1905円　①978-4-02-190217-8　Ⓝ783.47

（目次）2011Jリーグ，Jクラブ・データ，インデックス，ゲームテーブル2010，過去の大会，通算記録

J.LEAGUE YEARBOOK　Jリーグ公式記録集　2012　日本プロサッカーリーグ（Jリーグ）監修　日本プロサッカーリーグ，朝日新聞出版（発売）　2012.3　700p　21cm　1905円　①978-4-02-190222-2　Ⓝ783.47

（目次）2012Jリーグ，Jクラブ・データ，インデックス，ゲームテーブル2011，過去の大会，通算記録

J.LEAGUE YEARBOOK　Jリーグ公式記録集　2013　日本プロサッカーリーグ，朝日新聞出版（発売）　2013.3　752p　21cm　1905円　①978-4-02-190230-7　Ⓝ783.47

（目次）2013Jリーグ，Jクラブ・データ，インデックス，ゲームテーブル2012，過去の大会，通算記録

J.LEAGUE YEARBOOK　Jリーグ公式記録集　2014　日本プロサッカーリーグ（Jリーグ）監修　日本プロサッカーリーグ，朝日新聞出版〔発売〕　2014.2　800p　21cm　1905円　①978-4-02-190241-3　Ⓝ783.47

（目次）2014Jリーグ，Jクラブ・データ，インデックス，ゲームテーブル2013，過去の大会，通算記録

J.LEAGUE YEARBOOK　Jリーグ公式記録集　2015　日本プロサッカーリーグ（Jリーグ）監修　日本プロサッカーリーグ　2015.3　748p　21cm　1905円　Ⓝ783.47

（目次）2014Jリーグ，Jクラブ・データ，インデックス，ゲームテーブル2013，過去の大会，通算記録

ジェフユナイテッド オフィシャル・イヤーブック　1995　勁文社　1995.3　127p　30×18cm　1200円　①4-7669-1983-1　Ⓝ783.47

（内容）Jリーグのチーム、ジェフユナイテッドの公式年鑑。全選手の顔写真入りプロフィールと，全試合記録・個人成績などを収録する。1995年の試合スケジュールも掲載。

ジェフユナイテッド市原 オフィシャルイヤーブック　1996　勁文社　1996.3　127p　30×18cm　1000円　①4-7669-2450-9　Ⓝ783.47

（目次）全選手プロフィール，スタッフ紹介，J-LEAGUE 1995 HIGH LIGHTS, HEAD COACH INTERVIEW 奥寺康彦監督，Let's Go!HOME STADIUM,Let's Enjoy!HOMETOWN ICHIHARA,CAPTAIN INTERVIEW 江尻篤彦選手, 1995 RESULTS&RECORDS,1996 試合スケジュール，Jump Up To The Top,We Support JEF, SHOP&GOODS,JEF UNITED FAN CLUB, GUIDE TO J.LEAGUE, クラブプロフィール

ジェフユナイテッド市原 オフィシャルイヤーブック　1997　勁文社　1997.3　111p　30×18cm　971円　①4-7669-2694-3

競技スポーツ　　　　　　　　　　サッカー

Ⓝ783.47

内容 江尻篤彦&寺田農の'96シーズン総括。フェルシュライエン監督インタビュー。広山望&山口智ストーリー。マスロバルの素顔。中西永輔vsチビッコ突撃インタビュー。選手名鑑。

ジュビロ磐田サポーターズマガジン　Vol. 38　2002イヤーブック　（磐田）ヤマハフットボールクラブ，（静岡）静岡新聞社〔発売〕　2002.2　72p　30cm　952円　Ⓘ4-7838-9520-1　Ⓝ783.47

内容 2001年のMVPプレーヤーの紹介などを掲載した，ジュビロ磐田のサポーターズのためのイヤーブック。

ジュビロ磐田　年鑑　1996年　（磐田）ヤマハフットボールクラブ，（静岡）静岡新聞社〔発売〕　1996.3　87p　30cm　1200円　Ⓘ4-7838-9079-X　Ⓝ783.47

目次 1996ジュビロ磐田選手名鑑，ハンス・オフト・インタビュー，ゴン&タケ 親友&ライバル対談，ドゥンガ世界のサッカーを語る，評論家甘辛座談会，自ら語るサッカー半生―藤田俊哉物語 名波浩物語，独身選手のお部屋拝見!!，レビュー1995

名古屋グランパスエイトオフィシャルイヤーブック　2004　（名古屋）名古屋グランパスエイト，（名古屋）中日新聞社〔発売〕　2004.3　87p　30cm　952円　Ⓘ4-8062-0473-0　Ⓝ783.47

目次 MESSAGE 名古屋グランパスエイト代表取締役社長・加藤東洋，SPECIAL INTERVIEW ネルシーニョ・熱き血の勝利を捧ぐ，PLAYER OF GRAMPUS EIGHT,STAFF OF GRAMPUS EIGHT，トヨタスポーツセンター練習場，YOUTH OF GRAMPUS EIGHT「ユースアカデミー」目指せプロフェッショナル，グランパスが好き!サッカーが好き!われらグランパスファミリー!，MATCHES OF GRAMPUS EIGHT in 2003，ユニホームスポンサー，スポンサー・後援会会員・ファンクラブ名簿

名古屋グランパスオフィシャルイヤーブック　2016　名古屋グランパス編　（名古屋）名古屋グランパスエイト，（名古屋）中日新聞社〔発売〕　〔2016.2〕　96p　30cm　1150円　Ⓘ978-4-8062-0704-7　Ⓝ783.47

目次 ミッション＆ビジョン，フットボール・コンセプト，2016シーズンスローガン，INTERVIEW,PLAYERS 2016，ACADEMY,KEY PERSONS,TEAM GUIDE 2016,2015シーズン試合記録&選手出場記録（明

治安田生命J1リーグ／Jリーグヤマザキナビスコカップ／天皇杯）

熱戦の軌跡　ALBIREX OFFICIAL YEAR BOOK 2004　新潟日報事業社編　（新潟）アルビレックス新潟，（新潟）新潟日報事業社〔発売〕　2004.12　111p　30×21cm　952円　Ⓘ4-86132-086-0　Ⓝ783.47

目次 特集／新潟県中越地震復興支援チャリティーマッチがんばれ新潟!ジーコジャパンドリームチームVSアルビレックス新潟，反町康治監督インタビュー，ALBIREX NIIGATA 2004 REVIEW OF ALL THE GAMES，キャプテン山口素弘インタビュー，THE PLAYERS OF ALBIREX NIIGATA 2004,COACH&STAFF，アルビ（ある日）のメニュー，サテライトリーグ，アルビレックス新潟ユース，アルビレックス新潟レディース〔ほか〕

FOOTBALL DREAM KASHIMA ANTLERS YEAR BOOK 1994　明窓出版　1994.3　99p　30cm　1500円　Ⓘ4-938660-35-0　Ⓝ783.47

目次 ジーコの肉声が語るアントラーズのフットボール・ドリーム，サントリーチャンピオンシップ，ボランチ対談（本田泰人vsSANTOS.)，古川昌男 大器への予感，黒崎比差支 約束の地への帰還，Jリーグナビスコカップ〔ほか〕

FOOTBALL DREAM YEAR BOOK 1996　NTTメディアスコープ　1996.3　119,16p　30cm　1000円　Ⓘ4-87221-049-2　Ⓝ783.47

目次 CAMP REPORT IN RIO DE JANEIRO 1996,「DOUBLE INTERVIEW」ジーコ×ジョアン・カルロス，「NEW COACH STAFF」カンタレリー（GKコーチ）、マルセーロ（フィジカルコーチ），ジーコ・サッカー・センター，「INTERVIEW」レオナルド，サポーターソング，「挑発対談」黒崎改造計画，「DOCUMENT」本田泰人，「フリークス特別企画」本田泰人のお説教ですよ!―ゲスト・真中靖夫，「DOCUMENT」増田忠俊〔ほか〕

FOOTBALL DREAM YEARBOOK 1997　別冊観戦ハンドブック付　NTTメディアスコープ　1997.3　119,20p　30cm　1000円　Ⓘ4-87221-063-8　Ⓝ783.47

目次 CAMP REPORT IN RIO DE JANEIRO 1997,COLUMN リオクラブ ジーコ・サッカー・キャンプ アジアクラブ選手権，対談―2年目の2頭体制（ジーコ，ジョアン・カルロス），TEAM COACH&STAFF，川淵チェアマンからの提言，

特別対談（田嶋幸三，財徳健治），DOCUMENT 本田泰人—チームのために，フリークス特別企画 本田泰人のお説教ですよ！スペシャル—鬼木選手編〔ほか〕

FOOTBALL DREAM YEAR BOOK 1999 ケイエスエス 1999.3 119,20p 42cm 〈月刊アントラーズフリークス臨時創刊号〉 952円 ①4-87709-348-6 Ⓝ783.47

目次 ミラノで実現した夢の対談 レオナルド×柳沢敦，アントラーズ激戦の軌跡，「アントラーズを次のステップに導く」それが今年の私たちのテーマです ジーコ×ゼ・マリオ，チームを支えるエキスパート「コーチ＆スタッフ」，選手新世紀，新入団選手，ジーコの夢，それは僕らの夢でもある，スタッフ座談会「世界で戦える選手育成を目指して」，ユースチーム・プロフィール，スクールメンバー・リスト，1998年度トップチーム公式記録／1998年度サテライトチーム公式記録，アントラーズをデータでチェック！，アントラーズの理想と現実，今シーズンの試合開催予定＆概要，アウェイスタジアム・ガイド，カシマスタジアム・ガイド，カシマスタジアム周辺駐車場マップ／鹿嶋市広域地図，1999年ホームゲームチケット販売年間スケジュール，鹿島アントラーズ・オフィシャルスポンサー，FUTSALCLUB，カシマスタジアム年間指定席「SOĆIO」案内，アントラーズ情報はこれでバッチリ！

内容 鹿島アントラーズ公認のイヤーブック。選手・監督・コーチ，新入団選手，1999年度の試合開催予定などアントラーズに関する情報を掲載。巻末にファンクラブ会員名簿一覧，附録として，観戦ハンドブックを付す。

北海道コンサドーレ札幌オフィシャル・ガイドブック 2016 北海道新聞社編，コンサドーレ監修 （札幌）北海道新聞社 2016.2 112p 30cm 1204円 ①978-4-89453-811-5 Ⓝ783.47

目次 四方田修平監督インタビュー，選手対談，株式会社コンサドーレ野々村芳和社長インタビュー，TOP TEAM PLAYERS 2016，オフィシャルパートナー・チーム＆Jリーグスポンサー

◆◆サッカー（日本／高校）

＜ハンドブック＞

高校サッカー＆Jユース強豪・有力チーム徹底ガイド 安藤隆人著 （さいたま）メディア・ポート 2007.12 319p 21cm 1800円 ①978-4-901611-27-5 Ⓝ783.47

目次 第1章 北海道・東北編，第2章 関東・甲信越編，第3章 東海・北陸編，第4章 近畿・中国編，第5章 四国・九州編，第6章 クラブユース編

内容 全国200校以上のサッカー強豪校と全31クラブユースを紹介。地域の特性をふまえた高校，ユースの特徴だけでなく，指導方針，戦歴，練習環境，OBなどが一目瞭然。

＜年鑑・白書＞

高校サッカー年鑑 '90 全国高等学校体育連盟サッカー部編 全国高等学校体育連盟サッカー部，講談社〔発売〕 1990.2 271p 26cm 1850円 Ⓝ783.47

目次 カラー 完全燃焼—4800秒，第17回高校選抜ヨーロッパ遠征，競え技 結べ友情さわやかに，君も今，北の大地の風となれ，モノクロ 平成元年度高校サッカー回顧，四国勢初の快挙南宇和，悲願の全国制覇を果たす，清水市商，冬・夏連覇の総体初優勝，徳島選抜，強豪を退け悲願の国体初制覇，平成元年度地域大会記録，第17回日韓ジュニア交流競技会記録，'90ニュー・イヤー・ユース・サッカー記録，全国高校連サッカーだより，各都道府県 年間計画一覧，平成元年度全国高等学校体育連盟サッカー部加盟校〔ほか〕

高校サッカー年鑑 '91 全国高等学校体育連盟サッカー部編 全国高等学校体育連盟サッカー部，講談社〔発売〕 1991.2 271p 26cm 1850円 ①4-06-122791-2 Ⓝ783.47

内容 1990年4月からの高校サッカーの記録をできるだけ洩らさずに載せている。国内大会のほか，国際大会，過去の名試合や識者の高校サッカーに期待することなどを掲載。また，サッカー選手の健康管理，ルールの本質とその適用例などの資料を付す。

高校サッカー年鑑 '92 全国高等学校体育連盟サッカー部編 全国高等学校体育連盟サッカー部，講談社〔発売〕 1992.2 271p 26cm 1850円 ①4-06-122792-0 Ⓝ783.47

目次 ゴールしか見えない，第19回高校選抜ヨーロッパ遠征，感動はいっしょうけんめいの熱い風，すばらしき君の記録にわが拍手，理想の高校サッカーを目指して，四日市中央工，帝京，引き分けで両チーム優勝，静岡の，静岡による，静岡のための総体，静岡、3年ぶり12回目の国

体制覇〔ほか〕

⦅内容⦆本書は各大会の記録はもちろんのこと，サッカー競技を多方面からとらえた研究，調査，論文などが記載されています。

高校サッカー年鑑　'93　全国高等学校体育連盟サッカー部編　講談社　1993.2　271p　26cm　2000円　Ⓒ4-06-122793-9　Ⓝ783.47

⦅目次⦆はじまりの予感（第71回全国高等学校サッカー選手権大会），第20回高校選抜ヨーロッパ遠征，夢 きらめかせて宮崎の空の下，思いっきり躍動 21世紀の主役たち，サッカー界の構図が変わった，国見，7回出場中3回を全国制覇，徳島市立，台風の総体で初優勝，静岡，2年連続13回目の国体制覇

⦅内容⦆1992年度の高校サッカーの公式試合全記録，調査・研究・指導の実践，名簿などを収録した年鑑。

高校サッカー年鑑　'94　全国高等学校体育連盟サッカー部編　全国高等学校体育連盟サッカー部，講談社〔発売〕　1994.2　273p　26cm　2000円　Ⓒ4-06-206799-4　Ⓝ783.47

⦅目次⦆サッカー未来人─第72回全国高等学校サッカー選手権大会，第21回高校選抜ヨーロッパ遠征，輝いて見せてください青春の汗─in栃木，出合い競いそして未来へ，第2回FIFA ビクターJVCカップU-17サッカー世界選手権大会，第1回日・韓・中ジュニア交流競技会，高校サッカーの原点を求めて，清水市商，5年ぶり3度目の全国制覇，冷夏の総体を制し，国見冬夏連続優勝，静岡，3年連続14回目の国体制覇〔ほか〕

⦅内容⦆1993年度の高校サッカーの公式試合全記録，調査・研究・指導の実践，名簿などを収録した年鑑。

高校サッカー年鑑　'95　全国高等学校体育連盟サッカー部編　全国高等学校体育連盟サッカー部，講談社〔発売〕　1995.2　271p　26cm　2000円　Ⓒ4-06-207419-2　Ⓝ783.47

⦅内容⦆1994年度における高校サッカーの年鑑。地域大会を含む1年間の高校サッカー全試合の公式記録をはじめ，調査・研究・指導の実践についても掲載。巻末に全国高校体育連盟サッカー部加盟校一覧を付す。

高校サッカー年鑑　'96　全国高等学校体育連盟サッカー部編　全国高等学校体育連盟サッカー部，講談社〔発売〕　1996.2　271p　26cm　2000円　Ⓒ4-06-207983-6　Ⓝ783.47

⦅目次⦆第74回全国高校サッカー選手権大会，第23回高校選抜海外遠征，平成7年度全国高校総合体育大会，第50回国民体育大会，第6回全日本ユースサッカー選手権大会，第74回全国高校サッカー選手権大会，平成7年度全国高校総合体育大会，第50回国民体育大会

高校サッカー年鑑　'97　全国高等学校体育連盟サッカー部編　講談社　1997.2　271p　26cm　1942円　Ⓒ4-06-208470-8　Ⓝ783.47

⦅内容⦆今年度の高校サッカー全試合の公式記録をはじめ，調査，研究，指導の実践等の内容を掲載。

高校サッカー年鑑　'98　全国高等学校体育連盟サッカー部編　全国高等学校体育連盟サッカー部，講談社〔発売〕　1998.2　271p　26cm　2095円　Ⓒ4-06-208996-3　Ⓝ783.47

⦅目次⦆技術委員座談会─高校サッカー，さらなる飛躍のために，東福岡，雪の決勝を制し選手権初優勝─第76回全国高校サッカー選手権大会，東福岡，堂々の高校総体初制覇─平成9年度全国高校総合体育大会，静岡，2年連続17度目の国体制覇─第52回国民体育大会

高校サッカー年鑑　'99　全国高等学校体育連盟サッカー部編　全国高等学校体育連盟サッカー部，講談社〔発売〕　1999.2　271p　26cm　2095円　Ⓒ4-06-209470-3　Ⓝ783.47

⦅目次⦆今度は，オレ達だ。─第77回全国高校サッカー選手権大会，第26回高校選抜海外遠征，輝こう今この時を君たちと─平成10年度全国高校総合体育大会，かながわ・ゆめ国体，高円宮杯第9回全日本ユースサッカー選手権大会，技術委員座談会 今，高校サッカーに，求められるものは何か，2年連続の決勝対決，帝京の雪辱ならず─第77回全国高校サッカー選手権大会，市立船橋，10年ぶり3度目の高校総体制覇─平成10年度全国高校総合体育大会，千葉県，3年ぶり3度目の国体制覇─第53回国民体育大会

高校サッカー年鑑　2000　全国高等学校体育連盟サッカー部編　全国高等学校体育連盟サッカー部，講談社〔発売〕　2000.2　271p　26cm　2095円　Ⓒ4-06-209977-2　Ⓝ783.47

⦅目次⦆カラー（GOOOOOOOAL!，第27回日本高校選抜海外遠征，飛びたとう岩手の空に夢はせて，人，光る─くまもと未来国体，共感Sympathy），モノクロ（ベスト4主将座談会 ミレニアムの青春に金字塔，市立船橋，史上初の6試合無失点で3年ぶり3度目の優勝，広島皆実と八千代，決勝戦引き分け高校総体史上初の両校優勝，千葉県，静岡県を下し国体連覇4度目の優勝なる）

高校サッカー年鑑　2001　全国高等学校体育連盟サッカー部編　講談社　2001.2　271p　26cm　2095円　①4-06-210614-0　Ⓝ783.47

(目次)サッカーと生きていく。—第79回全国高校サッカー選手権大会、第60回ベリンツォーナ国際ユース大会—第28回日本高校選抜ヨーロッパ遠征、切り開け岐阜から未来の1ページ—平成12年度全国高校総合体育大会、あいの風夢のせて—第55回国民体育大会、清水市商、5年ぶり5度目の優勝—第11回高円宮杯全日本ユース選手権大会、第79回全国高校サッカー選手権大会（ベスト4主将座談会サッカーと生きていこう、国見、21世紀最初の高校チャンピオンに）、国見、7年ぶり3回目の総体制覇—平成12年度全国高校総合体育大会、長崎県、17年ぶり3回目の国体制覇—第55回国民体育大会

高校サッカー年鑑　2002　全国高等学校体育連盟サッカー部編　講談社　2002.2　287p　26cm　2095円　①4-06-211172-1　Ⓝ783.47

(目次)待ってろ、世界。—第80回全国高校サッカー選手権大会、第39回デュッセルドルフ国際ユース大会—第29回日本高校選抜海外遠征、このとき君が輝き風になる—平成13年度全国高校総合体育大会、いいね！その汗、その笑顔—第56回国民体育大会、国見、クラブユースチームの包囲網を破り初優勝—第12回高円宮杯全日本ユース選手権大会、第80回全国高校サッカー選手権大会 ベスト4主将座談会栄光の果てに掴んだもの僕たちはそれを忘れない、国見、第80回記念大会を戦後7校目の連覇で飾る、高校サッカー選手権80周年記念、市立船橋、3年ぶり4度目の高校総体制覇なる—平成13年度全国高校総合体育大会、王国（埼玉・静岡）対決両チーム譲らず両者優勝—第56回国民体育大会

(内容)高校サッカーの全試合、全行事を掲載した年鑑。2002年版は第80回大会を記念して特集号とし、大会の歴史や記録などの特集ページを掲載。

高校サッカー年鑑　2003　全国高等学校体育連盟サッカー部編　講談社　2003.2　271p　26cm　2095円　①4-06-211723-1　Ⓝ783.47

(目次)君はどうだサッカーが楽しいか—第81回全国高校サッカー選手権大会、第62回ベリンツォーナ国際ユース大会—第30回日本高校選抜海外遠征、競え友よ熱き力を茨城で—平成14年度全国高校総合体育大会、いしん前進—第57回国民体育大会、国見連覇、高校チームがベスト4を独占—第13回高円宮杯全日本ユース選手権大会、熊本選抜3戦全勝で優勝—第10回日・韓・中ジュニア交流競技会、第81回全国高校サッカー選手権大会（ベスト4主将座談会 国立競技場のピッチを原点に、今、新たなるスタートへ！、市立船橋、国見の三連覇を阻み3年ぶり4度目の選手権制覇を達成）、名門復活、帝京20年ぶり3度目の高校総体制覇—平成14年度全国高校総合体育大会、千葉県選抜、3年ぶり5度目の国体制覇—第57回国民体育大会、第30回日本高校選抜チーム海外遠征報告〔ほか〕

高校サッカー年鑑　2004　全国高等学校体育連盟サッカー部編　講談社　2004.2　270p　26cm　2095円　①4-06-212263-4　Ⓝ783.47

(目次)いつかこの俺がヒーローになってやる—第82回全国高校サッカー選手権大会、第41回デュッセルドルフ国際ユース大会—第31回日本高校選抜海外遠征、長崎が君の鼓動で熱くなる—平成15年度全国高校総合体育大会、"がんばる"が好き—第58回国民体育大会、市立船橋、初の全日本ユース制覇—第14回高円宮杯全日本ユース選手権大会、第82回全国高校サッカー選手権大会—ベスト4主将座談会君たちが日本の救世主だ胸を張れ、炎のイレブンよ！、国見、4年連続決勝進出の戦後記録更新の後、戦後タイ記録の6回優勝、国見の、国見による、国見のための総体—平成15年度全国高校総合体育大会、神奈川県選抜、19年ぶり2度目の国体制覇—第58回国民体育大会、高校サッカーへのメッセージ山本昌邦さんに聞く〔ほか〕

(内容)3大イベント＆地域大会全記録。

高校サッカー年鑑　2005　全国高等学校体育連盟サッカー部編　講談社　2005.2　271p　26cm　2095円　①4-06-212722-9　Ⓝ783.47

(目次)またいつの日か、みんなでボールをおいかけよう—第83回全国高校サッカー選手権大会、第64回ベリンツォーナ国際ユース大会—第32回日本高校選抜海外遠征、君の輝く一瞬が今伝説となる—平成16年度全国高校総合体育大会、とどけこの夢この歓声—第59回国民体育大会、サンフレッチェ広島ユース、念願の全日本ユース制覇—第15回高円宮杯全日本ユースサッカー選手権大会、ベスト4主将座談会わが青春の高校サッカー燃えた、走った、蹴った—第83回全国高校サッカー選手権大会、すべての歯車が噛み合った歓喜の単独V—第83回全国高校サッカー選手権大会、国見、史上最多5回目の総体優勝を連覇で達成—平成16年度全国高校総合体育大会、静岡県選抜、3年ぶり19回目の国体制覇を決勝戦延長Vゴールで飾る

高校サッカー年鑑　2006　全国高等学校体育

育連盟サッカー部編著　講談社　2006.2　271p　26cm　2381円　①4-06-213188-9　Ⓝ783.47

[目次]第84回全国高校サッカー選手権大会—高校サッカーそれは僕たちの青春メモリー，第33回日本高校選抜海外遠征—第43回デュッセルドルフ国際ユース大会，平成17年度全国高校総合体育大会—輝きを胸に夢をその手に房総の夏，第60回国民体育大会—あなたがキラリ。晴れの国おかやま国体，第16回高円宮杯全日本ユースサッカー選手権大会—ヴェルディユース、悲願の全日本初制覇，第13回日・韓・中ジュニア交流競技会—日本代表の青森山田、2勝1分けで優勝，第84回全国高校サッカー選手権大会—ベスト4主将座談会，平成17年度全国高校総合体育大会—青森山田、初の総体制覇，国民体育大会少年男子の部—千葉県選抜、高校生年代最後の大会を制し3年ぶり6度目の国体制覇，第33回日本高校選抜海外遠征報告勝って楽しむ、難しさ〔ほか〕

高校サッカー年鑑　2007　全国高等学校体育連盟サッカー部編　講談社　2007.2　271p　26cm　2381円　①978-4-06-213519-1　Ⓝ783.47

[目次]俺の原点がここにある熱くなれ!!，第85回全国高校サッカー選手権大会，第34回日本高校選抜海外遠征 第66回ベリンツォーナ国際ユース大会，平成18年度全国高校総合体育大会 君がひかり近畿の空は青くそまる，第61回国民体育大会少年の部 "ありがとう"心から・ひょうごから，第17回高円宮杯全日本ユースサッカー選手権大会 滝川第二、悲願の全国制覇高体連チーム3年ぶりの快挙!，第85回全国高校サッカー選手権大会 ベスト4主将座談会 青春、完全燃焼国立のピッチで僕達は思う存分戦った!，平成18年度全国高校総合体育大会 広島観音、初芝橋本を下して初出場ながら全国優勝の快挙達成，第61回国民体育大会少年の部 U-16初の国体、沖縄県選抜と千葉県選抜両チーム優勝，特別企画・高校サッカー師弟対談

高校サッカー年鑑　2008　全国高等学校体育連盟サッカー部編　講談社　2008.2　271p　26cm　2381円　①978-4-06-214010-2　Ⓝ783.47

[目次]第86回全国高校サッカー選手権大会，平成19年度全国高校総合体育大会，第62回国民大育大会，第18回高円宮杯全日本ユースサッカー選手権大会，第35回日本高校選抜海外遠征，高校サッカー師弟対談—中村憲剛vs.山口隆文，サッカーを科学してみよう，都道府県レポート，全国高体連サッカー部だより，各都道府県年間計画一覧，2007年地域大会記録，平成19年度全国高等学校体育連盟サッカー部加盟校，全国高等学校体育連盟女子サッカー部加盟校，平成19年度高校サッカー年鑑編集委員会名簿

高校サッカー年鑑　2009　全国高等学校体育連盟サッカー部編　講談社　2009.2　271p　26cm　2381円　①978-4-06-214990-7　Ⓝ783.47

[目次]第87回全国高校サッカー選手権大会—勝自分に勝つ 敵に勝つ，平成20年度全国高校総合体育大会—限界を超え 飛び立つ君よ 永遠の風になれ，第63回国民体育大会—チャレンジ！おおいた国体，第19回高円宮杯全日本ユースサッカー（U-18）選手権大会—浦和レッズユース、U-18で初の日本一 Jクラブユースチームとして3年ぶり4度目の優勝，第36回日本高校選抜海外遠征

高校サッカー年鑑　2010　全国高等学校体育連盟サッカー部編著　講談社　2010.2　271p　26cm　2381円　①978-4-06-216052-0　Ⓝ783.47

[目次]第88回全国高校サッカー選手権大会（信じろ！，ベスト4主将座談会 信じろ、オレたちのサッカーを!燃えよ、オレたちの魂! ほか），平成21年度全国高校総合体育大会（君が今歴史の新たなページを創る，前橋育英、悲願の史上初全国制覇），第64回国民体育大会（トキめき新潟国体，神奈川県選抜、2年連続3度目の国体少年の部優勝。一大阪府選抜、今年も決勝で涙をのむ），第20回高円宮杯全日本ユースサッカー（U-18）選手権大会（横浜F・マリノスユース、悲願の全日本ユース初制覇），第37回日本高校選抜海外遠征（第47回デュッセルドルフ国際ユース大会，海外遠征報告 ほか）

高校サッカー年鑑　2011　全国高等学校体育連盟サッカー部編　講談社　2011.2　271p　26cm　2381円　①978-4-06-216818-2　Ⓝ783.47

[目次]第89回全国高校サッカー選手権大会，平成22年度全国高校総合体育大会，第65回国民体育大会，第21回高円宮杯全日本ユースサッカー（U-18）選手権大会，第38回日本高校選抜海外遠征，高校サッカー師弟対談（黒田和生vs.岡崎慎司），サッカーを科学してみよう，都道府県レポート，全国高体連サッカー部だより，各都道府県年間計画一覧〔ほか〕

高校サッカー年鑑　2012　全国高等学校体育連盟サッカー部編　講談社　2012.2　271p　26cm　2381円　①978-4-06-217490-9

Ⓝ783.47

(目次)第90回全国高校サッカー選手権大会，平成23年度全国高校総合体育大会，第66回国民体育大会，高円宮杯U-18サッカーリーグ2011チャンピオンシップ，第39回日本高校選抜チーム活動報告

高校サッカー年鑑　2014　全国高等学校体育連盟サッカー専門部編著　講談社　2014.2　271p　26cm　2381円　①978-4-06-218779-4　Ⓝ783.47

(目次)第92回全国高校サッカー選手権大会—さようなら。また、会おう!，平成25年度全国高校総合体育大会—2013未来をつなぐ北部九州総体，第68回国民体育大会—スポーツ祭東京2013，高円宮杯U-18—サッカーリーグ2013チャンピオンシップ，第41回日本高校選抜チーム活動報告，第51回デュッセルドルフ国際ユース大会海外遠征報告，高校サッカー師弟対談(大森貞夫vs.今野泰幸)，サッカーの科学

高校サッカー年鑑　2015　全国高等学校体育連盟サッカー専門部編　講談社　2015.2　271p　26cm　2315円　①978-4-06-219289-7　Ⓝ783.47

(目次)第93回全国高校サッカー選手権大会，第23回全日本高校女子サッカー選手権大会，平成26年度全国高校総合体育大会，第69回国民体育大会，高円宮杯U-18，第42回日本高校選抜海外遠征，高校サッカー師弟対談

高校サッカー年鑑　2016　全国高等学校体育連盟サッカー専門部編著　講談社　2016.2　271p　26cm　2315円　①978-4-06-219928-5　Ⓝ783.47

(目次)第94回全国高校サッカー選手権大会，第24回全日本高校女子サッカー選手権大会，平成27年度全国高校総合体育大会，第70回国民体育大会，高円宮杯U-18，第43回日本高校選抜海外遠征，高校サッカー師弟対談

(内容)公式記録、3大イベント&地域大会全記録。

◆サッカー(海外)

<年表>

ワールドサッカー歴史年表　サッカー批評編集部編著　カンゼン　2008.6　223p　21cm　〈他言語標題：The history of world soccer〉　1600円　①978-4-86255-015-6　Ⓝ783.47

(目次)第1章 近代サッカーの勃興と戦前のワールドカップ—1840~1951，第2章 ブラジル黄金時代の到来—1952~1963，第3章 トータルフットボールの衝撃—1964~1977，第4章 スタープレーヤー全盛の時代—1978~1989，第5章 守備戦術の革新—1990~2001，第6章 肥大化するサッカービジネス—2002~2008

(内容)世界中の人々を狂気乱舞させ、ときに悲しみの底に突き落としてきたサッカーは、どのような軌跡をたどってきたのか。いまだかつてその歴史の大河を紐解いた1冊はなかった。試合にまつわる感動のドラマ、痛ましい事故や事件、笑える珍事件、記憶に残るスーパープレー、スタープレーヤーたちの逸話など、サッカーの歴史には数限りない物語が紡がれている。本書はそんなサッカーの168年間の重みが凝縮された史上初めての歴史年表である。

<事典>

サッカー大百科　プレーヤー&クラブ編　キア・ラドネッジ編，野間けい子訳　ソニー・マガジンズ　1994.11　206p　21cm　〈原書名：THE ULTIMATE ENCYCLOPEDIA OF SOCCER〉　1800円　①4-7897-0923-X　Ⓝ783.47

(目次)まえがき，伝説の選手たち，偉大なプレーヤー，偉大なるクラブ，スタジアム，年間最優秀選手

サッカー大百科　世界サッカー編〔歴史、大会、FIFA加盟国〕　キア・ラドネッジ編，野間けい子訳　ソニー・マガジンズ　1994.11　190p　21cm　〈原書名：THE ULTIMATE ENCYCLOPEDIA OF SOCCER〉　1800円　①4-7897-0924-8　Ⓝ783.47

(目次)まえがき，ザ・グレート・マッチ，サッカー用具，サッカーの歴史，主要な国際大会，FIFA加盟国，サッカー年譜

<辞典>

サッカーを愛する人のドイツ語　エルネスト・N.D.バン著，ファンルーツ監修　国際語学社　2006.1　129p　19cm　1500円　①4-87731-288-9　Ⓝ783.47

(目次)サッカーの基礎用語，フィールド用語，ポジション用語，スタジアム用語，トレーニング用語/指導用語，試合用語，フィジカル用語，移籍用語，ルール用語，道具用語，ケガ用語，

形容詞と副詞，その他，勝敗表，ドイツの育成システムの名称，時間の呼称，付録（サッカー観戦用語，サッカー留学用語，コーチ留学用語）

⦅内容⦆ヨーロッパの古豪，ドイツサッカーの専門用語がこの一冊で丸わかり。観光にはもちろん，サッカー留学，コーチ留学まで。

＜名簿・人名事典＞

欧州サッカー選手名鑑 2002-2003 杉山茂樹編 廣済堂出版 2003.2 299p 21cm 1900円 Ⓘ4-331-50948-6 Ⓝ783.47
⦅目次⦆チャンピオンズリーグ，UEFAカップ，A to Zプレーヤーズファイル，イングランド・プレミアシップ，イタリア・セリエA，スペイン・リーガエスパニョーラ，ドイツ・ブンデスリーガ，オランダ・エールディヴィジ，フランス・リーグ1，試合スケジュール，各国リーグ，欧州選手権予選，データ集
⦅内容⦆イタリア，スペイン，イングランド，ドイツ，オランダほか，ポルトガル，ベルギー，トルコなど計35カ国リーグを網羅。チャンピオンズリーグ，UEFA杯，ユーロ2004予選情報。杉山茂樹がこだわり抜いた，超濃密なデータ名鑑。

欧州サッカー選手名鑑 2003-2004 杉山茂樹編 廣済堂出版 2004.1 323p 21cm 1900円 Ⓘ4-331-51019-0 Ⓝ783.47
⦅目次⦆欧州選手権，チャンピオンズリーグ，A to Zプレーヤーズファイル，スペイン—リーガ・エスパニョーラ，イタリア—セリエA，イングランド—プレミアシップ，ドイツ—ブンデスリーガ，オランダ—エールディヴィジ，フランス—リーグ1，試合日程，各国リーグ，UEFAカップ，データ集
⦅内容⦆チャンピオンズリーグ情報，ユーロ2004展望，W杯2006欧州予選組分け＆各国代表名鑑。スペイン，イタリア，イングランドほかポルトガル，トルコなど主要30カ国リーグを詳細に解説。

欧州サッカー選手名鑑 2004-2005 杉山茂樹編 廣済堂出版 2005.2 315p 21cm 1900円 Ⓘ4-331-51083-2 Ⓝ783.47
⦅目次⦆チャンピオンズリーグ，プレーヤーズファイル，欧州各国リーグ，UEFAカップ，ワールドカップ欧州予選，データ集，巻末 ヨーロッパ中のサッカーファンが集う国ドイツを歩く
⦅内容⦆クラブチームと各国代表を1冊に収録し，他に類を見ない超マルチ選手名鑑。スペイン，イタリア，イングランドほか，マニアックに全52カ国リーグを網羅。

欧州サッカー選手名鑑 2005-2006 杉山茂樹編 廣済堂出版 2006.2 303p 21cm 1700円 Ⓘ4-331-51142-1 Ⓝ783.47
⦅目次⦆巻頭特集 杉山茂樹が選ぶBEST11 of EUROPE（デコ（バルセロナ），バラック（バイエルン）ほか），1 A to Z PLAYERS FILE（選手編，監督編 ほか），2 EUROPEAN LEAGUE（チャンピオンズリーグ，スペイン：リーガ・エスパニョーラ ほか），3 EUROPEAN FOOTBALL DATA（UEFAランキング，UEFAクラブランキングTOP150 ほか），Special Issue FIFA WORLD CUP GERMANY 2006（大会スケジュール，大会展望 大本命ブラジルを倒すため，すべてのチームがチャレンジャーと化す ほか）
⦅内容⦆チャンピオンズリーグ＆スペイン・イタリア・イングランドほか全リーグ大解剖。最新移籍に対応。ドイツW杯完全予想＆各国代表ガイド付き。

欧州サッカー選手名鑑 2006-2007 ランダムハウス講談社 2006.9 162p 21cm （ランダムハウス講談社mook）743円 Ⓘ4-270-00143-7 Ⓝ783.47

欧州サッカー選手名鑑 2007-2008 ランダムハウス講談社 2007.9 145p 30cm （ランダムハウス講談社mook）952円 Ⓘ978-4-270-00239-1 Ⓝ783.47

欧州サッカー選手名鑑 2008-2009 ランダムハウス講談社 2008.9 146p 30cm （ランダムハウス講談社mook）952円 Ⓘ978-4-270-00401-2 Ⓝ783.47

欧州サッカー選手名鑑 2009-2010 ランダムハウス講談社 2009.9 130p 30cm （ランダムハウス講談社mook）952円 Ⓘ978-4-270-00528-6 Ⓝ783.47

欧州サッカー6大リーグパーフェクト監督名鑑 大塚一樹，Koly Football Production編 東邦出版 2006.2 191p 21cm 1500円 Ⓘ4-8094-0507-9 Ⓝ783.47
⦅目次⦆スペシャルインタビュー 奥寺康彦，イングランド＆スコットランド監督名鑑，イタリア監督名鑑，スペイン監督名鑑，ドイツ監督名鑑，フランス監督名鑑，オランダ監督名鑑，その他の欧州リーグ監督名鑑，代表監督一覧
⦅内容⦆欧州6大リーグ所属全クラブ＆その他欧州主要クラブ＆有力フリー監督，「経歴・戦歴」「獲得タイトル」「戦術」「采配」など詳細データとともに名将から有望若手監督まで徹底分析。

サッカー　　　　　　　　　　　　　競技スポーツ

カルチョ・イタリア　「セリエA」選手名鑑日本語版　1994-95　大栄出版　1994.11　111p　28×22cm　〈原書名：CALCIO ITALIA 1994-95〉　1600円　Ⓘ4-88682-577-X　Ⓝ783.47

（目次）SERIE A／セリエA, SERIE B／セリエB
（内容）イタリアのサッカーリーグの選手名鑑。セリエA、セリエBに分け、93-94の最終成績、94-95の試合日程、クラブ別選手名鑑で構成する。中心となる選手名鑑では各クラブごとに、創立年・住所・ホームスタジアムなどの概要、登録選手の顔写真、ポジション、生年月日、93-94年度成績、監督歴を掲載する。

最新版　ワールドサッカーすごいヤツ全集　金子義仁著　フットワーク出版　1999.9　357p　19cm　1500円　Ⓘ4-87689-330-6　Ⓝ783.47

（目次）1 イタリア（セリエA）、2 スペイン（リーガ・エスパニョーラ）、3 イングランド（プレミアシップ・リーグ）、4 ブラジル、ドイツ他（ブラジル選手権、ブンデスリーガ他）、5 ワールドサッカーを担う日本人たち
（内容）世界のトッププレーヤーをリーグ別に収録したサッカー選手名鑑。掲載項目は、選手名、生年月日、身長、体重、出身国、所属クラブ、ポジション、プロフィールやエピソードなど。

サッカー欧州選手権半世紀選手名鑑　Euro 2008-1960　Koly Football Production編　九天社　2008.5　163p　26cm　（Koly選手名鑑maniax 2）　1524円　Ⓘ978-4-86167-231-6　Ⓝ783.47

（目次）EURO2008、EURO2004、EURO2000、EURO1996、EURO1992、EURO1988、EURO1984、EURO1980、EURO1976、EURO1972、EURO1968、EURO1964、EURO1960、MEMORIES
（内容）1960年に始まったサッカー欧州選手権。第1回フランス大会から2008年に開かれる第13回オーストリア・スイス大会までの全選手、全ドラマを網羅した選手名鑑。半世紀の歴史と共に、有名選手のベストシーン、当時は若手だった未来の大スターのほろ苦い青春の1ページを当時の写真と文章で現代に蘇らせた渾身の一作。

サッカー監督図鑑　オールカラー！世界と日本の現役サッカー監督176人のすべて　杉山茂樹著　廣済堂出版　2016.11　224p　21cm　〈他言語標題：SOCCER HEAD COACHES CATALOGUE　索引あり〉　2000円　Ⓘ978-4-331-52065-9　Ⓝ783.47

（目次）世界の監督166人（アルゼンチン、イタリア、イングランド、ウェールズ、ウクライナ、ウルグアイ、オーストラリア、オーストリア ほか）、日本の監督10人
（内容）顔写真付き・国別世界の監督図鑑！史上最多176人掲載。各監督の戦術・布陣、キャリア、特性も網羅。現役時代＆監督キャリア、獲得タイトルを含めた完全プロフィールから、「采配力」「攻撃度」など監督力の数値評価と採用フォーメーションまで掲載。

新　ワールドサッカーすごいヤツ全集　金子義仁著　フットワーク出版　1997.5　327p　19cm　1500円　Ⓘ4-87689-247-4　Ⓝ783.47

（目次）1 イタリア―セリエA, 2 スペイン―リーガ・エスパニョーラ、3 ドイツ―ブンデスリーガ、4 イングランド―プレミアシップ・リーグ、5 オランダ、フランス、6 ブラジル、アルゼンチン、7 各国の名プレイヤーたち
（内容）華麗かつ壮大なるドラマを演じる熱き男たち。サッカーの熱気がムンムン、本場の醍醐味を満喫！世界各国でハイレベルな戦いを繰り広げている名プレイヤーたちの実力を徹底分析し、意外な素顔も紹介する。

全世界サッカークラブ選手名鑑　Koly選手名鑑Maniax〈1〉　2006／07冬　Koly Football Production著　九天社　2007.6　248p　26cm　（Koly選手名鑑Maniax 1）　1700円　Ⓘ978-4-86167-170-8　Ⓝ783.47

（目次）1 有名クラブ選手名鑑（BRAZIL CAMPEONATO BRASILEIRO、ARGENTINE PRIMERA DIVISIÓN ARGENTINA、ENGLAND F.A.PREMIERSHIP、ITALY LEGA CALCIO SERIE A ほか）、2 各国ディビジョン別クラブ選手名鑑（LIGA ESPANOLA（スペイン）、F.A.PREMIERSHIP（イングランド）、LEGA CALCIO-SERIE A（イタリア）、BUNDES LIGA（ドイツ）ほか）

NEWワールドサッカー　すごいヤツ全集　下間大輔著　フットワーク出版　2000.9　317p　19cm　1500円　Ⓘ4-87689-363-2　Ⓝ783.47

（目次）1 セリエ・A―最先端フットボールの発信地（ラツィオ、ユベントス、ACミラン、インテル、パルマ、ローマ、フィオレンティーナ、ウディネーゼ）、2 リーガ・エスパニョーラ―技術と精神、攻撃と守備の調和がもたらす熱狂（FCバルセロナ、レアル・マドリー）、3 プレミアシップ・リーグ―100%のスピリットとスペクタ

クル(マンチェスター・ユナイテッド，アーセナル，リバプール，チェルシー)，4 その他一次代を担うスター候補から，世界を席巻したベテランまで(スポルティング・リスボン)

(内容)ワールドサッカーの選手を収録したガイドブック。セリエA，リーガ・エスパニョーラ，プレミアシップ・リーグ，その他の4部で構成，世界のサッカーシーンを代表する選手を紹介する。

ヨーロッパ・サッカー完全選手名鑑 2000-2001　杉山茂樹編　ザ・マサダ
2001.2　301p　21cm　1700円　Ⓣ4-88397-063-9　Ⓝ783.47

(内容)2000年から2001年にかけて活躍中の各国サッカー選手を網羅するデータブック。計35カ国のリーグごとにチームを排列し，選手のプロフィールを掲載する。

ヨーロッパサッカー選手名鑑 2003-2004
カルチョ2002，プレミアシップ・マガジン責任編集　フロムワン　2003.10　146p　29cm　(アスペクトムック) 〈東京 アスペクト(発売)〉 1200円　Ⓣ4-7572-0988-6　Ⓝ783.47

ヨーロッパサッカー選手名鑑 2014-2015
日本スポーツ企画出版社　2014.9　98p　29cm　(ワールドサッカーダイジェスト増刊)　722円　Ⓝ783.47

ヨーロッパサッカー選手名鑑 2015-2016
日本スポーツ企画出版社　2015.9　98p　29cm　(ワールドサッカーダイジェスト増刊)　741円　Ⓝ783.47

ヨーロッパサッカー選手名鑑 2016-2017
日本スポーツ企画出版社　2016.9　82p　29cm　(ワールドサッカーダイジェスト増刊)　741円　Ⓝ783.47

ワールドサッカーすごいヤツ全集 ワールドサッカー ヒーローズ ストーリーズ
金子義仁著　フットワーク出版　1995.8　325p　19cm　1500円　Ⓣ4-87689-191-5　Ⓝ783.47

(内容)セリエA，ブンデスリーガ，プレミアシップ・リーグ，リーガ・エスパニョーラ，オランダ・リーグ，ブラジル選手権，アルゼンチン・リーグetc.で活躍する名だたるプレイヤーたちを徹底分析。ワールドサッカーの熱気がムンムン，本場の醍醐味が満喫できる。誇り高きカルチョ戦士49名の歓喜と絶望の軌跡をたどる。

ワールドサッカーすごいヤツ全集 2002-2003　金子義仁著　フットワーク出版
2002.1　325p　19cm　1500円　Ⓣ4-87689-415-9　Ⓝ783.47

(目次)1 華麗なるスターが集結する世界の最高峰：欧州編(イタリア，イングランド，スペイン，ドイツ，フランス，ポルトガル，クロアチア，ベルギー，ロシア，アイルランド，トルコ)，2 独特のリズムで世界を動かす名選手の宝庫：南米編(アルゼンチン，ブラジル，ウルグアイ，パラグアイ，エクアドル)，3 数多くの才能と可能性が未だ眠る大陸：アフリカ編(ナイジェリア，カメルーン，チュニジア)，4 その他一次代を担うスター候補から，世界を席巻したベテランまで(チリ，ウクライナ，オランダ，オーストラリア，チェコ)

(内容)次世代のサッカーシーンはこの男たちによって築かれる！"セリエA""リーガ・エスパニョーラ""プレミアシップ・リーグ"など，世界最高峰の舞台で勝利を追い求める名プレイヤーたちの実力とは？魅力的な素顔とは？熱き闘いの中に見える天才プレイヤーたちの激動と感動のドラマ。

ワールドサッカーすごいヤツ全集 2003-2004　金子義仁著　フットワーク出版
2002.11　381p　19cm　1500円　Ⓣ4-87689-453-1　Ⓝ783.47

(目次)1 セリエA(イタリア)(ユヴェントス，ローマ ほか)，2 リーガ・エスパニョーラ(スペイン)(レアル・マドリッド，FCバルセロナ ほか)，3 プレミアシップ・リーグ(イングランド)(アーセナル，リヴァプール ほか)，4 ドイツ，フランスほか(ブンデスリーガ，リーグアンほか)(バイエルン・ミュンヘン，カイザースラウテルン ほか)

(内容)"セリエA"・"リーガ・エスパニョーラ"・"プレミアシップ・リーグ"…で，ハイレベルな戦いを繰り広げる名プレイヤーたちの実力，魅力的な素顔とは？過酷な死闘を続けるプレイヤーたちの過去と未来に迫る。

ワールドサッカーすごいヤツ全集 2004-2005　金子義仁著　フットワーク出版
2003.11　331p　19cm　1500円　Ⓣ4-87689-485-X　Ⓝ783.47

(目次)1 セリエA(イタリア)―世界最高峰との誇りに満ちたカルチョの世界(ユヴェントス，インテル ほか)，2 リーガ・エスパニョーラ(スペイン)―攻撃的サッカーの真髄。もう一つの世界最高峰(レアル・マドリード，レアル・ソシエダ ほか)，3 プレミアシップ・リーグ(イングランド)―今，最も華やかで勢いを感じさせるリーグ(マンチェスター・ユナイテッド，アーセナル ほか)，4 ブンデスリーガ，リーグ

アン（ドイツ，フランス）―伝統と気品を兼ね備えた逸材の宝庫を知る（バイエルン・ミュンヘン，レバークーゼン ほか）

内容 セリエA、リーガ・エスパニョーラ、プレミアシップ・リーグなど、世界最高峰の舞台でハイレベルな戦いを繰り広げる名プレイヤーたちの実力、魅力的な素顔とは？華麗なテクニックで世界中を魅了する熱血感動ドラマの主役たち。

ワールドサッカーすごいヤツ全集 2005-2006　金子義仁著　フットワーク出版

2004.10　341p　19cm　1500円　①4-87689-509-0　Ⓝ783.47

目次 1 セリエA―世界最高峰との誇りに満ちたカルチョの世界（ACミラン，ローマ ほか），2 リーガ・エスパニョーラ―攻撃的サッカーの真髄。もう一つの世界最高峰（ヴァレンシア，FCバルセロナ ほか），3 プレミアシップ・リーグ―今、最も華やかで勢いを感じさせるリーグ（アーセナル，マンチェスター・ユナイテッド ほか），4 ブンデスリーガ、リーグアンほか―伝統と気品を兼ね備えた逸材の宝庫を知る（バイエルン・ミュンヘン（ブンデスリーガ），モナコ（フランス一部リーグ）ほか）

内容 栄光を求めて…華麗なる最強バトル。そこには、世界を熱くさせる男たちの生きざまがある。「セリエA」「リーガ・エスパニョーラ」「プレミアシップ・リーグ」…で、ハイレベルな戦いを繰り広げる名プレイヤーたちの実力、魅力的な素顔を徹底検証。

ワールドサッカーすごいヤツ全集 2006-2007　金子義仁著　フットワーク出版

2005.9　301p　19cm　1500円　①4-87689-529-5　Ⓝ783.47

目次 1 セリエA（イタリア）―世界最高峰との誇りに満ちたカルチョの世界（ユヴェントス，ACミラン，インテル），2 リーガ・エスパニョーラ（スペイン）―攻撃的サッカーの真髄。もう一つの世界最高峰（FCバルセロナ，レアル・マドリード ほか），3 プレミアシップ・リーグ（イングランド）―今、最も華やかで勢いを感じさせるリーグ（チェルシー，アーセナル，マンチェスター・ユナイテッド・リヴァプール，ニューカッスル・ユナイテッド），4 ブンデスリーガほか（ドイツほか）―伝統と気品を兼ね備えた逸材の宝庫を知る（バイエルン・ミュンヘン，FCポルト，フェネルバフチェ，アメリカ）

内容 繊細なボールコントロール、抜群の身体能力、華麗なドリブル突破、ファイターの魂…。ドイツ決戦を前に熱きバトルを繰り広げる世界最高峰の主役たち。死闘を演じる注目プレイヤーたちの実力、魅力的な素顔を徹底検証。

ワールドサッカーすごいヤツ全集 2007-2008　金子義仁著　カザン　2006.11　285p　19cm　1500円　①4-87689-555-4　Ⓝ783.47

目次 1 セリエA（イタリア）―世界最高峰との誇りに満ちたカルチョの世界（ACミラン，インテル ほか），2 リーガ・エスパニョーラ（スペイン）―攻撃的サッカーの真髄。もう一つの世界最高峰（FCバルセロナ，レアル・マドリード ほか），3 プレミアシップ・リーグ（イングランド）―多国籍化で進化を続けるフットボールの母国（チェルシー，マンチェスター・ユナイテッド ほか），4 ブンデスリーガほか（ドイツほか）―伝統と気品を兼ね備えた逸材の宝庫を知る（バイエルン・ミュンヘン，ブレーメン ほか）

内容 ストライカーの歓喜、ファイターの魂、ファンタジスタの誘惑、スタジアムの熱狂…。熱き闘いの中に見える天才プレイヤーたちの激動と感動のドラマ。

ワールドサッカーすごいヤツ全集 2008-2009　金子義仁著　カザン　2007.10　245p　19cm　1500円　①978-4-87689-568-7　Ⓝ783.47

目次 1 セリエA（イタリア）―世界最高峰との誇りに満ちたカルチョの世界（インテル，ローマ，ACミラン，ユヴェントス），2 リーガ・エスパニョーラ（スペイン）―攻撃的サッカーの真髄。もう一つの世界最高峰（レアル・マドリード，FCバルセロナ，サラゴサ，ビジャレアル），3 プレミアシップ・リーグ（イングランド）―今、最も華やかで勢いを感じさせるリーグ（マンチェスター・ユナイテッド，チェルシー，リヴァプール，アーセナル，ニューカッスル・ユナイテッド），4 ブンデスリーガほか（ドイツほか）―伝統と気品を兼ね備えた逸材の宝庫を知る（バイエルン・ミュンヘン，ハンブルガーSV，ブレーメン，リヨン，マルセイユ，ロサンゼルス・ギャラクシー）

内容 華麗なテクニックで世界中を魅了する熱血感動ドラマの主役たち。

World football players top 300　原悦生写真，加部究文　アミューズブックス　2001.8　145p　26cm　1524円　①4-906613-81-0　Ⓝ783.47

目次 スペシャルインタビュー，5つ星プレイヤー33人，4つ星プレイヤー87人，3つ星プレイヤー180人，プレイヤーたちが夢見る舞台

内容 世界のサッカー選手のデータブック。各

ポジションごとに評価項目を10項目設定し、全300選手を独自に徹底評価する。五十音順の掲載選手の索引がある。

<ハンドブック>

ACミランオフィシャルブック　ACミラン編　ビクターエンタテインメント　1993.12　1冊　28×21cm　〈付：日本語対訳ブックレット〉　1800円　Ⓘ4-89389-092-1　Ⓝ783.47

(内容)ACミラン自身の編集による観戦ガイドブック。歴史と戦歴、全選手名鑑などのデータを掲載する。

欧州クラブサッカー解体新書1995～2005　Koly Football Production編　東邦出版　2005.1　189p　21cm　1300円　Ⓘ4-8094-0418-8　Ⓝ783.47

(目次)イタリア・セリエA、スペイン・リーガエスパニョーラ、イングランド・プレミアシップ、ドイツ・ブンデスリーガ、フランス・リーグ1、オランダ・エールディヴィジ、ポルトガル・スーペルリーガ&その他のクラブ

(内容)登場80クラブのフォーメーション・スタッツを収録。強豪チームの10年分がまるごとわかる完全データ集。

欧州サッカー観戦ガイド 地球の歩き方プラス・ワン〈405〉　改訂第4版　「地球の歩き方」編集室編　ダイヤモンド・ビッグ社、ダイヤモンド社〔発売〕　2006.11　287p　21×14cm　（地球の歩き方プラス・ワン405）　2000円　Ⓘ4-478-05304-9　Ⓝ783.47

(目次)聖地スタジアム巡礼の旅、リーガエスパニョーラ、セリエA、プレミアリーグ、ブンデスリーガ、エールディビジ

欧州サッカーリーグ最速ガイド 2004-2005 欧州新シーズンクラブ&選手名鑑　コナミメディアエンタテインメント　2004.8　143p　26cm　1048円　Ⓘ4-86155-803-4　Ⓝ783.47

(目次)Special Issue アテネ五輪は世界デビューへのファーストステップ!、欧州サッカーリーグ最速ガイド2004-2005(England/Premiership League,France/Ligue1,Germany/Bundesliga1,Italy/Serie-A,Netherlands/KPN Eredivisie,Spain/Liga Espanola)、It's Amazing チャンピオンズリーグで輝きを魅せる欧州クラブチーム—強者による世界最高峰の戦い、Top of the World トヨタカップで世界を沸かす南米の雄—スターを生み出す人材の宝庫、Special Interview Winning Eleven 8 プロデューサー高塚新吾インタビュー、Special Preview Winning Eleven 8 最新情報WE8 ARRIVED!!

欧州チャンピオンズリーグ解体新書　Koly Football Production編　東邦出版　2006.12　207p　21cm　1333円　Ⓘ4-8094-0574-5　Ⓝ783.47

(目次)UEFAチャンピオンズリーグ全成績、UEFAチャンピオンズカップ全成績、UEFAカップ全成績、UEFAカップウィナーズカップ全成績、CONMEBOLコパ・リベルタドーレス全成績、インターコンチネンタルカップ/トヨタカップ全成績

(内容)欧州サッカーの最高峰、チャンピオンズリーグを前身のチャンピオンズカップ時代から完全データ収録。UEFAカップ・カップウィナーズカップ、さらにはリベルタドーレス杯・トヨタカップも収めた驚異のデータブック。

世界73カ国代表サッカー解体新書 1978～2005　Koly Football Production編　東邦出版　2005.8　221p　21cm　1333円　Ⓘ4-8094-0465-X　Ⓝ783.47

(目次)UEFA—ヨーロッパ、CONMEBOL—南米、CAF—アフリカ、CONCACAF—北中米カリブ海、OFC—オセアニア、日本代表激闘の記録1991～2005、追憶のユース・オリンピック世代

(内容)世界73カ国の主要大会におけるフォーメーション、スタッツがわかる完全データ集「日本代表激闘の記録1991～2005」や記憶に残る各国ユース・五輪代表、さらにはカタルーニャ、バスク選抜まで収録。

セリエAパーフェクトガイド! 2002-2003　レッカ社編　カンゼン　2002.10　254p　21cm　2000円　Ⓘ4-901782-05-3　Ⓝ783.47

(目次)"ストライカー"3選手全方位分析、セリエAベスト11、観戦知識編、超観戦法編、セリエA完全チームデータ、01-02セリエAシーズンレビューbyオプタ

(内容)セリエA観戦のためのデータブック。全18チームの選手名鑑、戦力分析などを収録。英国・オプタによる2002～2003年シーズンのデータをもとに解説し、フォーメーションと移籍情報は2002年9月6日現在。観戦知識、観戦法、チームデータ、観戦記で構成。チームデータは、チーム別に、戦力分析と所属選手のプロフィールを

写真付きで掲載。ほかに、試合スケジュール、カルチョ用語伊和対応式などがあり、巻末に、選手名索引、2002W杯出場選手索引を付す。

セリエAパーフェクトガイド! 2003-2004　カンゼン編集部編著　カンゼン　2003.10　254p　21cm　1880円　①4-901782-19-3　Ⓝ783.47

(目次)元日本代表・福田正博、北沢豪が語るファンタジスタの条件─攻撃で魅了するプレイヤーファンタジック・データ解析, 2003-2004セリエA完全チームデータ, 02-03セリエAシーズンレビューbyオプタ

(内容)セリエAに参戦する全18チームとプレイヤーを詳細解説。チームの歴史、偉人、サポーターの特徴から今シーズンの予想基本フォーメーション、得点シーンのシミュレーション図解、移籍情報、写真付きプレイヤーデータなど、リーグ年間観戦ガイドとして充実の完全ボリュームで掲載。サッカープレイヤーデータとして世界標準である「オプタスタッツ」による、各クラブの成績、選手のプレイ内容など、02-03シーズンのリーグ戦を振り返るシーズンレビュー。バッジオのパス精度やトッティのドリブル突破力など、プレイ特徴が一目でわかる。「元日本代表・福田正博、北沢豪が語る、セリエAで攻撃を司るジョカトーレとは?」「宮内聡がユヴェントス・スクデット連覇を徹底解剖」「八塚浩のセリエA超観戦実況コラム」「富樫洋一の成功するセリエAの指揮官とは?」など、人気サッカー解説陣、実況アナウンサーが熱く語る…。

セリエAハンドブック '95-'96　フジテレビ出版, 扶桑社〔発売〕　1995.10　111p　26×15cm　1200円　①4-594-01828-9　Ⓝ783.47

全世界サッカー完全読本 世界114カ国のフットボール事情をナビゲート　Koly Football Production編　東邦出版　2004.11　221p　21cm　1300円　①4-8094-0410-2　Ⓝ783.47

(目次)第1章 年間スケジュール(欧州年間スケジュール表, 各大陸年間スケジュール表), 第2章 全世界各国大会特集(ヨーロッパ大陸の大会, ヨーロッパ大陸各国紹介 ほか), 第3章 ワールドサッカーQ&A, 第4章 スタジアム特集(ヨーロッパのスタジアム, アジアのスタジアム ほか), 第5章 世界の名選手＆名監督(世界の名選手, 世界の名監督)

(内容)世界の国内リーグ、クラブチームを徹底解説。

ブラジルサッカー総覧 ブラジルサッカーの歴史から用語まで　柴田昴著　河出書房新社　2001.3　255p　21cm　2500円　①4-309-26468-9　Ⓝ783.47

(目次)第1部 ブラジルサッカーとは?(ブラジルサッカーの文化特性とその周辺, ブラジルサッカー小史─ブラジル文化のシンボル・FUTEBOL, ブラジルサッカーの遊戯性を高揚するサッカーの類系), 第2部 ブラジルプロサッカー503クラブ一覧, 第3部 ブラジルサッカー用語(標準用語─ブラジル・ポルトガル語・日本語A～Z, 実践用語─日本語・ブラジル・ポルトガル語, 生活用語─日本語・ブラジル・ポルトガル語, 基本用語─日本語・ブラジル・ポルトガル語, 会話用語─日本語・ブラジル・ポルトガル語)

プレミアリーグパーフェクトガイド! 2002-2003　レッカ社編　カンゼン　2002.9　254p　21cm　2000円　①4-901782-06-1　Ⓝ783.47

(目次)2002-2003シーズン開幕 中西哲生氏が見抜く!プレミアリーグのストライカー, 欧州サッカーご意見番7人が「超私的ベスト11」を大公開!!プレミアリーグベスト11, 観戦知識編, 超観戦法編, プレミアリーグ完全チームデータ(アーセナル, リヴァプール, マンチェスター・ユナイテッド, ニューカッスル・ユナイテッド ほか), 01-02プレミアリーグシーズンレビューbyオプタ, クラブ戦績, 個人成績オプタスタッツランキング

(内容)プレミアリーグ観戦のためのデータブック。英国・オプタによる2001～2002年シーズンのリーグ戦全試合データをもとに解説し、フォーメーション、移籍情報は平成14年8月15日現在。観戦知識、チームデータ、観戦記で構成。チームデータは、今季プレミアリーグに参戦する20チームの戦力分析と所属選手のプロフィールを写真付きで掲載。ほかに、試合スケジュール、オーナー名鑑などがあり、巻末に、選手名索引、2002W杯出場選手索引を付す。

プレミアリーグパーフェクトガイド! 2003-2004　カンゼン編集部編　カンゼン　2003.9　254p　21cm　1880円　①4-901782-18-5　Ⓝ783.47

(目次)元日本代表・福田正博、北沢豪が語るプレミアリーグの攻撃的ミッドフィルダーの条件─4人のトッププレイヤーを徹底比較!!, 2003-2004プレミアリーグ完全チームデータ(高木琢也が"王者の戦術"を徹底解剖 2002-2003チャンピオンマンチェスター・Uの闘いを振り返る,

競技スポーツ　　　　　　　　　　　　　　　　　ラグビー

シーズンの展望と注目プレイヤー，完全チームデータの見方，ディヴィジョン1 03-04シーズンがとりあえず3ページでわかる，プレミアリーグを観るための基礎知識 That's Premiership），02-03プレミアリーグシーズンレビューbyオプタ（クラブ戦績―明暗を分けた攻撃と防御激闘のプレミアリーグ，個人成績―オプタスタッツランキング）

(内容)プレミアリーグに参戦する全20チームとプレイヤーを詳細解説。チームの歴史，偉人，応援歌から今シーズンの予想基本フォーメーション，得点シーンのシミュレーション図解，移籍情報，写真付きプレイヤーデータなど，リーグ年間観戦ガイドとして充実の完全ボリュームで掲載。サッカープレイデータとして世界標準である「オプタスタッツ」による，各クラブの成績，選手のプレイ内容など，02-03シーズンのリーグ戦を振り返るシーズンレビュー。ファン・ニステルロイのシュート精度やオーウェンのドリブル技術など，プレイ特徴が一目でわかる。「元日本代表・福田正博，北沢豪が語る，プレミアリーグの攻撃的MFの条件」「高木琢也が徹底解剖王者マンチェスター・Uの強さ」「西岡明彦のプレミア超観戦実況コラム」「トニー・クロスビーのNO LIVERPOOL,NO LIFE」など，人気サッカー解説・実況アナウンサー陣が大集合。

マジック・ツリーハウス探検ガイド サッカー大百科　メアリー・ポープ・オズボーン，ナタリー・ポープ・ボイス著，高畑智子訳　KADOKAWA　2015.6　127p　19cm　〈原書名：SOCCER〉　780円　①978-4-04-067670-8　Ⓝ783.47

(目次)1 世界一愛されるスポーツ，2 サッカーのルール，3 キックオフ!，4 伝説のプレーヤーたち，5 FIFAワールドカップ，6 サッカーは人生を変える

(内容)ジャックとアニーは，魔法のツリーハウスでいろいろな時代へ冒険に出かけます。ふたりは，サッカーの神様と呼ばれるペレ選手の試合を見るため，1970年サッカーワールドカップへ。さあ，世界で30億人もの人が見るというサッカーの魅力とはなにか，いっしょに見つけましょう！

<図鑑・図集>

親子で学ぶサッカー世界図鑑　サッカー新聞エル・ゴラッソ編集部編　スクワッド　2015.6　67p　31cm　〈文献あり〉　2200円

①978-4-908324-00-0　Ⓝ783.47

(目次)ヨーロッパ，南米，北中米カリブ海，アフリカ，アジア・オセアニア，特集 言葉から見えてくる"世界"，2018年W杯，特集 国境を越えて。サッカーが世界を動かす

(内容)サッカーも工業も世界をリードするドイツ。ウルグアイ代表のパワーの源は牛肉!?近代サッカーと産業革命の深いつながり。国に平和をもたらしたコートジボワール代表。サッカー王国ブラジルはW杯試合日が休日!?アルプス山脈とFIFA本部があるスイス。先祖の誇りを受け継ぐチリ代表の国歌熱唱。ギリシャ代表の堅い守りは古代からの伝統!?サッカーから見えてくる"世界"。

親子で学ぶサッカー世界図鑑　改訂版　サッカー新聞ELGOLAZO編集部編　スクワッド　2016.7　67p　31×25cm　2200円

①978-4-908324-08-6　Ⓝ783.47

(目次)ヨーロッパ，南米，北中米カリブ海，アフリカ，アジア・オセアニア，2018年W杯

(内容)子どもの「サッカーが好き」が，世界への「好奇心」と「知識」に変わる。

ビジュアル博物館　第82巻　サッカー　サッカーの起源から最新のワールドカップ決勝戦まで　ヒュー・ホーンビー著，後藤健生日本語版監修　同朋舎，角川書店〔発売〕　2000.11　59p　29cm　〈写真：アンディ・クロフォード　索引あり〉　3400円

①4-8104-2652-1　Ⓝ783.47

(目次)世界的なスポーツ，サッカーの歴史，ルール，レフェリー，ピッチ，サッカーの技術，ゴールキーパー，戦術，けがとの戦い，サッカーボール，サッカーシューズ，サッカーウェア，その他の装身，有名選手，メダルとキャップ，有名チーム，ファン，決戦の日，スタジアム，ワールドカップ，カップとトロフィー，サッカーおもちゃ，記念グッズ，サッカービジネス

(内容)サッカーの歴史から用具，ルール，ワールドカップまで，サッカーの知識をテーマ別に紹介する博物図鑑。巻末に五十音順の索引あり。

ラグビー

<ハンドブック>

ザ・ワールドラグビー　大友信彦編　新潮社　2003.9　285p　21cm　1500円　①4-10-

462701-1　Ⓝ783.48

(目次)1 ジャパン記録集(日本代表Story 1999-2003，日本代表キャップ対象試合出場選手一覧(2001-2003)ほか)，2 ワールドカップ全記録(1987年NZ・豪州大会，1991年イングランド／欧州5カ国大会 ほか)，3 国際ラグビー記録集(HEAD-TO-HEAD／対戦カード別全記録，MAJOR INTERNATIONAL TOURNAMENTS／主要国際大会 ほか)，4 ワールドカップ2003のための資料集(2003年W杯出場国テストマッチ成績1999-2003，注目国テストマッチ出場選手 ほか)

(内容)ワールドカップ全大会，主要な国際トーナメント，各国の全テストマッチなど，インターナショナルラグビーの記録を網羅。日本代表の全記録・個人記録ランキングも完全収録。世界初，最強のレコードブック。

<年鑑・白書>

日本ラグビー　1990　平成元年～平成2年公式戦主要記録　ラグビーマガジン編集部編　ベースボール・マガジン社　1990.7　158p　30cm　1800円　①4-583-02852-0　Ⓝ783.48

日本ラグビー　1991　平成2年～平成3年公式戦主要記録　ラグビーマガジン編集部編　ベースボール・マガジン社　1991.7　166p　30cm　2000円　①4-583-02925-X　Ⓝ783.48

日本ラグビー　1992　平成3年～平成4年公式戦主要記録　ラグビーマガジン編集部編　ベースボール・マガジン社　1992.6　166p　30cm　2000円　①4-583-02992-6　Ⓝ783.48

(目次)第2回ワールドカップ決勝，第2回ワールドカップ日本代表，香港代表来日試合，第17回香港国際7人制大会，高校日本代表カナダ遠征，早大創部75周年記念英国遠征，神戸製鋼豪州合宿，3地域対抗ラグビー，第2回ワールドカップ決勝トーナメント，第29回日本選手権，第44回全国社会人大会，東日本社会人リーグ，東海社会人リーグ，関東大学対抗戦，関西大学リーグ，全国社会人大会戦績，全国大学選手権戦績〔ほか〕

日本ラグビー　1993　平成4年～平成5年公式戦主要記録　ラグビーマガジン編集部編　ベースボール・マガジン社　1993.7　166p　30cm　2000円　①4-583-03069-X　Ⓝ783.48

日本ラグビー　1994　平成5年～平成6年公式戦主要記録　ラグビーマガジン編集部編　ベースボール・マガジン社　1994.7　172p　30cm　2000円　①4-583-03133-5　Ⓝ783.48

(目次)COLOR,TOUR&INVITATIONS, INTERNAL GAME(社会人，大学)

日本ラグビー　1995　平成6年～平成7年公式戦主要記録　ベースボール・マガジン社　1995.7　175p　30cm　2000円　①4-583-03224-2　Ⓝ783.48

日本ラグビー　1996　平成7年～平成8年公式戦主要記録　ラグビーマガジン編集部編　ベースボール・マガジン社　1996.7　151p　30cm　2000円　①4-583-03308-7　Ⓝ783.48

(目次)COLOR(第3回ワールドカップ，ルーマニア代表来日，ACT(豪州首都圏代表)来日 ほか)，JAPAN & INTERNATIONAL GAME(第3回ワールドカップ，第21回香港国際7人制大会，1995台北セブンズ，第4回ジャパンセブンズ他，第28回コブラテンズ，第1回バリモアテンズ ほか)，INTERNAL GAME(社会人，大学，高校，その他)

日本ラグビー　1997　平成8年～平成9年公式戦主要記録　ラグビーマガジン編集部編　ベースボール・マガジン社　1997.7　143p　30cm　2200円　①4-583-03400-8　Ⓝ783.48

(目次)JAPAN&INTERNATIONAL GAME, INTERNAL GAME(社会人，大学，高校，その他)

日本ラグビー　1998　平成9年～平成10年公式戦主要記録　ラグビーマガジン編集部編　ベースボール・マガジン社　1998.7　143p　30cm　2200円　①4-583-03528-4　Ⓝ783.48

(目次)COLOR(第2回パシフィック・リム選手権，7人制国際大会，豪州首都圏(ACT)代表来日試合 ほか)，JAPAN & INTERNATIONAL GAMES(第2回パシフィック・リム選手権，豪州首都圏代表来日，日本代表スコッド豪州強化合宿，日本代表Aフィジー・豪州遠征，NZU来日 ほか)，INTERNAL GAMES(社会人，大学，高校，その他)

日本ラグビー　1999　平成10年～平成11年公式戦主要記録　ラグビーマガジン編集

部編　ベースボール・マガジン社　1999.8
127p　30cm　2500円　Ⓘ4-583-03608-6
Ⓝ783.48
⊕目次⊕COLOR（第4回W杯アジア地区予選，第3回パシフィックリム選手権，国際7人制各大会 ほか），JAPAN & INTERNATIONAL GAMES（第3回パシフィックリム選手権，日本代表スコッド豪州強化合宿，コスモ石油チャレンジマッチ，日本代表Aニュージーランド遠征，W杯アジア予選inシンガポール ほか），INTERNAL GAMES（社会人，大学，高校 ほか）

日本ラグビー　2000　平成11年～平成12年公式戦主要記録　ラグビーマガジン編集部編　ベースボール・マガジン社　2000.8
127p　30cm　2500円　Ⓘ4-583-03588-8
Ⓝ783.48
⊕目次⊕COLOR（第4回ワールドカップ，日本代表強化試合（スペイン代表・NZワイカト州代表），第1回日韓定期戦 ほか），日本代表・国際交流，社会人，大学，高校，主要大会・試合，主要戦績

日本ラグビー　2001　平成12年～平成13年公式戦主要記録　ラグビーマガジン編集部編　ベースボール・マガジン社　2001.8
127p　30cm　2500円　Ⓘ4-583-03659-0
Ⓝ783.48
⊕目次⊕COLOR，日本代表・国際交流，社会人，大学，高校，主要大会・試合，主要戦績，日本代表テストマッチ記録
⊕内容⊕2000年度の日本のラグビーの公式戦記録集。日本代表・国際交流，社会人，大学，高校，主要大会・試合に分けて掲載。主要戦績，日本代表テストマッチ記録を収録。

日本ラグビー　2002　平成13年～平成14年公式戦主要記録　ラグビーマガジン編集部編　ベースボール・マガジン社　2002.8
127p　30cm　2500円　Ⓘ4-583-03710-4
Ⓝ783.48
⊕目次⊕2001年度日本ラグビー回顧，日本代表・国際交流，社会人，大学，高校，主要大会・試合，主要戦績，日本代表テストマッチ記録
⊕内容⊕2001年度の日本のラグビーの公式戦記録集。日本代表・国際交流，社会人，大学，高校，主要大会・試合に分けて掲載。主要戦績，日本代表テストマッチ記録を収録。

日本ラグビー　2003　平成14年～平成15年公式戦主要記録　ラグビーマガジン編集部編　ベースボール・マガジン社　2003.9
127p　30×22cm　2500円　Ⓘ4-583-03761-9
Ⓝ783.48
⊕目次⊕日本代表・国際交流，社会人，大学，高校，主要大会・試合，主要戦績，日本代表テストマッチ記録

日本ラグビー　2004　平成15年～平成16年公式戦主要記録　ラグビーマガジン編集部編　ベースボール・マガジン社　2004.9
135p　30cm　2500円　Ⓘ4-583-03827-5
Ⓝ783.48
⊕目次⊕日本代表・国際交流，社会人，大学，高校，主要大会・試合，主要戦績，日本代表テストマッチ記録

日本ラグビー　2005　平成16年～平成17年公式戦主要記録　ラグビーマガジン編集部編　ベースボール・マガジン社　2005.9
1351　30cm　2500円　Ⓘ4-583-03863-1
Ⓝ783.48
⊕目次⊕COLOR，日本代表・国際交流，社会人，大学，高校，主要大会・試合，主要戦績，日本代表テストマッチ記録

日本ラグビー　2006　平成17年～平成18年公式戦主要記録　ラグビーマガジン編集部編　ベースボール・マガジン社　2006.9
135p　30cm　2500円　Ⓘ4-583-03918-2
Ⓝ783.48
⊕目次⊕COLOR，社会人，日本代表・国際交流，大学，高校，主要大会・試合，主要戦績，日本代表テストマッチ記録

日本ラグビー　2007　平成18年～平成19年公式戦主要記録　ラグビーマガジン編集部編　ベースボール・マガジン社　2007.9
139p　30×21cm　2500円　Ⓘ978-4-583-10049-4　Ⓝ783.48
⊕目次⊕COLOR，日本代表・国際交流，社会人，大学，高校，主要大会・試合，主要戦績，日本代表テストマッチ記録

日本ラグビー　2008　平成19年～平成20年公式戦主要記録　ラグビーマガジン編集部編　ベースボール・マガジン社　2008.9
135p　30cm　2500円　Ⓘ978-4-583-10109-5
Ⓝ783.48
⊕目次⊕COLOR，トップリーグ・社会人，日本代表，大学，高校，主要大会・試合，主要戦績，日本代表テストマッチ記録

日本ラグビー　2009　平成20年～平成21年公式戦主要記録　ラグビーマガジン編集部編　ベースボール・マガジン社　2009.9
127p　30cm　2500円　Ⓘ978-4-583-10195-8

テニス　　　　　　　　　　　競技スポーツ

Ⓝ783.48

(目次)COLOR，日本代表，トップリーグ・社会人，大学，高校，主要大会・試合，主要戦績，日本代表テストマッチ記録

日本ラグビー　2010　平成21年～平成22年公式戦主要記録　ラグビーマガジン編集部編　ベースボール・マガジン社　2010.9
127p　30cm　2500円　Ⓘ978-4-583-10283-2
Ⓝ783.48

(目次)COLOR，日本代表，トップリーグ・社会人，大学，高校，主要大会・試合，主要戦績，日本代表テストマッチ記録

日本ラグビー　2011　平成22年～平成23年公式戦主要記録　ラグビーマガジン編集部編　ベースボール・マガジン社　2011.8
127p　30cm　2500円　Ⓘ978-4-583-10410-2
Ⓝ783.48

(目次)COLOR，日本代表，トップリーグ・社会人，大学，高校，主要大会・試合，主要戦績，日本代表テストマッチ記録

日本ラグビー　2012　平成23年～平成24年公式戦主要記録　ラグビーマガジン編集部編　ベースボール・マガジン社　2012.8
127p　30cm　2500円　Ⓘ978-4-583-10490-4
Ⓝ783.48

(目次)COLOR，日本代表，トップリーグ・社会人，大学，高校，主要大会・試合，主要戦績，日本代表テストマッチ記録

日本ラグビー　2013　平成24年～平成25年公式戦主要記録　ラグビーマガジン編集部編　ベースボール・マガジン社　2013.9
127p　30cm　2500円　Ⓘ978-4-583-10612-0
Ⓝ783.48

(目次)COLOR，日本代表，トップリーグ・社会人，大学，高校，主要大会・試合，主要戦績，日本代表テストマッチ記録

日本ラグビー　2014　平成25年～平成26年公式戦主要記録　ラグビーマガジン編集部編　ベースボール・マガジン社　2014.8
151p　30cm　2500円　Ⓘ978-4-583-10740-0
Ⓝ783.48

(目次)COLOR，トップリーグ・社会人，日本ラグビー日めくりカレンダー2013・2014，日本代表，大学，高校，主要大会・試合，主要戦績，日本代表テストマッチ記録

日本ラグビー　2015　平成26年～平成27年公式戦主要記録　ラグビーマガジン編集部編　ベースボール・マガジン社　2015.9
151p　30cm　2500円　Ⓘ978-4-583-10902-2
Ⓝ783.48

(目次)COLOR，日本ラグビー日めくりカレンダー2014・2015，日本代表，トップリーグ・社会人，大学，高校，主要大会・試合，主要戦績，日本代表テストマッチ記録

日本ラグビー　2016　平成27年～平成28年公式戦主要記録　ラグビーマガジン編集部編　ベースボール・マガジン社　2016.8
167p　30cm　2600円　Ⓘ978-4-583-11062-2
Ⓝ783.48

(目次)日本ラグビー日めくりカレンダー2015・2016，日本代表，トップリーグ・社会人，大学，高校，主要大会・試合，主要戦績，日本代表テストマッチ記録

テニス

<ハンドブック>

貸テニスコートガイド　首都圏版〔'94〕　JAM企画，星雲社〔発売〕　1994.3　239p　19cm　1000円　Ⓘ4-7952-4980-6　Ⓝ783.5

(内容)首都圏のテニス施設469ケ所と公営テニス施設581ケ所を収録した施設ガイド。一般のテニス施設と公営のテニス施設（市・区・町・村別）の料金・利用時間などを都県別に掲載する。

貸テニスコートガイド　首都圏版〔'95〕　JAM企画，星雲社〔発売〕　1995.2　230p　19cm　1300円　Ⓘ4-7952-4984-9　Ⓝ783.5

(目次)東京都テニスコート，神奈川県テニスコート，千葉県テニスコート，埼玉県テニスコート，公営テニスコート

(内容)レンタルコートの最新情報を全て網羅。スクール・会員制度の有無、施設の概要、料金等掲載。公営コートも同時掲載。

貸テニスコートガイド　首都圏版〔'96〕　JAM企画，星雲社〔発売〕　1995.11　254p　19cm　1500円　Ⓘ4-7952-4272-0　Ⓝ783.5

貸テニスコートガイド　首都圏版〔'98〕　JAM企画編集部編　JAM企画，星雲社〔発売〕　1998.2　246p　19cm　1500円　Ⓘ4-7952-4993-8　Ⓝ783.5

(目次)東京都テニスコート，神奈川県テニスコート，千葉県テニスコート，埼玉県テニスコート，公営テニスコート（東京都，神奈川県，千葉県，埼玉県），リゾートテニスコート（軽井沢，山中湖・忍野・河口湖）

競技スポーツ　　　　　　　　　　　　　　　　卓 球

⒤レンタルコートの最新情報を全て網羅！スクール・会員制度の有無，施設の概要，料金等掲載．本書は首都圏のテニス施設423ヶ所，公営テニス施設602ヶ所，リゾートテニス施設114ヶ所を収録してあります．

貸テニスコートガイド　リゾート・公営コートも同時掲載　首都圏版〔'99〕　新版　JAM企画編集部編　JAM企画　1999.4　238p　19cm　1500円　①4-7952-4997-0　Ⓝ783.5

㊂東京都テニスコート，神奈川県テニスコート，千葉県テニスコート，埼玉県テニスコート，公営・リゾートテニスコート

⒤首都圏の一般のテニス施設と公営のテニス施設の料金・利用時間などの情報を都県別に掲載したガイドブック．首都圏のテニス施設408カ所，公営テニス施設606カ所，リゾートテニス施設114カ所を収録．内容は，1999年3月末．巻末に，総合索引，都県別索引を付す．

貸テニスコートガイド　首都圏版2000　JAM企画編集部編　JAM企画，星雲社〔発売〕　2000.3　238p　19cm　1500円　①4-434-00086-1　Ⓝ783.5

㊂東京都テニスコート，神奈川県テニスコート，千葉県テニスコート，埼玉県テニスコート，公営テニスコート，東京都，神奈川県，千葉県，埼玉県，リゾートテニスコート，軽井沢，山中湖・忍野・河口湖

⒤首都圏の一般のテニス施設と公営のテニス施設の料金・利用時間などを都県別に掲載したガイドブック．首都圏のテニス施設394カ所，公営テニス施設607カ所，リゾートテニス施設114カ所を紹介．内容は2000年1月末日現在．総合索引と都県別索引付き．

スポーツなんでも事典　テニス　こどもくらぶ編　ほるぶ出版　2006.10　71p　29×22cm　3200円　①4-593-58404-3　Ⓝ783.5

㊂歴史，コート，用具，ルール，ポジションとフォーメーション，ショット，審判，4大大会，世界プロツアー，日本の大会，記録，国別対抗戦，オリンピック，マナー，観客，ソフトテニス，いろいろなテニス，プロ選手への道

⒤テニスの歴史や道具のことから，はなばなしく活躍するプロ選手や世界大会のしくみ，アマチュアレベルでたのしむ人まで．テニスにかかわるさまざまなことがらをテーマごとにまとめて解説，ヴィジュアル版子ども向けテニス事典．テニスについて，なにを，どのように調べたらよいかがわかる．

マル貸テニスコートガイド　首都圏版　'97　JAM企画編集部編　JAM企画，星雲社〔発売〕　1996.12　254p　19cm　1500円　①4-7952-4988-1　Ⓝ783.5

㊂東京都テニスコート，神奈川県テニスコート，千葉県テニスコート，埼玉県テニスコート，公営テニスコート（東京都，神奈川県，千葉県，埼玉県），リゾートテニスコート（軽井沢，山中湖・忍野・河口湖）

バドミントン

<ハンドブック>

スポーツなんでも事典　バドミントン　こどもくらぶ編　ほるぶ出版　2007.12　71p　29×22cm　3200円　①978-4-593-58408-6　Ⓝ783.59

㊂歴史，シャトル，ラケット，ユニフォームとシューズ，コート，ルール，ショット，フォルトとレット，違反と罰則，審判，日本の大会，日本リーグ，世界のバドミントン，世界の大会，オリンピック，日本代表，いろいろなバドミントン，障害者バドミントン，ジュニアバドミントン，部活動，大学バドミントン，実業団選手への道

⒤バドミントンの歴史やシャトルのつくられ方から，バドミントン大国のインドネシアや中国について，バドミントン選手の生活についてなどなど．バドミントンにかかわるさまざまなことがらをテーマごとにまとめて解説した，ヴィジュアル版子ども向けバドミントン事典．

卓 球

<辞 典>

卓球まるごと用語事典　知っておきたい卓球ワード600　藤井基男著　卓球王国　2007.10　223p　19cm　（卓球王国ブックス）　1300円　①978-4-901638-26-5　Ⓝ783.6

<ハンドブック>

スポーツなんでも事典　卓球　こどもくらぶ編　ほるぶ出版　2007.1　71p　28×22cm　3200円　①978-4-593-58405-9　Ⓝ783.6

㊂歴史，ラケット，ボール＆ユニフォーム，

スポーツ・運動科学レファレンスブック　99

卓球台，試合，ルール，打ちかた，打法，プレースタイル，審判〔ほか〕

(内容)卓球の歴史や道具のことから、はなばなしく活躍するプロ選手や世界大会のしくみ、ゲームとしてたのしむ人まで。卓球にかかわるさまざまなことがらをテーマごとにまとめて解説した、ヴィジュアル版子ども向け卓球事典です。卓球について、なにを、どのように調べたらよいかがわかります。

野 球

<事 典>

最新野球場大事典　沢柳政義著　大空社
1999.4　281p　30cm　20000円　①4-283-00150-3　Ⓝ783.7

(目次)第1章 日・英プロ野球機構（日本のプロ野球機構，アメリカのプロ野球機構），第2章 日本の新設プロ野球本拠地球場（福岡ドーム，大阪ドーム，ナゴヤドーム，西武ドーム），第3章 新設公式試合地方球場，第4章 アメリカ大リーグ本拠地全球場（アメリカンリーグ，ナショナル・リーグ），第5章 日本野球場の発展と今後の課題（日本や球場の発展と米大リーグとの交流，野球の国際的発展と日本の対応，日本野球場の課題），野球場索引

実例図解すぐわかる! 野球のルール&スコアのつけ方早見事典　アンパイア・デベロップメント・コーポレーション監修　学研プラス　2016.5　176p　21cm　(GAKKEN SPORTS BOOKS)　〈軟式／硬式すべてに対応　文献あり　索引あり〉　1300円　①978-4-05-800632-0　Ⓝ783.7

(目次)1 グラウンド・道具のルール（野球道具，グラウンドの規格 ほか），2 守備側のルール（ピッチャーの動作，ピッチャーの牽制 ほか），3 攻撃側のルール（バッターの打席と打球，バッターボックス ほか），4 試合進行のルール（試合人数，試合・イニング進行 ほか），5 一発でわかる!スコアのつけ方（スコアシートの記入スタイル，マス目の使い方 ほか）

(内容)プレイシーン・ルール用語からすぐ引ける!軟式／硬式すべてに対応。判定が難しいケースも実例で早わかり!スコアブック「記号・つけ方」早見表つき。

<辞 典>

こんなに違う日米野球用語小事典　黒川省三，植田彰共著　洋販出版，洋販〔発売〕　1998.8　164p　18cm　1500円　①4-89684-660-5　Ⓝ783.7

(目次)1 野球用語の日米比較71（投球，打撃，守備と走塁，用具その他），2 野球用語集（アメリカで使われている主な野球用語，略語の読み方，和製用語の和英一覧表）

(内容)日本とアメリカで使われている野球用語を比較した事典。和製用語アイウエオ索引付き。

ベースボール和英辞典　佐藤尚孝編著　開文社出版　2007.4　317p　19cm　2300円　①978-4-87571-808-6　Ⓝ783.7

(目次)和英辞典，ベースボール英語表現のために（文法，前置詞の用法，MAKEの目的語，語順，意味，カタカナ語，数字とハイフンの読み方）

(内容)読んで楽しく、引いて納得、疑問解消。一つの用語に（例えばホームラン）英語ではいろいろな言い方のあることが忽ち分かる。英語でベースボールをもっと楽しもう。

野球の英語A to Z 佐山和夫が語るアメリカ野球用語　佐山和夫著　三修社　2003.11　194p　19cm　1600円　①4-384-05177-8　Ⓝ783.7

(目次)agent,Alibi Ike,angel,anti-trust exemption,asterisk,at bat,attendance,autograph,away,back stop〔ほか〕

(内容)膨大な野球用語の中から主要な語を厳選して収録した正しい野球用語の事典。

野球の英語辞典 メジャーの実況放送も愉しめる　水庭進編　章友社，長崎出版〔発売〕　2004.9　219p　19cm　1500円　①4-86095-042-9　Ⓝ783.7

(内容)野球を愉しみながら英語を学ぼう。野茂英雄、イチロー、松井秀喜をはじめ、日本人大リーガーが大活躍。NHKも、毎日、英語の実況放送。この一冊で英語をマスターしよう。付・和英便覧。

野球用語辞典 イラストと写真でよく分かる　西井哲夫監修，野球用語研究会著　舵社　2008.2　207p　21cm　1400円　①978-4-8072-6531-2　Ⓝ783.7

(内容)野球関係者が実際に現場で指導、または指導を受けながら使っている野球用語と、メジャーの野球中継で使われている用語を中心に

集録.

<名簿・人名事典>

The Baseball Hall of Fame & Museum 人で振り返る野球ハンドブック 2001　野球体育博物館編　ベースボール・マガジン社　2001.3　207p　21cm　1714円　Ⓘ4-583-03638-8　Ⓝ783.7

(目次)2001年に殿堂入りした人たち,野球殿堂入りした人たち1959～2000,表彰規定,特別表彰委員会委員リスト,2001年度競技者表彰委員会委員リスト,明治時代の野球,鎮魂の碑,野球体育博物館インフォメーション

(内容)1959年の設立から2001年までに「野球殿堂」入りした野球人132名を紹介するガイドブック。各人物は年代順に排列され,プロフィール,写真,年度別成績,選手経歴情報などで解説。巻末に「野球体育博物館理事長ごあいさつ」と「野球体育博物館寄付行為」に関する記事を掲載する。

The Baseball Hall of Fame & Museum 人で振り返る野球ハンドブック 2002　野球体育博物館編　ベースボール・マガジン社　2002.7　215p　21cm　1714円　Ⓘ4-583-03703-1　Ⓝ783.7

(目次)2002年に殿堂入りした人たち(山内一弘,鈴木啓示,福本豊,田宮謙次郎,中沢不二雄,生原昭宏,新世紀特別表彰,正岡子規,フランク・オドール),They are Here.彼らはここにいる,野球体育博物館内ガイド,殿堂レリーフはこうしてつくられる,野球殿堂入りした人たち1959～2001,明治時代の野球,鎮魂の碑,殿堂ってなあに?,表彰委員会規定,寄付行為

(内容)野球殿堂入りした人たちを紹介する名鑑。1959年から～2001年まで殿堂入りした年度順に構成。各人のプロフィール,解説,年度別の成績,選手経歴情報などを記載。巻頭には2002年度に殿堂入りした人を紹介。この他に野球体育博物館ガイド,明治時代の野球,表彰委員会規定などを収録。五十音順インデックスが付く。

<ハンドブック>

スポーツなんでも事典 野球　こどもくらぶ編　ほるぷ出版　2005.12　72p　28×21cm　3200円　Ⓘ4-593-58401-9　Ⓝ783.7

(目次)歴史,用具,野球場,ルール,審判,選手の役割,球種,少年野球,高校野球,大学野球〔ほか〕

(内容)野球の歴史や道具のことから,日本のプロ野球やメジャーリーグ,そして世界の野球事情まで。野球にかかわるさまざまなことがらをテーマごとにまとめて解説した,ヴィジュアル版子ども向け野球事典です。野球について,なにを,どのように調べたらよいかがわかります。

絶対にわかる イラスト野球ルール ジム・エバンスのダイアモンド・チャレンジ　ジム・エバンス著,中村浩道訳　日刊スポーツ出版社　1998.7　172p　21cm　〈原書名:JIM EVANS' DIAMOND CHALLENGE〉　1300円　Ⓘ4-8172-0191-6　Ⓝ783.7

(内容)大リーグ審判学校採用のテキストブックを直輸入!ルールブックは分かりにくい―そんなあなたの不満を米大リーグ審判学校創設者、ジム・エバンス氏が解消してくれます。300点を超すイラストを駆使、画期的「Q&A」クイズ方式で、従来のルールブックのイメージを打ち壊しました。ユニホームのポケットにこの1冊。さぁ、あなたもダイヤモンド・チャレンジ!

野球ヒジ診療ハンドブック 肘の診断から治療,検診まで　柏口新二,岡田知佐子編集企画　全日本病院出版会　2014.9　151p　23cm　〈索引あり〉　3600円　Ⓘ978-4-86519-204-9　Ⓝ783.7

(目次)1 はじめに,2 肘の解剖,3 投球障害肘の診察,4 肘の内側の痛み―原因へのアプローチ,5 離断性骨軟骨炎の病態と治療,6 腕尺関節の障害,7 肘頭の過労性骨障害

<図鑑・図集>

野球パーフェクト図鑑　二宮清純監修　ポプラ社　2016.4　159p　27cm　(もっと知りたい!図鑑)　〈他言語標題:BASEBALL PERFECT GUIDE　索引あり〉　4900円　Ⓘ978-4-591-14833-4　Ⓝ783.7

(目次)野球の歴史,日本のプロ野球,日本のアマチュア野球,世界の野球,野球の国際大会,野球のルールと技術や作戦,さまざまな野球の用具,プロ野球12球団の選手,野球の応援,野球に似たスポーツ,野球の記録と賞

◆野球(日本)

<名簿・人名事典>

2006年ドラフト先取り!!アマ球界逸材名鑑 高校生、大学生、社会人150選手一挙紹介 ベースボール・マガジン社編 ベースボール・マガジン社 2006.1 127p 21cm 1200円 ①4-583-03876-3 Ⓝ783.7

(内容)プロの監督が求める逸材の条件。下位指名から一流選手に。プレーヤーズ・インタビュー。アマ指導者に聞くスカウトの眼で見る逸材。

野球殿堂 2007 野球体育博物館編 ベースボール・マガジン社 2007.4 201p 21cm 2000円 ①978-4-583-10019-7 Ⓝ783.7

(目次)野球殿堂とは、野球殿堂入りした人たち1959-2007、野球殿堂レリーフ、表彰規程の変遷、鎮魂の碑、戦没野球人、表彰委員会規程

(内容)日本野球の発展に大きく貢献した方々の功績を永久に讃える「野球殿堂」。その「野球殿堂」に名を刻んだ161名の足跡を綴る一冊。

野球殿堂 2012 The Baseball Hall of Fame 野球体育博物館編 ベースボール・マガジン社 2012.3 225p 21cm 2381円 ①978-4-583-10452-2 Ⓝ783.7

(内容)日本野球の発展に貢献した方々の功績を永久に讃える一。「野球殿堂」に名を刻んだ177名の足跡。

野球殿堂 2015 THE BASEBALL HALL OF FAME 野球殿堂博物館編 ベースボール・マガジン社 2015.3 249p 21cm 2500円 ①978-4-583-10791-2 Ⓝ783.7

(目次)理事長あいさつ、公益財団法人野球殿堂博物館定款、野球殿堂博物館の展示とコレクション、野球殿堂とは、野球殿堂入りした人たち1959 - 2015、野球殿堂レリーフ、表彰委員会規程・表彰規程のおもな変遷、鎮魂の碑、戦没野球人、野村殿堂Q&A

<ハンドブック>

学童野球グラフ 1993 (宇都宮)下野新聞社 1993.9 112p 37cm 2500円 Ⓝ783.7

(内容)第24回県下学童軟式野球大会の全試合を完全収録。

学童野球グラフ 1997 下野新聞社編 (宇都宮)下野新聞社 1997.9 122p 38cm 2381円 Ⓝ783.7

(内容)第28回県下学童軟式野球大会の全試合を収録。地区予選参加チーム紹介と地区予選の記録も収録した。

学童野球グラフ 2003 下野新聞社編 (宇都宮)下野新聞 2003.9 135p 30×23cm 2381円 ①4-88286-218-2 Ⓝ783.7

(目次)GRAPH.(決勝ダイジェスト、閉会式 ほか)、GAMES(決勝、準決勝 ほか)、ZOOM UP(ナイスプレー!ナイスファイト!ナイススマイル!)、DATA(大会成績表、地区予選出場チーム紹介 ほか)

(内容)第34回県学童軟式野球大会の全試合を完全収録。地区予選参加チーム紹介と地区予選の記録も収録。

公認野球規則 2006 日本プロフェッショナル野球組織、日本野球連盟、日本学生野球協会、全日本大学野球連盟、日本高等学校野球連盟ほか編 日本プロフェッショナル野球組織、日本野球連盟、ベースボール・マガジン社〔発売〕 2006.4 243,17p 17cm 952円 ①4-583-03888-7 Ⓝ783.7

(目次)試合の目的、競技場、用具、本規則における用語の定義、試合の準備、試合の開始と終了、ボールインプレイとボールデッド、打者、走者、ボールデッドの際の走者の帰塁に関する処置、投手、審判員、記録に関する規則

(内容)野球をより身近にするためにいつも携帯したいオフィシャルルールブック。ルールに精通すれば、野球がいま以上に楽しくなる。

公認野球規則 2007 日本プロフェッショナル野球組織、日本野球連盟、日本学生野球協会、全日本大学野球連盟、日本高等学校野球連盟ほか編 ベースボール・マガジン社 2007.4 249,19p 17cm 952円 ①978-4-583-10012-8 Ⓝ783.7

(内容)33項にわたる大改正。「Official Baseball Rules」の20数個所にわたる改正を反映した2007年版で改正ポイントをしっかり把握しよう。

公認野球規則 2008 日本プロフェッショナル野球組織、日本野球連盟、日本学生野球協会、全日本大学野球連盟、日本高等学校野球連盟、全日本軟式野球連盟編 ベースボール・マガジン社 2008.4 259,19p 17×11cm 952円 ①978-4-583-10088-3 Ⓝ783.7

(目次)一・○○ 試合の目的、競技場、用具、二・○○ 本規則における用語の定義、三・○○ 試

競技スポーツ　野球

合の準備，四・○○ 試合の開始と終了，五・○○ ボールインプレイとボールデッド，六・○○ 打者，七・○○ 走者，補則 ボールデッドの際の走者の帰塁に関する処置，八・○○ 投手，九・○○ 審判員，一○・○○ 記録に関する規則

(内容)昨年の大改正に続いて今年は6項目が改正。特に「走塁」「記録」に関しては2008年版で改正ポイントをチェック。「原本に忠実に」を基本方針として，野球の国際化も視野に入れた規則の改正，解釈の統一化・明確化という考えのもと，今年はプレイに関する改正は4ヶ所。記録に関しては，原文が50年ぶりに大幅に見直されたことで条文の構成が大きく変更になった。

公認野球規則　2009　日本プロフェッショナル野球組織，日本野球連盟，日本学生野球協会，全日本大学野球連盟，日本高等学校野球連盟，全日本軟式野球連盟編纂　日本プロフェッショナル野球組織，ベースボール・マガジン社〔発売〕　2009.4　255,19p　17cm　〈他言語標題：Official baseball rules　共同刊行：日本野球連盟　索引あり〉　952円　①978-4-583-10160-6　Ⓝ783.7

(内容)アマチュア球界でのストライクゾーンの適用について，アマチュア内規を廃止し，本年度から規則書通りのストライクゾーンを採用すること。よりわかりやすくなったイラストで，しっかり把握しよう。

公認野球規則　2010　日本プロフェッショナル野球組織，日本野球連盟，日本学生野球協会，全日本大学野球連盟，日本高等学校野球連盟，全日本軟式野球連盟編　ベースボール・マガジン社〔発売〕　2010.4　1冊　17cm　1000円　①978-4-583-10248-1　Ⓝ783.7

(内容)米国「Official Baseball Rules」を基幹に，日本で行なわれるすべての野球試合の規則を定めた「公認野球規則」の市販版。2010年度は12項目が改正。

公認野球規則　Official Baseball Rules 2011　日本プロフェッショナル野球組織，日本野球連盟，日本学生野球協会，全日本大学野球連盟，日本高等学校野球連盟，全日本軟式野球連盟編　日本プロフェッショナル野球組織，日本野球連盟，ベースボール・マガジン社〔発売〕　2011.4　259,19,3p　17cm　1000円　①978-4-583-10345-7　Ⓝ783.7

(目次)一・○○ 試合の目的，競技場，用具，二・○○ 本規則における用語の定義，三・○○ 試合の準備，四・○○ 試合の開始と終了，五・○○ ボールインプレイとボールデッド，六・○○ 打者，七・○○ 走者，補則 ボールデッドの際の走者の帰塁に関する処置，八・○○ 投手，九・○○ 審判員，一○・○○ 記録に関する規則，付録 メートル法換算表

(内容)野球をより身近にするためにいつも携帯しておきたいオフィシャルルールブック。最新版で，正しいルールを身につけよう。

公認野球規則　2012　日本プロフェッショナル野球組織，日本野球連盟，日本学生野球協会，全日本大学野球連盟，日本高等学校野球連盟，全日本軟式野球連盟編　ベースボール・マガジン社　2012.4　261,19,3p　17cm　1000円　①978-4-583-10445-4　Ⓝ783.7

(目次)一・○○ 試合の目的，競技場、用具，二・○○ 本規則における用語の定義，三・○○ 試合の準備，四・○○ ボールインプレイとボールデッド，六・○○ 打者，七・○○ 走者，補則 ボールデッドの際の走者の帰塁に関する処置，八・○○ 投手，九・○○ 審判員，一○・○○ 記録に関する規則，付録 メートル法換算表

公認野球規則　2013　日本プロフェッショナル野球組織，日本野球連盟，日本学生野球協会，全日本大学野球連盟，日本高等学校野球連盟，全日本軟式野球連盟編　日本プロフェッショナル野球組織，ベースボール・マガジン社〔発売〕　2013.4　217p　17×13cm　1000円　①978-4-583-10547-5　Ⓝ783.7

(目次)1.00 試合の目的，競技場、用具，2.00 本規則における用語の定義，3.00 試合の準備，4.00 試合の開始と終了，5.00 ボールインプレイとボールデッド，6.00 打者，7.00 走者，補則 ボールデッドの際の走者の帰塁に関する処置，8.00 投手，9.00 審判員，10.00 記録に関する規則

(内容)原本『Official Baseball Rules』と同サイズに変更し，表記も全面的に見直し。より分かりやすくなったルールブックの最新版。

公認野球規則　2014　日本プロフェッショナル野球組織，日本野球連盟，日本学生野球協会，全日本大学野球連盟，日本高等学校野球連盟，全日本軟式野球連盟編　日本プロフェッショナル野球組織　2014.4　13,219p　17cm　〈他言語標題：Official Baseball Rules　共同刊行：日本野球連盟　索引あり　発売：ベースボール・マガジン社〉　1000円　①978-4-583-10659-5　Ⓝ783.7

(内容)2014年は14項目が改正された。主なものは，野球のグラブに対しても色規制が適用になることと，三塁への偽投が禁止となったことで

ある。すでにオフィシャル・ベースボール・ルール『Official Baseball Rules』は昨年改正になっているが、わが国では1年遅れの改正となる。

公認野球規則　2015　日本プロフェッショナル野球組織，全日本野球協会編　ベースボール・マガジン社　2015.4　221p　17×13cm　1000円　Ⓘ978-4-583-10790-5　Ⓝ783.7

(目次)1.00　試合の目的、競技場、用具、2.00　本規則における用語の定義、3.00　試合の準備、4.00　試合の開始と終了、5.00　ボールインプレイとボールデッド、6.00　打者、7.00　走者、補則　ボールデッドの際の走者の帰塁に関する処置、8.00　投手、9.00　審判員、10.00　記録に関する規則

公認野球規則　2016　日本プロフェッショナル野球組織，全日本野球協会編纂　ベースボール・マガジン社（発売）　2016.4　13，228p　17cm　〈他言語標題：Official Baseball Rules　索引あり〉　1000円　Ⓘ978-4-583-10976-3　Ⓝ783.7

(目次)1.00　試合の目的、2.00　競技場、3.00　用具・ユニフォーム、4.00　試合の準備、5.00　試合の進行、6.00　反則行為、7.00　試合の終了、8.00　審判員、9.00　記録に関する規則

(内容)新しい規則書は、1.00試合の目的から、9.00記録に関する規則までの9章で構成され、試合の準備、進行、不正行為など、試合の流れに沿った条文が並ぶ形となっている。新たな条文番号の後に"旧条文番号"を表示し、巻末には2015年と2016年の対比表を掲載。また、「原注」「付記」「規則説明」などの表記を原文（Official Baseball Rules）に忠実に統一した。

社会人野球クラブチーム　データ・ガイドブック　日本野球連盟編集協力　三修社　2006.6　207p　21cm　1600円　Ⓘ4-384-03833-X　Ⓝ783.7

(目次)1　クラブチームとともに歩む社会人野球（茨城ゴールデンゴールズ―萩本欽一監督、NOMOベースボールクラブ―清水信英監督、全足利クラブ―小倉正文監督、全浦和野球団―下谷新一監督）、2　社会人野球を楽しむための基礎知識（社会人野球の歴史、社会人野球の3大会）、3　クラブチームを盛り上げるために（茨城ゴールデンゴールズの参加がクラブチームのイメージを変えた、クラブチームが増加の一途をたどる可能性は高い、地域との連携が大切だ、企業チームとの実力差は大きい、クラブチームに求めるもの）、4　全国都道府県別クラブチームガイド（北海道エリア、東北エリア　ほか）

(内容)クラブ野球を楽しむための全国269チーム、全データ付き。

野球グランドガイドブック　首都圏版　朝文社　1990.8　241p　19cm　1400円　Ⓘ4-88695-024-8　Ⓝ783.7

(内容)グランド探しはこの1冊でOK。首都圏の野球施設情報を満載。付、バッティングセンターガイド。

野球グランドガイドブック　首都圏版　朝文社　1992.3　241p　19cm　1500円　Ⓘ4-88695-057-4　Ⓝ783.7

(内容)グランド探しはこの1冊でOK。首都圏の野球施設情報を満載。バッティングセンターガイド付。

野球グランドガイドブック　首都圏&関西版　朝文社　1993.3　274p　19cm　1600円　Ⓘ4-88695-086-8　Ⓝ783.7

(内容)首都圏・関西圏の野球場を紹介する施設ガイド。収録地域は、東京、神奈川、埼玉、千葉、大阪、京都、神戸。各球場の利用方法、設備、交通の便、料金、内外野の状態（芝か土）などのデータを掲載する。

野球グランドガイドブック　首都圏&関西版　朝文社　1994.5　274p　19cm　1600円　Ⓘ4-88695-113-9　Ⓝ783.7

(内容)首都圏・関西圏の野球場を紹介する施設ガイド。収録地域は、東京、神奈川、埼玉、千葉、大阪、京都、神戸。各球場の利用方法、設備、交通の便、料金、内外野の状態（芝か土）などのデータを掲載する。また、雨の日等の練習のために、各地区のバッティングセンターも紹介する。ほかに、スポットルール、野球こぼれ話のコラム記事も掲載する。

野球グランドガイドブック　首都圏・関西版　95年度　朝文社　1995.7　262p　19cm　1600円　Ⓘ4-88695-128-7　Ⓝ783.7

(内容)東京23区と都下・神奈川・千葉・埼玉に加えて、大阪・京都の野球グランドを一挙掲載。利用法から設備、交通の便、料金、内外野の状態（芝か土）まで詳しく調査。また、雨の日等の練習のために、各地区のバッティングセンターガイドも付いている。球場さがしの合間に読めるスポットルールや、野球こぼれ話もついていて、まさに「草野球人」の必携ガイドブック。

◆◆野球（日本／プロ）

<事典>

甲子園 阪神タイガース大事典 由倉利広著
中央公論新社 1999.5 229p 18cm 800円
①4-12-002908-5 Ⓝ783.7
内容 あの名選手・好試合の数々に胸を熱くし、まさかの迷言・珍事にめっちゃ涙する497項目。

The official baseball encyclopedia 1936-1990 日本野球機構IBM・BISデータ本部編 日本野球機構 1991.3 1331p 31cm 〈本文は日本語〉 7800円 Ⓝ783.7
内容 昭和11年の日本プロ野球創設以来、平成2年現在までの、約38,000試合、出場選手4,020人についての公式記録の集大成。

The official baseball encyclopedia 日本プロ野球記録大百科 1998 日本野球機構BISデータ本部編 日本野球機構 1998.2 1661p 31cm 〈東京 ベースボール・マガジン社（発売）〉 9900円 ①4-583-03482-2 Ⓝ783.7

長嶋茂雄大事典 完全版 石塚紀久雄編著
PHP研究所 1993.6 357p 15cm （PHP文庫） 660円 ①4-569-56560-3 Ⓝ783.7
内容 長嶋茂雄をめぐるキーワード約700項目を五十音順に解説する、読む事典。「4打席4三振」「天覧試合」「開幕アーチ」などの野球にまつわるコトバから、「一目惚れ」「遅刻」「ロマンポルノ」などの私生活に関するコトバまでを収録する。

長嶋茂雄大事典 20世紀完全版 織田淳太郎編著 新潮社 2001.4 437p 15cm （新潮OH!文庫） 714円 ①4-10-290087-X Ⓝ783.7
内容 長嶋茂雄の語録やエピソード、関連する事象や人名などを事典の形にまとめたもの。彼を通じて今日までのプロ野球界とその時代的背景を浮き彫りにさせる意図して編集する。「4打席4三振」「アピールプレー」等のエピソードなどを項目とし、約900収録項目を五十音順に掲載する。

プロ野球記録大鑑 昭和11年-平成4年 宇佐美徹也著 講談社 1993.8 1090p 26cm 9800円 ①4-06-206108-2 Ⓝ783.7
目次 各年度チーム・個人主要成績、試合と勝敗、出場記録、打率と安打、二塁打と三塁打、本塁打、塁打、得点と打点、四死球、三振、盗塁、犠打と犠飛、併殺打、登板記録、投手の勝敗と勝率、失点・自責点・防御率、ノーヒットノーラン、暴投とボーク、最少投球、守備記録、監督の記録、公式戦出場全選手名簿、チーム別年次成績
内容 大スターから数試合出場の選手まで、常勝チームから短命球団まで、プロ野球発足時から平成4年度までの記録を収録した、話題事典。

<辞典>

トラキチ用語辞典虎辞苑第一版 「阪神タイガースisNo.1!」編 集英社インターナショナル, 集英社〔発売〕 2003.9 157p 19cm 1100円 ①4-7976-7106-8 Ⓝ783.7
内容 阪神ファンサイト「阪神タイガースisNo.1!」のメニューのひとつである「トラキチ用語辞典 虎辞苑」をもとに、トラキチ執筆陣の協力を得て編纂。阪神球団およびグループに関する言葉、甲子園球場に関する言葉、阪神に関係あるマスコミ関係の言葉、阪神の選手・監督・コーチ・OBのニックネーム、過去の偉大な選手たちなど、阪神にまつわる全ての用語を網羅。

<名簿・人名事典>

江川卓・スカウティングレポート '98
江川卓解説, 宇佐美徹也データ監修, デポルテ編 ザ・マサダ 1998.3 451p 19cm 1500円 ①4-915977-57-9 Ⓝ783.7
目次 巻頭特集—スペシャルデータで見る「足と肩」、ヤクルトスワローズ、横浜ベイスターズ、広島東洋カープ、読売ジャイアンツ、阪神タイガース、中日ドラゴンズ、西武ライオンズ、オリックスブルーウェーブ、近鉄バファローズ〔ほか〕
内容 16類種のプロフェッショナル・データを駆使し現役選手400名をディープにレポート。選手の分野別5段階評価付き。今季ルーキー＆新外国人選手もレポート。ザ・高橋由伸レポート＆注目の新人。来季ドラフト候補生152人をイチ早く紹介!'97公式戦・全個人成績'98セ・パ公式戦全日程。

江川卓・スカウティングレポート '99
江川卓解説 ザ・マサダ 1999.3 395p 19cm 1500円 ①4-915977-84-6 Ⓝ783.7
目次 巻頭特集—'99ルーキー診断、横浜ベイスターズ、中日ドラゴンズ、読売ジャイアンツ、ヤ

クルトスワローズ，広島東洋カープ，阪神タイガース，西武ライオンズ，日本ハムファイターズ，オリックスブルーウェーブ，福岡ダイエーホークス，近鉄バファローズ，千葉ロッテマリーンズ，2000年ドラフト候補，'98個人成績＆通算記録ランキング，'98セ・パ公式戦全日程，全選手索引

(内容)約600名の現役選手を収録したプロ野球選手名鑑。掲載データは，「投手編」がスピード・コントロール・テクニックの10段階評価，右打者と左打者それぞれに対しての被打率，ボールカウント別の被打率，塁上ランナーの状況別被打率と得点圏での被打率，対戦チーム別の防御率など，「野手編」が守備位置，打力・守備力・走力の10段階評価，右投手と左投手それぞれに対しての打率，ボールカウント別の打率，塁上ランナーの状況別打率，対戦チーム別の打率など。索引付き。

江川卓・スカウティングレポート 2000
江川卓解説　ザ・マサダ　2000.3　379p　19cm　1600円　①4-88397-011-6　Ⓝ783.7

(目次)中日ドラゴンズ，読売ジャイアンツ，横浜ベイスターズ，ヤクルトスワローズ，広島東洋カープ，阪神タイガース，福岡ダイエーホークス，西武ライオンズ，オリックスブルーウェーブ，千葉ロッテマリーンズ，日本ハムファイターズ，大阪近鉄バファローズ，2001年ドラフト予想，2000年セ・パ公式戦全日程

(内容)日本プロ野球の選手名鑑。12球団約600人の現役選手を収録。投手と野手に分け各選手について過去3年間の成績，安打方向や球種データなどを掲載。データは1999年度のものを使用。選手名での五十音順索引付き。

江川卓・スカウティングレポート 2001
江川卓解説　ザ・マサダ　2001.3　380p　17cm　1600円　①4-88397-069-8　Ⓝ783.7

(目次)巻頭特集（「中継ぎ投手」，今季ルーキー診断，天才バッター，イチローの軌跡），本書の見方（投手編，野手編），読売ジャイアンツ，中日ドラゴンズ，横浜ベイスターズ，ヤクルトスワローズ，広島東洋カープ，阪神タイガース，福岡ダイエーホークス，西武ライオンズ，日本ハムファイターズ，オリックスブルーウェーブ，千葉ロッテマリーンズ，大阪近鉄バファローズ，2002年ドラフト予想，2001年セ・パ公式戦全日程，全選手索引

(内容)現役野球選手600名の試合データを収録した名鑑。球団別に選手を排列する。

完全版 プロ野球人国記 関東編 その2
ベースボール・マガジン社編　ベースボール・マガジン社　2004.3　179p　21cm　2400円　①4-583-03786-4　Ⓝ783.7

(目次)茨城県，栃木県，群馬県，埼玉県

(内容)学生野球の父，8時半の男，そして，あの"怪物"投手，個性派つぶ揃い。独自の世界を築いたこだわり球人たちの原点とは何だったのか。プロ野球人の足跡を地域ごとにまとめた大好評，第5弾。

完全版 プロ野球人国記 信越・北陸編
ベースボール・マガジン社編　ベースボール・マガジン社　2004.5　189,5p　21cm　2400円　①4-583-03800-3　Ⓝ783.7

(目次)長野県，新潟県，富山県，石川県，福井県，山梨県

(内容)「初代」三冠王，遅咲き完全男，プロ野球生みの親，GODZILLA，甲府の小天狗。決して飾ることのない地に足のついた実力派を輩出した野球風土を紐解く。プロ野球人の足跡を地域ごとにまとめた大好評，第7弾。

完全版 プロ野球人国記 東海編
ベースボール・マガジン社編　ベースボール・マガジン社　2003.11　206,9p　21cm　2400円　①4-583-03764-3　Ⓝ783.7

(目次)静岡県，岐阜県，愛知県，三重県

(内容)不世出の大投手，日米首位打者，400勝左腕…。伝説のヒーローたちを育んだ「野球王国」の歴史を紐解く。プロ野球人の足跡を地域ごとにまとめた全9巻，第2弾。

完全版 プロ野球人国記 近畿編
ベースボール・マガジン社編　ベースボール・マガジン社　2004.1　392,18p　21cm　2400円　①4-583-03766-X　Ⓝ783.7

(目次)滋賀県，京都府，奈良県，大阪府，兵庫県，和歌山県

(内容)300勝投手にメジャーリーガー。世界の鉄人，盗塁王も生んだスーパースターたちの宝庫。高校野球の「聖地」甲子園をシンボルに野球を愛してやまぬ人々が集中したプロ野球人「量産地域」。プロ野球人の足跡を地域ごとにまとめた大好評，第4弾。

完全版 プロ野球人国記 九州・沖縄編
ベースボール・マガジン社編　ベースボール・マガジン社　2004.6　350,14p　21cm　2400円　①4-583-03803-8　Ⓝ783.7

(目次)福岡県，佐賀県，長崎県，熊本県，大分県，宮崎県，鹿児島県，沖縄県

⒞キャンプ地として歴史を支え続けている「野球熟成の地」が輩出した豪打，豪腕をして神様…。プロ野球人の足跡を地域ごとにまとめた大好評，第8弾。

徳光和夫の巨人軍スカウティングレポート 1999
徳光和夫著　ぶんか社　1999.5　309p　19cm　1400円　Ⓣ4-8211-0658-2　Ⓝ783.7

⒞昭和9年12月26日創立以来一軍公式戦出場を果たした巨人軍選手全477人ののデータを収録した選手名鑑。掲載項目は，選手名，プロフィール，タイトル・表彰・記録・、年度別成績，個人成績，スカウティング・レポートなど。

プロ野球を創った名選手・異色選手400人
新宮正春著　講談社　1999.5　500p　15cm（講談社文庫）　924円　Ⓣ4-06-264521-1　Ⓝ783.7

⒨投手，捕手，一塁手，二塁手，三塁手，遊撃手，外野手，監督，外国人

⒞大リーガーを手玉にとった幻の名投手沢村栄治，天覧試合の名勝負，長島茂雄と村山実，神がかりの勝ち方とタフぶりの「神様，仏様，稲尾様」，怪童尾崎行雄，伝説の人「ヘソ伝」こと山田伝など，名選手・異能選手400人を収録したプロ野球名鑑。

プロ野球最強列伝　沢村栄治からダルビッシュまで
水道橋野球倶楽部編　双葉社　2008.4　229p　19cm　476円　Ⓣ978-4-575-30030-7　Ⓝ783.7

⒨投手編（野茂英雄，沢村栄治，ダルビッシュ有，金田正一　ほか），野手編（王貞治，イチロー，張本勲，落合博満　ほか）

⒞僕らの憧れだった歴代スーパースター90人大集合。

プロ野球最強列伝　歴代オールスター100人大集合！
新版　水道橋野球倶楽部編　双葉社　2009.3　247p　19cm　〈文献あり　索引あり〉　476円　Ⓣ978-4-575-30109-0　Ⓝ783.7

⒨投手編（野茂英雄，江夏豊，ダルビッシュ有，金田正一　ほか），野手編（王貞治，イチロー，張本勲，落合博満　ほか）

⒞大幅増頁，加筆，改訂!昭和のヒーロースターから21世紀のヒーローまで。

プロ野球最強列伝　投手編
Suniwa編　双葉社　2014.2　197p　19cm　571円　Ⓣ978-4-575-30624-8　Ⓝ783.7

⒨国内敵なしの大エースがいよいよメジャー参戦!―田中将大，圧巻の記録が目白押し!まさに史上最強左腕―金田正一，名前だけで意気消沈，圧倒的な能力の高さ!―ダルビッシュ有，外角の制球を鍛えて世界新記録を達成!―江夏豊，メジャリーグへの道を切り開いたパイオニア―野茂英雄，史上初の完全試合男!抜群の安定感を誇った名投手―藤本英雄，日本プロ野球史上唯一，両リーグ100勝を達成した投手―小山正明，驚異的な落差で打者を沈黙させた日本初のフォークボーラー―杉下茂，12年連続開幕投手を務めた"史上最高のアンダースロー投手"―山田久志，絶望的な故障を乗り越えた真っ向勝負のマサカリ投法―村田兆治〔ほか〕

⒞金田正一からマー君まで…伝説の投手61人が大集結!!日本球界に燦然と輝く―あの名投手たちの中からNo.1が決定!

プロ野球人名事典　90
森岡浩編著　日外アソシエーツ，紀伊国屋書店〔発売〕　1990.3　577p　21cm　2900円　Ⓣ4-8169-0917-6　Ⓝ783.7

⒞'90年代を迎え，ますます隆盛を誇るプロ野球。本書は球界で活躍しファンの記憶に今なお残る選手・監督・審判等2612人のプロフィールと最新記録を掲載。生（没）年，出身，球団，ポジション，経歴，記録，タイトルなどの他，現役選手は背番号と利き腕を，監督経験者は監督球団・年度・通算成績を完全収録。今季の全新人選手，生涯記録上位一覧，各年度タイトル獲得者一覧，出身高校・大学別選手一覧も付す。（人物写真150点）。

プロ野球人名事典　増補改訂第3版
森岡浩編著　日外アソシエーツ，紀伊国屋書店〔発売〕　1992.5　662p　21cm　4800円　Ⓣ4-8169-1128-6　Ⓝ783.7

⒞本書は，日本のプロ野球界で活躍し，今なおファンの記憶に残る選手・監督・審判等3860人のプロフィールと最新記録を収めた人名事典である。各選手の生（没）年，出身，球団，ポジション，経歴，記録，タイトル等のデータを収録。巻末には，生涯記録上位者一覧，タイトル獲得者一覧，出身高校・大学別選手一覧を付している。単なる「記録集」にとどまらない，選手個々人を重視した「人名事典」である。

プロ野球人名事典　1995
森岡浩編著　日外アソシエーツ，紀伊国屋書店〔発売〕　1995.5　549p　21cm　2800円　Ⓣ4-8169-1294-0　Ⓝ783.7

⒞1936年のリーグ戦発足時から95年3月31日までに日本のプロ野球界に在籍したことのあ

る選手、監督、コーチ、スコアラー、スカウト、審判等を収録した人名事典。前版(1992年刊)より900人多い4773人を収録、五十音順に掲載する。巻末に生涯記録上位者一覧、タイトル獲得者一覧、出身校別選手一覧、出身大学別選手一覧がある。

プロ野球人名事典　1997　森岡浩編著　日外アソシエーツ，紀伊国屋書店〔発売〕

1997.5　580p　21cm　2800円　Ⓘ4-8169-1426-9　Ⓝ783.7

(内容)1936年のリーグ戦発足時から97年3月31日までに日本のプロ野球界に在籍したことのある選手、監督、コーチ、スコアラー、スカウト、審判等を収録した人名事典。5172人を収録し、五十音順に掲載する。巻末に生涯記録上位者一覧、タイトル獲得者一覧、出身高校別選手一覧、出身大学別選手一覧がある。

プロ野球人名事典　1999　森岡浩編著　日外アソシエーツ，紀伊国屋書店〔発売〕

1999.5　617p　21cm　2800円　Ⓘ4-8169-1543-5　Ⓝ783.7

(内容)1936年のリーグ戦発足時から99年3月20日までに日本のプロ野球界に在籍したことのある選手、監督、コーチ、スコアラー、審判等を収録した人名事典。5463人を収録し、五十音順に掲載する。巻末に生涯記録上位者一覧、タイトル獲得者一覧、出身高校別選手一覧、出身大学別選手一覧がある。

プロ野球人名事典　2001　森岡浩編著　日外アソシエーツ，紀伊國屋書店〔発売〕

2001.5　651p　21cm　2800円　Ⓘ4-8169-1669-5　Ⓝ783.7

(内容)プロ野球関係者6016人を収録した選手・監督名鑑。1936年から2001年3月までの国内プロ野球関係者や米国メジャーリーグに出場した日本人選手を収録対象とする。排列は人名の五十音順。人物ごとに出身、球団、球歴・経歴、記録、打撃成績／投手成績、参考図書を記載。巻末付録に生涯記録上位者一覧、タイトル獲得者一覧、出身高校別選手一覧、出身大学別選手一覧がある。

プロ野球人名事典　2003　森岡浩編著　日外アソシエーツ，紀伊國屋書店〔発売〕

2003.4　717p　21cm　3200円　Ⓘ4-8169-1771-3　Ⓝ783.7

(内容)1936年日本プロ野球発足から現在まで、選手・監督など6400人の最新情報を収録。出身地、出身校、所属球団、ポジション、プロフィール、通算成績、獲得タイトル、エピソード、監督成績、参考図書など詳細データを満載。巻末付録に「生涯記録上位者一覧」「タイトル獲得者一覧」「出身高校別選手一覧」「出身大学別選手一覧」が付く。

プロ野球スカウティングレポート　1997

江川卓解説　ザ・マサダ　1997.3　334p　21cm　1600円　Ⓘ4-915977-39-0　Ⓝ783.7

プロ野球スカウティングレポート　1998

江川卓解説　ザ・マサダ　1997.3　451p　19cm　1500円　Ⓘ4-915977-57-3　Ⓝ783.7

プロ野球スカウティングレポート　2006

小関順二，日本野球機構コミッショナー事務局BISデータ本部データ提供　アスペクト　2006.4　415p　21cm　1600円　Ⓘ4-7572-1246-1　Ⓝ783.7

(内容)プロ野球12球団を詳細なデータで丸裸に。野球観戦のプロ・小関順二がセ・パ両リーグ現役選手、500名を徹底解剖。

プロ野球スカウティングレポート　2007

小関順二監修　アスペクト　2007.3　447p　19cm　1600円　Ⓘ978-4-7572-1338-8　Ⓝ783.7

(目次)Pacific League(北海道日本ハムファイターズ，西武ライオンズ，福岡ソフトバンクホークス，千葉ロッテマリーンズ，オリックス・バファローズ，東北楽天ゴールデンイーグルス)，Central League(中日ドラゴンズ，阪神タイガース，東京ヤクルトスワローズ，読売ジャイアンツ，広島東洋カープ，横浜ベイスターズ)

(内容)両リーグ12球団の有力選手&新戦力621名を詳細なデータをもとに徹底分析。野球観戦のプロが激辛コメントでメッタ斬る。

プロ野球スカウティングレポート　2008

小関順二監修　アスペクト　2008.4　471p　19cm　(アスペクトムック)　1200円　Ⓘ978-4-7572-1439-2　Ⓝ783.7

プロ野球スカウティングレポート　2009

西尾典文，泉直樹執筆，小関順二監修　アスペクト　2009.3　470p　19cm　(アスペクトムック)　〈他言語標題：Japan professional baseball scouting report〉　1200円　Ⓘ978-4-7572-1628-0　Ⓝ783.7

プロ野球スカウティングレポート　2010

西尾典文，泉直樹執筆，小関順二監修　アスペクト　2010.3　470p　19cm　(アスペクトムック)　〈他言語標題：Japan professional baseball scouting report〉　1200円　Ⓘ978-

4-7572-1744-7　Ⓝ783.7

プロ野球スカウティングレポート　2011
西尾典文, 石川哲也, 場野守泰執筆, 小関順二監修　広済堂あかつき出版事業部　2011.3　471p　19cm　〈他言語標題：JAPAN PROFESSIONAL BASEBALL SCOUTING REPORT　2010までの出版者：アスペクト〉　1300円　Ⓘ978-4-331-51519-8　Ⓝ783.7

⬚目次⬚パシフィック・リーグ（福岡ソフトバンクホークス, 埼玉西武ライオンズ, 千葉ロッテマリーンズ, 北海道日本ハムファイターズ, オリックス・バファローズ, 東北楽天ゴールデンイーグルス）, セントラル・リーグ（中日ドラゴンズ, 阪神タイガース, 読売ジャイアンツ, 東京ヤクルトスワローズ, 広島東洋カープ, 横浜ベイスターズ）

⬚内容⬚両リーグ12球団全選手の紹介とともに有力選手＆新戦力を詳細なデータ徹底分析。野球観戦のプロが選手を丸裸に。

プロ野球スカウティングレポート　2012
小関順二監修　廣済堂出版　2012.3　471p　19cm　1300円　Ⓘ978-4-331-51613-3　Ⓝ783.7

⬚目次⬚パシフィック・リーグ（福岡ソフトバンクホークス, 北海道日本ハムファイターズ, 埼玉西武ライオンズ, オリックス・バファローズ, 東北楽天ゴールデンイーグルス, 千葉ロッテマリーンズ）, セントラル・リーグ（中日ドラゴンズ, 東京ヤクルトスワローズ, 読売ジャイアンツ, 阪神タイガース, 広島東洋カープ, 横浜DeNAベイスターズ）

⬚内容⬚プロ野球データ本決定版。最新情報満載。究極のID野球本。両リーグ12球団全選手の紹介とともに有力選手＆新戦力を詳細なデータで徹底分析！従来のデータに加え, 投手の全球種と投球割合＆打者のホットゾーンを追加。

プロ野球スカウティングレポート　2013
小関順二監修　廣済堂出版　2013.3　471p　19cm　1500円　Ⓘ978-4-331-51710-9　Ⓝ783.7

⬚目次⬚セントラル・リーグ（読売ジャイアンツ, 中日ドラゴンズ, 東京ヤクルトスワローズ, 広島東洋カープ, 阪神タイガース, 横浜DeNAベイスターズ）, パシフィック・リーグ（北海道日本ハムファイターズ, 埼玉西武ライオンズ, 福岡ソフトバンクホークス, 東北楽天ゴールデンイーグルス, 千葉ロッテマリーンズ, オリックス・バファローズ）

プロ野球スカウティングレポート　2014
小関順二監修　廣済堂出版　2014.3　471p　19cm　1500円　Ⓘ978-4-331-51810-6　Ⓝ783.7

⬚目次⬚パシフィック・リーグ（東北楽天ゴールデンイーグルス, 埼玉西武ライオンズ, 千葉ロッテマリーンズ, 福岡ソフトバンクホークス, オリックス・バファローズ ほか）, セントラル・リーグ（読売ジャイアンツ, 阪神タイガース, 広島東洋カープ, 中日ドラゴンズ, 横浜DeNAベイスターズ ほか）

プロ野球スタッツ　2004　データスタジアム, 田端到著　エンターブレイン　2004.4　287p　21cm　2000円　Ⓘ4-7577-1827-6　Ⓝ783.7

⬚目次⬚阪神タイガース, 中日ドラゴンズ, 読売ジャイアンツ, ヤクルトスワローズ, 広島東洋カープ, 横浜ベイスターズ, 福岡ダイエーホークス, 西武ライオンズ, 大阪近鉄バファローズ, 千葉ロッテマリーンズ, 北海道日本ハムファイターズ, オリックスブルーウェーブ

⬚内容⬚選手480人の得意, 苦手がよくわかる。一挙放出のオリジナルデータ。これ一冊で野球が楽しくなる。

プロ野球全外国人助っ人大事典　ファンを沸かせた名選手・異色選手の全記録　松下茂典編著　東京堂出版　2002.5　335p　21cm　2300円　Ⓘ4-490-10569-X　Ⓝ783.7

⬚内容⬚プロ野球全球団の外国人選手のデータブック。1953年に外国人選手の枠ができて以来のプロ野球各球団に所属した外国人選手について, リーグ別・球団別に, 五十音順に排列。プロフィールに加え, ピッチャーは試合数, 勝利, 敗戦, セーブ, 勝率等のデータ, 内外野手なら試合数, 打数, 得点, 各打数, 打率等のデータをそれぞれ一覧表の形で掲載。巻末に日系外国人選手成績, 2001年度新外国人選手成績についてのデータを掲載する。

プロ野球選手ガイドブック　首都圏版　2007　東京新聞出版局　2007.2　176p　15cm　（岳人別冊）　190円　Ⓝ783.7

プロ野球選手ガイドブック　2012　（名古屋）中日新聞社　2012.2　192p　15cm　（月刊Dragons増刊号）　190円　Ⓝ783.7

プロ野球選手ガイドブック　2013　（名古屋）中日新聞社　2013.2　192p　15cm　（月刊Dragons増刊号）　200円　Ⓝ783.7

プロ野球選手ガイドブック　2014　（名古

野 球　　　　　　　競技スポーツ

屋）中日新聞社　2014.2　192p　15cm　（月刊Dragons増刊号）　200円　Ⓝ783.7

(目次)強竜再燃（再燃はこの男に託された，谷繁プレイングマネージャー），選手名鑑（セントラルリーグ／パシフィック・リーグ），中日ドラゴンズ歴代記録，中日ドラゴンズ2013年度個人成績，2013『年度 リーグ成績，歴代記録，2014年セリーグ公式戦，交流戦日程表，2014年パリーグ公式戦 交流戦日程表，2014年 中日ドラゴンズ公式戦日程表

プロ野球選手ガイドブック　2015　（名古屋）中日新聞社　2015.2　192p　15cm　（月刊Dragons増刊号）　200円　Ⓝ783.7

(内容)中日ドラゴンズをメーンにセ・パ12球団の監督、コーチ、選手の背番号、生年月日、球歴、年俸などを収載。活躍が期待できる新人のプロフィールもいち早く紹介している。ドラゴンズの年度別成績や個人成績、昨季の両リーグ最終成績に加え、最優秀選手、投手・打撃部門などの歴代主要記録も収載。セ・パ公式戦全日程表、ナゴヤドームのチケット案内などの観戦情報も充実で、試合観戦には必携の1冊。

プロ野球選手ガイドブック　2016　（名古屋）中日新聞社　2016.2　192p　15cm　（月刊Dragons増刊号）　200円　Ⓝ783.7

(内容)中日ドラゴンズをメーンにセ・パ12球団の監督、コーチ、選手の背番号、生年月日、球歴、年俸などを収載。活躍が期待できる新人のプロフィルも、いち早く紹介します。ドラゴンズの年度別成績や、個人成績、昨季の両リーグ最終成績に加え、最優秀選手、投手・打撃部門などの歴代主要記録も収載します。セ・パ公式戦全日程表、ナゴヤドームのチケット案内などの観戦情報も充実で、試合観戦には必携の1冊です。

プロ野球選手カラー名鑑　2001　保存版
日刊スポーツ出版社　2001.4　225p　26cm（Nikkan sports graph）〈スコアシート付き〉　905円　Ⓘ4-8172-5115-8　Ⓝ783.7

プロ野球選手カラー名鑑　2002　保存版
日刊スポーツ出版社　2002.4　225p　26cm（Nikkan sports graph）　905円　Ⓘ4-8172-5140-9　Ⓝ783.7

プロ野球選手カラー名鑑　2003　保存版
日刊スポーツ出版社　2003.4　226p　26cm（Nikkan sports graph）　905円　Ⓘ4-8172-5172-7　Ⓝ783.7

プロ野球選手カラー名鑑　2004　保存版
日刊スポーツ出版社　2004.4　226p　26cm（Nikkan sports graph）　905円　Ⓘ4-8172-5207-3　Ⓝ783.7

プロ野球選手カラー名鑑　2005　保存版
日刊スポーツ出版社　2005.4　225p　26cm（Nikkan sports graph）　905円　Ⓘ4-8172-5247-2　Ⓝ783.7

プロ野球選手カラー名鑑　2006　保存版
日刊スポーツ出版社　2006.4　225p　26cm（Nikkan sports graph）　905円　Ⓘ4-8172-5285-5　Ⓝ783.7

プロ野球選手カラー名鑑　2007　保存版
日刊スポーツ出版社　2007.4　225p　26cm（Nikkan sports graph）　905円　Ⓘ978-4-8172-5326-2　Ⓝ783.7

プロ野球選手カラー名鑑　2008　保存版
日刊スポーツ出版社　2008.4　225p　26cm（Nikkan sports graph）　905円　Ⓘ978-4-8172-5381-1　Ⓝ783.7

プロ野球選手カラー名鑑　2009　保存版
日刊スポーツ出版社　2009.2　225p　26cm（Nikkan sports graph）　905円　Ⓘ978-4-8172-5431-3　Ⓝ783.7

プロ野球選手カラー名鑑　2010　保存版
日刊スポーツ出版社　2010.2　225p　26cm（Nikkan sports graph）　905円　Ⓘ978-4-8172-5476-4　Ⓝ783.7

プロ野球選手カラー名鑑　2011　保存版
日刊スポーツ出版社　2011.2　217p　26cm（Nikkan sports graph）〈付(19p)：おもしろ観戦球場ガイド〉　905円　Ⓘ978-4-8172-5506-8　Ⓝ783.7

プロ野球選手カラー名鑑　2012　保存版
日刊スポーツ出版社　2012.2　217p　26cm（Nikkan sports graph）〈付属資料：19p：おもしろ観戦球場ガイド〉　905円　Ⓘ978-4-8172-5516-7　Ⓝ783.7

プロ野球選手カラー名鑑　2013　保存版
日刊スポーツ出版社　2013.2　241p　26cm（NIKKAN SPORTS GRAPH）〈索引あり〉　905円　Ⓘ978-4-8172-5531-0　Ⓝ783.7

プロ野球選手カラー名鑑　2014　保存版
日刊スポーツ出版社　2014.2　273p　26cm（NIKKAN SPORTS GRAPH）〈索引あり〉　907円　Ⓘ978-4-8172-5539-6　Ⓝ783.7

プロ野球選手カラー名鑑　2015　保存版
日刊スポーツ出版社　2015.2　273p　26cm

（日刊スポーツグラフ）〈索引あり〉 907円　⓵978-4-8172-5566-2　Ⓝ783.7

プロ野球選手カラー名鑑　2016　保存版
日刊スポーツ出版社　2016.2　273p　26cm（日刊スポーツグラフ）〈索引あり〉 907円　⓵978-4-8172-5589-1　Ⓝ783.7

プロ野球選手データ名鑑　2001　宝島社
2001.4　223p　15cm（別冊宝島 プロ野球ナンバーワンデータブック）　400円　⓵4-7966-2155-5　Ⓝ783.7

プロ野球選手データ名鑑　2002　宝島社
2002.3　223p　15cm（別冊宝島 プロ野球ナンバーワンデータブック）　400円　⓵4-7966-2614-X　Ⓝ783.7

プロ野球選手データ名鑑　2003　宝島社
2003.3　223p　15cm（別冊宝島 プロ野球ナンバーワンデータブック）　400円　⓵4-7966-3159-3　Ⓝ783.7

プロ野球選手データ名鑑　2004　宝島社
2004.3　223p　15cm（別冊宝島 プロ野球ナンバーワンデータブック）　400円　⓵4-7966-3948-9　Ⓝ783.7

プロ野球選手データ名鑑　2005　宝島社
2005.3　223p　15cm（別冊宝島 プロ野球ナンバーワンデータブック）　400円　⓵4-7966-4519-5　Ⓝ783.7

プロ野球選手データ名鑑　2006　宝島社
2006.3　215p　15cm（別冊宝島 プロ野球ナンバーワンデータブック）　400円　⓵4-7966-5149-7　Ⓝ783.7

プロ野球選手データ名鑑　2006　後期版
宝島社　2006.7　215p　15cm（別冊宝島）　467円　⓵4-7966-5303-1　Ⓝ783.7

プロ野球選手データ名鑑　2007　宝島社
2007.3　215p　15cm（別冊宝島 プロ野球ナンバーワンデータブック）　400円　⓵978-4-7966-5647-4　Ⓝ783.7

プロ野球選手データ名鑑　2008　宝島社
2008.3　215p　15cm（別冊宝島）　362円　⓵978-4-7966-6254-3　Ⓝ783.7

プロ野球選手データ名鑑　2009　宝島社
2009.3　223p　15cm（別冊宝島）　362円　⓵978-4-7966-6872-9　Ⓝ783.7

プロ野球選手データ名鑑　2010　宝島社
2010.3　231p　15cm（別冊宝島）　362円　⓵978-4-7966-7610-6　Ⓝ783.7

プロ野球選手データ名鑑　2011　宝島社
2011.3　239p　15cm（別冊宝島）〈「日本人メジャーリーガー名鑑」付き〉　362円　⓵978-4-7966-8105-6　Ⓝ783.7

プロ野球選手データ名鑑　2012　宝島社
2012.3　239p　15cm（別冊宝島）〈「日本人メジャーリーガー名鑑」付き〉　362円　⓵978-4-7966-9642-5　Ⓝ783.7

プロ野球選手データ名鑑　2013　宝島社
2013.3　239p　15cm（別冊宝島）〈索引あり〉　362円　⓵978-4-8002-0610-7　Ⓝ783.7

プロ野球選手データ名鑑　2014　宝島社
2014.3　239p　15cm（別冊宝島）〈奥付の出版年月（誤植）：2013.3　索引あり〉　360円　⓵978-4-8002-2248-0　Ⓝ783.7

プロ野球選手データ名鑑　2015　宝島社
2015.3　239p　15cm（別冊宝島）〈索引あり〉　360円　⓵978-4-8002-3667-8　Ⓝ783.7

プロ野球選手データ名鑑　2016　宝島社
2016.3　239p　15cm（別冊宝島）〈索引あり〉　360円　⓵978-4-8002-5039-1　Ⓝ783.7

プロ野球選手名鑑　決定版　1990年度版
ベースボール・マガジン社編　ベースボール・マガジン社　1990.3　415p　15cm　700円　⓵4-583-02827-X　Ⓝ783.7
(内容)選手の紹介、顔写真、1989年度の成績データ、1990年の公式戦日程のほか、巻末に公式記録などを付す。

プロ野球選手名鑑　決定版　1991年度版
ベースボール・マガジン社編　ベースボール・マガジン社　1991.3　367p　15cm　700円　⓵4-583-02897-0　Ⓝ783.7
(内容)'91年公式戦全日程。プロ野球豆事典。あの選手この選手ユニーク趣味・特技。

プロ野球選手名鑑　決定版　1992年度版
ベースボール・マガジン社編　ベースボール・マガジン社　1992.3　367p　15cm　700円　⓵4-583-02972-1　Ⓝ783.7

プロ野球選手名鑑　決定版　1993年度版
ベースボール・マガジン社編　ベースボール・マガジン社　1993.3　367p　15cm　700円　⓵4-583-03044-4　Ⓝ783.7
(内容)プロ野球界の名簿・記録集。名簿として

は，12球団別に主力選手の経歴・成績・趣味などを顔写真入りで掲載するほか，審判員・野球評論家のデータを収録する。ほかに1993年の公式戦全日程，プロ野球豆事典，12球団球場ガイドなどを掲載する。

プロ野球選手名鑑 決定版 1994年度版
ベースボール・マガジン社編 ベースボール・マガジン社 1994.3 367p 15cm 700円 ①4-583-03113-0 Ⓝ783.7

内容 プロ野球界の名簿・記録集。名簿としては，12球団別に主力選手の経歴・成績・趣味などを顔写真入りで掲載するほか，審判員のデータを収録する。ほかに1994年の公式戦全日程，プロ野球記録集，12球団球場ガイドなどを掲載する。

プロ野球選手名鑑 決定版 1995年度版
ベースボール・マガジン社 1995.3 367p 15cm 700円 ①4-583-03200-5 Ⓝ783.7

目次 西武ライオンズ，オリックスブルーウェーブ，近鉄バファローズ，福岡ダイエーホークス，千葉ロッテマリーンズ，日本ハムファイターズ，読売ジャイアンツ，中日ドラゴンズ，広島東洋カープ，ヤクルトスワローズ，阪神タイガース，横浜ベイスターズ

内容 プロ野球12球団の主力選手の名鑑と試合・成績の記録集。名鑑はチームごとに排列し，顔写真入りで経歴や成績・趣味などを掲載する。他に1994年度の分野別個人成績ランキング，プロ野球60年＆世相年表，12球団球場ガイドを収録。1995年の公式戦全日程も掲載する。

プロ野球選手名鑑 決定版 1996年度版
ベースボール・マガジン社編 ベースボール・マガジン社 1996.3 367p 図版20枚 15cm 700円 ①4-583-03293-5 Ⓝ783.7

プロ野球選手名鑑 決定版 1997年度
ベースボール・マガジン社 1997.3 367p 15cm 777円 ①4-583-03370-2 Ⓝ783.7

目次 1997年度セ・パ両リーグメンバー表，セントラル・リーグ，'97セ・リーグ公式戦全日程，読売ジャイアンツ，中日ドラゴンズ，広島東洋カープ，ヤクルトスワローズ，横浜ベイスターズ，阪神タイガース，パシフィック・リーグ，'97パ・リーグ公式戦全日程，オリックスブルーウェーブ，日本ハムファイターズ，西武ライオンズ，近鉄バファローズ，千葉ロッテマリーンズ，福岡ダイエーホークス，セ・パ両リーグ審判名鑑

プロ野球選手名鑑 決定版 1998年度
ベースボール・マガジン社編 ベースボール・マガジン社 1998.3 367p 15cm 667円 ①4-583-03506-3 Ⓝ783.7

目次 1998年度セ・パ両リーグメンバー表，セントラル・リーグ，'98セ・リーグ公式戦全日程，ヤクルトスワローズ，横浜ベイスターズ，広島東洋カープ，読売ジャイアンツ，阪神タイガース，中日ドラゴンズ，パシフィック・リーグ，パ・リーグ公式戦全日程，西武ライオンズ，オリックスブルーウェーブ，近鉄バファローズ，日本ハムファイターズ，福岡ダイエーホークス，千葉ロッテマリーンズ，セ・パ両リーグ審判名鑑

プロ野球選手名鑑 決定版 1999年度
ベースボール・マガジン社編 ベースボール・マガジン社 1999.3 383p 15cm 667円 ①4-583-04561-1 Ⓝ783.7

目次 セントラル・リーグ，'99セ・リーグ公式戦全日程，横浜ベイスターズ，中日ドラゴンズ，読売ジャイアンツ，ヤクルトスワローズ，広島東洋カープ，阪神タイガース，パシフィック・リーグ，'99パ・リーグ公式戦全日程，西武ライオンズ，日本ハムファイターズ，オリックスブルーウェーブ，福岡ダイエーホークス，近鉄バファローズ，千葉ロッテマリーンズ，エースたちのプロ野球

内容 プロ野球12球団の主力選手の名鑑と試合・成績の記録集。名鑑はチームごとに排列し，顔写真入りで経歴や成績・趣味などを掲載する。1999年の公式戦全日程も掲載。選手登録は1999年2月1日現在。

プロ野球選手名鑑 決定版 2000年度
ベースボール・マガジン社編 ベースボール・マガジン社 c2000 384p 15cm 667円 ①4-583-03630-2 Ⓝ783.7

目次 セントラル・リーグ（2000年セ・リーグ公式戦全日程，中日ドラゴンズ，読売ジャイアンツ，横浜ベイスターズ，ヤクルトスワローズ，広島東洋カープ，阪神タイガース），パシフィック・リーグ（2000年パ・リーグ公式戦全日程，福岡ダイエーホークス，西武ライオンズ，オリックスブルーウェーブ，千葉ロッテマリーンズ，日本ハムファイターズ，大阪近鉄バファローズ），プロ野球豆辞典

内容 プロ野球12球団の主力選手の名鑑と試合・成績の記録集。名鑑はチームごとに排列し，掲載データは，ポジション，生年月日，身長・体重，投打，出身都道府県，出身校，球歴，在籍年数，推定年俸，主なタイトル，昨年の成績，一軍通算成績など。打撃成績，投手成績などの

データを紹介したプロ野球豆辞典がある。

プロ野球選手名鑑 決定版 2001 ベースボール・マガジン社編 ベースボール・マガジン社 2001.3 384p 15cm（B.B.mook 170 スポーツシリーズ no.94） 476円 Ⓘ4-583-61131-5 Ⓝ783.7

プロ野球選手名鑑 決定版 2002 ベースボール・マガジン社編 ベースボール・マガジン社 2002.3 384p 15cm（B・B・mook 210 スポーツシリーズ no.120） 476円 Ⓘ4-583-61175-7 Ⓝ783.7

プロ野球選手名鑑 決定版 2003 ベースボール・マガジン社編 ベースボール・マガジン社 2003.4 384p 15cm（B.B.mook 247 スポーツシリーズ no.146） 476円 Ⓘ4-583-61214-1 Ⓝ783.7

プロ野球選手名鑑 2004 ベースボール・マガジン社編 ベースボール・マガジン社 2004.3 400p 15cm（B.B.mook 287 スポーツシリーズ no.177） 476円 Ⓘ4-583-61259-1 Ⓝ783.7

プロ野球選手名鑑 2005 ベースボール・マガジン社編 ベースボール・マガジン社 2005.3 399p 15cm（B.B.mook 339 スポーツシリーズ no.224） 476円 Ⓘ4-583-61312-1 Ⓝ783.7

プロ野球選手名鑑 2014 宝島社 2014.3 239p 26cm （別冊宝島） 743円 Ⓘ978-4-8002-2382-1 Ⓝ783.7

プロ野球選手名鑑＋ドラフト候補名鑑 2015 イマジニア株式会社ナックルボールスタジアム 2015.2 304p 21cm （廣済堂ベストムック 289） 〈他言語標題：NPB Players and Top Prospects for the Draft 発売：廣済堂出版 野球太郎Special Edition〉 1463円 Ⓘ978-4-331-80296-0 Ⓝ783.7

プロ野球選手録2003 Stats データスタジアム, 田端到著 エンターブレイン 2003.4 287p 21cm 1600円 Ⓘ4-7577-1419-X Ⓝ783.7

⦅目次⦆読売ジャイアンツ, ヤクルトスワローズ, 中日ドラゴンズ, 阪神タイガース, 広島東洋カープ, 横浜ベイスターズ, 西武ライオンズ, 大阪近鉄バファローズ, 福岡ダイエーホークス, 千葉ロッテマリーンズ, 日本ハムファイターズ, オリックスブルーウェーブ

⦅内容⦆選手480人の得意, 苦手がよくわかる。一挙放出のオリジナルデータ。

プロ野球全選手名鑑 ジュニア版 永久保存版 2010 ポプラ社 2010.4 215p 25cm 〈索引あり〉 2000円 Ⓘ978-4-591-11560-2 Ⓝ783.7

⦅目次⦆セントラル・リーグ（セ・リーグ）（読売ジャイアンツ, 中日ドラゴンズ, 東京ヤクルトスワローズ, 阪神タイガース, 広島東洋カープ, 横浜ベイスターズ）, 集合!12球団マスコット, パシフィック・リーグ（パ・リーグ）（北海道日本ハムファイターズ, 東北楽天ゴールデンイーグルス, 福岡ソフトバンクホークス, 埼玉西武ライオンズ, 千葉ロッテマリーンズ, オリックス・バファローズ）

⦅内容⦆全球団・全選手をカラー写真で紹介。昨シーズンの名シーンをダイジェスト。

プロ野球ニュース・イヤーブック '98 フジテレビ・プロ野球ニュース編 ザ・マサダ 1997.12 505p 19cm 1500円 Ⓘ4-915977-51-X Ⓝ783.7

⦅目次⦆巻頭カラー 12球団18人のMVPたちの秘データ一挙公開!, 解説者プロフィール, 「オレが監督!」解説者が組んだ球団別ベストオーダー, 緊急アンケート 気になるポイント—オレはこう思う, 解説者が選ぶ史上最大の各部門ベストプレーヤー, パンチョ伊東の「ジャパニーズ イン メジャーリーグ」, 「PBNアナの97年」—福井, 西山, 木佐の本音トーク, '97公式戦個人成績, データが語るなんでもベスト, ワースト10, '97パーフェクト・スコア

プロ野球ニュースイヤーブック選手名鑑 '99 フジテレビ「プロ野球ニュース」編 ザ・マサダ 1999.3 237p 21cm 900円 Ⓘ4-915977-81-1 Ⓝ783.7

⦅目次⦆セントラル・リーグ（横浜ベイスターズ, 中日ドラゴンズ, 読売ジャイアンツ, ヤクルトスワローズ, 広島東洋カープ, 阪神タイガース）, パシフィック・リーグ（西武ライオンズ, 日本ハムファイターズ, オリックスブルーウェーブ, 福岡ダイエーホークス, 近鉄バファローズ, 千葉ロッテマリーンズ）

⦅内容⦆プロ野球12球団の全選手・監督・コーチを紹介した選手名鑑。収録内容は, 生年月日・年齢（1999年の満年齢）身長・体重, 出身地, 球歴・入団経路, 今年度の推定年俸, 昨年（98年）度成績。通算成績, 個人タイトル及び表彰等。巻頭に, 解説者によるセ・パ両リーグのペナント予想, 巻末には, プロ野球ニュース・キャスター＆アナウンサー '98セ・パチーム順位＆個

人成績、'98イースタン・ウエスタン成績、'99プロ野球日程、フランチャイズガイド、歴代優勝チーム＆個人タイトル、日本シリーズの成績、通算記録ランキングを掲載。

プロ野球ニュースイヤーブック選手名鑑
　2000　フジテレビ「プロ野球ニュース」編　ザ・マサダ　2000.4　235p　23×14cm　950円　①4-88397-014-0　Ⓝ783.7
（目次）セントラル・リーグ（中日ドラゴンズ，読売ジャイアンツ，横浜ベイスターズ，ヤクルトスワローズ，広島東洋カープ，阪神タイガース），パシフィック・リーグ（福岡ダイエーホークス，西武ライオンズ，オリックスブルーウェーブ，千葉ロッテマリーンズ，日本ハムファイターズ，大阪近鉄バファローズ）
（内容）2000年度プロ野球の選手名鑑。セントラルリーグ，パシフィックリーグの各球団ごとに選手を排列。各選手のデータは生年月日，球歴等のプロフィールと今年度の推定年俸，昨年度の成績等を掲載。ほかに2000年度ペナントレースの注目ポイントと日程表，1999年度の順位・個人成績，プロ野球ニュース解説者およびアナウンサーの紹介などを収録。

プロ野球ニュースイヤーブック選手名鑑
　2001　フジテレビ「プロ野球ニュース」編　ザ・マサダ　2001.4　237p　23×14cm　950円　①4-88397-071-X　Ⓝ783.7
（目次）巻頭スペシャル・2001年ペナントレース予想解説者座談会，セントラル・リーグ，パシフィック・リーグ，メジャーの日本人プレーヤー，キャスター＆レポーター紹介，2000セ・パチーム順位＆個人成績，2001プロ野球セ・パ日程
（内容）2001年度のプロ野球選手名鑑。セントラルリーグ、パシフィックリーグの各球団ごとに選手を排列。各選手のデータは生年月日、球歴等のプロフィールと今年度の推定年俸、昨年度の成績等を掲載。そのほか2001年ペナントレース予想解説者座談会、2000年度の順位・個人成績、プロ野球ニュース解説者およびキャスターの紹介などを収録。

プロ野球パーフェクトデータ選手名鑑　カラー完全保存版　2001　宝島社　2001.4　285p　21cm　（別冊宝島　プロ野球ナンバーワンデータブック）　933円　①4-7966-2157-1　Ⓝ783.7

プロ野球パーフェクトデータ選手名鑑　カラー完全保存版　2002　宝島社　2002.4　287p　21cm　（別冊宝島　プロ野球ナンバーワンデータブック）　933円　①4-7966-2653-0　Ⓝ783.7

プロ野球パーフェクトデータ選手名鑑　カラー完全保存版　2003　宝島社　2003.4　271p　21cm　（別冊宝島　プロ野球ナンバーワンデータブック）　933円　①4-7966-3202-6　Ⓝ783.7

プロ野球パーフェクトデータ選手名鑑　カラー完全保存版　2004　宝島社　2004.4　271p　21cm　（別冊宝島　プロ野球ナンバーワンデータブック）　933円　①4-7966-4000-2　Ⓝ783.7

プロ野球パーフェクトデータ選手名鑑　カラー完全保存版　2005　宝島社　2005.3　271p　21cm　（別冊宝島　プロ野球ナンバーワンデータブック）　933円　①4-7966-4521-7　Ⓝ783.7

プロ野球パーフェクトデータ選手名鑑　2006　宝島社　2006.3　239p　21cm　（別冊宝島　プロ野球ナンバーワンデータブック）　933円　①4-7966-5169-1　Ⓝ783.7

プロ野球パーフェクトデータ選手名鑑　2007　宝島社　2007.3　239p　21cm　（別冊宝島　プロ野球ナンバーワンデータブック）　933円　①978-4-7966-5649-8　Ⓝ783.7

プロ野球パーフェクトデータ選手名鑑　2008　宝島社　2008.4　239p　21cm　（別冊宝島）　838円　①978-4-7966-6256-7　Ⓝ783.7

プロ野球パーフェクトデータ選手名鑑　2009　宝島社　2009.4　255p　21cm　（別冊宝島）　〈2009のサブタイトル：日本人メジャーリーガー名鑑も掲載!〉　838円　①978-4-7966-6874-3　Ⓝ783.7

プロ野球パーフェクトデータ選手名鑑　2010　宝島社　2010.4　255p　21cm　（別冊宝島）　〈日本人メジャーリーガー名鑑付き〉　838円　①978-4-7966-7612-0　Ⓝ783.7

プロ野球パーフェクトデータ選手名鑑　2011　宝島社　2011.3　255p　21cm　（別冊宝島）　〈「日本人メジャーリーガー名鑑」付き〉　838円　①978-4-7966-8107-0　Ⓝ783.7

プロ野球パーフェクトデータ選手名鑑　2012　宝島社　2012.3　239p　21cm　（別冊宝島）　〈「日本人メジャーリーガー名鑑」付き〉　933円　①978-4-7966-9644-9

競技スポーツ　野球

Ⓝ783.7

**プロ野球パーフェクトデータ選手名鑑
2013**　宝島社　2013.3　239p　21cm　〈別冊宝島〉〈索引あり〉　933円　Ⓘ978-4-8002-0612-1　Ⓝ783.7

**プロ野球パーフェクトデータ選手名鑑
2014**　宝島社　2014.3　239p　21cm　〈別冊宝島〉〈索引あり〉　790円　Ⓘ978-4-8002-2250-3　Ⓝ783.7

**プロ野球パーフェクトデータ選手名鑑
2015**　宝島社　2015.3　239p　21cm　〈別冊宝島〉〈索引あり〉　790円　Ⓘ978-4-8002-3669-2　Ⓝ783.7

**プロ野球パーフェクトデータ選手名鑑
2016**　宝島社　2016.3　239p　21cm　〈別冊宝島〉〈索引あり〉　790円　Ⓘ978-4-8002-5041-4　Ⓝ783.7

プロ野球プレイヤーズ名鑑1998　スポーツニッポン新聞社編　スポーツニッポン新聞社,ジャパン・ミックス〔発売〕　1998.3　196p　15cm　333円　Ⓘ4-88321-477-X　Ⓝ783.7

(目次)ヤクルトスワローズ,横浜ベイスターズ,広島東洋カープ,読売ジャイアンツ,阪神タイガース,中日ドラゴンズ,西武ライオンズ,オリックスブルーウェーブ,近鉄バファローズ,日本ハムファイターズ,福岡ダイエーホークス,千葉ロッテマリーンズ

**マサダ・スーパースカウティングレポート
2002-03**　データスタジアム編　ザ・マサダ　2002.10　360p　19cm　1600円　Ⓘ4-88397-076-0　Ⓝ783.7

(目次)ヤクルトスワローズ,読売ジャイアンツ,横浜ベイスターズ,広島東洋カープ,中日ドラゴンズ,阪神タイガース,大阪近鉄バファローズ,福岡ダイエーホークス,西部ライオンズ,オリックスブルーウェーブ,千葉ロッテマリーンズ,日本ハムファイターズ

(内容)分析データや調査データを中心としたプロ野球選手のデータブック。チーム別に紹介し,選手名,顔写真,プロフィール,星取表,過去2年間＆通算成績,戦力分析などを記載する。野手は103名のコース別打率を掲載する。

＜ハンドブック＞

オールスターゲームの軌跡　DREAM GAMES HISTORY since 1951　ベースボール・マガジン社編　ベースボール・マガジン社　2001.7　274p　26cm　5000円　Ⓘ4-583-03657-4　Ⓝ783.7

(目次)年代別名シーンで見る球宴50年(2000年,1990〜1999年　ほか),オールスター前史・東西対抗の歩み,明日のスターが集うジュニア球宴史,オールスター「ザ・対決」,球宴記録アラカルト,詳細テーブルスコアで振り返る全133試合,ライフタイム・レコード＆主要記録集

(内容)1951年から2000年まで50回のプロ野球オールスターゲームのデータブック。全133試合のテーブルスコア,個人打撃成績や個人投手成績などのライフタイム・レコードを収録。

サンヨーオールスターゲーム　1997　プロ野球オールスタープログラム編集事務局編　(〔東京〕)日本野球機構　〔1997〕　64p　30cm　900円　Ⓝ783.7

サンヨーオールスターゲーム　2002　プロ野球オールスタープログラム編集事務局編　日本野球機構　2002.6　82p　30cm　950円　Ⓝ783.7

(目次)セントラル・リーグ出場選手紹介,パシフィック・リーグ出場選手紹介,実施要項,公式表彰・副賞,球宴初出場物語,開催地,球宴エピソード,新たに野球殿堂入りした人たち,Erudition Column,年度別ファン投票最多得票選手,オールスターゲーム年度別成績,2002年プロ野球フレッシュオールスターゲーム出場選手紹介

サンヨーオールスターゲーム　2004　ベースボール・マガジン社　〔2004.7〕　82p　30cm　952円　Ⓝ783.7

(目次)混戦!快記録!!超盛り上がるセ・リーグ,戦国パ・リーグが熱い,セントラル・リーグ出場選手紹介,パシフィック・リーグ出場選手紹介,新たに野球殿堂入りした人たち,夢の球宴 名場面コラム,All Star Game Ballpark Column,がんばれ!日本代表,2004年プロ野球フレッシュオールスターゲーム出場選手紹介,年度別ファン投票最多得票選手,オールスターゲーム年度別成績

サンヨーオールスターゲームオフィシャルプログラム　1990　日本野球機構編　(〔東京〕)日本野球機構　1990.7　96p　30cm　777円　Ⓝ783.7

サンヨーオールスターゲームオフィシャルプログラム　1991　プロ野球オールスタープログラム編集事務局編　(〔東京〕)日本野球機構　1991.7　88p　30cm　777円

スポーツ・運動科学レファレンスブック　115

野球

Ⓝ783.7

サンヨーオールスターゲームオフィシャルプログラム 1992 プロ野球オールスタープログラム編集事務局編 （［東京］）日本野球機構 1992.7 88p 30cm 970円 Ⓝ783.7

サンヨーオールスターゲームオフィシャルプログラム 1993 プロ野球オールスタープログラム編集事務局編 （［東京］）日本野球機構 1993.7 80p 30cm 970円 Ⓝ783.7

サンヨーオールスターゲームオフィシャルプログラム 1994 プロ野球オールスタープログラム編集事務局編 （［東京］）日本野球機構 1994.7 72p 30cm 970円 Ⓝ783.7

サンヨーオールスターゲームオフィシャルプログラム 1995 プロ野球オールスタープログラム編集事務局編 （［東京］）日本野球機構 1995.7 72p 30cm 970円 Ⓝ783.7

サンヨーオールスターゲーム公式プログラム 1996 プロ野球オールスタープログラム編集事務局編 （［東京］）日本野球機構 ［1996］ 72p 30cm 1000円 Ⓝ783.7

サンヨーオールスターゲーム公式プログラム 1997 プロ野球オールスタープログラム編集事務局編 （［東京］）日本野球機構 ［1997］ 64p 30cm 1000円 Ⓝ783.7

サンヨーオールスターゲーム公式プログラム 1998 プロ野球オールスタープログラム編集事務局編 （［東京］）日本野球機構 ［1998］ 80p 30cm 1000円 Ⓝ783.7

サンヨーオールスターゲーム公式プログラム 2000 プロ野球オールスタープログラム編集事務局編 （［東京］）日本野球機構 ［2000］ 81p 30cm 1000円 Ⓝ783.7

サンヨーオールスターゲーム公式プログラム 2001 プロ野球オールスタープログラム編集事務局編 （［東京］）日本野球機構 ［2001］ 79p 30cm 1000円 Ⓝ783.7

サンヨーオールスターゲーム公式プログラム 2002 プロ野球オールスタープログラム編集事務局編 （［東京］）［ベースボールマガジン社］ ［2002］ 82p 30cm 1000円 Ⓝ783.7

新聞紙面でみる猛虎の挑戦 阪神タイガースの歩み チーム誕生昭和10年から平成14年星野阪神開幕奪首まで阪神タイガースの栄光と挫折の歴史 LTD.グループ「トラキチ21」・CREATE UP CO.企画・制作 （大阪）上田印刷 2002.5 240p 30cm 2500円 ①4-901325-02-7 Ⓝ783.7

(目次)昭和9年〜昭和24年タイガースのできごと・プロ野球のできごと・最終成績, セ・リーグ公式戦九州で開幕, 後藤次男, 松竹戦第1打席で本塁打して8打席連続安打を記録, 藤村富美男対広島戦で本人2度目のサイクル安打, 対巨人戦で満場騒然!藤村サヨナラ本塁打, 第1回オールスター・ゲーム, 白熱の雨中戦!!セ軍先勝, 藤村富美男対名古屋戦で球団初の1000試合出場を達成, 新人三船正俊対名古屋戦で初登板, 完封勝利, 真田重蔵対広島戦で初回1四球のみの準完全試合, 金田正泰対大洋戦で1,000本安打を樹立〔ほか〕

(内容)スポーツ新聞記事で振り返る阪神タイガースの歴史ガイドブック。昭和9年〜平成12年4月6日までのスポーツニッポンの紙面縮刷記事を年月日順に掲載, 昭和10年12月10日の発足から平成14年のリーグ戦開幕までに至る阪神タイガースの動向を追う。記事の下欄に各年のセントラル・パシフィック各リーグ成績や表彰選手一覧等の関連データを掲載する。巻頭に年月日順に主な記事内容を一覧表にまとめた総目次を付す。

スポニチプロ野球手帳 '91 スポーツニッポン新聞社編 スポーツニッポン新聞社, 洋々社〔発売〕 1991.2 152p 15cm 250円 ①4-89674-091-2 Ⓝ783.7

スポニチプロ野球手帳 選手ガイド 1992 スポーツニッポン新聞社編 （［東京］）洋々社（発売） 1992.3 144p 15cm ①4-89674-092-0 Ⓝ783.7

スポニチプロ野球手帳 選手ガイド '95 スポーツニッポン新聞社, 洋々社〔発売〕 1995.2 176p 15cm 300円 ①4-89674-095-5 Ⓝ783.7

(内容)プロ野球12球団の名鑑及び記録集。名鑑はチーム別・守備順に排列し, 写真入りで成績や家族構成, 年俸などを記載。記録はリーグ別に, 首位打者や最優秀選手など個人成績とチーム成績を示す。1995年の両リーグ公式戦日程も掲載。

スポニチプロ野球手帳 '97 スポーツニッポン新聞社編 洋々社 1997.3 192p 15cm 333円 ①4-89674-097-1 Ⓝ783.7

(目次)オリックスブルーウェーブ, 日本ハムファ

イターズ，西武ライオンズ，近鉄バファローズ，千葉ロッテマリーンズ，福岡ダイエーホークス，読売ジャイアンツ，中日ドラゴンズ，広島東洋カープ，ヤクルトスワローズ，横浜ベイスターズ，阪神タイガース

中日ドラゴンズファンブック　'93　（名古屋）中日ドラゴンズ，中日新聞本社〔発売〕　1993.3　141p　30cm　1000円　⒤4-8062-0258-4　Ⓝ783.7

目次　動だ!どうだ!モリミチ野球，新人王はもらうぞ!，再建だ一丸だ!!コーチングスタッフ，マウンドは任せろ 投手陣，どんと来い 捕手陣，がっちり行け 内野陣，俊足強打 外野陣，やるぞ新天地 移籍陣，キャンプレポート〔ほか〕

中日ドラゴンズファンブック　'95　（名古屋）中日ドラゴンズ，中日新聞本社〔発売〕　1995.3　131p　30cm　1000円　⒤4-8062-0291-6　Ⓝ783.7

ドラゴンズファンブック　'91　中日ドラゴンズ，中日新聞本社〔発売〕　1991.3　137p　30cm　950円　⒤4-8062-0237-1　Ⓝ783.7

目次　'91キャンプレポートさあ，開幕ダッシュだ!，三度目のゴールドコースト，沖縄で，総仕上げ，燃える男復活宣言，一冠，二冠，つぎは，スピードへの挑戦!，高打率，華麗な守備，新外人（変幻自在二ケタ勝利期待だアンダーソン，パワー十分，30発の巧打者ライアル），新人，コーチ陣，投手陣，捕手陣，内野陣，外野陣，移籍組

ドラゴンズファンブック　2003　（名古屋）中日ドラゴンズ，(名古屋)中日新聞社〔発売〕　2003.3　134p　30cm　1200円　⒤4-8062-0458-7　Ⓝ783.7

目次　球団社長あいさつ，山田監督2年目の戦略，今年も首位打者だ福留孝介，福留孝介物語，DATA FILE（福留孝介編），コーチングスタッフ，マウンドは任せろ・投手陣，どんと来い・捕手陣，がっちりいけ・内野陣，強肩強打・外野陣，記録＆成績

ドラゴンズファンブック　2010　（名古屋）中日新聞社　2010.3　143p　30cm　1200円　⒤978-4-8062-0608-8　Ⓝ783.7

目次　今季の展望 7季目の「原点回帰」，2010ライバル戦力チェック，若竜座談会 期待の3選手（福田永将，伊藤準規，髙島祥平），ルーキー特集 ルーキーからひと言，2010メンバー 落合博満，2010メンバー表（投手，捕手，内野手，外野手，マスコット）

日本シリーズの軌跡　NIPPON SERIES HISTORY since 1950　ベースボール・マガジン社編　ベースボール・マガジン社　2001.10　479p　26cm　7000円　⒤4-583-03673-6　Ⓝ783.7

目次　NIPPON SERIES Impressive 10 Scenes（世紀のツーショット，日本シリーズとプレーヤーの記録，NIPPON SERIES SIDE STORY（日本ワールド・シリーズの時代，日本シリーズに歴史を作った2つの『師弟愛』，輝かしき『V9巨人』の栄光，70年代後半の初出場ラッシュ ほか）），NIPPON SERIES Records—ライフタイム・レコード＆主要記録集，NIPPON SERIES 1950～2000—詳細テーブルスコアで振り返る全306試合

内容　1950年から2000年までの51回の日本シリーズ全試合のデータブック。全306試合のテーブルスコアと，個人打撃成績，個人投手成績などのライフタイムレコードを掲載。

日本プロ野球記録大百科　2004　第4版　日本野球機構セントラル野球連盟記録部・パシフィック野球連盟記録部・BISデータ本部編　日本野球機構，ベースボール・マガジン社〔発売〕　2004.7　2205p　27×21cm　16000円　⒤4-583-03804-6　Ⓝ783.7

目次　各年度チーム勝敗表，打撃・投手・守備成績，個人打率・防御率ランキング，打撃・投手・守備各部門リーダーズ，打撃・投手・守備部門別通算最多（最高）ランキング，打撃・投手・守備部門別シーズン最多（最高）ランキング，年度別ライフタイム・レコード，日本シリーズ／オールスター・ゲームライフタイムレコード，監督通算成績，監督通算勝利ランキング，各年度チーム別勝敗・打撃・投手・守備主要部門成績

内容　本書はNPB BIS (Baseball Information System)のコンピューターで集計した資料をもとに日本野球機構が発行した日本プロ野球公式戦全選手ライフタイムレコード集である。本書に記載されているすべてのデータは，セ，パ両リーグの公式記録であり，一リーグ時代については記録調査委員会から決定，提出されたデータを1990年10月の実行委員会で公式に認定したもので，いわば完全版公式記録集といえる。

プロ野球イースタン観戦ガイド　2002年　イースタンリーグ企画・編　イースタンリーグ，ベースボール・マガジン社〔発売〕　2002.5　261p　21cm　600円　⒤4-583-03688-4　Ⓝ783.7

目次　イースタン・リーグ会長ご挨拶，イースタ

プロ野球イースタン観戦ガイド　2003年
イースタンリーグ，ベースボール・マガジン社〔発売〕〔2003.4〕301p 21cm 600円　Ⓣ4-583-03743-0　Ⓝ783.7

⽬次 イースタン・リーグ会長ご挨拶，イースタン・リーグ幹事長ご挨拶，成績一覧表，優勝球団，表彰選手，優秀選手，スポンサー表彰，月間MVP，表彰選手コメント，日程〔ほか〕

プロ野球イースタン・リーグ観戦ガイド　2004
イースタンリーグ企画・編・制作　イースタン・リーグ，ベースボール・マガジン社〔発売〕2004.4 293p 21cm 600円　Ⓣ4-583-03797-X　Ⓝ783.7

⽬次 イースタン・リーグ会長挨拶，イースタン・リーグ幹事長挨拶，2004年度イースタン・リーグ選手権試合日程，2003年度イースタン・リーグ選手権試合成績一覧，優勝球団，表彰選手，フォトアルバム，北海道日本ハムファイターズ写真館，湘南シーレックス写真館，ヤクルトスワローズ写真館〔ほか〕

プロ野球 記録の手帖
千葉功著　ベースボール・マガジン社　2001.4 685p 26cm 8000円　Ⓣ4-583-03637-X　Ⓝ783.7

⽬次 痛しかゆしの「連続セーブ」,「急増する延長戦」に問題あり!!,過度の「敬遠策」は必要か?,「初打席満塁本塁打の駒田」を占う吉と凶,「全12球団から勝ち星」を挙げた野村収の球跡,補殺ゼロからひとり三重殺まで「守備の珍記録」,鈴木啓示「無四球試合73」の偉大さ，ついに史上初「20勝投手ゼロ」の怪，近代野球における「二塁打」の再評価を卜!,日本独自の規則で「消えた7回表」〔ほか〕

内容 プロ野球の記録を106のテーマ別に紹介する資料集。消滅した球団，南海ホークス，阪急ブレーブスの在籍全選手の通算成績表を加える。

プロ野球データ事典 ひいきチームの主力選手のすべてが一目でわかる！これで100倍おもしろく観戦できる
坂本邦夫著　PHP研究所　2001.4 406p 18cm 1250円　Ⓣ4-569-61561-9　Ⓝ783.7

⽬次 セントラル・リーグ(読売ジャイアンツ，阪神タイガース，中日ドラゴンズ，横浜ベイスターズ，広島東洋カープ，ヤクルトスワローズ)，パシフィック・リーグ(オリックスブルーウェーブ，福岡ダイエーホークス，日本ハムファイターズ，千葉ロッテマリーンズ，西武ライオンズ，大阪近鉄バッファローズ)，消滅した球団(松竹ロビンス，大映スターズ，高橋ユニオンズ，西日本パイレーツ)

内容 プロ野球セ・パリーグ分立後の1950年から2000年までの全球団のデータブック。全シーズンの代表的な先発オーダーと控え選手と主力投手陣を主要個人記録とともに表に示し，その変遷を10年単位で一覧できるよう掲載。

プロ野球データスタジアム　2005
データスタジアム，田端到著　エンターブレイン　2005.4 295p 21cm 2200円　Ⓣ4-7577-2270-2　Ⓝ783.7

⽬次 中日ドラゴンズ，ヤクルトスワローズ，読売ジャイアンツ，阪神タイガース，広島東洋カープ，横浜ベイスターズ，西武ライオンズ，福岡ソフトバンクホークス，北海道日本ハムファイターズ，千葉ロッテマリーンズ，オリックス・バファローズ，東北楽天ゴールデンイーグルス

めざせV2! 栄光の巨人軍群像
グループかくし球著　一季出版　1990.3 291p 18cm 980円　Ⓣ4-900451-41-X　Ⓝ783.7

内容 G党ファン必携。藤田監督率いる98名を全紹介。

＜図鑑・図集＞

日本プロ野球ユニフォーム大図鑑　上
綱島理友著，綿谷寛，イワヰマサタカイラスト　ベースボール・マガジン社　2013.11 207p 26cm 2800円　Ⓣ978-4-583-10564-2　Ⓝ783.7

⽬次 プロローグ ユニフォーム進化論，Before NPBプロ野球黎明期，Before NPB日米大野球戦，読売ジャイアンツ，阪神タイガース，中日ドラゴンズ，東京セネタース，オリックス・バファローズ

内容 プロ野球歴代全ユニフォームを精密なビジュアルで再現!! 丹念な調査，新たな取材で新史実を加え，より精密に再現。前作をしのぐ超大作ついに完成!!

日本プロ野球ユニフォーム大図鑑　中
綱島理友著，綿谷寛，イワヰマサタカイラスト　ベースボール・マガジン社　2013.11 191p 26cm 2800円　Ⓣ978-4-583-10565-9　Ⓝ783.7

⽬次 横浜DeNAベイスターズ，後楽園イーグルス，福岡ソフトバンクホークス，北海道日本ハムファイターズ，千葉ロッテマリーンズ，

EXTRA CHAPTER日本プロ野球の意匠

(内容)プロ野球歴代全ユニフォームを精密なビジュアルで再現!! 丹念な調査、新たな取材で新史実を加え、より精密に再現。前作をしのぐ超大作ついに完成!!

日本プロ野球ユニフォーム大図鑑　下　綱島理友著，綿谷寛，イワキマサタカイラスト　ベースボール・マガジン社　2013.11　199p　26cm　2800円　①978-4-583-10566-6　Ⓝ783.7

(目次)埼玉西武ライオンズ，広島東洋カープ，東京ヤクルトスワローズ，東北楽天ゴールデンイーグルス，イベントユニフォーム，ファームユニフォーム，オールスターゲーム，日本代表（全日本），幻のリーグ

(内容)プロ野球歴代全ユニフォームを精密なビジュアルで再現!! 丹念な調査、新たな取材で新史実を加え、より精密に再現。前作をしのぐ超大作ついに完成!!

＜年鑑・白書＞

オフィシャル・ベースボール・ガイド　プロ野球公式記録集　'97　日本野球機構編　共同通信社　1997.2　611p　19cm　2718円　①4-7641-0377-X　Ⓝ783.7

(目次)セ・リーグ記録，パ・リーグ記録，日本シリーズ，日本シリーズ記録集，日本シリーズ・ライフタイム成績，オールスター・ゲーム，オールスター・ゲーム記録集，オールスター・ゲーム・ライフタイム成績，記録集，個人年度別成績

オフィシャル・ベースボール・ガイド　プロ野球公式記録集　'98　日本野球機構編　共同通信社　1998.2　623p　19cm　2762円　①4-7641-0401-6　Ⓝ783.7

(目次)セ・リーグ記録，パ・リーグ記録，日本シリーズ，日本シリーズ記録集，日本シリーズ・ライフタイム成績，オールスター・ゲーム，オールスター・ゲーム記録集，オールスター・ゲーム・ライフタイム成績，記録集，個人年度別成績

オフィシャル・ベースボール・ガイド　プロ野球公式記録集　'99　日本野球機構編　共同通信社　1999.2　621p　19cm　2762円　①4-7641-0420-2　Ⓝ783.7

(目次)セ・リーグ記録，パ・リーグ記録，日本シリーズ，日本シリーズ記録集，日本シリーズ・ライフタイム成績，オールスター・ゲーム，オールスター・ゲーム記録集，オールスター・ゲーム・ライフタイム成績，記録集，個人年度別成績

(内容)1998年のプロ野球選手・球団のデータを収録したガイドブック。

オフィシャル・ベースボール・ガイド　プロ野球公式記録集　2002　日本野球機構編　共同通信社　2002.2　629p　19cm　2762円　①4-7641-0499-7　Ⓝ783.7

(目次)セ・リーグ記録，パ・リーグ記録，日本シリーズ，日本シリーズ記録集，日本シリーズ・ライフタイム成績，オールスター・ゲーム，オールスター・ゲーム記録集，オールスター・ゲーム・ライフタイム成績，記録集，個人年度別成績

(内容)プロ野球2001年公式記録集。2001年における、セ・リーグ、パ・リーグの各ペナントレース、日本シリーズ、オールスター・ゲーム等の全ゲームについてのチーム別戦績とともに、打撃・守備・投手等の部門別のチーム・個人記録等、ライフタイム成績の全データを掲載する。巻頭には2001年のプロ野球界の日録やドラフト選手、表彰選手ほか出場人員、試合時間等の数値データも紹介、巻末には記録集として2000年度以前の各年度別の記録をまとめている。

オフィシャル・ベースボール・ガイド　プロ野球公式記録集　2003　日本野球機構編　共同通信社　2003.2　633p　19cm　2762円　①4-7641-0522-5　Ⓝ783.7

(目次)セ・リーグ記録，パ・リーグ記録，日本シリーズ，日本シリーズ記録集，日本シリーズ・ライフタイム成績，オールスター・ゲーム，オールスター・ゲーム記録集，オールスター・ゲーム・ライフタイム成績，記録集，個人年度別成績

オフィシャル・ベースボール・ガイド　プロ野球公式記録集　2004　日本野球機構編　共同通信社　2004.2　639p　19cm　2762円　①4-7641-0534-9　Ⓝ783.7

(目次)セ・リーグ記録，パ・リーグ記録，日本シリーズ，日本シリーズ記録集，日本シリーズ・ライフタイム成績，オールスター・ゲーム，オールスター・ゲーム記録集，オールスター・ゲーム・ライフタイム成績，記録集，個人年度別成績

(内容)プロ野球2003年シーズンすべての公式記録と現役一軍選手年度別記録を収録。

オフィシャル・ベースボール・ガイド　プロ野球公式記録集　2005　日本野球機構編　共同通信社　2005.2　589p　21cm　2762円　①4-7641-0547-0　Ⓝ783.7

(目次)セ・リーグ記録，パ・リーグ記録，日本シリーズ，日本シリーズ記録集，日本シリーズ・ラ

オフィシャル・ベースボール・ガイド プロ野球公式記録集 2006 日本野球機構 編 共同通信社 2006.2 609p 21cm 2762円 ①4-7641-0569-1 ⑭783.7

(目次)セントラル・リーグ，パシフィック・リーグ，セ・パ交流戦，日本シリーズ，日本シリーズ記録集，日本シリーズ・ライフタイム成績，オールスター・ゲーム，オールスター・ゲーム記録集，記録集，個人年度別成績

(内容)2005年シーズンすべての公式記録と現役一軍選手の年度別記録を収録。「記録」で「結果」を読む。プロ野球の報道に，観戦に，"即戦力"の1冊。

オフィシャル・ベースボール・ガイド プロ野球公式記録集 2007 日本野球機構 編 共同通信社 2007.2 639p 21cm 2762円 ①978-4-7641-0582-9 ⑭783.7

(目次)セントラル・リーグ，パシフィック・リーグ，セ・パ交流戦，日本シリーズ，オールスター・ゲーム，野球殿堂，ファーム成績，外国チームとの試合，記録集，個人年度別成績，個人年度別成績，球団変遷

(内容)プロ野球の出来事，WBC，新人選択会議・フリーエージェント，表彰選手，主な記録達成選手，2007年記録達成予想選手，各年度セ・パ両リーグ順位，など，2006年シーズンすべての公式記録と現役一軍選手の年度別記録を収録。

オフィシャル・ベースボール・ガイド プロ野球公式記録集 2008 日本野球機構 編 共同通信社 2008.2 631p 21cm 2762円 ①978-4-7641-0589-8 ⑭783.7

(目次)セントラル・リーグ，パシフィック・リーグ，セ・パ交流戦，日本シリーズ，オールスター・ゲーム，野球殿堂，ファーム成績，外国チームとの試合，記録集，個人年度別成績，個人年度別成績，球団変遷

(内容)データが語る真実がある。プロ野球観戦が，より一層面白くなる"必携"の1冊!2007年シーズンすべての公式記録と現役一軍選手の年度別記録を収録。

オフィシャル・ベースボール・ガイド プロ野球公式記録集 2009 日本野球機構 編 共同通信社 2009.2 625p 21cm 2762円 ①978-4-7641-0598-0 ⑭783.7

(目次)セントラル・リーグ，パシフィック・リーグ，セ・パ交流戦，日本シリーズ，オールスター・ゲーム，野球殿堂，ファーム成績，外国チームとの試合，記録集，個人年度別成績，個人年度別成績，球団変遷

(内容)データから読み取れる野球界の歴史と潮流プロ野球観戦に必携の1冊。2008年シーズンすべての公式記録と現役一軍選手の年度別記録を収録。

オフィシャル・ベースボール・ガイド プロ野球公式記録集 2010 日本野球機構 編 共同通信社 2010.2 635p 21cm 2762円 ①978-4-7641-0611-6 ⑭783.7

(目次)セントラル・リーグ，パシフィック・リーグ，セ・パ交流戦，日本シリーズ，オールスター・ゲーム，野球殿堂，ファーム成績，外国チームとの試合，記録集，個人年度別成績，球団変遷

(内容)記録を知ればプロ野球はもっと楽しめる。2009年シーズンすべての公式記録と現役選手の年度別記録を収録。データから読み取れる野球界の歴史と潮流，プロ野球ファン必携の1冊。

オフィシャル・ベースボール・ガイド プロ野球公式記録集 2011 日本野球機構 編 共同通信社 2011.2 647p 21cm 2762円 ①978-4-7641-0622-2 ⑭783.7

(目次)セントラル・リーグ，パシフィック・リーグ，セ・パ交流戦，日本シリーズ，オールスター・ゲーム，野球殿堂，ファーム成績，外国チームとの試合，記録集，個人年度別成績，個人年度別成績，球団変遷

(内容)2010年シーズンすべての公式記録と現役選手の年度別記録を収録。

オフィシャル・ベースボール・ガイド プロ野球公式記録集 2012 日本野球機構 編 共同通信社 2012.2 641p 21cm 2762円 ①978-4-7641-0641-3 ⑭783.7

(目次)セントラル・リーグ，パシフィック・リーグ，セ・パ交流戦，日本シリーズ，オールスター・ゲーム，野球殿堂，ファーム成績，外国チームとの試合，記録集，個人年度別成績，球団変遷

(内容)2011年シーズンすべての公式記録と現役選手の年度別記録を収録。わが国唯一のプロ野球公式記録集。

オフィシャル・ベースボール・ガイド プロ野球公式記録集 2013 日本野球機構 編 共同通信社 2013.2 649p 21cm 2762円 ①978-4-7641-0658-1 ⑭783.7

(目次)セントラル・リーグ，パシフィック・リーグ，セ・パ交流戦，日本シリーズ，オールスター・

ゲーム，野球殿堂，ファーム成績，外国チームとの試合，記録集，個人年度別成績，球団変遷
(内容)2012年シーズンすべての公式記録と現役選手の年度別記録を収録．わが国唯一のプロ野球公式記録集．

オフィシャル・ベースボール・ガイド プロ野球公式記録集 2014 日本野球機構編 共同通信社 2014.2 615p 21cm 2762円 ⓘ978-4-7641-0666-6 Ⓝ783.7
(目次)セントラル・リーグ，パシフィック・リーグ，セ・パ交流戦，日本シリーズ，オールスター・ゲーム，野球殿堂，ファーム成績，外国チームとの試合，記録集，個人年度別成績，個人年度別成績，球団変遷
(内容)2013年シーズンすべての公式記録と現役選手の年度別記録を収録．データが語る真実がある．わが国唯一のプロ野球公式記録集．

オフィシャル・ベースボール・ガイド プロ野球公式記録集 2015 日本野球機構編 共同通信社 2015.3 597p 21cm 2769円 ⓘ978-4-7641-0674-1 Ⓝ783.7
(目次)セントラル・リーグ，パシフィック・リーグ，セ・パ交流戦，日本シリーズ，オールスター・ゲーム，野球殿堂，ファーム成績，外国チームとの試合，記録集，個人年度別成績，個人年度別成績，球団変遷
(内容)2014年シーズンすべての公式記録と現役選手の年度別記録を収録．わが国唯一のプロ野球公式記録集．

オフィシャル・ベースボール・ガイド プロ野球公式記録集 2016 日本野球機構編 共同通信社 2016.2 645p 21cm 2769円 ⓘ978-4-7641-0685-7 Ⓝ783.7
(目次)セントラル・リーグ，パシフィック・リーグ，セ・パ交流戦，日本シリーズ，オールスター・ゲーム，野球殿堂，ファーム成績，外国チームとの試合，記録集，個人年度別打撃成績，個人年度別投手成績，球団変遷
(内容)2015年シーズンすべての公式記録と現役選手の年度別記録を収録．データが語る真実がある．わが国唯一のプロ野球公式記録集．

オリックス・バファローズパーフェクトガイド 2005 YearBook オリックス野球クラブ著 (神戸)オリックス野球クラブ，トランスアート〔発売〕 2005.3 183p 21cm 476円 ⓘ4-88752-290-8 Ⓝ783.7
(目次)BUFFALOES Perfect Guide,PLAYER Perfect Guide(選手名鑑)，PENNANT RACE Perfect Guide,BALL PARK Perfect Guide,SURPASS Perfect Guide,COMMUNITY ACTIVITY Perfect Guide,DATA Perfect Guide

オリックス・バファローズパーフェクトガイド 2006 yearBook (神戸)オリックス野球クラブ，トランスアート〔発売〕 2006.3 176p 21cm 476円 ⓘ4-88752-298-3 Ⓝ783.7
(目次)中村新監督が考える2006戦力分析，選手分析，マネージャー、コーチングスタッフ，フロントスタッフ，選手名鑑，BALL PARK Perfect Guide, SURPASS Perfect Guide,COMMUNITY ACTIVITY Perfect Guide,Buffaloes DATA

オリックス・バファローズパーフェクトガイド 2007 YearBook (大阪)オリックス野球クラブ，トランスアート〔発売〕 2007.3 176p 21cm 476円 ⓘ978-4-88752-200-8 Ⓝ783.7
(目次)One Heart Beatの伝導師テリー・コリンズ新監督，2007年バファローズの「走・攻・守」，海を越えて来た4人のBOSS，新選手会長北川博敏インタビュー，マネージャー・コーチングスタッフ，フロントスタッフ，記録達成候補選手，選手名鑑，特別企画，ボールパークガイド〔ほか〕

オリックス・バファローズパーフェクトガイド 2008 YearBook (大阪)オリックス野球クラブ，トランスアート(発売) 2008.3 170p 21cm 476円 ⓘ978-4-88752-212-1 Ⓝ783.7
(目次)One Heart Beat第2章，2008 Offense&Defense，若きエース対談，マネージャー・コーチングスタッフ，フロントスタッフ，記録達成候補選手，選手名鑑，特別企画 One Heart Beat Fan's Message，ボールパークガイド，サーパスガイド，コミュニティ，バファローズデータ

ORIX Buffaloes Perfect Guide 2009 オリックス野球クラブ，DNPアートコミュニケーションズ(発売) 2009.3 176p 21cm 476円 ⓘ978-4-88752-223-7 Ⓝ783.7
(目次)選手名鑑(PICHER(投手)，CATCHER(捕手)ほか)，特別企画(Bsの軌跡，Bsランキングほか)，ボールパークガイド(京セラドーム大阪ガイド，スカイマークスタジアムガイドほか)，バファローズ二軍(古屋英夫監督インタビュー，あじさいスタジアム北神戸 ほか)，コミュニティ(コミュニティ活動，直営店情報 ほか)

野球　競技スポーツ

ORIX Buffaloes Perfect Guide 2010　オリックス野球クラブ，DNPアートコミュニケーションズ（発売）　2010.3　174p　21cm　476円　Ⓘ978-4-88752-229-9　Ⓝ783.7

(目次)岡田彰布監督インタビュー，田口壮選手インタビュー，出身地域別座談会，監督・コーチングスタッフ，チームスタッフ，記録達成候補選手，選手名鑑，特別企画，ボールパークガイド，バファローズ二軍〔ほか〕

オリックス・バファローズパーフェクトガイド　2011 YearBook　オリックス野球クラブ，DNPアートコミュニケーションズ（発売）　2011.4　176p　21cm　476円　Ⓘ978-4-88752-239-8　Ⓝ783.7

(目次)選手名鑑，特別企画，ボールパークガイド，バファローズ二軍，バファローズデータ，コミュニティ

東北楽天ゴールデンイーグルスオフィシャルガイドブック　2005　(仙台)楽天野球団　2005.3　192p　21cm　〈仙台 河北新報総合サービス（発売）〉　952円　Ⓘ4-87341-190-4　Ⓝ783.7

東北楽天ゴールデンイーグルス オフィシャルガイドブック　2006　(仙台)楽天野球団，(仙台)河北新報総合サービス〔発売〕　2006.3　127p　30cm　952円　Ⓘ4-87341-203-X　Ⓝ783.7

(目次)インタビュー 監督・野村克也―みちのくに「野球伝道師」降臨，対談 岩隈久志×一場靖弘―「苦闘の一年」を乗り越えるために，礒部公一，山崎武司，福盛和男，沖原佳典―主力4選手独占インタビュー，対談 関川浩一×飯田哲也―優勝チーム経験者の2人が語る"楽天イーグルス常勝軍団への道"，「完全版」67人選手名鑑，18人の新戦力紹介―新人，トレード，外国人，1軍／2軍監督・コーチ名鑑，選手をサポート―コンディショニングチーム紹介，選手／スタッフ一覧，人気マスコット紹介―クラッチ，クラッチーナ，Mr.カラスコ（エピソード集）〔ほか〕

東北楽天ゴールデンイーグルスオフィシャルガイドブック　2007　(仙台)楽天野球団　2007.3　112p　30cm　〈発売：河北新報総合サービス〉　952円　Ⓘ978-4-87341-211-5　Ⓝ783.7

東北楽天ゴールデンイーグルスオフィシャルガイドブック　2008　(仙台)楽天野球団　2008.3　112p　30cm　〈発売：河北新報総合サービス〉　952円　Ⓘ978-4-87341-214-6　Ⓝ783.7

東北楽天ゴールデンイーグルスオフィシャルガイドブック　2010　(仙台)楽天野球団　2010.3　112p　30cm　〈発売：日販アイ・ピー・エス〉　952円　Ⓘ978-4-930774-54-5　Ⓝ783.7

東北楽天ゴールデンイーグルスオフィシャルガイドブック　2011　(仙台)楽天野球団　2011.3　112p　30cm　〈他言語標題：TOHOKU RAKUTEN GOLDEN EAGLES OFFICIAL GUIDE BOOK　発売：日販アイ・ピー・エス〉　952円　Ⓘ978-4-930774-96-5　Ⓝ783.7

東北楽天ゴールデンイーグルスオフィシャルガイドブック　2012　(仙台)楽天野球団　2012.3　112p　30cm　〈他言語標題：Tohoku Rakuten Golden Eagles OFFICIAL GUIDEBOOK　発売：日販アイ・ピー・エス〉　952円　Ⓘ978-4-905353-55-3　Ⓝ783.7

阪神タイガース公式イヤーブック　2007　(西宮)阪神タイガース，(大阪)阪神コンテンツリンク〔発売〕　2007.3　123,21p　30cm　1143円　Ⓘ978-4-9901482-5-6　Ⓝ783.7

(目次)2007ロゴ＆チームスローガンの解説，岡田彰布監督インタビュー，2006阪神タイガース戦いのあと，2006阪神タイガースチームデータ，2007キャンプレポート，選手インタビュー，新人・新入団選手紹介，Hot Players注目選手紹介，選手名鑑，監督・コーチ紹介〔ほか〕

阪神タイガース公式イヤーブック　2011　(西宮)阪神タイガース，(大阪)阪神コンテンツリンク〔発売〕　2011.3　176p　26cm　1143円　Ⓘ978-4-9901482-9-4　Ⓝ783.7

(目次)2011シーズンロゴマーク＆チームスローガンの解説，真弓明信監督インタビュー，2010 PLAY BACK戦いの跡，2011春季キャンプグラフィック，選手インタビュー，2011年度新入団選手紹介，HOT PLAYERS Review注目選手紹介，選手名鑑，座談会，特別企画〔ほか〕

阪神タイガース熱血ファンブック　2004　関西テレビ放送スポーツ部プロ野球中継班編　東邦出版　2004.5　150p　21cm　952円　Ⓘ4-8094-0367-X　Ⓝ783.7

(目次)阪神タイガース2004パーフェクト選手名鑑（監督・コーチ，投手，捕手，内野手，外野手，チームスタッフ），2004阪神タイガースに死角なし！―猛虎軍投手・打者vs他球団打者・投手，昨年のVデータから読む2004阪神タイガース勝

122 スポーツ・運動科学レファレンスブック

利の方程式10, 書込み式阪神タイガース2004公式戦日程表, 猛虎軍のキーマン2004を熱く語る
(内容)関西テレビが持つ詳細なデータでTV観戦がさらに面白くなる。

ベースボール・レコード・ブック　日本プロ野球記録年鑑　1991　ベースボール・マガジン社編　ベースボール・マガジン社　1990.12　863p　19cm　1200円　Ⓘ4-583-02882-2　Ⓝ783.7
(目次)1990年度日本プロ野球の回顧, セントラル・リーグ公式戦記録, パシフィック・リーグ公式戦全記録, セントラル・リーグ312選手の年度別全成績, パシフィック・リーグ330選手の年度別全成績, ウエスタン・リーグ公式戦全記録, イースタン・リーグ公式戦全成績, 日本プロ野球歴代記録(1936年～1990年), 日本シリーズ, オールスター・ゲーム, 名選手115人の年度別成績

ベースボール・レコード・ブック　日本プロ野球記録年鑑　1992　ベースボール・マガジン社編　ベースボール・マガジン社　1991.12　831p　19cm　1200円　Ⓘ4-583-02951-9　Ⓝ783.7
(目次)1991年度日本プロ野球の回顧, 1991年度日本プロ野球の主な記録と出来事, 1991年度日本プロ野球主要記録集, パシフィック・リーグ公式戦全記録, セントラル・リーグ公式戦全記録, パシフィック・リーグ321選手の年度別全成績, セントラル・リーグ317選手の年度別全成績, イースタン・リーグ公式戦全成績, ウエスタン・リーグ公式戦全記録, 日本プロ野球歴代記録(1936年～1991年), 日本シリーズ, オールスター・ゲーム, 特別企画 決定版!!珍記録大全集

ベースボール・レコード・ブック　日本プロ野球記録年鑑　1993　ベースボール・マガジン社編　ベースボール・マガジン社　1992.12　831p　19cm　1200円　Ⓘ4-583-03036-3　Ⓝ783.7
(目次)セントラル・リーグ公式戦全記録, パシフィック・リーグ公式戦全記録, セントラル・リーグ313選手に年度別全成績, パシフィック・リーグ318選手の年度別全成績, ウエスタン・リーグ公式戦全記録, イースタン・リーグ公式戦全記録, 日本プロ野球歴代記録(1936年～1992年), 日本シリーズ, オールスター, 特別企画 保存版 歴代ランキング

ベースボール・レコード・ブック　日本プロ野球記録年鑑　1994　ベースボール・マガジン社編　ベースボール・マガジン社　1993.12　863p　19cm　1200円　Ⓘ4-583-03093-2　Ⓝ783.7
(目次)パシフィック・リーグ公式戦全記録, セントラル・リーグ公式戦全記録, パシフィック・リーグ302選手の年度別全成績, セントラル・リーグ322選手の年度別全成績, イースタン・リーグ公式戦全記録, ウエスタン・リーグ公式戦全記録, 日本プロ野球歴代記録(1936年～1993年), 日本シリーズ, オールスター, 特別企画 デッドヒート物語

ベースボール・レコード・ブック　日本プロ野球記録年鑑　1995　ベースボール・マガジン社　1994.12　895p　18cm　1200円　Ⓘ4-583-03171-8　Ⓝ783.7
(目次)セントラル・リーグ公式戦全記録, パシフィック・リーグ公式戦全記録, セントラル・リーグ326選手の年度別全成績, パシフィック・リーグ313選手の年度別全成績, ウエスタン・リーグ公式戦全記録, イースタン・リーグ公式戦全記録, 日本プロ野球歴代記録(1936年～1994年), 日本シリーズ, オールスター・ゲーム, 記録で見るオールスター史

ベースボール・レコード・ブック　日本プロ野球記録年鑑　1996　ベースボール・マガジン社　1995.12　895p　19cm　1200円　Ⓘ4-583-03271-4　Ⓝ783.7
(内容)1995年度の日本のプロ野球の記録をまとめたもの。1995年度の回顧, 主要記録集, 公式戦全記録, 日本プロ野球歴代記録集等を収録する。盗塁にまつわる各種記録をまとめた特別企画「盗塁記録大全集」がある。

ベースボール・レコード・ブック　日本プロ野球記録年鑑　1997　ベースボール・マガジン社　1996.12　895p　18cm　1200円　Ⓘ4-583-03360-5　Ⓝ783.7
(目次)セントラル・リーグ公式戦全記録, パシフィック・リーグ公式戦全記録, セントラル・リーグ328人の年度別成績, パシフィック・リーグ338人の年度別全成績, ウエスタン・リーグ公式戦全記録, イースタン・リーグ公式戦全記録, 日本プロ野球歴代記録(1936年～1996年), 日本シリーズ, オールスター・ゲーム, 特別企画―代打記録集

ベースボール・レコード・ブック　日本プロ野球記録年鑑　1998　ベースボール・マガジン社編　ベースボール・マガジン社　1997.12　927p　19cm　1200円　Ⓘ4-583-

03485-7　Ⓝ783.7

(目次)セントラル・リーグ公式戦全記録，パシフィック・リーグ公式戦全記録，セントラル・リーグ347人の年度別成績，パシフィック・リーグ341人の年度別成績，イースタン・リーグ公式戦全記録，ウエスタン・リーグ公式戦全記録，日本プロ野球歴代記録（1936年～1997年），日本シリーズ，オールスター・ゲーム，特別企画 年度別・年代別部門ランキング

ベースボール・レコード・ブック　日本プロ野球記録年鑑　1999
ベースボール・マガジン社編　ベースボール・マガジン社　1998.12　927p　19cm　1200円　Ⓘ4-583-04541-7　Ⓝ783.7

(目次)セントラル・リーグの回顧，パシフィック・リーグの回顧，1998年度プロ野球の主な記録と出来事，1998年度日本プロ野球主要記録集，セントラル・リーグ公式戦全記録，パシフィック・リーグ公式戦全記録，セントラル・リーグ350人の年度別成績，パシフィック・リーグ328人の年度別成績，イースタン・リーグ公式戦全記録，ウエスタン・リーグ公式戦全記録，日本プロ野球歴代記録（1936年～1998年），日本シリーズ，オールスター・ゲーム，特別企画 サヨナラ・ゲーム（1936年～1998年）

(内容)1998年度の日本のプロ野球の記録をまとめたもの。1998年度の回顧，主要記録集，公式戦全記録，日本プロ野球歴代記録等を収録する。

ベースボール・レコード・ブック　日本プロ野球記録年鑑　2000
ベースボール・マガジン社編　ベースボール・マガジン社　1999.12　927p　19cm　1200円　Ⓘ4-583-03622-1　Ⓝ783.7

(目次)パシフィック・リーグの回顧，セントラル・リーグの回顧，1999年度プロ野球の主な記録と出来事，1999年度日本プロ野球主要記録集，パシフィック・リーグ公式戦全記録，セントラル・リーグ公式戦全記録，パシフィック・リーグ338人の年度別成績，セントラル・リーグ335人の年度別成績，ウエスタン・リーグ公式戦全記録，イースタン・リーグ公式戦全記録，日本プロ野球歴代記録（1936年～1999年），日本シリーズ，オールスター・ゲーム，特別企画 指名打者大全集

ベースボール・レコード・ブック　日本プロ野球記録年鑑　2001
ベースボール・マガジン社編　ベースボール・マガジン社　2000.12　927p　19cm　1200円　Ⓘ4-583-03599-3　Ⓝ783.7

(目次)セントラル・リーグ公式戦全記録，パシフィック・リーグ公式戦全記録，セントラル・リーグ344人の年度別成績，パシフィック・リーグ340人の年度別成績，イースタン・リーグ公式戦全記録，ウエスタン・リーグ公式戦全記録，日本プロ野球歴代記録（1936年～2000年），日本シリーズ，オールスター・ゲーム，特別企画 各年度対戦チーム別投手勝敗

(内容)2000年の日本プロ野球の記録を集めた公式年鑑。2000年の日本プロ野球と各チームの回顧と出来事，2000年公式記録，歴代記録等で構成する。

ベースボール・レコード・ブック　日本プロ野球記録年鑑　2002
ベースボール・マガジン社編　ベースボール・マガジン社　2001.12　959p　19cm　1400円　Ⓘ4-583-03677-9　Ⓝ783.7

(目次)セントラル・リーグ公式戦全記録，パシフィック・リーグ公式戦全記録，セントラル・リーグ333人の年度別成績，パシフィック・リーグ350人の年度別成績，イースタン・リーグ公式戦全記録，ウエスタン・リーグ公式戦全記録，日本プロ野球歴代記録（1936年～2001年），日本シリーズ，オールスター・ゲーム，特別企画 ホームラン大全集

(内容)2001年の日本プロ野球の記録を集めた公式年鑑。2001年の日本プロ野球と各チームの回顧と出来事、2000年公式記録、歴代記録等で構成する。

ベースボール・レコード・ブック　日本プロ野球記録年鑑　2004
ベースボール・マガジン社編　ベースボール・マガジン社　2003.12　1055p　21cm　2400円　Ⓘ4-583-03778-3　Ⓝ783.7

(目次)パシフィック・リーグ回顧，セントラル・リーグ回顧，パシフィック・リーグ公式戦全記録，セントラル・リーグ公式戦全記録，パシフィック・リーグ個人年度別成績，セントラル・リーグ個人年度別成績，ウエスタン・リーグ公式戦全記録，イースタン・リーグ公式戦全記録，日本シリーズ，オールスター・ゲーム，日本プロ野球歴代記録（1936年～2003年）

ベースボール・レコード・ブック　日本プロ野球記録年鑑　2005
ベースボール・マガジン社編　ベースボール・マガジン社　2004.12　1054p　21cm　2400円　Ⓘ4-583-03833-X　Ⓝ783.7

(目次)パシフィック・リーグ回顧，セントラル・

リーグ回顧，パシフィック・リーグ公式戦全記録，セントラル・リーグ公式戦全記録，パシフィック・リーグ個人年度別成績，セントラル・リーグ個人年度別成績，ウエスタン・リーグ公式戦全記録，イースタン・リーグ公式戦全記録，日本シリーズ，オールスター・ゲーム，日本プロ野球歴代記録（1936〜2004年）

ベースボール・レコード・ブック　日本プロ野球記録年鑑　2006　ベースボール・マガジン社編　ベースボール・マガジン社　2005.12　1087p　21cm　2400円　①4-583-03875-5　Ⓝ783.7

（目次）パシフィック・リーグ回顧，セントラル・リーグ回顧，パシフィック・リーグ公式戦全記録，セントラル・リーグ公式戦全記録，交流戦全記録，個人年度別成績，イースタン・リーグ公式戦全記録，ウエスタン・リーグ公式戦全記録，ファーム交流戦全記録，日本シリーズ，オールスターゲーム，アジアシリーズ，日本プロ野球歴代記録（1936〜2005年）

（内容）打席ごとの結果が分かる一軍スコアテーブル（846試合）。交流戦成績も充実。各球団項目別最高記録も収録した，日本プロ野球記録年鑑。

ベースボール・レコード・ブック　日本プロ野球記録年鑑　2007　ベースボール・マガジン社編　ベースボール・マガジン社　2006.12　1087p　21cm　2400円　①4-583-03942-5　Ⓝ783.7

（目次）パシフィック・リーグ回顧，セントラル・リーグ回顧，パシフィック・リーグ公式戦全記録，セントラル・リーグ公式戦全記録，交流戦全記録，個人年度別成績，ウエスタン・リーグ公式戦全記録，イースタン・リーグ公式戦全記録，ファーム交流戦全記録，日本シリーズ，オールスターゲーム，アジアシリーズ，日本プロ野球歴代記録（1936〜2006年）

ベースボール・レコード・ブック　日本プロ野球記録年鑑　2008　ベースボール・マガジン社編　ベースボール・マガジン社　2007.12　1087p　21cm　2500円　①978-4-583-10066-1　Ⓝ783.7

（目次）セントラル・リーグ回顧，パシフィック・リーグ回顧，セントラル・リーグ公式戦全記録，パシフィック・リーグ公式戦全記録，交流戦全記録，個人年度別成績，ウエスタン・リーグ公式戦全記録，イースタン・リーグ公式戦全記録，ファーム交流戦全記録，クライマックスシリーズ，日本シリーズ，オールスターゲーム，アジア，日本プロ野球歴代記録（1936〜2007年），特別企画＝プレーオフ・プレーバック

ベースボール・レコード・ブック　日本プロ野球記録年鑑　2009　ベースボール・マガジン社編　ベースボール・マガジン社　2008.12　1087p　21cm　2500円　①978-4-583-10134-7　Ⓝ783.7

（目次）パシフィック・リーグ回顧，セントラル・リーグ回顧，パシフィック・リーグ公式戦全記録，セントラル・リーグ公式戦全記録，交流戦全記録，個人年度別成績，ウエスタン・リーグ公式戦全記録，イースタン・リーグ公式戦全記録，ファーム交流戦全記録，クライマックスシリーズ，日本シリーズ，オールスターゲーム，アジアシリーズ，日本プロ野球歴代記録（1936〜2008年），特別企画—平成年代の記録（1989〜2008年）

（内容）打席ごとの結果が分かる一軍スコアテーブル（864試合）。各種成績も充実。特別企画・平成年代の記録（1989〜2008）。

ベースボール・レコード・ブック　日本プロ野球記録年鑑　2010　ベースボール・マガジン社編　ベースボール・マガジン社　2009.12　1087p　21cm　2800円　①978-4-583-10233-7　Ⓝ783.7

（目次）セントラル・リーグ回顧，パシフィック・リーグ回顧，セントラル・リーグ公式戦全記録，パシフィック・リーグ公式戦全記録，交流戦全記録，個人年度別成績，ウエスタン・リーグ公式戦全記録，イースタン・リーグ公式戦全記録，ファーム交流戦全記録，クライマックス・シリーズ，日本史シリーズ，オールスターゲーム

（内容）日本プロ野球記録年鑑。打席ごとの結果が分かる一軍スコアテーブル，各種成績も充実。

ベースボール・レコード・ブック　日本プロ野球記録年鑑　2011　ベースボール・マガジン社編　ベースボール・マガジン社　2010.12　927p　21cm　2500円　①978-4-583-10323-5　Ⓝ783.7

（目次）パシフィック・リーグ公式戦全記録，セントラル・リーグ公式戦全記録，交流戦全記録，個人年度別成績，イースタン・リーグ公式戦全記録，ウエスタン・リーグ公式戦全記録，ファーム交流戦全記録，クライマックスシリーズ，日本シリーズ，オールスターゲーム，日本プロ野球歴代記録（1936〜2010年）

ベースボール・レコード・ブック　日本プロ野球記録年鑑　2012　ベースボール・マガジン社編　ベースボール・マガジン社　2011.12　927p　21cm　2500円　①978-4-

583-10428-7　Ⓝ783.7

⑬パシフィック・リーグ公式戦全記録，セントラル・リーグ公式戦全記録，交流戦全記録，個人年度別成績，ウエスタン・リーグ公式戦全記録，イースタン・リーグ公式戦全記録，ファーム交流戦全記録，クライマックスシリーズ，日本シリーズ，オールスターゲーム〔ほか〕

⑭日本プロ野球記録年鑑。打席ごとの結果が分かる一軍スコアテーブル。各種成績も充実。

ベースボール・レコード・ブック　日本プロ野球記録年鑑　2013　ベースボール・マガジン社　2012.12　927p　21cm　2500円　Ⓘ978-4-583-10510-9　Ⓝ783.7

⑬セントラル・リーグ公式戦全記録，パシフィック・リーグ公式戦全記録，交流戦全記録，個人年度別成績，イースタン・リーグ公式戦全記録，ウエスタン・リーグ公式戦全記録，ファーム交流戦全記録，クライマックスシリーズ，日本シリーズ，オールスターゲーム，日本プロ野球歴代記録（1936～2012年）

⑭日本プロ野球記録年鑑。打席ごとの結果が分かる一軍スコアテーブル（864試合）。各種成績も充実。

ベースボール・レコード・ブック　日本プロ野球記録年鑑　2014　ベースボール・マガジン社編　ベースボール・マガジン社　2013.12　927p　21cm　2500円　Ⓘ978-4-583-10636-6　Ⓝ783.7

⑬パシフィック・リーグ公式戦全記録，セントラル・リーグ公式戦全記録，交流戦全記録，個人年度別成績，ウエスタン・リーグ公式戦全記録，イースタン・リーグ公式戦全記録，ファーム交流戦全記録，クライマックス・シリーズ，日本シリーズ，オールスターゲーム，日本プロ野球歴代記録（1936～2013年）

ベースボール・レコード・ブック　日本プロ野球記録年鑑　2015　ベースボール・マガジン社編　ベースボール・マガジン社　2014.12　927p　21cm　2500円　Ⓘ978-4-583-10756-1　Ⓝ783.7

⑬パシフィック・リーグ公式戦全記録，セントラル・リーグ公式戦全記録，交流戦全記録，個人年度別成績，イースタン・リーグ公式戦全記録，ウエスタン・リーグ公式戦全記録，ファーム交流戦全記録，クライマックス・シリーズ，日本シリーズ，オールスターゲーム

⑭打席ごとの結果が分かる一軍スコアテーブル。各種成績も充実。

ベースボール・レコード・ブック　日本プロ野球記録年鑑　2016　ベースボール・マガジン社編　ベースボール・マガジン社　2015.12　959p　21cm　2500円　Ⓘ978-4-583-10937-4　Ⓝ783.7

⑬パシフィック・リーグ公式戦全記録，セントラル・リーグ公式戦全記録，交流戦全記録，個人年度別成績，ウエスタン・リーグ公式戦全記録，イースタン・リーグ公式戦全記録，ファーム交流戦全記録，クライマックス・シリーズ，日本シリーズ，オールスターゲーム，日本プロ野球歴代記録（1936～2015年）

ベースボール・レコード・ブック　日本プロ野球記録年鑑　2017　ベースボール・マガジン社編　ベースボール・マガジン社　2016.12　959p　21cm　2700円　Ⓘ978-4-583-11068-4　Ⓝ783.7

⑬パシフィック・リーグ公式戦全記録，セントラル・リーグ公式戦全記録，交流戦全記録，個人年度別成績，イースタン・リーグ公式戦全記録，ウエスタン・リーグ公式戦全記録，ファーム交流戦全記録，クライマックス・シリーズ，日本シリーズ，オールスターゲーム，日本プロ野球歴代記録（1936～2016年）

⑭打席ごとの結果が分かる一軍スコアテーブル（858試合）。各種成績も充実。

北海道日本ハムファイターズオフィシャルガイドブック　2004　（札幌）北海道日本ハムファイターズ，（札幌）北海道新聞社〔発売〕　2004.3　252p　21cm　762円　Ⓘ4-89453-288-3　Ⓝ783.7

⑬今村純二・北海道日本ハムファイターズ社長ご挨拶，高橋はるみ北海道知事メッセージ，上田文雄札幌市長メッセージ，MANAGER & COACHING STAFF（首脳陣），PITCHER（投手），CATCHER（捕手），INFIELDER（内野手），OUTFIELDER（外野手），ROOKIE（新人選手），Fighters春季キャンプ〔ほか〕

北海道日本ハムファイターズオフィシャルガイドブック　2005　（札幌）北海道日本ハムファイターズ，（札幌）北海道新聞社〔発売〕　2005.3　126p　30cm　952円　Ⓘ4-89453-326-X　Ⓝ783.7

⑬MANAGER & COACHING STAFF, PLAYERS GUIDE, PITCHER, CATCHER, INFIELDER, OUTFIELDER, ROOKIE, FIGHTERS・PERFECT GUIDE, BALLPARK・PERFECT GUIDE, EVENT・PERFECT GUIDE, INFORMATION

北海道日本ハムファイターズオフィシャルガイドブック 2006 （札幌）北海道日本ハムファイターズ,（札幌）北海道新聞社〔発売〕 2006.3 126p 30×21cm 952円 Ⓘ4-89453-361-8 Ⓝ783.7

⌜目次⌟Owner, Manager & Coaching Staff, Players Guide, Pitcher, Catcher, Infielder, Outfielder, Rookie, Exclusive Fighters, Information

北海道日本ハムファイターズオフィシャルガイドブック 2007 （札幌）北海道日本ハムファイターズ,（札幌）北海道新聞社〔発売〕 2007.3 127p 30cm 952円 Ⓘ978-4-89453-406-3 Ⓝ783.7

⌜目次⌟Owner, MANAGER & COACHING STAFF, PITCHER, CATCHER, INFIELDER, OUTFIELDER, ROOKIE, EXCLUSIVE, INFORMATION

北海道日本ハムファイターズオフィシャルガイドブック 2008 （札幌）北海道日本ハムファイターズ, 北海道新聞社（発売） 2008.3 128p 30cm 952円 Ⓘ978-4-89453-443-8 Ⓝ783.7

⌜目次⌟Owner, MANAGER & COACHING STAFF, PITCHER, CATCHER, INFIELDER, OUTFIELDER, ROOKIE, EXCLUSIVE, INFORMATION

北海道日本ハムファイターズオフィシャルガイドブック 2009 （札幌）北海道日本ハムファイターズ, 北海道新聞社（発売） 2009.3 127p 30cm 952円 Ⓘ978-4-89453-491-9 Ⓝ783.7

⌜目次⌟OWNER, SPECIAL TALKスペシャル対談PART1 稲葉篤紀×ダルビッシュ有「主将×エース」, MANAGER & COACHING STAFF, PITCHER, CATCHER, INFIELDER, SPECIAL TALKスペシャル対談PART2 二岡智宏×稲田直人「憧れ」から「ライバル」へ, OUTFIELDER, SPECIAL TALKスペシャル対談PART3 中田翔×三浦皇成（JRA騎手）「怪物と天才騎手」, ROOKIE, EXCLUSIVE, INFORMATIN, DATA 完全保存版 データ集

北海道日本ハムファイターズオフィシャルガイドブック 2010 （札幌）北海道日本ハムファイターズ,（札幌）北海道新聞社〔発売〕 2010.3 126p 30cm 952円 Ⓘ978-4-89453-535-0 Ⓝ783.7

⌜目次⌟スペシャル対談PART1 稲葉篤紀×田中賢介─リーダー論, スペシャルロングインタビュー 梨田昌孝監督, COACHING STAFF, PITCHER, スペシャル対談PART2 ダルビッシュ有×糸井嘉男─超人対談, CATCHER, INFIELDER, OUTFIELDER, ROOKIE, ルーキー座談会 WELCOME TO FIGHTERS─新人座談会, EXCLUSIVE, INFORMATION, DATABOX

⌜内容⌟2010ファイターズ選手名鑑・2010春季キャンプレポート保存版データ集。

北海道日本ハムファイターズオフィシャルガイドブック 2011 （札幌）北海道日本ハムファイターズ 2011.3 126p 30cm 〈発売：北海道新聞社〉 952円 Ⓘ978-4-89453-588-6 Ⓝ783.7

北海道日本ハムファイターズオフィシャルガイドブック 2012 （札幌）北海道日本ハムファイターズ,（札幌）北海道新聞社〔発売〕 2012.3 126p 30cm 952円 Ⓘ978-4-89453-639-5 Ⓝ783.7

⌜目次⌟スペシャルインタビュー 栗山英樹監督, コーチングスタッフ, ピッチャー, スペシャル対談PART1 武田勝×斎藤佑樹, キャッチャー, 内野手, スペシャル対談PART2 稲葉篤紀×中田翔, 外野手, スペシャル対談PART3 ルーキー座談会, EXCLUSIVE,INFORMATION, DATABOX完全保存版

北海道日本ハムファイターズオフィシャルガイドブック 2013 （札幌）北海道日本ハムファイターズ,（札幌）北海道新聞社 2013.3 126p 30cm 952円 Ⓘ978-4-89453-685-2 Ⓝ783.7

⌜目次⌟2004‐2013スペシャル対談1 栗山英樹×トレイ・ヒルマン, スペシャルインタビュー 新庄剛志─今明かす「新庄伝説」のすべて, 2004‐2013スペシャル対談2 吉川光夫×金村曉, コーチングスタッフ, ピッチャー, キャッチャー, 内野手, 外野手, ルーキー座談会, 北海道誕生10年目特別企画

北海道日本ハムファイターズオフィシャルガイドブック 2014 （札幌）北海道日本ハムファイターズ,（札幌）北海道新聞社〔発売〕 2014.3 126p 30cm 1000円 Ⓘ978-4-89453-724-8 Ⓝ783.7

⌜目次⌟2014年春季キャンプスケッチ, 「北海道を日本一に」栗山英樹×白井一幸, 「頂へ」─リーダーは背中で引っ張る!稲葉篤紀×三浦雄一郎（冒険家・プロスキーヤー）, 監督・コーチ, スタッフ, 投手, 「投手王国再建へ─バッテリーが描く栄光の架橋」武田勝×木佐貫洋×大野奨

太，捕手，内野手，「優勝への決意を新たに」陽岱鋼×中田翔×大谷翔平〔ほか〕

北海道日本ハムファイターズオフィシャルガイドブック　2015　（札幌）北海道日本ハムファイターズ，（札幌）北海道新聞社〔発売〕　2015.3　126p　30cm　1000円
①978-4-89453-775-0　Ⓝ783.7

⽬次 2015 SPRING CAMP SKETCH, 栗山英樹×木田優夫—ファイターズが進むべき道，大谷翔平×有原航平—新たなる伝説の始まり，大谷翔平選手の二刀流キャンプに密着，田中賢介×中島卓也—鉄壁の二遊間を目指して，宮西尚生×中田翔—新しい支柱2人が考えるチームの未来，鍵谷陽平×瀬川隼郎—北海道生まれの選手が北海道のプロ野球チームで活躍するという幸せ，新大型ビジョンが完成!杉谷選手&谷口選手が札幌ドームをナビゲーション，陽岱鋼×西川遥輝—トリプルスリーへの挑戦，稲葉篤紀—僕は北海道ですべきこと〔ほか〕

北海道日本ハムファイターズオフィシャルガイドブック　2016　（札幌）北海道日本ハムファイターズ，（札幌）北海道新聞社〔発売〕　2016.3　123p　30cm　1000円
①978-4-89453-821-4　Ⓝ783.7

⽬次 2016 Spering Camp Sketch,Premium interview 栗山英樹×鈴井貴之 北海道から全国、世界へ, Fighters Cross‐Talk 中田翔×中島卓也×金子誠コーチ ファイターズ野球を磨き上げるために, Fighters Cross‐Talk 大野奨太×中嶋聡GM特別補佐 受け継がれる27の系譜, アリゾナキャンプ陽選手の1日に密着, Fighters Cross‐Talk 大谷翔平×増井浩俊×谷元圭介 盤石の投手陣構築!, Fighters Cross‐Talk 杉谷拳士×西川遥輝×近藤健介 新背番号で爆ぜる!, Premium interview 稲葉篤紀×リーチ・マイケル 北海道の子供たちへ, Premium interview とにかく明るい安村×モーニング娘。'16牧野真莉愛 2016年は、こう戦え!!, Pickup Player 吉川光夫、有原航平、矢野謙次、浅間大基、アンソニー・バース×クリス・マーティン、米野智人、レアード&メンドーさぶらり街歩き「ブラルイス」

◆◆野球（日本／高校）

<事　典>

県別全国高校野球史　森岡浩編　東京堂出版　2001.7　324p　21cm　2500円　①4-490-20436-1　Ⓝ783.7

⽬次 北海道，青森県，岩手県，宮城県，秋田県，山形県，福島県，茨城県，栃木県，群馬県〔ほか〕

内容 各都道府県別に、高校野球の歴史をまとめた資料集。

高校野球甲子園出場校事典　森岡浩著　東京堂出版　1998.7　355p　21cm　2000円
①4-490-10489-8　Ⓝ783.7

内容 高校野球の甲子園大会戦歴を学校別に354校を解説した事典。昭和40年以降に甲子園に出場した学校のうち、決勝戦進出校、通産4回以上の出場校、2回以上出場し5試合以上の戦績のある学校等を基準とし、大正4年の第1回中等学校野球大会から、平成10年春の選抜までを収録範囲とした。出場校一覧、名門・強豪校徹底比較、ベスト4一覧、年度別甲子園出場校一覧、収録学校五十音順索引付き。

高校野球甲子園全出場校大事典　森岡浩編　東京堂出版　2000.3　517p　21cm　2800円
①4-490-10541-X　Ⓝ783.7

⽬次 北海道，青森県，岩手県，宮城県，秋田県，山形県，福島県，茨城県，栃木県，群馬県，埼玉県，千葉県，東京都，神奈川県，新潟県，富山県，石川県，福井県，山梨県，長野県，岐阜県，静岡県，愛知県，三重県，滋賀県，京都府，大阪府，兵庫県，奈良県，和歌山県，鳥取県，島根県，岡山県，広島県，山口県，徳島県，香川県，愛媛県，高知県，福岡県，佐賀県，長崎県，熊本県，大分県，宮崎県，鹿児島県，沖縄県

内容 春夏の甲子園大会に出場した高校の資料集。新制高校最初の昭和23年以降の出場校で現在野球部が活動している計801校を収録。大正4年の第1回中等学校野球大会から平成11年夏までの戦歴と平成12年春の選抜大会までを収録範囲とする。各校データは、甲子園の出場回数、野球部の歴史、甲子園での戦績、出身OBなどを掲載。巻末に付録として甲子園出場校一覧、名門・強豪51校徹底比較、甲子園ベスト4一覧、年度別甲子園出場校一覧を収録。収録学校別五十音順索引を付す。

高校野球甲子園全出場校大事典　増補改訂版　森岡浩編　東京堂出版　2008.7　732p　21cm　〈他言語標題：Encyclopedia of national highschool baseball tournament "Koshien"〉　2800円　①978-4-490-10737-1　Ⓝ783.7

⽬次 北海道，青森県，岩手県，宮城県，秋田県，山形県，福島県，茨城県，栃木県，群馬県，

埼玉県，千葉県，東京都，神奈川県，新潟県，富山県，石川県，福井県，山梨県，長野県，岐阜県，静岡県，愛知県，三重県，滋賀県，京都府，大阪府，兵庫県，奈良県，和歌山県，鳥取県，島根県，岡山県，広島県，山口県，徳島県，香川県，愛媛県，高知県，福岡県，佐賀県，長崎県，熊本県，大分県，宮崎県，鹿児島県，沖縄県
(内容)戦後出場した全901校を完全収録。『高校野球甲子園全出場校大事典』を8年振りに全面大改訂。往年の名選手から現在活躍中のプロ選手など，高校野球で活躍した名選手・名監督約1万人が登場。

<名簿・人名事典>

甲子園高校野球人名事典　選手・監督から審判・解説者まで　森岡浩編　東京堂出版　2004.7　325p　21cm　2400円　①4-490-10650-5　Ⓝ783.7
(内容)明治・大正時代は，中等学校野球の発展に寄与した人物を，昭和以降は，全国大会に出場した選手・監督・コーチ・審判，及び，高等学校野球連盟の歴代会長，解説者・アナウンサーなど，"甲子園関係者"535人を収録した人名事典。データは2004年4月現在，高校在学中の選手と，未成年の大学生は収録対象外。

プロで活躍する甲子園球児の戦歴事典　恒川直俊編　東京堂出版　2000.6　264p　21cm　2000円　①4-490-10547-9　Ⓝ783.7
(目次)セリーグ（中日，巨人，横浜，ヤクルト，広島，阪神），パリーグ（ダイエー，西武，オリックス，ロッテ，日本ハム，近鉄），大リーグ
(内容)甲子園大会に出場し，平成12年3月現在でプロ野球に在籍する現役野球選手の甲子園戦歴を収録した事典。各選手は五十音順に排列。戦歴は甲子園の出場年と打順，ポジション，同じチームに在籍した選手，高校卒業後の経歴と投球内容あるいは打席ごとの結果，簡単な試合結果と対戦チームなどについて記載。巻末に高校別選手名索引を付す。

プロで活躍する甲子園球児の戦歴事典　増補改訂版　恒川直俊編　東京堂出版　2003.3　307p　21cm　2000円　①4-490-10617-3　Ⓝ783.7
(内容)甲子園大会の春・夏いずれかに出場し（ベンチ入りも含む），平成15年度プロ野球に在籍する平成14年12月時点での現役選手全員342名（米大リーグ4名も含む）を収録。

<ハンドブック>

高校野球神奈川グラフ　全国高校野球選手権神奈川大会　1995　〔横浜〕神奈川新聞社　1995.8　200,23p　30cm　〈発売：かなしん出版〉　1600円　Ⓝ783.7

高校野球神奈川グラフ　2007　第89回全国高校野球選手権神奈川大会　（横浜）神奈川新聞社　2007.8　176p　30×23cm　1600円　①978-4-87645-407-5　Ⓝ783.7
(目次)決勝戦　桐光学園10‐8東海大相模，閉会式，準決勝（1）桐光学園4‐2慶応，準決勝（2）東海大相模6‐4横浜，準々決勝（1）桐光学園11‐10横浜創学館，準々決勝（2）慶応12‐3横浜商，準々決勝（3）東海大相模7‐1光明相模原，準々決勝（4）横浜8‐1川和，優勝　桐光学園喜びの声，決勝ルポ〔ほか〕

高校野球神奈川グラフ　2008　第90回全国高校野球選手権神奈川大会　神奈川新聞社　2008.8　222p　30×23cm　1800円　①978-4-87645-425-9　Ⓝ783.7
(目次)南神奈川大会，北神奈川大会，大会記録，大会役員，大会委員，審判委員，歴代ベスト4，加盟参加校野球部員全名簿，神奈川大会戦績一覧1998～2007，神奈川県の高校野球，10年を振り返る，開会式，参加全校集合写真，特集グラビア・1998～2008県大会決勝・甲子園での活躍

高校野球神奈川グラフ　2009　第91回全国高校野球選手権神奈川大会　神奈川新聞社編　（横浜）神奈川新聞社　2009.8　174p　30×23cm　1600円　①978-4-87645-446-4　Ⓝ783.7
(目次)決勝戦　横浜隼人6‐5桐蔭学園，閉会式，準決勝1　桐蔭学園9‐7横浜創学館，準決勝2　横浜隼人5‐1桐光学園，準々決勝1　桐蔭学園10‐0横浜商大，準々決勝2　横浜創学館6‐4向上，準々決勝3　桐光学園12‐2藤嶺藤沢，準々決勝4　横浜隼人10‐9横浜，優勝　横浜隼人喜びの声，決勝ルポ〔ほか〕

高校野球神奈川グラフ　2010　神奈川新聞社編　（横浜）神奈川新聞社　2010.8　182p　30×23cm　1700円　①978-4-87645-461-7　Ⓝ783.7
(目次)決勝戦　東海大相模9‐3横浜，閉会式，準決勝（1）東海大相模12‐7武相，準決勝（2）横浜5‐3横浜隼人，準々決勝（1）東海大相模6‐2慶応，準々決勝（2）武相7‐3光明相模原，準々決勝（3）横浜隼人8‐7横浜創学館，準々決勝（4）横浜6‐2桐蔭学園，優勝　東海大相模　喜び

野球　　　　　　　　　　　競技スポーツ

の声，決勝ルポ〔ほか〕

高校野球神奈川グラフ　2011　第93回全国高校野球選手権神奈川大会　神奈川新聞社編　〔横浜〕神奈川新聞社　2011.8　184p　30×23cm　〈付属資料：DVD1〉　1800円　Ⓘ978-4-87645-479-2　Ⓝ783.7

(目次)決勝戦　横浜2‐1桐光学園，閉会式，準決勝(1)桐光学園5‐4桐蔭学園，準決勝(2)横浜5‐4横浜創学館，準々決勝(1)桐蔭学園3‐2武相，準々決勝(2)桐光学園10‐3法政二，準々決勝(3)横浜創学館5‐1向上，準々決勝(4)横浜4‐3立花学園，優勝　横浜高校　喜びの声，決勝ルポ〔ほか〕

高校野球神奈川グラフ　2012　第94回全国高校野球選手権神奈川大会　神奈川新聞社編　〔横浜〕神奈川新聞社　2012.8　184p　30×23cm　〈付属資料：DVD1〉　1800円　Ⓘ978-4-87645-495-2　Ⓝ783.7

(目次)決勝戦　桐光学園11‐4桐蔭学園，閉会式，準決勝1　桐光学園5‐3平塚学園，準決勝2　桐蔭学園10‐0日大藤沢，準々決勝1　桐蔭学園5‐3横浜商大，準々決勝2　日大藤沢5‐3横浜隼人，準々決勝3　桐光学園4‐3横浜，準々決勝4　平塚学園8‐1慶応，優勝　桐光学園喜びの声，決勝ルポ〔ほか〕

高校野球神奈川グラフ　2013　第95回全国高校野球選手権神奈川大会　神奈川新聞社編　〔横浜〕神奈川新聞社　2013.8　184p　30×23cm　1800円　Ⓘ978-4-87645-506-5　Ⓝ783.7

高校野球神奈川グラフ　2014　第96回全国高校野球選手権神奈川大会　神奈川新聞社編　〔横浜〕神奈川新聞社　2014.8　184p　30×23cm　1806円　Ⓘ978-4-87645-527-0　Ⓝ783.7

(目次)決勝戦　東海大相模13‐0向上，閉会式，準決勝1　東海大相模5‐3横浜，準決勝2　向上5‐2横浜隼人，準々決勝1　横浜11‐1県相模原，準々決勝2　東海大相模14‐2橘苑，準々決勝3　横浜隼人5‐2桐光学園，準々決勝4　向上3‐2相洋，優勝東海大相模喜びの声，決勝ルポ〔ほか〕

高校野球神奈川グラフ　2015　第97回全国高校野球選手権神奈川大会　神奈川新聞社編　〔横浜〕神奈川新聞社　2015.8　184p　30×23cm　1806円　Ⓘ978-4-87645-545-4　Ⓝ783.7

(目次)決勝戦　東海大相模9‐0横浜，閉会式，準決勝(1)東海大相模8‐1日大藤沢，準決勝(2)

横浜4‐3桐光学園，準々決勝(1)東海大相模8‐1平塚学園，準々決勝(2)日大藤沢6‐2山手学院，準々決勝(3)桐光学園5‐2慶応，準々決勝(4)横浜5‐4横浜隼人，優勝　東海大相模　喜びの声，名将最後の夏〔ほか〕

高校野球がまるごとわかる事典　データでびっくり！読んでナットク！　森岡浩著　日本実業出版社　2005.7　270p　21cm　1500円　Ⓘ4-534-03930-1　Ⓝ783.7

(目次)1章　高校野球実力校ランキング(出場回数と勝星数で計算した森岡式高校野球ランキング，高校野球ランキング(30ポイント以上)，近年の実力校，古豪・名門校，注目の新鋭校，30ポイント未満の甲子園出場校)，2章　高校野球90年の事件簿(黎明期〜草創期，戦前期，戦後期，一県一校時代，記録編，番外編，選抜大会入場行進曲一覧，過去のノーヒットノーラン達成選手，主な投手の甲子園通算奪三振数，甲子園大会個人別ホームラン記録)，3章　高校野球史をかざる人々(名将列伝，戦後の名監督，プロ野球関連で見た名選手，甲子園に出た有名人，甲子園監督通算成績)，4章　高校野球のこんな記録・あんな記録，付録　保存版甲子園・高校野球大会データ

(内容)高校野球90年の「記録と記憶」の事典。野球史家がたどる最強校、こんな事件、あんな人々…。

高校野球グラフ　2006　第88回全国高等学校野球選手権茨城大会報道写真集　〔水戸〕茨城新聞社　2006.8　124p　30cm　1238円　Ⓘ4-87273-214-6　Ⓝ783.7

(目次)決勝　常総学院、3年ぶり10度目の甲子園，準決勝(霞ケ浦vs常総学院，水戸桜ノ牧vs東洋大牛久)，特別企画　HERO GRAFFITI'06，開会式，応援合戦，準々決勝，4回戦，3回戦，2回戦，1回戦

(内容)茨城大会全108試合を完全収録。

高校野球グラフ　2014　〔水戸〕茨城新聞社　2014.8　116p　30cm　1429円　Ⓘ978-4-87273-290-0　Ⓝ783.7

(内容)茨城大会全99試合を完全収録!!

高校野球グラフ　2015　第97回全国高等学校野球選手権茨城大会報道写真集　〔水戸〕茨城新聞社　2015.8　116p　30cm　1429円　Ⓘ978-4-87273-298-6　Ⓝ783.7

(目次)決勝　霞ヶ浦VS日立一，閉会式，準決勝　日立一VS東洋大牛久，霞ヶ浦VS明秀日立，準々決勝，4回戦，3回戦，本県代表校の甲子園での

戦績，特別企画HERO2015，開会式，キラリ応援席，2回戦，1回戦，思い出の夏，入場行進，大会を振り返って
⟨内容⟩第97回全国高等学校野球選手権茨城大会報道写真集。

高校野球グラフ　2016　（水戸）茨城新聞社　2016.8　116p　30cm　1429円　ⓘ978-4-87273-451-5　Ⓝ783.7
⟨目次⟩決勝　常総学院vs明秀日立，閉会式，準決勝（常総学院vs下妻二，明秀日立vs霞ヶ浦），準々決勝，準決勝，3回戦，本県代表校の甲子園での戦績，HERO 2016，開会式，届けエール，2回戦，1回戦，入場行進，選抜・春季・秋季大会結果，大会を振り返って

高校野球グラフ　2002　（さいたま）埼玉新聞社　2002.8　104p　34×26cm　1524円　ⓘ4-87889-231-5　Ⓝ783.7
⟨内容⟩第84回全国高校野球選手権埼玉大会の記録集。1回戦から県大会決勝までの全試合の記録を掲載。

高校野球グラフ　2004　（さいたま）埼玉新聞社　2004.8　104p　34×26cm　1524円　ⓘ4-87889-258-7　Ⓝ783.7
⟨内容⟩第86回全国高校野球選手権埼玉大会全試合収録。

高校野球グラフ　2005　埼玉新聞社編　（さいたま）埼玉新聞社　2005.8　136p　30×23cm　1524円　ⓘ4-87889-268-4　Ⓝ783.7

高校野球グラフ　2006　（さいたま）埼玉新聞社　2006.8　134p　30×23cm　1524円　ⓘ4-87889-278-1　Ⓝ783.7
⟨目次⟩開会式，決勝戦 鷲宮‐浦和学院，準決勝1 鷲宮‐聖望学園，準決勝2 本庄一‐浦和学院，準々決勝1 鷲宮‐春日部東，準々決勝2 浦和学院‐花咲徳栄，準々決勝3 聖望学園‐東農大三，準々決勝4 熊谷商‐本庄一，5回戦，キラリスタンド2006，勝敗表，熱闘の主役たち，部活を支える人，4回戦の記録，3回戦の記録，1・2回戦の記録，全出場チーム紹介，県高校野球1年間の記録，埼玉大会の足跡
⟨内容⟩第88回全国高校野球選手権埼玉大会。浦和学院八度目の甲子園へ。

高校野球グラフ　2007　第89回全国高校野球選手権埼玉大会　埼玉新聞社編　（さいたま）埼玉新聞社　2007.8　134p　30×23cm　1524円　ⓘ978-4-87889-291-2　Ⓝ783.7
⟨目次⟩開会式，決勝戦 本庄一―浦和学院，準決勝1 花咲徳栄―本庄一，準決勝2 浦和学院―富士見，準々決勝1 春日部東―花咲徳栄，準々決勝2 立教新座―富士見，準々決勝3 本庄一―昌平，準々決勝4 浦和学院―埼玉栄，5回戦の記録，キラリスタンド2007，勝敗表，熱闘の主役たち，部活を支える人，4回戦の記録，3回戦の記録，1・2回戦の記録，全出場チーム紹介，県高校野球1年間の記録，埼玉大会の足跡

高校野球グラフ　2009　埼玉新聞社編　（さいたま）埼玉新聞社　2009.8　132p　30×23cm　1524円　ⓘ978-4-87889-317-9　Ⓝ783.7
⟨目次⟩開会式，決勝戦―埼玉栄‐聖望学園，準決勝(1)聖望学園‐春日部東，準決勝(2)埼玉栄‐川口青陵，準決勝(1)本庄一‐聖望学園，準々決勝(2)市川越‐春日部東，準々決勝(3)春日部共栄‐埼玉栄，準々決勝(4)川口青陵‐浦和実，5回戦の記録，キラリスタンド2009〔ほか〕

高校野球グラフ　2012　埼玉新聞社編　（さいたま）埼玉新聞社　2012.8　126p　30×23cm　1524円　ⓘ978-4-87889-376-6　Ⓝ783.7
⟨目次⟩開会式，決勝戦―浦和学院‐聖望学園，準決勝1―浦和学院‐川口，準決勝2―春日部共栄‐聖望学園，準々決勝1―花咲徳栄‐浦和学院，準々決勝2―狭山ケ丘‐聖望学園，準々決勝3―昌平‐川口，準々決勝4―熊谷商‐春日部共栄，5回戦の記録，キラリスタンド2012，勝敗表，熱闘の主役たち，部活を支える人，4回戦の記録，3回戦の記録，1・2回戦の記録，全出場チーム紹介，埼玉大会の足跡

高校野球グラフ　2013　埼玉新聞社編　（さいたま）埼玉新聞社　2013.8　128p　30×23cm　1524円　ⓘ978-4-87889-397-1　Ⓝ783.7
⟨内容⟩第95回全国野球選手権記念埼玉大会全記録。

高校野球グラフ　2014　埼玉新聞社編　（さいたま）埼玉新聞社　2014.8　128p　30×23cm　1600円　ⓘ978-4-87889-419-0　Ⓝ783.7
⟨目次⟩開会式，決勝戦 市川越‐春日部共栄，準決勝1 正智深谷‐市川越，準決勝2 大宮東‐春日部共栄，準々決勝1 正智深谷‐狭山ヶ丘，準々決勝2 春日部共栄‐本庄東，準々決勝3 昌平‐市川越，準々決勝4 大宮東‐蕨，5回戦の記録，キラリスタンド2014，勝敗表，熱闘の主役たち，

部活を支える人，4回戦の記録，3回戦の記録，1・2回戦の記録，全出場チーム紹介，埼玉大会の足跡

高校野球グラフ CHIBA 2012 第94回全国高等学校選手権千葉大会　千葉日報社編集局編　（千葉）千葉日報社　2012.8　172p　30×23cm　2000円　①978-4-904435-39-7　Ⓝ783.7

(目次)木更津総合4年ぶりの頂点，決勝（木更津総合×柏日体），第94回千葉大会熱闘譜，閉会式，スタンドスケッチ，準決勝（木更津総合×松戸国際），準決勝（専大松戸×柏日体），準々決勝（松戸国際×中央学院），準々決勝（習志野×柏日体），準々決勝（西武台千葉×木更津総合），準々決勝（専大松戸×東海大浦安），開会式，熱投の主役173校，大会役員，5回戦，4回戦，3回戦，2回戦，1回戦，2012年白球賛歌

高校野球グラフCHIBA 2013　千葉日報社編集局編　（千葉）千葉日報社　2013.8　167p　30×23cm　2000円　①978-4-904435-44-1　Ⓝ783.7

(目次)木更津総合2連覇，決勝（木更津総合×習志野），2013年熱闘譜，閉会式，スタンドスケッチ，準決勝（習志野×東海大望洋），準決勝（木更津総合×専大松戸），準々決勝（習志野×成田），準々決勝（木更津総合×京葉），準々決勝（専大松戸×拓大紅陵），準々決勝（東海大望洋×千葉明徳），開会式，熱闘の主役172校，大会役員，5回戦，4回戦，3回戦，2回戦，1回戦，2013年白球賛歌

高校野球グラフCHIBA 2014 第96回全国高等学校選手権千葉大会　千葉日報社編集局編　（千葉）千葉日報社　2014.8　168p　30×23cm　2000円　①978-4-904435-52-6　Ⓝ783.7

(目次)東海大望洋初優勝に歓喜と涙，決勝（東海大望洋×専大松戸），2014熱闘譜，閉会式，Gut's 2014房総魂，スタンドスケッチ，準決勝（東海大望洋×東海大浦安），準決勝（柏日体×専大松戸），準決勝（木更津総合×専大松戸），準決勝（流通経大柏×東海大浦安）〔ほか〕

高校野球グラフCHIBA 2015　千葉日報社編集局編　（千葉）千葉日報社　2015.8　168p　30×23cm　2000円　①978-4-904435-58-8　Ⓝ783.7

(目次)閉会式，Gut's2015房総魂，準決勝（専大松戸×木更津総合），準決勝（中央学院×習志野），準々決勝（千葉商大付×習志野），準々決勝（木更津総合×成田），準々決勝（専大松戸×拓大紅陵），準々決勝（中央学院×多古），開会式，熱闘の主役172校，熱闘の主役172校，大会役員，5回戦，スタンドスケッチ，4回戦，3回戦，2回戦，1回戦，2015年白球賛歌

埼玉高校野球グラフ 2015 Vol40 第97回全国高校野球選手権埼玉大会　埼玉新聞社編　（さいたま）埼玉新聞社　2015.8　128p　30×23cm　1600円　①978-4-87889-433-6　Ⓝ783.7

(目次)開会式，決勝戦 白岡 - 花咲徳栄，準決勝1 浦和学院 - 白岡，準決勝2 松山 - 花咲徳栄，準々決勝1 浦和学院 - 熊谷，準々決勝2 花咲徳栄 - 西武文理，準々決勝3 埼玉栄 - 白岡，準々決勝4 聖望学園 - 松山，5回戦の記録，キラリスタンド2015，勝敗表，熱闘の主役たち，部活を支える人，3回戦の記録，1・2回戦の記録，全出場チーム紹介，埼玉大会の足跡

埼玉高校野球グラフ 2016　埼玉新聞社編　（さいたま）埼玉新聞社　2016.8　128p　30×23cm　1600円　①978-4-87889-455-8　Ⓝ783.7

(目次)開会式，決勝戦 聖望学園 - 花咲徳栄，準決勝1 聖望学園 - 大宮東，準決勝2 春日部共栄 - 花咲徳栄，準々決勝1 市川越 - 聖望学園，準々決勝2 熊谷商 - 花咲徳栄，準々決勝3 浦和実 - 大宮東，準々決勝4 上尾 - 春日部共栄，5回戦の記録，キラリスタンド2016，勝敗表，熱闘の主役たち，部活を支える人，4回戦の記録，3回戦の記録，2回戦の記録，1回戦の記録，全出場チーム紹介

第93回全国高校野球選手権埼玉大会 高校野球グラフ 2011 Vol36　（さいたま）埼玉新聞社　2011.8　128p　30×23cm　1524円　①978-4-87889-357-5　Ⓝ783.7

(目次)開会式，決勝戦 花咲徳栄 - 春日部共栄，準決勝1 花咲徳栄 - 浦和学院，準決勝2 春日部共栄 - 本庄一，準々決勝1 花咲徳栄 - 武南，準々決勝2 春日部共栄 - 狭山ケ丘，準々決勝3 秀明英光 - 浦和学院，準々決勝4 浦和実 - 本庄一，5回戦の記録，キラリスタンド2011，勝敗表，熱闘の主役たち，部活を支える人，4回戦の記録，3回戦の記録，1・2回戦の記録，全出場チーム紹介，埼玉大会の足跡

第85回全国高校野球選手権神奈川大会 高校野球神奈川グラフ 2003　（横浜）神奈川新聞社　2003.8　174p　30×23cm　1571円　④4-87645-332-2　Ⓝ783.7

(目次)決勝戦 横浜商大7 - 2横浜，閉会式，準決勝(1) 横浜商大4 - 0桐光学園，準決勝(2) 横浜

2 - 0東海大相模，準々決勝（1）桐光学園5 - 4県川崎工，準々決勝（2）横浜商大10 - 3厚木北，準々決勝（3）横浜4 - 2桐蔭学園，準々決勝（4）東海大相模7 - 0藤沢翔陵，2003神奈川大会の勝敗表，決勝戦を振り返る〔ほか〕

熱球譜 甲子園全試合スコアデータブック
　　恒川直俊編　東京堂出版　2006.7　424p　26cm　8500円　Ⓘ4-490-20592-9　Ⓝ783.7
内容 伝統ある甲子園の記録を振りかえる。大正4年からの今春までの全4673試合を完全網羅。

◆野球（米国）

<辞　典>

決定版！野球の英語小辞典　メジャーリーグを120％楽しむ本　黒川省三，ジェイソン・B.オールター著　（大阪）創元社　2002.4　299p　19cm　1500円　Ⓘ4-422-81136-3　Ⓝ783.7
目次 1 テレビで！新聞で！メジャーリーグ野球の1歩進んだ楽しみ方（テレビ画面に出てくる英語を読む，実況アナウンサーの決まり文句を聞く，新聞のスポーツ欄で試合記録を読む，日常のアメリカ英語になっている野球用語），2 まったく通じない！「カタカナ野球用語」面白事典（投球編，打撃編，守備と走塁編，用具その他編），3 MLBファン待望！「本場の野球英語」総合辞典
内容 TVを見ながら英語力アップ。RBIは「打点」，ERAは「防御率」—テレビ画面の略語がわかる。「クリーンアップバッター」は四番打者—英語の正しい使い方がわかる。

最新MLB情報 ベースボール英和辞典　佐藤尚孝編著　開文社出版　2004.5　445p　19cm　2800円　Ⓘ4-87571-807-1　Ⓝ783.7
目次 第1部　百科 項目（Trivia（クイズ）とQuestions，球場の部所・選手・審判員の名称，主な用具，試合のいろいろ，ペナントレースからワールドシリーズまで，メジャーリーグチーム紹介，アメリカンリーグとナショナルリーグ（の特徴），表の読み方，新聞記事の読み方，主なメジャーリーグ個人記録 ほか），第2部 英和辞典

大リーグ早わかり野球用語英和・和英小辞典　阿部達雄著　（相模原）現代図書，星雲社〔発売〕　2006.3　285p　19cm　2381円　Ⓘ4-434-06151-8　Ⓝ783.7
内容 大リーグで使う英語の野球の用語及び事柄を日本語にしたものである。特徴は，第一に，単に野球の用語だけでなく，大リーグで常に語り継がれている事柄や，「記録のスポーツ」と呼ばれる野球で，放送や新聞・雑誌で記録がらみでよく登場する伝説の有名選手たちを見出し項目にしていることと，第二に，語と語の結びつきを多く見出し項目にしていることである。

<名簿・人名事典>

MLB公認プレイヤーズガイド　2005　コナミ　2005.5　478p　19cm　1905円　Ⓘ4-86155-807-7　Ⓝ783.7
目次 アメリカン・リーグ（ボストン・レッドソックス，ニューヨーク・ヤンキース，ボルティモア・オリオールズ，タンパベイ・デビルレイズ，トロント・ブルージェイズ ほか），ナショナル・リーグ（アトランタ・ブレーブス，フィラデルフィア・フィリーズ，フロリダ・マーリンズ，ニューヨーク・メッツ，ワシントン・ナショナルズ ほか）

完全・大リーグ選手名鑑　'97　ザンダー・ホランダー著，アメリカ野球愛好会，清水康行，三室毅彦，SLAM JAM訳　ザ・マサダ　1997.3　435p　18cm　〈原書名：THE BASEBALL HANDBOOK 1997〉　1300円　Ⓘ4-915977-40-4　Ⓝ783.7
目次 アメリカンリーグ（東地区，中部地区，西地区），ナショナルリーグ（東地区，中部地区，西地部），大リーグ記録一覧，大リーグ歴代記録，ワールドシリーズ各年度優勝チーム，1996 ワールドシリーズ成績，1996 ナ・リーグ公式記録，1996 ア・リーグ公式記録，1997 ナ・リーグ公式スケジュール，1997 ア・リーグ公式スケジュール，AMERICAN LEAGUE 40-MAN ROSTERS，NATIONAL LEAGUE 40-MAN ROSTERS

完全・大リーグ選手名鑑　'98　アメリカ野球愛好会編　ザ・マサダ　1998.5　393p　18cm　1300円　Ⓘ4-915977-61-7　Ⓝ783.7
目次 ナショナルリーグ（アトランタ・ブレーブス，フロリダ・マーリンズ，モントリオール・エクスポズ ほか），アメリカンリーグ（ボルティモア・オリオールズ，ボストン・レッドソックス，ニューヨーク・ヤンキース ほか）

大リーグ・スカウティングノート　2000　ジョン・デュアン，Don Zminda, Jim Callis編，藤沢文洋訳　ザ・マサダ　2000.3　629p　21cm　〈原書名：The Scouting：Notebook 2000 Japanese Edition〉　2200円　Ⓘ4-

野球　　　　　　　　　　　競技スポーツ

88397-013-2　Ⓝ783.7

⦅目次⦆American League Players, National League Players, 各打撃部門, 投手部門のベスト3, ワースト3, 今年期待できる人, 期待できない人, 絶望的な人, ジム・キャリスの選ぶ今年の有望新人ベスト50, スタッツ社について

⦅内容⦆アメリカメジャーリーグの選手のデータブック. 全30球団の主要な660選手を収録. 各チームごとにホーム球場や2000年シーズンのチーム状況, 監督及び選手を掲載する. 選手のデータは1999年シーズンの成績, 打撃もしくは投球, 守備, 2000年の展望などを記載. 各打撃部門・投手部門のベスト3・ワースト3, 今年の有望新人ベスト50も収録. 各チームのスカウトを取材.

大リーグ選手名鑑　エキサイティング・ベースボール!!　'90　JICC出版局　1990.6　380p　18cm　1000円　①4-88063-922-2　Ⓝ783.7

⦅目次⦆大リーグ観戦のための基礎知識, 大リーグエッセイ, 大リーガー物語, アメリカン・リーグ, ナショナル・リーグ

大リーグ選手名鑑　エキサイティング・ベースボール!　'91　JICC出版局　1991.6　383p　19cm　1000円　①4-7966-0136-8　Ⓝ783.7

⦅目次⦆大リーグ観戦のための基礎知識, データの見方, 大リーグエッセイ, 大リーガー物語, ナショナル・リーグ, アメリカン・リーグ, 大リーグ歴代記録, 大リーグ記録一覧, ワールドシリーズ各年度優勝チーム, 1990年ア・リーグ公式記録, 1990年ナ・リーグ公式記録, 1991年ア・リーグ公式スケジュール, 1991年ナ・リーグ公式スケジュール

大リーグ選手名鑑　エキサイテイングベースボール!!　'92　JICC出版局　1992.6　415p　19cm　1100円　①4-7966-0344-1　Ⓝ783.7

⦅目次⦆大リーグ観戦のための基礎知識, データの見方, 大リーグエッセイ, 大リーガー物語, アメリカン・リーグ, ナショナル・リーグ, 大リーグ記録一覧, 大リーグ歴代記録, ワールドシリーズ各年度優勝チーム, 1991年ワールドシリーズ成績, 1991年ナ・リーグ公式記録, 1991年ア・リーグ公式記録, 1992年ア・リーグ公式スケジュール, 1992年ナ・リーグ公式スケジュール

大リーグ選手名鑑　エキサイティング・ベースボール!!　'93　宝島社, アメリカ野球愛好会, 江口敦夫訳・編　宝島社　1993.6　431p　19cm　1200円　①4-7966-0654-8　Ⓝ783.7

⦅目次⦆大リーグ観戦のための基礎知識, データの見方, 大リーグエッセイ, 大リーガー物語〔ほか〕

パンチョ伊東のMLB名鑑　1999　伊東一雄編・著　ベースボール・マガジン社　1999.6　335p　21cm　(B.B.mook 107 スポーツシリーズ no.65)　1429円　①4-583-61066-1　Ⓝ783.7

メジャーリーガーすごいヤツ全集　2003　金子義仁著　フットワーク出版　2003.6　333p　19cm　1600円　①4-87689-476-0　Ⓝ783.7

⦅目次⦆第1章 アメリカンリーグ野手編（デレク・ジーター（ニューヨーク・ヤンキース）, バーニー・ウィリアムス（ニューヨーク・ヤンキース）ほか）, 第2章 アメリカンリーグ投手編（ロジャー・クレメンス（ニューヨーク・ヤンキース）, ペドロ・マルティネス（ボストン・レッドソックス）ほか）, 第3章 ナショナルリーグ野手編（チッパー・ジョーンズ（アトランタ・ブレーブス）, ブラディミール・ゲレーロ（モントリオール・エクスポズ）ほか）, 第4章 ナショナルリーグ投手編（グレッグ・マダックス（アトランタ・ブレーブス）, ジョン・スモルツ（アトランタ・ブレーブス）ほか）, 第5章 メジャーに挑戦する日本人選手たち

⦅内容⦆イチロー, 野茂, 松井…と共に戦うメジャーリーグの主役たち. その素顔とキャリアを徹底分析.

メジャーリーガーすごいヤツ全集　2004　金子義仁著　フットワーク出版　2004.5　317p　19cm　1600円　①4-87689-499-X　Ⓝ783.7

⦅目次⦆第1章 アメリカンリーグ野手編（デレク・ジーター（ニューヨーク・ヤンキース）, バーニー・ウィリアムス（ニューヨーク・ヤンキース）ほか）, 第2章 アメリカンリーグ投手編（ケビン・ブラウン（ニューヨーク・ヤンキース）, ハビアー・バスケス（ニューヨーク・ヤンキース）ほか）, 第3章 ナショナルリーグ野手編（チッパー・ジョーンズ（アトランタ・ブレーブス）, マイク・ピアッツァ（ニューヨーク・メッツ）ほか）, 第4章 ナショナルリーグ投手編（ジョン・スモルツ（アトランタ・ブレーブス）, ドントレル・ウィリス（フロリダ・マーリンズ）ほか）, 第5章 メジャーに挑戦する日本人選手たち

⦅内容⦆高度な技術とエキサイティングな戦いで

観る者すべてを魅了し、熱狂させるメジャーリーグ。果たして、その栄光の裏にあるものとは…。圧倒的な存在感を誇るスター選手たちの素顔とキャリアを徹底研究。

メジャーリーガーすごいヤツ全集　2005
金子義仁著　フットワーク出版　2005.4
301p　19cm　1600円　①4-87689-523-6
Ⓝ783.7

(目次)第1章 アメリカンリーグ—野手編(デレク・ジーター(ニューヨーク・ヤンキース)，バーニー・ウィリアムス(ニューヨーク・ヤンキース) ほか)，第2章 アメリカンリーグ—投手編(ランディ・ジョンソン(ニューヨーク・ヤンキース)，マリアーノ・リベラ(ニューヨーク・ヤンキース) ほか)，第3章 ナショナルリーグ—野手編(チッパー・ジョーンズ(アトランタ・ブレーブス)，カルロス・テルガド(フロリダ・マーリンズ) ほか)，第4章 ナショナルリーグ—投手編(ジョン・スモルツ(アトランタ・ブレーブス)，ティム・ハドソン(アトランタ・ブレーブス) ほか)

(内容)熱狂、興奮…観る者すべてを魅了するメジャーリーガーたちの実力を徹底解剖。

メジャーリーガーすごいヤツ全集　2006
金子義仁著　フットワーク出版　2006.4
301p　19cm　1600円　①4-87689-544-9
Ⓝ783.7

(目次)第1章 アメリカンリーグ 野手編(デレク・ジーター，アレックス・ロドリゲス ほか)，第2章 アメリカンリーグ 投手編(ランディ・ジョンソン，マリアーノ・リベラ ほか)，第3章 ナショナルリーグ 野手編(チッパー・ジョーンズ，アンドリュー・ジョーンズ ほか)，第4章 ナショナルリーグ 投手編(ティム・ハドソン，ジョン・スモルツ ほか)，第5章 メジャーに挑戦する日本人選手たち

(内容)高度な技術とエキサイティングな戦いで観る者すべてを魅了し、熱狂させるメジャーリーガーたちの実力を徹底解剖。

メジャーリーグ・完全データ選手名鑑　2004
村上雅則監修，友成那智編著　廣済堂出版　2004.4　447p　19cm　1600円
①4-331-51040-9　Ⓝ783.7

(目次)アメリカン・リーグ(ニューヨーク・ヤンキース，ボストン・レッドソックス，トロント・ブルージェイズ，ボルティモア・オリオールズ，タンパベイ・デビルレイズ ほか)，ナショナル・リーグ(アトランタ・ブレーブス，フロリダ・マーリンズ，フィラデルフィア・フィリーズ，モントリオール・エクスポズ，ニューヨーク・メッツ ほか)

(内容)球速・持ち球・決め球・盗塁阻止率・対左右投手別打率など、各選手の詳細データのほか、知られざるエピソードを収録。

メジャーリーグ・完全データ選手名鑑　2005
村上雅則監修，友成那智編著　廣済堂出版　2005.4　463p　19cm　1600円
①4-331-51093-X　Ⓝ783.7

(目次)特集1 日本人・新メジャーリーガー2005年大予想!，特集2 日本をメジャーへの跳躍台にした男たち，アメリカン・リーグ(ボストン・レッドソックス，ニューヨーク・ヤンキース ほか)，ナショナルリーグ(アトランタ・ブレーブス，フィラデルフィア・フィリーズ ほか)，巻末付録1(2004年度メジャーリーグ最終成績)，巻末付録2(歴代メジャーリーグ記録)

(内容)メジャー選手の能力・特徴・人間性…すべてを知り尽くせるディープな名鑑。球速・持ち球・対左右投手別打率・年俸など、他では入手困難なレアデータ&エピソード。

メジャーリーグ・完全データ選手名鑑　2006
村上雅則監修，友成那智編著　廣済堂出版　2006.3　471p　19cm　1600円
①4-331-51146-4　Ⓝ783.7

(目次)特集1 日本人・新メジャーリーガー2006年大予想!，特集2 WBC開催記念!世界・国家&民族別選手勢力図，特集3 30球団GM(ゼネラルマネージャー)徹底研究!，アメリカン・リーグ，ナショナル・リーグ

(内容)超マニアックデータ&人間性マル秘エピソード。球速、持ち球・決め球、得点圏打率、盗塁阻止率、年俸など満載。

メジャーリーグ・完全データ選手名鑑　2007
村上雅則監修，友成那智編著　廣済堂出版　2007.3　481p　19cm　1600円
①978-4-331-51213-5　Ⓝ783.7

(目次)特集1 日本人・新メジャーリーガー2007年大予想!，特集2 衰え知らずの高齢選手たち，特集3 メジャー代理人徹底研究!，アメリカン・リーグ(東部地区，中部地区，西部地区)，ナショナル・リーグ(東部地区，中部地区，西部地区)，巻末付録1 2006年度メジャーリーグ最終成績，巻末付録2 歴代メジャーリーグ記録

(内容)持ち球・球速、得点圏打率、年俸などに加え、球威、制球力、度胸、ミート、パワー、走塁、肩ほか、画期的な「能力別5段階評価」も。

メジャーリーグ・完全データ選手名鑑

2008　村上雅則監修，友成那智編著　広済堂出版　2008.2　489p　19cm　1700円　ⓘ978-4-331-51300-2　Ⓝ783.7

(目次)特集1 日本人・新メジャーリーガー2008年大予想!，特集2 活躍する2世選手たち，特集3 チーム躍進のカギを握るコーチたち，アメリカン・リーグ（東部地区，中部地区，西部地区），ナショナル・リーグ（東部地区，中部地区，西部地区）

(内容)持ち球・球速・得点圏打率・盗塁阻止率，年棒ほか基本データや，球威，制球力，パワー，走塁，肩などの「能力5段階評価」つき!レアな能力データ&裏話!進化した最強の名鑑。

メジャーリーグ・完全データ選手名鑑

2009　友成那智編著，村上雅則監修　広済堂あかつき出版事業部　2009.2　498p　19cm　〈2008までの出版者：広済堂出版　索引あり〉　1700円　ⓘ978-4-331-51370-5　Ⓝ783.7

(目次)特集1 日本人・新メジャーリーガー2009年大予想!，特集2 第2回WBC開催!シーズン中も役立つ国家別戦力分析，特集3 暴れん坊メジャーリーガーたち，アメリカン・リーグ，ナショナル・リーグ，巻末付録1 2008年度メジャーリーグ最終成績，巻末付録2 歴代メジャーリーグ記録

(内容)貴重なデータと能力分析，人間性エピソードも満載!球速・持ち球，得点圏打率，年棒，タイトル歴や，制球力，パワー，走塁など特徴が一目でわかる「能力別5段階評価」つき!監督，コーチ，GM情報も。

メジャーリーグ・完全データ選手名鑑

2010　友成那智編著，村上雅則監修　広済堂あかつき　2010.2　499p　19cm　〈2009の出版者：広済堂あかつき出版事業部　索引あり〉　1700円　ⓘ978-4-331-51439-9　Ⓝ783.7

(目次)アメリカン・リーグ（東部地区，中部地区，西部地区），ナショナル・リーグ（東部地区，中部地区，西部地区）

(内容)「能力」「人間性」「カモと苦手」!レアデータ満載。球速・持ち球，対左右・得点圏成績，盗塁阻止率，年棒，WHIP，OPSや，制球力，パワー，走塁等の「5段階評価」に，監督，コーチ，GM，球団情報も。

メジャーリーグ・完全データ選手名鑑

2011　友成那智編著，村上雅則監修　広済堂あかつき出版事業部　2011.3　499p　19cm　〈2010の出版者：広済堂あかつき　索引あり〉　1700円　ⓘ978-4-331-51518-1　Ⓝ783.7

(目次)アメリカン・リーグ（タンパベイ・レイズ，ニューヨーク・ヤンキース，ボストン・レッドソックス，トロント・ブルージェイズ，ボルティモア・オリオールズ ほか），ナショナル・リーグ（フィラデルフィア・フィリーズ，アトランタ・ブレーブス，フロリダ・マーリンズ，ニューヨーク・メッツ，ワシントン・ナショナルズ ほか）

(内容)データ超満載。能力・性格・チーム戦力を大解剖。

メジャーリーグ・完全データ選手名鑑

2012　村上雅則監修，友成那智編著　広済堂出版　2012.3　498p　19×12cm　1700円　ⓘ978-4-331-51612-6　Ⓝ783.7

(目次)巻頭カラー 30球団注目選手，はじめに ダルビッシュ有と黒田博樹の活躍に注目，特集1 日本人・新メジャーリーガー2012年大予想，特集2 トミー・ジョン手術から復活した投手たち，アメリカン・リーグ，ナショナル・リーグ，巻末付録1 2011年度メジャーリーグ最終成績，巻末付録2 歴代メジャーリーグ記録

(内容)球速・持ち球，制球力，対左右・得点圏成績，パワー，走塁，年棒などの貴重データ・5段階評価や，人間性秘話，トミー・ジョン手術特集ほか。

メジャーリーグ・完全データ選手名鑑

2013　村上雅則監修，友成那智編著　広済堂出版　2013.3　499p　19cm　1700円　ⓘ978-4-331-51711-6　Ⓝ783.7

(目次)日本人・新メジャーリーガー2013年大予測!，第3回WBC記念!シーズン中も役立つ国家別戦力分析，アメリカン・リーグ，ナショナル・リーグ，2012年度メジャーリーグ最終成績，歴代メジャーリーグ記録

(内容)豊富なデータ&能力分析。意外な素顔エピソード満載。球速・持ち球，対左右・得点圏成績，年棒，カモ・苦手情報に，球威，制球力，守備力，パワー，走塁などの「5段階評価」つき。

メジャーリーグ・完全データ選手名鑑

2014　村上雅則監修，友成那智編著　廣済堂出版　2014.3　498p　19cm　1700円　ⓘ978-4-331-51809-0　Ⓝ783.7

(目次)アメリカン・リーグ（東部地区，中部地区，西部地区），ナショナル・リーグ（東部地区，中部地区，西部地区）

(内容)球種・持ち球，制球力，対左右・得点圏成績，パワー，守備，走塁，年棒などの貴重データ

競技スポーツ　野球

&5段階評価に，人間性秘話，監督&GM情報。

メジャーリーグ・完全データ選手名鑑 2015
村上雅則監修，友成那智編著　廣済堂出版　2015.3　498p　19cm　1700円　Ⓘ978-4-331-51921-9　Ⓝ783.7

㊝特集(成功?失敗?超高額契約メジャーリーガーたち，田中将大もお世話に。チームドクターってどんな人?)，アメリカン・リーグ(ボルティモア・オリオールズ，ニューヨーク・ヤンキース，トロント・ブルージェイズ ほか)，ナショナル・リーグ(ワシントン・ナショナルズ，アトランタ・ブレーブス，ニューヨーク・メッツ ほか)

㊙紹介選手数アップ!500ページ!!田中，ダルビッシュやライバルたちの真の能力，人間性秘話，レアデータ!球速・持ち球・制球力・対左右・得点圏成績，パワー，守備・走塁力，年俸などの貴重データ&5段階評価や，カモ・苦手情報!タイトル歴，家族エピソードも充実!!

メジャーリーグ・完全データ選手名鑑 2016
村上雅則監修，友成那智編著　廣済堂出版　2016.3　498p　19cm　1700円　Ⓘ978-4-331-52002-4　Ⓝ783.7

㊝特集1 新メジャーリーガー前田健太2016年大予測!，特集2 メジャーリーグドラフト事情，アメリカン・リーグ(東部地区，中部地区，西部地区)，ナショナル・リーグ(東部地区，中部地区，西部地区)，巻末付録1 2015年度メジャーリーグ最終成績，巻末付録2 歴代メジャーリーグ記録

㊙選手たちの能力分析，性格エピソード満載!球速・持ち球・対左右・得点圏成績，年俸，カモ・苦手，タイトル歴の貴重データに，制球力，守備力，パワー，走塁などの5段階評価&監督・コーチ・GM・球団情報!!

メジャー・リーグ人名事典
出野哲也編著　彩流社　2002.7　686p　21cm　6500円　Ⓘ4-88202-761-5　Ⓝ783.7

㊝メジャー・リーグ人名事典，付録(2002年以降の注目選手，首位打者，最多安打，本塁打王，打点王，盗塁王，最多勝，最多セーブ，最優秀防御率，最多奪三振，MVP，サイ・ヤング賞，新人王)

㊙メジャーリーグの選手や関係者の人名事典。メジャーリーグに在籍した全選手の中から，主要なタイトルをとった選手，1000試合出場などある程度の実績を残した選手，日本プロ野球に在籍した主な外国人選手など，2692人のプロフィールを収録。姓の五十音順に排列。各人の出身地，球団，守備位置，経歴，通算記録，タイトルなどを記載。巻末に欧文人名索引が付く。

メジャー・リーグ人名事典 改訂新版
出野哲也編著　言視舎　2013.8　798p　22cm　〈初版：彩流社 2002年刊　文献あり 索引あり〉　6000円　Ⓘ978-4-905369-67-7　Ⓝ783.7

㊝メジャー・リーグ人名事典，主要タイトル一覧(首位打者，本塁打王，打点王，盗塁王，最多勝，最優秀防御率，最多奪三振，最多セーブ，MVP，サイ・ヤング賞，新人王)

㊙19世紀の名選手からイチロー，ダルビッシュまで米国メジャー・リーグの歴史にその名を刻んだ2935人!を収録。基準の見直しにより480人余をを追加。経歴，生涯成績はもちろんプレイの特徴まで記述。タイトルホルダー一覧も掲載。

メジャーリーグ・スカウティングレポート 2003
吉田健城編　ザ・マサダ　2003.6　441p　19cm　1600円　Ⓘ4-88397-080-9　Ⓝ783.7

㊝球場について，2002年度の最終順位と各タイトルの獲得者，アメリカンリーグ(西部地区，中部地区，東部地区)，ナショナルリーグ(西部地区，中部地区，東部地区)，部門別トップテン(2002年度)，年度別個人成績(別掲載分)

㊙563人の詳しい個別プロフィール。投手の球速，持ち球から野手の左右投手別打率まで完全網羅。

メジャーリーグビジュアル選手名鑑　スーパースターの技術から見る　2011
Ballpark編著　日本文芸社　2011.3　239p　21cm　1500円　Ⓘ978-4-537-25817-2　Ⓝ783.7

㊝タンパベイ・レイズ(TB)，デビッド・プライス，マニー・ラミレス，エバン・ロンゴリア，BJ アップトン，ニューヨーク・ヤンキース(NYY)，デレク・ジーター，アレックス・ロドリゲス，ロビンソン・カノー，マーク・テシェーラ〔ほか〕

㊙全114人徹底分析。世界の一流選手のテクニックが連続写真で学べる。日米メジャーリーガーが投・打の技術を自ら解説。MLB観戦が10倍楽しくなる最新データ満載。

メジャーリーグプレイヤーズガイド 2002
吉田健城，佐野之彦編　ザ・マサダ　2002.6　501p　19cm　1600円　Ⓘ4-88397-

077-9　Ⓝ783.7
(目次)ナショナル・リーグ(西部地区, 中部地区, 東部地区), アメリカン・リーグ(西部地区, 中部地区, 東部地区)
(内容)2002年のメジャーリーグの選手名鑑。各チームごとに構成されている。選手の顔写真, 名前, 年齢, 身長, 体重, 投球・打席の左右, 選手解説, 過去の成績が掲載されている。過去の成績に関しては, 投手は勝利数, 敗戦数, 防御率, 登板試合数, 自責点, 奪三振などのデータ, 打者は試合数, 打数, 得点, 安打, 三振, 出塁率, 打率などのデータが, 年ごとに記載されている。巻末に球種説明が付く。

メジャーリーグプレイヤーズガイド 2003
佐野之彦, 杉山貴宏編　NTT出版　2003.6　478p　19cm　1700円　Ⓘ4-7571-8143-4　Ⓝ783.7
(目次)アメリカン・リーグ(ニューヨーク・ヤンキース, ボストン・レッドソックス, トロント・ブルージェイズ, ボルティモア・オリオールズ, タンパベイ・デビルレイズ ほか), ナショナル・リーグ(アトランタ・ブレーブス, モントリオール・エクスポズ, フィラデルフィア・フィリーズ, フロリダ・マーリンズ, ニューヨーク・メッツ ほか)
(内容)今シーズンの最新情報を満載。大リーガー670人の詳細プロフィール。全30チームの「現状」がすべてわかる。

メジャーリーグプレイヤーズファイル 2001
長谷川滋利解説, 二宮清純構成　ザ・マサダ　2001.4　417p　19cm　1600円　Ⓘ4-88397-072-8　Ⓝ783.7
(目次)アメリカンリーグ(ボルティモア・オリオールズ, ボストン・レッドソックス, ニューヨーク・ヤンキース, タンパベイ・デビルレイズ ほか), ナショナルリーグ(アトランタ・ブレーブス, フロリダ・マーリンズ, モントリオール・エクスポズ, ニューヨーク・メッツ ほか)
(内容)アメリカのメジャーリーグ選手を収録した選手名鑑。球団をリーグと地区別に分類し, それぞれの選手のプロフィール, 写真, 成績, 解説を記載する。巻頭に特集記事「5年目の挑戦」, 巻末に「2001年度チーム別日程表&2000年度主要部門十傑」がある。

<ハンドブック>

イチロー、マリナーズからはじめる大リーグ入門
オフサイド・ブックス編集部編　彩流社　2001.7　110p　21cm　(オフサイド・ブックス 16)　1200円　Ⓘ4-88202-616-3　Ⓝ783.7
(目次)1 目からウロコのMLB30球団ガイド, 2 これで納得!アメリカ野球(マリナーズがわかると大リーグ観戦がもっと楽しくなる—アメリカ人が教えてくれた"MLB入門法", 石毛宏典インタビュー"イチローの活躍"でみえた米国大リーグと日本プロ野球のホントウの実力, ゲームが違ってみえる「知ってるつもり」の基礎知識—メジャー&マイナーアメリカ野球の仕組み, ボールパーク&ファン気質"西・東", "メジャー流の鍛え方"はあるのか?—伊良部の元専属トレーナーが語ったトレーニングの実態), 3 「等身大」で大リーグを見る方法(あの"助っ人"たちはいま—日本でプレイした外国人選手たちのゆくえ, MLBのお騒がせ野郎ども—その男に反省の色ナシ, "珍プレイ"満載 野球カードでおぼえるアメリカ大リーグ, MLB流ユニフォーム着こなし術—これであなたのチームは"メジャー"になれる, マスコミが伝えない"ベースボール"の現実—「オールスターゲーム」を手がかりに考える ほか)

MLB 2002 Complete guide book
MLBを知り尽くす!　ベースボール・マガジン社編　ベースボール・マガジン社　2002.4　207p　21cm　1500円　Ⓘ4-583-03692-2　Ⓝ783.7
(目次)アメリカン・リーグ東部地区, ニューヨーク・ヤンキース, ボストン・レッドソックス, トロント・ブルージェイズ, ボルティモア・オリオールズ, タンパベイ・デビルレイズ, アメリカン・リーグ中部地区, クリーブランド・インディアンス, ミネソタ・ツインズ, シカゴ・ホワイトソックス〔ほか〕

MLB2003 COMPLETE GUIDE BOOK
MLBを知り尽くす!　ベースボール・マガジン社編　ベースボール・マガジン社　2003.3　207p　21cm　1800円　Ⓘ4-583-03738-4　Ⓝ783.7
(目次)アメリカン・リーグ東部地区, アメリカン・リーグ中部地区, アメリカン・リーグ西部地区, ナショナル・リーグ東部地区, ナショナル・リーグ中部地区, ナショナル・リーグ西部地区

メジャー・リーグ ベースボールを知り尽くす! 2004年版
ベースボール・マガジン社編　ベースボール・マガジン社　2004.4　175p　21cm　1800円　Ⓘ4-583-03792-9

Ⓝ783.7

㋵巻頭グラフィック 日本人メジャー2004,飛躍と挑戦の日米球界10年史 日本人メジャー・リーガーの「10年」,2004年シーズン・プレビュー メジャー・リーグのここを観ろ!!,松井秀喜に"2年目のジンクス"はあるのか?ニューヨーク・ヤンキース新人伝説,日米通算200勝へ 野茂英雄「10年の進化」,フロリダ・マーリンズのメジャー制覇が意味するもの,メジャー・リーグがぐっと近くなる!!スプリング・キャンプへのご招待,メジャー・リーグ・ベースボール—観戦に役立つ記録集,メジャー・リーグ・ベースボール全30チームデータ・ファイル

㋑1995野茂英雄の渡米から2004松井稼頭央のメッツ入りまで10年目を迎えた日本人メジャー挑戦史を完全プレイバック。

メジャー・リーグベースボールを知り尽くす! 2005年版 ベースボール・マガジン社編 ベースボール・マガジン社 2005.4 167p 21cm 1800円 ①4-583-03846-1 Ⓝ783.7

㋵メジャー・リーグフランチャイズ・マップ,日本人メジャー2005,メジャー・リーグ2005 ユニフォーム・カタログ,全米を席巻する日本人メジャー—「数字から読む」イチロー&松井秀喜の飛躍と挑戦,メジャーはこう観るのが楽しい!!—究極の2005年版メジャー・リーグ観戦ツアー・ガイド,ついに解けた"ベーブ・ルースの呪い"—ボストン・レッドソックス苦難の末の覇権奪取,もっと楽しもう!メジャー・リーグ2005—「GM」を知ればベースボールはさらに面白い!,合衆国首都にメジャー・リーグが帰ってきた!!—ワシントン・ナショナルズ誕生までの歩みとその可能性,メジャー・リーグ栄枯盛衰—各世代を彩った最強チームの系譜,2005年ペナントレースの行方を読む!—メジャー・リーグ2005地区別シーズン・プレビュー,メジャー・リーグ・ベースボール 全30チームデータ・ファイル,メジャー・リーグ・ベースボール 観戦に役立つ記録集

㋑メジャー・リーグ、2005年ガイドブック。全30球団ユニフォーム・カタログ&今期試合日程完全掲載。

<図鑑・図集>

ビジュアル博物館 第83巻 大リーグ 野球の歴史、技術、ヒーローたちにビジュアルで迫る ジェームズ・ケリー著,池井優日本語版監修 同朋舎,角川書店〔発売〕

2001.1 59p 29cm 〈索引あり 原書名:Baseball〉 3400円 ①4-8104-2653-X Ⓝ783.7

㋵野球の始まり,プロ野球の誕生,ベーブ・ルース,メジャーリーグ,ダイヤモンド,バットとボール,グラブとミット,帽子とヘルメット,ユニフォーム,ピッチャー,キャッチャー,内野と外野,バッティング,走塁,審判,数字と野球カード,世界の野球,黒人リーグ,女子野球,球場,野球の殿堂,ワールドシリーズの歴史,ヒーローたち,ホームラン

◆野球(韓国)

<名簿・人名事典>

韓国プロ野球観戦ガイド&選手名鑑 2004 室井昌也著 小学館スクウェア 2004.4 111p 19cm 952円 ①4-7979-8037-0 Ⓝ783.7

韓国プロ野球観戦ガイド&選手名鑑 2005 室井昌也著 小学館スクウェア 2005.5 143p 19cm 952円 ①4-7979-8048-6 Ⓝ783.7

㋵ヒョンデユニコーンズ,サムソンライオンズ,トゥサンベアーズ,キアタイガース,SKワイバンズ,LGツインズ,ハンファイーグルス,ロッテジャイアンツ

韓国プロ野球観戦ガイド&選手名鑑 2006 室井昌也著 小学館スクウェア 2006.3 143p 19cm 952円 ①4-7979-8059-1 Ⓝ783.7

韓国プロ野球観戦ガイド&選手名鑑 2007 室井昌也著 小学館スクウェア 2007.4 143p 19cm 1143円 ①978-4-7979-8065-3 Ⓝ783.7

㋵韓国プロ野球本拠地マップ,イビョンギュ(中日/元LG)インタビュー,キムソンゾン監督(SK)インタビュー,日本人コーチ紹介,2007年公式戦日程表,球場ガイド,2007年韓国プロ野球選手名鑑,記録一覧,韓国プロ野球について

韓国プロ野球観戦ガイド&選手名鑑 2008 室井昌也〔著〕 小学館スクウェア 2008.4 143p 19cm 1143円 ①978-4-7979-8079-0 Ⓝ783.7

㋵球場ガイド(チャムシル(蚕室),モクトン(木洞)ほか),2008年韓国プロ野球選手名鑑(SKワイバーンズ,トゥサンベアーズ ほか),

記録一覧（2007年個人打撃成績，2007年個人投手成績 ほか），韓国プロ野球について（球団の変遷，韓国プロ野球のしくみ ほか）
(内容)KBO韓国野球委員会公認，全722人の選手名鑑掲載。台湾プロ野球プチ観戦ガイドも掲載する。

韓国プロ野球観戦ガイド&選手名鑑
2009 室井昌也［著］ 小学館スクウェア
2009.3 159p 19cm 〈索引あり〉 1238円
①978-4-7979-8083-7 Ⓝ783.7

韓国プロ野球観戦ガイド&選手名鑑
2010 室井昌也〔著〕 小学館スクウェア
2010.4 158p 19cm 〈索引あり〉 1238円
①978-4-7979-8091-2 Ⓝ783.7
(目次)インタビュー，チーム紹介と本拠地球場ガイド，球団概要と8球団全選手写真名鑑，韓国プロ野球記録一覧，韓国プロ野球について
(内容)全8球団574人の写真名鑑，歴代外国人選手197人一覧，全球団マスコット紹介ほか，「韓国プロ野球」の全てがわかる，日本で唯一の完全ガイド。

韓国プロ野球観戦ガイド&選手名鑑　2011オールカラー
室井昌也〔著〕 小学館スクウェア 2011.5 143p 19cm 〈索引あり〉
1524円 ①978-4-7979-8094-3 Ⓝ783.7
(目次)インタビュー，クローズアップ 朴賛浩（オリックス），コラム&読み物など（観戦ツアー体験記，韓流野球ナイト！実施，KTXを乗りこなそう！ほか），韓国プロ野球について（NPB出身コーチたち，日本で韓国プロ野球をチェックするには？，2010年個人成績 ほか）

韓国プロ野球観戦ガイド&選手名鑑
2012 室井昌也編著 論創社 2012.5
151p 19cm 1524円 ①978-4-8460-1139-0
Ⓝ783.7
(目次)インタビュー，チーム紹介本拠地球場ガイド選手名鑑，韓国プロ野球について，韓国プロ野球記録一覧，日本にゆかりのあるあの人も…

韓国プロ野球観戦ガイド&選手名鑑
2013 室井昌也編著 論創社 2013.5
151p 19cm 1524円 ①978-4-8460-1218-2
Ⓝ783.7
(内容)保存版日本でプレーした韓国人選手一覧。索引つき全9球団カラー写真名鑑。全球場ガイドとチーム紹介。

韓国プロ野球観戦ガイド&選手名鑑
2014 室井昌也編著 論創社 2014.5
165p 19cm 1550円 ①978-4-8460-1337-0

Ⓝ783.7
(目次)インタビュー（呉昇桓（オ・スンファン＝阪神）徹底解剖，石山一秀（トゥサン監督）），チーム紹介本拠地球場ガイド選手名鑑，韓国プロ野球について，コラム&読み物，韓国プロ野球記録一覧，日本にゆかりのあるあの人も…

韓国プロ野球観戦ガイド&選手名鑑
2015 室井昌也編著 論創社 2015.5
167p 19cm 1550円 ①978-4-8460-1435-3
Ⓝ783.7
(目次)チーム紹介本拠地球場ガイド選手名鑑（サムソンライオンズ，ネクセンヒーローズ，NCダイノス ほか），韓国プロ野球記録一覧（2014年個人打撃成績／個人投手成績，ゴールデングラブ賞／二軍個人タイトル／チーム成績，歴代MVP／新人王／韓国シリーズ成績 ほか），日本にゆかりのあるあの人も…（NPBでプレーした韓国人選手一覧，韓国でプレーしたNPB出身選手一覧）

韓国プロ野球観戦ガイド&選手名鑑
2016 室井昌也編著 論創社 2016.5
167p 19cm 〈文献あり 索引あり〉 1550円 ①978-4-8460-1529-9 Ⓝ783.7
(目次)チーム紹介 本拠地球場ガイド選手名鑑（トゥサンベアーズ，サムソンライオンズ，NCダイノス，ネクセンヒーローズ，SKワイバーンズ，ハンファイーグルス，KIAタイガース，ロッテジャイアンツ，LGツインズ，ktウィズ），韓国プロ野球記録一覧（2015年個人打撃成績／個人投手成績，ゴールデングラブ賞／二軍個人タイトル／チーム成績，歴代MVP／新人王／韓国シリーズ成績，歴代打者成績／歴代投手成績，歴代最高記録）
(内容)寸評&索引つき！全10球団616選手カラー写真名鑑。全球場ガイドとチーム紹介。球場アクセスマップがさらに見やすくなりました。

ティーボール

<ハンドブック>

ティーボール・オフィシャルガイド&ルールブック
日本ティーボール協会著 ベースボール・マガジン社 1994.4 105P 19cm 850円 ①4-583-03121-1 Ⓝ783.7
(目次)「日本ティーボール協会」設立の意義，「日本ティーボール協会」設立の趣旨，日本ティーボール協会役員ご挨拶，ティーボール入門，オフィシャルティーボール・ルール，アメリカの

ティーボール，コラム 日本ティーボール協会と日本野球連盟のティーボール連盟，ティーボール用語解説，日本ティーボール協会役員一覧，日本ティーボール協会定款

(内容)日本初のティーボール公認ガイドブック。

ゴルフ

<事典>

ゴルフ雑学事典 田代翔著 毎日新聞社 1999.5 192p 18cm 1000円 ①4-620-31327-0 Ⓝ783.8
(目次)アドレス，アドバイス，アルバトロス，オールスクエア，アマチュア，ボール，バーディー，ボギー，ブービー，バンカー〔ほか〕
(内容)ゴルフにまつわる雑学を集めた事典。配列はアルファベット順。

ゴルフルール事典 最新版，〔改訂版〕 牛丸成生編著 産労総合研究所，経営書院〔発売〕 1998.8 369p 19cm 〈『ゴルフルールイラストレーテッド』改題書〉 1600円 ①4-87913-675-1 Ⓝ783.8
(目次)第1章 エチケット，第2章 用語，第3章 プレーに関する規則，第4章 プレーヤーの責任，第5章 ティンググラウンド，第6章 球のプレーに関すること，第7章 ハザード，第8章 パッティンググリーン，第9章 動いた球，当たった球，第10章 救済と処置，第11章 クラブと球，第12章 競技の運営と管理，第13章 競技の方式，第14章 付属規則

最新 ゴルフルール事典 改訂版 牛丸成生編著 経営書院 1996.9 369p 18cm 〈『ゴルフルールイラストレーテッド』改題書〉 1600円 ①4-87913-582-8 Ⓝ783.8
(目次)エチケット，用語，プレーに関する規則，プレーヤーの責任，ティンググラウンド，球のプレーに関すること，ハザード，パッティンググリーン，動いた球，当たった球，救済と処置，クラブと球，競技の運営と管理，競技の方式，付属規則
(内容)ゴルフに関するエチケット、用語、規則等をイラストを掲載しながら解説した新書版サイズの事典。巻末に1996年度規則変更の要点、見返し部に主要罰打一覧表を付す。

最新ゴルフルール事典 2000年規則改訂版 牛丸成生編著 経営書院 2000.6 367p 19cm 1600円 ①4-87913-733-2 Ⓝ783.8
(目次)第1章 エチケット，第2章 用語，第3章 プレーに関する規則，第4章 プレーヤーの責任，第5章 ティンググラウンド，第6章 球のプレーに関すること，第7章 ハザード，第8章 パッティンググリーン，第9章 動いた球、当たった球，第10章 救済と処置，第11章 クラブと球，第12章 競技の運営と管理，第13章 競技の方式，第14章 付属規則
(内容)ゴルフのルールの解説書。エチケット、用語、プレーに関する規則、プレーヤーの責任など各項目に全14章に分類してゴルフの用語および競技規則を解説。巻末に2000年度規則変更の要点、アマチュア資格（JGA規則原文）を収録。

最新版ゴルフルール事典 牛丸成生著・編 産労総合研究所，経営書院〔発売〕 2002.4 367p 19cm 〈『ゴルフルールイラストレーテッド』改題書〉 1600円 ①4-87913-808-8 Ⓝ783.8
(目次)エチケット，用語の定義，プレーについての規則，プレーヤーの責任，ティンググラウンド，球のプレーに関すること，ハザード，パッティンググリーン，動いた球，当たった球，救済と処置，クラブと球，競技の運営と管理，競技の方式，付属規則
(内容)ゴルフのルールガイドブック。日本ゴルフ協会（JGA）の公表するゴルフ規則に基づくゴルフのゼネラルルールを紹介する。全編を14章に区分、エチケット、用語等基本的な規則や、ティンググラウンド、グリーン等場所・状況別のプレーに関するルール、クラブ・球の規定や競技方式等に至るまでの各規則について詳しく解説する。巻末に2000年度規則変更の要点をまとめて紹介する。

<辞典>

現代ゴルフ用語事典 はじめに正しい言葉がわかればゴルフがわかる 山崎暁彦著 広済堂出版 1994.2 189p 19cm （アサヒゴルフ ライブラリー G42） 1100円 ①4-331-35098-3 Ⓝ783.8
(内容)ルール、現代流行用語などを含む830項目以上を収録したゴルフ用語事典。五十音順索引を付す。

ゴルフ英会話辞典 早川菊造著 学生社 1993.10 325p 19cm 2600円 ①4-311-70027-X Ⓝ783.8
(内容)プレーに必要なゴルフ用語や関連表現を

50音順に配列。会話重視の活用辞典として「和英対照」の形式。各項目の配列は「基本語句と用法」「モデル会話」「役立つ表現」の3段階方式。使えないゴルフ和製英語を正す。

ゴルフ英会話辞典 改訂版 早川菊造著 学生社 1996.7 325p 19cm 2678円 ①4-311-70031-8 ⑩783.8

(目次)収録ゴルフ用語一覧，本文，海外コースの予約

(内容)ゴルフをする際に使われる英語表現400と文例1700を収録したもの。左頁に英文，右頁に英文を掲載する。項目の排列は見出し語（日本語）の五十音順。巻末に英文見出しから引ける英文索引がある。一外国人には通用しない和製英語を使わないために。

ゴルフ用語小辞典 田村博著 文芸社 2000.4 75p 19cm 900円 ①4-8355-0074-1 ⑩783.8

(内容)ゴルフに関する用語辞典。専門用語のほかにゴルフに関連した用語，一般スポーツ用語を収録。五十音順の排列。各項目に同一語・反対語も示した。

ゴルフ用語ハンドブック （新宿区）池田書店 1991.12 188p 17cm 850円 ①4-262-15613-3 ⑩783.8

(内容)意味・語源・スペルなどが素早く引ける，ゴルファーのためのポケット辞典。ペナルティー表付き。

これが世界標準！実用ゴルフ英単語ブック 西条雅浩著 幻冬舎ルネッサンス 2012.8 206p 18cm 〈他言語標題：GLOBAL STANDARDS GOLF ENGLISH VOCABULARY BOOK〉 1000円 ①978-4-7790-0860-3 ⑩783.8

(内容)英単語の意味がわかると，海外でのプレー，現地のニュースがだんぜんおもしろくなる！発音がわかるカタカナ読み付き。豊富な用語・用例！見出し約1800語，用例約2700収録。知識も増える！海外トッププロの人名，有名コースも掲載。コースの名称やクラブの種類などイラスト付き。

世紀末的ゴルフ用語学 菊谷匡祐著 日本文化出版 1994.8 251p 19×19cm 2200円 ①4-89084-005-2 ⑩783.8

よくわかるゴルフ用語 水谷翔著 西東社 1993.3 198p 19cm 1000円 ①4-7916-0474-1 ⑩783.8

(目次)第1章 ゴルフ用語集，第2章 ゴルフ・ルール集，第3章 競技方法とベット

<名簿・人名事典>

男子プロゴルフ ツアーガイドブック 選手名鑑公式記録集 保存版 1995 日本プロゴルフ協会，一季出版〔発売〕 1995.3 466p 21cm 1000円 ①4-87265-005-0 ⑩783.8

(目次)レギュラーツアー，シニアツアー

(内容)1994年度に行われた男子プロフツアー競技の成績を収録した年鑑。選手名鑑も収録。レギュラーツアーとシニアツアーに分けて掲載。成績は試合別に記載されるが，部門別成績や賞金のランキング，歴代優勝者名も収録する。1995年度のツアー日程表とシード選手の紹介を収録。

男子プロゴルフツアーガイドブック 保存版 選手名鑑・公式記録集 1996 日本プロゴルフ協会，一季出版〔発売〕 1996.3 476p 21cm 1000円 ①4-87265-017-4 ⑩783.8

(目次)レギュラーツアー（シード選手，その他ツアー出場選手紹介，1995年度ツアー競技成績，1995年度後援競技成績，1995年度協力競技成績，1995年度その他競技成績，1995年度グローイングツアー競技成績，PGAツアー予選会成績，1995年度部門別成績と獲得賞金ランキング，歴代優勝者，1995年度USPGAツアー成績ほか），シニアツアー（選手紹介，主なシニア・グランド・ゴールド選手，1995年度シニアツアー競技成績，1995年度グランド・ゴールド・スーパーシニア競技成績，1995年度部門別成績と獲得賞金ランキング，歴代優勝者）

<ハンドブック>

いつでもどこでも使えるゴルフルールハンドブック （新宿区）池田書店 1994.7 238p 17cm 800円 ①4-262-15640-0 ⑩783.8

(目次)ティー・グラウンド，スルー・ザ・グリーン，バンカー，ウォーター・ハザード，パッティング・グリーン，クラブ・アドバイス・他，マナー・エチケット，用語の意味と方法

(内容)ストローク・プレイのルールをコースの場所別に186の状況を示して詳述。

近代キャディ事典 全面改訂版 牛丸成生編

著　産業労働調査所　1990.4　199p　18cm　〈表紙の書名：近代ゴルフキャディ事典　製作：近代ゴルフ出版協会〉　1200円　Ⓝ783.8

近代キャディ事典　2000年規則改訂版　牛丸成生編・著　経営書院　2000.3　199p　18cm　1200円　Ⓘ4-87913-734-0　Ⓝ783.8

⦅目次⦆ゲームの心得，キャディの心得，ルールの心得，コース内の区域，コース内の現象，コース内の物件，ルール上の人物，ルール上の行為，球の問題，用語の心得，プレーヤーのゴルフ作法，2000年度規則の主な変更部分

近代キャディ事典　2004年規則改訂版　牛丸成生編著　経営書院　2005.1　199p　18cm　1200円　Ⓘ4-87913-919-X　Ⓝ783.8

⦅目次⦆ゲームの心得，キャディの心得，ルールの心得，コース内の区域，コース内の現象，コース内の物件，ルール上の人物，ルール上の行為，球の問題，用語の心得，プレーヤーのゴルフ作法，2000年度規則の主な変更部分

⦅内容⦆キャディをするうえでの必要とする用語を収録。ゲームの心得、キャディの心得、ルールの心得などを記載。随所にイラストを掲載。2000年刊に次ぐ2004年規則改訂版。

近代キャディ事典　2008年規則改訂版　牛丸成生編著　経営書院　2008.3　199p　18×11cm　1200円　Ⓘ978-4-86326-018-4　Ⓝ783.8

⦅目次⦆ゲームの心得，キャディの心得，ルールの心得（コース内の区域，コース内の現象，コース内の物件，ルール上の人物，ルール上の行為，球の問題），用語の心得，プレーヤーのゴルフ作法

近代キャディ事典　2012年規則改訂版　牛丸成生編　経営書院　2012.5　199p　18cm　1200円　Ⓘ978-4-86326-124-2　Ⓝ783.8

⦅目次⦆ゲームの心得，キャディの心得，ルールの心得（コース内の区域，コース内の現象，コース内の物件，ルール上の人物，ルール上の行為，球の問題），用語の心得，プレーヤーのゴルフ作法

近代キャディ事典　2016年規則改訂版　近代ゴルフ出版協会編集　産労総合研究所出版部経営書院　2016.7　199p　18cm　〈索引あり〉　1200円　Ⓘ978-4-86326-219-5　Ⓝ783.8

⦅目次⦆ゲームの心得，キャディの心得，ルールの心得，コース内の区域，コース内の現象，コース内の物件，ルール上の人物，ルール上の行為，球の問題，用語の心得，プレーヤーのゴルフ作法

ゴルフ場企業グループ＆系列　ゴルフ特信資料集　2003年　一季出版ゴルフ特信編部編　一季出版　2003.4　149p　30cm　4762円　Ⓘ4-87265-110-3　Ⓝ783.8

⦅目次⦆1 大手専業グループ，2 準大手専業グループ，3 専業グループ，4 不動産・観光系，5 大企業集団・一般産業，6 外資系，7 銀行・金融系，8 鉄道・運輸系，9 建設・造園・土木，10 報道・出版・宗教・公社・公団

⦅内容⦆大手専業企業から外資系まで注目企業の過去3年の動向を網羅。ゴルフ場企業保有ホール数ランキング付き。

ゴルフ場企業グループ＆系列　ゴルフ特信資料集　2004年　一季出版ゴルフ特信編集部編　一季出版　2004.4　165p　30cm　4762円　Ⓘ4-87265-118-9　Ⓝ783.8

⦅目次⦆1 大手外資・その他外資系，2 大手専業グループ，3 準大手専業グループ，4 専業グループ，5 不動産・観光系，6 大企業集団・一般産業，7 銀行・金融系，8 鉄道・運輸系，9 建設・造園・土木，10 報道・出版・宗教・公社・公団，主な運営受託企業，巻末資料

⦅内容⦆大手専業企業から外資系まで注目企業の過去3年間の動向を網羅。ゴルフ場企業保有ホール数ランキング付き。

ゴルフ場企業グループ＆系列　ゴルフ特信資料集　2005年　一季出版株式会社ゴルフ特信編集部編　一季出版ゴルフ特信編集部　2005.5　181p　30cm　4762円　Ⓘ4-87265-129-4　Ⓝ783.8

ゴルフ場企業グループ＆系列　ゴルフ特信資料集　2006年　一季出版ゴルフ特信編部編　一季出版　2006.5　191p　30cm　4762円　Ⓘ4-87265-136-7　Ⓝ783.8

⦅目次⦆1 大手外資・その他外資系，2 大手専業グループ，3 準大手専業グループ，4 専業グループ，5 不動産・観光系，6 大企業集団・一般産業，7 銀行・金融系，8 鉄道・運輸系，9 建設・造園・土木，10 報道・出版・宗教・公社・公団，主な運営受託企業，巻末資料

ゴルフ場企業グループ＆系列　ゴルフ特信資料集　2007年　一季出版，ゴルフ特信編集部編　一季出版　2007.5　201p　30cm　4762円　Ⓘ978-4-87265-143-0　Ⓝ783.8

⦅目次⦆1 大手外資・その他外資系，2 大手専業グループ，3 準大手専業グループ，4 専業グループ，5 不動産・観光系，6 大企業集団・一般産

業，7 銀行・金融系，8 鉄道・運輸系，9 建設・造園・土木，10 報道・出版・宗教・公社・公団，主な運営受託企業

ゴルフ場企業グループ&系列　ゴルフ特信資料集　2008年　一季出版株式会社ゴルフ特信編集部編　一季出版ゴルフ特信編集部　2008.5　219p　30cm　4762円　Ⓘ978-4-87265-151-5　Ⓝ783.8

(目次)1 大手外資・その他外資系，2 大手専業グループ，3 準大手専業グループ，4 専業グループ，5 不動産・観光系，6 大企業集団・一般産業，7 銀行・金融系，8 鉄道・運輸系，9 建設・造園・土木，10 報道・出版・宗教・公社・公団

ゴルフ場企業グループ&系列　ゴルフ特信資料集　2009年　一季出版株式会社ゴルフ特信編集部編　一季出版ゴルフ特信編集部　2009.6　223p　30cm　〈索引あり〉　4762円　Ⓘ978-4-87265-157-7　Ⓝ783.8

(目次)1 大手外資・その他外資系，2 大手専業グループ，3 準大手専業グループ，4 専業グループ，5 不動産・観光系，6 大企業集団・一般産業，7 銀行・金融系，8 鉄道・運輸系，9 建設・造園・土木，10 報道・出版・宗教・公社・公団，主な運営受託企業

(内容)PGMがアコーディアにゴルフ場数肉薄。オリックス伸張、新興不動産系縮小。最新グループ&企業別ゴルフ場一覧。ゴルフ場企業保有ホール数ランキング付き。巻末資料(平成16年以降の県別ゴルフ場名称変更一覧、平成16年以降の都道府県別経営交代一覧、都道府県別ゴルフ場の法的整理動向、ゴルフ場売買価格事例一覧)。

ゴルフ場企業グループ&系列　ゴルフ特信資料集　2010年　一季出版株式会社ゴルフ特信編集部編　一季出版ゴルフ特信編集部　2010.6　225p　30cm　〈索引あり〉　4762円　Ⓘ978-4-87265-163-8　Ⓝ783.8

(目次)大手外資・その他外資系，大手専業グループ，準大手専業グループ，専業グループ，不動産・観光系，大企業集団・一般産業，銀行・金融系，鉄道・運輸系，建設・造園・土木，報道・出版・宗教・公社・公団，主な運営受託企業，巻末資料

ゴルフ場企業グループ&系列　ゴルフ特信資料集　2011年　一季出版株式会社ゴルフ特信編集部編　一季出版ゴルフ特信編集部　2011.6　229p　30cm　〈索引あり〉　4762円　Ⓘ978-4-87265-168-3　Ⓝ783.8

(目次)1 大手外資・その他外資系，2 大手専業グ

ループ，3 準大手専業グループ，4 専業グループ，5 不動産・観光系，6 大企業集団・一般産業，7 銀行・金融系，8 鉄道・運輸系，9 建設・造園・土木，10 報道・出版・宗教・公社・公団，主な運営受託企業

ゴルフ場企業グループ&系列　ゴルフ特信資料集　2012年　一季出版株式会社ゴルフ特信編集部編集　一季出版株式会社ゴルフ特信編集部　2012.6　220p　30cm　〈索引あり〉　4762円　Ⓘ978-4-87265-172-0　Ⓝ783.8

(目次)1 大手専業グループ・2大大手，2 準大手専業グループ，3 専業グループ，4 外資系，5 不動産・観光系，6 大企業集団・一般産業，7 銀行・金融系，8 鉄道・運輸系，9 建設・造園・土木，10 報道・出版・宗教・公社・公団，主な運営受託企業，巻末資料

ゴルフ場企業グループ&系列　ゴルフ特信資料集　2013年　一季出版株式会社ゴルフ特信編集部編集　一季出版ゴルフ特信編集部　2013.6　203p　30cm　〈索引あり〉　4762円　Ⓘ978-4-87265-178-2　Ⓝ783.8

(目次)1 大手専業グループ・2大大手，2 準大手専業グループ，3 専業グループ，4 外資系，5 不動産・観光系，6 大企業集団・一般産業，7 銀行・金融系，8 鉄道・運輸系，9 建設・造園・土木，10 報道・出版・宗教・公社・公団，主な運営受託企業

(内容)最新グループ&系列ゴルフ場一覧。ゴルフ場企業保有ホール数ランキング付き。

ゴルフ場企業グループ&系列　ゴルフ特信資料集　2014年　一季出版株式会社ゴルフ特信編集部編集　一季出版ゴルフ特信編集部　2014.6　203p　30cm　〈索引あり〉　5000円　Ⓘ978-4-87265-185-0　Ⓝ783.8

(目次)大手専業グループ・2大大手，準大手専業グループ，専業グループ，外資系，不動産・観光系，大企業集団・一般産業，銀行・金融系，鉄道・運輸系，建設・造園・土木，報道・出版・宗教・公社・公団，主な運営信託企業，巻末資料

ゴルフ場企業グループ&系列　ゴルフ特信資料集　2015年　一季出版株式会社ゴルフ特信編集部編集　一季出版株式会社ゴルフ特信編集部　2015.6　203p　30cm　〈索引あり〉　5000円　Ⓘ978-4-87265-189-8　Ⓝ783.8

(目次)1 大手専業グループ・2大大手，2 大手専業グループ・準大手専業グループ，3 専業グループ，4 外資系，5 不動産・観光系，6 大企業集

団・一般産業，7 銀行・金融系，8 鉄道・運輸系，9 建設・造園・土木，10 報道・出版・宗教・公社・公団，主な運営受託企業

(内容)最新グループ&系列ゴルフ場一覧。市場の転換期でゴルフ場売買活発化，2大大手は収益力強化と資産縮小，メガソーラー事業転用さらに増加。ゴルフ場企業保有ホール数ランキング付き。巻末資料・都道府県別ゴルフ場名称変更，ゴルフ場経営交代・法的整理，ゴルフ場売買価格事例一覧，閉鎖ゴルフ場とメガソーラー計画。

ゴルフ場企業グループ&系列　ゴルフ特信資料集　2016年　一季出版株式会社ゴルフ特信編集部編集　一季出版株式会社ゴルフ特信編集部　2016.7　203p　30cm　〈索引あり〉　5000円　Ⓘ978-4-87265-192-8　Ⓝ783.8

(目次)1 大手専業グループ・2大大手，2 大手専業グループ・準大手専業グループ，3 専業グループ，4 外資系，5 不動産・観光系，6 大企業集団・一般産業，7 銀行・金融系，8 鉄道・運輸系，9 建設・造園・土木，10 報道・出版・宗教・公社・公団

ゴルフなんでも大百科　パーゴルフ編　学習研究社　2006.3　153p　21cm　(GAKKEN SPORTS BOOKS)　1500円　Ⓘ4-05-403054-8　Ⓝ783.8

(目次)1 技術&実戦プレー編（ドライバーショット，フェアウエーウッドショット ほか），2 ギア編（クラブ選びを始める前に，これだけは知っておきたい必須知識，ゴルフクラブ各部の正しい名称を覚えよう！ ほか），3 ルール，ハンディキャップ，遊び方編（ルールを正しく理解して仲間と楽しく，クレバーにプレーしよう！，適正なハンディキャップを算出して，仲間と公正なプレーを楽しもう！ ほか），4 歴史，コース，競技，練習場他編（ゴルフはどうして生まれたか，ゴルフ場とはどうなっているかを知っておこう！，練習場を上手に活用すれば見る見るうちに上達できる！ ほか）

ゴルフなんでも電話帳　ラウンド・練習からショッピングまで…利用目的で引く　1990　田野辺薫出版事務所編　ゴルフ綜合出版　1990.1　374p　26cm　〈発売：星雲社〉　2100円　Ⓘ4-7952-6705-7　Ⓝ783.8

ゴルフなんでも電話帳　'92　田野辺薫出版事務所編　ゴルフ綜合出版，星雲社〔発売〕　1992.1　276p　26cm　2100円　Ⓘ4-7952-6708-1　Ⓝ783.8

(内容)ラウンド練習からショッピングまで…利用目的で引く。

ゴルフなんでも電話帳　ラウンド・練習からショッピングまで利用目的で引く　1993　田野辺薫出版事務所編　ゴルフ綜合出版，星雲社〔発売〕　1993.6　280p　19cm　1500円　Ⓘ4-7952-6711-1　Ⓝ783.8

(目次)ゴルフ場全国ガイド，海外ゴルフ場ガイド，目的別ゴルフ場ガイド，ショートコースガイド，ゴルフスクールガイド，目的別ゴルフスクールガイド，ゴルフ練習場ガイド，目的別ゴルフ練習場ガイド，目的別ゴルフ用品ガイド，ゴルフ会員権業ガイド

(内容)ゴルフに関する施設，人物，団体等の名簿。全国のゴルフ場，スクール，練習場，用品店，会員権業者，プロゴルファー，ゴルフジャーナリスト，カメラマン等の電話番号と住所を掲載する。

ゴルフなんでも電話帳　1994　ゴルフ綜合出版，星雲社〔発売〕　1994.4　272p　26cm　1500円　Ⓘ4-7952-6713-8　Ⓝ783.8

(内容)ゴルフに関する施設，人物，団体等の名簿。全国のゴルフ場，スクール，練習場，用品店，会員権業者，プロゴルファー，ゴルフジャーナリスト，カメラマン等の電話番号と住所を掲載する。

ゴルフなんでも電話帳　'95-96　ゴルフ綜合出版，星雲社〔発売〕　1995.11　260p　19cm　1500円　Ⓘ4-7952-6715-4　Ⓝ783.8

(内容)ゴルフに関する施設，人物，団体等の名簿。全国のゴルフ場，スクール，練習場，用品店，会員権業者，プロゴルファー，ゴルフジャーナリスト，カメラマン等の電話番号と住所を掲載する。

ゴルフなんでも電話帳　1997／1998年版　ゴルフ綜合出版　1997.9　274p　19cm　〈東京 星雲社（発売）〉　1500円　Ⓘ4-7952-6718-9　Ⓝ783.8

ゴルフルール イラストレーテッド　1992　牛丸成生編著　経営書院　1992.5　366p　17cm　〈『近代ゴルフルール事典』改題書〉　1600円　Ⓘ4-87913-409-0　Ⓝ783.8

(目次)第1章 エチケット，第2章 用語の定義，第3章 プレーに関する規則

ゴルフルール教本　改訂版　芝健太郎著　廣済堂出版　1992.3　358p　18cm　（アサヒゴルフ ライブラリー　ルールハンドブック）

ゴルフ　　　　　　　　　　　競技スポーツ

1200円　Ⓘ4-331-35087-8　Ⓝ783.8

(目次)第1章 エチケット，第2章 用語の定義（五十音順），第3章 プレーに関する規則，付属規則（ローカル・ルールおよび競技の条件，クラブのデザイン，球，その他），アマチュア資格規則

(内容)JGA改訂新規則全条文詳解。R&A／USGA改訂規則原文に基づく全解説。豊富な事例とイラスト，巻末索引付きで見やすさ抜群。ゴルファー必携のルールハンドブック。

ゴルフルール教本　全訂新版　芝健太郎著
　廣済堂出版　1996.5　363p　18cm　1200円
　Ⓘ4-331-35142-4　Ⓝ783.8

(目次)第1章 エチケット，第2章 用語の定義（五十音順），第3章 プレーに関する規則

(内容)ゴルファー必携のルールハンドブック。JGA改定新規則全条文詳解。R&A／USGA／JGA裁定に基づく豊富な事例と項目ごとに解説した定本。日本ゴルフ協会・ゴルフ規則より条文転載。

ゴルフルール教本　新・改訂版　芝健太郎著
　広済堂出版　1998.5　374p　18cm　1190円
　Ⓘ4-331-35218-8　Ⓝ783.8

(目次)第1章 エチケット，第2章 用語の定義（五十音順），第3章 プレーに関する規則（ゲーム，クラブと球，プレーヤーの責任，プレーの順番，ティンググラウンド，球のプレーに関すること，パッティンググリーン ほか）

(内容)ゴルファー必携のルールハンドブック。JGA規則全条文詳解。R&A／USGA／JGA裁定に基づく豊富な事例と項目ごとに解説した定本。日本ゴルフ協会・ゴルフ規則より条文転載。

ゴルフルール教本　2000年・大改訂版　芝健太郎著　廣済堂出版　2000.4　383p　18cm　1190円　Ⓘ4-331-35261-7　Ⓝ783.8

(目次)第1章 エチケット（コース上の礼儀，コース上の先行権，コースの保護），第2章 用語の定義（アドレス球に，アドバイス，アウトオブバウンズ ほか），第3章 プレーに関する規則（ゲーム，クラブと球，プレーヤーの責任 ほか）

(内容)JGA2000年改定新規則全条文詳解。R&A／USGA／JGA裁定に基づく豊富な事例と項目ごとに解説した定本。ゴルファー必携のルールハンドブック。

ゴルフルール早わかり集　2008-2009　日本ゴルフ協会（JGA），日本ゴルフトーナメント振興協会（GTPA）著　廣済堂出版　2008.4　191p　15cm　505円　Ⓘ978-4-331-35280-9　Ⓝ783.8

(目次)ゴルフルール早わかり用語の解説，ゴルフルール早わかりQ&A（プレーの前に，プレーヤーの責任，用具に関すること，練習 ほか），2008年規則主要変更点の解説（定義「アドバイス」，定義「紛失球」，規則27‐1a「ストロークと距離の処置」，規則1‐2 球の動きに影響を及ぼす行動「重大な違反」 ほか），用語の定義

(内容)日本ゴルフ協会が初めて作った2008最新ルール解説集。「こんなときどうする？」2008年ルール改訂に対応！コース上でよくある事例をQ&A方式でわかりやすく解説。

ゴルフルール早わかり集　2010-2011　日本ゴルフ協会著，日本ゴルフトーナメント振興協会協力　ゴルフダイジェスト社　2010.6　199p　15cm　571円　Ⓘ978-4-7728-4118-4　Ⓝ783.8

(目次)ゴルフ用語（コース上の場所・物，プレーヤー関連，プレー関連），ルール早分かりQ&A（ゴルフ規則はどこで作られているのでしょうか，プロとアマチュアで規則は違うのでしょうか，エチケットの考え方 ほか），2010‐2011ゴルフ規則裁定集改訂の要点（規則1‐3の違反が生じる時点，キャディーによるストロークのコンシード，正規のラウンド中にクラブの部品を組み立てる ほか）

ゴルフルール早わかり集　2012-2013　日本ゴルフ協会著，日本ゴルフトーナメント振興協会協力　ゴルフダイジェスト社　2012.1　207p　15cm　571円　Ⓘ978-4-7728-4141-2　Ⓝ783.8

(目次)ゴルフ用語（コース上の場所・物，プレーヤー関連，プレー関連），ルール早わかりQ&A（基本事項，用具に関すること，練習 ほか），2012年ゴルフ規則改訂の解説（定義「球にアドレス」，定義「レフェリー」，球の動きに影響を及ぼす，あるいは物理的条件を変える ほか）

(内容)（財）日本ゴルフ協会が発行する唯一のゴルフ規則解説書。ひと目でわかる2012年のルール改訂。

ゴルフルール早わかり集　2014-2015　日本ゴルフ協会著　ゴルフダイジェスト社　2014.1　195p　15cm　600円　Ⓘ978-4-7728-4155-9　Ⓝ783.8

(目次)ゴルフ用語（コース上の場所・物，プレーヤー関連，プレー関連），ルール早わかりQ&A（基本事項，用具に関すること，練習，アドバイス，プレーの順番 ほか），用語の定義

(内容)こんなとき、どうするの？「Q&A」でわか

りやすく解説。(公財)日本ゴルフ協会が発行する唯一のゴルフ規則解説書。

ゴルフルール早わかり集　2016-2017　日本ゴルフ協会著　ゴルフダイジェスト社　2016.2　204p　15cm　〈文献あり〉　600円　Ⓘ978-4-7728-4165-8　Ⓝ783.8

ゴルフルールハンドブック　最新228例＋イラスト解説でよくわかる!使いやすい!!〔2016〕　日本プロゴルフ協会監修　永岡書店　2016.1　287p　18×8.5cm　〈背・表紙のタイトル：GOLF RULE HANDBOOK〉　880円　Ⓘ978-4-522-43409-3　Ⓝ783.8

⓪(目次)エチケット＆マナー，ゴルフ用語解説，トラブルでの処置のしかた，コースが独自に決める規則，ティーインググラウンド，スルーザグリーン，ウォーターハザード，バンカー，パッティンググリーン

⓪(内容)2016年ルール改訂に完全対応!!大注目アンカリングも完璧にわかる!日本プロゴルフ協会監修の大定番!

最新ゴルフルールハンドブック　日本ゴルフ協会監修　永岡書店　2004.3　239p　18cm　880円　Ⓘ4-522-42205-9　Ⓝ783.8

最新ゴルフルールハンドブック　日本ゴルフ協会監修　永岡書店　2008.2　287p　18×8.4cm　880円　Ⓘ978-4-522-42521-3　Ⓝ783.8

最新ゴルフルールハンドブック　日本プロゴルフ協会監修　永岡書店　2012.2　287p　18×9cm　880円　Ⓘ978-4-522-43073-6　Ⓝ783.8

⓪(目次)エチケット＆マナー，ゴルフ用語解説，トラブルでの処置のしかた，コースが独自に決める規則，コースの場所別・ルール（ティーインググラウンド，スルーザグリーン，ウォーターハザード，バンカー，パッティンググリーン）

⓪(内容)230例＋イラスト解説でよくわかる! 使いやすい!2012年ルール改訂に完全対応.

最新JGAゴルフルールハンドブック　日本ゴルフ協会監修　永岡書店　2006.11　239p　18×8.4cm　880円　Ⓘ4-522-42403-5　Ⓝ783.8

最新版　関西ゴルフ場ガイドマップ　'92　国際地学協会ゴルフ編集部編　国際地学協会〔1991.11〕　551p　19cm　1800円　Ⓘ4-7718-2093-7　Ⓝ783.8

スポーツなんでも事典　ゴルフ　こどもくらぶ編　ほるぷ出版　2007.11　71p　29×22cm　3200円　Ⓘ978-4-593-58407-9　Ⓝ783.8

⓪(目次)歴史，クラブ，ボールほか，コース，ルール，プレーのすすめ方，マナーとペナルティ，打ち方，世界プロツアー，4大大会〔ほか〕

⓪(内容)ゴルフの歴史や道具のことから，国内外の大会のしくみや，はなばなしく活躍するプロゴルファーの生活まで。ゴルフにかかわるさまざまなことがらをテーマごとにまとめて解説した，ヴィジュアル版子ども向けゴルフ事典です。ゴルフについて，なにを，どのように調べたらよいかがわかります。

PGAツアーガイドブック　1997　日本プロゴルフ協会，一季出版〔発売〕　1997.3　507p　21cm　1000円　Ⓘ4-87265-030-1　Ⓝ783.8

⓪(目次)レギュラーツアー（シード選手紹介，その他ツアー出場選手紹介，1996年度ツアー競技成績，1996年度グローイングツアー競技成績，1996年度後援競技成績，1996年度協力競技成績，1996年度その他競技成績，PGAツアー予選会成績，1996年度部門別成績と獲得賞金ランキング，歴代優勝者，1996年度USPGAツアー成績ほか），シニアツアー（選手紹介，主なシニア・グランド・ゴールド選手，1996年度シニアツアー競技成績，1996年度グランド・ゴールドシニア競技成績，1996年度部門別成績と獲得賞金ランキング，歴代優勝者

PGAツアーガイドブック　1998　日本プロゴルフ協会PGAツアーオブジャパン，一季出版〔発売〕　1998.3　505p　21cm　952円　Ⓘ4-87265-046-8　Ⓝ783.8

⓪(目次)レギュラーツアー（シード選手紹介，その他のシード選手，グローイングツアーランキング上位選手，後援競技ランキング上位選手，最終予通過選手紹介，1997年ツアー競技成績，1997年度グローイングツアー競技成績，1997年度後援競技成績，1997年度協力競技成績，1997年度その他競技成績，PGAツアー予選会成績，1997年度部門別成績と獲得賞金ランキング，歴代優勝者，1997年度USPGAツアー成績），シニアツアー（選手紹介，主なシニア・グランド・ゴールド選手，1997年度シニアツアー競技成績，1997年度グランド・ゴールドシニア選手権，1997年度部門別成績と獲得賞金ランンキング，歴代優勝者

PGAツアーガイドブック　1999　日本プロゴルフ協会，PGAツアーオブジャパン，一季出版〔発売〕　1999.3　491p　21cm

952円　①4-87265-061-1　Ⓝ783.8

(目次)レギュラーツアー(シード選手紹介, その他のシード, グローイングツアーランキング上位選手, 後援ランキング上位選手, 最終予選通過選手紹介, 1998年度ツアー競技成績, 1998年度グローイングツアー, 1998年度後援競技成績, 1998年度協力競技成績, 1998年度その他の競技成績, PGAツアー予選会成績, 1998年度部門別成績と獲得賞金ランキング, 歴代優勝者, 1998年度USPGAツアー成績ほか), シニアツアー(選手紹介, 主なシニア・グランド・ゴールド選手, 1998年度シニアツアー競技成績, 1998年度グランド・ゴールドシニア選手権, 1998年度部門別成績と獲得賞金ランキング, 歴代優勝者)

明解 ゴルフルール早わかり集　1990
改定版新版　日本ゴルフトーナメント運営会議, ゴルフダイジェスト社〔発売〕　1990.6　194p　17cm　(競技運営マニュアル Part2)　600円　①4-7728-0904-X　Ⓝ783.8

(目次)1 ルール早見表, 2 プレーヤーの心得, 3 用語の定義, 4 トラブル時の処理方法, 5 特例
(内容)1990年度版は新裁定による改正を加えて, 実戦ラウンドでの状況に合わせ, 224項目に分類表示しました。また難解な「用語の定義」もイラストを豊富に取り入れて, 見やすさ, わかりやすさはゴルフルールブックの決定版です。

明解 ゴルフルール早わかり集　1991
日本ゴルフトーナメント振興協会, ゴルフダイジェスト社〔発売〕　1991.5　202p　17cm　(競技運営マニュアル Part2)　600円　①4-7728-0905-8　Ⓝ783.8

(目次)1 ルール早見表, 2 プレーヤーの心得, 3 用語の定義, 4 トラブル時の処理方法, 5 特例
(内容)1991年度版は新裁定による改正を加えて, 実戦ラウンドでの状況に合わせ, 224項目に分類表示しました。また難解な「用語の定義」もイラストを豊富に取り入れて, 見やすさ, わかりやすさはゴルフルールブックの決定版です。

明解 ゴルフルール早わかり集　1992
日本ゴルフトーナメント振興協会, ゴルフダイジェスト社〔発売〕　1992.5　210p　17cm　(競技運営マニュアル Part2)　600円　①4-7728-0906-6　Ⓝ783.8

(内容)1992年度版は今年改訂された新ルールに完全対応しており, 状況に合わせて項目別に分類表示しました。また難解な「用語の定義」もイラストを取り入れることで, 見やすく, わかりやすくなっています。

明解 ゴルフルール早わかり集　1993
日本ゴルフトーナメント振興協会, ゴルフダイジェスト社〔発売〕　1993.6　215p　17cm　(競技運営マニュアル Part2)　600円　①4-7728-0907-4　Ⓝ783.8

(目次)1 ルール早見表, 2 プレーヤーの心得, 3 用語の定義, 4 トラブル時の処理方法, 5 特例

明解 ゴルフルール早わかり集　1994
改訂新版　日本ゴルフトーナメント振興協会, ゴルフダイジェスト社〔発売〕　1994.5　227p　17cm　(競技運営マニュアル Part2)　600円　①4-7728-0908-2　Ⓝ783.8

(目次)1 ルール早見表(ティイング・グラウンド, スルー・ザ・グリーン, ハザード, グリーン), 2 プレーヤーの心得, 3 用語の定義(コース関係, プレーヤー関係, スイング関係, 規則関係), 4 トラブル時の処理方法(ドロップ, アンプレヤブル), 5 特例

明解 ゴルフルール早わかり集　1995
改訂新版　日本ゴルフトーナメント振興協会, ゴルフダイジェスト社〔発売〕　1995.5　227p　15cm　(競技運営マニュアル Part2)　600円　①4-7728-0909-0　Ⓝ783.8

(目次)ルール早見表, プレーヤーの心得, 用語の定義, トラブル時の処理方法, 特例

明解 ゴルフルール早わかり集　1996
改訂新版　日本ゴルフトーナメント振興協会, ゴルフダイジェスト社〔発売〕　1996.5　253p　17cm　600円　①4-7728-0961-9　Ⓝ783.8

(目次)1 ルール早見表, 2 プレーヤーの心得, 3 用語の定義, 4 トラブル時の処理方法, 5 特例

明解 ゴルフルール早わかり集　1997
日本ゴルフ協会規則委員会監修　日本ゴルフトーナメント振興協会, ゴルフダイジェスト社〔発売〕　1997.5　2+7p　16cm　600円　①4-7728-0971-6　Ⓝ783.8

(目次)1. プレーヤーの心得, 2. 用語の定義, 3. ルール早見表, 4. トラブル時の処理方法, 5. 特例

明解 ゴルフルール早わかり集　1998
日本ゴルフトーナメント振興協会[編], 日本ゴルフ協会規則及びアマチュア資格審査委員会監修　日本ゴルフトーナメント振興協会　1998.4　257p　17cm　〈奥付のタイトル：ゴルフルール早わかり集　製作・発売：ゴルフダイジェスト社〉　600円　①4-7728-0981-3　Ⓝ783.8

明解 ゴルフルール早わかり集　1999
改

訂新版　日本ゴルフ協会規則・用具委員会監修　日本ゴルフトーナメント振興協会，広済堂出版〔発売〕　1999.4　271p　16cm　667円　①4-331-35253-6　Ⓝ783.8

(目次)1 プレーヤーの心得，2 用語の定義，3 ルール早見表，4 トラブル時の処理方法，5 特例

(内容)ティンググラウンドからグリーンまで，実戦ルールをすべて解決。

明解 ゴルフルール早わかり集　2000　日本ゴルフ協会規則委員会監修　日本ゴルフトーナメント振興協会，廣済堂出版〔発売〕　2000.4　271p　17cm　667円　①4-331-35262-5　Ⓝ783.8

(目次)1 プレーヤーの心得，2 用語の定義，3 ルール早見表，4 トラブル時の処理方法，5 特例

(内容)本書は，(財)日本ゴルフ協会・規則委員会の監修を得たルール解説書として，毎年発刊しているもの。特に2000年はルール改訂の年であり，新規則に従って改訂。第1章および第2章では，プレーヤーにとって必要なマナーやエチケットと規則用語について記述。第3章ではティンググラウンドからグリーンまで，プレーの順に従って起こり得る様々なルールトラブルに対してどのように規則上は処置するのかをわかりやすく記述した。また巻末にトーナメントカレンダーとスコアチャートを付し，便宜をはかった。

明解 ゴルフルール早わかり集　2001　改訂新版　日本ゴルフ協会規則委員会監修　日本ゴルフトーナメント振興協会，広済堂出版〔発売〕　2001.4　271p　15cm　714円　①4-331-35265-X　Ⓝ783.8

(目次)1 プレーヤーの心得，2 用語の解説，3 ルール早見表(ティンググラウンド，スルーザグリーン，ハザード，グリーン，ラウンド終了後)，4 トラブル時の処理方法，5 特例，ストロークプレーとマッチプレー

(内容)プレーの順に従って起こり得る様々なトラブルに対して，ルール上の処理方法を解説した，ゴルフのルールブック。巻末にストロークプレーとマッチプレーの相違についての解説と，トーナメントカレンダーおよびスコアチャートを付す。

明解 ゴルフルール早わかり集　2002　改訂新版　日本ゴルフ協会規則委員会監修　日本ゴルフトーナメント振興協会，広済堂出版〔発売〕　2002.4　271p　16cm　714円　①4-331-35268-4　Ⓝ783.8

(目次)1 プレーヤーの心得，2 用語の解説(コース関係，プレーヤー関係 ほか)，3 ルール早見表(ティンググラウンド，スルーザグリーン(フェアーウェー) ほか)，4 トラブル時の処理方法(ドロップ，アンプレヤブル)，5 特例(罰なしに球の拾い上げができる場合，罰なしに球をふくことができる場合 ほか)

(内容)ゴルフルールのガイドブック。財団法人日本ゴルフ協会の監修に基づくゴルフルールをまとめる。前半では，プレーヤーにとって必要なマナーやエチケット，規則用語について解説。後半では，ティンググラウンド，グリーン，ラフ等7カ所の場所別に，プレーの進行に従って生じる約360例の問題について，ルール上の処理方法を紹介する。ドロップ等のトラブル時の処理方法や特例，ストロークプレーとマッチプレーの相違についても解説を加えている。巻末に，本文対応のペナルティ一覧，トーナメントカレンダーを付す。

明解 ゴルフルール早わかり集　2003　改訂新版　日本ゴルフ協会監修　日本ゴルフトーナメント振興協会，廣済堂出版〔発売〕　2003.4　271p　17cm　714円　①4-331-35271-4　Ⓝ783.8

(目次)1 プレーヤーの心得(プレーヤーの心得，「ゼネラルルール」と「ローカルルール」)，2 用語の解説(コース関係，プレーヤー関係，スイング関係，規則関係)，3 ルール早見表(ティンググラウンド，スルーザグリーン，ハザード，グリーン，ラウンド終了後)，4 トラブル時の処理方法(ドロップ，アンプレヤブル)，5 特例(罰なしに球の拾い上げができる場合，罰なしに球をふくことができる場合，球が動いても罰がない場合，罰なしにパットの線に触れることができる場合)

(内容)ティンググラウンドからグリーンまで実戦ルールをすべて解決。

明解 ゴルフルール早わかり集　2004　日本ゴルフ協会監修　日本ゴルフトーナメント振興協会，廣済堂出版〔発売〕　2004.5　270p　16cm　714円　①4-331-35274-9　Ⓝ783.8

(目次)1 プレーヤーの心得(コース上の心得，他のプレーヤーへの心くばり ほか)，2 用語の解説(コース関係，プレーヤー関係 ほか)，3 ルール早見表(ティンググラウンド)，4 トラブル時の処理方法(救済と処置，アンプレヤブル)，5 特例

(内容)2004年改訂ゴルフルール こんなときどうする?ティンググラウンドからグリーンまで実戦的ルールをわかりやすく解説。

明解 ゴルフルール早わかり集 2005 改訂新版 日本ゴルフ協会監修 日本ゴルフトーナメント振興協会, 廣済堂出版〔発売〕 2005.4 267p 15cm 505円 ①4-331-35275-7 Ⓝ783.8
(目次)1 プレーヤーの心得, 2 用語の解説, 3 ルール早見表, 4 トラブル時の処理方法, 5 特例, ストロークプレーとマッチプレー, 本文対応ペナルティ簡易一覧, 付録 トーナメントカレンダー
(内容)こんなときどうする?2005年・最新早わかり集。ティーインググラウンドからグリーンまで実戦的ルールをわかりやすく解説。丈夫なハンディ版。

明解 ゴルフルール早わかり集 2006 日本ゴルフ協会監修 日本ゴルフトーナメント振興協会, 廣済堂出版〔発売〕 2006.5 263p 15cm 505円 ①4-331-35276-5 Ⓝ783.8
(目次)1 プレーヤーの心得, 2 用語の解説, 3 ルール早見表—状況から罰則, 処置, 説明, 4 トラブル時の処理方法, 5 特例, ストロークプレーとマッチプレー, 本文対応ペナルティ簡易一覧, 2006年トーナメントカレンダー
(内容)ティーインググラウンドからグリーンまで実戦的ルールをわかりやすく解説。

明解 ゴルフルール早わかり集 2007 日本ゴルフ協会監修 日本ゴルフトーナメント振興協会, 廣済堂出版〔発売〕 2007.3 263p 15cm 505円 ①978-4-331-35278-6 Ⓝ783.8
(目次)1 プレーヤーの心得, 2 用語の解説, 3 ルール早見表, 4 トラブル時の処理方法, 5 特例, ストロークプレーとマッチプレー, 本文対応ペナルティ簡易一覧, 2007トーナメントカレンダー
(内容)ティーインググラウンドからグリーンまで実戦的ルールをわかりやすく解説。

<法令集>

ゴルフ場の法律に強くなる! 打球事故から個人情報保護まで分かりやすくケーススタディ 西村国彦著 ゴルフダイジェスト社 2013.5 253p 19cm 〈第2刷〉 3000円 ①978-4-7728-4148-1 Ⓝ783.8
(目次)プレーヤー編(打球事故—ゴルフ場の責任が問われるケースとは, 盗難事故—ホテルとは違う「寄託」の判断 ほか), メンバー編(国籍問題—会員資格と私的自治との解釈, 問題会員—除名ではなく, 会員資格停止が得策 ほか), 従業員編(労働条件の変更—「説明義務」の重要性がトラブル回避に, 時間外就業—サービス残業にならない対策を ほか), 経営・運営者編(リース機材の破損—修理代などの負担はどうなる, 業者車輛の事故—施主も債務不履行による損害賠償が ほか)

<年鑑・白書>

イーヤマツアー 2001ジャパンゴルフツアーオフィシャルガイドブック 日本ゴルフツアー機構, 一季出版〔発売〕 2001.3 333p 21cm 952円 ①4-87265-085-9 Ⓝ783.8
(目次)シード選手・プロフィール, その他の選手・プロフィール, 2000年度ツアートーナメント成績, 2000年度チャレンジトーナメント成績, その他の成績, 2000年度ランキングほか, 過去のデータ, 海外ツアー成績ほか

ゴルフ場企業決算年鑑 平成4年版 一季出版 1992.3 529p 30cm 40000円 ①4-900451-68-1 Ⓝ783.8
(内容)全国69社97コース収録。

ゴルフ場企業決算年鑑 平成6年版 一季出版 1994.2 537p 30cm 40000円 ①4-900451-92-4 Ⓝ783.8
(内容)全国69社97コース収録。

ゴルフ場企業決算年鑑 平成11年版 一季出版 1999.1 585p 30cm 25714円 ①4-87265-059-X Ⓝ783.8
(目次)(株)秋田椿台カントリークラブ, (株)旭川国際ゴルフ場, 朝日観光(株), (株)芦の湖カントリークラブ, (株)天城カントリー倶楽部, 淡路観光開発(株), (株)伊香保カントリー倶楽部, (株)出水ゴルフクラブ, (株)犬山カンツリー倶楽部, 魚津観光開発(株)〔ほか〕
(内容)ゴルフ場企業のうち平成9年度(平成9年4月〜10年3月)にあった79社(うち3社は建設計画中)の決算を商号の五十音順に掲載。全国79社107コースを収録。主な項目は, 法人の商号及び本社住所, コースの名称及び住所, 会社の概況(主要な経営指標等の推移, 大株主, 従業員の状況, 経営上の重要な契約), 営業の状況(入場者数・営業収入等の営業実績), 財務諸表(貸借対照表, 損益計算書, 利益処分(損失処理)計算書)など。

ゴルフ場企業決算年鑑 平成13年版 一季出版 2001.2 719p 30cm 28000円 ①4-

87265-084-0　Ⓝ783.8

⦿目次⦿（株）秋田椿台ゴルフクラブ，（株）旭川国際ゴルフ場，朝日観光（株），（株）芦の湖カントリークラブ，（株）天城カントリー倶楽部，淡路観光開発（株），（株）伊香保カントリー倶楽部，（株）出水ゴルフクラブ，（株）犬山カンツリー倶楽部，魚津観光開発（株）〔ほか〕

⦿内容⦿ゴルフ場企業のうち，平成11年度（平成11年4月～12年3月）にあった80社の決算を商号の五十音順に掲載した年鑑。

ゴルフ場企業決算年鑑　平成15年版　一季
出版　2003.3　945p　30cm　30000円　Ⓘ4-87265-107-3　Ⓝ783.8

⦿目次⦿（株）秋田椿台ゴルフクラブ，（株）旭川国際ゴルフ場，朝日観光（株），（株）芦の湖カントリークラブ，（株）天城カントリー倶楽部，淡路観光開発（株），（株）伊香保カントリー倶楽部，（株）出水ゴルフクラブ，（株）犬山カンツリー倶楽部，魚津観光開発（株）〔ほか〕

⦿内容⦿全国86社114コース収録（平成13年4月～14年3月期決算）。

ゴルフ場企業決算年鑑　平成19年版　一季
出版　2007.2　1019p　30×21cm　30000円　Ⓘ978-4-87265-141-6　Ⓝ783.8

⦿目次⦿（株）秋田椿台ゴルフクラブ，（株）明世カントリークラブ，（株）アコーディアゴルフ，（株）旭川国際ゴルフ場，朝日観光（株），（株）芦の湖カントリークラブ，有馬富士開発（株），淡路観光開発（株），（株）伊香保カントリー倶楽部，（株）出水ゴルフクラブ〔ほか〕

⦿内容⦿本書では，平成十七年度（平成17年4月～18年3月）に提出されたゴルフ場企業97社の決算を商号のアイウエオ順に掲載しました。

ゴルフ場企業決算年鑑　平成21年版　一季
出版　2009.3　1005p　30cm　30000円　Ⓘ978-4-87265-155-3　Ⓝ783.8

⦿内容⦿全国96社126コース収録（平成19年4月～20年3月期決算）。掲載項目は，法人の商号（及び本店所在地），ゴルフ場の名称（及コース所在地），企業の状況，営業の状況，財務諸表（連結財務諸表）など。

ゴルフ場企業決算年鑑　平成23年版　一季
出版　2011.2　999p　30cm　30000円　Ⓘ978-4-87265-166-9　Ⓝ783.8

⦿内容⦿全国96社126コース収録。平成21年4月～22年3月期決算。

ゴルフ場企業決算年鑑　平成25年版　一季
出版　2013.1　665p　30cm　20000円　Ⓘ978-4-87265-176-8　Ⓝ783.8

⦿内容⦿全国96社120コース収録（平成23年4月～24年3月期決算）。

ゴルフ場企業決算年鑑　平成27年版　一季
出版　2015.1　665p　30cm　20000円　Ⓘ978-4-87265-187-4　Ⓝ783.8

⦿内容⦿全国96社117コース収録（平成25年4月～26年3月期決算）

ジャパンゴルフツアーオフィシャルガイド 2010
日本ゴルフツアー機構，一季出版（発売）　2010.4　369p　21cm　〈他言語標題：JAPAN GOLF TOUR OFFICIAL GUIDE　2009までのタイトル：ジャパンゴルフツアーオフィシャルガイドブック〉　1238円　Ⓘ978-4-87265-162-1　Ⓝ783.8

⦿目次⦿ツアーメンバープロフィール，2009年度ツアートーナメント成績，2009年度その他の競技成績，2009年度ツアーデータ，過去のツアーデータ，海外の記録

⦿内容⦿2010年の男子プロゴルフツアーに挑む283名のプロフィールと戦績，平均ストロークや平均飛距離など各種データを収録した選手名鑑。

ジャパンゴルフツアーオフィシャルガイド 2011
日本ゴルフツアー機構，一季出版（発売）　2011.4　377p　21cm　〈他言語標題：JAPAN GOLF TOUR OFFICIAL GUIDE〉　1238円　Ⓘ978-4-87265-167-6　Ⓝ783.8

⦿目次⦿ツアーメンバープロフィール，2010年度ツアートーナメント成績，2010年度チャレンジトーナメント成績，2010年度その他の競技成績，2010年度ツアーデータ，過去のツアーデータ，海外の記録

ジャパンゴルフツアーオフィシャルガイド 2012
日本ゴルフツアー機構，一季出版〔発売〕　2012.4　367p　21cm　1238円　Ⓘ978-4-87265-171-3　Ⓝ783.8

⦿目次⦿ツアーメンバープロフィール，2011年度ツアートーナメント成績，2011年度チャレンジトーナメント成績，2011年度その他の競技成績，2011年度ツアーデータ，過去のツアーデータ，海外の記録

ジャパンゴルフツアーオフィシャルガイド 2013
日本ゴルフツアー機構，一季出版〔発売〕　2013.4　380p　21cm　952円　Ⓘ978-4-87265-177-5　Ⓝ783.8

⦿目次⦿ツアーメンバープロフィール，2012年度ツアートーナメント成績，2012年度チャレンジ

トーナメント成績，2012年度その他の競技成績，2012年度ツアーデータ，過去のツアーデータ，海外の記録

ジャパンゴルフツアーオフィシャルガイド 2014
日本ゴルフツアー機構，一季出版〔発売〕　2014.4　372p　21cm　1204円　①978-4-87265-183-6　Ⓝ783.8

(目次)2014年度ジャパンゴルフツアー選手会理事会，2014年度ジャパンゴルフツアー開催日程，2014年度USPGAツアー開催日程，2014年度ヨーロピアンツアー開催日程，2014年度ジャパンゴルフツアー出場有資格者，2014年度チャレンジトーナメント出場有資格者

ジャパンゴルフツアーオフィシャルガイド 2015
日本ゴルフツアー機構，一季出版〔発売〕　2015.4　378p　21cm　1204円　①978-4-87265-188-1　Ⓝ783.8

(目次)ツアーメンバープロフィール，2014年度ツアートーナメント成績，2014年度チャレンジトーナメント成績，2014年度その他の競技成績，2014年度ツアーデータ，過去のツアーデータ，海外の記録

ジャパンゴルフツアーオフィシャルガイド 2016
日本ゴルフツアー機構，一季出版〔発売〕　2016.4　386p　21cm　1204円　①978-4-87265-191-1　Ⓝ783.8

(目次)ツアーメンバープロフィール，2015年度ツアートーナメント成績，2015年度チャレンジトーナメント成績，2015年度その他の競技成績，2015年度ツアーデータ，過去のツアーデータ，海外の記録

ジャパンゴルフツアーオフィシャルガイドブック 2000
日本ゴルフツアー機構，一季出版〔発売〕　2000.3　310p　21cm　952円　①4-87265-073-5　Ⓝ783.8

(目次)シード選手・プロフィール，その他の選手・プロフィール，1999年度ツアートーナメント成績，1999年度チャレンジトーナメント成績，その他の成績，1999年度ランキングほか，過去のデータ，海外ツアー成績ほか

(内容)2000年のジャパンゴルフツアーの選手名鑑と1999ジャパンゴルフツアー等の成績を収録したガイドブック。選手の掲載データは所属チーム，生年月日などのプロフィールと1999年の全戦績，過去の賞金と順位を掲載。ほかに2000年度競技開催日程表，平均ストロークなどのランキングもあわせて掲載。

ジャパンゴルフツアーオフィシャルガイドブック 2002
日本ゴルフツアー機構，一季出版〔発売〕　2002.3　342p　21cm　952円　①4-87265-096-4　Ⓝ783.8

(目次)シード選手・プロフィール，その他の選手・プロフィール，2001年度ツアートーナメント成績，2001年度チャレンジトーナメント成績，その他の成績，2001年度ランキングほか，過去のデータ，海外ツアー成績ほか

(内容)ジャパンゴルフツアーのオフィシャルガイドブック。2002年度ジャパンゴルフツアーに出場するシード選手・シード外選手の名鑑，及び2001年度のトーナメント成績の全記録を収録する。各選手については，写真・プロフィールに加えて，2001年のツアー全成績や，過去の優勝経験，年別賞金ランキング等の全データを紹介している。2001年度成績はツアートーナメント，チャレンジトーナメントの全試合別成績のほか，部門別ランキングもまとめる。巻末には2000年以前のデータや海外ツアー成績も付す。

ジャパンゴルフツアーオフィシャルガイドブック 2003
日本ゴルフツアー機構，一季出版〔発売〕　2003.3　340p　21cm　952円　①4-87265-105-7　Ⓝ783.8

(目次)ツアーメンバープロフィール，2002年度ツアートーナメント成績，2003年度チャレンジトーナメント成績，その他の成績，2002年度ランキングほか，過去のデータ，海外ツアー成績ほか

ジャパンゴルフツアーオフィシャルガイドブック 2004
日本ゴルフツアー機構，一季出版〔発売〕　2004.3　343p　21cm　952円　①4-87265-116-2　Ⓝ783.8

(目次)ツアーメンバープロフィール，2003年度ツアートーナメント成績，2003年度チャレンジトーナメント成績，その他の成績，2003年度ランキングほか，過去のデータ，海外ツアー成績ほか

ジャパンゴルフツアーオフィシャルガイドブック 2005
日本ゴルフツアー機構，一季出版〔発売〕　2005.3　351p　21cm　952円　①4-87265-126-X　Ⓝ783.8

(目次)ツアーメンバープロフィール，2004年度ツアートーナメント成績，2004年度チャレンジトーナメント成績，その他の成績，2004年度ランキングほか，過去のデータ，海外ツアー成績ほか

ジャパンゴルフツアーオフィシャルガイドブック 2006
日本ゴルフツアー機構，一

季出版〔発売〕　2006.4　359p　21cm　952円　①4-87265-134-0　Ⓝ783.8

(目次)ツアーメンバープロフィール，2005年度ツアートーナメント成績，2005年度チャレンジトーナメント成績，その他の競技成績，2005年度ランキングほか，過去のデータ，海外ツアー成績ほか

ジャパンゴルフツアーオフィシャルガイドブック　2007　日本ゴルフツアー機構，一季出版〔発売〕　2007.4　389p　21cm　952円　①978-4-87265-142-3　Ⓝ783.8

(目次)ツアーメンバープロフィール，2006年度ツアートーナメント成績，2006年度チャレンジトーナメント成績，2006年度その他の競技成績，2006年度ツアーデータ，過去のツアーデータ，海外の記録

ジャパンゴルフツアーオフィシャルガイドブック　2008　日本ゴルフツアー機構，一季出版（発売）　2008.4　371p　21cm　952円　①978-4-87265-150-8　Ⓝ783.8

(目次)ツアーメンバープロフィール，2007年度ツアートーナメント成績，2007年度チャレンジトーナメント成績，2007年度その他の競技成績，2007年度ツアーデータ，過去のツアーデータ，海外の記録

ジャパンゴルフツアーオフィシャルガイドブック　2009　日本ゴルフツアー機構，一季出版（発売）　2009.4　367p　21cm　〈背のタイトル：ジャパンゴルフツアーガイドブック〉　952円　①978-4-87265-156-0　Ⓝ783.8

(目次)ツアーメンバープロフィール，2008年度ツアートーナメント成績，2008年度チャレンジトーナメント成績，2008年度その他の競技成績，2008年度ツアーデータ，過去のツアーデータ，海外の記録

ジャパンゴルフツアーオフィシャルガイドブック　2010　日本ゴルフツアー機構，一季出版（発売）　2010.4　369p　21cm　1238円　①978-4-87265-162-1　Ⓝ783.8

(内容)2010年度男子ゴルフツアーに挑むメンバープロフィールをはじめ，2009年度のツアートーナメントおよびチャレンジトーナメントの成績，獲得賞金ランキングなどのツアーデータを収録。

全国ゴルフ会員権相場　'93-'94年鑑　ゴルフ綜合出版，星雲社〔発売〕　1993.12　175p　21cm　1200円　①4-7952-6712-X　Ⓝ783.8

(目次)1993年の相場の動き・それから，全国相場12ケ月の全データ，全国主要銘柄の相場データ，1993年の名変の実態，主要コース過去24年の動き，全国会員権業者名鑑，ゴルフ関係団体所在地一覧

(内容)ゴルフ場の経営指標として会員権相場を掲載したデータ集。過去24年間の相場データ掲載する。

全国ゴルフ会員権相場　'94-'95年鑑　ゴルフ綜合出版，星雲社〔発売〕　1994.12　183p　21cm　1200円　①4-7952-6714-6　Ⓝ783.8

(内容)ゴルフ場の経営指標として会員権相場を掲載したデータ集。1994年の相場の動きと過去25年間の相場データ掲載する。巻末に全国会員権業者名鑑・ゴルフ関係団体所在地一覧がある。

全国ゴルフ会員権相場　'95-'96年鑑　ゴルフ綜合出版，星雲社〔発売〕　1996.1　160p　21cm　1200円　①4-7952-6716-2　Ⓝ783.8

全国ゴルフ会員権相場年鑑　1990年度　田野辺薫出版事務所編　ゴルフ綜合出版，星雲社〔発売〕　1990.6　386p　21cm　1800円　①4-7952-6706-5　Ⓝ783.8

(目次)1990年の相場を予測する，1989年会員権相場の動き，1989年全国相場のデータ，1989年名変の実態　アンケート全国185コース，会員権が歩いた20年の相場データ，1989年オープンコース一覧　全国80コース，1990年オープン予定コース一覧　全国114コース，ゴルフ会員権投資百科，会員権四季報，会員権業者名鑑，会員権業名組合入会案内及び規約，ゴルフ関係団体所在地一覧

(内容)会員権財テク百科。全国新設開場・建設中のコース一覧。

全国ゴルフ会員権相場年鑑　'91　田野辺薫出版事務所編　ゴルフ綜合出版，星雲社〔発売〕　1991.7　391p　21cm　2000円　①4-7952-6707-3　Ⓝ783.8

(目次)1991年会員権相場を予測する，1990年の会員権相場はこう動いた，1990年全国相場データ，1990年名変の実態，会員権が歩いた22年の相場データ，会員権業者名鑑，会員権業各組合入会案内・規約，ゴルフ関係団体所在地一覧

(内容)過去22年間の相場値の動き。全国ゴルフ会員権業者一覧。

全国ゴルフ会員権相場年鑑　'92　田野辺薫出版事務所編　ゴルフ綜合出版，星雲社〔発売〕　1992.11　362p　21cm　2000円　①4-7952-6710-3　Ⓝ783.8

(内容)底値を発見するためのデータ分析。この

20ヶ月相場はどう動いたか。過去23年間の動きをマクロで見る。

日本ゴルフ年鑑　1990　共同通信社　1990.4　640,39p　26cm　11330円　①4-7641-0238-2　Ⓝ783.8

(目次)第1章 記録(JGA主催選手権競技，各地区連盟主催選手権競技，アマチュアトーナメント競技，全日本学生ゴルフ連盟主催競技，各地区学生ゴルフ連盟主催競技，日本男子プロトーナメント，日本女子プロトーナメント，海外主要選手権競技，海外ツアー特集，部門別ランキング，内外歴代記録)，第2章 トッププレーヤー(トッププレーヤー，ゴルフ史を飾った名プレーヤーたち)，第3章 ゴルフ資料館(世界のオープン・ストーリー，日本ゴルフ史年表，ゴルフ統計・資料，ゴルフ用語解説，ゴルフの不思議なもの)，第4章 ゴルフ関連団体・全国主要ゴルフコース(ゴルフ関連団体，全国主要ゴルフコース，JGAジュニア会員指定練習場)

日本ゴルフ年鑑　1991　共同通信社　1991.4　610,39p　26cm　11330円　①4-7641-0257-9　Ⓝ783.8

(目次)第1章 記録，第2章 トッププレーヤー，第3章 ゴルフ資料館，第4章 ゴルフ関連団体全国主要ゴルフコース

(内容)アマチュアの記録を中心にした年鑑。6年目にあたる。記録、トッププレーヤー、年表・統計などの資料、関連団体・全国主要ゴルフコースの4章からなる。

日本プロゴルフイヤーブック　1990　ベースボール・マガジン社，ゴルフマガジン編集部編　ベースボール・マガジン社　1990.4　397p　21cm　1700円　①4-583-02832-6　Ⓝ783.8

(目次)'90日本・海外トーナメント日程，第1部 JPGA日本男子編，第2部 JLPGA日本女子編，第3部 海外編

日本プロゴルフイヤーブック　1991　ベースボール・マガジン社ゴルフマガジン編集部編　ベースボール・マガジン社　1991.4　413p　21cm　2000円　①4-583-02895-4　Ⓝ783.8

(目次)'91日本・海外トーナメント日程，第1部 JPGA 日本男子編，第2部 JLPGA 日本女子編，第3部 海外編

年鑑・全国ゴルフ会員権相場　'96-'97　ゴルフ綜合出版，星雲社〔発売〕　1997.1　164p　21cm　1200円　①4-7952-6717-0

Ⓝ783.8

(目次)解説(ホームコースの選び方小百科，この1年間相場はどう動いたか，名変の実態)，データ(主要150コース，過去26年の相場値，'95.9～'96.8相場の動き，1200コース・アンケートでみた名変の実態)，所在地(全国ゴルフ会員権業者名鑑，ゴルフ関係団体一覧)

(内容)"満足感"のあるホームコースを探すために。'95.10年→'96.9月。全国ゴルフ会員権相場。過去26年・主要ゴルフ会員権相場の歩み。

<統計集>

データから21世紀を読む　ゴルフ場統計データ集　2000→2010　ゴルフダイジェスト社　2010.5　403p　27cm　7800円　①978-4-7728-4119-1　Ⓝ783.8

(目次)ゴルフ場基礎データ，賃金，運営コスト，入場者数，ゴルフ会員相場の推移，プレーフィ，従業員構成，業務委託，営業施策，セキュリティ対策，営業時間，カーソ使用状況，ジュニア対策，早朝薄暮，ホームページ，宣伝広報，レストラン

(内容)ゴルフ場の経営に関わる統計データを集計・分析したデータ集。

ボウリング

<辞典>

ボウリング大辞典　ハンディ版　宮田哲郎編著　ベースボール・マガジン社　2008.2　111p　21cm　1200円　①978-4-583-10080-7　Ⓝ783.9

(内容)坂本竜馬がボウラーだった!?ふつうに調べものに使っても、あ行から読み進めても楽しい。用具の説明、投球技術も満載。慣例語はおよそ500語以上、重要なものを詳しく解説、図表も加えた。ほか経営やマーケティング用語も採取。

冬季競技

<事典>

雪と氷のスポーツ百科　高橋幸一，野々宮徹編　大修館書店　1997.7　210p　24×18cm

2400円　ⓘ4-469-26376-1　ⓝ784

(目次)雪のスポーツ(スキー，スキー競技，アルペン競技，ノルディック競技，バイアスロン，フリースタイルスキー，スノーボード，スキージョーリング，スキーボブ)，氷のスポーツ(スケート，スケート競技，スピードスケート，フィギュアスケート，アイスホッケー，カーリング，バンディ，アイスヨット，アイススピードウェイ)，そりのスポーツ(そり，ボブスレー，リュージュ，スケルトン，トボガン，大ぞりレース)

(内容)氷雪スポーツ文化の発生や変遷，競技方法などを解説。『最新スポーツ大事典』(大修館書店)より，同一項目については転載し，同一執筆者によって加筆修正されたもの，および新たに項目を加え執筆されたものによって構成。巻末に，五十音順の索引を付す。

＜ハンドブック＞

スポーツなんでも事典 スキー・スケート
　　こどもくらぶ編　ほるぷ出版　2009.11　71p　29cm　〈文献あり 年表あり 索引あり〉　3200円　ⓘ978-4-593-58413-0　ⓝ784

(目次)歴史，用具，ウェア，スキー場，スケート場，スキー(1)アルペン競技，スキー(2)ノルディック競技，スキー(3)フリースタイル競技，スノーボード(1)アルペン競技，スノーボード(2)ハーフパイプ・スノーボードクロス〔ほか〕

(内容)歴史，ウェアや用具，各種目の特徴，ルールなど，スキー・スケートについてさまざまなことがらをテーマごとにまとめて解説した，ビジュアル版子ども事典。選手の生活は?けがをしたら?引退したら?選手についての情報も多数掲載。スキー・スケートについて，何を，どのように調べたらよいかがわかる。

◆スキー

＜年鑑・白書＞

教育本部オフィシャル・ブック　財団法人全日本スキー連盟　1999年度　全日本スキー連盟編　スキージャーナル　1998.12　199p　26cm　1600円　ⓘ4-7899-1139-X　ⓝ784.3

(目次)1 1999年度 教育本部 研修テーマ，2 教育本部 寄附行為・諸規程組織及び名簿，3 教育本部 大会，4 教育本部 研修会・検定会・講習会，5 教育本部 公認スキー学校，6 安全対策委員会

教育本部オフィシャル・ブック　財団法人全日本スキー連盟　2000年度　全日本スキー連盟編　スキージャーナル　1999.12　279p　26cm　1800円　ⓘ4-7899-1140-3　ⓝ784.3

(目次)1 2000年度教育本部研修テーマ，2 財団法人全日本スキー連盟全国加盟団体・行事日程，3 財団法人全日本スキー連盟公認スキー学校情報，4 財団法人全日本スキー連盟教育本部・主管行事，5 財団法人全日本スキー連盟教育本部名簿，6 財団法人全日本スキー連盟寄附行為

教育本部オフィシャル・ブック　財団法人全日本スキー連盟　2001年度版　全日本スキー連盟著　スキージャーナル　2000.11　351p　26cm　1800円　ⓘ4-7899-1143-8　ⓝ784.3

(目次)1 2001年度教育本部研修テーマ，2 財団法人全日本スキー連盟全国加盟団体・行事日程，3 財団法人全日本スキー連盟公認スキー学校情報，4 財団法人全日本スキー連盟教育本部・主管行事，5 財団法人全日本スキー連盟教育本部名簿，6 財団法人全日本スキー連盟規約・規程等

教育本部オフィシャル・ブック　財団法人全日本スキー連盟　2002年度版　財団法人全日本スキー連盟編著　スキージャーナル　2001.11　303p　26cm　1800円　ⓘ4-7899-1155-1　ⓝ784.3

(目次)1 2002年度教育本部研修テーマ，2 全国加盟団体・行事日程，3 公認スキー学校情報，4 教育本部・主管行事，5 教育本部名簿，6 規約・規程等

(内容)財団法人全日本スキー連盟の教育本部の2002年度の活動指針と実施予定行事についてまとめたもの。

教育本部オフィシャル・ブック　財団法人全日本スキー連盟　2003年度版　全日本スキー連盟編著　スキージャーナル　2002.11　319p　26cm　1800円　ⓘ4-7899-1163-2　ⓝ784.3

(目次)1 2003年度教育本部情報，2 財団法人全日本スキー連盟規約・規程等抜粋，3 財団法人全日本スキー連盟2003年度教育本部・主管行事，4 財団法人全日本スキー連盟全国加盟団体・行事日程，5 財団法人全日本スキー連盟公認スキー学校情報，6 財団法人全日本スキー連盟教育本部名簿

教育本部オフィシャル・ブック　財団法人全日本スキー連盟　2004年度　全日本スキー連盟編著　スキージャーナル　2003.11

335p　26cm　1800円　①4-7899-1168-3　Ⓝ784.3

〔目次〕1 2004年度教育本部情報，2 財団法人全日本スキー連盟規約・規程等抜粋，3 財団法人全日本スキー連盟2004年度教育本部・主管行事，4 財団法人全日本スキー連盟全国加盟団体・行事日程，5 財団法人全日本スキー連盟公認スキー学校情報，6 財団法人全日本スキー連盟教育本部名簿

教育本部オフィシャル・ブック　財団法人全日本スキー連盟　2005年度　全日本スキー連盟編著　スキージャーナル　2004.11　191p　26cm　〈付属資料：DVD1〉　2000円　①4-7899-1174-8　Ⓝ784.3

〔目次〕2005年度教育本部情報，財団法人全日本スキー連盟2005年度教育本部・主管行事，財団法人全日本スキー連盟全国加盟団体，財団法人全日本スキー連盟公認スキー学校情報，財団法人全日本スキー連盟教育本部名簿，財団法人全日本スキー連盟規約・規程等抜粋

教育本部オフィシャル・ブック　財団法人全日本スキー連盟　2006年度　全日本スキー連盟編著　スキージャーナル　2005.10　239p　26cm　〈付属資料：DVD1〉　2000円　①4-7899-1185-3　Ⓝ784.3

〔目次〕2006年度 教育本部情報，財団法人全日本スキー連盟2006年度 教育本部・主管行事，財団法人全日本スキー連盟全国加盟団体，財団法人全日本スキー連盟公認スキー学校情報，財団法人全日本スキー連盟教育本部名簿，財団法人全日本スキー連盟規約・規程等抜粋

教育本部オフィシャル・ブック　財団法人全日本スキー連盟　2007年度　全日本スキー連盟編著　スキージャーナル　2006.11　255p　26cm　〈付属資料：DVD1〉　2000円　①4-7899-1188-8　Ⓝ784.3

〔目次〕1 2007年度教育本部情報，2 財団法人全日本スキー連盟2007年度教育本部・主管行事，3 財団法人全日本スキー連盟全国加盟団体・財団法人全日本スキー連盟公認スキー学校情報，4 財団法人全日本スキー連盟教育本部名簿，5 財団法人全日本スキー連盟規約・規程等抜粋

教育本部オフィシャル・ブック　財団法人全日本スキー連盟　2008年度　全日本スキー連盟編著　スキージャーナル　2007.11　259p　26cm　〈付属資料：DVD1〉　2000円　①978-4-7899-1191-7　Ⓝ784.3

〔目次〕1 2008年度教育本部情報（教育本部の活動指針，2008年度スキー指導者研修会テーマ），2 財団法人全日本スキー連盟2008年度教育本部・主管行事（コーディネーションミーティング，中央研修会 ほか），3（財団法人全日本スキー連盟全国加盟団体，財団法人全日本スキー連盟公認スキー学校情報），4 財団法人全日本スキー連盟教育本部名簿（財団法人全日本スキー連盟組織機構図，教育本部組織機構図 ほか），5 財団法人全日本スキー連盟規約・規程等抜粋（教育本部関係規程等の変更に伴う説明，教育本部規約・規程など抜粋 ほか）

教育本部オフィシャル・ブック　財団法人全日本スキー連盟　2009年度　全日本スキー連盟編著　スキージャーナル　2008.11　248p　26cm　〈付属資料：DVD1〉　2000円　①978-4-7899-1193-1　Ⓝ784.3

〔目次〕1 2009年度教育本部情報，2 財団法人全日本スキー連盟2009年度教育本部・主管行事，3 財団法人全日本スキー連盟全国加盟団体，4 財団法人全日本スキー連盟教育本部名簿，5 財団法人全日本スキー連盟規約・規程等抜粋

教育本部オフィシャル・ブック　財団法人全日本スキー連盟　2010年度　全日本スキー連盟編著　スキージャーナル　2009.11　255p　26cm　〈付属資料：DVD1，別冊1〉　2000円　①978-4-7899-1198-6　Ⓝ784.3

〔目次〕1 2010年度教育本部事業，2 2010年度研修テーマ，3 検定情報，4 名簿，5 資格検定合格者名簿（2009年度），6 スキー場傷害報告書，7 各種申込書・願書等様式

教育本部オフィシャル・ブック　財団法人全日本スキー連盟　2011年度　全日本スキー連盟編著　スキージャーナル　2010.11　351p　26cm　〈付属資料：DVD1〉　2300円　①978-4-7899-1202-0　Ⓝ784.3

〔目次〕1 2011年度教育本部事業，2 2011年度研修テーマ，3 検定情報，4 教育本部名簿，5 資格検定合格者名簿（2010年度），6 スキー場傷害報告書，7 寄附行為・規約・規程抜粋，各種申込書，願書等様式

教育本部オフィシャル・ブック　財団法人全日本スキー連盟　2012年度　全日本スキー連盟編著　スキージャーナル　2011.10　3冊（セット）　26cm　〈付属資料：DVD1〉　2600円　①978-4-7899-1207-5　Ⓝ784.3

〔目次〕1（2012年度教育本部事業，2012年度研修テーマ），2（2012年度教育本部名簿，資格検定合格者名簿（2011年度），各種料金一覧表，各種申込書，願書等様式），規約・規程抜粋教育本部諸規程

教育本部オフィシャル・ブック　財団法人
　全日本スキー連盟　2013年度　全日本ス
　キー連盟編著　スキージャーナル　2012.10
　3冊（セット）　26cm　〈付属資料：DVD1〉
　2600円　①978-4-7899-1213-6　Ⓝ784.3

[目次]1（2013年度教育本部事業，2013年度研修テーマ），2（2012年度教育本部名簿，資格検定合格者名簿（2012年度），各種料金一覧表，各種申込書，願書等様式）

教育本部オフィシャルブック　公益財団法
　人全日本スキー連盟　2014年度　規約・
　規程抜粋　教育本部諸規程　全日本スキー
　連盟編著　スキージャーナル　2013.11　3冊
　（セット）　26cm　〈付属資料：DVD1〉
　2600円　①978-4-7899-1220-4　Ⓝ784.3

[目次]1（2014年度教育本部事業，2014年度研修テーマ），2（2014年度教育本部名簿，資格検定合格者名簿（2013年度），各種申込書，願書等様式）

教育本部オフィシャルブック　公益財団法
　人全日本スキー連盟　2015年度　全日本
　スキー連盟編著　スキージャーナル　2014.
　11　3冊（セット）　26cm　2685円　①978-
　4-7899-1226-6　Ⓝ784.3

[目次]1（2015年度教育本部事業，2015年度研修テーマ），2（2015年度教育本部名簿，資格検定合格者名簿（2014年度），各種申込書，願書等様式），規約・規程抜粋 教育本部諸規程（教育本部規程，教育本部内規，専門委員及び技術員選出要領，全日本スキー・ボード技術選手権大会開催規程 ほか）

教育本部オフィシャルブック　公益財団法
　人全日本スキー連盟　2016年度　全日本
　スキー連盟編著　スキージャーナル　2015.11
　3冊（セット）　26cm　〈付属資料：DVD1〉
　2685円　①978-4-7899-1233-4　Ⓝ784.3

[目次]1（2016年度教育本部事業，2016年度研修テーマ），2（2016年度教育本部名簿，2015年度教育本部公認資格取得者名簿，各種申込書，願書等様式），規約・規程抜粋 教育本部諸規程

教育本部オフィシャルブック　公益財団法
　人全日本スキー連盟　2017年度　全日本
　スキー連盟編著　スキージャーナル　2016.11
　3冊（セット）　26cm　〈付属資料：DVD1〉
　2685円　①978-4-7899-1238-9　Ⓝ784.3

[目次]1（2017年度教育本部事業，2017年度研修テーマ），2（2017年度教育本部名簿，2016年度教育本部公認資格取得者名簿，各種申込書，願

書等様式），3 規約・規程抜粋 教育本部諸規程

◆スケート（フィギュア）
＜名簿・人名事典＞

フィギュアスケート選手名鑑　2006　ダン
　スマガジン編　新書館　2005.12　126p　23
　×16cm　1900円　①4-403-32026-0　Ⓝ784.
　65

[目次]日本のスケーター（選手名鑑女子シングル，選手名鑑男子シングル，選手名鑑アイスダンス），日本フィギュアスケート史，世界スケート事情，世界のスケーター（Ladies,Men,Pairs,Ice Dancing），Olympic Winter Games Special

[内容]日本＆世界のスケーター全237選手の最新データを収録。オリンピック名場面集＆トリノ五輪スケジュール、日本＆世界のフィギュアスケート事情も紹介。

水　泳
＜事　典＞

ペア・グループの力でみんな泳げる! 水泳
　指導アイデア事典　永瀬功二著　明治図書
　出版　2016.6　118p　26cm　（体育科授業サ
　ポートBOOKS）　〈文献あり〉　2160円
　①978-4-18-186218-3　Ⓝ375.492

[目次]第1章 小学校水泳の授業づくり（「楽しい水泳授業」づくりのポイント，水泳指導を始める前に ほか），第2章 小学校1・2年生「水遊び」（「水遊び」指導のポイント，「水遊び」の授業の進め方 ほか），第3章 小学校3・4年生「浮く・泳ぐ運動」（「浮く・泳ぐ運動」指導のポイント，「浮く・泳ぐ運動」の授業の進め方 ほか），第4章 小学校5・6年生「水泳」（「水泳」指導のポイント，「水泳」の授業の進め方 ほか）

[内容]泳ぎが得意な子と不得意な子の差が激しい。自分自身、泳ぎが苦手。個別練習になりがち…そんな水泳授業が大きく変わる!子ども自身がペアやグループで学び合って、泳げるようになる授業を始めましょう!

＜名簿・人名事典＞

ザ・スーパースイマーズ　'92　選手名鑑
　全記録集　スイミング・マガジン編集部編

ベースボール・マガジン社　1992.4　412p　21×14cm　3500円　①4-583-02981-0　Ⓝ785.2

(目次)カラー・グラビア 世界のトップスイマー，選手名鑑 チャンピオンスイマーズ，記録とデータ（世界記録一覧，アジア記録一覧，日本記録一覧，高校記録一覧，中学記録一覧，学童記録一覧，世界記録変遷，日本記録変遷，世界歴代トップ25，日本歴代トップ25，91年世界ランキングトップ50，91年日本ランキングトップ50），オリンピック（日本代表選手，入賞者＆日本選手成績），国際大会成績—日本代表選手＆成績付，主要大会優勝者（日本選手権，日本学生選手権，日本高校選手権，全国中学選抜，ジュニアオリンピック夏季）

＜ハンドブック＞

スポーツなんでも事典 水泳　こどもくらぶ編　ほるぷ出版　2009.1　71p　28×22cm　3200円　①978-4-593-58410-9　Ⓝ785.2

(目次)歴史，プール，水着と用具，ルールと泳ぎ方，クロール，水の抵抗とのたたかい，平泳ぎ，背泳ぎ，バタフライ，メドレーとリレー，競技役員，オリンピック，国際大会，国内大会，障害者の水泳，いろいろな水泳，競泳選手への道

(内容)いちばんはやく泳げる泳ぎ方って？水泳選手は，いつもどれくらいの距離を泳いでいる？「はやく泳げる水着」って，何？水泳には，競泳以外にも種目があるの？水泳の歴史から，各競技・種目のルールや泳ぎ方の説明，水着の秘密，そして，水泳選手の生活や，引退後はどうしているのかなどなど。水泳にかかわるさまざまなことがらをテーマごとにまとめて解説した，ヴィジュアル版子ども向け水泳事典。

＜年鑑・白書＞

スイミング年鑑　2001　ザ・スーパースイマーズ　東島新次監修，スイミング・マガジン編集部編　ベースボール・マガジン社　2001.4　191p　21cm　2000円　①4-583-03642-6　Ⓝ785.2

(目次)記録一覧（2001年3月31日現在），00年度世界ランキングTOP50（2000年12月31日現在），00年度日本ランキングTOP50（2001年3月31日現在），00年度高校ランキングTOP50（2001年3月31日現在），00年度中学ランキングTOP50（2000年3月31日現在），世界歴代30傑（2000年12月31日現在），日本歴代30傑（2000年12月31日現在），オリンピック記録，世界選手権記録，ユニバーシアード記録，東アジア大会記録，日本選手権記録，2000年度主要大会成績，2001年度トップスイマー名鑑

(内容)水泳の記録と資料を収録した年鑑。2001年版では，シドニー五輪，世界選手権，日本選手権，全国JO杯などの主要大会の記録を収録。2000年度ランキング＆2001年度現役トップスイマー写真名鑑付き。

スイミング年鑑　2002　ランキングブック　東島新次監修，スイミング・マガジン編集部編　ベースボール・マガジン社　2002.6　113p　26cm　2000円　①4-583-03699-X　Ⓝ785.2

(目次)世界記録，アジア記録，日本記録，高校記録，中学記録，学童記録，短水路世界記録，短水路日本記録，短水路高校記録，短水路中学記録，短水路学童記録，2002年世界ランキングTOP50，2001年度日本ランキングTOP100，2001年度高校ランキングTOP50，2001年度中学ランキングTOP50，2001年度主要レース決勝結果

(内容)水泳の記録と資料を収録した年鑑。2001年の主要大会の記録を収録。

スイミング年鑑　2003　THE SUPER SWIMMERSランキングブック　東島新次監修，スイミング・マガジン編集部編　ベースボール・マガジン社　2003.5　113p　26cm　2000円　①4-583-03745-7　Ⓝ785.2

(目次)世界記録（2003年3月31日現在），アジア記録（2003年3月31日現在），日本記録（2003年4月1日現在），高校記録（2003年4月1日現在），中学記録（2003年4月1日現在），学童記録（2003年4月1日），短水路世界記録（2003年3月31日現在），短水路日本記録（2003年4月1日現在），短水路高校記録（2003年4月1日現在），短水路中学記録（2003年4月1日現在）〔ほか〕

スイミング年鑑　2004　ザ・スーパースイマーズ・ランキングブック　東島新次監修，スイミング・マガジン編集部編　ベースボール・マガジン社　2004.4　112p　26cm　2000円　①4-583-03798-8　Ⓝ785.2

(目次)世界記録（2004年3月31日現在），アジア記録（2003年12月31日現在），日本記録（2004年4月1日現在），高校記録（2004年4月1日現在），中学記録（2004年4月1日現在），学童記録（2004年4月1日現在），短水路世界記録（2004年3月31日現在），短水路日本記録（2004年4月1日現在），短水路高校記録（2004年4月1日現在），短水路中

学記録（2004年4月1日現在）〔ほか〕

スイミング年鑑 2005 THE SUPER SWIMMERSランキングブック 東島新次監修，スイミング・マガジン編集部編 ベースボール・マガジン社 2005.4 112p 26cm 2000円 ①4-583-03848-8 Ⓝ785.2

〔目次〕世界記録（2005年3月31日現在），アジア記録（2004年12月31日現在），日本記録（2005年4月1日現在），高校記録（2005年4月1日現在），中学記録（2005年4月1日現在），学童記録（2005年4月1日現在），短水路世界記録（2005年3月31日現在），短水路日本記録（2005年4月1日現在），短水路高校記録（2005年4月1日現在），短水路中学記録（2005年4月1日現在）〔ほか〕

カヌー＆カヤック

＜カタログ・目録＞

カヌー＆カヤックカタログ '97 成美堂出版 1997.3 144p 30cm 1540円 ①4-415-04158-2 Ⓝ785.5

〔目次〕親子3人初めての川下り，カヌーっていったいなんだ?カヌー＆カヤック基礎講座，（フィールドで違うカヌーの種類と選び方，季節に合わせたウェアの選び方，全国カヌーショップガイド，全国カヌー＆カヤックスクールガイド，私のカヌーライフ＆カヌー保管法，カヌー＆カヤック運搬講座）

完全photo比較!カヌー＆カヤックカタログ 野田宗生監修 英知出版 1999.5 127p 30cm （Eichi mook） 1905円 ①4-7542-5227-6 Ⓝ785.5

＜年鑑・白書＞

カヌー＆カヤック年鑑 '91〜'92 山海堂 1991.5 172p 26cm 1900円 ①4-381-10173-1 Ⓝ785.5

ヨット

＜辞典＞

インナーセーリング 3 ヨット用語辞典 青木洋著，平野游イラスト 舵社 2007.11 163p 26cm 1800円 ①978-4-8072-1041-1 Ⓝ785.7

〔内容〕セーリングに関する用語をイラスト付きで解説した用語辞典。配列は見出し語の50音順，英語表記，解説を記載。

実践ヨット用語ハンドブック 高槻和宏著 舵社 2006.2 189p 21cm 900円 ①4-8072-1037-8 Ⓝ785.7

〔内容〕現代に使われるヨット用語を収録。本文は五十音順に排列。巻末にビューフォート階級（表），船体各部の名称（図解入り）を収載。

ヨット、モーターボート用語辞典 ヨット、モーターボート用語辞典編纂委員会編著，舟艇協会監修 舵社 2005.2 348p 26cm 2800円 ①4-8072-1023-8 Ⓝ785.7

〔内容〕ヨット・モーターボートの運用，競技，建造，設計，材料の諸テーマと帆船，気象，海象，海事一般に使われる用語約3000語を収録。本文は50音順に排列。関連挿図約500点も掲載。

＜年鑑・白書＞

マリン年鑑 ヨット、モーターボート関連会社編 94-95 舵社，舵エンタープライズ〔発売〕 1994.12 575p 26cm 10000円 ①4-8072-3301-7 Ⓝ785.7

〔内容〕多岐にわたるマリンレジャー関係企業を業種別に掲載した会社名簿。セーリングクルーザー，モーターボートからマリンスクール，海図販売，関連団体までの31業種に分け，計825件を1頁8社の一覧表形式で会社名，住所，電話番号，業務内容のデータを示す。本年版が初版にあたる。

武 道

＜事 典＞

英文 日本絵とき事典 16 日本の武道 日本交通公社出版事業局 1993.9 191p 15cm ＜本文：英文＞ 950円 ①4-533-01995-1 Ⓝ789

〔目次〕第1章 日本の武道，第2章 相撲，第3章 柔道，第4章 剣道，第5章 空手，第6章 その他の武道，第7章 日本でさかんなスポーツ

〔内容〕日本の武道を外国人に紹介するための絵とき事典。日本の国技として知られる相撲をはじめ柔道，剣道，空手から，合気道，弓道など，日本独自の武道の数々，イラストと英文解説で

紹介する。

沖縄空手古武道事典　高宮城繁，新里勝彦，仲本政博編著　柏書房　2008.8　745p　27cm　〈文献あり　年表あり〉　15000円
①978-4-7601-3369-7　Ⓝ789.23

(目次)小序　日本伝武道の諸相，第1編　空手編（空手の定義と種類，沖縄空手の歴史，沖縄の空手の流派，沖縄の空手の技法，沖縄の空手の型，沖縄空手の思想），第2編　古武道編（沖縄伝統古武道の定義，沖縄伝統古武道の歴史，沖縄伝統古武道の系譜，琉球古武道の地方への伝播，沖縄の代表的武器術，沖縄伝統古武道の技法，代表的各武器術の分解，沖縄伝統古武道の型），第3編　人物編（人物列伝，写真が語る沖縄空手古武道の歴史，平成の修行者たち），第4編　資料編（沖縄空手古武道関係史料）

(内容)世界に誇る日本の武芸文化初の総合的な事典。170人余の達人・偉人を紹介する「人物列伝」、90点余の稀少写真を収録した「写真が語る沖縄空手古武道の歴史」の他、「沖縄空手古武道歴史年表」、流派・型・技法の解説など。研究にも実践にも有益な情報が満載。

Q&A日本の武道事典　1　武道の精神って、どういうこと？　ベースボール・マガジン社編　ベースボール・マガジン社　2009.10　31p　29×22cm　2200円　①978-4-583-10204-7　Ⓝ789

(目次)Q1 武道は、どうやってはじまったの？, Q2 日本最古の武術は相撲って、ほんと？, Q3 流派って、いったいなに？, Q4 武士道ってなに？武道とちがうの？, Q5 柔道は、いつだれがはじめたの？, Q6 「礼にはじまり、礼におわる」って、どういうこと？, Q7 武道とスポーツのちがいは、なに？, Q8 武道が学校で教えられはじめたのは、いつ？なんのため？, Q9 柔道競技は、いつごろからさかんになったの？

(内容)武道のはじまり、武士道という言葉の意味など、武道の歴史や精神について、くわしく解説。

Q&A日本の武道事典　2　用具をつかわない現代武道を調べよう！　ベースボール・マガジン社編　ベースボール・マガジン社　2009.12　31p　29×22cm　2200円
①978-4-583-10205-4　Ⓝ789

(目次)1 柔道、空手道、相撲、合気道、少林寺拳法のなかで、投げ技がないのはどれ？, 2 武道の「形」とは、どういうもの？, 3 柔道って、どんな武道？, 4 相撲って、どんな武道？, 5 空手道って、どんな武道？, 6 合気道って、どんな武道？, 7 少林寺拳法って、どんな武道？

(内容)武道は、日本に古くから伝わる武術などから生まれた、わたしたち日本人のたいせつな文化です。文部科学省は、2008年、武道を通して、相手と競いあうたのしさとよろこびをあじわい、相手を尊重する気持ちをやしなうようにしようと決めました。そこで、実際に武道をはじめる前に、武道がどういうものなのかを知ることからはじめましょう。この「Q&A日本の武道事典」は、みなさんの興味や関心のあることがらについて、Q&A形式で、ていねいに説明しています。さあ、この本で、武道についての、しっかりとした知識をつけていきましょう。

Q&A日本の武道事典　3　用具をつかう現代武道を調べよう！　ベースボール・マガジン社編　ベースボール・マガジン社　2010.2　31p　29cm　〈索引あり〉　2200円
①978-4-583-10206-1　Ⓝ789

(目次)Q1 剣道、弓道、なぎなた、銃剣道の共通点は？, Q2 剣道、弓道、なぎなた、銃剣道の形は？, Q3 剣道って、どんな武道？, Q4 弓道って、どんな武道？, Q5 なぎなたって、どんな武道？, Q6 銃剣道って、どんな武道？, Q7 用具をつかったほかの武術とは？

(内容)剣道、弓道、なぎなた、銃剣道の技やルールなど、用具をつかっておこなう現代武道について、くわしく解説。

Q&A日本の武道事典　4　日本の武道と世界の格闘技　ベースボール・マガジン社編　ベースボール・マガジン社　2010.3　31p　29×22cm　2200円　①978-4-583-10207-8　Ⓝ789

(目次)1 日本武道協議会は、どのような団体？, 2 武道の試合って、どのようにおこなわれるの？, 3 試合のない武道では、試合のかわりに何がおこなわれるの？, 4 武道には、どのような国内大会があるの？, 5 武道には、どのような国際大会があるの？, 6 武道の段級制度とは、どのようなもの？, 7 日本の武道はどのように世界にひろがっているの？, 8 日本の武道によく似た格闘技は？, 9 総合格闘技の「総合」とは？, 10 総合格闘技の起源は？

(内容)武道の試合や大会、武道に似た世界の格闘技など、日本の武道と世界の格闘技について、くわしく解説。

図説・日本武道辞典　普及版　笹間良彦著　柏書房　2003.5　765p　21cm　3800円
①4-7601-2160-9　Ⓝ789

(内容)あらゆる武道・武術と、その歴史、技、流

派，著名武術家，武器，武具，作法，軍陣，兵法，古武道書を網羅した唯一の事典。見出しは約5000項目。本文は見出し語の五十音順に排列。説明は古書からの引用が多いが，挿絵や図説が豊富に収められている。

図説 武術事典 小佐野淳著 新紀元社 2003.9 273p 21cm 1900円 ①4-7753-0191-8 Ⓝ789

(目次)第1章 地之巻(日本武術の定義，日本武術の種目 ほか)，第2章 水之巻(形，礼法 ほか)，第3章 火之巻(剣術，二刀術と小太刀術 ほか)，第4章 風之巻(剣道と剣術，柔道と柔術 ほか)，第5章 空之巻(伝書，形の名目 ほか)，資料編

(内容)日本伝統の武術及び武術の持つ文化的側面にわたる100の事項を設定し，図版・写真とともに論説した総合解説書である。

日本武術・武道大事典 加来耕三編 勉誠出版 2015.6 679,71p 23cm 〈他言語標題：Encyclopedia of Budo, the military arts of Japan 文献あり 索引あり〉 9800円 ①978-4-585-20032-1 Ⓝ789.036

(目次)古武道総論，古流剣術，古流柔術，古流武術，剣道，柔道，空手，少林寺拳法，合気道，日本拳法，弓道，なぎなた競技，銃剣道，相撲(アマチュア)

(内容)古流剣術・柔術から近現代の武道まで500近い項目で網羅。その発生から現代に至る展開まで詳細に理解できる。開祖から現在活躍中の武道家に至るまで，最新の研究成果と，最多の人物評伝を誇る。

<ハンドブック>

スポーツなんでも事典 武道 こどもくらぶ編 ほるぷ出版 2010.2 71p 29cm 〈文献あり 年表あり 索引あり〉 3200円 ①978-4-593-58416-1 Ⓝ789

(目次)歴史，礼，道衣と袴，道具，道場と試合場，稽古，受け身，基本動作，技，柔道，空手道，合気道，少林寺拳法，剣道，弓道，なぎなた，銃剣道，相撲，形と演舞，世界の武道事情，国内大会，国際大会，武道選手への道

(内容)武道の知識をまとめた学習事典，歴史，道衣や袴，道場から，各武道の特徴，世界の武道事情などなど。テーマごとにまとめて解説する，ビジュアル版子ども向け事典。武道について，何を，どのように調べたらよいかがわかる。

<年鑑・白書>

日本武道年鑑 第15号(平成4年版) 日本武道館編集 日本武道館 1992.9 302p 26cm 〔東京 ベースボール・マガジン社〕 3786円 ①4-583-02998-5 Ⓝ789

(内容)平成3年度の武道界の歩み，大会記録，団体役員名簿，各武道の高段者一覧から構成される。

日本武道年鑑 第16号(平成5年版) 日本武道館編 日本武道館，ベースボール・マガジン社〔発売〕 1993.9 302p 26cm 4100円 ①4-583-03079-7 Ⓝ789

(目次)武道憲章，武道界の歩み(柔道界，剣道界，弓道界，相撲界，空手界，合気道界，小林寺拳法界，なぎなた界，銃剣道界，日本武道館，日本武道学会，日本武道協議会，全国都道府県立武道館協議会)，平成4年度大会成績，武道団体の本部役員・地方組織，高段者一覧

日本武道年鑑 平成6年版(第17号) 日本武道館，ベースボールマガジン社〔発売〕 1994.9 303p 26cm 4100円 ①4-583-03152-1 Ⓝ789

(内容)武道界の動向，記録，名簿をまとめた年鑑。収録期間は平成5年4月〜平成6年3月。武道憲章，武道界の歩み，平成5年度大会成績，武道団体の本部役員・地方組織，高段者一覧で構成する。

日本武道年鑑 平成8年版 日本武道館，ベースボール・マガジン社〔発売〕 1996.9 324p 26cm 4100円 ①4-583-03344-3 Ⓝ789

(目次)武道界の歩み(柔道界，剣道界 ほか)，平成7年度大会成績(柔道，剣道 ほか)，武道団体の本部役員・地方組織(日本武道協議会，全日本柔道連盟 ほか)，高段者一覧(柔道，剣道 ほか)

(内容)柔道・剣道・弓道等武道の1995年度大会成績を収録した年鑑。冒頭で各武道界の歩みを述べた後，各競技ごとに大会名・開催月日・参加人数・個人や団体の大会成績を掲載する。ほかに日本武道協議会・全日本柔道連盟等の武道団体の所在地・電話番号等のデータも収める。

◆柔道

<事典>

柔道大事典　嘉納行光，醍醐敏郎，川村禎三，竹内善徳，中村良三，佐藤宣踐監修　アテネ書房　1999.11　669p　26cm　18000円
⓪4-87152-205-9　Ⓝ789.2
(目次)項目編，資料編(講道館関係，国際柔道連盟関係)，記録編(大会記録，主要柔道大会・試合線表)，柔道関連年表，総索引
(内容)技、形、試合規則から医学、人物、流派、大会記録まで、2300項目を収録した柔道事典。配列は50音順。「人名」「技・形・練習法」「嘉納治五郎の言葉」「大会名」「流派」の5つの分類索引、柔道関連年表がある。

<名簿・人名事典>

柔道名鑑　工藤雷介編　柔道名鑑刊行会　1990.2　734p　27cm　〈発売：五月書房　柔道年譜：p667～734〉　49440円　⓪4-7727-0111-7　Ⓝ789.2
(内容)三段以上の有段者の経歴、形の解説、組織、記録、年譜よりなる。1965年に刊行されたものの新版。

<ハンドブック>

柔道 技の大百科　1　背負投・体落　佐藤宣踐監修　ベースボール・マガジン社　1999.12　183p　26cm　2500円　⓪4-583-03615-9　Ⓝ789.2
(目次)背負投，体落
(内容)各技ごとに登場人物を体型別で編纂、自分の体型に合わせた技とその勘所を観察できる柔道の投げ技の本。

柔道 技の大百科　2　大外刈・内股・払腰　佐藤宣踐監修　ベースボール・マガジン社　1999.12　183p　26cm　2500円　⓪4-583-03616-7　Ⓝ789.2
(目次)大外刈，内股・払腰
(内容)各技ごとに登場人物を体型別で編纂、自分の体型に合わせた技とその勘所を観察できる柔道の投げ技の本。

柔道 技の大百科　3　捨身技・返技・大内刈・小内刈・組み手　佐藤宣踐監修　ベースボール・マガジン社　1999.12　183p　26cm　2500円　⓪4-583-03617-5　Ⓝ789.2
(目次)捨身技(巴投・引込返・谷落)，返技(掬投)，大内刈・小内刈，技術編(組み手)
(内容)各技ごとに登場人物を体型別で編纂、自分の体型に合わせた技とその勘所を観察できる柔道の技の本。

スポーツなんでも事典 柔道　こどもくらぶ編　ほるぷ出版　2009.2　71p　28×22cm　3200円　⓪978-4-593-58411-6　Ⓝ789.2
(目次)歴史，柔道衣，試合場と畳，礼，基本動作，受け身，投げ技，固め技，技の連絡変化，勝敗〔ほか〕
(内容)柔道の歴史、試合場の大きさ、技の種類、勝敗の決まり方やルールから、柔道の名選手、そして稽古のようすや、引退後はどうしているのかなどなど。この本は、柔道にかかわるさまざまなことがらをテーマごとにまとめて解説した、ヴィジュアル版子ども向け柔道事典です。柔道について、何を、どのように調べたらよいかがわかります。

◆空手道

<年表>

空手道歴史年表　外間哲弘編著　(豊見城村(沖縄県))沖縄図書センター，エムティ出版〔発売〕　2001.3　150p　21cm　2500円　⓪4-89614-889-4　Ⓝ789.2
(目次)世界に飛翔、50年目の沖縄空手道，空手道歴史概略，空手道歴史年表，沖縄空手古武道各流派会派道場一覧(ショウリン系，上地系，剛柔系，古武道系他)
(内容)発祥から20世紀までの空手の歴史を年表を中心にまとめた資料集。

<年鑑・白書>

極真カラテ年鑑　第10号　国際空手道連盟・極真会館編　新芸術社　1990.3　151p　26cm　1800円　⓪4-88293-017-X　Ⓝ789.2
(目次)一撃必殺に賭ける日本一は誰か?，ヨーロッパの注目株ニコラス・ダ・コスタ，アルプスが生んだ最強の男アンデ・フグ，猛きこと、豹の如しマイケル・トンプソン，巻頭言 21世紀の極真カラテ―奮起せよニッポン!，海外特集 世界のカラテは今…，徹底討論 どうする!?日本の空手とルール問題，超人へのステップ，羽ばた

け 新・日本のエース，ディフェンスディング・チャンピオンの一年，解説 極真カラテに忍びよる二つの難問―ドーピング，そしてプロフェッショナリズム，"女性の時代"が極真カラテにもやってきた，生涯の空手道，"移動稽古"―極真カラテ新時代への日々研鑽，力と技ドラマの幕開け，第21回全日本空手道選手権大会全試合再現，光と影の演出者たち，闘魂譜 第21回全日本空手道選手権大会全記録，オープントーナメント歴代入賞者，平成元年大阪，夏の陣 全日本ウエイト制大会，'89年国内選手権大会全記録，'90極真会館行事予定，1990年度国内極真会館有段者全名簿，極真会館国内道場一覧，極真会館海外支部一覧，極真会館世界勢力図

◆太極拳

＜事典＞

中国太極拳事典 余功保編著，楊進監修，橋逸郎，渡辺義一郎訳 ベースボール・マガジン社 2013.9 118,413p 27cm 〈索引あり〉 7000円 ①978-4-583-10613-7 Ⓝ789.27

(内容)太極拳の技術・動作を学ぶときに必要な用語の解説を中心に，理論の理解に不可欠な用語，古典文献も数多く収録。練習と動作のコツを伝える拳訣・要訣のほか，著名な太極拳家も紹介されています。

＜ハンドブック＞

48式太極拳入門 李徳芳著，李徳印監修 BABジャパン 1999.9 204p 18cm （太極拳ハンドブックシリーズ 2） 1200円 ①4-89422-351-1 Ⓝ789.27

(目次)48式太極拳の図解，48式太極拳技術分析一覧表

(内容)48式太極拳は1976年に中国人民共和国体育運動委員会(当時)運動司の依頼により李徳印等により作られたものです。その後，各地でテスト教学を行ない，いろいろな意見を聞いた上で，1979年正式に出版されました。20年以上にわたり教習され，中国国内はもとより，日本はもちろん，世界各国の太極拳の愛好者から48式太極拳は大変よいものと評価されています。しかし，48式太極拳は24式太極拳よりかなり難しいところがあり，特に，初めて48式太極拳を習う方はなかなか覚えにくいようです。そのため，このたび48式太極拳のビデオと合わせ，テキストとして，より勉強しやすくするため，本書を出版しました。

◆剣 道

＜事典＞

剣道を知る事典 日本武道学会剣道専門分科会編 東京堂出版 2009.5 297p 20cm 〈文献あり 年表あり 索引あり〉 2500円 ①978-4-490-10750-0 Ⓝ789.3

(目次)第1章 稽古に関すること，第2章 技術に関すること，第3章 試合に関すること，第4章 審査に関すること，第5章 生涯剣道に関すること，第6章 施設・用具に関すること，第7章 普及発展に関すること，第8章 現代剣道への架け橋

(内容)稽古・試合・審査・用具などを，最新の研究を交えて紹介。「一本」「残心」「間合」といった，剣道特有の表現とその歴史的経緯を解説する。「剣道と規則」「昇段や称号審査」から「生涯剣道」「海外への普及」まで幅広く理解できる待望の事典。

剣道事典 技術と文化の歴史 中村民雄著 島津書房 1994.9 429,13p 21cm 7800円 ①4-88218-051-0 Ⓝ789.3

(目次)第1編 技術史事項，第2編 文化史事項，第3編 技術用語他，第4編 人物

(内容)千葉周作の「剣術六十八手」以降の近代剣道を技術と文化の歴史よりとらえ，記述した事典。技術史と文化史の体系的記述、技術用語、人物、参考文献一覧で構成する。巻末に事項索引・人物索引を付す。

古武術・剣術がわかる事典 これで歴史ドラマ・小説が楽しくなる！ 牧秀彦著 技術評論社 2005.3 261p 19cm 1380円 ①4-7741-2269-6 Ⓝ789.3

(目次)第1章 古武術・剣術入門，第2章 草創期の流派，第3章 戦国乱世の流派，第4章 乱世から平時の剣へ，第5章 将軍家二大御流儀，第6章 太平の世に生まれた流派，第7章 江戸四大流派，第8章 多摩三大流派，第9章 その他の古武術

(内容)源義経，大石内蔵助，近藤勇ら，歴史上の人物，時代劇のヒーローたちの使う剣術の流派を知っていますか？本書は"古"の武術・剣術にはどのような種類があるのか，美麗イラストで臨場感たっぷりに解説。

＜名簿・人名事典＞

剣の達人111人データファイル 新人物往来社編 新人物往来社 2002.11 342p 21cm 1600円 ⓘ4-404-02993-4 Ⓝ789.3

(目次)地の巻―剣の創造者たち(戦国剣豪編,居合剣豪編),水の巻―剣の伝道者たち(指南役剣豪編,大名剣豪編,道場剣豪編),火の巻―剣の行動者たち(決闘剣豪編,新選組剣豪編,幕末維新剣豪編,テロリスト剣豪編),風の巻―剣の芸術者たち(名人剣豪編,奇人剣豪編),空の巻―剣の求道者たち(禅の剣豪編,明治剣豪編,現代剣豪編,女薙刀剣豪編),付録(流祖出身図,江戸剣家道場地図,主要流派の秘剣・極意,新選組隊士流派一覧,戦国武芸者名勝負一覧,戦国兵法流派系図)

(内容)戦国から江戸、明治、大正期に活躍した剣豪を紹介する人物事典。宮本武蔵をはじめ、明治撃剣会で名声を博した中山博道など111人を、時代に沿ったテーマ別にとりあげる。巻末に系図、地図などの資料がある。

全国諸藩剣豪人名事典 間島勲著 新人物往来社 1996.3 393p 22cm 〈主要参考文献：p388～391〉 13000円 ⓘ4-404-02318-9 Ⓝ789.3

日本剣客事典 決定版 杉田幸三著 河出書房新社 2008.10 441p 15cm (河出文庫) 〈「精選日本剣客事典」(光文社1998年刊)の増訂〉 950円 ⓘ978-4-309-40931-3 Ⓝ789.3

(目次)1 戦国期の剣客(愛洲移香斎、浅山一伝斎 ほか)、2 戦国末期より江戸初期の剣客(朝比奈円左衛門、市橋如見斎 ほか)、3 江戸中期の剣客(青山蟠竜軒、浅田九郎兵衛 ほか)、4 江戸末期の剣客(赤石郡司兵衛、秋山要助 ほか)、5 幕末・明治初期の剣客(天野八郎、有村次左衛門 ほか)

(内容)塚原卜伝、伊藤一刀斎、宮本武蔵、柳生十兵衛、荒木又右衛門、針ケ谷夕雲、千葉周作、桃井春蔵、岡田以蔵、近藤勇、坂本竜馬、伊庭八郎、榊原鍵吉など。戦国時代から明治初期までの、実在の剣客二〇九人。その壮絶な生涯を追い、併せて必ず語られる剣術流派までを詳細に紹介する。時代劇ファン必携の書。

＜ハンドブック＞

剣技・剣術 3 名刀伝 牧秀彦著 新紀元社 2002.8 457p 21cm 1900円 ⓘ4-7753-0083-0 Ⓝ789.3

(目次)第1章 天下五剣・天下三槍、第2章 中世武士、第3章 戦国武将、第4章 剣豪、第5章 幕末の志士、第6章 名刀由来、資料編

(内容)虎徹と近藤勇、童子切安綱と源頼光、大般若長光と足利義輝、蜻蛉切と本多忠勝…。伝説や歴史に名を残した勇将・武将たちのかたわらに、その魂ともいえる刀があった。本書では古今より伝わる80余振りの「名刀」を来歴や持ち主のエピソードとともに紹介している。

図説 剣技・剣術 牧秀彦著，新紀元社編集部編 新紀元社 1999.10 297p 21cm 1900円 ⓘ4-88317-341-0 Ⓝ789.3

(目次)第1章 剣術の歴史(剣術・剣術と剣豪の系譜)、第2章 日本刀(日本刀の技とは，日本刀の構造と形状，日本刀の構え ほか)、第3章 長刀(長刀の技とは，槍の構造と形状，薙刀・長巻の構造と形状 ほか)、第4章 仕込み刀(仕込み刀の技とは，武器の仕込み刀，日用品の仕込み刀)

(内容)「一の太刀」(一刀で勝敗を決する豪快な示現流剣術)「惣捲・そうまくり」(5人の敵をなでで斬りにする連続技)「信夫・しのぶ」(暗闇の敵を倒す技)、「暇乞・いとまごい」(暗殺剣)など、剣の技を中心に長刀(薙刀、槍、棒・杖)や暗殺・護身用に使われた仕込み刀の技も紹介します。

図説 剣技・剣術 2 牧秀彦著，新紀元社編集部編 新紀元社 2001.7 278p 21cm 1900円 ⓘ4-88317-358-5 Ⓝ789.3

(目次)剣術の変遷，古流剣術，居合・小具足，手裏剣術，捕物術，資料編

(内容)小野派一刀流、柳生新陰流、タイ捨流、香取神道流…。戦国時代から江戸時代にかけて誕生し、当時の技を現代に伝える古武道。本書では剣術を中心に、手裏剣術、捕物流も取り上げ、代表的な流派から130余の技をイラストと共に紹介した。

◆弓 道

＜年 表＞

現代弓道講座 第7巻 年表用語編 雄山閣出版 1994.10 328p 22cm 〈監修：宇野要三郎 第2版(昭和57年刊)の複製〉 ⓘ4-639-00148-7 Ⓝ789.7

現代弓道講座 7 年表用語編 復刻版 宇野要三郎監修 雄山閣 2012.3 328p 21cm 〈「現代弓道講座全7巻」(雄山閣出版

1968～1970年刊）の複製〉　Ⓝ789.5

内容 弓道における不朽の名著の複刻セット。最終巻の7は年表・用語を収録した資料集。

日本弓道史料　第1巻　小野崎紀男著　（新潟）太陽書房　2006.7　335p　21cm　3000円　①4-903447-06-5　Ⓝ789.5

日本弓道史料　第2巻　小野崎紀男著　（新潟）太陽書房　2006.9　350p　21cm　3000円　①4-903447-09-X　Ⓝ789.5

日本弓道史料　第3巻　小野崎紀男著　（新潟）太陽書房　2006.12　340p　21cm　3000円　①4-903447-16-2　Ⓝ789.5

日本弓道史料　第4巻　小野崎紀男著　（新潟）太陽書房　2007.3　331p　21cm　3000円　①4-903447-20-0　Ⓝ789.5

日本弓道史料　第5巻　小野崎紀男著　（新潟）太陽書房　2007.9　297p　21cm　3000円　①978-4-903447-29-2　Ⓝ789.5

日本弓道史料　第6巻　小野崎紀男著　（新潟）太陽書房　2008.2　277p　21cm　3000円　①978-4-903447-38-4　Ⓝ789.5

内容 日本の弓道の歴史を三千冊に及ぶ資料をもとにまとめた編年資料集。第6巻では、江戸時代後期の弓道史を、未公開史料も含めてまとめている。

日本弓道史料　第7巻　小野崎紀男著　（新潟）太陽書房　2009.3　321p　21cm　3000円　①978-4-903447-70-4　Ⓝ789.5

内容 日本の弓道の歴史を三千冊に及ぶ資料をもとにまとめた編年資料集。第7巻では、明治・大正期の弓道史を、未公開史料も含めてまとめている。

日本弓道史料　第8巻　小野崎紀男著　（新潟）太陽書房　2009.9　315p　21cm　3000円　①978-4-903447-81-0　Ⓝ789.5

内容 日本の弓道の歴史を三千冊に及ぶ資料をもとにまとめた編年資料集。第8巻では、昭和前期の弓道史を、未公開史料も含めてまとめている。

日本弓道史料　第9巻　小野崎紀男著　（新潟）太陽書房　2010.6　291p　21cm　3000円　①978-4-86420-001-1　Ⓝ789.5

内容 日本の弓道の歴史を三千冊に及ぶ資料をもとにまとめた編年資料集。第9巻では、昭和20～35年の弓道史を、未公開史料も含めてまとめている。

日本弓道史料　第10巻　小野崎紀男著　（新潟）太陽書房　2011.9　257p　21cm　3000円　①978-4-86420-030-1　Ⓝ789.5

内容 日本の弓道の歴史を三千冊に及ぶ資料をもとにまとめた編年資料集。

＜名簿・人名事典＞

弓道人名大事典　小野崎紀男編著　日本図書センター　2003.5　597p　27cm　15000円　①4-8205-8989-X　Ⓝ789.5

馬　術

＜辞　典＞

国際馬事辞典　Z.バラノフスキー著，荒木雄豪編訳　恒星社厚生閣　1995.2　241p　21cm　〈原書名：THE INTERNATIONAL HORSEMAN'S DICTIONARY：LEXIQUE INTERNATIONAL DU CAVALIER：INTERNATIONALES PFERDE-LEXIKON〉　4326円　①4-7699-0796-6　Ⓝ789.6

目次 1.馬，2.馬と騎手，3.施設と馬具

内容 馬や乗馬に関する語を日・英・仏・独4カ国語で示した辞典。用語は馬の体・馬術・施設や用具の3分野に分類、体系的に排列。見開きに左から日・英・仏・独の順に用語を並べ、同義語が横一列に並ぶようになっている。目次・凡例も4カ国語で表示。4カ国語それぞれの索引を付す。

＜ハンドブック＞

馬のハンドブック イラストガイドで馬に乗ろう！　ジェーン・ウォレス，ジェーン・ホルダネス・ロダン著，キャロル・ヴィンサーイラスト，楠瀬良監訳　源草社　2001.10　72p　21cm　2381円　①4-906668-18-6　Ⓝ789.6

目次 1 馬場馬術の基礎（馬装具，歩法，常歩 ほか），2 障害飛越の基礎（単一の地上横木，速歩横木，速歩横木の調馬策による練習 ほか），3 競技会に出る前に（競技種目を選ぶ，全般的な準備，整毛（トリミング）ほか）

内容 本書には、あらゆる乗馬ファンに役立つ情報が掲載されている。どんなスタイルの乗馬でも、その基本は同じ。ここには、馬とより上

射撃

手にコミュニケーションをとるための提案が満載されている。

射撃

<年鑑・白書>

SHOOTERS JAPAN 銃砲年鑑 '90～'91 今村義逸編 全日本狩猟倶楽部
1990.9 397p 30cm 5000円 Ⓘ789.7
[目次]各種猟銃，射撃銃，実包，関係部品類，狩猟・射撃，関係記事，参考記事
[内容]猟銃や射撃・狩猟関係の業界の動きをメニューの形で紹介することにより，新製品，モデルチェンジ，価格の変動等を通見できる一方，参考記事や各種統計資料を多く盛り込み，またユーザーが日常的に必要とする法規関係知識も集められています。

SHOOTERS JAPAN 銃砲年鑑 '02～'03 今村義逸編 全日本狩猟倶楽部
2002.9 389p 30cm 4762円 Ⓘ4-915426-05-X Ⓝ789.7
[目次]各種猟銃射撃銃（国産上下二連銃，輸入上下二連銃，輸入水平二連銃 ほか），実包その他（装弾・ライフル実包等），関係部品類（射撃用品，猟装・猟具，甲種猟具等），狩猟・射撃関係記事
[内容]本書は，猟銃や射撃・狩猟関係の業界の動きをメニューの形で紹介することにより，新製品，モデルチェンジ，価格の変動等を通見できる一方，参考記事や各種統計資料を多く盛り込み，ユーザーが日常的に必要とする法規関係知識も集めた。

SHOOTERS JAPAN 銃砲年鑑 '06～'07 今村逸夫編 全日本狩猟倶楽部
2006.9 431p 30cm 4762円 Ⓘ4-915426-07-6 Ⓝ789.7
[目次]各種猟銃・射撃銃（国産上下二連銃，輸入上下二連銃 ほか），実包・その他（装弾・ライフル実包等），関係部品類（射撃用品，猟装・猟具 ほか），狩猟・射撃関係記事（社）全日本狩猟倶楽部の概要，（社）大日本猟友会の活動の概要 ほか），参考記事
[内容]猟銃や射撃・狩猟関係の業界の動きをメニューの形で紹介することにより，新製品，モデルチェンジ，価格の変動等を通見できる一方，参考記事や各種統計資料を多く盛り込み，またユーザーが日常的に必要とする法規関係知識も

集めた。

SHOOTERS JAPAN 銃砲年鑑 '10～'11 今村逸夫編 全日本狩猟倶楽部
2010.10 245p 30cm 2857円 Ⓘ978-4-915426-07-0 Ⓝ789.7
[目次]各種猟銃・射撃銃，装弾・実包，関係部品類，その他，狩猟・射撃関係記事，参考記事
[内容]猟銃や射撃・狩猟関係の業界の動きをメニュー形式で紹介。新製品、モデルチェンジ、価格の変動などの他、参考記事や各種統計資料も充実。

格闘技

<事典>

格闘技の大事典 世界60億人必携 ベースボール・マガジン編 ベースボール・マガジン社 2006.12 119p 30cm 1500円 Ⓘ4-583-03930-1 Ⓝ788
[目次]K-1＆ムエタイ，ブラジリアン柔術，フルコンタクト空手，柔道，テコンドー，レスリング，ボクシング，相撲，カポエイラ，モンゴル相撲〔ほか〕
[内容]格闘技の技術を紹介。ムエタイ（K-1）、柔術、フルコンタクト空手、柔道、相撲、テコンドー、レスリング、ボクシング、カポエイラ、モンゴル相撲、伝統空手、シルム、日本拳法、サンボ、総合格闘技…世界の主要な15の格闘技から、1019の技を厳選。技を掛ける手順や詳細を説明するのでなく、二人の人間が織り成すさまざまな体勢、その芸術的な美しさを表現する内容となっている。

<名簿・人名事典>

格闘技スカウティングレポート 1998 246人の戦闘能力 近藤隆夫著 ぶんか社 1998.5 303p 18cm 1400円 Ⓘ4-8211-0610-8 Ⓝ788
[目次]総合系格闘技の読み方，総合系102人全データ＆検証，打撃系格闘技の読み方，打撃系144人全データ＆検証，1997格闘技主要対戦全成績

格闘技スカウティングレポート 2000 258人の戦闘能力 近藤隆夫著 ぴぃぷる社 2000.2 351p 19cm 1500円 Ⓘ4-

89374-138-1　Ⓝ788

目次 総合系(秋山賢治,朝日昇 ほか),打撃系(アーネスト・ホースト,青葉繁 ほか),女子(石原美和子,岡本依子 ほか),1999格闘技主要対戦全記録

内容 格闘技の選手のデータブック。舞台で活躍する内外のファイター258人を収録したもの。掲載項目は、選手名、スペル、所属ジム・道場、競技名、身長・体重、各選手の実績や現在の実力などを解説したスカウティングレポート、過去1～10戦の成績、個人データ、パワー・スタミナ・人気・実績・技術を5段階評価した5角スキル度グラフなど。戦績は1999年12月25日現在。

完全格闘家名鑑　97　SLAM JAM編著
　ザ・マサダ　1997.2　215p　21cm　1553円
　Ⓘ4-915977-36-6　Ⓝ788

目次 K-1、アルティメ、空手、U系プロレス、キックボクシング、総合格闘技

内容 格闘技選手333名を収録した人名事典。所属団体ごとに選手名、生年月日、出身地、身長・体重、血液型等を掲載する。巻末に団体住所録、全国格闘技会場ガイド、人名索引を付す。

<ハンドブック>

格闘技がわかる絵事典　国が変わればルールも変わる!古武道から総合格闘技まで
　近藤隆夫監修　PHP研究所　2007.4　79p　29×22cm　2800円　Ⓘ978-4-569-68675-2　Ⓝ789

目次 第1章 柔道と柔術、第2章 空手と拳法、第3章 相撲とレスリング、第4章 剣道と武器術、第5章 リングの上で戦う格闘技、第6章 もっと知りたい!格闘技

内容 格闘技を5つに分類し、それぞれ代表的なものを大きく取りあげて解説。代表的な格闘技と共通点のある格闘技、関連のある格闘技を小項目として取りあげた。また第6章として、オリンピックで行なわれる格闘技、格闘技とかかわりの深い人物、柔道や相撲の技を取りあげている。

武道&格闘技ガイドブック　格闘王編集部編
　福昌堂　1991.11　97p　19cm　780円　Ⓘ4-89224-106-7　Ⓝ789.035

目次 打撃系格闘技、組み技系格闘技、合気道、少林寺拳法、中国武術

内容 空手、日本拳法、ボクシング、キックボクシング、体術、少林寺拳法、シューティング、シュートボクシング、柔道、相撲、レスリング、合気道、中国拳法など、あらゆる武道・格闘技のデータを掲載。道場・ジムの連絡先を付す。

◆相　撲

<事典>

大相撲こてんごてん　半藤一利著　文芸春秋
　1994.9　295p　15cm　(文春文庫)　500円
　Ⓘ4-16-748303-3　Ⓝ788.1

内容 大相撲に関する用語や人物をとり上げ、語源や故事来歴、エピソードなどを語る。読みものふうの大相撲用語辞典。99項目を収録する。1991年6月に刊行されたものの文庫版。五十音順に排列し、各項目には語源と解説を記載する。テレビ桟敷での1冊、軽妙洒脱なタッチで語る故事来歴や語源など「相撲ウンチク」の数々。

大相撲の事典　沢田一矢編　東京堂出版
　1995.9　244p　19cm　2500円　Ⓘ4-490-10386-7　Ⓝ788.1

内容 相撲の歴史、大相撲の組織、決まり手、名力士、相撲界用語等について解説したもの。排列は見出しの五十音順。巻末付録として幕内最高優勝者一覧、昭和以降十両以下各段優勝者一覧、三賞受賞者一覧がある。

大相撲の事典　新装版　沢田一矢編　東京堂出版　2000.9　250p　19cm　1800円　Ⓘ4-490-10552-5　Ⓝ788.1

内容 大相撲の用語事典。用語は五十音順に排列する。巻末に付録として幕内最高優勝者一覧、昭和以後十両以下各段優勝者一覧、三賞受賞者一覧を収録。新装再版においては平成7年7月場所以降の幕内以下、各段の優勝力士名、三賞受賞力士名および同年以降に誕生した横綱の若乃花・武蔵丸について追加した。

写真とデータで見る大相撲ミニ事典　新山善一著　東京新聞出版局　1997.1　254p　19cm　1262円　Ⓘ4-8083-0584-4　Ⓝ788.1

目次 第1章 相撲の歴史、第2章 土俵のしきたり、第3章 大相撲物知り帳、第4章 奇手・大技攻め手あれこれ、第5章 相撲協会の組織、第6章 土俵の記録、第7章 土俵こぼれ話

図解平成大相撲決まり手大事典　新山善一著,琴剣淳弥絵　国書刊行会　2008.4　221p　21cm　1900円　Ⓘ978-4-336-05014-4　Ⓝ788.1

目次 序章 相撲の歴史と技の変遷、第1章 基本

動作と基本技，第2章 投げ手，第3章 掛け手と反り手，第4章 ひねり手，第5章 特殊技，第6章 非技と禁じ手，終章 相撲の格言

(内容)国際化時代を迎えた大相撲。平成の決まり手、八十二手と五非技を絵と文で分かりやすく解説。

相撲面白事典　桜木仁著　日本図書刊行会，近代文芸社〔発売〕　1999.3　114p　19cm　1200円　①4-8231-0206-1　Ⓝ788.1

(目次)相撲の決まり手、日本相撲協会と力士の給料等、切符の入手方法、大兵力士・小兵力士、面白い相撲、珍しい四股名、勝ち越し・負け越し、優勝力士（地位別）、優勝勝ち星、勝ち星〔ほか〕

(内容)決まり手、切符の入手方法、相撲用語、歴代横綱一覧など、相撲を紹介した事典。

相撲大事典　金指基原著，日本相撲協会監修　現代書館　2002.1　478p　21cm　4800円　①4-7684-7051-3　Ⓝ788.1

(内容)相撲に関する専門用語や相撲文化についての事典。五十音順に排列した相撲用語3655項目に加えて、写真・図版500点を収録する。巻末に大相撲略史年表、参考文献一覧などを付す。五十音順の総索引がある。

相撲大事典　第2版　金指基原著，日本相撲協会監修　現代書館　2007.10　482p　21cm　5200円　①978-4-7684-7052-7　Ⓝ788.1

(内容)相撲の技術用語・専門用語、相撲文化、伝統・相撲史上に現れる用語・語句3652項目、写真・図版500点を収録。相撲観戦での興味が高まるよう、巷間の話も挿入。

相撲大事典　第3版　金指基原著，日本相撲協会監修　現代書館　2011.1　486p　22cm　〈文献あり 年表あり 索引あり〉　5300円　①978-4-7684-7053-4　Ⓝ788.1

(内容)相撲の技術用語・専門用語、相撲文化、伝統・相撲史上に現れる用語・語句を網羅。相撲観戦での興味が高まるよう、巷間の話も挿入。項目数三六六二項目、写真・図版五〇〇点。巻末資料・番付の読み方、財団法人日本相撲協会寄付行為、天覧相撲一覧、江戸相撲の興行地、大相撲略史年表、明治改革期の諸規約、決まり技の古称、優勝力士一覧、三賞受賞力士一覧、歴代力士十傑記録表、相撲部屋一覧、各地の主な相撲関係の記念館・資料館、各地の主な神事相撲、相撲にちなむ遊び・玩具、代表的な相撲人形、世界に見られる相撲に似た民俗競技。

相撲大事典　第4版　金指基原著，日本相撲協会監修　現代書館　2015.1　502p 図版16p 22cm　〈文献あり 年表あり 索引あり〉　5500円　①978-4-7684-7054-1　Ⓝ788.1

(内容)日本相撲協会が全項目を検討した、日本初の本格的相撲事典!!

相撲ロマン大事典　弥谷まゆ美著　勉誠出版　2000.10　820,18p　21cm　7800円　①4-585-06019-7　Ⓝ788.1

(目次)建御雷神と建御名方神、野見宿禰と当麻蹶速、雄略天皇、聖武天皇、小兵力士伴善男、畠山重忠、河津三郎、織田信長、初代横綱明石志賀之助、二代横綱綾川五郎次〔ほか〕

(内容)神代の昔の名勝負から現代の小錦関の大一番まで相撲史を彩る力士たち千六百人が登場。

日本相撲大鑑　窪寺紘一著　新人物往来社　1992.7　462p　21cm　5000円　①4-404-01928-9　Ⓝ788.1

(目次)第1部 本文編（世界の相撲、日本相撲史、大相撲の組織、土俵の主役・力士、大相撲本場所、相撲と芸術）、第2部 資料編（相撲史年表、相撲部屋案内、古今力士人国記、相撲技術と決まり手、一覧表・記録）

(内容)相撲と力士に関する全知識・全データを1冊に集大成した決定版。

＜名簿・人名事典＞

青森県力士人名辞典　今靖行著　（青森）北の街社　1996.8　551,4p　26cm　8000円　①4-87373-062-7　Ⓝ788.1

(内容)江戸時代から平成までの青森県出身の大相撲力士541人の人名事典。出身市町村別に分類し、しこ名を見出しに生年月日・初土俵を踏んだ場所名等の経歴を記載する。序の口から引退・廃業までの星取表も付す。巻末に五十音順の人名索引がある。

大相撲人物大事典　「相撲」編集部編　ベースボール・マガジン社　2001.4　718,7p　26cm　18000円　①4-583-03640-X　Ⓝ788.1

(目次)第1部 相撲の歴史、第2部 全幕内力士名鑑、第3部 番付および資料（江戸・東京番付、大阪番付、大阪相撲入幕力士一覧表、大阪相撲力士名鑑、京都での相撲、行司の代々、歴代横綱略歴一覧、優勝力士一覧、三賞力士一覧）

(内容)江戸時代から今日まで約300年にわたる大相撲の歴史を集成した事典。初公開の図版を含め約1600点の写真・図版を使用する。第2部の全幕内力士名鑑では力士ごとに写真入りでプロフィール、得意手、紹介文を記載する。巻末に

競技スポーツ　　格闘技

西暦和暦対照表と参考文献リスト、五十音順の四股名索引がある。

大相撲横綱大鑑　日本相撲協会監修，ベースボールマガジン社編　ベースボール・マガジン社　2002.12　278p　21cm　〈付属資料：ビデオテープ2〉　15000円　①4-583-03723-6　Ⓝ788.1

⊞目次　初代・明石志賀之助，第2代・綾川五郎次，第3代・丸山権太左衛門，第4代・谷風梶之助，第5代・小野川喜三郎，第6代・阿武松緑之助，第7代・稲妻雷五郎，第8代・不知火諾右衛門，第9代・秀ノ山雷五郎，第10代・雲竜久吉〔ほか〕

⊞内容　大相撲の横綱のデータをまとめた人物事典。初代横綱明石志賀之助から67代横綱武蔵丸光洋まで全横綱を代数順に収録、1人4ページ単位で詳しく紹介する。ほかに横綱の由来と歴史、時代と名勝負などの記事を収録。巻末に横綱略歴一覧、西暦和暦対照表、参考文献リストがある。2001年刊「大相撲人物事典」の姉妹編にあたる。

大相撲力士カラー名鑑　1993年 春　ベースボール・マガジン社編　ベースボール・マガジン社　1993.3　130p　15cm　500円　①4-583-03050-9　Ⓝ788.1

⊞目次　曙新横綱、貴ノ花新大関に昇進、幕内力士〈化粧廻し〉カラー名鑑、十両力士〈化粧廻し〉カラー名鑑、幕内略歴番付、十両略歴番付、幕下以下番付、幕下15枚目以内力士略歴表、角界45部屋全師匠名鑑、相撲部屋一覧、行司一覧、戦後相撲部屋合併物語

大相撲力士カラー名鑑　1993年 秋　ベースボール・マガジン社編　ベースボール・マガジン社　1993.9　130p　15cm　〈付・角界裏方名鑑、古今兄弟関取物語〉　500円　①4-583-03080-0　Ⓝ788.1

大相撲力士カラー名鑑　1994年 春　ベースボール・マガジン社編　ベースボール・マガジン社　1994.3　129p　15cm　500円　①4-583-03115-7　Ⓝ788.1

⊞目次　武蔵丸、貴ノ浪同時の大関に昇進、幕内力士〈化粧廻し〉カラー名鑑、十両力士〈化粧廻し〉カラー名鑑、幕内力士成績付き番付、十両力士成績付き番付、幕下以下番付、幕下15枚目以内力士略歴表、全年寄名鑑（役員・審判委員は写真・略歴付き）、一門別全親方一覧、行司一覧（十両格以上）、戦後 "勇み足" 物語

大相撲力士カラー名鑑　1995年　ベースボール・マガジン社編　ベースボール・マガジン社　1995.1　129p　19cm　〈詳細プロフィール付き 付・全相撲部屋紹介、行司・呼出し名鑑、幕内全力士個人別対戦成績〉　650円　①4-583-03189-0　Ⓝ788.1

大相撲力士カラー名鑑　1995秋　ベースボールマガジン社　1995.9　129p　19cm　650円　①4-583-03254-4　Ⓝ788.1

⊞目次　貴乃花、早くも10回目の優勝!先輩横綱・曙の巻き返しなるか!?、幕内力士詳細プロフィール付き化粧廻し姿カラー名鑑、十両力士詳細プロフィール付き化粧廻し姿カラー名鑑、幕下全力士（東西120人）詳細プロフィール付き写真名鑑、現役力士体重・軽量・身長・短身ベスト10、平成7年9月場所三段目以下番付早見表

⊞内容　大相撲力士の写真付き名鑑。幕内力士および十両力士の化粧廻し姿のカラー写真とプロフィール、幕下全力士の顔写真とプロフィールを掲載する。

大相撲力士カラー名鑑　1996　ベースボール・マガジン社　1996.1　129p　19cm　650円　①4-583-03278-1　Ⓝ788.1

⊞内容　大相撲の全幕内力士の写真付き名鑑。化粧回し姿のカラー写真、プロフィール、昇進・成績等のデータを記載する。巻末に行司・呼出名鑑、昭和以降全年寄襲名者一覧を付す。

大相撲力士名鑑　1997年　ベースボール・マガジン社編　ベースボール・マガジン社　1997.1　129p　19cm　〈詳細プロフィール付き 付・全年寄襲名者一覧〉　680円　①4-583-03367-2　Ⓝ788.1

大相撲力士名鑑　水野尚文，京須利敏編著　共同通信社　1992.3　334p　21cm　2500円　①4-7641-0277-3　Ⓝ788.1

⊞内容　平成の若・貴兄弟から明治の梅ヶ谷、常陸山まで─幕内全力士を全身写真入りで紹介する唯一の名鑑。人気の大相撲が10倍楽しくなる、マニア、入門者必携の一冊。

大相撲力士名鑑　平成5年上期版　水野尚文，京須利敏編著　共同通信社　1993.1　338p　21cm　2500円　①4-7641-0287-0　Ⓝ788.1

⊞内容　明治42年6月以降平成4年11月場所までに土俵に上がった全幕内力士を収録した力士名鑑。入幕順に排列し、写真、解説、本名、生年月日、最高位、幕内成績等のデータを掲載する。また全力士に写真を掲載したことに力点を置いている。毎年、上期版と下期版の年2回刊行されている。

大相撲力士名鑑　平成5年下期版　水野尚文，京須利敏編著　共同通信社　1993.7　342p　21cm　2500円　①4-7641-0295-1　Ⓝ788.1

(内容)平成・昭和・大正・明治の歴代幕内全力士をを収録した力士名鑑。入幕順に排列し，写真，解説，本名，生年月日，最高位，幕内成績等のデータを掲載する。毎年，上期版と下期版の年2回刊行されている。

大相撲力士名鑑　平成6年上期版　水野尚文，京須利敏編著　共同通信社　1994.1　342p　21cm　2500円　①4-7641-0308-7　Ⓝ788.1

(内容)明治42年6月以降平成5年11月場所までに土俵に上がった全幕内力士677人を収録した力士名鑑。入幕順に排列し，写真，解説，本名，生年月日，最高位，幕内成績等のデータを掲載する。また全力士に写真を掲載したことに力点を置いている。毎年，上期版と下期版の年2回刊行されている。

大相撲力士名鑑　平成6年下期版　水野尚文，京須利敏編著　共同通信社　1994.7　342p　21cm　2500円　①4-7641-0325-7　Ⓝ788.1

(目次)力士名鑑1　昭和（戦後）・平成編，力士名鑑2　明治・大正・昭和（戦前）編

(内容)平成・昭和・大正・明治の歴代幕内全力士をを収録した力士名鑑。入幕順に排列し，写真，解説，本名，生年月日，最高位，幕内成績等のデータを掲載する。毎年，上期版と下期版の年2回刊行されている。

大相撲力士名鑑　平成7年版　水野尚文，京須利敏編著　共同通信社　1995.1　350p　21cm　2500円　①4-7641-0333-8　Ⓝ788.1

(目次)力士名鑑I　昭和（戦後）・平成編，歴代行司（木村庄之助／式守伊之助）名鑑，力士名鑑II明治・大正・昭和（戦前）編，付録・歴代横綱一覧／優勝・三賞力士一覧，幕内全力士名索引

(内容)明治42年6月以降平成6年11月場所までに土俵に上がった全幕内力士を収録した力士名鑑。昭和・戦後から平成6年11月までの425人を収録の全編，明治42年6月から大正，昭和・戦前までの256人を収録の後編からなり，計681人を収録。各力士は入幕順に排列し，写真，解説，本名，生年月日の他，最高位，幕内成績等の詳細なデータを掲載する。併せて歴代行司（木村庄之助・式守伊之助）名鑑（計24人）を掲載。巻末に幕内全力士名索引を，また付録として歴代横綱一覧，優勝・三賞力士一覧を付す。

大相撲力士名鑑　平成8年版　水野尚文，京須利敏編著　共同通信社　1996.1　353p　21cm　2500円　①4-7641-0354-0　Ⓝ788.1

(内容)1899（明治42年）6月場所から1995（平成7年）11月場所までの大相撲・幕内全力士を収録したもの。684名のプロフィール，幕内成績・勝率等を写真付きで紹介する。排列は入幕順。歴代行司名鑑を併載。巻末に歴代横綱一覧，優勝・三賞力士一覧，幕内全力士名索引がある。一好角家には見逃せない貴重な資料である。

大相撲力士名鑑　平成9年版　水野尚文，京須利敏編著　共同通信社　1997.1　361p　21cm　2500円　①4-7641-0374-5　Ⓝ788.1

(目次)力士名鑑（昭和（戦後）・平成編，明治・大正・昭和（戦前）編），歴代行司（木村庄之助・式守伊之助）名鑑

大相撲力士名鑑　平成10年版　水野尚文，京須利敏編著　共同通信社　1997.12　363p　21cm　2500円　①4-7641-0397-4　Ⓝ788.1

(目次)力士名鑑（昭和（戦後）・平成編，明治・大正・昭和（戦前）編），歴代行司（木村庄之助・式守伊之助）名鑑

(内容)明治42年6月から平成9年11月までの幕内力士698人を収録した力士名鑑。昭和（戦後）・平成編と明治・大正・昭和（戦前）編の2編で構成，入幕順の配列で四股名，出身地，所属部屋，最高位，成績などを記載。付録に歴代横綱一覧，優勝・三賞力士一覧，巻末に力士名索引が付く。

大相撲力士名鑑　平成11年版　水野尚文，京須利敏編著　共同通信社　1998.12　327p　21cm　2500円　①4-7641-0415-6　Ⓝ788.1

(目次)大相撲歴代幕内全力士名鑑（明治編，大正編，昭和（戦前）編，昭和（戦後）編，平成編），歴代行司（木村庄之助・式守伊之助）名鑑，資料編（歴代横綱一覧，優勝・三賞力士一覧，明治時代・旧国技館開館までの幕内力士一覧）

(内容)明治42年6月から平成10年11月までの歴代幕内力士706人を収録した力士名鑑。明治・大正・昭和（戦前）・昭和（戦後）・平成編の5部構成。各力士は入幕順に排列し四股名，所属部屋，幕内通算成績，優勝回数，得意技などを写真とともに紹介。併せて歴代行司（木村庄之助・式守伊之助）名鑑を掲載。資料編として，歴代横綱一覧，優勝・三賞力士一覧，明治時代・旧国技館開館までの幕内力士一覧，巻末に力士名索引が付く。

大相撲力士名鑑　平成12年版　水野尚文，京須利敏編著　共同通信社　1999.12　327p

競技スポーツ　　　　　　　　　　　　　格闘技

21cm　2500円　Ⓘ4-7641-0441-5　Ⓝ788.1
〔目次〕大相撲歴代幕内全力士名鑑（明治編，大正編，昭和（戦前）編，昭和（戦後）編，平成編），歴代行司（木村庄之助・式守伊之助）名鑑，資料編（歴代横綱一覧，優勝・三賞力士一覧，明治時代・旧国技館開館までの幕内力士一覧，幕内全力士名索引）
〔内容〕明治42年6月場所から平成11年11月場所までに幕内に在籍した力士712名を収録した力士名鑑。各力士は入幕順に排列し、写真、解説、本名、生年月日、没年月日、出身地、四股名、所属部屋、初土俵、十両昇進、入幕、最終場所、幕内在位、幕内成績、勝率、身長、体重、得意手などを掲載する。併せて歴代行司（木村庄之助・式守伊之助）名鑑を収録。資料編として、歴代横綱一覧、優勝・三賞力士一覧、明治時代・旧国技館開館までの幕内力士一覧を収録。50音順の幕内全力士名索引付き。付録に、100年前（1900年＝明治33年1月場所）の番付を復元。

大相撲力士名鑑　平成13年版　水野尚文，京須利敏編著　共同通信社　2000.12　343p　21cm　2500円　Ⓘ4-7641-0470-9　Ⓝ788.1
〔目次〕幕内力士を網羅した貴重かつ重要な資料．大相撲歴代幕内全力士名鑑（明治編，大正編，昭和（戦前）編，昭和（戦後）編，平成編），歴代立行司（木村庄之助・式守伊之助）名鑑，資料編（歴代横綱一覧，優勝・三賞力士一覧，戦後十両力士一覧，明治時代・旧国技館開館までの幕内力士一覧，幕内全力士名索引）
〔内容〕明治42年6月場所から平成12年11月場所までに、92年間の歴代幕内力士722人のプロフィルを掲載した相撲名鑑。旧両国国技館開館以前に在籍した明治時代の力士153人については、資料編「明治時代・旧国技館開館までの力士一覧」として収録。入幕順に掲載し、各力士の四股名、本名、生没年、出身地、四股名の変遷、所属部屋、初土俵、十両昇進、入幕、最終場所、幕内在位・成績、勝率、身長・体重、得意手、年寄名などを掲載。現役力士の最高位、幕内在位場所数、成績などは平成12年11月場所現在。五十音順の幕内全力士名索引がある。

大相撲力士名鑑　平成14年版　水野尚文，京須利敏編著　共同通信社　2001.12　351p　21cm　（平成・昭和・大正・明治の幕内全力士）　2500円　Ⓘ4-7641-0494-6　Ⓝ788.1
〔目次〕大相撲歴代幕内全力士名鑑（明治編，大正編，昭和（戦前）編，昭和（戦後）編，平成編），歴代立行司（木村庄之助・式守伊之助）名鑑，資料編（歴代横綱一覧，優勝・三賞力士一覧，昭和・平成十両力士一覧，明治時代・旧国技館開館までの幕内力士一覧，幕内全力士名索引）
〔内容〕明治42年6月場所から平成13年11月場所まで、93年間の歴代幕内力士729人のプロフィールを収録した人名事典。現役力士の成績データは平成13年11月現在のもの。各力士を入幕順に排列し、勝率や得意技を含めたプロフィールを写真入で記載する。巻末に最高位を付記した五十音順幕内力士名索引がある。

大相撲力士名鑑　平成15年版　水野尚文，京須利敏編著　共同通信社　2002.12　351p　21cm　2500円　Ⓘ4-7641-0517-9　Ⓝ788.1
〔目次〕大相撲歴代幕内全力士名鑑（明治編，大正編，昭和（戦前）編，昭和（戦後）編，平成編），歴代立行司（木村庄之助・式守伊之助）名鑑，資料編（歴代横綱一覧，優勝・三賞力士一覧，昭和・平成十両力士一覧，明治時代・旧国技館開館までの幕内力士一覧）
〔内容〕近代の大相撲の力士を収録した名鑑。旧両国国技館が開館した明治42年6月場所から平成14年11月場所までの94年間の歴代幕内力士735人を収録、それ以前の明治時代の幕内力士153人は資料編に収録する。入幕年月順に掲載。四股名、よみ、最高位、本名、生（没）年月日、出身地、所属部屋、初土俵、身長、体重、得意手などを掲載する。巻末に歴代立行司名鑑、歴代横綱一覧などの各資料があり、本編掲載力士名の五十音順索引を付す。

大相撲力士名鑑　平成16年版　水野尚文，京須利敏編著　共同通信社　2003.12　355p　21cm　2500円　Ⓘ4-7641-0532-2　Ⓝ788.1
〔目次〕大相撲界の歩みを綴った貴重な資料．大相撲歴代幕内全力士名鑑（明治編，大正編，昭和（戦前）編，昭和（戦後）編，平成編），歴代立行司（木村庄之助・式守伊之助）名鑑，資料編（歴代横綱一覧，優勝・三賞力士一覧，昭和・平成十両力士一覧，明治時代・旧国技館開館までの幕内力士一覧，年号・西暦対照表）
〔内容〕本書の「大相撲歴代幕内全力士名鑑」は全体を5部構成とし、旧両国国技館が開館した明治42年6月場所から平成15年11月場所までに幕内に在籍した全力士742人を収録した。

大相撲力士名鑑　平成17年版　水野尚文，京須利敏編著　共同通信社　2004.12　355p　21cm　2500円　Ⓘ4-7641-0546-2　Ⓝ788.1
〔目次〕大相撲歴代幕内全力士名鑑（明治編，大正編，昭和（戦前）編，昭和（戦後）編，平成編），歴代立行司（木村庄之助・式守伊之助）名鑑，資料編（歴代横綱一覧，優勝・三賞力士一覧，昭

和・平成十両力士一覧，明治時代・旧国技館開館までの幕内力士一覧，年号・西暦対照表）

(内容)明治42年6月場所から平成16年11月場所まで，96年間の歴代幕内力士752人を収録。

大相撲力士名鑑　平成18年版　水野尚文，京須利敏編著　共同通信社　2005.12　355p　21cm　2500円　Ⓣ4-7641-0563-2　Ⓝ788.1

(目次)大相撲歴代幕内全力士名鑑1 明治編，大相撲歴代幕内全力士名鑑2 大正編，大相撲歴代幕内全力士名鑑3 昭和（戦前）編，大相撲歴代幕内全力士名鑑4 昭和（戦後）編，大相撲歴代幕内全力士名鑑5 平成編，資料編

(内容)明治42年6月場所から平成17年11月場所まで，97年間の歴代幕内力士757人のプロフィルを完全収録。

大相撲力士名鑑　平成19年版　水野尚文，京須利敏編著　共同通信社　2006.12　333p　21cm　2500円　Ⓣ4-7641-0579-9　Ⓝ788.1

(目次)大相撲歴代幕内全力士名鑑（明治編，大正編，昭和（戦前）編，昭和（戦後）編，平成編），資料編（歴代横綱一覧，優勝・三賞力士一覧，昭和・平成十両力士一覧，明治時代・旧国技館開館までの幕内力士一覧，歴代立行司（木村庄之助・式守伊之助）名鑑）

(内容)力士とともに振り返る大相撲の歴史。明治42年6月場所から平成18年11月場所まで，98年間の歴代幕内力士765人のプロフィルを完全収録。

大相撲力士名鑑　平成20年版　水野尚文，京須利敏編著　共同通信社　2007.12　321p　21cm　2500円　Ⓣ978-4-7641-0588-1　Ⓝ788.1

(内容)明治42年6月場所から平成19年11月場所まで，土俵を飾った歴代幕内力士772人の写真入りプロフィル完全ガイド。

大相撲力士名鑑　平成21年版　水野尚文，京須利敏編著　共同通信社　2008.12　349p　21cm　2500円　Ⓣ978-4-7641-0597-3　Ⓝ788.1

(目次)特集1 平成大相撲光と影，特集2 平成の歴代横綱，大相撲歴代幕内全力士名鑑 明治編，大相撲歴代幕内全力士名鑑 大正編，大相撲歴代幕内全力士名鑑 昭和（戦前）編，大相撲歴代幕内全力士名鑑 昭和（戦後）編，大相撲歴代幕内全力士名鑑 平成編，資料編（歴代横綱一覧，優勝・三賞力士一覧 ほか）

(内容)明治42年6月場所から平成20年11月場所までの土俵を飾った過去から現在100年の歴代幕内力士785人を写真付きで完全収録。

大相撲力士名鑑　平成22年版　水野尚文，京須利敏編著　共同通信社　2009.12　342p　21cm　〈索引あり〉　2500円　Ⓣ978-4-7641-0609-3　Ⓝ788.1

(目次)大相撲歴代幕内全力士名鑑 明治編，大相撲歴代幕内全力士名鑑 大正編，大相撲歴代幕内全力士名鑑 昭和（戦前）編，大相撲歴代幕内全力士名鑑 昭和（戦後）編，大相撲歴代幕内全力士名鑑 平成編，資料編 歴代横綱一覧，幕内全力士名索引

(内容)大相撲の新たなる100年が始まる―明治42年6月場所から平成21年11月場所まで101年間の歴代幕内力士790人を写真付きで完全収録。ファン必読の観戦ガイド最新版。

大相撲力士名鑑　平成23年版　京須利敏，水野尚文編著　共同通信社　2010.12　350p　21cm　〈索引あり〉　2700円　Ⓣ978-4-7641-0621-5　Ⓝ788.1

(目次)大相撲歴代幕内全力士名鑑 明治編，大相撲歴代幕内全力士名鑑 大正編，大相撲歴代幕内全力士名鑑 昭和（戦前）編，大相撲歴代幕内全力士名鑑 昭和（戦後）編，大相撲歴代幕内全力士名鑑 平成編，資料編（歴代横綱一覧，優勝・三賞力士一覧，昭和・平成十両力士一覧，明治時代・旧国技館開館までの幕内力士一覧，歴代理事長，歴代立行司（木村庄之助・式守伊之助）名鑑，年寄一覧，相撲部屋所在地一覧，平成23年・24年大相撲開催予定，年号・西暦対照表）

(内容)特別付録・新資料を加えさらに内容充実！明治42年6月場所から平成22年11月場所まで102年間の歴代幕内力士796人を写真付きで完全収録。

大相撲力士名鑑　平成24年版　京須利敏，水野尚文編著　共同通信社　2011.12　358p　21cm　〈索引あり〉　2700円　Ⓣ978-4-7641-0640-6　Ⓝ788.1

(目次)大相撲歴代幕内全力士名鑑 明治編，大相撲歴代幕内全力士名鑑 大正編，大相撲歴代幕内全力士名鑑 昭和（戦前）編，大相撲歴代幕内全力士名鑑 昭和（戦後）編，大相撲歴代幕内全力士名鑑 平成編，資料編

(内容)明治42年6月場所から，平成23年11月場所まで，103年間にわたる歴代幕内力士810人を写真付きで完全収録。

大相撲力士名鑑　平成25年版　京須利敏，水野尚文編著　共同通信社　2012.12　357p　21cm　〈索引あり〉　2700円　Ⓣ978-4-7641-

0657-4　Ⓝ788.1

⦗目次⦘大相撲の伝統を後世に残す貴重な資料，大相撲歴代幕内全力士名鑑 明治編，大相撲歴代幕内全力士名鑑 大正編，大相撲歴代幕内全力士名鑑 昭和（戦前）編，大相撲歴代幕内全力士名鑑 昭和（戦後）編，大相撲歴代幕内全力士名鑑 平成編，資料編，幕内全力士名索引

⦗内容⦘大相撲の歴史と伝統がこの1冊で分かる。昭和42年6月場所から平成24年11月場所まで104年間にわたる歴代幕内力士819人を写真付きで完全収録。

大相撲力士名鑑　平成26年版　京須利敏，水野尚文編著　共同通信社　2013.12　361p　21cm　2700円　Ⓘ978-4-7641-0665-9　Ⓝ788.1

⦗目次⦘大相撲歴代幕内全力士名鑑 明治編，大相撲歴代幕内全力士名鑑 大正編，大相撲歴代幕内全力士名鑑 昭和（戦前）編，大相撲歴代幕内全力士名鑑 昭和（戦後）編，大相撲歴代幕内全力士名鑑 平成編，資料編

⦗内容⦘明治42年6月場所から平成25年11月場所まで105年間にわたる歴代幕内力士829人を写真付きで完全収録。

大相撲力士名鑑　平成27年版　京須利敏，水野尚文編著　共同通信社　2014.12　357p　21cm　〈索引あり〉　2900円　Ⓘ978-4-7641-0673-4　Ⓝ788.1

⦗目次⦘大相撲歴代幕内全力士名鑑（明治編，大正編，昭和（戦前）編，昭和（戦後）編，平成編），資料編（歴代横綱一覧，優勝・三賞力士一覧，昭和・平成十両力士一覧，年間最多勝一覧表 ほか）

⦗内容⦘旧両国国技館が開館した明治42年6月場所から平成26年11月場所まで，106年間にわたる歴代幕内力士837人を写真付きで完全収録。

大相撲力士名鑑　平成28年版　京須利敏，水野尚文編著　共同通信社　2015.12　357p　21cm　〈索引あり〉　2900円　Ⓘ978-4-7641-0684-0　Ⓝ788.1

⦗目次⦘大相撲歴代幕内全力士名鑑（明治編，大正編，昭和（戦前）編，昭和（戦後）編，平成編），資料編（歴代横綱一覧，優勝・三賞力士一覧，昭和・平成十両力士一覧，年間最多勝一覧表，平成年代の大関昇進 ほか）

⦗内容⦘旧両国国技館が開館した明治42年6月場所から平成27年11月場所まで，107年間にわたる歴代幕内力士全841人を写真付きで完全収録。巻頭特集・大相撲お宝写真。

大相撲力士名鑑　平成29年版　京須利敏，水野尚文編著　共同通信社　2016.12　365p　21cm　2900円　Ⓘ978-4-7641-0693-2　Ⓝ788.1

⦗目次⦘大相撲歴代幕内全力士名鑑（明治編，大正編，昭和（戦前）編，昭和（戦後）編，平成編），資料編　歴代横綱一覧（優勝・三賞力士一覧，昭和・平成十両力士一覧，年間最多勝一覧表，平成年代の大関昇進，外国出身の幕内力士，大学相撲出身幕内力士，年寄一覧，「一門別」相撲部屋所在地および部屋所属年寄一覧，歴代会長・歴代理事長，歴代立行司（木村庄之助・式守伊之助）名鑑，平成29年・30年大相撲開催予定，年号・西暦対照表）

⦗内容⦘旧両国国技館が開館した明治42年6月場所から平成28年11月場所まで108年間にわたる歴代幕内力士全851人を写真付きで完全収録。巻頭特集・大相撲お宝写真。

大相撲力士名鑑　平成11年度　ベースボール・マガジン社編　ベースボール・マガジン社　1999.1　127p　15cm　762円　Ⓘ4-583-03567-5　Ⓝ788.1

⦗目次⦘幕内力士名鑑，十両力士名鑑，出身地別力士統計図，本場所開催地ガイド，平成10年度大相撲回顧録，相撲人生―新弟子から横綱まで，部屋別全力士名鑑，大相撲各種記録

大相撲力士名鑑　平成12年度　「相撲」編集部編　ベースボール・マガジン社　2000.1　133p　21cm　952円　Ⓘ4-583-03624-8　Ⓝ788.1

⦗目次⦘関取衆カラー化粧廻し名鑑，日本相撲協会相撲博物館ガイド，出身地別力士マップ，本場所開催地ガイド，部屋別全相撲人写真名鑑，平成11年度土俵を去った主な男たち，年寄職務分掌，相撲決まり手解説，相撲用語集，平成11年度相撲界回顧（各場所星取表付），明治以降大関一覧，歴代横綱一覧，優勝力士一覧，三賞力士一覧，相撲人五十音順索引，一門別相撲部屋住所一覧

大相撲力士名鑑　平成12年度　増補第2版　「相撲」編集部編　ベースボール・マガジン社　2000.5　145p　21cm　952円　Ⓘ4-583-03576-4　Ⓝ788.1

⦗目次⦘関取衆カラー化粧廻し名鑑，日本相撲協会相撲博物館ガイド，出身地別力士マップ，本場所開催地ガイド，部屋別全相撲人写真名鑑，平成11年度土俵を去った主な男たち，年寄職務分掌，相撲決まり手解説，相撲用語集，平成11年度相撲界回顧（各場所星取表付），明治以降大

関一覧,歴代横綱一覧,優勝力士一覧,三賞力士一覧,初場所&春場所新弟子写真名鑑,引退・若乃花の全成績

[内容]大相撲の力士名鑑。親方,力士等の相撲人を部屋別に紹介。内容は原則として春場所番付による。力士のデータは出身地,本名,生年月日,所属部屋,身長／体重,血液型,初土俵,得意技,改名歴を掲載。巻頭に関取集化粧廻し名鑑と相撲決まり手解説,相撲用語集,平成11年度の相撲界回顧等を収録。巻末に相撲人五十音順索引と一門別相撲部屋住所一覧を付す。

大相撲力士名鑑　平成13年度　「相撲」編
集部編　ベースボール・マガジン社　2001.1　133p　21cm　952円　①4-583-03631-0　Ⓝ788.1

[目次]関取衆カラー化粧廻し名鑑,日本相撲協会相撲博物館ガイド,出身地別力士マップ,本場所開催地ガイド,部屋別全相撲人写真名鑑,年寄職務分掌,相撲決まり手解説,相撲用語集,平成十二年度相撲界回顧(各場所星取表付),明治以降大関一覧,歴代横綱一覧,優勝力士一覧,三賞力士一覧

[内容]活躍中の力士を紹介する力士名鑑。各力士のプロフィールのほか,初土俵や得意技,改名歴も記載する。巻末に相撲人五十音順索引と一門別相撲部屋住所一覧がある。

大相撲力士名鑑　平成14年度
ベースボール・マガジン社「相撲」編集部編　ベースボールマガジン社　2002.1　133p　21cm　952円　①4-583-03680-9　Ⓝ788.1

[目次]関取衆カラー化粧廻し名鑑,日本相撲協会相撲博物館ガイド,出身地別力士マップ,本場所開催地ガイド,部屋別全相撲人写真名鑑,年寄職務分掌,相撲決まり手解説,相撲用語集,平成13年度相撲界回顧(各場所星取表付),明治以降大関一覧,歴代横綱一覧,優勝力士一覧,三賞力士一覧

[内容]大相撲力士の写真名鑑。力士の他,師匠,年寄,準年寄,行事,若者頭,世話人,呼び出し,床山も紹介されている。部屋ごとに構成されており,力士においては四股名,本名,生年月日,出身地,初土俵,得意技,身長・体重などを記載している。この他,関取衆カラー化粧回し名鑑,相撲決まり手解説,相撲用語集などを収録。巻末に五十音順索引と部屋別住所録を付す。

大相撲力士名鑑　平成15年度　「相撲」編
集部編　ベースボール・マガジン社　2003.1　133p　21cm　952円　①4-583-03733-3　Ⓝ788.1

[目次]関取衆カラー化粧廻し名鑑,日本相撲協会相撲博物館ガイド,出身地別力士マップ,本場所開催地ガイド,部屋別全相撲人写真名鑑,年寄職務分掌,相撲決まり手解説,相撲用語集,2002年相撲界回顧(各場所星取表付),明治以降の大関一覧,歴代横綱一覧,優賞力士一覧,三賞力士一覧

大相撲力士名鑑　平成16年度　「相撲」編
集部編　ベースボール・マガジン社　2004.1　133p　21cm　952円　①4-583-03783-X　Ⓝ788.1

[目次]関取衆カラー化粧廻し名鑑,日本相撲協会相撲博物館ガイド,出身地別力士マップ,本場所開催地ガイド,部屋別全相撲人写真名鑑,年寄職務分掌,相撲決まり手解説,相撲用語集,2003年相撲界回顧(各場所星取表付),明治以降の大関一覧,歴代横綱一覧,優勝力士一覧,三賞力士一覧

大相撲力士名鑑　平成17年度　「相撲」編
集部編　ベースボール・マガジン社　2005.1　133p　21cm　952円　①4-583-03840-2　Ⓝ788.1

[目次]関取衆カラー化粧廻し名鑑(出身地別力士マップ,"国技の殿堂"ガイド,本場所の進行について,地方場所の会場),部屋別全相撲人写真名鑑,2004年相撲界回顧(各場所星取表付),相撲決まり手解説,相撲用語集

大相撲力士名鑑　平成18年度　「相撲」編
集部編　ベースボール・マガジン社　2006.1　133p　21cm　952円　①4-583-03879-8　Ⓝ788.1

[目次]関取衆カラー化粧廻し名鑑,出身地別力士マップ,"国技の殿堂"ガイド,本場所の進行について,地方場所の会場,部屋別全相撲人写真名鑑,2005年相撲界回顧(各場所星取表付),相撲決まり手解説,相撲用語集,歴代横綱一覧,優勝力士一覧

大相撲力士名鑑　平成19年度　「相撲」編
集部編　ベースボール・マガジン社　2007.1　133p　21cm　952円　①978-4-583-10007-4　Ⓝ788.1

[目次]関取衆カラー化粧廻し名鑑,部屋別全相撲人写真名鑑,2006年相撲界回顧(各場所星取表付),相撲決まり手解説,相撲用語集,歴代横綱一覧,優勝力士一覧

大相撲力士名鑑　平成20年度　「相撲」編
集部編　ベースボール・マガジン社　2008.1

133p 21cm 952円 ①978-4-583-10078-4 Ⓝ788.1

(目次)関取衆カラー化粧廻し名鑑，出身地別力士マップ，"国技の殿堂"ガイド，本場所の進行について，地方場所の会場，部屋別全相撲人写真名鑑，大相撲チケットの買い方，2007年相撲界回顧（各場所星取表付），相撲決まり手解説，相撲用語集，歴代横綱一覧，優勝力士一覧

大相撲力士名鑑　平成21年度　「相撲」編
集部編　ベースボール・マガジン社　2009.1
133p　21cm　〈索引あり〉　952円　①978-4-583-10142-2　Ⓝ788.1

(目次)関取衆カラー化粧廻し名鑑，出身地別力士マップ，"国技の殿堂"ガイド，本場所の進行について，地方場所の会場，部屋別全相撲人写真名鑑，本場所日程、チケットの買い方，2008年相撲界回顧（各場所星取表付），相撲決まり手解説，相撲用語集

大相撲力士名鑑　平成22年度　「相撲」編
集部編　ベースボール・マガジン社　2010.1
131p　21cm　〈索引あり〉　952円　①978-4-583-10234-4　Ⓝ788.1

(目次)関取衆カラー化粧廻し名鑑，出身地別力士マップ，"国技の殿堂"ガイド，本場所の進行について，地方場所の会場，部屋別全相撲人写真名鑑，本場所日程、チケットの買い方，2008年相撲界回顧（各場所星取表付），相撲決まり手解説，相撲用語集，歴代横綱一覧，優勝力士一覧

大相撲力士名鑑　平成23年度　「相撲」編
集部編　ベースボール・マガジン社　2011.1
131p　21cm　〈索引あり〉　952円　①978-4-583-10326-6　Ⓝ788.1

(内容)平成22年12月1日現在の力士、親方、行司、呼出し、床山など全相撲人を部屋別に収録。

大相撲力士名鑑　平成24年度　「相撲」編
集部編　ベースボール・マガジン社　2012.1
131p　21cm　〈索引あり〉　952円　①978-4-583-10423-2　Ⓝ788.1

(内容)部屋別全相撲人写真名鑑。データは平成23年12月1日現在。

大相撲力士名鑑　平成25年度　「相撲」編
集部編　ベースボール・マガジン社　2013.1
131p　21cm　〈索引あり〉　952円　①978-4-583-10527-7　Ⓝ788.1

(目次)関取衆カラー化粧廻し名鑑，出身地別力士マップ，"国技の殿堂"ガイド，本場所の進行について，地方場所の会場，部屋別全相撲人写真名鑑，日本相撲協会外部役員・横綱審議委員会委員，本場所日程、チケットの買い方，2012年相撲界回顧（各場所星取付），相撲決まり手解説，相撲用語集，歴代横綱一覧，優勝力士一覧

大相撲力士名鑑　平成26年度　「相撲」編
集部編　ベースボール・マガジン社　2014.1
131p　21cm　〈索引あり〉　952円　①978-4-583-10633-5　Ⓝ788.1

(目次)関取衆カラー化粧廻し名鑑，出身地別力士マップ，"国技の殿堂"ガイド，本場所の進行について，地方場所の会場，部屋別全相撲人写真名鑑，日本相撲協会外部役員・横綱審議委員会委員，本場所日程、チケットの買い方，2013年相撲界回顧（各場所星取表付），相撲決まり手解説，相撲用語集，歴代横綱一覧，歴代力士一覧，相撲人五十音順索引

大相撲力士名鑑　平成27年度　「相撲」編
集部編　ベースボール・マガジン社　2015.1
127p　21cm　〈索引あり〉　1000円　①978-4-583-10789-9　Ⓝ788.1

(目次)関取衆カラー化粧廻し名鑑，出身地別力士マップ，"国技の殿堂"ガイド，本場所の進行について，地方場所の会場，部屋別全相撲人写真名鑑，本場所日程、チケット取扱所，2014年相撲界回顧（各場所星取表付），相撲決まり手解説，相撲用語集，歴代横綱一覧，優勝力士一覧，相撲人五十音順索引

大相撲力士名鑑　平成28年度　「相撲」編
集部編　ベースボール・マガジン社　2016.1
127p　21cm　〈索引あり〉　1000円　①978-4-583-10941-1　Ⓝ788.1

(目次)関取衆カラー化粧廻し名鑑，出身地別力士マップ，"国技の殿堂"ガイド，本場所の進行について，地方場所の会場，部屋別全相撲人写真名鑑，本場所日程、チケット取扱所，2015年相撲界回顧（各場所星取表付），相撲決まり手解説，相撲用語集，歴代横綱一覧，優勝力士一覧

完全 大相撲力士名鑑　平成9年度版
大見信昭，銅谷志朗編著　ザ・マサダ　1996.11
436p　21cm　2900円　①4-915977-35-8　Ⓝ788.1

(目次)出羽海部屋，春日野部屋，三保ケ関部屋，北の湖部屋，武蔵川部屋，玉ノ井部屋，入間川部屋，二十山部屋，時津風部屋，井筒部屋，伊勢ノ海部屋，鏡山部屋，立田川部屋，湊部屋，甲山部屋〔ほか〕

(内容)横綱から序ノ口まで現役力士870名を一門の部屋別に収録。詳細なプロフィールのほかに過去2年の星取表も掲載。

格闘技　　　　　　　　　　　競技スポーツ

史料集成江戸時代相撲名鑑　飯田昭一編
日外アソシエーツ，紀伊國屋書店〔発売〕
2001.9　2冊　27cm　70000円　Ⓘ4-8169-1647-4　Ⓝ788.1
⟨目次⟩開催場所一覧，開催場所・役員・行司，歴代三役鑑，頭字表，力士一覧，江戸時代相撲名鑑
⟨内容⟩江戸時代の力士や行司を収録した人物事典。寛永元年（1624）～慶応4年（1868）の240年間を対象に，江戸・京都・大坂で活躍した力士や行司2万人余を収録する。強豪力士から無名の幕下力士の記録までを網羅する。番付或は古文献等のあらゆる資料に基いて，江戸勧進相撲，上方勧進相撲に活躍した力士の記録を集成する。年代順の開催場所一覧，開催場所・役員・行司の詳細，歴代三役鑑も掲載する。

＜ハンドブック＞

大相撲手帳　杉山邦博監修　東京書籍　2016.8　157p　17×10cm　1500円　Ⓘ978-4-487-80938-7　Ⓝ788.1
⟨目次⟩「入門編」―観戦の基礎知識（相撲とはなにか，観戦ガイド，本場所会場　ほか），「歴史編」―歴史の知識（相撲部屋と一門制度，力士のスタイル，力士の一日　ほか），「用語編」（取り口と技，決まり手，相撲用語事典）
⟨内容⟩大相撲の年間スケジュール，チケットの買い方などの観戦の基本ガイドや，土俵，番付，力士，稽古，相撲部屋などの基礎知識，相撲の歴史や記憶に残る名力士，各記録，そして全決まり手や技の図解と大相撲特有の用語までを網羅。

＜図鑑・図集＞

大相撲の解剖図鑑　大相撲の魅力と見かたを徹底図解　伊藤勝治監修　エクスナレッジ　2016.9　159p　21cm　〈年表あり　索引あり〉　1600円　Ⓘ978-4-7678-2186-3　Ⓝ788.1
⟨目次⟩1 大相撲観戦に行こう，2 大相撲の舞台徹底解剖，3 大相撲観戦のポイント，4 大相撲の仕組み，5 力士・裏方さん解剖，6 資料編
⟨内容⟩日本の国技・相撲ってこんなにおもしろい!!番付って何？土俵はどうやって造る？国技館ってどんな建物なの？力士の引退後って？裏方ってどんな人がいるの？取組ってどう見たらいいの？取組の見かたから国技館の秘密まで，大相撲の全てをイラストで完全図解。歴代横綱や歴代優勝力士など，相撲の歴史が分かる充実した資料編のほか，作家・加藤元氏による解説文も掲載！大相撲が気になる全ての人に絶対読んでほしい！

◆プロレス

＜事　典＞

アメリカンプロレス大事典　WWEのすべてがわかる！　アメプロ事典編纂委員会編
廣済堂出版　2003.2　231p　21cm　1500円　Ⓘ4-331-50945-1　Ⓝ788.2
⟨目次⟩第1章 レスラー編，第2章 必殺技編，第3章 テレビ番組編，第4章 テーマ曲編，第5章 決めゼリフ＆チャント編，第6章 ニックネーム編，第7章 ユニット編，第8章 アングル編，第9章 その他編
⟨内容⟩WWE選手、必殺技、決めゼリフなど愛と笑いの用語解説512連発。ビジュアル満載。

新アメリカンプロレス大事典　WWE用語のウラ知識！　アメプロ事典編纂委員会編
廣済堂出版　2005.2　287p　21cm　1600円　Ⓘ4-331-51084-0　Ⓝ788.2
⟨目次⟩第1章 レスラー・人物編，第2章 ムーヴ（必殺技、得意アクション）編，第3章 ユニット・タッグチーム編，第4章 名言＆チャント編，第5章 special edition WWEスキット集1 最新名コント編，第6章 アングル編，第7章 EXTRA編，第8章 special edition WWEスキット集2 忘れえぬ名コント編
⟨内容⟩ライブにテレビに、WWEをもっと楽しむ。アメプロ通への道。新しい項目はもちろん、劇中スキットまで登場。怒涛の693項目。

プロレス全書　東京スポーツ新聞社　1995.3　539p　26cm　9000円　Ⓘ4-8084-0099-5　Ⓝ788.2
⟨目次⟩第1部 プロレスの現在（プロレスと東京スポーツ新聞，写真が語る俺たちの時代，プロレス戦国時代，次代を背負う者たち　ほか），第2部 プロレス神話（プロレス評論家が選ぶ名勝負5選，東スポで見る名勝負，プロレス全技解説，日本マット英雄伝説　ほか），第3部 プロレス講座（日本のプロレス史，世界プロレスの潮流，プロレスの記録，プロレスラーを目指す若者たちへ　ほか）
⟨内容⟩東京スポーツ新聞社が創立35周年記念として発行したプロレス事典。日本と海外のプロレス史，技の解説，選手名鑑，プロレス関連書籍目録，プロレス年表などから成る。選手名鑑は所属協会別に排列，索引を付す。書籍目録は

1954年から1994年に発行されたものを収録。

プロレス大事典 斎藤文彦編 小学館 1994.1 255p 19cm （ビッグコロタン 57） 880円 ⓘ4-09-259057-1 Ⓝ788.2

(内容)団体ガイド、レスラー名鑑、プロレス年表、プロレス・テクニックを掲載した事典。

<辞 典>

プロレス語辞典 プロレスにまつわる言葉をイラストと豆知識で元気に読み解く 榎本タイキ著, 高木三四郎監修 誠文堂新光社 2016.7 191p 21cm 1400円 ⓘ978-4-416-61607-9 Ⓝ788.2

(内容)プロレスにまつわる「プロレスラー」「技」「団体」などの言葉を解説。

<名簿・人名事典>

語れ！WWE 2016選手名鑑 『語れ!WWE』編集部編 ベストセラーズ 2016.6 94p 21cm 1500円 ⓘ978-4-584-13734-5 Ⓝ788.2

(目次)WWEスーパースター完全選手名鑑, WWE DIVA選手名鑑, WWE NXT選手名鑑, WWE日本人スーパースターの今!, 『WWE Live Japan 2016』の楽しみ方, WWE"コスプレ"代々木ロックフェスレポート, 今こそ始めたい『WWE NetWork』, Jスポ字幕でお馴染み『ルミエール』に突撃!, 『S.H.Figuarts WWE』はこんなにスゴい!芸人・プチ鹿島がリポート, WWEレジェンド名鑑, Viva La Raza!エディ・ゲレロ

(内容)総勢100名超のスーパースターを完全網羅。

最新版 プロレス名鑑 プロレス特別記録班編 ブックマン社 1990.7 223p 17cm 750円 ⓘ4-89308-136-5 Ⓝ788.2

(目次)UWF 10人の夢戦士, 全日本プロレス 日本マット界の首領, 新日本プロレス MEN'S FINAL FIGHTING 無尽蔵の闘魂, FMW 世界を襲うバトル・レジスタンス, ユニバーサルレスリング ルチャ・リブレの死闘, ワールド・ジャパン・プロレス パイオニア戦志, SWS 妥協なき革命, 日本人レスラー 孤高のファイティングスピリット, 外人レスラー 世界を震撼させるスーパーレスラー

ニッポン縦断プロレスラー列伝 門馬忠雄著 エンターブレイン 2002.7 531p 19cm （BLOODY FIGHTING BOOKS）

1800円 ⓘ4-7577-0950-1 Ⓝ788.2

(目次)北海道, 東北, 甲信越・北陸・東海, 近畿・関西, 中国, 四国, 九州・沖縄

(内容)プロレスラーの名鑑。365人収録。出身地により分類し、北から南へ排列。選手の解説に関しては、選手との対面取材により選手のナマの声に注意を払う。また常時出場のレスラーを重視し、『東スポ』のプロレス大賞各賞受賞者やアマチュアにおけるスポーツ歴も掲載する。巻末に五十音順索引が付く。

プロレススカウティングレポート 厳選レスラー317人 1999 赤平隆著 ぶんか社 1999.1 347p 19cm 1400円 ⓘ4-8211-0646-9 Ⓝ788.2

(目次)日本人レスラー・マット界の展望, 日本人レスラー・スカウティングレポート, 外国人レスラー・マット界の展望, 外国人レスラー・スカウティングレポート, 女子レスラー・マット界の展望, 女子レスラー・スカウティングレポート, プロレス・マスコミ頂上対談

(内容)317人のプロフィールを収録したプロレスラー選手名鑑。日本人・外国人・女子別に50音順排列。各選手ごとに、顔写真、近年主要試合のデータ、詳細分析、5角スキル度グラフなどを掲載。

レジェンド100 アメリカン・プロレス伝説の男たち 斎藤文彦著 ベースボール・マガジン社 2005.3 348p 19cm 2000円 ⓘ4-583-03836-4 Ⓝ788.2

(目次)第1章 モノクロの時代のヒーローたち—1950年代から1960年代（ルー・テーズ—"鉄人"は20世紀のプロレス史, ゴージャス・ジョージ—豪華なジョージは"時代の子" ほか）, 第2章 写真だけが残った伝説の男たち—1960年代から1970年代（バーン・ガニア—裸の王様になった"AWAの帝王", ブルーノ・サンマルチノ—"人間発電所"から"生ける伝説"へ ほか）, 第3章 テイスト・オブ・70's—1970年代から1980年代（ドリー・ファンク・ジュニア—永遠のグレート・テキサン, ペドロ・モラレス—"ラテンの魔豹"と呼ばれた男 ほか）, 第4章 グッド・オールド・80's—1980年代から1990年代（ハルク・ホーガン—プロレス史上最大のスーパースター, スタン・ハンセン—伝家の宝刀ウエスタン・ラリアット ほか）, 第5章 イントゥー・ザ・ニュー・ミレニアム—1990年代から21世紀（"ヒットマン"ブレット・ハート—心のシャープシューター, ジ・アンダーテイカー—"怪奇派"の最高傑作 ほか）

＜ハンドブック＞

現地発！ジミー鈴木のアメリカン・プロレス直行便2005　ジミー鈴木著　東邦出版
2005.2　191p　21cm　1400円　④4-8094-0426-9　Ⓝ788.2

(目次)スーパースターズカタログ，WWEスーパースターズインタビュー，WWEスーパースターズ・ストーリー，WWEヒストリー，アメリカン・プロレスベストショット!，WWEディーバカタログ

(内容)テキサス州ダラスをベースに20年近く精力的に活動を続けるアメプロ取材の第一人者がアメプロの魅力を語り尽くす。

＜年鑑・白書＞

ビジュアル　プロレス2001年鑑　2001
東京スポーツ新聞社　2001.3　208p　26cm　952円　④4-8084-0116-9　Ⓝ788.2

(目次)プロレス大賞授賞式グラフ，受賞者ハイライト，プロレスの深層，写真部面白写真集，『プロレス新用語事典』プロレス2000キーワード，バーリ・トゥードのルーツ発見，ヒーローたちの真実，あのころ君は若かった〜デビュー写真 東スポお宝写真集，団体潮流，2000年度プロレス大賞選考経過，他の格闘技とプロレス，2000名勝負グラフベスト5+1，カラー写真年表 2000年事件の証言，プロレスデータ集

(内容)プロレスの2000年の記録と現況、選手名鑑を収録した年鑑。各団体の動向、名勝負、プロレスラーの生活などのテーマ別に構成する。団体ごとのレスラーのデータは、氏名、身長・体重等。

プロレス年鑑　Super hand book!　1995　ベストセラーズ　1994.12　145p　26cm　（Best mook series 44）〈『プロレス王国』特別編集〉　650円　Ⓝ788.2

プロレス年鑑　1999　東京スポーツ新聞社　1999.3　558p　26cm　4762円　①4-8084-0112-6　Ⓝ788.2

(目次)第1章 輝け1998プロレス大賞（プロレス大賞受賞パーティー風景、受賞者ハイライト、世界に羽ばたく女子アマチュア、緊急追悼ジャイアント馬場，猪木の歩いた道，笑激面白ショット集），第2章 団体潮流（プロレス1998年，各団体の動き，王国崩壊レスリング界1998年，海外プロレス事情，その他の格闘技事情，プロレス大賞選考経過，プロレス大賞の記録），第3章 1998名勝負12選，第4章 レスラー趣味と生活（プロレスラーのお店，A・大塚＆M・ヨネの紙上レッスン，プロレスジム，人気レスラーテーマ曲着信メロディーガイド），第5章 プロレスの周縁（どこへ行く小川直也とUFO，プロレス新用語辞典，インターネットガイド，ニューメディアの世界，テレビとプロレス，1998引退選手たち，私とプロレス大賞，テリー伊藤のプロレスにもの申す），第6章 選手名鑑，第7章 年間全団体全試合結果，第8章 1998プロレス年表

プロレス年鑑　2000　プロレス年鑑制作室制作　東京スポーツ新聞社　2000.7　604p　26cm　4762円　①4-8084-0114-2　Ⓝ788.2

(目次)第1章 プロレス大賞グラフ，第2章 団体潮流，第3章 名勝負グラフ，第4章 レスラーの生活と意見，第5章 プロレスの周縁，第6章 選手名鑑，第7章 年間全団体全試合結果，第8章 プロレス年表

(内容)プロレスの1999年の記録と現況、選手名鑑を収録した年鑑。各団体の動向、名勝負、プロレスラーの生活などのテーマ別に構成する。団体ごとのレスラーのデータは、氏名、身長・体重等。

プロレス年鑑　2002年　プロレス年鑑制作室編　東京スポーツ新聞社出版部　2002.4　232p　26cm　1143円　①4-8084-0120-7　Ⓝ788.2

(目次)1 Talk—2002年のマット界を動かす4人の男たち，2 Truth—ヒーローたちの素顔と真実を探る，3 Facts,4 Super shots,5 Flash back—プロレス界激動の30年を東京スポーツの1面で振り返る，6 Inside—プロレスの深層を探る，7 Words,8 Faces,9 Results

(内容)プロレスの記録・情報・資料を収録した年鑑。2001年のプロレスに関する情報・記録を収録。試合結果、4人のインタビュー、2002年プロレス用語事典、2001年主要団体タイトル戦績などを掲載する。

プロレス年鑑　2003年　東京スポーツ新聞社　2003.4　264p　26cm　1143円　①4-8084-0124-X　Ⓝ788.2

(目次)1 TRUTH—プロレスの真実，2 FACTS,3 INSIDE—プロレスの深層，4 WORDS,5 FLASH BACK—激動の30年を東京スポーツの1面で振

り返る，6 FACES,7 RESULTS

◆ボクシング

<名簿・人名事典>

日本プロボクシングチャンピオン大鑑 ボクシング・マガジン編集部編 ベースボール・マガジン社 2004.3 410p 21cm 3500円 ①4-583-03784-8 Ⓝ788.3

(目次)世界チャンピオン47人，東洋太平洋ミニマム級3人，東洋太平洋ライト・フライ級5人，東洋太平洋フライ級9人，東洋太平洋スーパー・フライ級6人，東洋太平洋バンタム級10人，東洋太平洋スーパー・バンタム級10人，東洋太平洋フェザー級12人，東洋太平洋スーパー・フェザー級7人，東洋太平洋ライト級10人〔ほか〕

(内容)1921年にボクシングが日本に上陸してから80年余り―。戦中，戦後の混乱期を経て，現在まで連綿と受け継がれてきた伝統と栄光の歴史。その間に日本，東洋，世界の頂点を極めたチャンピオンたちの詳細データを完全収録した本書は，ボクシング界のエンサイクロペディアだ。

<ハンドブック>

日本プロボクシング史 世界タイトルマッチで見る50年 ボクシング・マガジン編集部編 ベースボール・マガジン社 2002.5 307p 26cm 7000円 ①4-583-03695-7 Ⓝ788.3

(目次)世界タイトルマッチ全453試合（ミニマム級(27試合)，ライト・フライ級(60試合)，フライ級(79試合) ほか），時代で見る日本プロボクシング（～1945・ピストンの連打とともに歩んだ黎明期，1945～62・戦後の復興と世界王者の誕生と，1962～73・高度経済成長とボクシング黄金時代 ほか），日本ボクシング・コミッション50年―設立の経緯と歴史，世界タイトルマッチ記録集

(内容)1940年代～2002年の日本プロボクシング50年史のガイドブック。世界タイトルマッチ全453試合について，階級別，試合日順に排列，対戦選手とその戦歴，ラウンドごとのポイント一覧表等のデータや写真を交えて，試合経過を紹介する。また，1945年以前～2002年の期間を6つの時代に区分し，時代別に日本プロボクシング界の歩みについて，日本ボクシング・コミッションの歩みも交えて紹介する。巻頭には50年間のフォト・ヒストリーを掲載，巻末に世界マッチ出場日本選手名鑑，及び出場外国人選手索引を掲載，年表索引を付す。

<図鑑・図集>

ボクシング世界図鑑 史上最強のボクサーがわかる! ハリー・ムラン，ボブ・ミー，マット・ボジート著 エクスナレッジ 2016.3 255p 29cm 〈訳：辻篤ほか 年表あり 索引あり 原書名：THE ULTIMATE ENCYCLOPEDIA OF BOXING 原著第8版の翻訳〉 3600円 ①978-4-7678-2105-4 Ⓝ788.3

(目次)THE ORIGINS OF BOXING―ボクシングのはじまり，THE GREAT BOXERS―偉大なるボクサーたち，THE LEGENDS OF THE RING―リングに"伝説"を創った戦士たち，THE GREAT FIGHTS―歴史に刻まれた名勝負，TRAINERS AND MANAGERS―トレーナー&マネージャー，THE FAMOUS PROMOTERS―名高いプロモーターたち，THE ADMINISTRATION OF BOXING―ボクシング団体の歴史，BOXING RULES,CONVENTIONS AND SCORING―ボクシングのルール、慣習と採点法，CULTURE AND CONTROVERSY―ボクシングが生んだ文化と論争，THE WORLD CHAMPIONSHIPS―世界王座を巡る戦い，CHRONOLOGY―ボクシング年表，BOXING FACTS AND FEATS―ボクシングの記録一覧

(内容)本書は，ボクシングがまだ非合法だったベアナックル・ファイトの時代から、大金の動く今日の派手なショーへと発展した現代までをあらゆる面からとらえ，「ノーブル・アート(崇高な芸術)」とも呼ばれるボクシングに関わるすべてを余すことなく称える本だ。世界屈指のボクサーたちのキャリアや数多の優れた戦いを紹介するだけではなく，連綿と受け継がれてきた全階級別世界王座の軌跡をたどる。さらには著名なプロモーターからマネージャー、トレーナー、セコンドといったリングを支えるキーマンたちの貢献も忘れてはいない。ボクシングの歴史が作られてきた偉大なアリーナや、統括団体、ルール、理念や背景、悲劇やスキャンダルを含めたボクシングならではの世界を克明に描き出し，数々のデータも一挙掲載している。

<年鑑・白書>

日本ボクシング年鑑　2001　ボクシング・マガジン編集部編　ベースボール・マガジン社　2001.3　208p　26cm　2000円　Ⓘ4-583-03633-7　Ⓝ788.3

(目次)トップ・ボクサー語録2000―国内トップ選手の言葉で振り返る1年，EXCITING2000―ビッグ・マッチで振り返る1年，躍進のジム会長に聞く，タイトルマッチ2000,DATA―数字でみる2000年の日本ボクシング，CHAMPIONS―全チャンピオン・レコード，2000年出場選手全記録，ENCYCLOPEDIA

日本ボクシング年鑑　2002　ボクシング・マガジン編集部編　ベースボール・マガジン社　2002.3　208p　26cm　2000円　Ⓘ4-583-03687-5　Ⓝ788.3

(目次)トップ・ボクサー語録2001―国内トップ選手の言葉で振り返る1年，Exciting 2001―ビッグ・マッチで振り返る1年，タイトルマッチ2001―世界／東洋太平洋／日本，Champions―全チャンピオン・レコード，2001年出場選手全記録，Encyclopedia ボクシング百科全書

(内容)日本のボクシングの2001年の動きを収録した年鑑。歴代チャンピオン一覧，五輪メダリスト一覧，新人王一覧あり。

日本ボクシング年鑑　2003　ボクシング・マガジン編集部編　ベースボール・マガジン社　2003.4　208p　26cm　2000円　Ⓘ4-583-03746-5　Ⓝ788.3

(内容)日本ボクシングの2002年の動きを収録した年鑑。78全タイトルマッチの記録を掲載。2002年チャンピオンズ・レコーズと2002年出場選手全記録は「生年月日」「出身地（本籍）」「本名」「デビュー年月日」「特記事項」「戦績」の順に記載。巻末にボクシング百科全書付き。

日本ボクシング年鑑　2004　ボクシング・マガジン編集部編　ベースボール・マガジン社　2004.4　207p　26cm　2000円　Ⓘ4-583-03799-6　Ⓝ788.3

(目次)トップ・ボクサー語録2003―国内トップ選手の言葉で振り返る1年，EXCITING2003―ビッグ・マッチで振り返る1年，タイトルマッチ2003,CHAMPIONS―全チャンピオン・レコード，2003年出場選手全記録，ENCYCLOPEDIA

(内容)戦前戦後の日本チャンピオン，日本ボクシング・コミッション設立後の日本チャンピオン、東洋（太平洋）チャンピオン、世界チャンピオンまで約500人を詳細データと写真で網羅。日本プロボクシング60余年の歴史がここにある。

日本ボクシング年鑑　2005　ボクシング・マガジン編集部編　ベースボール・マガジン社　2005.4　207p　26cm　2000円　Ⓘ4-583-03849-6　Ⓝ788.3

(目次)トップ・ボクサー語録2004―国内トップ選手の言葉で振り返る1年，EXCITING2004―ビッグ・マッチで振り返る1年，タイトルマッチ2004―世界／東洋太平洋／日本，CHAMPIONS―全チャンピオン・レコード，2004年出場選手全記録，ENCYCLOPEDIA

(内容)現役ボクサー2531人の全戦績を網羅。

◆護身術

<ハンドブック>

「ケンカ」の聖書　一般市民のための護身術実践ハンドブック　真樹日佐夫著　翔泳社　1995.5　215p　19cm　1300円　Ⓘ4-88135-174-5　Ⓝ789.7

(目次)1 基本コンセプト，2 状況別ノウハウ，3 実戦テクニック，4 日常トレーニング

(内容)路上で、酒場で、電車の中で、トラブルはいきなりやってくる。備えあれば憂いなし。作家にしてケンカの達人が書き下ろした「そのとき」のための護身術入門マニュアル。

護身Hand Book　実用知識で危険を見抜く　毛利元貞著　BABジャパン出版局　2004.4　246p　19cm　1600円　Ⓘ4-89422-654-5　Ⓝ789.7

(目次)第1章 暴力に備える（「護身術って相手を撃退する技でしょ？」―はい。しかし、実際に使えるとは限りません，「では、どうやって身を守るのですか？」―まずは大脳の仕組みを理解しましょう ほか），第2章 暴力を予測する（「襲われたらどうしよう」―不安が先行するとそう考えがちです，「言葉でうまく表現できないけど、何かへんだ」―その感覚を大切にすることから始めましょう ほか），第3章 脅威を査定する（「被害に遭わない知恵を教えてください」―相手の危険度を理解することです，「脅迫してくる相手から身を守るためにはどうすれば？」―過敏に反応せず、危険に見合った対処をおこなうことです ほか），第4章 危険から脱出する（「被害に巻きこまれた際の安全な処を教えてください」―とにかく間合いを保てるように、相手の注意をそらすことです，「状況を悪化させず、切り抜けるにはどうすれば？」―プライドや面

子に固執せず、論理的に対処することです ほか），第5章 心身を回復する（専門家に相談する際のアドバイス—信頼できる相談機関を探す，カウンセリングを受ける際のアドバイス—心の整理をする手助けをしてもらう ほか）

(内容)ありがちな護身技が中心のものではなく、心理学や行動科学的側面をふまえ、なぜ人は暴力を振るうか、そのメカニズムに迫る。

レジャースポーツ

レジャースポーツ一般

<事典>

ニュースポーツ事典 北川勇人著 遊戯社 1991.6 662p 22cm 〈監修：日本レクリエーション協会〉 6800円 Ⓘ4-89659-621-8 Ⓝ780.33

ニュースポーツ事典 改訂版 北川勇人，日本レクリエーション協会共編著 遊戯社 2000.9 755p 21cm 8000円 Ⓘ4-89659-624-2 Ⓝ780.33

(目次)1 アウトドア系，2 ウォータースポーツ系，3 ダンス・体操系，4 ターゲット系，5 チーム・ボール系，6 ゴルフ系，7 テニス系，8 バレーボール系，9 ウォールゲーム系，10 ホイル系，11 格闘技

(内容)レクリエーションを目的としたスポーツのうち，これまであまり知られていない競技を紹介するガイドブック。アウトドア系，ウォータースポーツ系，ダンス系など種目の形態別に分類して紹介，各種目はスポーツの発生と現状などの概要，必要な用具，競技方法，楽しみ方について解説。ほかにニュースポーツの団体として，日本ワールドゲームズ協会加盟団体一覧，NRJA加盟団体一覧，都道府県レクリエーション協会一覧を掲載する。巻末に種目別索引を付す。

<ハンドブック>

知的レジャー・スポーツ情報源 休日を有効に活かすガイドブック 実務教育出版編 実務教育出版 1992.4 230p 19cm 980円 Ⓘ4-7889-3808-1 Ⓝ780.4

(目次)1 アウトドアスポーツ，2 インドアスポーツ，3 知的レジャー，4 実益レジャー，5 快適生活レジャー

<統計集>

余暇・レジャー総合統計年報 '91 生活科学情報センター編 食品流通情報センター 1991.3 526p 26cm 13800円 Ⓘ4-915776-06-9

(目次)第1章 余暇関連産業と余暇関連施設等に関するデータ，第2章 都道府県別観光客数に関するデータ，第3章 余暇関連消費に関するデータ，第4章 労働時間・休暇制度に関するデータ，第5章 旅行リゾート行動等に関するデータ，第6章 スポーツ・趣味・ゆとり等に関するデータ

余暇・レジャー総合統計年報 '95 生活科学情報センター編 食品流通情報センター 1995.3 513p 26cm 14800円 Ⓘ4-915776-10-7

(内容)余暇やレジャーに関する統計集。都道府県別の観光客数，余暇市場や家計消費，関連産業，意識調査結果などの各種統計を分野別に収録。—余暇マーケットを読む基本データ集。

余暇・レジャー総合統計年報 '96～'97 生活科学情報センター編 食品流通情報センター 1996.8 524p 26cm 14800円 Ⓘ4-915776-14-X

(目次)第1章 観光客数に関する統計，第2章 労働時間，余暇関連の家計消費に関する統計，第3章 余暇市場・余暇関連産業に関する統計，第4章 余暇生活に関する意識調査

余暇・レジャー総合統計年報 '98～'99 食品流通情報センター編 食品流通情報センター 1998.8 635p 21cm 14800円 Ⓘ4-915776-22-0

(目次)第1章 観光客数に関する統計(北海道「観光客入込みに関する資料」，青森県「観光統計概要」ほか)，第2章 余暇市場・余暇関連産業に関する統計((財)余暇開発センター「レジャー白書」，通産省「特定サービス産業実態調査 テニス場編」ほか)，第3章 労働時間・余暇関連の家計消費に関する統計(労働省「賃金労働時間制度率総合調査」，労働省「平成10年ゴールデンウィーク期間中における連続休暇の実施予定状況調査結果」ほか)，第4章 余暇生活に関

する生活者意識調査(総理府「体力・スポーツに関する世論調査」, 総理府「国民生活に関する世論調査」ほか)

(内容)都道府県別の観光客数,余暇市場や家計消費,関連産業,意識調査結果などの各種統計を分野別に収録した,余暇やレジャーに関する統計集。

余暇・レジャー総合統計年報 '99 食品流通情報センター編 食品流通情報センター 1999.8 708p 26cm 14800円 ④4-915776-27-1

(目次)第1章 観光客数に関する統計(北海道「観光入込客数調査」, 青森県「観光統計」ほか), 第2章 余暇市場・余暇関連産業に関する統計(余暇開発センター「レジャー白書」, 総務庁「事業所・企業統計調査」ほか), 第3章 労働時間・余暇関連の家計消費に関する統計(労働省「賃金労働時間制度等総合調査」, 総務庁「社会生活基本調査」ほか), 第4章 余暇生活に関する生活者意識調査(日本旅行業協会「日本人の暮らしと旅行調査」, 日本旅行業協会「日本人の暮らしと旅行調査」ほか)

(内容)都道府県別の観光客数,余暇市場や家計消費,関連産業,意識調査結果などの各種統計を分野別に収録した,余暇やレジャーに関する統計集。

余暇・レジャー総合統計年報 2000 食品流通情報センター編 食品流通情報センター 2000.8 711p 26cm 14800円 ④4-915776-37-9

(目次)第1章 余暇時間に関するデータ, 第2章 スポーツ・健康に関するデータ, 第3章 旅行に関するデータ, 第4章 趣味・娯楽に関するデータ, 第5章 余暇関連消費に関するデータ

(内容)旅行申込時のインターネット活用度/フィットネスクラブの曜日別利用者数/ふだん聴く音楽ソース/BSデジタル放送への関心/ブランドにこだわるもの/スキー場情報の情報源/ゴルフ用品購入時のポイント/夫婦で行きたい旅行先/誰と海外旅行に行きたいか/イベントの情報源/カーナビの利用状況etc.「余暇」に関するあらゆる分野の最新資料を網羅した毎年好評のデータブック。調査研究・ビジネスに必携。

余暇・レジャー総合統計年報 2001 食品流通情報センター編 食品流通情報センター 2001.9 593p 26cm (情報センターBOOKs) 14800円 ④4-915776-54-9

(目次)第1章 余暇時間に関するデータ(総務庁「平成8年社会生活基本調査」, 労働省「長期休暇に関する労使の意識調査」ほか), 第2章 スポーツ・健康に関するデータ(通産省「特定サービス産業実態調査(テニス場編)」, 「特定サービス産業実態調査(ゴルフ練習場編)」ほか), 第3章 旅行に関するデータ(法務省「出入国管理統計」, 外務省「旅券統計(平成12年)」ほか), 第4章 趣味・娯楽に関するデータ(厚生省「平成11年度衛生行政業務報告」, 経済産業省「特定サービス産業動態統計月報」ほか), 第5章 余暇関連消費に関するデータ(総務省「平成12年度電気通信サービスモニターに対する第2回アンケート調査結果」, 中央調査社「パーソナル先端商品の利用状況」ほか)

(内容)クルマ・夏休み・イベント・外国語・ブランドetc.「余暇」に関するあらゆる分野の最新資料を網羅した毎年好評のデータブック。調査研究・ビジネスに必携。

余暇・レジャー総合統計年報 2002 生活情報センター編 生活情報センター 2002.11 508p 26cm (情報センターBOOKs) 14800円 ④4-915776-77-8

(目次)第1章 余暇時間に関するデータ(総務省「平成13年社会生活基本調査概要」, 厚生労働省「平成13年就労条件総合調査」ほか), 第2章 スポーツ・健康に関するデータ(経済産業省「平成13年特定サービス産業実態調査(ゴルフ場編)」, 経済産業省「平成13年特定サービス産業実態調査(ゴルフ練習場編)」ほか), 第3章 旅行に関するデータ(外務省「旅券統計(平成13年1月～12月)」, 法務省「出入国管理統計」ほか), 第4章 趣味・娯楽に関するデータ(農林水産省「平成12年度ペットフード産業実態調査」, 東京都「平成12年度第5回都政モニターアンケート『ペットの飼育について』」ほか), 第5章 余暇関連消費に関するデータ(東京都「東京都における繁華街利用実態調査」, 埼玉県「平成13年度埼玉県政世論調査」ほか)

(内容)「余暇」に関するあらゆる分野の最新資料を網羅した毎年好評のデータブック。調査研究・ビジネスに必携。

余暇・レジャー総合統計年報 2005 生活情報センター編集部編 生活情報センター 2005.5 325p 30cm 14800円 ④4-86126-182-1

(目次)第1章 余暇時間に関するデータ(就労条件, カルチャーセンター ほか), 第2章 スポーツ・健康に関する調査(生活意識, スポーツ意識 ほか), 第3章 旅行に関する調査(旅券, 旅行業 ほか), 第4章 趣味・娯楽に関するデータ

(博物館，映画館での映画鑑賞 ほか)，第5章 余暇関連に関するデータ（文化意識，森林 ほか）

内容「余暇・レジャー」に関するあらゆる分野の最新情報を網羅した毎年好評のデータブック。ビジネス、各種の調査研究に最適な一冊。

余暇・レジャー総合統計年報 2008 アーカイブス出版編集部編 アーカイブス出版 2007.10 334p 30×21cm 14800円 Ⓘ978-4-903870-27-4

目次 第1章 余暇時間に関するデータ・調査（就労条件，外国語会話教室 ほか），第2章 スポーツ・健康に関するデータ・調査（生活意識，体力・スポーツ ほか），第3章 旅行に関するデータ・調査（旅券，旅客輸送 ほか），第4章 趣味・娯楽に関するデータ・調査（文化，インターネット ほか），第5章 余暇に関するその他のデータ・調査（家計，自然公園 ほか）

内容「余暇・レジャー」に関するあらゆる分野の最新情報を網羅した毎年好評のデータブック。ビジネス、各種の調査研究に最適な一冊。

登 山

<書 誌>

山書散策 埋もれた山の名著を発掘する 河村正之著 東京新聞出版局 2001.3 287,7p 19cm 1500円 Ⓘ4-8083-0733-2 Ⓝ291.031

新・山の本おすすめ50選 福島功夫著 東京新聞出版局 2004.11 247p 19cm 1500円 Ⓘ4-8083-0816-9 Ⓝ786.1

ヒマラヤ文献目録 〔新版〕 薬師義美編 白水社 1994.11 1320p 26×20cm 58000円 Ⓘ4-560-03023-5 Ⓝ225.8

内容 ヒマラヤ、チベット、中央アジアの登山・探検に関する図書・地図などの目録。欧文図書7601点を著編者名のアルファベット順に、邦文図書1791点を著編者名の五十音順に掲載、他に代表的ロシア語文献も収録する。著者名・書名（邦文・欧文）・総合の4種の索引を付す。深田久弥の急逝にあたり1972年に私家版として編纂された目録の改訂第3版にあたる。

ヒマラヤ文献目録 追加・訂正 新版 薬師義美編 （[京都]）[薬師義美] [1995] 169p 26cm 〈本編の出版者：白水社（東京）〉 Ⓝ225.8

ヒマラヤ文献目録 新選 薬師義美編著

（[出版地不明]）Planning Roomリモ 2011.10 1275p 27cm 〈他言語標題：Catalogue of the Himalayan literature〉 Ⓝ225.8

山をよむ 斎藤一男著 アテネ書房 1993.5 180p 19cm （情報源…をよむ） 1500円 Ⓘ4-87152-185-0 Ⓝ786.1

内容 山に関する図書約100点をとりあげ、1点1〜2ページで紹介する解題書誌。収録分野は、山岳論、山岳研究、登山史、アルプス、ヒマラヤ、紀行、随筆、遺稿など。巻末に主要文献リストを掲載する。

山の名著30選 モダン・アルピニズムをリードした知性たち 福島功夫著 東京新聞出版局 1998.11 262,5p 19cm 1400円 Ⓘ4-8083-0652-2 Ⓝ786.1

目次 序章 日本登山界の歩みと山岳図書（日本の近代登山の発展と山岳図書，戦後五十年、登山界の歩みと山岳図書），第1章 おすすめ名著・海外16選（アルプス登攀記（ウィンパー），アルプス・コーカサス登攀記（ママリー），アルピニズモ・アクロバチコ（レイ）ほか），第2章 おすすめ名著・国内14選（山行（槇有恒），雪・岩・アルプス（藤木九三），山と雪の日記（板倉勝宣）ほか）

内容 山岳図書30冊を紹介したブックガイド。山岳雑誌『岳人』に2年半にわたって連載した「アルピニズム再読」「再・アルピニズム再読」をもとにした。

<年 表>

北海道登山史年表 1871-2012 高沢光雄編 (札幌)北海道出版企画センター 2012.10 45p 21cm 500円 Ⓘ978-4-8328-1210-9 Ⓝ291.1

内容 明治4年(1871)、陸軍少将・桐野利秋は、藻岩山に登り、札幌を鎮台設置の適地として屯田兵設置を建言した。それから平成24年(2012)まで、北海道の登山に関する出来事をまとめる。

<事 典>

中高年登山トラブル防止小事典 堀川虎男編著 大月書店 1999.5 287p 21cm 2000円 Ⓘ4-272-61046-5 Ⓝ786.1

目次 1 グループ行動のトラブル，2 歩くときのトラブル，3 道に迷わないために，4 装備のミスは命とり，5 体力低下のトラブル，知って

おきたい山の救急法, 遭難したらどうするか, 8 天気を予測する, 9 トラブル防止の食事法, 10 資料

<辞典>

実用登山用語データブック　山と渓谷社編
　山と渓谷社　2011.7　288p　21cm　〈山岳大全シリーズ 別巻〉　1980円　Ⓘ978-4-635-14013-3　Ⓝ786.1
　㊂約2500語（見出し）の登山関連用語を簡便に解説。用具、技術、地形・地学、気象、雪氷など、基本用語からクライミング用語まで幅広くフォロー。山名も、300名山レベルの基本情報を掲載。海外山岳、人物、植物などは、超重要事項を紹介。複雑な、独、仏、英、和などの各語の言い換えに対応。視覚的理解を助ける写真を多数掲載。巻末に、装備やグレード表、簡易登山史なども掲載。

日本山岳ルーツ大辞典　池田末則監修, 村石利夫編著　竹書房　1997.12　1142p　27×20cm　19000円　Ⓘ4-8124-0344-8　Ⓝ291.033
　㊫本文・山岳名解説（富士山, 北海道の山, 青森県の山, 岩手県の山, 秋田県の山, 宮城県の山 ほか）
　㊂日本の主な山岳約1万3千の山名の由来を記載した辞典。都道府県別に山名の五十音順に収録し、山名、標高、所在、名前の由来が記載されている。巻末に索引が付く。

仏和山岳用語辞典　登山、クライミング、山スキーのフランス語とカタカナ日本語の語源研究　村西博次編著　（京都）京都山の会出版局,（京都）ナカニシヤ出版〔発売〕　1997.5　182p　19cm　2200円　Ⓘ4-88848-374-4　Ⓝ786.1
　㊫第1部 解説および凡例, 第2部 日本語ローマ字と語源項目の表記方法について, 第3部 ひらがな, カタカナと対照するローマ字表記の一覧表, 第4部 各種の等級一覧表など
　㊂登山、登攀、山スキーのフランス語と日本語を対照した山岳用語集。フランス語については登山家がすぐ現地で知りたいフランスの山岳用語であり、日本語については山岳関係のフランス語テキストを翻訳する人々に必要な山岳用語である。フランス語の見出しは約2800語、日本語の語彙は複数語義などで約3100語。

山歩きのための山名・用語事典　山と渓谷社　1998.8　264p　19cm　（アルペンガイド別冊）　1500円　Ⓘ4-635-00464-3　Ⓝ786.1
　㊂山と渓谷社アルペンガイド・シリーズ全23巻に収録した登山コースガイドから主要な山名を選び、これに登山一般、自然科学、装備・用具、自然保護や行政の各分野の用語を加え、五十音順に排列し解説した事典。

山を楽しむ山名辞典　石井光造著　東京新聞出版局　1997.11　213p　19cm　1500円　Ⓘ4-8083-0610-7　Ⓝ291.033
　㊫索引地図, この辞典の読み方, 山名辞典（50音順）, 山名辞典コラム（一等三角点の山, 富山と貧乏山は同じ山？, 峠の地名, 地形が由来の山名, 十二支の山, 雪形にちなむ山名, 男女の山・親子兄弟の山・死者の山, 大いなる山, 山頂湿原の山, 信仰の山, 山の色, おもな国の最高峰, 火山の山名, アイヌ語源の山・難読山名, 山・岳・峰・丘）), 山名索引（高度順, 100名山, 200名山, 300名山, 都道府県最高峰）, 登山情報問い合わせ（都道府県庁, 国立公園管理事務所）, 2万5千分の1地形図を読む
　㊂日本の1200の山名を五十音順に配列し、標高、所在、主な交通機関などを記載した事典。様々なコラムや高度順の索引が付く。

山のことば辞典　豊田和弘著　河出書房新社　2014.6　191p　19cm　〈文献あり 索引あり〉　1500円　Ⓘ978-4-309-27508-6　Ⓝ786.1
　㊂馬返し・エビの尻尾・お花摘み・ガス・観天望気・クマ棚・ゲレンデ・山行・三五の日立て・シュカブラ・ストーブ・デブリ・トリコニー・入林届・パーティ・保安林・ボッカ・モルゲンロート・山棲み・ラクッ!知っているようで知らなかった、意外なエピソード。軽妙解説で登山用語が正しくわかる!"山ヤ"が使う小粋な130語。

和仏山岳用語研究　「分類山岳用語集」「和仏山岳用語集」合本　村西博次編著　京都山の会出版局,（京都）ナカニシヤ出版〔発売〕　1998.4　270p　19cm　3000円　Ⓘ4-88848-410-4　Ⓝ786.1
　㊫第1章 解説および凡例, 第2章 日本語ローマ字と語源項目の表記方法について, 第3章 ひらがな, カタカナと対照するローマ字表記の一覧表, 第4章 各種の等級一覧表など, 分類山岳用語集, カナ順和仏山岳用語集の引き方, 和仏山岳用語集

＜ハンドブック＞

今すぐできる!山歩きハンドブック　名所探訪サークルアウトドア部会編　(名古屋)リベラル社, 星雲社〔発売〕　2006.6　175p　18×11cm　1200円　①4-434-08146-2　Ⓝ786.1

㊙1 準備編（初めての山歩き，山の装備・登山靴 ほか），2 実践編（パッキング，出発直前に，歩き方，地図の読み方，天気図の読み方），3 自然観察編（山の植生，高山植物について ほか），4 食事・宿泊編（山の食事，山小屋，テント），5 緊急編（道に迷ったとき，悪天候に遭ったとき，有害生物に遭ったとき，ファーストエイド）

㊙趣味に，健康に，山の楽しみは無限。初歩から始める山歩き入門。「山の用語集」つき。

すぐ役立つ 記念日の山に登ろう 日付と標高が一致する山へ　石井光造著　東京新聞出版局　2000.10　223p　19cm　1300円　①4-8083-0713-8　Ⓝ291.09

㊙1月の日付高度の山一覧，2月の日付高度の山一覧，3月の日付高度の山一覧，4月の日付高度の山一覧，5月の日付高度の山一覧，6月の日付高度の山一覧，7月の日付高度の山一覧，8月の日付高度の山一覧，9月の日付高度の山一覧，10月の日付高度の山一覧，11月の日付高度の山一覧，12月の日付高度の山一覧

㊙日付と標高が一致する山への登山ガイドブック。山の高さの数字を日付に置き換えて，101m＝1月1日から1231m＝12月31日まで全部で3049山。そのすべての所在地（都道府県）と掲載2万5千分1地形図名を一覧表にし，そのうち83山の登山コースを紹介する。山は月ごとの日付により排列。山の標高，所在地等と山の見所など，所要時間等について掲載。巻末に掲載山岳一覧，掲載山岳位置図を付す。

絶景!!富士山と花を眺める百名山 中高年のための登山術　鈴木澄雄監修，中高年山の会編　講談社　1999.6　254p　19cm　(講談社SOPHIA BOOKS)　2400円　①4-06-269075-6　Ⓝ291.5

㊙1 東京・神奈川（高尾山，浅間嶺，三頭山 ほか），2 山梨（扇山，高畑山，倉岳山 ほか），3 静岡・長野（朝霧高原，葛城山，徳倉山 ほか），4 千葉・埼玉 ほか（鋸山，富山：高宕山 ほか）

㊙富士山が高さだけでなく，その美しさでも日本一の峰であることは誰もが認めるところである。だが残念ながら，富士に登ってしまってはその秀麗な姿は望めない。富士の眺めの良さは周囲の山に譲らざるを得ない。山頂から富士を眺めることはできる山はじつはたくさんある。日本一の風景を眺められる数ある山のなかでも，四季折々に豊富な花にあえる山，ふもとに温泉がある山など百山を，実際に登った経験のある中高年の登山者たちの執筆・写真により紹介。いままで，ありそうでなかった富士山を眺める百名山の本である。

東海自動車箱根登山バス　BJハンドブックシリーズ〈R58〉　(越谷)BJエディターズ, 星雲社〔発売〕　2006.5　68p　19cm　(BJハンドブックシリーズ R58)　1000円　①4-434-07273-0　Ⓝ685.5

㊙紀行編（山の湯・海の湯はしご湯紀行, 終点の構図 池代），歴史編（東海バス・箱根登山バスの路線エリア，東海バスのあゆみ，箱根登山バスのあゆみ），車両編（車両の現況）

登山サバイバル・ハンドブック　栗栖茜著　海山社　2009.11　43p　13cm　500円　①978-4-904153-03-1　Ⓝ786.1

㊙出かける前に，もう一度確認しよう!, 山に登るための基本的な装備，ファーストエイド, 山でのけが，山での病気，道に迷う，登山計画書

登山の医学ハンドブック　松林公蔵監修，日本登山医学研究会編　杏林書院　2000.6　234p　19cm　2350円　①4-7644-0052-9　Ⓝ498.43

㊙1 登山医学概論—山で体をこわさないために，2 登山中に起こり得る症状，3 登山中に発病し得る疾患，4 疾病をもっている人の登山における注意，5 登山中に必要な救急処置法，6 登山に携行したほうがよい医療器材と医薬品，7 登山における栄養をめぐる諸問題，8 ヒマラヤ高所医学

㊙登山に関する医学書としてこの本は，医師・登山愛好者のための"安全確保の道しるべ"です。まず最初に『山で体をこわさない』ようにするための医学知識について述べています。

登山の医学ハンドブック　第2版　日本登山医学会編，松林公蔵監修　杏林書院　2009.9　284p　19cm　〈索引あり〉　2200円　①978-4-7644-0067-2　Ⓝ498.43

㊙1 登山医学概論—山で体をこわさないために，2 登山中に起こり得る症状，3 登山中に発病し得る疾患，4 疾病を持っている人の登山における注意，5 中・高年登山における注意，6 国内登山に携行したほうがよい医療器材と医薬品，7 登山における栄養をめぐる諸問題，8 海外登山とトレッキング医学

日本百名山登山案内 山と渓谷社 1999.1
206p 26cm 2200円 Ⓘ4-635-53017-5
Ⓝ291.09

(目次)利尻岳，羅臼岳，斜里岳，阿寒岳，大雪山，トムラウシ，十勝岳，幌尻岳，後方羊蹄山，岩木山〔ほか〕

(内容)最新情報を網羅した深田百名山ガイドブックの決定版。内容は1998年10月現在。

日本百名山山あるきガイド 上 改訂3版
JTBパブリッシング 2008.4 207p 21cm
(大人の遠足book 全国1) 1400円 Ⓘ978-4-533-07107-2 Ⓝ291.09

(目次)利尻岳，羅臼岳，斜里岳，阿寒岳，大雪山，トムラウシ，十勝岳，幌尻岳，後方羊蹄山，岩木山〔ほか〕

日本百名山山あるきガイド 下 改訂3版
JTBパブリッシング 2008.4 207p 21cm
(大人の遠足book 全国2) 1400円 Ⓘ978-4-533-07108-9 Ⓝ291.09

(目次)薬師岳，黒部五郎岳，黒岳，鷲羽岳，槍ヶ岳，穂高岳，常念岳，笠ヶ岳，焼岳，乗鞍岳〔ほか〕

富士登山ハンドブック 富士山の自然を楽しむために 〔1990〕 改訂新版 富士自然動物園協会編 自由国民社 1990.7 286p 図版12枚 18cm 1300円 Ⓘ4-426-85704-X Ⓝ291.51

富士登山ハンドブック 富士山の自然を楽しむために 改訂新版 富士自然動物園協会編 自由國民社 1991.6 286p 18cm 1300円 Ⓘ4-426-85705-8 Ⓝ291.51

(目次)第1編 富士登山(富士山情報，富山登山の準備，富士登山の実際，夏富士を登る，お中道，山麓を歩く，東海自然歩道，紅葉の富士山，雪の富士山，春霞の富士山)，第2編 富士山の自然(地形と地質，富士山の気象，富士山の植物，富士山の動物)，第3編 便利資料集

富士登山ハンドブック 富士山の自然を楽しむために 改訂新版 富士自然動物園協会編 自由國民社 1992.5 294p 18cm 1500円 Ⓘ4-426-85706-6 Ⓝ291.51

(目次)第1編 富士登山(富士山情報，富士登山の準備，富士登山の実際，夏富士を登る，お中道，山麓を歩く，東海自然歩道，紅葉の富士山，雪の富士山，春霞の富士山)，第2編 富士山の自然(地形と地質，富士山の気象，富士山の植物，富士山の動物)，第3編 便利資料集

富士登山ハンドブック 富士山の自然を楽しむために 改訂新版 富士自然動物園協会編 自由國民社 1993.5 294p 18cm 1500円 Ⓘ4-426-85707-4 Ⓝ291.51

(目次)第1編 富士登山，第2編 富士山の自然，第3編 便利資料集

富士登山ハンドブック 富士山の自然を楽しむために 改訂新版 富士自然動物園協会編 自由國民社 1994.4 294p 18cm 1500円 Ⓘ4-426-85708-2 Ⓝ291.51

(目次)第1編 富士登山(富士山情報，富士登山の準備，富士登山の実際，夏富士を登る，お中道，山麓を歩く，東海自然歩道，紅葉の富士山，雪の富士山，春霞の富士山)，第2編 富士山の自然(地形と地質，富士山の気象，富士山の植物，富士山の動物)，第3編 便利資料集

富士登山ハンドブック 富士山の自然を楽しむために 改訂新版 富士自然動物園協会編 自由国民社 1995.5 294p 18cm 1500円 Ⓘ4-426-85709-0 Ⓝ291.51

(目次)第1編 富士登山，第2編 富士山の自然

富士登山ハンドブック 富士山の自然を楽しむために 改訂版 富士自然動物園協会編 自由国民社 1996.5 294p 18cm 1500円 Ⓘ4-426-85710-4 Ⓝ291.51

(目次)第1編 富士登山(富士山情報，富士登山の準備，富士登山の実際，夏富士を登る ほか)，第2編 富士山の自然(地形と地質，富士山の気象，富士山の植物，富士山の動物)，第3編 便利資料集

(内容)富士山に関する各種情報、データをまとめたもの。「富士登山」「富士山の自然」「便利資料集」の3編から成り、第1編では富士登山の準備から実際までを、第2編では富士山の地質、気象、動植物を紹介する。第3編には宿泊施設、観光協会、病院等周辺施設、交通機関等の一覧、富士山関連のブックガイド等がある。

富士登山ハンドブック 富士山の自然を楽しむために 改訂版 富士自然動物園協会編 自由国民社 1999.6 294p 18cm 1500円 Ⓘ4-426-85712-0 Ⓝ291.51

(目次)第1編 富士登山(富士山情報，富士登山の準備，富士登山の実際，夏富士を登る ほか)，第2編 富士山の自然(地形と地質，富士山の気象，富士山の植物，富士山の動物 ほか)，第3編 便利資料集

富士登山ハンドブック 富士山の自然を楽しむために 富士自然動物園協会編 自由国民社 2001.6 294p 18cm 1500円

登山　　　　　　　　　レジャースポーツ

①4-426-85713-9　Ⓝ291.51

⟨目次⟩第1編 富士登山（富士山情報，富士登山の準備 ほか），第2編 富士山の自然（地形と地質，富士山の気象 ほか），第3編 便利資料集（富士山の宿泊施設，観光協会等 ほか）

富士登山ハンドブック　富士の自然を楽しむ　改訂新版　富士自然動物園協会編　自由國民社　2004.6　286p　18cm　1500円　①4-426-85714-7　Ⓝ291.51

⟨目次⟩第1編 富士登山（富士山情報，富士登山の準備，富士登山の実際 ほか），第2編 富士山の自然（地形と地質，富士山の気象，富士山の植物 ほか），第3編 便利資料集（富士山の宿泊施設，観光協会等，市町村役場等 ほか）

マカルー東稜　日本山岳会マカルー登山隊1995報告書　日本山岳会マカルー登山隊1995編　山と渓谷社　1997.9　127p　30cm　4000円　①4-635-19001-3　Ⓝ292.58

⟨目次⟩1 行動報告（マカルー東稜への道，マカルー登攀史，登山許可の取得から出発まで，ベースキャンプへ，第3キャンプから第5キャンプへ，頂上を目指して ほか），2 各係報告（医療報告，マカルーにおける環境保全，マカルーの気象，装備報告，食糧・燃料報告，通信報告 ほか）

⟨内容⟩8463メートル，世界第5位の高峰に残された困難な稜線，悪絶な氷雪稜や岩壁に護られた長大なバリエーション・ルートに挑んだ日本山岳会隊12人の苦闘と登頂の記録。

目で見る日本登山史　山と渓谷社編　山と渓谷社　2005.11　2冊（セット）　26cm　7800円　①4-635-17814-5　Ⓝ786.1

⟨目次⟩第1部 近代登山前史（江戸後期山と人，外国人による登山 ほか），第2部 探検の時代（近代登山の幕開け，日本山岳会設立と探検登山 ほか），第3部 岩と雪の時代（アルピニズムの洗礼，積雪期初登頂とクライミング ほか），第4部 尖鋭と大衆の時代（復興の足音，社会人の台頭とRCC2 ほか），日本登山史年表

⟨内容⟩ビジュアルでたどる日本の登山史。貴重な写真や絵，地図などをふんだんに使用し，わかりやすくまとめた「日本で初めてのビジュアルな登山史」。時代順に4部に構成し，テーマごとに26章80項に分類。別冊として「日本登山史年表」が付く。日本人の海外登山年表も収録。

山歩きの手帳　大久保栄治監修，真木隆，豊田和弘著　東京書籍　2015.9　254p　16cm　〈文献あり 索引あり〉　1500円　①978-4-487-80958-5　Ⓝ472.1

⟨目次⟩1 登山道で出会う植物（白色の花，黄色の花，赤／紫色の花，青色の花，茶色の花，針葉樹，広葉樹，タケ・ササの類），2 登山道で出会う生きもの（ほ乳類，鳥類，爬虫類＆両生類，昆虫，魚類），3 山の地形，4 山のことば，山の道具（山の用語，山の装備の選びかた），5 山の連絡帳—安全な登山と楽しみかた（山の歩きかた，山小屋の利用法，テントの利用法，山小屋の連絡先と夏季診療所情報）

⟨内容⟩植物，動物，地形，装備，登り方，山のことばetc.山歩きで出会うあらゆる情報を網羅。

山の救急医療ハンドブック　日本山岳会医療委員会編　山と渓谷社　2005.7　159p　19cm　980円　①4-635-15603-6　Ⓝ786.1

⟨目次⟩第1章 山のケガ（擦り傷・切り傷・刺し傷，打撲・捻挫 ほか），第2章 山の病気（風邪，腹痛 ほか），第3章 山行形態別山のケガと病気（春山・夏山 日焼け，夏山 落雷 ほか），第4章 セルフ・レスキュー（緊急度のチェック法，心肺蘇生の手順 ほか），第5章 山行前の準備（山のメディカルチェック，トレーニング ほか）

⟨内容⟩山ではちょっとした不注意から，重大事故を起こしかねない。そんなとき，現場でいかに適切な処置ができるか。自分たちでもできる山の応急処置の処方箋。

山のデータブック　最新データを分析すると，山岳事情のいまが見えてくる　第1集　山のECHO編　山のECHO　2006.7　366p　30cm　2476円　①4-9903191-0-9　Ⓝ786.1

⟨目次⟩巻頭エッセイ，1 登山人口を増やすことはできるのか（登山者），2 山岳団体加入者・ツアー登山者の動向を占う（組織動向），3 登山用品の変遷から登山事情の変化を読む（登山用品），4 山の自然は保護されているか（自然環境），5 自然保護活動は官・民を超えて広がる（自然保護），6 自然の中で若者を育てるには（自然教育），7 山の施設整備は今後どこに向かうのか（施設整備），8 自然保護はどこまでマナー・ルールに頼れるか（法令・マナー），9 山での遭難や事件を減らす方策は（遭難・事件），10 データ・資料から山岳事情を読みとる（山のデータ）

⟨内容⟩山に関する最新データを収録。64人の専門家が170点の図表を交えて執筆。山の入山者数，山岳遭難の状況といったデータを収め，沢水を安全に飲む方法の解説や携帯トイレ販売店の連絡先一覧なども掲載。

＜雑誌目次総覧＞

「山岳」総合索引 1906-1990　日本山岳会編　緑蔭書房　1993.2　461p　26cm　27810円　Ⓘ4-89774-005-3　Ⓝ786.1

(内容)日本山岳会の機関誌「山岳」の第1年から第85年までの総合累積索引。

山の本総目次　1〜40巻　山の本編集部編　（八王子）白山書房　2002.7　83p　21cm　1000円　Ⓘ4-89475-064-3　Ⓝ291.09

(目次)随想・スーパーエッセイ，紀行，紀行ガイド，いちペ〜じ紀行，読物，コラム，画文，インタビュー・座談会・対談，オピニオン・アンケート，ノウハウ・データ，案内，本の紹介，連載

(内容)白山書房が刊行する季刊「山の本」1巻（1992）〜40巻（2002）の総目次。ジャンル別に構成。巻頭に特集記事，巻末に筆者索引がある。

＜年鑑・白書＞

山岳年鑑 '90　岩と雪編集部編　山と渓谷社　1990.9　286p　26cm　3600円　Ⓘ4-635-84390-4　Ⓝ786.1

(目次)動向と展望1980-1990，トピックス／ピープル，物故者追悼，遭難，登山の記録（中国，ネパール，インド，パキスタン，ソヴィエト連邦，中近東・アフリカ，アルプス，ヨーロッパの岩場，ノルウェイ・グリーンランド，アラスカ・カナダ，アメリカ合衆国，中南米，南極大陸，オセアニア・東南アジア，東北アジア，日本），世界の山へのパスポート，山岳図書，登攀用具，登山隊連絡先一覧

(内容)本年鑑は，過去1年間にわたって世界の山々を舞台に行なわれた登山活動を集大成したものである。その目的とするところは，登山史の里程標として登山界の歩みを記録にとどめ，現代登山の動向を見きわめること，そして将来を展望するための土台を提供することである。

山岳年鑑 '91　岩と雪編集部編集　山と渓谷社　1991.7　222p　26cm　〈折り込図1枚〉　3495円　Ⓘ4-635-17604-5　Ⓝ786.1

(目次)動向と展望，トピックス・ピープル，物故者追悼，遭難，登山の記録（中国，ネパール，インド，パキスタン，ソヴィエト連邦，中近東・アフリカ，アルプス，ヨーロッパの岩場，ノルウェイ・グリーンランド，アラスカ・カナダ，アメリカ合衆国，中南米，南極大陸，オセアニア・東南アジア，東北アジア，日本），山岳図書，山名・地名索引，参考文献

山岳年鑑 '92　山と渓谷社　1992.8　221p　26cm　3600円　Ⓘ4-635-17605-3　Ⓝ786.1

(目次)動向と展望，話題，人・ひと，追悼，中国，ネパール，ブータン・インド，パキスタン，旧ソ連邦，中東・アフリカ，アルプス，ヨーロッパの岩場，ノルウェイ／グリーンランド，アラスカ・カナダ，アメリカ，南アメリカ，南極大陸，オセアニア・東南アジア，東北アジア，日本，クライミング・コンペ，遭難，山岳図書（国内，海外），登攀用具，登山隊連絡先一覧

(内容)本年鑑は，過去1年間にわたる世界の登山記録を集大成したものである。

山岳年鑑 '93　山と渓谷社　1993.10　222p　26cm　3600円　Ⓘ4-635-17606-1　Ⓝ786.1

(目次)動向と展望，話題，追悼，登山の記録（中国，ネパール，インド，パキスタン，旧ソ連邦，中東／アフリカ，アルプス，ヨーロッパの岩場〔ほか〕），クライミング・コンペ，登山隊連絡先一覧

(内容)1992年の世界の登山記録と各種資料をまとめた年鑑。概説にあたる「動向と展望」、16ブロックに分けた「登山の記録」、1年間に出された山岳図書と登攀用具の目録、登山隊連絡先一覧、山名・地名索引などで構成する。

山岳年鑑 '94　岩と雪編集部編　山と渓谷社　1994.10　254p　26cm　3600円　Ⓘ4-635-17607-X　Ⓝ786.1

(目次)動向と展望，話題，人，日誌，追悼，遭難，登山の記録（中国，ネパール，ブータン／インド ほか）

(内容)1993年の世界の登山記録と各種資料をまとめた年鑑。概説にあたる「動向と展望」、16ブロックに分けた「登山の記録」、1年間に出された山岳図書と登攀用具の目録、登山隊連絡先一覧、山名・地名索引、年鑑編集上の参考文献リスト等で構成する。海外読者のために英文サマリーも掲載されている。巻頭にエリア別「登山の記録」目次がある。

山岳年鑑 '95　山と渓谷社　1996.6　254p　26cm　3600円　Ⓘ4-635-17608-8　Ⓝ786.1

(目次)動向と展望，話題，人，日誌，追悼，遭難，中国，ネパール，インド，パキスタン，旧ソ連邦，中東／アフリカ，アルプス／ピレネー周辺，ヨーロッパの岩場〔ほか〕

登山白書 2016　山と渓谷社ヤマケイ登山総合研究所編　山と渓谷社　2016.8　288p

30cm 〈年表あり〉 9800円 ①978-4-635-17611-8 Ⓝ786.1

⽬次 登山界この1年，2015年山岳遭難発生状況まとめと，山岳遭難事故事例集，山域別入山者数，山岳観光地における外国人登山者の動向，2015年の気象を振り返る，2015年日本の火山活動，アルパインウェアの最新4大トピック，世界登山の動向2015／16，提言2016年，私はこう考える，山岳関係の書籍，雑誌の動向，山岳関係のエンターテインメント作品の動向，登山者の現在像，登山人口をどう分析するか，山岳トイレの改善，登山・山岳関連専門家名簿，長野県の遭難事故をピックアップ，長野県安全登山条例に基づく「登山を安全に楽しむためのガイドライン」，捜索救助活動と費用の実際，日本の登山組織は今，登山界365日 この一年間の主なできごと

登山白書　2016　CD-ROM付き　山と渓谷社ヤマケイ登山総合研究所編　山と渓谷社　2016.8　288p　30cm　〈年表あり〉　19800円　①978-4-635-17610-1　Ⓝ786.1

⽬次 登山界この1年，2015年山岳遭難発生状況まとめと，山岳遭難事故事例集，山域別入山者数，山岳観光地における外国人登山者の動向，2015年の気象を振り返る，2015年日本の火山活動，アルパインウェアの最新4大トピック，世界登山の動向2015／16，提言2016年，私はこう考える，山岳関係の書籍，雑誌の動向，山岳関係のエンターテインメント作品の動向，登山者の現在像，登山人口をどう分析するか，山岳トイレの改善，登山・山岳関連専門家名簿，長野県の遭難事故をピックアップ，長野県安全登山条例に基づく「登山を安全に楽しむためのガイドライン」，捜索救助活動と費用の実際，日本の登山組織は今，登山界365日 この一年間の主なできごと

クライミング

＜ハンドブック＞

フリークライミング日本100岩場　2　関東　北山真編　山と渓谷社　2000.9　143p　21cm　1600円　①4-635-18012-3　Ⓝ786.16

⽬次 群馬・埼玉北部（中之条 有笠山，沼田 子持山，榛名山 黒岩 ほか），奥武蔵・奥多摩（東秩父 金毘羅岩，黒山 聖人岩，奥武蔵 日和田山 ほか），栃木・茨城・神奈川（宇都宮 古賀志山，茨城 笠間ボルダー，三浦半島 鷹取山 ほか），その他の岩場（榛名山硯岩，榛名山ライオン岩，秩父・要荷岩 ほか）

内容 フリークライミングのための岩場のルート図集。全国各地の山・谷・海辺に点在するおよそ300の岩場のなかから選んだベスト100を紹介するシリーズの関東編。岩場は地区別に掲載，各岩場は岩質，傾斜，ルート総数，シーズン，場所などのデータと交通アクセス，キャンプなど，注意事項，岩場の概要とルート図，初登者名などを掲載。巻末に岩場リスト・人口壁リストを付す。

アウトドア

＜ハンドブック＞

アウトドア救急ハンドブック　小学館　1994.7　144p　17cm　（BE-PAL OUTDOOR MEDICA）　1000円　①4-09-366611-3　Ⓝ492.29

⽬次 第1章 けが・事故，第2章 病気，第3章 動植物による食中毒と外傷

内容 子ども連れが野外で遭遇する緊急事態。全118ケースにフル対応。

アウトドア百科　内田一成著　舵社　1999.5　185p　21cm　1200円　①4-8072-5503-7　Ⓝ786.3

⽬次 ベーシックグッズ―アウトドア装備を選ぶ基準，イクイップメント―装備はシチュエーションに合わせて厳選する，ウェアリング―実践的な装備としてのウェア，フットウェア―足元を見られないために，パッキング―合理的なパッキングとは，キャンプサイト―ソフトハウスに眠るということ，食事―食事はキャンプのメインイベント，ナイトライフ―長い夜もキャンプの楽しみだ，キャンピングライフ―フィールドを十二分に楽しもう，トレッキング―キャンプサイトを後にウィルダネスへ，サバイバル―「あわてず冷静に」がサバイバルの極意，撤収―キャンプの絶対条件，13 メインテナンス―道具と長くつき合うために

内容 キャンプをベースに，自然を満喫しよう！大自然に抱かれてキャンプをすれば，風や鳥の声に耳を傾け，雲や星を眺めて過ごすことの楽しさや，自然の中で食べる食事のうまさなどが味わえます。家族で，仲間で，時には一人で。この本はアウトドアを満喫するために，装備からサバイバルまでの内容を網羅したアウトドアのバイブルです。この本で，アウトドアを楽し

むための知識を身につけ、今年こそキャンピングと、その先に広がる世界を楽しんでください。アウトドアを縦横無尽に楽しむために。

海・山・キャンプ場でアウトドア救急ハンドブック　柏澄子文　JTBパブリッシング
2009.4　161p　19cm　〈るるぶdo!ハンディ〉〈絵：阿部亮樹　文献あり　索引あり〉　1000円　Ⓘ978-4-533-07488-2　Ⓝ598.5

(目次)第1章 キャンプ場で、第2章 河原、川で遊ぶ、第3章 ハイキング、山歩き、第4章 海で泳ぐ、遊ぶ、第5章 よくあるケガ、病気とっさの応急処置、第6章 アウトドアとレスキュー基本用語辞典

キャンプ　成美堂出版　1995.6　383p　15cm
（ポケット図鑑）　1200円　Ⓘ4-415-08173-8　Ⓝ786.3

(目次)1 プランニング、2 イクイップメント、3 ウェア&シューズ、パッキング、キャンプサイト、クッキング、アミューズメント、ウィズドローウィング、トラブル対策、キャンパーズ・ノレッジ

図解 応急手当ハンドブック アウトドアレスキュー 家庭　山本保博監修　日本文芸社　2016.7　223p　19cm　〈索引あり〉900円　Ⓘ978-4-537-21412-3　Ⓝ598.5

(目次)1章 ケガの応急手当、2章 一次救命処置、3章 体調不良の応急手当、4章 部位別・ケガの応急手当、5章 日常生活のアクシデントの応急手当、6章 アウトドアのアクシデントの応急手当、7章 事故・災害時の応急手当、8章 応急手当の予備知識

(内容)シーン別、ケガや病気・症状別に応急処置の方法がすぐに見つかる!一家に一冊、救急時に必ず役立つ!

すぐに役立つ野外活動ハンドブック　石田泰照編著　(名古屋)黎明書房　1997.4　262p　19cm　〈アウトドア・ライフシリーズ 6〉　Ⓘ4-654-07573-9　Ⓝ374.8

(目次)1 どのように組織し運営するか、2 指導のアイデア、3 山と海の教室、4 車中を楽しく、5 ゆかいな野山―野山のゲーム、6 ゆかいな海辺―海のゲーム、7 山や海の展覧会―造形遊び、8 仲よし子ども部屋―室内ゲーム、9 スタンツ―みんなで楽しいスタンツ、10 なぞなぞたまて箱、11 おねんね怪談―科学怪談、12 きょうの歌あしたの歌―たのしい歌のプログラム

(内容)実施調査のコツ、キャンプファイヤーのすすめ方、山や海の理科教室、ゲーム・うた等。

トレイルトリップガイドブック ファストパッキング入門　石川弘樹著　講談社　2016.8　143p　19cm　〈他言語標題：TRAIL TRIP GUIDEBOOK〉　1400円　Ⓘ978-4-06-220189-6　Ⓝ786.4

(目次)1 TRIP 山旅編(屋久島、大雪山、飯豊連峰 ほか)、2 GEAR&WEAR 装備編(装備の基本、バックパック、シューズ ほか)、3 PLAN 実践編(トレイルトリップを始める前に、プランを考える、快適なトレイルトリップのために ほか)

(内容)衣食住を背負って、もっと身軽に、もっと遠くへ。トレイルランニングの第一人者が案内する「走る+歩く+泊まる」を組み合わせた自由な山旅。

ニュー・アウトドア救急ハンドブック　改訂版　BE-PAL編集部編、小浜啓次監修　小学館　2001.5　95p　17cm　900円　Ⓘ4-09-366612-1　Ⓝ598.5

(目次)第1章 けが・事故(出血した(直接圧迫止血法/止血帯を使用した止血法)、骨折した ほか)、第2章 病気(日射病・熱射病、高山病/潜水病 ほか)、第3章 動植物による食中毒と外傷(自然毒による食中毒、有害生物による外傷 ほか)

(内容)本書はフィールドでおこりうる不測の事態に遭遇したときに、自分の身を守るための方法をわかりやすく解説しています。

野花で遊ぶ図鑑　おくやまひさし著　地球丸　1997.5　159p　21cm　〈アウトドアガイドシリーズ〉　1700円　Ⓘ4-925020-15-3　Ⓝ470.4

(目次)いつでも野草を楽しむために、この本に出てくるおもな植物用語、春を告げる早咲きの花を見つけよう、ほろ苦いフキノトウは大地の香り、日だまりでツクシ摘み、野原で探す、新・春の七草、根っこでわかるセリとドクゼリの違い、独特の花の形をもつスミレ、タンポポは昔も今も身近な草花、レンゲソウはタネから育てるとおもしろい〔ほか〕

ハイキング・ハンドブック　村上宣寛著　新曜社　2013.6　296p　19cm　2600円　Ⓘ978-4-7885-1338-9　Ⓝ786.4

(目次)第1章 準備、第2章 歩く装置、第3章 荷物を背負う、第4章 着る、第5章 夜を過ごす、第6

章 何を食べるべきか，第7章 清潔に，第8章 危険に対処する，第9章 なぜ歩くのか
(内容)身体やハイキング用具の準備から，行動中の体力の消耗とケガ防止まで，最新のスポーツ科学のエビデンスにもとづいて詳しく解説。初心者から熟練者まで，安全にハイキングを楽しむための，たしかな知識とノウハウを満載。

プロ・ナチュラリスト佐々木洋の野遊びハンドブック 「野性復活ゲーム」77
佐々木洋著 光文社 2000.4 201p 19cm 1500円 ①4-334-97259-4 Ⓝ786
(目次)1年中楽しむゲーム(自然からの借り物ゲーム，立体地図作り ほか)，春を楽しむゲーム(私の春の七草，営巣ゲーム ほか)，夏を楽しむゲーム(海の詩，モンタージュ・スケッチ ほか)，秋を楽しむゲーム(私を遠くへ連れてって，自然物のカルタ大会 ほか)，冬を楽しむゲーム(野鳥の古巣拝見ツアー，カモのぬり絵 ほか)，夜と雨を楽しむゲーム(夜の怪獣探し，虫の合唱団 ほか)
(内容)この本は，自然と親しみ，仲良くなるための，すばらしく楽しいハンドブックです。対象は，小さな子どもから大きな大人まで，男女・性格・運動神経を問わず。ちょっとすてきな77のゲームで，自然への感性を復活させてみましょう。親子で遊ぶネイチャー・フィーリング・ゲームス。

ぼくらの大冒険ハンドブック
かざまりんぺい著 日東書院本社 2013.7 159p 21cm 1200円 ①978-4-528-01188-5 Ⓝ786
(目次)大冒険のための基本のワザ(安全なナイフの使い方を覚えよう！，命を守るロープ・ワークを覚えよう！，火を起こしてみよう！)，焚火で大冒険！，ロープ一本で遊ぼう！，空き缶で冒険遊びをしよう！，釣り道具なしで魚を釣ってみよう！，雨の日だって，工作をして遊ぼう！，大自然で大冒険！，テントなしのアドベンチャー・キャンプをしよう！，大冒険料理をしよう！，いざ，というときのサバイバル・テクニックを覚えよう！
(内容)"生きるための知恵と技術をキミの手にとりもどす"大冒険。すぐに使えるアイデアがいっぱい！

ミニバン車中泊ハンドブック ETCと車中泊で格安・充実の旅ができる すぐに使えるノウハウ集 大人の休日マニュアル
脱日常本舗著 日東書院本社 2010.3 159p 21cm (Do楽books) 1300円 ①978-4-528-01182-3 Ⓝ786.3
(目次)第1章 車中泊の楽しみ，第2章 準備編，第3章 車内レイアウト編，第4章 季節対策編，第5章 グッズ編，第6章 移動・車中泊，第7章 オートキャンプの基本，第8章 快適便利術・危機管理・情報収集
(内容)ETCと車中泊で格安・充実の旅ができるすぐに使えるノウハウ集。

レクリエーションハンドブック
江橋慎四郎，池田勝編 国土社 1990.12 254p 21cm 2800円 ①4-337-48404-3 Ⓝ786.036
(目次)レクリエーションとは，ゲーム，みんなのスポーツ，野外活動，ダンス，ソング，劇・スタンツ，クラフト，社交的活動，指導者のために
(内容)学校，地域，サークル，職場，グループ，PTA，家族子どもから大人まで，どんな場面でも，楽しく，愉快にレク活動の具体的な方法，ポイントを解説。

レスキュー・ハンドブック
藤原尚雄，羽根田治著 山と渓谷社 2002.5 159p 19cm 980円 ①4-635-15601-X Ⓝ786
(目次)序文 これだけは知っておきたい3つのキーワード，第1章 ファーストエイド，第2章 キャンプ場周辺のトラブル，第3章 川と川辺の安全管理マニュアル，第4章 海と海辺の安全管理マニュアル，第5章 山のトラブルと回避策
(内容)応急手当てや救助に関する最先端の内容を紹介するハンドブック。野山や川，海といったフィールド別に，起こりやすい事故を回避するための予防策と，事故後の対処法をケースごとに図解で解説する。

レスキュー・ハンドブック 新版
藤原尚雄，羽根田治著 山と渓谷社 2012.7 159p 19×12cm 1200円 ①978-4-635-15604-2 Ⓝ786
(内容)野山・水辺ですぐ役立つファーストエイド＆レスキューの最新テクニック。

<図鑑・図集>

アウトドアクッキング図鑑
家の光協会 1995.5 237p 21cm 1600円 ①4-259-53716-4 Ⓝ596.4
(目次)第1章 調理するための準備，第2章 アウトドアクッキングの実践，第3章 後始末と知識
(内容)現地で調達。野外で楽しむ料理術。

アウトドア工作図鑑 自然で創る宝物
家の光協会 1996.7 254p 21cm (家の光ア

ウトドアシリーズ) 1600円 ⓘ4-259-53814-4 Ⓝ759

(目次)1章 伝承草遊び, 2章 花・葉で遊ぶ, 3章 木の実・樹皮などで遊ぶ, 4章 竹で遊ぶ, 5章 木で遊ぶ, 6章 粘土・砂・土・石で遊ぶ, 7章 雪・氷で遊ぶ, 8章 貝殻で遊ぶ

<カタログ・目録>

オートキャンプ用品カタログ 外を遊ぶ道具の大図鑑 1991 成美堂出版 1991.7 146p 29cm 1500円 ⓘ4-415-03384-9 Ⓝ786.3

◆ロープワーク

<事 典>

ひもとロープ 暮らしに役立つ結び方事典 羽根田治監修 池田書店 2002.4 255p 21cm 1000円 ⓘ4-262-16006-8 Ⓝ383

(目次)1 結びの基礎知識―ひも・ロープを結ぶために知っておきたいこと, 2 結び方の基本―すべての結び方は基本の組み合わせ, 3 日々の暮らしに役立つ結び方―日常生活を便利で豊かに送るための結びの数々, 4 アウトドアでの結び―用途別によくわかる結び方の基本と応用, 5 より充実したロープワークのために―ひも・ロープと末永くつき合うための秘訣

(内容)ひもとロープの結び方の実用事典。結びの基礎知識、基本として覚えておきたい結び、実用的な結びなどから構成。日常生活からアウトドアライフまでのさまざまなシーンを想定し、それぞれに適した結びをイラスト付きで紹介。結びの五十音索引あり。

<ハンドブック>

アウトドア ロープワーク ハンドブック スタジオ・ビーイング編 (新宿区)池田書店 1998.8 223p 17cm 950円 ⓘ4-262-15692-3 Ⓝ553.7

(目次)第1章 ロープの扱い方, 第2章 結びの基本, 第3章 野外生活で役立つ結び, 第4章 山登りで役立つ結び, 第5章 野外の遊びで役立つ結び, 第6章 釣りで役立つ結び, 第7章 暮らしで役立つ結び, 第8章 いざというとき役立つ結び, 第9章 ロープの手入れと収納

(内容)あらゆるフィールドで役に立つ。携帯に便利なハンドブックサイズ。全104種のロープの結び方を徹底解説。コマ割りで解説しているので、結び方がすぐわかる。

どこでも役立つ ひもとロープの結び方テクニック 小暮幹雄編著 成美堂出版 2000.8 222p 21cm 1100円 ⓘ4-415-01001-6 Ⓝ553.7

(目次)第1章 日常生活に役立つ結び(贈り物をする, 部屋と小物のインテリア ほか), 第2章 アウトドアでの結び(キャンプ, 登山&トレッキング ほか), 第3章 結びの基本テクニック(ロープに結び目を作る, ロープ同士をつなぎ合わせる ほか), 第4章 ひもとロープの基礎知識(ロープの扱い方と保管法, ロープの構造について ほか)

(内容)贈り物からインテリア、荷造り、庭の作業、アウトドアまであらゆることに役立つ結びのすべて。

結び方百科 ロープワーク ステップ・バイ・ステップ デズ・ポーソン著, 手塚勲訳 山と渓谷社 1998.6 160p 22cm 2000円 ⓘ4-635-86801-X Ⓝ383

(目次)ロープを使う, ストッパー・ノット, バインディング・ノット, ベンド, ヒッチ, ループ, プレートとセンニット, スプライスとホイッピング

(内容)100種類以上のロープの結び方を紹介する実用写真ガイド。ロープワーク関連用語、索引付き。

ロープワーク・ハンドブック 羽根田治著 山と渓谷社 2003.4 158p 18cm 980円 ⓘ4-635-15602-8 Ⓝ553.7

(目次)第1章 ロープワークの基礎知識, 第2章 これだけは覚えておきたい結び方, 第3章 キャンプのロープワーク, 第4章 山登りのロープワーク, 第5章 釣りのロープワーク, 第6章 カヌー、ラテフィングのロープワーク, 第7章 ヨットのロープワーク

(内容)ロープの使い方の基礎からキャンプや山登り、釣り、川遊び、ヨットまで野外で必要なロープワークのすべてを解説。

サイクリング

<事 典>

サイクルペディア自転車事典 マイケル・エンバッハー著, 一杉由美訳 ガイアブック

ス，産調出版（発売） 2012.2 224p 22×28cm 〈原書名：CYCLEPEDIA〉 2800円 ①978-4-88282-822-8 Ⓝ536.86

(目次)ヴィアル ベラスティック（フランス1925年），シクル・イロンデール レトロダイレクト（フランス1925年ごろ），シュル フュニキロ（フランス1937年ごろ），ヘラクレス 2000・HK（ドイツ1958年ごろ），メルヴィル メルヴィレ（フランス1949年ごろ），ガラン（フランス1952年ごろ），AFA（フランス1954年），シャレル（フランス1948年ごろ），メルシェ メカデュラル・ペリシア（フランス1950年ごろ），ルネ・エルスディアゴナール（フランス1969年）〔ほか〕

(内容)快適サイクリングのためのファッションとデザイン，そのおいたちと変遷が見える唯一の大図鑑。

<辞典>

自転車用語の基礎知識 バイシクルクラブ編集部編 枻出版社 2003.8 171p 15cm （枻文庫） 680円 ①4-87099-906-4 Ⓝ536.86

(内容)普段，自転車に接するうえで知っておきたい専門用語をわかりやすく解説した用語集。用語の取捨選択の基準をあくまで「基礎」レベルに設定した。

<ハンドブック>

MTB修理&トラブル解決ハンドブック 緊急時に即対応! 鏑木裕監修 池田書店 2008.2 191p 17×8.4cm 790円 ①978-4-262-17243-9 Ⓝ536.86

(目次)1 基礎知識（各部の名称（ディスク・ブレーキ仕様），各部の名称（Vブレーキ仕様） ほか），2 修理の基本（いつも適正な空気圧をキープしたい，バルブの違いによる空気の入れ方 ほか），3 トラブル解決法（チューブドタイヤがパンクした，パンクしたときはスペアチューブと携帯ポンプで対処 ほか），4 トラブル予防法（各部の緩みをチェックする，各部を増し締めする ほか），資料編

(内容)普段乗りからツーリングまでMTBの修理法，トラブル解決法をやさしく解説。

完全保存版 全国自転車名店ガイド グラフィック社編 グラフィック社 2012.3 175p 26cm （シクロツーリストブックス

5) 1800円 ①978-4-7661-2337-1 Ⓝ673.7

(目次)北海道・東北地方（北海道・サイクル小野サッポロ，北海道・秀岳荘白石店 ほか），関東地方（茨城県・エルドポルテ，茨城県・カワサキ乗物デパート ほか），中部地方（新潟県・スポーツサイクルサカモト，新潟県・サイクルワークスFin's ほか），近畿地方（三重県・サンコー自転車商会，三重県・ウィルソンサイクル鈴鹿店 ほか），中国地方（鳥取県・サイクルショップフクハマ，島根県・自転車遊びたかはし ほか），四国地方（徳島県・サイクルサイエンス，徳島県・ゴーゴーバイク ほか），九州・沖縄地方（福岡県・自転車工房ばらもん，福岡県・サイクルハウスパレット ほか）

(内容)自転車生活のパートナー&ツーリングの駆け込み寺。北海道から沖縄まで，全国133ショップ掲載。

自転車ツーリングハンドブック 山と渓谷社編 山と渓谷社 2013.11 127p 18cm 1300円 ①978-4-635-50033-3 Ⓝ786.5

(目次)1 ツーリング自転車の選び方，2 ツーリングの基本装備とウェア，3 自転車に荷物を積む，4 キャンプツーリングの最前線，5 ツーリングのプランニング，6 輪行ツーリングAtoZ,7 ツーリング時の走行テクニック，8 基本メンテナンスとトラブル解決術

(内容)自転車ツーリングを始めるための装備や基礎知識，輪行ハウツーからメンテナンス&メカトラブル解決までを初心者にも分かりやすく解説。

多摩川すいすい自転車旅マップ 河口から源流まで多摩川のすべてを知り尽くす旅 改訂版 自転車生活ブックス編集部編 ロコモーションパブリッシング 2009.4 93p 26cm （じてんしゃといっしょにくらす自転車生活ブックス） 1500円 ①978-4-86212-078-6 Ⓝ291.365

(目次)多摩川を源流目指す5つの旅（東京湾ベイエリア～都心を駆ける 羽田河口～二子玉川，多摩川周辺の歴史あるエリアを巡る 二子玉川～立川，多摩川沿いをのんびり走って風を感じる 立川～青梅，昭和が香るレトロな町を走る 青梅～奥多摩湖，初めの一滴を求めて… 奥多摩湖～笠取山），多摩川左岸のサイクリングロードを走る（弁天橋～二子玉川，二子玉川～日野橋，日野橋～羽村の堰），多摩川支流を走る 野川サイクリング

(内容)羽田が見える東京湾から源流の笠取山まで一度は絶対行ってみたい!大自然と大都市の風

を全身に感じて走る、日本一メジャーな自転車旅コース。多摩川をタップリ味わうための情報満載。

マウンテンバイク入門 選び方、走り方、楽しみ方がわかるバイカーズ・バイブル
山と渓谷 1995.4 127p 26×21cm （Outdoor BOOKS 9） 1600円 Ⓘ4-635-00709-X Ⓝ786.5

(目次)バイヤーズ・ガイド，ベーシック・テクニック，ファン・トゥ・ライド，ベーシック・ウエアリング，メカニカル・マニュアル，イエローページ

(内容)マウンテンバイクの楽しみ方のA～Zを網羅したバイカーのための完全マニュアル。あなたのMTBライフを面白くする役立ち情報満載。

＜カタログ・目録＞

MTBオールカタログ 2000 枻出版社
2000.4 247p 30cm （エイムック 225 MTB world vol.11） 1500円 Ⓘ4-87099-325-2 Ⓝ536.86

(内容)自転車のうちMTB（マウンテンバイク）全105ブランド523本を収録したカタログ。

MTBオールカタログ 2003 枻出版社
2003.3 279p 30cm （エイムック 641） 1500円 Ⓘ4-87099-808-4 Ⓝ536.86

MTBオールカタログ 2004 枻出版社
2004.3 279p 30cm （エイムック 813） 1500円 Ⓘ4-7779-0016-9 Ⓝ536.86

MTBオールカタログ 2005 枻出版社
2005.3 279p 30cm （エイムック 988） 1800円 Ⓘ4-7779-0278-1 Ⓝ536.86

MTBオールカタログ 2006 枻出版社
2006.1 288p 30cm （エイムック 1138） 1500円 Ⓘ4-7779-0468-7 Ⓝ536.86

MTBオールカタログ 2007 枻出版社
2007.1 288p 30cm （エイムック 1296） 1500円 Ⓘ4-7779-0665-5 Ⓝ536.86

MTBオールカタログ 2008 枻出版社
2008.1 277p 30cm （エイムック 1459） 1500円 Ⓘ978-4-7779-0906-3 Ⓝ536.86

MTBバイヤーズガイド 1990年 鷲プロダクションズ編 山と渓谷社 1990.6 113p 24cm 1400円 Ⓘ4-635-50006-3 Ⓝ536.86

スポーツサイクルカタログ 2003 ロードバイク編 八重洲出版 2003.3 148p 30cm （ヤエスメディアムック 76） 1300円 Ⓘ4-946342-76-1 Ⓝ536.86

スポーツサイクルカタログ 2004 ロードバイク編 八重洲出版 2004.3 156p 30cm （ヤエスメディアムック 94） 1500円 Ⓘ4-946342-94-X Ⓝ536.86

スポーツサイクルカタログ 2005 ロードバイク編 八重洲出版 2005.3 154p 30cm （ヤエスメディアムック 111） 1500円 Ⓘ4-86144-012-2 Ⓝ536.86

スポーツサイクルカタログ 2006 ロードバイク編 八重洲出版 2006.3 207p 30cm （ヤエスメディアムック 132） 1700円 Ⓘ4-86144-034-3 Ⓝ536.86

スポーツサイクルカタログ 2007 ロードバイク編 八重洲出版 2007.3 188p 30cm （ヤエスメディアムック 160） 1700円 Ⓘ978-4-86144-062-5 Ⓝ536.86

スポーツサイクルカタログ 2008 ロードバイク&シングルスピード車編 八重洲出版 2008.3 242p 30cm （ヤエスメディアムック 194） 1600円 Ⓘ978-4-86144-096-0 Ⓝ536.86

スポーツサイクルカタログ 2009 ロードバイク／シングルスピード車／ツーリング車編 八重洲出版 2009.3 250p 30cm （ヤエスメディアムック 225 Cycle sports）〈他言語標題：Sports bicycle catalog〉 1600円 Ⓘ978-4-86144-128-8 Ⓝ536.86

スポーツサイクルカタログ 2010 ロードバイク・シングルスピードバイク・ツーリングバイク編 八重洲出版 2010.2 250p 30cm （ヤエスメディアムック 262 Cycle sports）〈他言語標題：Sports bicycle catalog〉 1600円 Ⓘ978-4-86144-165-3 Ⓝ536.86

スポーツサイクルカタログ 2011 ロードバイク／シングルスピードバイク／ツーリングバイク編 八重洲出版 2011.2 258p 30cm （ヤエスメディアムック 311 Cycle sports） 1600円 Ⓘ978-4-86144-214-8 Ⓝ536.86

スポーツサイクルカタログ 2013ロードバイクトライアスロン&TTバイクシクロクロスバイク編 八重洲出版 2012.12 290p 30cm （ヤエスメディアムック 386）〈CYCLE SPORTS特別編集〉 1700円

日本と世界の自転車最新カタログ '90年度版
成美堂出版 1990.7 226p 29×22cm 1500円 ⓘ4-415-03325-3 Ⓝ536.86

(目次)南米最高峰5,850mアコンカグアからMTBで駆け下る!,こだわり派宣言〈1〉こだわりオーナーにおすすめアメリカンMTBモデル紹介,手軽に運んで気軽に遊べる折りたたみ式MTB新登場!,日本と世界のサイクルショー,国産主要コンポーネント,こだわり派宣言〈2〉完成車メーカーORDER SYSTEM

(内容)最新モデルをグレート別・ジャンル別に一挙掲載。選ぶ―買う―益々充実のバイヤーズガイド'90年版。

日本と世界の自転車最新カタログ '91～'92
成美堂出版編 成美堂出版 1991.8 210p 30cm 1500円 ⓘ4-415-03378-4 Ⓝ536.86

(目次)MTB MODEL,インポートブランドLOGOカタログ,ビギナーのためのMTBなんでもQ&A,ROAD・TRIATHLON MODEL,ON・OFFシステムコンポーネント〔ほか〕

(内容)選ぶ。買う。一最新トレンド満載!バイヤーズガイド'91年版。

日本と世界の自転車「最新」カタログ '92～'93
成美堂出版編 成美堂出版 1992.9 203p 29×21cm 1600円 ⓘ4-415-03274-5 Ⓝ536.86

(内容)'92年内外モデルのすべてをブランド別に完璧収録。

日本と世界の自転車「最新」カタログ '93
成美堂出版編 成美堂出版 1993.5 202p 29×22cm 1700円 ⓘ4-415-03629-5 Ⓝ536.86

(内容)自転車の話題のモデルなどを写真・データ・解説で紹介するカタログ。'93年版の収録内容は、ツーリング&フィットネス・BMXフリースタイル、世界のレースシーン、コンポパーツでみる完成車購入ガイド、MTBスノー・ダウンヒルなど。

日本と世界の自転車「最新」カタログ '94
成美堂出版 1994.5 161p 29×21cm 1600円 ⓘ4-415-03687-2 Ⓝ536.86

日本と世界の自転車最新カタログ '95
成美堂出版 1995.5 161p 30cm 1600円 ⓘ4-415-04046-2 Ⓝ536.86

日本と世界の自転車最新カタログ 1997
成美堂出版 1997.3 166p 30cm 1648円 ⓘ4-415-04153-1 Ⓝ536.86

(目次)RACING(MTB,ROAD RACER),ON&OFF SPORTS(MTB,KIDS MTB,CROSS,CRUISER,TOURING,BMX)

日本と世界の自転車マウンテンバイク '90
成美堂出版編集部編 成美堂出版 1990.4 178p 29×22cm 1400円 ⓘ4-415-03311-3 Ⓝ536.86

(目次)天上界のビッグサンバーンレース,カリフォルニアのマウンテンライダーズ,アメリカ・アナハイム自転車ショウ,'90最新モデル・オールガイド,これがMTBだ。MTB改造提案,もっとMTBレース!,女性ライダーがコーチするMTBライディング・テクニック,MTBグッズ・ベストセレクション,MTBツーリングコースガイド,MTB購入ガイダンス,MTBパーツ・カタログ,MTBタイヤ・カタログ〔ほか〕

日本と世界の自転車マウンテンバイク '91
成美堂出版編 成美堂出版 1991.4 193p 29×21cm 1500円 ⓘ4-415-03358-X Ⓝ536.86

(目次)インターナショナルバイクショー,1990ワールドマウンテンバイクチャンピオンシップ,U.S.A vs JAPANイベントウォッチング,ビッグインタビュー ジョン・トマック,1991マウンテンバイクファッションコンセプト,ビッグインタビュー リチャード・カニンガム,What's MTB,1991MTBバイヤーズカタログ,1991パーツ・タイヤカタログ,エッセイ/オーナーズトーク

日本と世界のマウンテンバイク '96
成美堂出版 〔1996.4〕 136p 30cm 1600円 ⓘ4-415-04099-3 Ⓝ536.86

(目次)'96世界のMTBシーンを知る―アナハイム・リポート,"世界一の自転車レース"の知られざる魅力がわかる―ツール・ド・フランス追っかけMTBひとり旅,MTBバイヤーズガイド'96(1)20万円以上のMTB70台,MTBバイヤーズガイド'96(2)10～20万円以上のMTB84台,MTBバイヤーズガイド'96(3)ウエア&アクセサリー,MTBバイヤーズガイド'96(4)10万円以下のMTB106台,掲載車種一覧 MTB完成車メーカーリスト〔ほか〕

マウンテンバイク 日本と世界の自転車 1993
成美堂出版編 1993.4 154p 29cm 1600円 ⓘ4-415-03618-X Ⓝ536.86

ロードバイク&パーツカタログ 2002

レジャースポーツ　　　　　　　　　　　　サイクリング

出版社　2002.4　217p　30cm　（エイムック 485）　1500円　Ⓘ4-87099-616-2　Ⓝ536.86

ロードバイク＆パーツカタログ　2003　枻出版社　2003.4　222p　30cm　（エイムック 652）　1500円　Ⓘ4-87099-822-X　Ⓝ536.86

ロードバイク＆パーツカタログ　2004　枻出版社　2004.4　223p　30cm　（エイムック 824）　1500円　Ⓘ4-7779-0032-0　Ⓝ536.86

ロードバイク＆パーツカタログ　2005　枻出版社　2005.4　225p　30cm　（エイムック 999）　1800円　Ⓘ4-7779-0289-7　Ⓝ536.86

ロードバイク＆パーツカタログ　2006　枻出版社　2006.3　277p　30cm　（エイムック 1170）　1500円　Ⓘ4-7779-0506-3　Ⓝ536.86

ロードバイク＆パーツカタログ　2007　枻出版社　2007.3　319p　30cm　（エイムック 1324）　1600円　Ⓘ978-4-7779-0697-0　Ⓝ536.86

ロードバイク＆パーツカタログ　2008　枻出版社　2008.3　319p　30cm　（エイムック 1481）　1600円　Ⓘ978-4-7779-0943-8　Ⓝ536.86

ロードバイク＆パーツカタログ　2009　最新国内販売モデルロードバイク＆フレーム850台パーツ＆アイテム1800点を網羅！　枻出版社　2009.2　327p　30cm　（エイムック 1682　Bicycle club）　1600円　Ⓘ978-4-7779-1273-5　Ⓝ536.86

ロードバイク＆パーツカタログ　2010　最新国内販売モデルロードバイク＆フレーム850台パーツ＆アイテム1900点を掲載！　枻出版社　2010.3　318p　30cm　（エイムック 1898）　1600円　Ⓘ978-4-7779-1558-3　Ⓝ536.86

ロードバイク＆パーツカタログ　2011　最新国内販売モデルロードバイク＆フレーム850台関連パーツ＆アイテム1900点を掲載　枻出版社　2011.2　320p　30cm　（エイムック 2123）　1600円　Ⓘ978-4-7779-1845-4　Ⓝ536.86

ロードバイク＆パーツカタログ　2012　最新国内外販売モデルロードバイク＆フレーム721台パーツ＆アイテム約2200点を掲載　枻出版社　2012.2　336p　30cm　（エイムック 2337）　1600円　Ⓘ978-4-7779-2254-3　Ⓝ536.86

ロードバイクオールカタログ　2013　枻出版社　2013.1　287p　30cm　（エイムック 2526）　〈他言語標題：Road Bike All Catalogue〉　1500円　Ⓘ978-4-7779-2570-4　Ⓝ536.86

ロードバイクオールカタログ　2014　枻出版社　2013.12　280p　30cm　（エイムック 2757）　〈他言語標題：ROAD BIKE ALL CATALOGUE〉　1500円　Ⓘ978-4-7779-3046-3　Ⓝ536.86

ロードバイクオールカタログ　2015　枻出版社　2014.12　280p　30cm　（エイムック 2993）　〈他言語標題：ROAD BIKE ALL CATALOGUE〉　1600円　Ⓘ978-4-7779-3445-4　Ⓝ536.86

ロードバイクオールカタログ　2016　枻出版社　2016.1　280p　30cm　（エイムック 3270）　〈他言語標題：ROAD BIKE ALL CATALOGUE〉　1600円　Ⓘ978-4-7779-3836-0　Ⓝ536.86

ロードバイクカタログ　2000　枻出版社　2000.4　184p　30cm　（エイムック　Bicycle club）　〈他言語標題：Road bike catalogue〉　1500円　Ⓘ4-87099-319-8　Ⓝ536.86

ロードバイクカタログ　2001　枻出版社　2001.4　209p　30cm　（エイムック 320）　1500円　Ⓘ4-87099-432-1　Ⓝ536.86

ロードバイクカタログ　2014　今買えるモデルを完全網羅！　八重洲出版　2013.12　290p　30cm　（ヤエスメディアムック 425）　〈CYCLE SPORTS特別編集　索引あり〉　1700円　Ⓘ978-4-86144-328-2　Ⓝ536.86

ロードバイクカタログ　2015　国内外最新モデルを一挙掲載!!　八重洲出版　2014.12　298p　30cm　（ヤエスメディアムック 459）　〈CYCLE SPORTS特別編集　索引あり〉　1400円　Ⓘ978-4-86144-362-6　Ⓝ536.86

ロードバイクパーツカタログ　2013　枻出版社　2013.2　304p　30cm　（エイムック 2557）　〈他言語標題：Road Bike Parts Catalogue〉　1500円　Ⓘ978-4-7779-2607-7　Ⓝ536.86

ロードバイクパーツカタログ　2014　枻出版社　2014.3　304p　30cm　（エイムック 2797）　〈他言語標題：Road Bike Parts Catalogue〉　1600円　Ⓘ978-4-7779-3112-5　Ⓝ536.86

ロードバイクパーツカタログ　2015　枻出

版社　2015.3　312p　30cm　〈エイムック　3034〉　〈他言語標題：Road Bike Parts Catalogue〉　1600円　Ⓘ978-4-7779-3493-5　Ⓝ536.86

ロードバイクパーツカタログ　2016　枻出版社　2016.3　312p　30cm　〈エイムック　3316〉　〈他言語標題：ROAD BIKE PARTS CATALOGUE〉　1600円　Ⓘ978-4-7779-3913-8　Ⓝ536.86

ロードバイクモデルカタログ　これ一冊で人気の売れ筋モデル全理解　2013　マガジンボックス　2013.5　97p　29cm　〈M.B. MOOK〉　952円　Ⓘ978-4-906735-24-2　Ⓝ536.86

オートバイ

<カタログ・目録>

オフロードバイク&ギアカタログ　2001　枻出版社　2001.4　132p　30cm　〈エイムック　313　Riders club別冊〉　〈「オフロード・バム」特別編集〉　1800円　Ⓘ4-87099-425-9　Ⓝ537.98

オフロードバイク&スペシャルパーツオールカタログ　1993　実業之日本社　1992.10　178p　29cm　〈実用百科〉　〈『Garrrr』特別編集〉　1800円　Ⓝ537.98

オフロードバイク&スペシャルパーツオールカタログ　1994　実業之日本社　1993.11　177p　29cm　〈実用百科〉　〈『Garrrr』特別編集〉　1800円　Ⓝ537.98

オフロードバイク&パーツオールカタログ　1995　実業之日本社　1994.10　176p　29cm　〈実用百科〉　〈『Garrrr』特別編集〉　1800円　Ⓝ537.98

オフロードバイク&パーツオールカタログ　1996　実業之日本社　1995.10　161p　29cm　〈実用百科〉　〈『Garrrr』特別編集〉　1800円　Ⓝ537.98

オフロードバイク&用品カタログ　最新1990　バオバブストリート編　実業之日本社　1990.5　162p　29cm　〈実用百科〉　〈『ガルル』特別編集〉　1500円　Ⓝ537.98

オフロードバイクスペシャルパーツオールカタログ2000　実用百科　実業之日本社　1999.10　160p　29cm　〈「Garrrr」特別編集〉　1714円　Ⓘ4-408-62502-7　Ⓝ537.98

オフロードバイクライディング&ツーリング用品オールカタログ　1991　実業之日本社　1991.7　162p　29cm　〈実用百科〉　〈『ガルル』特別編集〉　1500円　Ⓝ537.98

オフロードバイクライディング&ツーリング用品オールカタログ　1992　実業之日本社　1992.6　178p　29cm　〈実用百科〉　〈『ガルル』特別編集〉　1800円　Ⓝ537.98

温泉林道ツーリング最新オフロードバイクカタログ　1991～92　実業之日本社　1991.10　162p　29cm　〈実用百科〉　〈『ガルル』特別編集 保存版〉　1500円　Ⓝ537.98

'91オフロードバイク&スペシャルパーツオールカタログ　実業之日本社　1991.1　178p　29cm　1500円　Ⓝ537.98

スカイスポーツ

<ハンドブック>

日本全国フライトエリアガイド　パラグライダー、ハンググライダー、モーターパラ・ハング　パラワールド編集部編著　イカロス出版　2005.10　509p　21cm　3429円　Ⓘ4-87149-706-2　Ⓝ782.9

⊡目次　北海道、東北、関東、甲信越、北陸・東海、近畿、中国、四国、九州、南西諸島

⊡内容　北海道から沖縄まで、日本全国約400ヶ所のエリアを収録。フライヤー必携の1冊。

ダンス

<事　典>

図説　ダンスの解剖・運動学大事典　テクニックの上達と損傷予防のための基礎とエクササイズ　カレン・クリッピンガー著、森下はるみ監訳、井上貴央、乗松尋道監訳協力　西村書店　2013.9　451p　26cm　〈原書名：Dance Anatomy and Kinesiology〉　9500円　Ⓘ978-4-89013-438-0　Ⓝ769

⊡目次　第1章 骨格系と運動、第2章 筋系、第3章 脊柱、第4章 骨盤帯と股関節、第5章 膝関節と膝蓋大腿関節、第6章 足関節と足、第7章 上肢、第8章 ヒトの動きの分析

⊡内容　解剖学と運動学の分野からダンスにおい

て特に重要な内容を選び出して解説。各章を上肢、脊柱、股関節など部位ごとに5つの章に分け、各章で骨・関節・筋・アライメント・力学・損傷について詳述。テクニックの上達と損傷予防のための実践的な筋力エクササイズとストレッチが充実。3種のコラムで、本文で解説されている重要概念を理解し、自分の身体に適用する際に役立つ解剖学的な解釈や評価法、測定法を紹介。

＜ハンドブック＞

スポーツなんでも事典 ダンス こどもくらぶ編 ほるぷ出版 2010.3 71p 28×22cm 3200円 Ⓘ978-4-593-58415-4 Ⓝ799

(目次)歴史，衣装，音楽，練習場と発表の場，バレエ，社交ダンス・ダンススポーツ，ジャズダンス，ヒップホップダンス，フォークダンス，外国の民族舞踊〔ほか〕

(内容)ダンスの歴史をはじめ、衣装や音楽、動きの特徴、名ダンサーなどなど。ダンスについて、さまざまなことがらをテーマごとにまとめて解説した、ビジュアル版子ども向け事典です。ダンスについて、何を、どのように調べたらよいかがわかります。

ダンス・ハンドブック ダンスマガジン編 新書館 1991.11 205p 21cm 1165円 Ⓘ4-403-23017-2 Ⓝ769.028

(内容)クラシック・バレエ、バレエ・リュス、モダンバレエ、モダンダンス、等6部に分けて欧米の舞踊家・振付家・音楽家等112名を紹介。写真多数収録。

ダンス・ハンドブック 改訂新版 ダンスマガジン編 新書館 1999.1 221p 22×14cm 1600円 Ⓘ4-403-25037-8 Ⓝ769.028

(目次)ロマンティック・バレエ、クラシック・バレエ、バレエ・リュス、モダン・バレエ(ロシア、西欧)、モダンダンス、ポスト・モダンダンス、コンテンポラリー・ダンス

(内容)ダンスの歴史と現在を解説した、ダンスがわかる事典。付録として、人名事典「パヴロワからギエムまで―20世紀を彩ったダンサーたち」、作品年表「ロマンティック・バレエからコンテンポラリー・ダンスまで」、図解「20世紀・ダンスの流れ」、バレエ用語解説、海外バレエ団リスト、人名索引がある。

ダンス部ハンドブック 基礎編 石原久佳著 ディーエスケイ 2016.5 125p 19cm 920円 Ⓘ978-4-9909024-0-7 Ⓝ799

(内容)現在、高校の部活で女子人気・人口ナンバーワンになっている「ダンス部」へ向けた初の入門書です。従来のステップレクチャーに重きを置いたダンス教則書とは違い、自分たちで練習や振り付けを行なう環境のダンス部にとって、指導者不在でも勝てるダンス部になれるヒントが詰まっています。入部前、入部してから、大会前などに、ずっと使える一冊。著者は、全国ダンス部向けフリーマガジン『ダンスク!』の編集長で、日本で一番ダンス部の現場を知る石原久佳!

＜図鑑・図集＞

写真でみる世界の舞踊 「知」のビジュアル百科〈42〉 アンドレー・グロー著，宮尾慈良日本語版監修 あすなろ書房 2007.12 55p 29×23cm (「知」のビジュアル百科 42) 〈原書名：Eyewitness-Dance〉 2500円 Ⓘ978-4-7515-2452-7 Ⓝ769

(目次)舞踊とは何か?，舞踊を習う，バレエの練習，舞踊の伴奏，リズムと間，主題とメッセージ，舞踊と物語，美しさと力強さ，履きもの，化粧，衣裳，衣裳のデザイン，仮面をつける，舞踊と礼拝，宮廷舞踊，民族の遺産，役割の転換，伝統的な舞踊と新しい舞踊，時代とともに変わる，群舞のフォーメーション，舞踊と地域社会，舞台装置，舞台の裏側，有名な舞踊家，振付，舞踊の流行

(内容)太古の昔から受け継がれてきた伝統舞踊。民が結束するために必要不可欠だった民族舞踊。あるきっかけから熱狂的に愛された流行のダンス…などなど世界各地の舞踊をビジュアルでわかりやすく解説。新たな好奇心の扉を開く、異色の比較文化入門書。

◆社交ダンス

＜辞典＞

最新ダンス用語大全 吉田典昭著 白夜書房 2002.10 174p 21cm 2800円 Ⓘ4-89367-806-X Ⓝ799.3

(目次)第1編 ダンス用語のカタカナ表記(外来語の増大，日本語化について，カタカナ表記の統一について ほか)，第2編 ダンス用語の解説(ア(a)，アイ・エス・ティー・ディー(ISTD)，アイ・オー・シー(IOC) ほか)，第3編 ダンス用

語の略語集（アルファベット順の略語，種類別の略語），第4編 方向・足の位置・回転量等（方向およびアライメント，足の位置，回転量 ほか）

⓽⓽内容 約560項目のダンス用語を収録する用語事典。第2編では項目を五十音順に排列し，対訳語を示しながら実践的に解説する。重要項目については意味だけでなくスキル・アップにつながる技術的内容も記載。「方向」や「足の位置」，「回転量」等については図解を加える。

最新ダンス用語大全 増補改訂新装版 吉田典昭著 白夜書房 2005.7 224p 21cm 2800円 Ⓘ4-86191-040-4 Ⓝ799.3

目次 第1編 ダンス用語のカタカナ表記，第2編 ダンス用語の解説

内容 今回新たに172語を追加，初版の560余語とあわせて730余語に。スタンダード，ラテン共に日常よく使う用語，専門的な用語等，幅広くカバー。ベーシックからバリエーションまでに至るフィガーを幅広く取り上げている。

熱心なダンサーへ贈る読むダンス用語集 神元誠，神元久子著 白夜書房 2014.7 251p 21cm 2800円 Ⓘ978-4-86494-030-6 Ⓝ799.3

目次 第1章（用語と雑学），第2章（体に関する英語と雑学，省略記号，索引）

内容 クカラーチャってゴキブリなの!?ワルツに禁止令が出ていた!?メレンゲってお菓子と同じなの!?えっ!?と驚くような用語雑学も多数収録。ダンス用語・関連語675項目を網羅！

私がほしかったダンス用語集 初めての人にもよくわかる 世界一やさしい"英和対訳"! 金児昭著 中経出版 2007.8 303p 19cm 〈他言語標題：What you've wanted to know about ballroom dancing 文献あり〉 1700円 Ⓘ978-4-8061-2798-7 Ⓝ799.3

◆フォークダンス

<ハンドブック>

すぐに役立つフォークダンスハンドブック 関益久著 （名古屋）黎明書房 1999.3 231p 19cm 〈新装版〉 1800円 Ⓘ4-654-07586-0 Ⓝ799.2

目次 楽しいフォークダンス遊び，フォークダンスのABC（オクラホマ・ミクサー，コロブチカ，マイム・マイム，タタロチカ，カム・マイ・ラブ，ジョリー・イズ・ザ・ミラー，私のヒンキー・ディンキー・パーリー・ブー ほか），フォークダンスを指導する人のために

内容 フォークダンス30種を紹介したハンドブック。全曲楽譜付き，収録曲のCDも紹介。

◆日本舞踊

<ハンドブック>

日本舞踊ハンドブック 藤田洋著 三省堂 2001.12 271p 21cm 1650円 Ⓘ4-385-41046-1 Ⓝ769.1

目次 第1部 日本舞踊への招待（日本舞踊の歴史，舞踊の種類 ほか），第2部 流派と家元，第3部 名作の鑑賞（おもな舞踊演目，もっと知りたい人へ ほか），第4部 用語・資料編（日本舞踊と邦楽の用語，日本舞踊入門ガイド ほか）

内容 日本舞踊の基礎知識と各種資料を編集した資料集。巻末に索引を付す。

日本舞踊ハンドブック 改訂版 藤田洋著 三省堂 2010.6 271p 21cm 〈文献あり 年表あり 索引あり〉 1650円 Ⓘ978-4-385-41066-1 Ⓝ769.1

目次 第1部 日本舞踊への招待（日本舞踊の歴史，舞踊の種類，演出と演技の約束事，日本舞踊の音楽，扮装と衣装，装置と道具），第2部 流派と家元（家元制度と流派の発生，花柳流，藤間流，若柳流，西川流，坂東流），第3部 名作の鑑賞（50音順）（おもな舞踊演目，もっと知りたい人へ，上方舞），第4部 用語・資料編（日本舞踊と邦楽の用語（50音順），日本舞踊入門ガイド，日本舞踊年表，参考図書）

内容 日本舞踊の種類，衣装，道具，流派，家元，邦楽の用語など，豊富な図版と解説でわかりやすくまとめた日本舞踊のすべてがわかる小事典。

舞踊手帖 古井戸秀夫著 駸々堂出版 1990.11 295p 18cm 1200円 Ⓘ4-397-50335-4 Ⓝ769.1

内容 日本舞踊の名曲百十一曲を正しく理解し楽しく鑑賞する便利な豆事典。

舞踊手帖 新版 古井戸秀夫著 新書館 2000.11 294p 21cm （SHINSHOKAN DANCE HANDBOOK） 2200円 Ⓘ4-403-25050-5 Ⓝ769.1

目次 相生獅子＝風流相生獅子，浅妻船＝浪枕月浅妻，雨の五郎＝時致・五郎，操三番叟＝柳

糸引御摂，粟餅＝花競俄曲突，田舎源氏＝古寺，浮かれ坊主＝願人坊主，うしろ面＝尾花狐，靱猿＝花舞台霞の猿曳・新うつぼ，梅川＝道行故郷の春雨〔ほか〕

(内容)日本舞踊名曲111曲を解説する入門事典。江戸時代に初演された古典を中心に明治・大正時代の松葉目物・新舞踊などから名曲を選び曲名の五十音順に収録。記載項目は曲名，読み，曲の種類，内容，鑑賞，初演，歌詞。巻末に索引付き。1990年に刊行されたものの新版にあたり，写真や図版が増補されている。

◆フラメンコダンス

<名簿・人名事典>

現代フラメンコ・アーティスト名鑑 パセオ・フラメンコ編集部企画・編　パセオ　1998.7　163p　21cm　〈「パセオ・フラメンコ」増刊号〉　838円　①4-89468-009-2　Ⓝ769.36

(目次)現代を生きるフラメンコの原点と創造，現代フラメンコ・アーティスト名鑑（トップアーティスト200人，在日スペイン人アーティスト），タイプ別フラメンコソフト・ガイド，ファン必携 フラメンコ名門一族の家系図，索引・フラメンコ用語早わかり

<カタログ・目録>

フラメンコソフト総カタログ　パセオ　1996.9　167p　21cm　〈「パセオ増刊号」〉　850円　①4-938673-38-X　Ⓝ769.36

(目次)グラビア パセオ特選フラメンコ・ベスト映像と音で熱い感動を伝えるアーティストたち，特別インタビュー 渡辺香津美，フラメンコ総カタログ，フラメンコ教室案内，全国フラメンコガイド

(内容)フラメンコに関する各種情報を掲載したガイド。フラメンコ関連のビデオ，CD（コンパクトディスク），書籍等の紹介，全国のフラメンコ教室，アーティスト，貸しスタジオ，用品店，スペイン料理店等の名簿等を掲載する。

バレエ

<事典>

オックスフォードバレエダンス事典　デブラ・クレイン，ジュディス・マックレル著，鈴木晶監訳，赤尾雄人，海野敏，鈴木晶，長野由紀訳　平凡社　2010.5　718p　22cm　〈文献あり 索引あり　原書名：The Oxford dictionary of dance.〉　5400円　①978-4-582-12522-1　Ⓝ769.033

(内容)古今東西の，バレエとダンスにかかわるすべてを網羅した初の本格的事典。ルイ14世からギエムまで，古今東西のダンサーや振付家，『白鳥の湖』をはじめ，クラシック・バレエの名作から，現代バレエ，ダンス作品のほとんどを紹介する。

200キーワードで観るバレエの魅惑　長野由紀編　立風書房　2001.6　248,8p　19cm　1900円　①4-651-82049-2　Ⓝ769.9

(目次)第1章 これだけは押さえておきたいバレエ用語，第2章 とにかく全幕で観る!，第3章 バレエのココが観たい!，第4章 振付家と作曲家の濃密な関係を観る，第5章 伝説のダンサーを観る，第6章 音でバレエを観る

(内容)キーワードでバレエを解説する入門書。バレエ用語，演目，振付家，作曲家，ダンサー，音楽などから，200の項目のキーワードを収録。各項目については，データ，解説，関連するビデオ・ソフトを記載。各章ごとにイントロダクションとコラムを掲載し，巻末にはタイトル別，振付家別，作曲家別のビデオ・ソフト索引がある。

バレエ・キャラクター事典　新装版　新藤弘子文，とよふくまきこ絵　新書館　2015.3　127p　26cm　（クララの本）　1600円　①978-4-403-33060-5　Ⓝ769.9

(目次)チャイコフスキーの3大バレエをマスターしよう！（眠れる森の美女，白鳥の湖，くるみ割り人形），胸をあつくする，命をかけた恋！（ロミオとジュリエット，ジゼル，ラ・バヤデール，ラ・シルフィード），やっぱりハッピーエンドが好き（シンデレラ，海賊，ドン・キホーテ，コッペリア，リーズの結婚，ライモンダ），バレエをもっと深めたい！（バレエの国の妖精たち，おすすめのバレエDVD）

(内容)バレエを見るとき，踊るとき，知りたいことが全部わかる！

<辞典>

バレエ用語集　Croise編，小山久美監修　新書館　2009.6　110p　17cm　〈他言語標題：Ballet glossary　索引あり〉　1200円
Ⓘ978-4-403-33026-1　Ⓝ769.9
(目次)1 レッスンがよくわかる！まず覚えたい基本の用語（パ，アンシェヌマン，脚のポジションほか），2 踊るためのベースを作る！バー・レッスンの用語（プリエ，タンデュ，ジュテ ほか），3 踊りの幅が広がる！センター・レッスンの用語（タン・リエ，グリッサード，シャッセ ほか）
(内容)レッスンの頻出用語を中心に，280語を収録。写真＆イラストで，テクニックをわかりやすく解説。

<名簿・人名事典>

バレエ・ダンサー201　ダンスマガジン編集部編　新書館　2009.4　226p　21cm　〈索引あり〉　1800円　Ⓘ978-4-403-25099-6　Ⓝ769.9
(目次)カルロス・アコスタ，アルティナイ・アスィルムラートワ，シルヴィア・アッツォーニ，ニーナ・アナニアシヴィリ，マリヤ・アレクサンドロワ，ローラン・イレール，ディアナ・ヴィシニョーワ，アンドレイ・ウヴァーロフ，上野水香，ミリアム・ウルド＝ブラーム〔ほか〕
(内容)バレエの"いま"がわかるスター名鑑。

<ハンドブック>

バレエ創作ハンドブック　名作に見る振付と表現の技法　ジョーン・ローソン著，渡辺洪訳　大修館書店　1995.5　232p　24×19cm　〈原書名：A BALLET MAKER'S HANDBOOK〉　2884円　Ⓘ4-469-26309-5　Ⓝ769.9
(目次)第1部 インスピレーションの源泉，第2部 バレエの素材，第3部 バレエの創作（コレオグラフィ），第4部 バレエのスタイル（様式）

バレエ・ダンスの饗宴　20世紀末の身体を表現する人々　身体と音楽が共振し，新たな地平へと歩み出る。　洋泉社　1995.4　212,17p　21cm　（キーワード事典）　1800円　Ⓘ4-89691-162-8　Ⓝ769.9
(目次)第1章 バレエ古典名作ガイド，第2章 モダン・バレエの現在―オリジナル作品の魅力，第3章 コレオグラファー名鑑，第4章 もっと知りたい人のためのバレエ講座
(内容)バレエの誕生から"白の時代"，そして19世紀のグランド・バレエからコンピュータを駆使するモダン・バレエまで。バレエとダンスの「現在」を俯瞰するコンテンポラリー・バレエ・ガイド。

バレエって、何？　新版　ダンスマガジン編　新書館　1999.7　119p　30cm　1600円
Ⓘ4-403-31012-5　Ⓝ769.9
(目次)1 世界のダンサー55,2 バレエ名作ベスト20,3 世界のバレエ団20,4 日本のバレエ団12,5 世界のコリオグラファー22,6 バレエ・テクニックの楽しみ方10

バレエの世界へようこそ！　あこがれのバレエ・ガイド　リサ・マイルズ著，英国ロイヤル・バレエ監修，斎藤静代訳　河出書房新社　2015.3　80p　26×29cm　〈原書名：BALLET SPECTACULAR〉　2700円
Ⓘ978-4-309-27535-2　Ⓝ769.9
(目次)バレエの歴史，バレエの舞台ができるまで，バレエ・カンパニーの仕事，バレエ・スクールってどんなところ?，バレエの名作を楽しみましょう，用語集
(内容)世界初！英国ロイヤル・バレエ全面監修のバレエ・ガイド。世界のトップ・ダンサーが演じる代表的な作品のワンシーンからバックステージまで。圧倒的に美しく洗練された写真の数々が，バレエへのあこがれをかき立てます。バレエの歴史、バレエの舞台ができるまで、バレエ・カンパニーの仕事、バレエ・スクールでの生活、名作のストーリー解説…斬新な切り口で概要を網羅する充実の内容。やさしい解説で、プロのダンサーでも知らなかったような情報まで紹介。バレエを習っているお子さんも、バレエ鑑賞が好きなかたも必携の決定版です。

<年鑑・白書>

年鑑バレエ 2000　2000年バレエ徹底ガイド　ダンスマガジン編　新書館　2000.3　175p　21cm　1800円　Ⓘ4-403-25044-0　Ⓝ769.9
(目次)1 ベスト・ダンサー10,2 公演ガイド2000,3 海外トピックス，4 シンポジウム・バレエ，5 シンポジウム・コンテンポラリー，6 ときめきのベスト・ステージ，7 日本バレエ・ダンサー名鑑240
(内容)2000年バレエ徹底ガイド。「ダンスマガ

ジン」読者が選んだベスト・ダンサー発表!来日＆国内公演ガイド／海外バレエ団公演情報。バレエ＆コンテンポラリー・ダンス座談会。最新日本バレエ・ダンサー名鑑240。

年鑑バレエ 2001 2001年バレエ徹底ガイド ダンスマガジン編 新書館 2001.2 159p 21cm （エトワールブックス） 1800円 ①4-403-32018-X Ⓝ769.9

(目次)巻頭特集・シルヴィ・ギエム2001―2001年秋に来日するギエムをクローズアップ!, ダンサー・ベスト10―「ダンスマガジン」読者が選んだ2000年度のベスト・ダンサーを発表!, 公演ガイド2001―2001年に行われるバレエ&ダンス公演を一挙紹介!, 世界のバレエ2000／2001―フランス, イギリス, アメリカ, ドイツ, ロシアからの最新レポート, ルック・バック2000―2000年のバレエ&ダンス・シーンを振り返る, アンケート・私のベスト・ステージ&ダンサー, サマリー・バレエ&コンテンポラリーインジャパン, 特集・1990年代を彩ったスターたち―20世紀最後の10年を駆け抜けた輝けるダンサーたちを紹介, 日本人バレエ・ダンサー名鑑―いまはばたく日本のバレエ・ダンサー250人を収録, 海外バレエ・ダンサー名鑑―世界のトップ・ダンサー88人のプロフィールを収録, バレエ&コンテンポラリー・ダンス最新カンパニーリスト, ダンスマガジン1990～2000

(内容)2000年のバレエ, ダンスの動向と関連資料をまとめた年鑑。2001年の来日＆国内公演インフォメーション, 雑誌『ダンスマガジン』読者が選ぶベスト・ダンサー, 巻頭特集シルヴィ・ギエム, ルックバック2000など, 最新海外＆日本バレエ・ダンサー名鑑などを掲載する。

バレエ 年鑑2000年バレエ徹底ガイド 2000 ダンスマガジン編 新書館 2000.3 175p 21cm （Dance handbook）〈1999までのタイトル：バレエ年鑑〉 1800円 ①4-403-25044-0 Ⓝ769.9

(目次)1 ベスト・ダンサー10,2 公演ガイド2000, 3 海外トピックス, 4 シンポジウム・バレエ, 5 シンポジウム・コンテンポラリー, 6 ときめきのベスト・ステージ, 7 日本バレエ・ダンサー名鑑240

バレエ 2002 ダンスマガジン編 新書館 2002.2 112p 21cm （エトワールブックス） 1800円 ①4-403-32020-1 Ⓝ769.9

(目次)巻頭特集 花開くヤング・バレリーナ―2002年にはばたく伸びざかりのバレリーナたちをクローズ・アップ, ダンサー・ベスト10―「ダンスマガジン」読者が選んだ2001年度のベスト・ダンサー発表!, 公演ガイド2002―2002年, 見逃せないバレエ&ダンス公演を一挙紹介!, ワールド・バレエNOW―フランス, イギリス, アメリカ, ロシア, ドイツから, バレエの現在をレポート, ハイライト2001―2001年のバレエ&ダンス・シーンを振り返る, 日本バレエ・ダンサー名鑑―輝ける日本のバレエ・ダンサー239人を収録, 海外バレエ・ダンサー名鑑―世界のトップ・ダンサー88人の最新プロフィール

(内容)2002年のバレエ鑑賞ガイド。2002年のバレエ・ダンス界の動きをまとめる。また日本のバレエ・ダンサー239人と海外バレエ・ダンサー88人を紹介する。巻頭特集では2002年のヤング・バレリーナ―12人も併せて紹介。

バレエ年鑑 1998 花開く日本バレエ・ダンサー180 ダンスマガジン編 新書館 1998.3 125p 30cm 2000円 ①4-403-31010-9 Ⓝ769.9

(目次)巻頭スペシャル シルヴィ・ギエムin Japan'97,1 公演ハイライト1997,2 バレエ界回顧1997,3 ベスト・ダンサー1997,4 世界バレエ都市, 5 花開く日本バレエ・ダンサー180

バレエ年鑑 1999 ダンスマガジン編 新書館 1999.4 135p 30cm 2000円 ①4-403-31011-7 Ⓝ769.9

(目次)1 公演ハイライト1998,2 ダンサーが語る日本バレエ1998,3 バレエ回顧1998,4 コンテンポラリー・ダンス回顧1998,5 ベスト・ダンサー1998,6 世界バレエ都市, 7 日本バレエ・ダンサー名鑑200

フィットネス

<辞典>

ヘルス・フィットネス用語事典 野川春夫, 池田克紀, 萩裕美子編 サイエンティスト社 1996.9 237p 21cm 2200円 ①4-914903-33-4 Ⓝ780.19

(内容)保健体育、フィットネス、スポーツ、レクリエーション等に関わる用語を解説した辞典。スポーツ経営学・スポーツ行政・行動心理学の分野の用語も収録する。排列は五十音順。巻末に英語索引と分野別項目一覧がある。

ダイビング　　　　　レジャースポーツ

<ハンドブック>

エアロビック・エクササイズ・ガイド　ロドニー・コラム，レスリー・モーブレー共著，国柄后子訳，池田勝監訳　ベースボール・マガジン社　1993.11　114p　24×19cm　〈原書名：YMCA guide to EXERCISE TO MUSIC〉　1800円　①4-583-03087-8　Ⓝ781

(目次)第1章 あなた自身に対する評価，第2章 インストラクターに対する評価，第3章 フィットネスの理論，第4章 体力テスト，第5章 解剖学と生理学の基礎，第6章 エアロビック・エクササイズ・クラスの構成，第7章 音楽の利用，第8章 エアロビック・エクササイズの体力への貢献，第9章 注意すべき運動，第10章 安全に対する配慮，第11章 栄養

(内容)エアロビック・エクササイズ、すなわち、生命維持に不可欠な酸素を体内に効率的に取り入れ有効に使用する方法、の知識を編集収録したもの。自己やインストラクターの評価、解剖学、生理学、音楽との関係など、幅広い側面から記述する。

首都圏フィットネスガイド　健康がいちばん、キレイがいちばん　(京都)淡交社　1991.9　223p　19cm　1800円　①4-473-01215-8　Ⓝ780.35

全国フィットネスクラブ名鑑　2001　月刊フィットネスジャーナル編集部編　ハートフィールド・アソシエイツ　2001.4　24,493p　30cm　30000円　Ⓝ780.67

全国フィットネスクラブ名鑑　2003　月刊フィットネスジャーナル編集部編　ハートフィールド・アソシエイツ　2003.4　59,522p　30cm　30000円　Ⓝ780.67

全国フィットネスクラブ名鑑　2005　月刊フィットネスジャーナル編集部，フィットネスビジネス編集部共同編集　ハートフィールド・アソシエイツ　2005.4　92,557p　30cm　28571円　Ⓝ780.67

全国フィットネスクラブ名鑑　就職活動資料　2007　月刊フィットネスジャーナル編集部編　ハートフィールド・アソシエイツ　2007.5　105,459,63p　30cm　〈他言語標題：Fitness club report〉　30000円　Ⓝ780.67

全国フィットネスクラブ名鑑　就職活動資料　2008　月刊フィットネスジャーナル編集部編　ハートフィールド・アソシエイツ　2008.2　1冊　30cm　〈他言語標題：Fitness club report〉　52500円　①978-4-939124-07-5　Ⓝ780.67

(内容)フィットネスクラブ、経営・関連企業、団体等の情報を収録した企業要覧。総合フィットネスクラブと、サーキットトレーニングジムやヨガ・ピラティススタジオをはじめとする小規模施設を分けて、都道府県順に掲載する。また、フィットネス業界に就職したい学生に向けた「就活者のためのフィットネス白書」や、フィットネスクラブ経営企業やウエア・シューズ、マシンなどの関連企業の住所も一覧も掲載する。

フィットネス・ニッポン全ガイド　ターザン編集部編　マガジンハウス　1990.5　174p　21cm　(Tarzan books)　960円　①4-8387-0134-9　Ⓝ780.35

ダイビング

<辞典>

最新ダイビング用語事典　安全管理、活動の実例から医学、教育情報まで　日本水中科学協会編　成山堂書店　2012.12　284p　27cm　〈文献あり 索引あり〉　5400円　①978-4-425-95481-0　Ⓝ785.28

(目次)沿革と分類，物理学・化学，ダイビングの生理学・医学，潜水機材とその運用，知識と技能，安全確保，法規，海洋，沿岸漁業，水中活動，スクーバ・ダイビング活動の展開，附 ダイビング・水中活動にかかわる組織・団体

(内容)スポーツダイバー、学校、研究機関などで科学研究、調査のためのダイビングを行うサイエンス・ダイバー、水中調査、水中作業行うプロダイバーに向けて、すべてのダイビング活動の場で安全な活動ができるように、実際に役立つ、用語集の決定版。事典として、参考書として、また講習のテキストとして最適。

<ハンドブック>

沖縄ダイビングポイントマップ集　1(沖縄本島編)　沖縄マリン出版編著　(南風原町(沖縄県))沖縄マリン出版　1997.5　225p　30cm　3800円　Ⓝ785.28

沖縄のダイビングショップ・サービス　ジャニス編集部編　ジャニス，メディアパル〔発売〕　2004.4　128p　21cm　1400円

Ⓟ4-89610-736-5　Ⓝ785.28

⟨目次⟩本島南部，本島中部，本島北部，中北部離島，ケラマ諸島，久米島，宮古諸島，石垣島，その他の八重山諸島

⟨内容⟩世界有数の美しさを誇る沖縄の海をガイドする南の島のダイビングショップ・サービス250軒。詳細情報掲載。

事故に遭いたくない人のためのダイビング生き残りハンドブック　中田誠著　太田出版　1999.5　293p　18cm　1550円　Ⓟ4-87233-463-9　Ⓝ785.28

⟨目次⟩第1部 ダイバーの安全のために(マンガ版『私が事故に遭った時の物語』，ダイバーの耳に届かないダイビングの事故の実態，安全なダイビングへの手がかり，ダイバーたちの思い出に残るインストラクターたちの伝説，役に立つ話)，第2部 さらなるステップアップのために(レジャーダイビング業界，泳力に関する意識，ダイビングビジネスとPL法について，レジャースクーバダイビング業界の損害賠償責任保険のあり方)

⟨内容⟩本書は，誰もが興味ある水中での楽しさを語る本ではありません。それ以前に必要な安全を得るための情報をお伝えする本です。ダイバーの方々が普段得ることの出来ない，自己の事例を中心とした情報を得ることによって，自分自身の身を守る手段にしていただくための本です。

ダイビングポイントマップ　No.2　ケラマ編　〔保存版〕　沖縄マリン出版編著　(南風原町)沖縄マリン出版　1997.8　192p　21cm　1900円　Ⓟ4-901008-02-1　Ⓝ785.28

⟨目次⟩黒島ツインロック，自津留，儀志布西，タマルク，カミグー，アカンマ，運瀬，ムチズニ，アハレン灯台下，中頭〔ほか〕

⟨内容⟩潜った事のない人でも，マップを見る事により，海中の地形，潮の流れ，生息する生物を知る事ができ，ポイントのイメージが湧く。見た魚の名前を魚図鑑で調べられる。危険生物を前もって知っておくことにより注意できる。何かあった時の対処法，医療機関がわかる。潜った後のログ付けに役立つ。潜ったポイントの事を，より明確に記憶に残す事ができる。ダイバーでなくても，写真やイラストを見て，ケラマ諸島の海を知る事が出来る。

ダイビングポイントマップ　No.2　ケラマ編　(南風原町)沖縄マリン出版，三省堂〔発売〕　1998.6　192p　21cm　1900円

Ⓟ4-385-60225-5　Ⓝ785.28

⟨目次⟩ケラマ諸島地図，魚図鑑，危険生物，医療機関，渡嘉敷島地図(ポイント)，渡嘉敷島観光マップ，座間味島地図(ポイント)，座間味島観光マップ，阿嘉島観光マップ，季節とダイビングデータ，ダイビングショップリスト，宿泊施設リスト

ダイビングポイントマップ　No.3　久米・粟国・渡名喜編　(南風原町)沖縄マリン出版，三省堂〔発売〕　1998.6　190p　21cm　1900円　Ⓟ4-385-60226-3　Ⓝ785.28

⟨目次⟩久米島，粟国島，渡名喜島地図，沖縄で見られる魚，危険生物，医療機関，久米島地図(ポイント)，トンバラ，久米島観光マップ，粟国島地図(ポイント)，粟国島観光マップ，渡名喜島地図(ポイント)〔ほか〕

ダイビングポイントマップ　No.1　沖縄本島編　〔保存版〕　(南風原町)沖縄マリン出版，三省堂〔発売〕　1998.8　224p　21cm　1900円　Ⓟ4-385-60224-7　Ⓝ785.28

⟨目次⟩よく見られる沖縄の魚図鑑，沖縄の海の危険生物，本島北部地図，辺戸岬下ビーチ，辺戸岬キャニオン，二神岩，辺戸岬ドーム，佐手，与那トンネル，樹氷の森〔ほか〕

⟨内容⟩本書は，沖縄の海をもっと気軽に楽しめるようにイラスト付きのポイントマップ，ポイントまでのアクセス方法，エントリー方法など，本島の海を皆様のホームゲレンデにしていけるように詳しく解説しています。またダイビングをする時は，事前に潮の干満を知るために，干満の時間計算の仕方，本島のダイビングポイントの一年間の海の生態の変化などを掲載しています。このポイントマップ集には，本島でよく見られる魚，本島近海に生息する危険生物も図鑑形式で掲載しています。

ダイビングポイントマップ　No.4　宮古編　(南風原町)沖縄マリン出版，三省堂〔発売〕　1999.4　190p　21cm　1900円　Ⓟ4-385-60227-1　Ⓝ785.28

⟨目次⟩宮古島，伊良部島，下地島地図，沖縄で見られる魚図鑑，危険生物，医療機関，宮古島地図(ポイント)，宮古島観光マップ，伊良部島，下地島地図(ポイント)，伊良部島，下地島観光マップ，季節とダイビングデータ，ダイビングショップリスト，宿泊施設リスト，レンタカー，レンタバイクリスト

⟨内容⟩宮古島のダイビングポイント55を写真付きで紹介したガイド。索引付き。

モータースポーツ　　　　　レジャースポーツ

<カタログ・目録>

**日本と世界の最新ダイビングギアカタログ
最新のギア徹底紹介 完全保存版**　成美堂
出版　1992.7　145p　29cm　〈奥付の書名：
最新ダイビングギアカタログ〉　1600円
　Ⓘ4-415-03251-6　Ⓝ785.28

モータースポーツ

<事　典>

F1グランプリ大事典　デヴィッド・ホッジ
ス著，小林勇次訳　CBS・ソニー出版
1990.6　238p　21cm　〈原書名：The
Hamlyn Encyclopedia of Grands Prix〉
1700円　Ⓘ4-7897-0498-X　Ⓝ788.7
内容 マシン、ドライバー、テクノロジー…。F1
用語の基礎知識を集大成。初心者からマニアま
でのための全332項目。

<辞　典>

**川井チャンの「F単」 F1中継によくでる
721語**　川井一仁監修，安井信，金子直樹，
小倉茂徳著　山海堂　1999.6　237p　19cm
1200円　Ⓘ4-381-02168-1　Ⓝ788.7
目次 Grand Prix Files1 ('99チーム・ラインナッ
プ，'99ドライバー・ラインナップ，'99マシン・
ラインナップ，サーキット・ガイド，グランプ
リ・スケジュール，旗)，F1中継によくでる721
語，Grand Prix Files2 (ピットワーク，レース
戦略，マシン図解，FIA組織図)，重要レギュ
レーション&解説(国際モータースポーツ競技
規則，スポーティング・レギュレーション，テ
クニカル・レギュレーション)索引，TVを読む
内容 F1中継によく出る721語を収録した用語
集。索引付き。

**川井チャンの「F単」millennium F1中
継によくでる用語**　川井一仁監修　山海堂
2000.5　2冊(別冊とも)　19cm　〈別冊(76,
20p)：Grand prix files 2000〉　全1200円
　Ⓘ4-381-02175-4　Ⓝ788.7
目次 ドライバー・ラインナップ，マシン・ラ
インナップ，チーム・ラインナップ，サーキッ
ト・ガイド，Check Up 2000，グランプリ・スケ
ジュール，エンジンウォーズ勃発!!，F1マシン
徹底解説，F1空気力学，最速工房への招待，旗

川井チャンの「F単」サードエディション
川井一仁監修　山海堂　2004.8　287p
19cm　1300円　Ⓘ4-381-02179-7　Ⓝ788.7
内容 本書で取り上げる用語はF1中継によくで
るものを厳選、1000語を越えるF1用語を収録。
配列は見出し語の五十音順、主見出し、英語、分
類、用語解説からなるり、巻頭にアルファベッ
ト順、五十音順の索引が付く。

**川井チャンの「F単」フォースエディショ
ン　F1中継によくでる用語**　川井一仁監
修　山海堂　2006.8　349p　19×11cm
1300円　Ⓘ4-381-07786-5　Ⓝ788.7
内容 調べて納得。読んで満足。知らなきゃ損
する。F1用語集の決定版、「F単」大幅リニュー
アル。

**川井ちゃんのF単　4th　F1中継によくで
る用語**　川井一仁監修　山海堂　〔2006.8〕
349p　19×11cm　1600円　Ⓘ4-381-07791-1
Ⓝ788.7
内容 F1ウンチクの宝庫。レギュレーションっ
て面白い。2006F1世界選手権レギュレーション。

<名簿・人名事典>

F1ドライバー大辞典　平山譲編著　八曜社
1993.12　407p　26cm　6800円　Ⓘ4-8270-
0137-5　Ⓝ788.7
内容 F1ドライバーの人名事典。1950年以降
1993年までの44年間に、国際自動車連盟の統括
のもとに実施されたF1世界選手権公式戦全537
戦に出場した全548人のドライバーを対象に、人
名、国籍、生没年月日、及び同選手権における
戦績、戦績表、戦績グラフ、写真等を掲載する。

<ハンドブック>

**F1全史 1956-1960　ファンジオの覇権・
ミッドシップ革命**　GIRO監修，林信次文，
LAT Photographic写真　ニューズ出版
1999.10　127p　30cm　4400円　Ⓘ4-
938495-27-9　Ⓝ788.7
内容 ファンジオとモスの激しい闘いを、革命
を呼んだクーパーの勢いをそして起こったドラ
マ全てを見たい、知りたい、読みたい―すべて
のF1ファンに捧ぐ、F1本の決定版。

CART喜怒哀楽の199戦 1993-2003
(昭島) ARMS CORPORATION，三樹書房
〔発売〕　2004.3　207p　30×23cm　3800円

Ⓝ4-89522-342-6　Ⓝ788.7
㊀CART1993-2003 PHOTO GALLERIES, FOREWORD by Mario Andretti　私が愛するCART, PROLOGUE創成期から1992年まで"黄金時代"その夜明け前, 1993 RACE REPORTS & RESULTS PPG IndyCar World Series, CART1993-2003全コース・データ　難攻不落の舞台, 1994 RACE REPORTS & RESULTS PPG IndyCar World Series, 10年間で大変貌したインディ500の記録　絶頂, そして分裂, 1995 RACE REPORTS & RESULTS PPG IndyCar World Series, コスワースのブルース・ウッドが語る日本メーカーとの戦い　われ信じる道をゆく, 1996 RACE REPORTS & RESULTS PPG IndyCar World Series〔ほか〕

www.US-RACING.net　Vol.5　インディ・カー&チャンプ・カー2004全30戦完全レポート　（昭島）三樹書房　2004.12　104p　30×23cm　1905円　Ⓝ4-89522-445-7　Ⓝ788.7
㊀The Best Moments from 2004, INDY CAR総集編, ホンダの本音, CHAMP CAR総集編

4×4オフローディングハンドブック　二階堂裕著　山海堂　2000.8　260p　21cm　2000円　Ⓝ4-381-07742-3　Ⓝ788.7
㊀1章 4×4の機能と特徴, 2章 4×4ドライビングテクニック, 3章 ATの4×4ドライビング, 4章 リカバリー・テクニック, 5章 ウインチ・オペレーションマニュアル, 6章 オフローディングの装備と取り付け, 7章 4×4の点検&エマージェンシーリペア, 8章 オフローディングのための4×4の改造, 9章 後書きにかえて「アメリカのオフロード事情」
㊁4×4オフローディングのすべてがわかる! 4×4によるクロスカントリーを愛する人たちのために, オフローディングに関するあらゆる内容を一冊にまとめました。ドライビング・テクニック, 緊急脱出術, 装備の使い方, そして車両のメンテナンス&応急修理法などに加え, 今まで取り上げられることの少なかったAT車のテクニックや, トラクションタイヤ30本のインプレッションなど, 実戦で役立つ価値の高い情報が満載です。

フジテレビオフィシャル F1 TV HANDBOOK '90　フジテレビ出版, 扶桑社〔発売〕　1990.6　176p　26cm　1000円　Ⓝ4-594-00599-3　Ⓝ788.7
㊀F1 TV On Air Schefule, WHAT'S F1 90'S, GRAND PRIX LINE UP, The Druvers, The Constractors, HONDA AT WORK, ENCYCLOPEDIA OF F1, GRAND PRIX COURSES, Point Score Board

フジテレビオフィシャル F1 TV HANDBOOK '91　フジテレビ出版, 扶桑社〔発売〕　1991.3　112p　26×16cm　800円　Ⓝ4-594-00705-8　Ⓝ788.7
㊀F1チーム, F1戦士, どうなるこれからのF1, 中嶋悟, F1GPの基礎知識, F1コース, ポイント・スコアボード
㊁ニューマシン, コンストラクターズの詳細な情報が満載。

フジテレビオフィシャル F1 TV HANDBOOK '91 コンストラクターズスペシャル　フジテレビ出版, 扶桑社〔発売〕　1991.7　159p　26×16cm　1000円　Ⓝ4-594-00767-8　Ⓝ788.7
㊁18マシーン&18チームの全てがわかる。

フジテレビオフィシャル F1 TV HANDBOOK '91 SUZUKA SPECIAL　フジテレビ出版, 扶桑社〔発売〕　1991.10　112p　26×15cm　800円　Ⓝ4-594-00808-9　Ⓝ788.7
㊀2人の日本人ドライバーが迎えるそれぞれのクライマックス（中島悟—最後のホームサーキット, 鈴木亜久里—幸福の女神よもう一度）, 鈴鹿サーキットコースガイド, 特集 ヒストリー・オブ・ホンダ, チーム&ドライバー紹介, 古舘伊知郎のF1GPポートレート, 競車新聞出車表, F1観戦のための8つのキーワード, GPフォトグラファー原富治雄インタビュー, F1ギャル比較分類学, GP総合年表, '91日本グランプリ放送スケジュール, F1グッズコレクション紹介, 91 Japan GP Scoreboard

フジテレビオフィシャル F1 TV HANDBOOK 1992 ドライバーズ　フジテレビ出版, 扶桑社〔発売〕　1992.3　239p　25×16cm　1200円　Ⓝ4-594-00884-4　Ⓝ788.7
㊁川井一仁のドライバー裏話 "これが素顔だ!"。32人のドライバー'91年度全成績。噂話で昨シーズンをふりかえる "'91年度版噂と真実総集編"。出場チーム・ライン・アップ。津川哲夫の全コース解説 "ここを見逃すな!"他。

フジテレビオフィシャル F1 TV HANDBOOK 1992 コンストラクターズ　フジテレビ出版, 扶桑社〔発売〕

1992.7 159p 26×15cm 1000円 ①4-594-00973-5 Ⓝ788.7

(内容)ニュー・マシンとチームのすべてがわかる。「リアクティブ・サスペンション」、「フライ・バイ・ワイヤ」…。ニューメカニズム、新用語も詳細に解説した保存版。

フジテレビオフィシャル F1 TV HANDBOOK 1993 DRIVERS'
フジテレビ出版，扶桑社〔発売〕 1993.3 192p 26×15cm 1200円 ①4-594-01126-8 Ⓝ788.7

(目次)ドライバーズ・プロフィール，チーム・プロフィール，サーキットガイド

(内容)1993年F1ドライバー29人のプロフィール，昨年度全成績。テレビ観戦の基礎知識「'92年度版噂と真実総集編」。出場チームの全ライン・アップ，「川合一仁のチーム診断」。特別コラム「'93シーズン，注目の新鋭ドライバー5人衆」。全16戦のサーキット・ガイド他。

フジテレビオフィシャル F1 TV HANDBOOK 1993 コンストラクターズ
フジテレビ出版，扶桑社〔発売〕 1993.7 160p 26×15cm 1100円 ①4-594-01188-8 Ⓝ788.7

(内容)'93シーズン参加13チームの戦力徹底分析。F1最新用語辞典。特集フジテレビF1中継100戦，鈴鹿サーキットのすべて。

フジテレビオフィシャル F1 TV HANDBOOK 1994 ドライバーズ
〔保存版〕 フジテレビ出版，扶桑社〔発売〕 1994.3 200p 26×16cm 1200円 ①4-594-01373-2 Ⓝ788.7

(目次)オン・エア・スケジュール，パシフィックGPへの招待，'94グランプリ・ドライバーズ，'94グランプリ・チームス，'94グランプリ・サーキット，'94F1マシンとレースの規則集，皇帝の伝説，最後の騎士たち，チャンス到来，陽はまた昇る

(内容)フジテレビF1観戦必携のデータブック。'94年度参加，全ドライバーの「昨年度戦績」と「今シーズンの戦力」を完全フォロー。

フジテレビオフィシャル F1 TV HANDBOOK 1994 コンストラクターズ
フジテレビ出版，扶桑社〔発売〕 1994.8 159p 26×16cm 1300円 ①4-594-01517-4 Ⓝ788.7

(内容)1994年度，参加全14チームの沿革，戦力徹底分析。F1最新用語辞典。4年ぶり，ヘレス・サーキットへの招待。1994年グランプリ・ダイジェスト―中盤戦までを振り返る。特集(SUZUKA with SENA日本グランプリ7年の軌跡，What's about Regulation安全なF1をめぐるオブジェクション)。

フジテレビオフィシャル F1 TV HANDBOOK 1995 ドライバーズ
フジテレビ出版，扶桑社〔発売〕 1995.3 96p 26×15cm 1200円 ①4-594-01690-1 Ⓝ788.7

(目次)1995年開幕・10のみどころTOPICS掲載，テレビ観戦に役立つ一グランプリ・ドライバーからその候補まで，一挙48人紹介，1995年エントリーチーム・ラインナップ

(内容)F1開幕に必携の定番。この1冊ですべてのF1ドライバーを知る。

フジテレビオフィシャル F1 TV HANDBOOK 1995 コンストラクターズ
フジテレビ出版，扶桑社〔発売〕 1995.8 111p 26×15cm 1300円 ①4-594-01803-3 Ⓝ788.7

(内容)1995年開幕・10の見所TOPICS。テレビ観戦に役立つグランプリ・ドライバーからその候補まで，一挙48人紹介。1995年エントリーチーム・ラインナップ。

フジテレビオフィシャル F1 TV HANDBOOK 1997
フジテレビ出版，扶桑社〔発売〕 1997.4 127p 26×15cm 1429円 ①4-594-02216-2 Ⓝ788.7

(目次)巻頭特集(帰ってきたヒーロー，ブリヂストンの野望，'97新レギュレーション)，1997 TEAM・DRIVER・MACHINE LINE UP,10年一目瞭然大データ特集

(内容)フジテレビF1中継10年の集大成!29のチーム・10人のトップデザイナー・110人のドライバー・19の開催国・27のサーキット「過去10年の歴史」がひと目で分かる。

フジテレビオフィシャル F1 TV HANDBOOK 1998 〔完全保存版〕
フジテレビ出版，扶桑社〔発売〕 1998.4 127p 26×15cm 1429円 ①4-594-02476-9 Ⓝ788.7

(目次)放映スケジュール，目で見る新レギュレーション，1998 TEAM・DRIVER・MACHINE LINE UP(WILLIAMS,FERRARI,BENETTON ほか)，F1タイヤの変遷，TVでは見えないピットの小道具たち，ホンダF1完全復帰へ!!，GP CIRCUITS GUIDE,SCORE BOARD

⑨内容F1新時代到来!全チームのドライバー・マシンを徹底分析―オーナー・監督・デザイナーからテストドライバーまで。

フジテレビオフィシャル F1 TV HANDBOOK 1999 フジテレビ出版, 扶桑社〔発売〕 1999.4 127p 26×15cm 1619円 ①4-594-02690-7 ⑩788.7

⑨目次放映スケジュール, 1999年 全エントリーチーム&ドライバー, 特集PART1「F-1 GP 50周年記念」(歴代ワールドチャンピオン/コンストラクターズチャンピオン, 排気量と車重におけるレギュレーションの変遷, GPにおける安全対策), 1999 TEAM/DRIVER/MACHINE LINE UP, 特集PART2 進化のトレンド(ヘルメットの進化, 知られざる電子制御コクピット, デザイナーの知恵/ウイング比較)

⑨内容歴代ワールドチャンピオン、コンストラクターズチャンピオン、レギュレーションの遍歴、GPにおける安全対策など、F1グランプリの50年にわたる歴史・データを収録したハンドブック。

フジテレビオフィシャル F1 TV HANDBOOK 2000 フジテレビ出版, 扶桑社〔発売〕 2000.4 128p 26×15cm 1524円 ①4-594-02889-6 ⑩788.7

⑨目次1 ワークス対決―Team/Driver/Machine line up(West McLaren Mercedes, Scuderia Ferrari Marlboro,Benson&Hedges Jordan Mugen,Honda,Jaguar Racing,BMW Williams F1 Team ほか), 2 出てこい!日本人F1ドライバー, 3 終わりなきエアロダイナミクスの追求(GP circuits guide,score board)

⑨内容2000年のF1観戦ハンドブック。2000年の全エントリーチームとドライバーを収録。データは各チームごとにドライバーとマシン、過去の成績等を掲載。ほかにGPサーキットガイド。予選・決勝、ドライバーズ・コンストラクターズ、スコアボードを収録。

フジテレビオフィシャル F1 TV Handbook 2001 フジテレビ出版, 扶桑社〔発売〕 2001.4 128p 26×16cm 1524円 ①4-594-03098-X ⑩788.7

⑨目次2001 TEAM/DRIVER/MACHINE LINE UP, 特集1 安全を主体にした新レギュレーション, 特集2 冒険者ミシュランの挑戦, 特集3 F1にもっとも近い日本人ドライバー, 特集4 トヨタF1計画, 特集5 終わりなき進化

⑨内容2001年にエントリーしたF1全チームのデータブック。GPサーキットガイド、フジテレビ系列の中継の放映スケジュールなどを掲載。

<年鑑・白書>

F1グランプリ年鑑 1989-90 CBS・ソニー出版 1990.2 231p 32×24cm 〈原書名:AUTOCOURSE 1989-90〉 5500円 ①4-7897-0502-1 ⑩788.7

⑨目次オートコースに寄せて(アラン・プロスト), 嵐を呼んだ'89年, エディターが選ぶドライバートップ・テン, '89年F1回顧―埋められなかった対立の溝(モーリス・ハミルトン), '89年テクニカル・レビュー(アラン・ヘンリー), F1ドライバー全記録, 笑い声がとだえるとき(ナイジェル・ロウバック), F1マシン全仕様, チーム別シャシー一覧, スーパー・グリッド(ジョン・テイラー), 1989年F1グランプリ第1戦～第16戦(アラン・ヘンリー&モーリス・ハミルトン), 友好的ライバル達(ゴードン・カービィ), 1989年インディカー・トップ・テン, 勝利への精神力(トニー・ドッジンス), 勇壮な新世界(クエンティン・スパーリング), 統一ならぬヨーロッパ・ツーリングレース界(ブルース・ジョーンズ), 勝者はいたのだろうか?(マーク・スキューイス), 1989年全記録(ジョン・テイラー)

F1グランプリ年鑑 1990-91 ソニー・マガジンズ 1991.5 236p 32×25cm 6800円 ①4-7897-0634-6 ⑩788.7

⑨目次伝統の重さ, エディターが選ぶドライバー・トップ・テン, '90年F1回顧―まさか, またもや, レーシング・ドライバーの心理, '90年テクニカル・レビュー, F1ドライバー全記録, F1マシン全仕様, チーム別シャシー一覧, スーパー・グリッド, 1990年F1グランプリ第1戦～第16戦, 偉大な名を継ぐ, 1990年インディカー・トップ・テン, コマ, F3000を制覇, メルセデスの圧勝, 飛躍の時, フィニッシュはなんといってもフィニッシュのもの, 1990年全記録

F1グランプリ年鑑 1991-92 ソニー・マガジンズ 1992.1 199p 32×24cm 6000円 ①4-7897-0732-2 ⑩788.7

⑨目次未来に向けて, エディターが選ぶドライバー・トップ・テン, '91年F1回顧―全チーム別展望, 1991年F1グランプリ第1戦～第16戦, '91年F1ドライバー全記録

CARTイヤーブック 2001-2002 ARMS, 三樹書房〔発売〕 2002.3 98p 30×24cm 2000円 ①4-89522-288-8 ⑩788.7

⑨目次Tough Guys in 2001, 総括!2001 CART

FedEx Championship Series, 21世紀最初のトップ10ファイター、かく戦えり、リザルトと記録でみる2001年のCART、決して忘れられない7つの事件、今だから語ろう、CARTの未来、日本のファンが語る2001年のCART、2002年への期待、再び大地に立つ、CARTセーフティ・チームの全貌、真のチャンプカーは今年が最後!?2002年のCARTは絶対見逃すな〔ほか〕

グランプリ・イラストレイテッド年鑑
'90　ヴェガ・インターナショナル編　ヴェガ・インターナショナル，グランプリ出版
〔発売〕　1990.11　168p　30cm　3800円
Ⓘ4-87687-104-3　Ⓝ788.7

グランプリ・イラストレイテッド年鑑
'91　ヴェガ・インターナショナル編　ヴェガ・インターナショナル，グランプリ出版
〔発売〕　1991.12　159p　29×23cm　4000円　Ⓘ4-87687-116-7　Ⓝ788.7

グランプリ・イラストレイテッド年鑑
'92　ヴェガ・インターナショナル編　ヴェガ・インターナショナル，グランプリ出版
〔発売〕　1992.12　167p　29×23cm　4000円　Ⓘ4-87687-128-0　Ⓝ788.7

グランプリ・イラストレイテッド年鑑
2000　ヴェガインターナショナル編　エキスプレス　2000.12　146p　30cm　3800円
Ⓘ4-900853-96-8　Ⓝ788.7

(目次)Photogenic 2000 Grand Prix racing, World Champions, World Championship Grand prix ROUND1～16, GRAND PRIX RIDERS, World Championship Grand Prix table, World Championship Superbike, Suzuka 8 Hourse Endurance Race, Japanese National Championship

(内容)オートバイ世界グランプリの2000年シーズンの写真と記録を収録した年鑑。

グランプリ・イラストレイテッド年鑑
2001　ヴェガインターナショナル編　エキスプレス　2001.12　169p　30cm　3800円
Ⓘ4-900853-94-1　Ⓝ788.7

(目次)Photogenic 2001 Grand prix racing, World championship Grand prix round, World champions, World champions: World championship superbike, Suzuka 8 hourse endurance race, Japanese national championship, Road racing world championship Grand prix data, Other datas

(内容)オートバイ世界グランプリの2001年シーズンの写真と記録を収録した年鑑。

グランプリ・イラストレイテッド年鑑
2002　ヴェガインターナショナル編　エキスプレス　2002.12　153p　29×22cm　3800円　Ⓘ4-900853-92-5　Ⓝ788.7

(目次)Photogenic 2002 Grand Prix Racing, World Championship Grand Prix Round 01～16 MotoGP Class, MotoGP Champion Interview Valentino ROSSI, World Championship Grand Prix Digest 250 Class, World Championship Grand Prix Digest 125 Class, Superbike World Championship Digest, Superbike Champion Interview Colin EDWARDS, Supersport World Championship Digest, Suzuka 8 Hours & Japanese Championship Superbike, GP250 & GP125 Class, Tetsuya HARADA

(内容)オートバイ世界グランプリの2001年シーズンの写真と記録を収録した年鑑。

グランプリ・イラストレイテッド年鑑
2003　ヴェガ・インターナショナル編　エキスプレス　2003.12　153p　29×22cm　3800円　Ⓘ4-900853-91-7　Ⓝ788.7

(目次)Photogenic 2003 Grand Prix Racing, World Championship Grand Prix ROUND 01～16 MotoGP, MotoGP Champion Valentino ROSSI, World Championship Grand Prix Digest 250cc, World Championship Grand Prix Digest 125cc, World Championship Superbike Digest, World Championship Supersport Digest, Suzuka 8 Hours & Japanese Championship GP250, GP125, JSB1000&ST600, Daijiro KATO DAI-CHAN YOU WILL BE IN OUR HEARTS FOREVER THANK YOU

グランプリ・イラストレイテッド年鑑
2004　ヴェガ・インターナショナル編　エキスプレス　2004.12　153p　29×23cm　〈本文：英文〉　3800円　Ⓘ4-86149-134-7　Ⓝ788.7

(目次)The images of 2004 Grand Prix Racing, World Championship Grand Prix ROUND 01～16 MotoGP Class, MotoGP Champion Interview Valentino ROSSI, World Championship Grand Prix Digest：250cc Class, World Championship Grand Prix Digest：125cc Class, The Japanese rider who were active in the majour championship, Suzuka 8 Hourse, Japanese Championship：GP250, Japanese Championship：JSB1000, ST600 and GP125

レジャースポーツ　　　　　　　　　　　　　　　競艇

グランプリ・イラストレイテッド年鑑
2006　ヴェガインターナショナル編　エキスプレス　2006.12　153p　29×22cm　3800円　Ⓘ4-86149-178-9　Ⓝ788.7
㋯World Championship Grand Prix MotoGP Riders,World Championship Grand Prix ROUND 01～17 MotoGP Class,World Championship Grand Prix Digest：250cc Class,World Championship Grand Prix Digest：125cc Class,The Japanese rider who were active in the majour championship,Japanese Championship：JSB1000,ST600,GP250 and GP125,Suzuka 8 Hours Endurance Race,Data

グランプリ・イラストレイテッド年鑑
2007　エキスプレス　2007.12　161p　30cm　3800円　Ⓘ978-4-86149-212-9　Ⓝ788.7
㋯World Championship Grand Prix MotoGP Riders,World Championship Grand Prix ROUND 01～18 MotoGP Class,World Championship Grand Prix Digest：250cc Class,World Championship Grand Prix Digest：125cc Class,The Japanese rider who were active in the majour championship,Suzuka 8 Hours Endurance Race Japanese Championship：JSB1000,ST600,GP250 and GP125,Memory,Data

グランプリ・イラストレイテッド年鑑
2008　ヴェガインターナショナル編　エキスプレス　2009.1　145p　29×22cm　3800円　Ⓘ978-4-86149-274-7　Ⓝ788.7
㋯World Championship Grand Prix MotoGP Riders,World Championship Grand Prix ROUND 01～18 MotoGP Class,World Championship Grand Prix Digest：250cc Class,World Championship Grand Prix Digest：125cc Class,The Japanese Rider Who Were Active In The World Championship,Suzuka 8 Hours Endurance Race,Japanese Championship：JSB1000,ST600,GP250 and GP125,Data：World Grand Prix Data：MotoGP Class Round 01～18 World Championship Tables：MotoGP,250cc&125cc Class Past World Champions from 1979,Data：World Championship Superbike&SuperSport Suzuka 8 Hours Endurance Race Japanese Championship：JSB1000,ST600,GP250 and GP125 Class,Imprint

世界ラリー年鑑　1989-90　CBS・ソニー出版　1990.5　148p　32×24cm　〈原書名：RALLYCOURSE 1989-90〉　5000円　Ⓘ4-7897-0501-3　Ⓝ788.7
㋯『ラリーコース』に寄せて，'90年代への飛躍，1989年―分析無用？，ラース-エリック・トルフの死を悼んで，ディディエール・オリオール―めちゃくちゃに速い所信表明野郎，バック・トゥ・ザ・フューチャー，祭りの時代は終わった，文無し向けの娯楽…？，チームの姿勢を問う，ワールド・チャンピオンシップ・ラリー，ワールド・チャンピオンシップ・ラリー最終結果，ラリーカー全仕様，勝利を呼ぶ賭け，またスタートだ!，ルーベの果てしない挑戦？

ロードレース・グランプリ年鑑　1989-90　CBS・ソニー出版　1990.4　190p　32×25cm　〈原書名：MOTOCOURSE 1989-90〉　5000円　Ⓘ4-7897-0503-X　Ⓝ788.7
㋯レイニー、シュワンツの華麗なる挑戦，エディターが選ぶライダートップテン，きらめく成功への実感―ディスク・ブレーキ事情，トップ・ライダーマシン全仕様，1989年ロードレース・グランプリ第1戦～第15戦，1989年サーキット・リポート，マン島TT―伝統への新たなる挑戦，アメリカ・ロードレース―その熾烈な賭け，ワールド・スーパーバイク再生す，FIM耐久カップの新たなヒーロー，F1ワールド・チャンピオンシップの復活，ヨーロッパ・チャンピオンシップ―新人の躍動，イギリス国内レース―ノートン・ロータリー制覇す，ワールド・チャンピオンシップの成績―その他レース成績

競　艇

＜名簿・人名事典＞

競艇選手名鑑　'98　日本レジャーチャンネル，ブックマン社〔発売〕　1998.7　519p　21cm　1429円　Ⓘ4-89308-352-X　Ⓝ788.8
㋯'97獲得賞金上位12人，'97SG競走成績結果，'97A1級上位158人，'97選手1462人，全国競艇場ガイド，全国ボートピアガイド，特別競走開催日程表
㋯1632選手を収録した競艇選手名鑑。掲載データとして、選手プロフィール、獲得賞金、最近5節の級別と勝率の推移、98前期・後期成績、コース別入着状況、通算成績、初出走等一覧、全国24場全データなど。1998年1月1日現在。

競艇選手名鑑　'99　日本レジャーチャンネル，ブックマン社〔発売〕　1999.7　543p

21cm （BOAT BOYデラックス版） 1429円　Ⓣ4-89308-369-4　Ⓝ788.8
〈目次〉'98獲得賞金上位12人，'98S G競走成績結果，'98A 1級勝率上位158人，全国平均STベスト16・勝率ベスト30，'98A1級147人，24場別勝率ベスト3，'98A2級319人，全国高配当一覧，'98B1級759人，B2級181人，全国競艇場ガイド，全国ボートピアガイド，特別競争開催日程表，索引
〈内容〉競艇選手1576選手を収録した名鑑。掲載データは，選手プロフィール，獲得賞金，最近5節の級別と勝率の推移，99前期・後期成績，コース別入着状況，通算成績，初出走等一覧，全国24場全データなど。内容は，1999年1月1日現在。

競艇選手名鑑　2000　日本レジャーチャンネル，ブックマン社〔発売〕　2000.8　543p　21cm　1429円　Ⓣ4-89308-411-9　Ⓝ788.8
〈目次〉巻頭特集 1999年SG競走優勝戦（1年間の全SG結果と賞金ランキング，2000年SG競走優先出場選手），2000競艇選手名鑑データの説明（2000競艇選手名鑑データ一現役1544選手の完全データ，新人選手本栖成績—85，86期新人選手紹介），全国競艇場・ボートピアガイド，1999グレードレース全優勝戦（1999G1競走優勝戦，1999新鋭・女子リーグ優勝戦，2000年新鋭・女子王座優勝戦，1999年新鋭・女子リーグ成績ベスト20）
〈内容〉競艇の選手1544選手のデータを収録する選手名鑑。各選手は選手名，生年月日，養成期，登録番号，障害獲得賞金，級別の推移，登録年月日，発出走日のほか，過去5年の成績，級別，通算，場別，コース別の成績を掲載。ほかに，全優勝戦結果804レース結果，全国競艇場・ボートピアガイド，高配当ベスト40などの資料を掲載する。当地功者20人を紹介する。ほかに付録として1999記録ランキング，SG・GI歴代覇者一覧，通算成績ランキングを収録。巻末に五十音順の索引を付す。

競馬

<事典>

バンキシュ！ 騎手で勝つ・史上最強の乗り替わり事典　須田鷹雄著　光文社　2003.4　215p　21cm　2000円　Ⓣ4-334-90108-5　Ⓝ788.5
〈目次〉関西所属騎手（武豊，四位洋文，藤田伸二 ほか），海外・地方所属騎手（O.ペリエ，M.デムーロ，安藤勝己 ほか），関東所属騎手（蛯名正義，柴田善臣，横山典弘 ほか）
〈内容〉JRAの騎手データ、有力外国人騎手、有力地方騎手の得する乗り替わりデータを全収録。金になる乗り替わりを買いつづける、それが唯一の勝利術。

バンキシュ！ 2004覇者編　騎手で勝つ！地上最強の「乗り替わり」事典　須田鷹雄著　光文社　2004.7　215p　21cm　2000円　Ⓣ4-334-90118-2　Ⓝ788.5
〈目次〉乗り替わりランクA騎手（秋山真一郎，安藤勝己 ほか），乗り替わりランクB騎手（石橋脩，岩田康誠 ほか），乗り替わりランクC騎手（安藤光彰，飯田祐史 ほか），乗り替わりランクD騎手（石橋守・岩崎祐己，上村洋行・内田浩一 ほか），乗り替わりランクE騎手（青木芳之・池田鉄平・石山繁，伊藤直人・伊藤暢康・今村康成 ほか）
〈内容〉テレビ、スポーツ紙コラムで圧倒的回収率。須田鷹雄渾身の馬券本2004年版。

<名簿・人名事典>

競馬 騎手データ　騎手が教える当たり馬券！　松崎博årr　三心堂出版社　1996.4　207p　18cm　1300円　Ⓣ4-88342-048-5　Ⓝ788.5
〈目次〉1 関東騎手ランキング，2 関西騎手ランキング，3 騎手相対能力数，4 騎手データ実戦編
〈内容〉JRA（日本中央競馬会）所属の競馬の騎手の実績と個人情報をまとめたもの。関東・関西の全現役騎手と、短期免許の外人騎手、1996年デビューの新人騎手合わせて196人を収録する。騎手の排列は関西・関東別に95年のリーディング順。巻末に騎手名の五十音順索引がある。

競馬騎手名鑑　2000　アポロ出版　2000.5　175p　26cm　（アポロムック）　〈東京ディー・アンド・エー（発売）〉　762円　Ⓣ4-925208-03-9　Ⓝ788.5
〈内容〉日本を中心に海外にわたる競馬騎手を収録した名鑑。日本中央競馬会の騎手173名を中心に、地方競馬、外国競馬の騎手も収録する。ベテランからルーキー、公営、外人騎手までの主要騎手の横顔を紹介するほか、ファンが選んだ好きなジョッキー＆嫌いなジョッキーランキングなどの情報も掲載する。

中央競馬 騎手全鑑　石川ワタル，石川徹著　蒼馬社　1999.5　213p　21cm　（蒼ブックス「買える、買えない」シリーズ 1）　2000円

ⓘ4-916124-99-5　Ⓝ788.5

(内容)中央競馬の騎手を格付けしたもの。関東騎手編と関西騎手編の二部構成。掲載データは、プロフィール、総合成績、コース別、距離別、脚質別、重賞の格付けなど。付録として、全レースの連対率ベスト、勝率ベスト、連対率ワースト、勝率ワーストがある。

＜ハンドブック＞

騎手&調教師「この関係」を狙えばズバズバ当たる！ 競馬界の人間模様を馬券に活かす 2005　小原清治著　東邦出版　2005.3　241p　21cm　1500円　ⓘ4-8094-0434-X　Ⓝ788.5

(目次)赤木高太郎，秋山真一郎，安藤勝己，池添謙一，石橋脩，石橋守，岩崎祐己，岩田康誠，内田浩一，江田照男〔ほか〕

(内容)「儲かる関係」をピンポイントで狙い撃て。実戦馬券に直結する"旬"のデータを収録。

最新版 競馬騎手データ 当たり馬券は騎手で買え！ 成績・技術・性格の分析結果が教える秘密の情報源　狩野洋一著　（鶴ケ島）三心堂出版社　1993.4　279p　19cm　1500円　ⓘ4-915620-61-1　Ⓝ788.5

(目次)1 関東騎手ランキング，2 関西騎手ランキング，3 東西・騎手全データ

実戦騎手データブック '05　渡辺尚樹，UMAGEKIプロジェクト編著　日経ラジオ社　2004.11　284p　20cm　1500円　ⓘ4-86054-020-4　Ⓝ788.5

(目次)東京，中山，京都，阪神，福島，新潟，中京，小倉，函館，札幌

(内容)各競馬場、芝・ダート、距離別に勝鞍上位と注目ジョッキーを人気、着順などのデータをまとめた騎手データブック。

実戦的最新・騎手DATA BOOK　サラブレ編集部編　エンターブレイン，角川グループパブリッシング（発売）　2012.5　241p　21cm　（サラブレBOOK）　1800円　ⓘ978-4-04-728161-5　Ⓝ788.5

(目次)秋山真一郎，安藤勝己，青木芳之，飯田祐史，五十嵐雄祐，池崎祐介，池添謙一，石橋脩，石神深一，石橋守〔ほか〕

(内容)目まぐるしく変わる騎手の勢力図。過去を捨て最新のデータを重視せよ！ 全JRA現役騎手+外国人騎手148名、各騎手の基本データに加え有力騎手は買いどころを掲載。WIN5の検討にも対応。

中央競馬騎手万馬券データBOOK 馬単・3連複対応　競馬フォーラム著　競馬フォーラム　2004.4　187p　19cm　952円　ⓘ4-86165-001-1　Ⓝ788.5

(目次)美浦（青木芳之，五十嵐雄祐，池田鉄平ほか），栗東（秋山真一郎，安藤勝己，飯田祐史ほか），地方・外国人（安藤光彰，五十嵐冬樹，石崎隆之ほか）

(内容)美浦・栗東所属騎手+地方騎手・外国人騎手の万馬券データを一挙公開。

日本の「騎手-調教師」大系図　山本啓二著　競馬通信社，星雲社〔発売〕　1998.11　98p　26cm　1800円　ⓘ4-7952-4795-1　Ⓝ788.5

(目次)第1部 大系図（函館大経系，高橋孔照系，林義和系，山島久光系 ほか），第2部 記録・資料（大系図 概観，名伯楽のGI馬一覧，平成9年度リーディング・ジョッキー，平成9年度リーディング・トレーナー ほか）

(内容)騎手と調教師の間柄をまとめた大系図。全体を20人の調教師からの系図に分け、平成10年度までの調教師及び騎手との関係を戦績を交えて、師弟関係や縁戚関係を紹介。

日本の「騎手-調教師」大系図 2　山本啓二著　競馬通信社，星雲社〔発売〕　2000.6　115p　26cm　1800円　ⓘ4-434-00372-0　Ⓝ788.5

(目次)第1部 大系図（函館大経系，高橋孔照系，林義和系，山島久光系，矢倉玉造系 ほか），第2部 記録・資料（大系図概観，名伯楽のG1馬一覧，リーディング・ジョッキー，リーディング・トレーナー，新規調教師・騎手合格者，歴代G1勝ち馬一覧）

(内容)調教師と騎手の縁戚関係図。平成12年3月1日のデータにより調教師と騎手の間柄を簡略してまとめた大系図。内容は大系図と記録・資料編で構成。大系図は函館大経、高橋孔照、林義和ら騎手と調教師の大集団系統の元祖である人物ごとに分類して系図を掲載。系図は系統と各人物の経歴および成績を掲載。記録・資料編では大系図概観、平成9～11年度のリーディングジョッキーとリーディングトレーナー、平成10から12年度の新規調教師、騎手合格者と歴代G1勝ち馬一覧を収録。巻末に大系図掲載名索引を付す。

釣 り

<書 誌>

麦わら帽子の釣り本散歩　大崎紀夫著　三樹書房　1999.11　258p　20cm　1600円　Ⓘ4-89522-248-9　Ⓝ787.1

<事 典>

川釣り魚の事典　お父さんのためのトラの巻 釣り方から料理まで　ガイド出版社編集部編, 本間貞治写真　〔横浜〕ガイト出版社, 山海堂〔発売〕　2002.3　176p　21cm　1600円　Ⓘ4-381-10431-5　Ⓝ787.15

（目次）釣りの基礎知識, 知っておきたい釣り魚の知識（平野部で釣れる魚, マス釣り, ブラックバスなどルアー対象魚, 清流, 湖で釣れる魚, 渓流で釣れる魚, 河口で釣れる魚）, 釣り魚の料理テクニック

（内容）釣り・料理のための川釣り魚ガイドブック。マス・ブラックバス等、川・湖で釣れる魚約35種類について、平野部、清流・湖、渓流、河口の場所別、またマス・ブラックバス等魚の種類別に、習性と釣り方、味と料理法等を、イラスト図を交えながらわかりやすく解説。釣りの基礎知識や釣り魚の料理テクニックについても紹介する。魚の地方名の五十音順一覧も付す。

最先端&定番! フィッシングノット事典 あらゆるフィッシングステージで使える実践ノット58種　大山俊治著, 小倉隆典画　学研パブリッシング　2014.8　145p　21cm　〈他言語標題：Fishing knots Encyclopedia 発売：学研マーケティング〉　1000円　Ⓘ978-4-05-800319-0　Ⓝ787.1

（目次）1 フィッシングノットの基礎知識, 2 ハリの結び, 3 アシストフックの結び方, 4 接続具の結び, 5 ルアーとの直結結び, 6 ダブルラインを作る, 7 ラインとラインを結ぶ

釣り仕掛け事典　川づり・海づり　芳賀故城著　東京書店　2001.7　291p　21cm　1500円　Ⓘ4-88574-378-8　Ⓝ787.1

（目次）前編 川魚ののつり方（アユ, イトウ, イワナ, ウグイ（ハヤ）ほか）, 後編 海魚のつり方（アイゴ, アイナメ, アジ, アナゴ ほか）

（内容）これから川・海つりをやろうと思う人のために基礎知識をまとめた釣り事典。前編の「川魚の釣り方」はアユをはじめ26種の魚の仕掛けを、後編の「海魚の釣り方」はアイゴをはじめ53種の魚の仕掛けを説明。前編、後編それぞれ魚の名前五十音順で排列。ビギナー向けの魚の種類はとくにくわしく解説し、イラストも多数掲載する。

釣り大事典　上田歩著, 牧朗イラスト　小学館　1998.12　264p　19cm（ビッグコロタン）　850円　Ⓘ4-09-259086-5　Ⓝ787.1

（内容）川釣り、海釣り、ルアー・フィッシング、フライフィッシングなどで使われる釣り用語を、イラストと写真で解説した事典。

フィッシング・ノット事典　丸橋英三著, 小倉隆典イラスト　地球丸　1999.8　191p　19cm（OUTDOOR HANDBOOK 20）　1000円　Ⓘ4-925020-54-4　Ⓝ787.1

（目次）1 フィッシング・ノットの基礎知識, 2 フィッシング・ノットの実際（システム解説, ラインとラインを結ぶ, ラインで輪を作る, ラインと金具を結ぶ, フライフィッシングの結び, ワイヤを結ぶ, メタルラインを結ぶ）

（内容）糸を知り、それに合った結び一つまりノットを知る者こそが、釣りをよく制することができる。ノットについて、基本から世界の最先端まで解説したもの。

<辞 典>

フライフィッシング用語辞典　川野信之著　〔相模原〕カワノ・ブックス　2005.3　681p　27cm　〈他言語標題：Fly fishing dictionary for Japanese anglers　文献あり〉　12381円　Ⓘ4-939107-02-7　Ⓝ787.1

フライフィッシング用語大辞典　川野信之著　ランダムハウス講談社　2009.4　677p　27cm　〈他言語標題：Fly fishing dictionary for Japanese anglers　文献あり〉　7600円　Ⓘ978-4-270-00479-1　Ⓝ787.1

（内容）毛鉤を用いたフライフィッシングを知る・楽しむための用語を解説する事典。3364語を五十音順に排列。各項目には参考となる文献とWebサイトを記載する。

<ハンドブック>

大型魚ぎょっと時間月齢方式 大漁時刻表 全国版　2013年6月～12月　〔浜松〕出版のススメ研究会　2013.6　140p　21cm　〈発行者：昭和パルブランチ　発売：創英社／三省堂書店〉　1429円　Ⓘ978-4-904849-

16-3　Ⓝ787.13

大型魚ぎょっと時間月齢方式　大漁時刻表　全国版　2014年1月〜6月　枝本博人著　昭和ハルブランチ　2014.1　81p　21cm　〈発売所：出版のススメ研究会　発売：創英社／三省堂書店〉　952円　Ⓘ978-4-904849-18-7　Ⓝ787.13

(目次)1 枝本氏あいさつ，2 本書の活用方法，3 特集／秋の浜名湖へ（モデルインタビュー），4 必見ルアー釣りのためのピンポイントデータ（1月〜6月），5 月齢カレンダー＆釣行お薦め日（1月〜6月），6 もっと知りたい人へ 時間月齢一覧表（1月〜6月），7 大量時刻表PLUSの見方，8 地域別ピンポイント釣行お薦め時間／関東・東海地域（1月〜6月），9 地域別ピンポイント釣行お薦め時間／関西・南紀地域（1月〜6月），10 地域別ピンポイント釣行お薦め時間／四国・九州地域（1月〜6月），11 釣果・釣行記録日誌

大型魚ぎょっと時間月齢方式　大漁時刻表　全国版　2014年7月〜12月　枝本博人著　出版のススメ研究会，創英社／三省堂書店〔発売〕　2014.7　89p　21cm　926円　Ⓘ978-4-904849-20-0　Ⓝ787.13

(目次)1 枝本博人氏あいさつ，2 本書の上手な活用方法，3 大漁時刻表PLUSの見方，4 必見釣行お薦め日（7月〜12月），6 大物遭遇実証釣行記，7 釣果・釣行記録日誌

大型魚ぎょっと時間月齢方式　大漁時刻表　全国版　2015年1月〜2016年1月　枝本博人著　出版のススメ研究会，創英社／三省堂書店〔発売〕　2015.2　163p　21cm　1852円　Ⓘ978-4-904849-23-1　Ⓝ787.13

(目次)1 枝本博人氏あいさつ，2 本書の上手な活用方法，3 大漁時刻表PLUSの見方，4 必見釣行お薦め日（2015.2〜2016.1），5 2015.1月〜2016.1月，6 大物遭遇実証釣行記，7 釣果・釣行記録日誌

(内容)月の満ち欠けと魚の不思議な関係。ベール脱ぐ!釣りの新常識。

大型魚ぎょっと時間月齢方式　大漁時刻表　2016年版　枝本博人著　出版のススメ研究会，創英社／三省堂書店〔発売〕　2016.2　163p　21cm　1852円　Ⓘ978-4-904849-24-8　Ⓝ787.13

(目次)必見釣行お薦め日―2016.1月〜2016.12月（関東―横浜―新山下港，東海―浜名湖港，関西―大阪港，北部九州―博多港，南九州―佐多岬），2016.1月〜2017.1月（月齢カレンダー＆釣行お薦め日，もっと知りたい人へ―時間月齢

一覧表，地域別ピンポイント釣行お薦め時間―関東・関西・南九州地域），大物遭遇実証釣行記，釣果・釣行記録日誌

(内容)月の満ち欠けと魚の不思議な関係、ベール脱ぐ!釣りの新常識。

完全網羅!釣り仕掛けハンドブック　1つの仕掛けで多種の魚が釣れる!　小池純二，田原泰文，宮本英彦監修　池田書店　2010.2　255p　18cm　〈索引あり〉　1200円　Ⓘ978-4-262-16261-4　Ⓝ787.1

(目次)01 釣りの基本知識，02 防波堤・砂浜の釣り，03 磯の釣り，04 川の釣り，05 湖・沼の釣り，06 船の釣り

(内容)仕掛けごとに大切なポイントや釣魚の特徴を詳しく解説。海水から淡水まで、この一冊で完全網羅。

基礎から始める海釣り仕掛けハンドブック　堤防磯投げ／ボート編　「つり情報」編集部編　日東書院本社　2011.9　177p　21cm　（つり情報books）　1200円　Ⓘ978-4-528-01214-1　Ⓝ787.13

(目次)陸っぱり＆ボードフィッシング 釣り方の基本（ウキ釣り，サビキ釣り，カゴ釣り ほか），これを知らなきゃ、仕掛けが作れない! 仕掛けの結びをマスターしよう（ウキ釣り仕掛けで使われる結び方と場所，サビキ釣り仕掛けで使われる結び方と場所・投げ釣り仕掛けで使われる結び方と場所，ルアーフィッシングで使われる結び方と場所・ヘチ釣り仕掛けで使われる結び方と場所 ほか），ターゲット別仕掛けマニュアル（アイナメ，アオリイカ，アジ ほか）

(内容)堤防や磯などいわゆる「陸っぱり」の釣りと、その延長線上にある手こぎボートの釣りでは様ざまな種類の魚が狙える。その分、仕掛けのパターンも多い。本書ではこれらの仕掛けを、狙う魚種ごとに整理して詳しく図解した。

THE TUBE FLY　沢田賢一郎著　(国分寺)サワダ　2006.2　160p　31×22cm　7900円　Ⓘ4-916020-51-0　Ⓝ787.1

(目次)クラシックスタイル，ドラゴンフライ，ホッパー，マツーカ，メーンフライ，スキーラ，ジュラシック・シュリンプ，フラットウィング・フライ，スクィッド，ロングテイル，プローン，アトラクター，マウス，ゾンカー

(内容)釣りの戦略にあったフライが欲しい。そう思うと同時に、著者はフックやチューブを初め、様々な素材の利点や特長を検証する。目的に合ったフライを作るには、どのような組み合わせが良いだろうか。パターンやドレッシング

の新しい方法を考え始めると、パズルを解くような楽しみと共に夜も眠れなくなるほどアイデアが広がる。同時に未だ見ぬ魚との駆け引きが始まる。泳ぐ姿を想像するだけで楽しくなるフライ。それがチューブフライだ。

釣りの仕掛け大百科 絶対釣れる139種の仕掛けを完全ガイド 上巻 海水魚編
地球丸 1999.4 143p 26×21cm （Rod and Reel選書 HOLIDAY fishing 7） 1600円 Ⓣ4-925020-44-7 Ⓝ787.13

(目次)1 魚種別仕掛け事典（アイゴ，アイナメ，アジ，アナゴ ほか），2 仕掛け作りのための基礎知識（釣り具の種類と選び方，結びの基本をマスターする，仕掛け作りのための用語辞典）

(内容)これまで，釣り人たちは狙った魚を釣るために，数多くの仕掛けを考案してきた。ひとつの仕掛けを作るために，幾度，試行錯誤が繰り返されたことだろう。魚ごとの習性や食性などを十分に研究し，より確実に釣るための方法を編み出す…。そんな先人たちの知恵と努力の結晶が，ひとつひとつの仕掛けに凝縮されているのだ。本書でご紹介しているのは，それらの仕掛けのうち，海釣りで多用する139種。そこには，仕掛けの作り方だけでなく，正しく仕掛けの使い方からエサの付け方まで，釣りをするうえで絶対に知っておきたいノウハウが，ギッシリと詰め込まれている。さあ，今度の週末は自分で作った仕掛けを持って，海の魚たちに逢いにいってみないか！

釣りの仕掛け大百科 川・湖沼で使う全88種の仕掛け作り 下巻 淡水魚編
地球丸 2000.1 111p 26×22cm （Rod and Reel選書 HOLIDAY fishing 11） 1600円 Ⓣ4-925020-59-5 Ⓝ787.15

(目次)1 魚種別仕掛け事典（アメマス，アユ，イトウ，イワナ ほか），2 仕掛け作りのための基礎知識（釣り具の種類と選び方，結びの基本テクニック，仕掛け作りのための用語辞典）

(内容)淡水で釣れる魚は，小はタナゴやマブナ，大はコイやレンギョと，それこそ千差万別。釣趣を楽しむなら，当然，ターゲットによって，使う仕掛けも替えなければならないが，どの魚種についても，彼らの習性や食性にマッチしたものが数多く考案されている。本書では，それら代表的なものから改良されたものまで，全88種の仕掛けを集めてみた。ここには，実際の仕掛けの作り方はもちろん，仕掛けのシステムや正しい操作方法，エサのハリ掛けの方法，ポイントの選び方，攻略テクニックまで，釣りをするうえで絶対に知っておきたいノウハウが，ギッシリ詰め込まれている。もう，これ一冊だけで，淡水魚釣りの仕掛け作りは達人級になること間違いなしだ！

流れを釣るドライパターン108 2 中大型編
久野康弘，坂本雅也，増沢信二著 山と渓谷社 2002.1 95p 26cm （YAMA-KEI FLY PATTERNS 108 SERIES） 1800円 Ⓣ4-635-36105-5 Ⓝ787.1

(目次)1 マテリアル・リストと水中からの見え方（エクステンド・メイフライ・タイプ，メイフライダン・タイプ，パラシュート・メイ&スペント・タイプ，ハンピー&イレジスタブル・タイプ ほか），2 パターン解説編（エクステンド・メイフライ・タイプ，メイフライダン・タイプ，パラシュート・メイ・タイプ，スペント・タイプ ほか）

バスフィッシング最新用語ハンドブック
打越俊浩著 椎出版社 1997.6 145p 21cm （ANGLER'S BOOKS） 1200円 Ⓣ4-87099-101-2 Ⓝ787.15

(目次)第1章 タックル&ルアー編，第2章 釣り方編，第3章 フィールド&バスの生態編，第4章 一般用語／ボート編，第5章 国内の主要バスフィールド・ガイド，第6章 全国プロショップ一覧

バスルアー・カタログ 釣れるルアー500個の掘り下げ徹底解説&美しいビジュアル大図鑑
地球丸 1998.7 159p 21cm （Rod and Reelの本） 1300円 Ⓣ4-925020-34-X Ⓝ787.15

(目次)1 0mから3mまでのスーパー・バスルアーたち（ペンシルベイト，スウィッシャー，ポッパー，ダーター，ノイジー，フロッグ，ライブリー，ミノー），2 バスルアーの使い方集（前編），3 0mから6mまでのスーパー・バスルアーたち（バイブレーション，クランクベイト，スピナーベイト，バズベイト，ストレート・ワーム，グラブ，カーリーテイル・ワーム，パドルテイル・ワーム，スティック・ベイト，クローワーム，チューブワーム，リザード，ポーク・ラインド，ラバージグ，メタルジグ&スプーン），4 バスルアーの使い方集（後編）

フライパターン全書 エキスパートが巻く，トラウトを釣るための54パターンの巻き方と114のバリエーション
地球丸 2006.9 193p 26cm （Fly Rodders BOOKS） 2500円 Ⓣ4-86067-145-7 Ⓝ787.15

(目次)ドライフライ（メイフライ，カディス，

ミッジ，テレストリアル，その他），水面直下〜水面下（ピューパ，イマージャー他，ニンフ，ウエットフライ，ストリーマー），タイイングの応用テクニック（ドライフライはどのように魚を誘うのか．その原理を学ぶ，釣れるドライフライをタイイングするためのノウハウ集，ミッジを巻くためのテクニック，ウエットとストリーマーはバランスよく巻くことが重要）

⟨内容⟩ドライフライ・パターンにおける37の巻き方と78のパターンを紹介．水面直下・水面下のパターンにおける17の巻き方と36のパターンを紹介．釣れるフライの巻き方，用語辞典などタイイングの応用テクニックを網羅．

防波堤釣りハンドブック　釣り場探究会編
（名古屋）リベラル社，星雲社〔発売〕　2005.6　175p　18cm　（リベラル社の釣りシリーズ）　1095円　Ⓘ4-434-06385-3　Ⓝ787.13

⟨目次⟩1 準備編（計画を立てよう，釣り情報 ほか），2 基礎知識編（魚の習性，シーズン ほか），3 釣り方編（基本テクニック，投げ釣り ほか），4 予備知識編（釣り場のマナー，魚の締め方 ほか），5 ターゲット編（アイナメ，アジ ほか）付録（用語集）

見てわかる海釣り仕掛けハンドブック　人気魚種の釣り方別仕掛けがひと目でわかる　高木道郎監修　（新宿区）池田書店
1998.10　191p　17cm　950円　Ⓘ4-262-15691-5　Ⓝ787.13

⟨目次⟩1 定着魚（アイゴ，アイナメ，アコウダイ ほか），2 回遊魚（アジ，アナゴ，イナダ ほか），3 イカ・タコ類（アオリイカ，アカイカ，スミイカ ほか），4 結びの基本（ハリを結ぶ，チモト補強，ヨリモドシを結ぶ ほか）

⟨内容⟩47魚種のフィールド別，釣り方別に標準的仕掛けを紹介したハンドブック．

見てわかる カラーイラストルアー仕掛けハンドブック　タックル，ルアー，テクニックがひと目でわかる　高橋大河，野地文雄著　（新宿区）池田書店　1998.5　175p　17cm　950円　Ⓘ4-262-15687-7　Ⓝ787.1

⟨目次⟩フレッシュウォーター編（ブラックバス，渓流のイワナ，イワナ，ヤマメ，ヤマメ，ブルックトラウト ほか），ソルトウォーター編（港湾部のシーバス，ボートのシーバス，サーフのシーバス，河川内のシーバス，ヒラスズキ ほか），ルアーベーシック講座

⟨内容⟩湖のブラックバスから渓流のイワナ，海のシーバスに至るまで全46魚種，146パターンの釣り方を徹底解説．

よく釣れる 防波堤釣り 道具選び・仕掛けすべてOK!　大作芳男著　金園社　1996.9　222p　19cm　（金園社の実用書）　1030円　Ⓘ4-321-24430-7　Ⓝ787.13

⟨目次⟩1 奥の深い釣りが醍醐味（豊富な魚が寄る防波堤釣りの魅力，防波堤で釣れる四季の魚たち，防波堤の種類と構造を知っておこう ほか），2 ねらった魚を必ず釣り上げる!（寒いときこそチャンス―アイナメ，スマートで美しい美人魚―サヨリ，パールピンクの海の女王―シロギス ほか），3 釣りの基礎マスター講座（防波堤釣りに必要な道具選び，基本が大切!仕掛け作りのノウハウ，投げ釣りの基本テクニックと道具 ほか）

⟨内容⟩海釣りの基本から防波堤釣り，磯釣り・船釣りをカラーイラストによって解説したもの．3部構成で，第1部では海釣りの基本を述べ，第2部ではアジ・カワハギ・クロダイなど魚の特徴や習性，釣り時期ベストシーズン，釣り竿と仕掛け，釣りかたを紹介，第3部で海釣り一般の基本テクニックを述べる．巻末に五十音順の釣り用語一覧や魚索引がある．―道具選びから仕掛けまでこれ一冊ですべてOK

＜図鑑・図集＞

鮎毛バリ大図鑑　特選1200本収録 半世紀を超えるベテラン筆者が語る釣れる毛バリを選ぶ，使うポイント　沢渡要著　マグナ　2015.3　159p　26cm　〈文献あり　発売：河出書房新社〉　4500円　Ⓘ978-4-309-92043-6　Ⓝ787.15

⟨目次⟩鮎毛鉤礼讃（夢枕獏），グラビア（沢渡要が愛して止まない「平成の四名川」，名バリの名称とその由来，アユの一生），工房別特選毛バリ（土佐毛バリ，播州毛バリ，加賀毛バリ，越中毛バリ，関東毛バリ），鮎毛バリ読本

⟨内容⟩半世紀を超えるベテラン筆者が語る釣れる毛バリを選ぶ，使うポイント．江戸から平成までの特選1200本収録．

絵はがきを旅する　つり人水辺のアーカイブス　金森直治著　つり人社　2012.9　255p　25cm　2300円　Ⓘ978-4-86447-024-7　Ⓝ787.1

⟨目次⟩根室港氷上コマイ魚釣，北見・温根湯温泉―武華川の情趣，阿寒湖（ポンモシリ）ヨリフプシ岳ヲ望ム，幾春別神居古潭―半日の魚鈎，神居古潭絶景其八，札幌―豊平川ノ暁照，胆振国羊蹄山一名（蝦夷富士），瀬棚名所―馬場川上

流の勝景，登別名勝—倶多楽湖，北海道公園大沼—駒ヶ岳〔ほか〕
(内容)明治から昭和の終戦前後まで，絵はがきに残された原風景。全都道府県の失われかけた貴重な記録。

魚大全 FISH&FISHING 講談社
1995.5 287p 26×21cm 5000円 ①4-06-207256-4 Ⓝ487.5
(目次)淡水魚譜，海水魚譜，海水魚譜，釣魚覚え書き
(内容)「日本産魚類大図鑑」（1971年刊）の収録魚を中心とする魚のイラスト308点の図鑑。イラストのほかに100種のカラー写真，魚種別の基本知識，釣りや料理に関する解説などを掲載する。全体を淡水魚と海水魚に大別し，さらに息場所別に収録。巻末に魚名総索引がある。

詳細図鑑 さかなの見分け方 講談社ベック編 講談社 1998.6 231p 21cm 2850円 ①4-06-208648-4 Ⓝ664.6
(目次)淡水魚（コイ目，ナマズ目，サケ目 ほか），海水魚（ニシン目，タラ目，キンメダイ目 ほか），えび・かに（十脚目，口脚目 ほか），いか・たこ（コウイカ目，ダンゴイカ目，ツツイカ目，八腕形目），貝・その他（原始腹足目，新紐舌目，新腹足目 ほか），魚介料理の基本，釣りの仕掛け集
(内容)日本近海・沿岸の海水魚介類及び日本の淡水魚介類を，釣りの対象魚，食用とされた魚介類を中心に715種収録した図鑑。収録魚介類一覧付き。

新さかな大図鑑 釣魚 カラー大全 小西英人編，荒賀忠一，望月賢二，中坊徹次，小西和人，今井浩次著者 （大阪）週刊釣りサンデー 1995.6 559p 26cm 6700円 ①4-87958-022-8 Ⓝ487.5
(内容)釣りの対象となる魚類を集めた図鑑。釣りの種類別に11章から成り，それぞれの主な対象魚について魚類学者による解説，釣り人による解説，星の数（五段階）による釣魚評価・食味評価等，釣り人向けのデータを多く掲載する。カラー写真。巻末に科別索引，和名索引，学名索引がある。

竹内真治の魚探反応丸わかり図鑑 ポケット判 竹内真治著 舵社 2009.10 211p 19cm 1600円 ①978-4-8072-5123-0 Ⓝ787.13
(目次)多数の魚種の反応，浅場と深場の関係，砂地と岩場の反応，斜面の反応，魚礁の反応，

根周りの反応，2番反射，3番反射，カタクチイワシ，マイワシ，ウルメイワシ〔ほか〕
(内容)魚群反応は全て釣り上げて検証済み。厳選した100画面を魚種別に一挙公開。

釣魚・つり方図鑑 つりトップ編集部編 学習研究社 1998.9 176p 21cm 1300円 ①4-05-400976-X Ⓝ787.1
(目次)海水の部（アイゴ，アイナメ，アカメ，アコウダイ ほか），淡水の部（アブラハヤ，アユ，イトウ，イワナの仲間 ほか）
(内容)主に魚釣りで接する魚を掲載した図鑑。海水と淡水に分け，アイウエオ順に掲載。

釣り魚図典 近江卓，成沢哲夫編著 小学館 1998.7 319p 27×22cm 5200円 ①4-09-526082-3 Ⓝ787.1
(目次)第1章 沖合，第2章 内湾，第3章 磯，第4章 砂浜，第5章 堤防，第6章 河口，第7章 河川，第8章 渓流，第9章 湖沼，釣りをもっと楽しむ（釣り具図鑑，調理を楽しむ，飼育を楽しむ，記録を残す・アートを楽しむ）
(内容)釣り魚および釣りの対象となるイカ・タコ類，エビ類を，釣り場ごとに約370種解説した図鑑。掲載データは，生息環境，食性，主な釣り方とこつ，ポイント，仕掛けと餌，調理法など。用語解説，学名索引，英名索引，和名・別名索引付き。

堤防さかな別釣り図鑑 ちょいっと検索 パッとわかる 31魚種60通りの釣り方 海悠出版 2011.5 129p 26cm （Big 1シリーズ 160）〈『磯・投げ情報』特別編集 発売：主婦と生活社〉 1200円 ①978-4-391-63179-1 Ⓝ787.13

堤防さかな別釣り図鑑 ちょいっと検索 パッとわかる! 34魚種65通りの釣り方 改訂版 海悠出版 2016.7 136p 26cm （BIG1シリーズ 190）〈『磯・投げ情報』特別編集 発売：主婦と生活社〉 1200円 ①978-4-391-63927-8 Ⓝ787.13
(内容)魚種別で釣り方がわかる「さかな別堤防釣り図鑑」が，改訂版となって再登場! 魚種別に基本を整理し，さらに同じ魚を狙うのにもいろいろな方法があるため，それぞれの狙い方に必要な道具，仕掛け，釣り方を解説。最近認知されるようになったターゲット，流行りの釣り方も追加。従来版よりも増ページして，より実践的で充実した内容となっています。

ポケット図鑑 海釣り仕掛け集 釣り方・魚種別仕掛けと道具 服部善郎監修，石川皓

章解説・写真　成美堂出版　2001.5　415p　15cm　1200円　ⓘ4-415-01704-5　Ⓝ787.13

㊤目次㊦沖釣りと仕掛け（マダイ，アイナメ ほか），磯釣りと仕掛け（メジナ，イサキ ほか），投げ釣りと仕掛け（シロギス，アジ ほか），タックル百科（釣り竿，リール ほか）

㊤内容㊦海釣りでの仕掛けを図説したガイドブック。魚を釣り場別に分類し，特徴，生息場所，釣期，釣り方のポイントなど解説を記載。巻頭に「仕掛けを構成する道具」「主要釣り具の名称」など，巻末に「毒のある魚・危険な魚」「海釣りの用語解説」および魚名五十音順索引がある。

湖で大物をつろう！　コイ・フナ・マスにチャレンジ　刈田敏著　偕成社　1999.3　39p　25×20cm　（はじめてのつり図鑑 5）　2800円　ⓘ4-03-533350-6　Ⓝ787.15

㊤目次㊦湖のしかけはこれだ，つり糸の結び方，つる準備をしよう，さあ，湖でつろう，大物ねらいの極意はこれだ

㊤内容㊦湖釣りの基本から上級の釣り方を解説した図鑑。巻末に，湖つりのマナーとルール，湖つり用語解説，さくいん付き。

山釣り図鑑　装備から釣り方まで山釣りのすべてが分かる　新装版　山本素石編　山海堂　1997.3　158p　26cm　2369円　ⓘ4-381-10254-1　Ⓝ787.15

㊤目次㊦山釣り讃歌，山釣りの対象魚，渓流の"しくみ"を知る，山釣りの装備と道具，渓を遡る―遡行とその知識，渓の生活，渓を読む―地形図と遡行図，山釣りと気象―水を知る，山釣りの危険と対策，渓流魚を釣る―釣りの技術，釣った魚の保存法，渓流魚の調理法，山釣りの博物誌

<カタログ・目録>

トップウォーター大図鑑　完全保存版 2002　枻出版社　2002.5　205p　30cm　（エイムック 493）　1800円　ⓘ4-87099-624-3　Ⓝ787.1

フィッシング用品カタログ　この1冊でフィッシングライフがさらに充実!!　成美堂出版　1992.7　130p　29cm　1700円　ⓘ4-415-03258-3　Ⓝ787.1

運動科学

運動科学

<事典>

筋の科学事典 構造・機能・運動 福永哲夫編 朝倉書店 2002.11 505,7p 27×20cm 18000円 Ⓘ4-254-69039-8 Ⓝ491.363
(目次) 序 身体運動を生み出す筋の構造と機能, 1 骨格筋の解剖と生理, 2 骨格筋の機能を決定する形態学的要因, 3 筋の代謝と筋線維組成, 4 筋を活動させる神経機序, 5 筋収縮の効率, 6 筋と環境, 7 筋のトレーニング, 8 筋とスポーツ, 9 人体筋の計測, 10 筋とコンディショニング
(内容) 身体運動に関わる筋骨格系の構造的機能的特性について最新の研究結果をもとに解説した事典。各項目には参考文献を記載し, 巻末に五十音順の索引を付す。

最新スポーツ科学事典 日本体育学会監修 平凡社 2006.9 919p 27×20cm 14000円 Ⓘ4-582-13501-3 Ⓝ780.33
(目次) 体育哲学, 体育史, 体育社会学, 体育経営管理, 体育心理学, 運動生理学, バイオメカニクス, 発育発達, 体育方法, 測定評価, 体育科教育学, 保健, スポーツ人類学, スポーツ法学, スポーツ医学
(内容) 体育学とスポーツ科学の各分野から, キー概念となる大項目(約500)を立項して50音順に配列。さらに大項目のもと, 関連する具体的な用語を小項目として配列した。対象分野は人文科学・自然科学全般におよぶ, 以下の15分野である。体育哲学・体育史・体育社会学・体育経営管理・体育心理学・運動生理学・バイオメカニクス・発育発達・体育方法・測定評価・体育科教育学・保健・スポーツ人類学・スポーツ法学・スポーツ医学。第一線で活躍する研究者約400名が執筆。項目ごとに参考文献を付した。索引は約1万2000項目。付録として関連学会, 関連サイトの一覧を付した。

ぜんぶわかる動作・運動別筋肉・関節のしくみ事典 リアルな部位別解剖図で詳細解説 川島敏生著, 栗山節郎監修 成美堂出版 2014.8 247p 22cm 〈文献あり 索引あり〉 1400円 Ⓘ978-4-415-31732-8 Ⓝ491.363
(目次) 第1章 部位別筋肉・関節の動きとしくみ(肩・上腕, 肘・前腕 ほか), 第2章 日常動作別筋肉・関節の動きとしくみ(寝返り, 起き上がり ほか), 第3章 運動別筋肉・関節の動きとしくみ(走行, 跳躍 ほか), 第4章 種目別発生しやすい傷害とリハビリテーション(スポーツ傷害, 陸上競技 ほか)
(内容) 動作ごとの筋肉・関節の動きを詳細イラストでわかりやすく解説。

<辞典>

運動生理・生化学辞典 大野秀樹, 井沢鉄也, 長沢純一, 伏木亨, 跡見順子ほか編 大修館書店 2001.7 525p 21cm 7500円 Ⓘ4-469-06215-4 Ⓝ780.193
(内容) スポーツ医学研究の参考となるための辞典。運動生理・生化学を中心とした基礎医学に比重をおき, 関連する諸域で用いられる基本的な術語を小項目方式により解説。排列は五十音順。アルファベット順欧文索引付き。

スポーツ科学辞典 日独英仏対照 エリッヒ・バイヤー編, 朝岡正雄監訳 大修館書店 1993.4 582p 21cm 〈原書名: Worterbuch der Sportwissenschaft: dt., engl., feanz.〉 4635円 Ⓘ4-469-06206-5 Ⓝ780.33
(内容) 科学一般, 体育方法学, 運動生理学, スポーツ心理学, バイオメカニクス, スポーツ社会学, トレーニング学, スポーツ史, スポーツ医学, 舞踊関係などの分野から, スポーツ科学の用語915項目を収録した辞典。

<ハンドブック>

運動生化学ハンドブック Michael E. Houston著, 山田茂監訳 ナップ 2004.1 220p 26cm 〈原書第2版 原書名: Biochemistry Primer for Exercise Science,

SECOND EDITION〉 3200円 ①4-931411-37-1 Ⓝ780.193

(目次)1 主要構成物質（アミノ酸，ペプチド，タンパク質，酵素，ヌクレオチド，DNA，RNA），2 代謝（生体エネルギー論，酸化的リン酸化，糖質の代謝 ほか），3 転写，タンパク質の合成および分解（転写とその制御，タンパク質の合成と分解）

(内容)近年，運動生化学や運動分子生物学の研究手法を用いた研究が盛んに行われている。これらはとくにエネルギー代謝や組織構築に関与する生体物質の増減や変換など，生理的機能と密接に関係する物質に着目した研究である。たとえば，速筋線維と遅筋線維の収縮速度や収縮力などの生理的機能は，収縮タンパク質であるミオシン分子や調整タンパク質であるトロポニンやトロポミオシン分子のアイソフォームの違いなどから説明される。本書は，これらの現象を考えるうえで基本となる項目が簡潔にまとめられ，運動に関する生化学的問題点や方向性についてもその指針が示されている。

運動負荷試験ハンドブック Victor F. Froelicher, Susan Quaglietti著，村松準監訳，兼本成斌，三宅良彦，小林明芳訳 メディカル・サイエンス・インターナショナル 1997.3 176p 19cm 〈原書名：Handbook of Exercise Testing〉 3600円 ①4-89592-152-2 Ⓝ492.1

(目次)第1部 基礎，第2部 運動負荷試験の実施，第3部 試験成績の評価，第4部 運動負荷試験の適用

健康ハンドブック 改編新版 ハロルド・J. レイリー，ルース・H.ブロッド著，五十嵐康彦訳 中央アート出版社 2003.12 334p 19cm （エドガー・ケイシー文庫）〈原書名：THE EDGAR CAYCE HANDBOOK : FOR HEALTH THROUGH DRUGLESS THERAPY〉 2000円 ①4-8136-0176-6 Ⓝ492.79

(目次)第1部 肉体は自己の神殿である（一生を健康に保つ秘訣，ケイシーとともに仕事をして，ケイシーの治療哲学，ケイシーと行ったケース・ワーク），第2部 ケイシー・レイリー家庭健康講座（良き体形を保つために一頭からつま先までの体操，マッサージの方法，水治療法，内臓の洗浄 ほか）

(内容)「理論的には人間は，少なくとも120歳から150歳まで生きることができるはずである」エドガー・ケイシーによる体と健康に関する膨大

なリーディングから，特に実践的で理解しやすいものを集大成。マッサージ，摩擦，湿布，入浴法，運動法など，図解や処方を交えて紹介。ここに掲載された健康法の多くは，すぐにでも実行できるものである。

高齢者の運動ハンドブック 米国国立老化研究所，東京都老人総合研究所運動機能部門著，青柳幸利監修 大修館書店 2001.6 111p 24×19cm 1600円 ①4-469-26468-7 Ⓝ780.19

(目次)第1章 運動するとどんな効果があるのでしょうか，第2章 運動をしても大丈夫でしょうか，第3章 運動をしつづけるには，第4章 自宅でできる運動の例，第5章 運動の効果をチェックする，第6章 歩く速さで体力水準や健康状態がわかる，第7章 漫然たる散歩やウオーキングだけでは老化は防げない

(内容)運動を続ければ，老化を防ぎ，健康で長生きできる。日米の老化研究所がまとめた運動プログラムをイラストとともに紹介。歩行テストで体力水準や健康状態までわかる。「転倒」，「寝たきり」にならないためには，どうすればいいのか?―その答えはここにある。健康長寿へ向けた画期的な運動の手引書。

スポーツ基礎数理ハンドブック 深代千之，柴山明男著 朝倉書店 2000.9 410p 21cm 9800円 ①4-254-69035-5 Ⓝ780.11

(目次)スポーツバイオメカニクス，一般的心得，数の拡張，三角比・三角関数，ベクトル，微分法，積分法，いくつかの関数，微分方程式気分，バイメカことはじめ，質点の運動，運動量，力学的エネルギー，これまでのまとめ，回転運動の初歩，剛体の運動，関節トルク，慣性系・非慣性系，番外編 フーリエ解析の怪，古典力学小史

(内容)本書では，筆者がここ数年間で筆者の所属する身体運動科学教室の学生から受けた質問の中から一般的なものを題材として選び，それにスポーツバイオメカニクスの基本である物体の重心の運動，（一軸性関節の）関節トルク，およびこれらを理解するために必要な数学を話題として加え，体系性を重視して解説した。また，本書はスポーツ科学ないし身体運動科学を力学的側面から解説することよりも，スポーツ科学ないし身体運動科学を学ぶために必要となる数学と力学の重要な定理・公式・法則を網羅することを重視し，加えて，数学と力学の考え方や，物理学者達がどのように力学の諸概念を形成していったかを強調した。

動作法ハンドブック 初心者のための技法

入門 大野清志,村田茂編 慶応通信 1993.7 227p 21cm 2300円 ⓘ4-7664-0542-0 Ⓝ493.937

(目次) 1 動作法概説,2 寝る,3 すわる,4 立つ,5 歩く,6 訓練の展開の仕方

動作法ハンドブック 基礎編 初心者のための技法入門 改訂版 大野清志,村田茂編 慶應義塾大学出版会 2003.5 225p 21cm 2400円 ⓘ4-7664-0977-9 Ⓝ493.937

(目次) 1 動作法概説,2 寝る,3 すわる,4 立つ,5 歩く,6 訓練の展開の仕方

動作法ハンドブック 応用編 行動問題、心の健康、スポーツへの技法適用 大野清志,村田茂監修 慶應義塾大学出版会 2003.5 296p 21cm 3000円 ⓘ4-7664-0978-7 Ⓝ493.937

(目次) 1 動作法適用の発展,2 障害者の行動改善,3 心理的問題の改善,4 運動・スポーツ技能の向上,5 日常動作の向上,6 心理的健康の保持・増進,7 動作法適用の参考事例

<図鑑・図集>

骨と筋肉大図鑑 「体」と「運動」を調べよう! 1 人体 ヒトの骨と筋肉 阿部和厚,真鍋真監修 学研教育出版,学研マーケティング(発売) 2012.2 47p 27×22cm 2700円 ⓘ978-4-05-500880-8 Ⓝ481.16

(目次) 全身の骨格,骨格をつくる200もの骨,骨は関節でつながっている,骨のつくり,骨も成長する,運動する骨格,全身の筋肉,筋肉のつくり,筋肉のエネルギー源,頭と首の骨,頭蓋骨のつくり,頭と骨の筋肉,首から尻までの骨,内臓を支える骨盤,肩から腰までの筋肉,腕とあしの筋肉,腕を動かす,あしでける,手と足のつくり,仕事をする手

(内容) ヒトの体を動かす、骨と筋肉、関節を解説する図鑑。体の部位別に、骨と筋肉の名前と働きを紹介しながら、体の動きを解説する。また、骨と筋肉に関する、体の情報も満載。小学校4年の理科の単元「わたしたちの体と運動」の調べ学習に最適。

スポーツ医学

<事典>

オックスフォードスポーツ医科学辞典 Michael Kent編著,福永哲夫監訳 朝倉書店 2006.6 576p 22cm 〈原書名:The Oxford dictionary of sports science and medicine. 2nd ed.〉 14000円 ⓘ4-254-69033-9 Ⓝ780.19

最新スポーツ東洋医学事典 家庭で使える 松浦英世,山根悟共著 本の泉社 2000.6 221p 21×13cm (やさしい家庭医学 3) 1800円 ⓘ4-88023-332-3 Ⓝ780.19

(目次) 1 東洋医学の基本(東洋医学の歴史,陰陽五行論 ほか),2 障害(傷害)発生時の基本知識(スポーツ外傷と障害,R.I.C.E.処置(応急処置)ほか),3 こだわり対談―現代に生きる東洋医学(ツボとは?,東洋医学の醍醐味 ほか),4 スポーツへの応用―アスリートの実症例(足部の障害,かかとの障害 ほか)

(内容) ツボってこんなに簡単で効果的!実践派の二人が贈るセルフ・コンディショニングの手引き。20年間の臨床例を初公開。

スポーツ医学事典 David F.Tver,Howard F.Hunt著,黒田善雄,中嶋寛之監訳 南江堂 1992.8 319p 21cm 〈原書名:Encyclopedic Dictionary of Sports Medicine〉 3800円 ⓘ4-524-22566-8 Ⓝ780.19

整形外科看護ポケット事典 パッと引けてしっかり使える 出沢明監修 成美堂出版 2011.5 255p 15cm 1200円 ⓘ978-4-415-31042-8 Ⓝ492.926

(目次) 1 人体のしくみを理解する(全身の構造,骨の役割 ほか),2 整形外科の主な疾患(骨折,全身にかかる疾患 ほか),3 患者の受け入れから検査・診断まで(整形外科診察総論,外傷など緊急性が高い場合の診察 ほか),4 治療・ケア・リハビリテーションの基本(治療・看護と安全管理,さまざまな手術法 ほか),5 整形外科で使われる薬(薬物治療総論,非ステロイド抗炎症剤(NSAIDs) ほか)

整形外科看護ポケット事典 パッと引けてしっかり使える 検査・ケアからリハビリまで1冊でわかる 第2版 出沢明監修 成美堂出版 2014.6 287p 15cm 〈文献あり 索引あり〉 1200円 ⓘ978-4-415-31843-1 Ⓝ492.926

(目次) 1 人体のしくみを理解する(全身の構造,骨の役割と構造 ほか),2 整形外科の主な疾患(骨折・捻挫,全身にかかる疾患 ほか),3 患者の受け入れから検査・診断まで(整形外科診察総論,外傷など緊急性が高い場合の診察 ほ

か），4 治療・ケア・リハビリテーションの基本（治療・看護と安全管理，さまざまな手術法 ほか），5 整形外科で使われる薬（薬物治療総論，非ステロイド抗炎症剤（NSAIDs）ほか）

<辞　典>

臨床スポーツ医学用語集　日本臨床スポーツ医学会編　全日本病院出版会　2008.10　382p　22cm　3500円　Ⓣ978-4-88117-042-7　Ⓝ780.19

(内容)内科，整形外科，リハビリテーション医学，衛生・公衆衛生学などの関連学会の用語集から，臨床スポーツ医学に必要と思われる用語をできるだけ幅広く収載する。欧文と和文を併記。

<ハンドブック>

運動器疾患の進行予防ハンドブック　予防・治療・リハビリテーション　豊永敏宏著　医歯薬出版　2005.8　220p　26cm　4800円　Ⓣ4-263-21288-6　Ⓝ493.6

(目次)第1章 運動器疾患の予防―総論，第2章 変形性膝関節症，第3章 腰痛症，第4章 頸肩腕痛，第5章 関節リウマチ，第6章 骨粗鬆症，第7章 五十肩，第8章 骨折，第9章 腱炎

(内容)本書の目的は主として，1 中・高年者（40～65歳）における骨関節疾患の発生予防や進行防止のための予防・治療対策，2 高齢者（65歳以上）の生活機能を維持するための骨関節疾患との共存に関する取り組み方について述べることにある。これらの対象者に起こる種々の運動器疾患を診断する際に必要となる，とくに筋肉の生理や機能的役割の重要性を取り上げる。その上で，予防と治療に反映できるエクササイズを中心として，エクササイズ以外の手段も含めた，最も有用な予防・治療戦略を探ることを目的としている。

運動器の痛み診療ハンドブック　山下敏彦編　南江堂　2007.8　354p　26cm　6800円　Ⓣ978-4-524-24246-7　Ⓝ493.6

(目次)1 運動器の痛み診療の最前線（痛みのメカニズム，痛みの新しい診断技術 ほか），2 疼痛症例へのアプローチと評価方法（問診の方法，診察の方法 ほか），3 部位別痛みの診断と治療（頸部の痛み，腰部の痛み ほか），4 特殊な疼痛性疾患（複合性局所疼痛症候群（反射性交感神経性ジストロフィー），筋筋膜痛症候群 ほか），5 慢性疼痛へのアプローチと対処法（患者へのアプローチ，治療の実際 ほか），巻末資料

最新スポーツ医科学ハンドブック　スポーツの効果とリスク　坂本静男監訳　ナップ　2001.2　378p　21cm　〈原書名：Benefits and Hazards of Exercise〉　3400円　Ⓣ4-931411-20-7　Ⓝ780.19

(目次)健康増進のために必要な最適のタイプの身体活動とはどのようなものか，身体活動を増進させる戦略の体系的総説，プライマリ・ケアにおける身体活動の奨励の体系的総説，運動を取り入れること―運動の開始に関する研究のまとめ，若年スポーツ選手における心血管系疾患による突然死，高齢女性のための運動，運動と高血圧，糖尿病と運動，スポーツ選手における疲労とパフォーマンスの低下：オーバートレーニング症候群，ウイルス疾患とスポーツ，身体運動と心理的に良好な状態，スポーツ心臓，男子持久競技スポーツ選手における生殖機能変化とテストステロン濃度低下が骨密度におよぼす影響，暑熱環境下における運動後の，体液および電解質バランスお回復に影響を及ぼす諸要因，低酸素環境に対する生理学的適応：運動パフォーマンスに及ぼす影響，サーカディアンリズム，運動パフォーマンスと時差ボケ，間欠的運動パターン，心臓リハビリテーションと運動

(内容)本書では，運動の効果に関する最新の知見を提供する。身体活動の効果を得るために必要な量と質についてもっと多くの事項を示し，1日の運動の総合計の時間もまた価値があるという証拠をさらに強調している。身体活動の危険性の問題について個別に論じ，オーバートレーニング症候群とウイルス疾患の診断と治療に関して最新の知見を提供した。各章の最後に多岐選択問題を掲載している。

最新版 テーピング・ハンディマニュアル　成瀬臣彦著　千早書房　1993.7　78p　21cm　780円　Ⓣ4-88492-049-X　Ⓝ780.19

(目次)基本テーピング，部位別テーピング法，スポーツ事故の応急処置，どこででもできる疲労，痛みの回復運動

(内容)あらゆるスポーツに対応できるテーピングの基本をまとめたハンドブック。スポーツ事故に対する応急処置，疲れや痛みをとるためのセルフマッサージの方法なども紹介する。

ジュニアアスリートをサポートするスポーツ医科学ガイドブック　金岡恒治，赤坂清和編集　メジカルビュー社　2015.10　363p　26cm　〈他言語標題：Guidebook of Sports Medicine and Science, Supporting Junior

Athletes　索引あり〉　5400円　①978-4-7583-1691-0　Ⓝ780.19

㈲目次㈲1 総論（ジュニアスポーツの現状と展望，ジュニア期の発育発達と運動・スポーツ，ジュニアアスリートのメディカルチェック，ジュニア期のスポーツ外傷と障害，ジュニアアスリートにおける救命救急の現状 ほか），2 競技種目別各論（野球，陸上競技，サッカー，ラグビー，ハンドボール ほか）

㈲内容㈲子どもたちに充実した競技生活を送ってもらうために。ジュニアアスリートにたずさわる医療スタッフ・指導者に役立つ知識を解説！

スポーツ医学研修ハンドブック　基本科目
日本体育協会指導者育成専門委員会スポーツドクター部会監修　文光堂　2004.10　190p　26cm　3500円　①4-8306-5141-5　Ⓝ780.19

㈲目次㈲スポーツ医学概論，神経・筋の運動生理とトレーニング効果，呼吸・循環系の運動生理とトレーニング効果，内分泌・代謝系の運動生理とトレーニング効果，運動と栄養・食事・飲料，女性と運動，運動と年齢（整形外科系，内科系），心と運動，運動のためのメディカルチェック（内科系，整形外科系），運動と内科（スポーツによる生理的変化と病的変化，突然死，熱中症），運動と外傷（過労性スポーツ障害，骨・関節の外傷，軟部組織の外傷，頭部の外傷），運動負荷テスト概論，運動処方概論，運動療法とリハビリテーション（内科系疾患，運動器疾患）

スポーツ医学研修ハンドブック　応用科目
日本体育協会指導者育成専門委員会スポーツドクター部会監修　文光堂　2004.10　270p　26cm　4500円　①4-8306-5142-3　Ⓝ780.19

㈲目次㈲スポーツと環境，スポーツ心理，トレーニング（筋力トレーニング，持久性トレーニング），クリニカル・バイオメカニクス，体力測定（競技スポーツの場合，健康スポーツおよび国民体力テストの場合，中高齢者の場合），スポーツと内科（競技選手に多い疾患―貧血，オーバートレーニングなど，循環器疾患，呼吸器疾患，内分泌・代謝疾患，腎臓疾患，消化器・肝臓疾患），スポーツ外傷とスポーツ障害（脊髄・脊柱，上肢（肩・肘・手指），下肢（膝・下腿・足），顔面外傷，眼部外傷，耳部外傷，その他の外科疾患（外傷障害）），アスレティック・リハビリテーション，競技選手の健康管理，海外遠征時の健康管理，スポーツと薬物，スポーツ行事と安全対策（競技会における医療体制，内科的救急処置，現場における救急処置），競技と安全対策，アスレティック・テーピング・ブレース

スポーツ医学研修ハンドブック　応用科目
第2版　日本体育協会指導者育成専門委員会スポーツドクター部会監修　文光堂　2012.6　230p　26cm　4500円　①978-4-8306-5159-5　Ⓝ780.19

㈲目次㈲スポーツと環境，スポーツによる精神的障害，メンタルトレーニング，筋力トレーニングの理論と実際，持久性トレーニング，スポーツバイオメカニクス，アスリートの体力評価，スポーツによる内科的障害，循環器疾患とスポーツ，呼吸器疾患とスポーツ，腎・肝・消化器疾患とスポーツ，スポーツ外傷・傷害の最新情報：顔面・眼部・耳部・喉部・胸部・腹部の外傷，アスレチック・リハビリテーション，アスリートの健康管理の実際，ドーピング・コントロールの実際，大会救護と救急医療，競技と安全対策，テーピング・ブレース，スポーツと海外遠征，スポーツと歯科，スポーツと眼科，スポーツとアレルギー疾患

スポーツ外傷・障害ハンドブック　発生要因と予防戦略
Roald Bahr, Lars Engebretsen〔編〕，陶山哲夫，赤坂清和監訳　医学書院　2015.10　227p　26cm　〈索引あり〉　原書名：Sports Injury Prevention〉　5800円　①978-4-260-02416-7　Ⓝ780.19

㈲内容㈲IOC（国際オリンピック委員会）の手によるスポーツ外傷・障害予防の決定版。外傷・障害が起こりやすい部位ごとに，発生要因を解剖学的構造や運動力学の面から解説したうえで，具体的な運動療法，予防策を丁寧に紹介する。

スポーツ鍼灸ハンドブック　経絡テストの実際とその応用
向野義人編著　文光堂　2003.9　175p　26cm　3800円　①4-8306-5137-7　Ⓝ780.19

㈲目次㈲1 スポーツ鍼灸の理論的背景（経絡・経穴からのアプローチ，バイオメカニクスからのアプローチ），2 経絡を用いた分析―経絡テスト（経絡テストと動作感覚，経絡テストにかかわる筋肉群），3 スポーツ鍼灸の実際（経絡テストの実際），4 種目別・症例（経絡テストで達成できること，種目）

㈲内容㈲本書では，人の動きの分析に経絡・経穴を用いるための基本的な考え方，バイオメカニクスからみた理論的背景，経絡テストの特徴，経絡テストと全身の筋肉との関係などについて詳細に解説するとともに，経絡テストをどのように使いこなすかを写真や図を多用し，わかりやすくそのknow-howを示した。また，どのような症例に用いているかを競技別にとりあげ，競技の特徴と経絡テストにもとづく経路・経穴

選択を解説した。

スポーツ鍼灸ハンドブック M-Testによる経絡運動学的アプローチ 第2版
向野義人，松本美由季編　文光堂　2012.10　156p　26cm　〈『スポーツ鍼灸ハンドブック―経絡テストの実際とその応用』改訂・改題書〉　4000円　①978-4-8306-5179-3　Ⓝ780.19

(目次) 1 M-Test概説（M-Testの理論的背景，M-Testの基本動作 ほか），2 施術者のためのスポーツM-Test（スポーツ種目の動きとM-Test，M-Test陽性所見とその読み方 ほか），3 選手にとってのスポーツM-Test（セルフケア，コンディショニング ほか），4 症例解説（膝関節―バスケットボール，腰部―バレーボール ほか）

(内容) 経絡テストからM-Testへ。経絡をシンプルに，わかりやすく，実践に繋げる。M-Testにより"うごき"を見る目が変わる。さまざまな"スポーツ動作"からケアすべき部位が見えてくる。M-Test初学者のための実症例から学ぶドリル付き。わかりやすい症例解説＋セルフケアのためのストレッチ例付き。

スポーツ東洋療法ハンドブック
福林徹監修，東洋療法学校協会スポーツ東洋療法研究委員会編著　（横須賀）医道の日本社　2001.7　309p　26cm　4800円　①4-7529-1092-6　Ⓝ780.19

(目次) 第1章 総論（スポーツ東洋療法，スポーツ東洋療法にあたる施術者の資質について ほか），第2章 各論（競技現場で遭遇しやすい疾患について，身体各部位に発生しやすい傷害と治療 ほか），第3章 スポーツ分野における関連知識（コンディショニング，疲労回復 ほか），第4章 スポーツ東洋療法におけるボランティア活動について（ボランティア活動の経緯と現状，活動の意義 ほか）

(内容) 本書は，あん摩マッサージ指圧師，はり師及びきゅう師がスポーツ現場に携わる場合の必要な知識について書かれたハンドブックである。普段より学校で教鞭を執られている先生方が執筆しておられるので，各章で必要にして十分な事が網羅されている。本書は部位別，疾患別に治療法が述べられているのみでなく，競技特性を考慮して種目別にも整理されているところがありがたい。また東洋医学的知識を補うだけでなく，スポーツ医科学的知識，なかんずく機能解剖やスポーツ生理学的知見が網羅され最先端のスポーツ医科学の知識を補えるように配慮されている。

スポーツマウスガードハンドブック
大山喬史，上野俊明編　医学情報社　2004.1　65p　26cm　3800円　①4-900807-80-X　Ⓝ780.19

(目次) 第1章 スポーツマウスガードの基礎（スポーツ傷害（外傷・障害）の安全対策，マウスガードとは ほか），第2章 カスタムメイドマウスガードの臨床（検査・診断・前処置，印象採得 ほか），第3章 症例（ジュニア症例，歯科矯正治療中の患者 ほか），第4章 トラブルシューティング（「口を動かすとゆるんでくる，落ちてくる」，「噛みしめると歯が痛い」 ほか）

(内容) 本書では，まずスポーツマウスガードに関する基礎知識を第1章にて解説。第2章ではマウスガードの設計の要点，ならびにシート圧接法（ダブルラミネーション），ロストワックス法の技工について，図を多用して，具体的に解説した。そして第3章では学童，矯正治療中，下顎前突症，正中離開，下顎骨折，歯の咬耗・磨耗，可撤性義歯使用者などの症例を取り上げ，それぞれ配慮すべき注意点にも触れた。最終の第4章ではマウスガードを装着することで，しゃべりにくい，息がしづらい，吐き気がする，顎が疲れるなど，よくみられるトラブルの解決法について言及している。

スポーツマンのための膝障害ハンドブック
山岸恒雄著　スキージャーナル　2005.11　175p　21cm　1600円　①4-7899-2097-6　Ⓝ494.77

(目次) 第1章 膝の構造とスポーツ障害の発生メカニズム，第2章 スポーツマンの靭帯のケガについて―内・外側側副靭帯，前・後十字靭帯損傷の発生メカニズム，診断から手術まで，第3章 半月板のケガについて―発生メカニズム，診断から手術まで，第4章 スポーツマンのさまざまな膝障害―症状，診断，スポーツマンができる治療と医師の治療まで，第5章 リハビリテーション―スポーツ復帰をめざして，第6章 スポーツ障害を防ぐために―安全に楽しくスポーツを

(内容) スポーツマンの膝のケガを完全ガイド。発生メカニズム，痛みの特徴，症状，診断，治療，手術，リハビリまでをスポーツ膝障害の専門ドクターが解説。医師の治療とともに自分でできる治療も併記。

妊娠中の運動ハンドブック
ジェームズ・クラップ著，目崎登監訳　大修館書店　2000.7　266p　21cm　〈原書名：Exercising Through Your Pregnancy〉　2200円　①4-469-26440-7　Ⓝ495.6

(目次) 第1部 妊娠中に運動するのはなぜ？（運動と妊娠をめぐる論点を明確にする，妊娠中に運

動することの利点について), 第2部 運動はいかに母親と子どもに役立つか(運動, 妊孕性および妊娠初期, 運動, 早産と胎児―胎盤の発達, 運動, 母乳哺育と乳児発育, 定期的な運動の母親にとっての有益性, 母親の運動が子どもに与える有益性), 第3部 運動処方と管理(運動処方の原則, 妊娠前ならびに妊娠早期, 妊娠中期〜後期, 出産後)

⦅内容⦆妊娠中の運動・エクササイズの効能とは何か?妊娠中の各段階において可能な運動は何か?絶対に避けなければならないことは何か?妊娠中の運動・エクササイズの効能と問題点の解説にはじまり, 現在妊娠中の女性が安全で健康的な出産を迎えるための基礎知識と具体的な運動プログラムを最新の研究知見とともに紹介。豊富なイラスト・図表とともに平易に解説。

◆スポーツと脳科学

<ハンドブック>

脳と体のしくみ絵事典 夢をかなえるカギは脳にある スポーツも勉強ももっと得意になる! 久恒辰博著 PHP研究所 2004.6 79p 29×22cm 2800円 ①4-569-68479-3 Ⓝ491.371

⦅目次⦆第1章 脳とはいったい何だろう?(脳とはどんなもの?, 脳の中はどうなっているの? ほか), 第2章 脳と体はどんな関係にあるのだろう?(脳と体をコントロールする自律神経, 呼吸をコントロールする肺 ほか), 第3章 脳と心はどんな関係にあるのだろう?(脳の働きを見てみよう, どこでものを考えているの? ほか), 第4章 ここが知りたい!脳と体のQ&A(朝ご飯を食べるとかしこくなるって本当?, 好きな子ができた!この気持ちは何? ほか)

発達科学ハンドブック 4 発達の基盤:身体、認知、情動 日本発達心理学会編, 根ヶ山光一, 仲真紀子責任編集 新曜社 2012.9 322p 21cm 3600円 ①978-4-7885-1302-0 Ⓝ143

⦅目次⦆第1部 発達を支えるもの(脳科学からみた発達, 発達の生物学的基礎, 大規模空間の認知発達 ほか), 第2部 発達における生物学的基盤(姿勢制御のメカニズムと発達, 認知発達の脳科学的基盤, 対人関係の基盤としての身体接触 ほか), 第3部 発達における情動・認知的基盤(マルチモダリティと他者理解, 情動と記憶, 道徳性の発達 ほか)

⦅内容⦆「身体‐脳‐心」をつなぐ人間科学的発達論。心の身体性に注目すると, 「生物としてのヒト」の発達過程が見えてくる。

<図鑑・図集>

脳と心と身体の図鑑 ビジュアル版 ケン・アシュウェル編, 松元健二監訳, 尾沢和幸訳 柊風舎 2015.8 351p 29cm 〈索引あり〉 原書名:THE BRAIN BOOK〉 15000円 ①978-4-86498-027-2 Ⓝ491.371

⦅目次⦆第1章 脳と脊髄の機能, 第2章 神経, 神経細胞, および脳の化学, 第3章 脳と脊髄の発達, 第4章 感覚, 第5章 運動と活動, 第6章 社会と関わり, 考える脳, 第7章 精神, 意識, 気分および精神の病, 第8章 脳の可塑性, 損傷, 修復, 第9章 薬物と脳, 第10章 病気と障害

⦅内容⦆神経細胞のしくみ, 人間が無意識におこなっている運動の制御, 睡眠の意義, アルコールや薬物が脳の機能に及ぼす影響, 記憶を蓄え呼びさます脳の能力…さまざまな側面をもつ脳を理解するうえで必要な知識を, 段階を踏んで提供。250点近いフルカラー図版を掲載, 検索に便利な索引1500項目, 理解を助ける用語解説200項目も完備。

◆スポーツ心理学

<事 典>

スポーツ心理学事典 日本スポーツ心理学会編 大修館書店 2008.12 688p 22cm 〈他言語標題:Encyclopedia of sport psychology 文献あり〉 5700円 ①978-4-469-06217-5 Ⓝ780.14

⦅目次⦆1 総論(歴史, 研究法), 2 スポーツ運動の発達, 3 スポーツの運動学習, 4 スポーツの動機づけ, 5 スポーツ社会心理, 6 競技の実践心理, 7 スポーツメンタルトレーニング, 8 健康スポーツの心理, 9 スポーツ臨床

⦅内容⦆スポーツ心理学のすべてを9分野に分けて体系的に記述する事典。

スポーツ心理学大事典 ロバート・N.シンガー, ヘザー・A.ハウゼンブラス, クリストファー・M.ジャネル編, 山崎勝男監訳 西村書店 2013.11 783p 26cm 〈原書第2版 原書名:Handbook of Sport Psychology, Second Edition〉 12000円 ①978-4-89013-

439-7 Ⓝ780.14

〖目次〗1部 スキルの獲得，2部 高いパフォーマンスレベルの心理学的特徴，3部 動機づけ，4部 個々のパフォーマンスに適した心理的テクニック，5部 生涯発達，6部 運動と健康心理学，7部 将来への研究動向

〖内容〗スポーツ心理学における諸領域を幅広くカバー。第一線の専門家による充実した執筆内容。モデリング，自己効力感，精神生理学，集団凝集性，イメージトレーニング，自信の増強など，注目のトピックスを網羅。

<ハンドブック>

スポーツ心理学ハンドブック　上田雅夫監修　実務教育出版　2000.9　526p　26cm　8000円　Ⓘ4-7889-6078-8　Ⓝ780.14

〖目次〗第1部 スポーツ心理学の基礎，第2部 スポーツ心理学の研究成果，第3部 スポーツ心理学の応用研究，第4部 スポーツ心理学と健康，第5部 指導者のためのスポーツ心理学

〖内容〗スポーツ心理学の知識を体系的にまとめたハンドブック。競技スポーツを中心に健康づくりの運動も対象に含める。本編は5部で構成，各種の資料をあわせて解説する。巻末に付録として心理検査一覧，高齢者の体力テスト，スポーツテストを収録。五十音順の事項索引および人名索引を付す。

運動療法

<ハンドブック>

顎関節症運動療法ハンドブック　顎関節症臨床医の会編　医歯薬出版　2014.7　85p　28cm　〈執筆：中沢勝宏ほか　文献あり〉　6000円　Ⓘ978-4-263-44415-3　Ⓝ497.3

〖目次〗第1章 理学療法とは（最近の顎関節症治療の考えと理学療法の位置づけ，理学療法を行うための基礎知識），第2章 運動療法を行うまでに必要なこと（ラポールの築きかた，医療面接，診察と検査，診断，インフォームド・コンセント，ゴール設定と治療方針），第3章 運動療法の実際（術者が行うもの（広義のマニピュレーション），術者の指導により患者自身が行うもの（広義の運動療法），第4章 運動療法の応用（運動療法の威力を実感した症例，当院の典型例にみる運動療法の効果，基本術式と症例によるアレンジ，運動療法導入の効果，顎関節の診察・リハビリにも役立つ運動），第5章 まとめ

肝疾患運動療法ハンドブック　森脇久隆監修，西口修平，木村穣，水田敏彦，海堀昌樹，羽生大記，森脇久隆執筆　（大阪）メディカルレビュー社　2013.4　119p　17cm　〈索引あり〉　1300円　Ⓘ978-4-7792-1086-0　Ⓝ493.47

CPX・運動療法ハンドブック 心臓リハビリテーションのリアルワールド　安達仁著　中外医学社　2009.3　184p　26cm　〈執筆：小林康之ほか　文献あり〉　4600円　Ⓘ978-4-498-06704-2　Ⓝ493.23

〖目次〗1 心肺運動負荷試験（準備，負荷中の各パラメータ，パラメータの総合的解釈法），2 運動処方（AT処方，その他の処方，運度処方レベルの確認法），3 運動療法 教科書的効果と実際（急性心筋梗塞・狭心症，開心術後，心不全，埋め込み型徐細動器（ICD），心臓再同期療法（CRT-D）植込み後の患者，糖尿病合併患者），4 運動負荷心エコー（虚血性心疾患の負荷心エコー検査，僧帽弁閉鎖不全（機能的）の負荷心エコー検査，拡張機能障害の負荷心エコー検査）

〖内容〗本書では，CPXを行う場合に，どのような準備が必要かを，具体的に記載。臨床の場で，時に犯してしまう過ちを再現し，その時のパラメータを記録。

CPX・運動療法ハンドブック 心臓リハビリテーションのリアルワールド　改訂2版　安達仁編著　中外医学社　2011.9　219p　26cm　〈執筆：小林康之ほか　文献あり〉　4800円　Ⓘ978-4-498-06705-9　Ⓝ493.23

CPX・運動療法ハンドブック 心臓リハビリテーションのリアルワールド　改訂3版　安達仁編著　中外医学社　2015.7　296p　26cm　〈索引あり〉　6200円　Ⓘ978-4-498-06716-5　Ⓝ493.23

〖内容〗近年，循環器疾患の病態解析や治療技術は著しく進歩し，心臓リハビリテーションへの社会的欲求もより一層高まっている。そんな状況のなか，本書は心肺運動負荷試験と運動療法の実際を"リアル"に解説し，心臓リハビリに関わる多くの医師，スタッフから好評を得てきた。第3版では，単なる運動処方の求め方のみならず，運動中の病態をできる限り詳細に記述。CPXを利用し尽くして，心血管疾患の病態をより深く理解できる1冊だ。

変形性膝関節症の運動・生活ガイド 運動療法と日常生活動作の手引き　厚生省長寿科学総合研究事業・変形性膝関節症及び変

形性脊椎症の疫学、予防、治療に関する研究班監修，杉岡洋一，武藤芳照，伊藤晴夫編　日本医事新報社　1997.3　87p　26cm　1200円　①4-7849-6100-3　Ⓝ494.77

⦅目次⦆変形性膝関節症とは，温める冷やす？，治療法は，手術の必要な場合は，膝の水を抜くと「くせ」になるか，肥満の判定法は，減量時の工夫と注意点を，骨粗鬆症と変形性膝関節症の違いは，杖のすすめ方と選び方は手押し車はどうか，靴の選び方は〔ほか〕

変形性膝関節症の運動・生活ガイド　運動療法と日常生活動作の手引き　第2版　杉岡洋一，武藤芳照，伊藤晴夫編　日本医事新報社　1999.7　95p　26cm　1600円　①4-7849-6101-1　Ⓝ494.77

⦅目次⦆変形性膝関節症とは，温める冷やす？，治療法は，手術の必要な場合は，膝の水を抜くと「くせ」になるか，肥満の判定法は，減量時の工夫と注意点を，骨粗鬆症と変形性膝関節症の違いは，杖のすすめ方と選び方は手押し車はどうか，靴の選び方は〔ほか〕

変形性膝関節症の運動・生活ガイド　運動療法と日常生活動作の手引き　第3版　杉岡洋一，「運動器の10年」日本委員会監修，黒澤尚，武藤芳照，伊藤晴夫編　日本医事新報社　2005.11　106p　26cm　2100円　①4-7849-6102-X　Ⓝ494.77

⦅目次⦆変形性膝関節症とは，日常生活の中で治していけますか，運動療法の方法と注意は，筋肉体操―大腿の鍛え方は，脚のストレッチングの方法と注意は，自転車こぎの方法と効果は，ウォーキングの効果は，水中運動の特性と注意点を，水中歩行の方法は，膝の痛い人の水泳の方法と注意点を〔ほか〕

変形性膝関節症の運動療法ガイド　保存的治療から術後リハまで　千田益生編著　日本医事新報社　2014.5　219p　26cm　4500円　①978-4-7849-6152-8　Ⓝ494.77

⦅目次⦆第1章　変形性膝関節症とは？，第2章　変形性膝関節症の診断，第3章　変形性膝関節症における生活指導，第4章　変形性膝関節症の運動療法，第5章　変形性膝関節症の薬物療法，第6章　変形性膝関節症の装具療法，第7章　変形性膝関節症の物理療法，第8章　変形性膝関節症の手術療法，第9章　変形性膝関節症の術前・術後リハビリテーション法，第10章　変形性膝関節症とロコモティブシンドローム

リハビリテーション

<事 典>

高齢者リハビリテーション学大事典　C.B.ルイス，J.M.ボトムリー著，岩本俊彦監訳　西村書店　2011.6　462p　27cm　〈文献あり　原書名：Geriatric rehabilitation. 3rd edition〉　8800円　①978-4-89013-410-6　Ⓝ493.185

⦅目次⦆1 応用老年学概説（高齢人口に関する人口統計学，老化学説の比較と相違点，生理学における老化関連性変化 ほか），2 高齢者リハビリテーションの臨床（神経疾患に関する考察，心肺および心血管系疾患に関する考察，皮膚に関する考察 ほか），3 高齢者リハビリテーションの基本姿勢と管理・運営（老年学における倫理と心構え，教育と高齢者：学習，記憶，知能，高齢者サービスの管理 ほか）

⦅内容⦆老年学的概念（人口統計学、老化学説、薬物の影響、加齢に伴う心身の変化、高齢者リハビリテーションの基礎と臨床など）から臨床の実際、高齢者の人権や施設の管理・運営などを詳説。EBMをボックスの体裁で紹介。より詳細な知識を求める人のために出典も明記。各章の重要事項が「ポイント」として冒頭にまとめられていて、理解に役立つ。

図解リハビリテーション事典　竹内孝仁編　広川書店　1993.9　252p　22cm　〈執筆：粟飯原慶子ほか〉　4635円　①4-567-00091-9　Ⓝ494.78

リハビリテーション事典　伊藤利之，京極高宣，坂本洋一，中村隆一，松井亮輔，三沢義一編　中央法規出版　2009.10　657p　22cm　〈他言語標題：Encyclopedia of rehabilitation　索引あり〉　7000円　①978-4-8058-3214-1　Ⓝ494.78

⦅目次⦆第1章　リハビリテーションの基礎，第2章　障害領域別リハビリテーション，第3章　分野別リハビリテーション，第4章　リハビリテーションの技法，第5章　リハビリテーションを支える社会保障および関連制度・関連職種，第6章　リハビリテーションに関する機関・団体、会議、スポーツ，第7章　リハビリテーションに関する国際動向

⦅内容⦆基礎概念および障害領域別用語にとどまらず、技法や社会保障・関連制度などの用語も詳説。医師・看護師・理学療法士・作業療法士・言語聴覚士・ソーシャルワーカー・ケアマネ

ジャー・臨床心理士・就労支援ワーカーなどリハビリテーションの専門職および学生の必携書。

<辞典>

ストーマ・排泄リハビリテーション学用語集　第3版　日本ストーマ・排泄リハビリテーション学会編集　金原出版　2015.2　151p　21cm　〈初版のタイトル：ストーマリハビリテーション学用語集〉　3500円　①978-4-307-70227-0　Ⓝ494.658

(目次)用語辞典，英文索引，図表，資料

(内容)すべてのストーマや関連の活動や仕事に携わる関係者必携の書。排泄の分野を新たに加え、新たなニーズに対応した。日本医学会、大腸肛門病学会との整合性を図るため、各用語の見直しを全面的に行った。選択された用語は最終的に1046語。さらに理解の助けになるよう図表・資料を大幅に増やした。次世代につなげるすべての関係者必携の書!

ストーマリハビリテーション学用語集　日本ストーマリハビリテーション学会編　金原出版　1997.3　159p　22cm　3300円　①4-307-70138-0　Ⓝ494.658

ストーマリハビリテーション学用語集　第2版　日本ストーマリハビリテーション学会編　金原出版　2003.7　169p　21cm　3200円　①4-307-70174-7　Ⓝ494.658

早わかりリハビリテーション用語・略語・英和辞典　オールカラー　山口典孝著，武久洋三監修　ナツメ社　2011.2　493p　18cm　〈文献あり　索引あり〉　2800円　①978-4-8163-4980-5　Ⓝ494.78

(目次)第1章　リハ用語，第2章　リハ略語，第3章　リハ英和，第4章　筋名，第5章　骨用語

(内容)リハ用語、リハ略語、リハ英単語、筋の英名、骨用語の英名、7000語以上を掲載。国家試験対策や現場で役立つか、筋収縮、筋の起始・停止・支配神経も網羅。PT・OT・ST必携ハンドブック。

福祉・介護・リハビリ英語小事典　吉田聡編著　英光社　2008.4　203p　19cm　〈他言語標題：A little dictionary of welfare／care and rehabilitation〉　1300円　①978-4-87097-101-1　Ⓝ369.033

(目次)1　福祉・介護の制度、施設、概論に関する語，2　介護・リハビリ技術関連用語，3　介護・福祉に関する医療関連用語，4　介護・福祉に関する心理学、家政学、教育学等の用語，5　身体部位名称，6　病名・症状に関する語句，7　実践介護会話表現集，付録　代表的な福祉用具図説

リハビリテーション医学大辞典　上田敏，大川弥生編　医歯薬出版　1996.12　852p　21cm　8500円　①4-263-21699-7　Ⓝ494.78

(内容)リハビリテーション専門用語はもちろん、それを取り巻く広い領域の関連用語（基礎医学、臨床医学、社会医学、心理学、統計学、福祉、教育、職業、社会等々）約1万5000語を収録。2部から構成され、第1部が主編、第2部が欧和編。見出し語は、第1部が五十音順、第2部がアルファベット順の排列となっている。

リハビリテーション医学用語集　2002年度版　（［東京］）日本リハビリテーション医学会　2003.3　74p　26cm　〈和英対訳〉　Ⓝ494.78

リハビリテーション医学用語集　第7版　日本リハビリテーション医学会編　文光堂　2007.6　324p　21cm　3000円　①978-4-8306-2757-6　Ⓝ494.78

(内容)リハビリテーション関係、福祉関連機器、整形外科学、神経学、脳波・筋電図学会等の用語から選定し、和語6953語、欧語6907語（略語124語）を収載。

リハビリテーション英語の基本用語と表現　清水雅子，服部しのぶ編著　メジカルビュー社　2015.2　278p　17cm　〈他言語標題：Essential Terms And Expressions For Rehabilitation　文献あり　索引あり〉　2000円　①978-4-7583-0441-2　Ⓝ494.78

(目次)Part1 Rehabilitation Terms リハビリテーションの基本英単語，Part2 Medical Terms 医学・医療の基本英単語，Part3 Terms of Body Parts and Functions 人体各部の名称と機能の英単語，Part4 Useful Expressions for Rehabilitation リハビリテーションに役立つ英語表現

(内容)基本的な肢位・体位や動作、検査や測定・評価、装具や器具の名称など、リハビリテーション領域で用いられる基本英単語に加え、医学・医療で用いられる基本語や人体各部の名称も含めた約3,000語をポケットサイズに収載。また患者さんとのコミュニケーションに必要な基本英会話例約500例も収録。トピック毎に分類されているので、リハビリテーションに必要な基本単語・英会話を体系的に学ぶことができる。

リハビリテーション用語解説ポケットブック　梅田悦生，梅田紘子著　診断と治療社

2011.11 231p 19cm 〈リハ・ポケット〉〈他言語標題：The pocket book of rehabilitation dictionary　文献あり〉　2800円　①978-4-7878-1914-7　Ⓝ494.78

⊠内容⊠リハビリテーションを理解するうえで必要と思われる基本的な用語約2000語を収載し、簡潔に解説する。巻頭カラー図解、筋肉・骨格・関節・靱帯・神経・装具一覧、略語も収録。

リハビリ用語526　見てすぐわかる！すぐに役立つ　田中錦三，景山明日香，岩間誠司編著，山本勝彦監修　（吹田）メディカ出版　2007.10　183p　21cm　2400円　①978-4-8404-2161-4　Ⓝ494.78

⊠目次⊠1 リハビリの基本的な用語，2 部位の名称・肢位，3 変形・異常肢位・異常動作，4 検査・測定，5 関節可動域（ROM），6 評価法・尺度，7 義肢・装具・自助具，8 歩行・歩行補助具・車いす，9 訓練・療法，10 リハビリに関する疾患・症状・術式

⊠内容⊠看護師を含むリハスタッフ間の情報が正しく理解され円滑に行われるよう、日常業務でよく使用されるリハビリテーション用語を、わかりやすいことばで写真や図を使って解説。

＜ハンドブック＞

腕と指のリハビリ・ハンドブック　脳卒中マヒが改善する！　安保雅博監修　講談社　2011.9　99p　21cm　（健康ライブラリースペシャル）　1400円　①978-4-06-259669-5　Ⓝ493.73

⊠目次⊠1 スタート前準備編（マヒの程度—運動マヒの程度は6段階にわけられる，上肢ステージ—自分の上肢のマヒの段階を知ろう，手指ステージ—自分の手指のマヒの段階を知ろう，訓練ポイント1—自分のマヒの段階にあった訓練をしよう，訓練ポイント2—上肢と手指のステージが違うとき），2 毎日チャレンジ実践編（腕と手の基本的な運動—上肢のステージを参考に，物をつかむ・つまむ—手指のステージを参考に，日常生活動作に応用—上肢と手指のステージを参考に），3 リハビリを助ける最新治療編（最新治療1—磁気刺激と作業療法を組み合わせた最新治療，リハビリ体験記—慈恵式リハビリで使える手をめざして，最新治療2—ボツリヌス療法，リハビリ体験記—重いマヒでもあきらめず訓練を）

⊠内容⊠いますぐできるトレーニング法と画期的プログラムを全72メニュー一挙紹介。リハビリを助ける最新治療法も解説。

急性期リハビリテーションハンドブック　理学療法士・作業療法士のための　チーム医療で必要なクリニカルポイント　原著第2版　Jaime C.Paz,Michele P.West著，陶山哲夫，草野修輔，大井直往，山本満，高倉保幸ほか監訳　文光堂　2005.5　501p　21cm　〈原書名：Acute Care Handbook for Physical Therapists,Second Edition〉　7000円　①4-8306-4320-X　Ⓝ492.5

⊠目次⊠循環器系，呼吸器系，運動器系，神経系，腫瘍学，脈管系および血液学，熱傷および創傷，胃腸系，泌尿生殖器系，感染症，内分泌系，臓器移植

⊠内容⊠基礎から臨床、外科系から内科系の疾患まで、また急性期治療から慢性期に至るまで幅広い分野にわたり記述され、さらに臓器移植など最新医療の安全管理とセラピーまで含まれており、理学療法士のみならず作業療法士や言語聴覚士、およびそれを学ぶ学生に最適。

JISハンドブック　リハビリテーション関連機器　66　福祉　日本規格協会編　日本規格協会　1999.4　506p　21cm　3500円　①4-542-12981-0　Ⓝ369.18

⊠目次⊠用語，車いす，義足，義手，装具，その他，参考

⊠内容⊠1999年2月末日現在における、福祉関連の主なJIS（日本工業規格）のうち、リハビリテーション関連機器に関する規格を抜粋したもの。1999年版。

JISハンドブック　38　福祉　リハビリテーション関連機器　日本規格協会編　日本規格協会　2001.1　553p　21cm　5000円　①4-542-17038-1　Ⓝ369.18

⊠目次⊠用語，車いす，義足，義手，装具，その他，参考

⊠内容⊠2000年11月末日現在におけるJISの中から、リハビリテーション関連機器に関係する主なJISを収集し、利用者の要望等に基づき使いやすさを考慮し、必要に応じて内容の抜粋などを行ったハンドブック。

障害とリハビリテーション大事典　アーサー・E.デル・オネト，ロバート・P.マリネリ編，中野善達監訳　（藤沢）湘南出版社，田研出版〔発売〕　2000.10　875p　29×22cm　〈原書名：Encyclopedia of Disability and Rehabilitation〉　38000円　①4-86089-

002-7　Ⓝ369.27

(内容)A.E.Dell Orto and R.P.Marinelli：(Eds.)Encyclopedia of Disability and Rehabilitation.Macmillan Library Reference USA.1995の全訳。

全国リハビリテーション病院ガイド　本田哲三監修，ウェルネス医療情報センター編・著　実業之日本社　1997.12　398p　21cm　2000円　Ⓘ4-408-13351-5　Ⓝ498.16

(目次)第1章 リハビリテーションとは?，第2章 リハビリテーションの実際，第3章 退院後に困ったら，第4章 リハビリテーション病院ガイド230，第5章 リハビリテーション病院一覧

(内容)全国でリハビリテーションを行なっている661病院を紹介。

地域リハビリテーションの理論と実践　一番ヶ瀬康子監修，髙橋流里子著　一橋出版　1998.3　102p　21cm　(介護福祉ハンドブック)　780円　Ⓘ4-8348-0027-X　Ⓝ369.27

(目次)1 リハビリテーションと社会，2 地域リハビリテーションと自立，3 障害像の変貌と生活環境，4 地域リハビリテーションサービスの実際，5 地域リハビリテーションにおけるチーム活動，6 地域での自立支援のケアマネージメント

脳卒中の重度マヒでもあきらめない！　腕が上がる手が動くリハビリ・ハンドブック　安保雅博監修　講談社　2014.11　99p　21cm　(健康ライブラリー　スペシャル)　〈他言語標題：Rehabilitation Handbook〉　1400円　Ⓘ978-4-06-259689-3　Ⓝ493.73

(目次)1 毎日実践リハビリメニュー 肩と腕の運動，2 毎日実践リハビリメニュー 手と指の運動，3 毎日実践リハビリメニュー 日常生活動作に取り入れる，4 リハビリを助ける「ボツリヌス療法」と「補助療法」(治療の効果／リハビリのための下地をつくるボツリヌス療法，治療のすすめ方／持続効果は数ヵ月。年に数回注射する，どこに打つのか1／マヒの状態と患者さんの目標から決める，どこに打つのか2／重度マヒの改善のゴールを決めよう，自宅でできる補助療法／振動刺激で筋肉の緊張をやわらげる，その他の療法／電気刺激療法とトレーニンググッズ，さらに次の段階へ／進化したリハビリ「NEURO」，患者さんの声／重度マヒがここまでよくなった!2)

(内容)重度のマヒでもボツリヌス療法と正しい訓練法で機能は改善していく!!基本のストレッチから日常生活動作に取り入れた訓練まで全60メニューを一挙紹介!

リハビリテーション医療実施医療機関名簿　東京都福祉保健局医療政策部医療政策課編　東京都生活文化局広報広聴部都民の声課　2015.3　425p　30cm　820円　Ⓘ978-4-86569-177-1　Ⓝ498.16

(目次)1 病院・診療所，2 介護老人保健施設，3 訪問看護ステーション，4 病院・診療所索引

(内容)都内のリハビリテーション医療実施機関，全1,314施設に関する詳細な情報を掲載。

リハビリテーションスペシャリストハンドブック　Jules M.Rothstein,Serge H.Roy,Steven L.Wolf著，藤原誠，平沢泰介監訳　南江堂　2002.4　677p　21cm　〈原書第2版　原書名：The Rehabilitation Specialist's Handbook, 2nd ed.〉　8000円　Ⓘ4-524-21733-9　Ⓝ494.78

(目次)米国障害者差別禁止法とアクセス保障，筋骨格解剖，整形外科学と整形外科学的治療，神経解剖，神経学と神経学的治療，全身解剖，内臓解剖，呼吸器解剖，呼吸療法，血管解剖，心臓学と心臓疾患，小児科，老年科，測定，評価，治療成績，運動学，歩行，義肢と装具，心理学と精神医学，物理療法，マッサージとモビライゼーションテクニック，一般内科(腫瘍学も含む)，薬理学，後天性免疫不全症候群，熱傷，応急処置

(内容)リハビリテーション医療のための情報ガイドブック。身体部位・臓器別に，解剖学的・病態生理学的・症候学的な知識や，身体機能の検査・評価法について，図解や数値データを交じえて解説。さらに，運動学，歩行，精神・心理等の機能学的な側面，義肢・装具，物理療法，薬理，マッサージ等の治療学的な側面からも，解説を加えており，内科，後天性免疫不全症候群(AIDS)や熱傷についての情報も取り上げている。巻末に索引を付す。

<雑誌目次総覧>

障害者教育福祉リハビリテーション目次総覧　続　第4巻　運動関係　大空社　1993.2　324p　22cm　〈監修：津曲裕次〉　Ⓝ378.031

(目次)青い芝 第1周年特別記念号～第4周年記念号，リハビリティション心理学研究 第1巻～第17・18・19巻合併号，季刊ありのまま 創刊号～第27号，神奈川県立ゆうかり園・神奈川県立ゆうかり養護学校紀要 第1巻～第13巻，芦屋市立浜風小学校みどり学級紀要 第1号～第8号，

両親の集い 第404号～第435号, 肢体不自由教育 第94号～第104号, 月刊波 第1号・第14号～第224号

(内容)昭和30年代から現在までの障害者教育・福祉・リハビリテーションに関する定期刊行物約80種の目次を複刻集成したもの。全6巻・別巻1で構成。

<年鑑・白書>

地域リハビリテーション白書 '93 沢村誠志, 浜村明徳, 山本和儀, 小川恵子, 落合美美子編 三輪書店 1993.5 382p 26cm 7000円 ⓘ4-89590-018-5 Ⓝ369.26

(目次)第1章 日本における地域リハビリテーションの歴史, 第2章 地域リハビリテーションの本質, 第3章 地域リハビリテーションの現状と展望, 第4章 地域リハビリテーション諸活動の実際と組織化, 第5章 地域リハビリテーションと地域医療システム, 第6章 地域リハビリテーションと専門職の役割, 第7章 地域リハビリテーションのモデル, 第8章 全国各地の地域リハビリテーションの実践例

地域リハビリテーション白書 2 澤村誠志監修・編集 三輪書店 1998.11 417p 26cm 〈編集：石川誠ほか〉 7000円 ⓘ4-89590-090-8 Ⓝ369.26

地域リハビリテーション白書 3 地域包括ケア時代を見据えて 澤村誠志監修, 日本リハビリテーション病院・施設協会編集 三輪書店 2013.3 401p 26cm 7000円 ⓘ978-4-89590-433-9 Ⓝ369.26

リハビリテーション医学白書 日本リハビリテーション医学会監修, リハビリテーション医学白書委員会編 医学書院 2003.4 270p 26cm 2400円 ⓘ4-260-24413-2 Ⓝ494.78

(目次)第1章 リハビリテーション医学の現状と歩み (リハビリテーション医学の現状と歩み, リハビリテーション行政の動向), 第2章 リハビリテーション医学の教育・研究の現状と課題 (リハビリテーション医学教育の動向, 専門医, 認定医制の諸問題 ほか), 第3章 リハビリテーション医学と社会保障制度 (リハビリテーション医療と社会保障制度, 医療保険をめぐる諸問題 ほか), 第4章 日本リハビリテーション医学会としての活動と取り組み (学会誌発行の現状と課題, 広報活動と情報技術 ほか), 第5章 各種疾患・障害の動向 (脳卒中のリハビリテーション, 外傷性脳損傷 (認知障害) のリハビリテーション ほか)

(内容)本書は, 過去2回の「リハビリテーション白書」とは異なり,「リハビリテーション医学白書」と題し, 医学を強調し, リハビリテーション医学の診断, 治療技術の進歩と将来の見通しなどに関して, この専門領域の特殊性を明らかにするとともに, 他の関連医学領域との整合性をも理解できるようにしたものである。

リハビリテーション医学白書 2013年版 日本リハビリテーション医学会監修, リハビリテーション医学白書委員会編 日本リハビリテーション医学会, 医歯薬出版〔発売〕 2013.7 325p 26cm 3000円 ⓘ978-4-263-21427-5 Ⓝ494.78

(目次)第1章 リハビリテーション医学の現状と歩み, 第2章 リハビリテーション医学の教育・研究の現状と課題, 第3章 リハビリテーション医学と社会保障制度, 第4章 日本リハビリテーション医学会としての活動と取り組み, 第5章 各種疾患・障害の動向, 付録

(内容)リハビリテーション医学・医療の経年的な変化や, 現状と問題点を知るための白書。リハビリテーション医学と社会保障制度, 日本リハビリテーション医学会の活動と取り組み, 各種疾患・障害の動向などを取り上げて解説する。公益社団法人日本リハビリテーション医学会設立50周年記念事業出版。▽重要事項年表：p288～290

リハビリテーション白書 21世紀をめざして 第2版 日本リハビリテーション医学会編 医歯薬出版 1994.6 414p 21cm 6000円 ⓘ4-263-21064-6 Ⓝ494.78

(目次)第1部 特論 (地域リハビリテーション活動, リハビリテーション医学の科学性), 第2部 総論 (リハビリテーションの理念と歴史, 障害者の現状と動向, リハビリテーション医療制度の現状と問題点, リハビリテーション医療費の現状と問題点, 障害児教育の現状と問題点, 職業的リハビリテーションの現状と問題点, 社会的リハビリテーションの現状と問題点, リハビリテーション機器の現状と問題点, リハビリテーション従事者の教育), 第3部 各論 (脳卒中のリハビリテーション—現状と問題点, 脊髄損傷のリハビリテーション, 脳性麻痺のリハビリテーション, 進行性神経筋疾患のリハビリテーション, 関節リウマチのリハビリテーション, 切断者のリハビリテーションと義肢装具支給サービス, 呼吸器疾患のリハビリテーション, 心臓疾患〈主として心筋梗塞〉のリハビリテーション), 資料

◆スポーツ栄養学

<ハンドブック>

スポーツ選手の栄養&メニューハンドブック　橋本玲子著　女子栄養大学出版部　2004.4　175p　19cm　1600円　④4-7895-5127-X　Ⓝ780.19
(目次)第1章 こんなとき、どうしたらいいの?(熱が出て食欲がないよー。それでもなにか食べなきゃダメ?, 食べ物が原因で筋肉がけいれんするってホント? ほか), 第2章 トレーニング・試合に合わせた食事計画と栄養補給(基礎体力作り, 試合に合わせた食事計画と栄養補給), 第3章 海外遠征のときのコンディション作りと食事対策(時差ボケ対策のための9ヵ条, 日本から持っていくと便利な食品・現地で購入できる食品 ほか), 付録(スポーツ栄養関連のおすすめサイト, 食事記録表 ほか)

トレーニング理論

<事典>

筋肉の使い方・鍛え方パーフェクト事典　オールカラー 筋力アップからスポーツ動作の強化まで　石井直方監修, 荒川裕志著　ナツメ社　2015.10　255p　21cm　〈文献あり〉　1600円　④978-4-8163-5899-9　Ⓝ780.7
(目次)序章 筋肉の働きと人体動作の関係, 第1章 肩関節の動きと鍛え方, 第2章 肩甲骨の動きと鍛え方, 第3章 肘関節の動きと鍛え方, 第4章 手関節・足関節の動きと鍛え方, 第5章 股関節の動きと鍛え方, 第6章 膝関節の動きと鍛え方, 第7章 体幹・頸部の動きと鍛え方, 第8章 人体動作のメカニズム
(内容)関節動作, 人体動作に対する筋肉の働きを徹底解説!トレーニングの目的に合った筋トレ種目がすべてわかる!

<辞典>

筋トレマニア筋トレ用語事典　有賀誠司著　ベースボール・マガジン社　2016.4　143p　21cm　〈索引あり〉　1600円　④978-4-583-11020-2　Ⓝ780.7
(内容)筋トレの方法や器具にまつわる用語、スポーツ科学分野の筋トレ関連用語を解説。

新トレーニング用語辞典　改訂版　福永哲夫総監修, ウイダー・トレーニングラボ, 川上泰雄, 齋藤健司, 福林徹監修, フィット・プラス編　森永製菓　2007.1　638,65,45p　21cm　8000円　④978-4-903367-04-0　Ⓝ780.7
(内容)トレーニング関連キーワード重要・最新約4000語を収録。スポーツ指導者・選手、トレーナー、学生、スポーツ愛好家に役立つトレーニング専門用語の集大成。ウェイトトレーニング、各種トレーニング法、テスト法、運動生理学、バイオメカニクス、解剖学、生化学、スポーツ医学、心理学、栄養学の用語をわかりやすく解説。スポーツ指導の現場で役立つ法律関連用語も集録。英和辞典としても使える「欧文索引」付き。

トレーニング用語辞典　Essential 2000 words for best training　森永製菓株式会社健康事業部, ウイダー・リサーチ・インスティチュート企画, 比佐仁編　森永製菓　1991.3　440p　22cm　〈監修:栗山節郎ほか〉　5000円　Ⓝ780.7

トレーニング用語辞典　新訂版　石井直方総監修　森永製菓健康事業部　2001.12　584,57,41p　22cm　〈他言語標題:Training dictionary　監修:有賀誠司ほか　共同刊行:森永スポーツ&フィットネスリサーチセンター〉　8000円　④4-944106-53-X　Ⓝ780.7

<ハンドブック>

トレーニング科学ハンドブック　最新版　トレーニング科学研究会編　朝倉書店　2007.12　546p　26cm　22000円　④978-4-254-69042-2　Ⓝ780.7
(目次)1 身体活動能力に影響する遺伝と環境因子—トレーニング可能性, 2 トレーニングの基礎的概念, 3 トレーニングマネージメント, 4 トレーニングの種類と方法, 5 トレーニングの評価法, 6 トレーニングとスポーツ医学, 7 トレーニングによる生体反応, 8 トレーニングに及ぼす生物学的因子, 9 トレーニングへの科学的アプローチ, 10 トレーニングと疾患, 付録

体力づくり

<事典>

健康・体力 評価・基準値事典　日丸哲也, 青山英康, 永田晟編著　ぎょうせい　1991.12　431p　26cm　12000円　④4-324-02964-

4　Ⓝ780.19

|目次|体力（筋力，筋持久力，柔軟性，平衡能，瞬発力，敏捷能，全身持久力），形態（長幅囲，重量），健康（生理機能検査，血液検査，血液化学検査，栄養所要量）

＜ハンドブック＞

健康・体力づくりハンドブック　改訂版
　永田晟，中野昭一，梅本二郎，増田允，遊佐清有ほか編著　大修館書店　1991.1　344p
　26cm　4120円　Ⓘ4-469-26195-5　Ⓝ780.19

|目次|序章 現代の健康・体力問題，第1章 健康・体力の現代的特徴，第2章 健康・体力の推移と現状，第3章 健康・体力づくりと運動処方，第4章 健康・体力の測定と評価

|内容|現代日本人の健康・体力問題をさまざまな角度から解明し，その実態をふまえながら健康・体力づくりの理論を説き，さらに体力づくり，運動処方の方法を具体的に示す。体格・体力の五段階評価基準，コンピューターを活用した健康診断票など，健康・体力づくりの指標資料を収集，図表化し，関係者の要望に応える。

健康と体力づくりのための栄養学ハンドブック　クリス・アセート著　体育とスポーツ出版社　1999.5　132p　21cm　1800円　Ⓘ4-88458-138-5　Ⓝ780.19

|目次|第1章 栄養について（カロリー，炭水化物，タンパク質，脂肪，ビタミン，ミネラル，嗜好品），第2章 健康について（肥満，コレステロール，免疫システム，ガン，抗酸化作用，食事と生活），第3章 減量について（減量の必要性，減量へのアプローチ，ダイエットメニュー）

|内容|筋力アップ，パフォーマンス向上を目指すスポーツマン，長続きのしない極端なダイエットで減量に失敗した女性，病気から回復したい，生涯健康であり続けたい忙しい社会人等，老若男女を問わず，栄養・食事の大切さを基本から学ぶ事のできる一冊。低カロリー・低脂肪レシピの作り方も掲載。

体力をはぐくむチビッ子のあそびHAND BOOK 1　前橋明編著　（岡山）西日本法規出版，星雲社〔発売〕　1995.10　25p　21cm　777円　Ⓘ4-86186-027-X　Ⓝ376.157

|目次|何のあとかた？（雪あそび），開閉ジャンプ（体操），ボールをキャッチ（ボールあそび），ボールの宅急便（ボールあそび），くつとり（くつを使ったあそび），ボールかご（ボールあそび），大玉鬼ごっこ（鬼あそび），フープくぐり（水あそび），イルカはざんぶりこ（水あそび），水中ボールあそび（水あそび），グー・チョキ・パー鬼（鬼あそび），鬼あそびにおけるケガの手当て（ワンポイント救急法）

体力をはぐくむチビッ子のあそびHAND BOOK 2　前橋明編著　（岡山）西日本法規出版，星雲社〔発売〕　1995.12　25p　21cm　777円　Ⓘ4-86186-028-8　Ⓝ376.157

|目次|サトゥ・ドゥワ・ティガ（リズム），上げたらホイ（体操），人間スライダー（体操），オオカミと子ヤギ（鬼あそび），手切り鬼（鬼あそび），氷鬼（鬼あそび），天国と地獄（鬼あそび），ひまわり鬼（鬼あそび），ドンジャンケン（ジャンケンあそび），フープでおしくらまんじゅう（フープあそび），ボウリング（ボールあそび），体操におけるケガの手当て（ワンポイント救急法）

体力をはぐくむチビッ子のあそびHAND BOOK 3　前橋明編著　（岡山）西日本法規出版，星雲社〔発売〕　1996.2　26p　21cm　777円　Ⓘ4-86186-031-8　Ⓝ376.157

|目次|パス・ボヘル（ボールあそび），手つなぎドリブル（ボールあそび），三角ドッジボール（ボールあそび），ころがしドッジボール（ボールあそび），太鼓橋バレーボール（ボールあそび），新聞ボールのドッジボール（ボールあそび），十字長なわ（なわあそび），棒でひっかけ投げなわ（なわあそび），タイヤずもう（タイヤあそび），逃げろ!逃げろ!（フープあそび），元気玉（タイヤあそび），ボールあそびにおけるケガの手当て（ワンポイント救急法）

体力をはぐくむチビッ子のあそびHAND BOOK 4　前橋明編著　（岡山）西日本法規出版，星雲社〔発売〕　1996.2　26p　21cm　777円　Ⓘ4-86186-032-6　Ⓝ376.157

|目次|雪玉はこび競争（雪あそび），郵便さん（なわあそび），めかくし走（ロープあそび），新聞紙負けたら半分（新聞紙あそび），トンネルくぐり（ダンボールあそび），棒つきジャンプ（棒あそび），ジャンケン・ゴール（ジャンケンあそび），迷路のドンジャン（ジャンケンあそび），お相撲さん（マットあそび），陣とり（平均台あそび），ぶら下がりっこゲーム（太鼓橋あそび），雪あそびにおけるケガの手当て（ワンポイント救急法）

体力をはぐくむチビッ子のあそびHAND BOOK 5　前橋明編著　（岡山）西日本法規出版，星雲社〔発売〕　1998.3　26p

21cm 800円 ①4-7952-1293-7 Ⓝ376.157
(目次)尻あてドッジボール，ボールのジャンプ，ボール送りゲーム，円型ボールけり，転がし円ドッジ，ビーチボールサッカー，大玉みこし，風船わたし，風船割り競争，ピン球キャッチボール〔ほか〕

体力をはぐくむチビッ子のあそびHAND BOOK 6 前橋明編著 （岡山）西日本法規出版，星雲社〔発売〕 1998.3 26p
21cm 800円 ①4-7952-1294-5 Ⓝ376.157
(目次)ブタのしっぽ，引っぱりずもう，かもつれっしゃ，拍手で集まれ，雪あな落とし，片足スキー，水鉄砲の的あてゲーム，フープとび，みんなでフープ送り，地獄のフラフープ〔ほか〕

＜年鑑・白書＞

国民の健康・体力つくりの現況 体力つくり国民会議事務局，総務庁青少年対策本部編 大蔵省印刷局 1990.4 402p 21cm 2900円 Ⓝ498
(内容)総務庁の「国民の健康・体力つくりに関する研究会」による，国民の健康・体力の現状と課題およびこれらに対する施策，事業についての報告書。巻末には，昭和39年に始まった「体力つくり国民運動」の経過に関する資料がある。付・主な参考文献・資料．

＜統計集＞

新・日本人の体力標準値 2000 東京都立大学体力標準値研究会編著 不昧堂出版 2000.7 414p 26cm 〈『日本人の体力標準値』改訂・改題書〉 11000円 ①4-8293-0391-3 Ⓝ780.18
(目次)1 形態（長育，幅育，量育，周育 ほか），2 身体機能（筋力，瞬発力，筋持久力，敏捷性 ほか），3 その他
(内容)20世紀の最終年2000年。編著者らは，新しい世紀にふさわしい体力標準値を作成すべく，従来の項目を大幅に見直して本書の内容を一新した。さらに高齢化社会へ移行する21世紀，中高年の健康や体力もますます重要視されてくる。これまでは，身体運動といえばその対象は主として青少年に向けられてきたが，今ではその焦点は中高年にまでひろげられ，体力診断の基準値やそれに基づく運動処方のプログラム作成は必要不可欠となっている。本書は，このような社会の要求に応えるべく最新の資料を収集して

「最新の基準値」を提供することを心がけ，あわせて発育の加速化に伴う体力の発達，および加齢による体力の低下の推移をグラフでわかりやすく表示したものである．

新・日本人の体力標準値 2 首都大学東京体力標準研究会編 不昧堂出版 2007.9
421p 26cm 12000円 ①978-4-8293-0460-0 Ⓝ780.18
(目次)1 形態（長育，幅育，量育，周育，その他，形態指数），2 身体機能（筋力，瞬発力，筋持久力，敏捷性，平衡性，柔軟性，心肺持久性，機能指数），3 その他（脈拍数，呼吸数，血圧，脈圧，熱量，基礎代謝量）

中央大学における体力診断テスト 20年間の推移 中央大学保健体育研究所体力診断テスト20年研究班編 （八王子）中央大学出版部 2005.10 538p 30cm 2800円 ①4-8057-6156-3 Ⓝ780.18
(目次)第1章 はじめに，第2章 研究方法（対象，測定方法 ほか），第3章 形態（体格と体型の時代的変化，研究方法（Method）ほか），第4章 機能（機能の結果と考察，運動経験別機能の傾向 ほか），第5章 まとめ（形態，機能 ほか）

書名索引

【あ】

アウトドア救急ハンドブック ………… 190
アウトドアクッキング図鑑 ………… 192
アウトドア工作図鑑 自然で創る宝物 …… 192
アウトドア百科 …………………………… 190
アウトドア ロープワーク ハンドブック ………………………………………… 193
青森県力士人名辞典 ………………… 168
赤菱のイレブンオフィシャルイヤーブック 2007 …………………………… 73
赤菱のイレブンオフィシャルイヤーブック 2008-09 ……………………… 73
赤菱のイレブンオフィシャルイヤーブック 2009-10 ……………………… 73
赤菱のイレブンオフィシャルイヤーブック 2010-11 ……………………… 73
朝日新聞で見るワールドカップ全紙面 2002年6月 朝日新聞縮刷版特別版 …… 60
アジア各国におけるスポーツ法の比較研究 ………………………………… 24
アジアにおけるオリンピック・パラリンピック開催をめぐる法的諸問題 平昌、東京そして北京への法的整備の推進と課題 ………………………………… 24
新しい小学校学校行事 実践活用事典 第3巻 ………………………………… 32
アメリカンプロレス大事典 WWEのすべてがわかる! …………………… 176
鮎毛バリ大図鑑 特選1200本収録 半世紀を超えるベテラン筆者が語る釣れる毛バリを選ぶ、使うポイント ………… 217

【い】

イタリア・スポーツ白書 1997〜98年年次報告書及び今後の展望 ………… 43
イチロー、マリナーズからはじめる大リーグ入門 ……………………… 138
いつでもどこでも使えるゴルフルールハンドブック ……………………… 142
今すぐできる!山歩きハンドブック …… 186
イーヤマツアー 2001ジャパンゴルフツアーオフィシャルガイドブック …… 150
イラストでわかる小学校単元別教材・教具一覧 3 ……………………………… 33

イラストによる最新スポーツルール 2000 ………………………………… 15
イラストによる最新スポーツルール 2001 ………………………………… 15
イラストによる最新スポーツルール 2003 ………………………………… 15
イラストによる最新スポーツルール百科〔1990〕………………………… 15
イラストによる最新スポーツルール百科〔1991〕………………………… 16
イラストによる最新スポーツルール百科〔1992〕………………………… 16
イラストによる最新スポーツルール百科〔1993〕………………………… 16
イラストによる最新スポーツルール百科〔1994〕………………………… 16
イラストによる最新スポーツルール百科 '95年版 …………………………… 16
イラストによる最新スポーツルール百科 '96年版 …………………………… 16
イラストによる最新スポーツルール百科 '97 …………………………………… 16
インナーセーリング 3 ………………… 159

【う】

うつくしまふくしま大会 第31回全国身体障害者スポーツ大会 報告書 …… 36
腕と指のリハビリ・ハンドブック 脳卒中マヒが改善する! ……………… 230
馬のハンドブック イラストガイドで馬に乗ろう! …………………………… 165
海のレジャー&スポーツ施設総ガイド …… 38
海のレジャー&スポーツ施設総ガイド 2000 ………………………………… 38
海・山・キャンプ場でアウトドア救急ハンドブック ……………………… 191
浦和レッズ 2006年全記録 …………… 73
浦和レッズ・オフィシャル・イヤーブック 1995 ……………………… 73
浦和レッズ・オフィシャル・イヤーブック 1996 ……………………… 73
浦和レッズ・オフィシャル・イヤーブック 1997 ……………………… 74
浦和レッズ・オフィシャル・イヤーブック 1998 ……………………… 74
浦和レッズ・オフィシャル・イヤーブック 1999 ……………………… 74
浦和レッズ・オフィシャル・イヤーブック 2000 ……………………… 74

浦和レッズ・オフィシャル・イヤーブック 2001 …… 74
浦和レッズ・オフィシャル・イヤーブック 2002 …… 74
浦和レッズ・オフィシャル・イヤーブック 2003 …… 75
浦和レッズ・オフィシャル・イヤーブック 2004 …… 75
浦和レッズ・オフィシャル・イヤーブック 2005 …… 75
浦和レッズ・オフィシャル・イヤーブック 2006 …… 75
浦和レッズ・オフィシャル・イヤーブック 2007 …… 75
浦和レッズ・オフィシャル・イヤーブック 2008 …… 75
浦和レッズ・オフィシャル・イヤーブック 2009 …… 76
浦和レッズ・オフィシャル・イヤーブック 2010 …… 76
浦和レッズ・オフィシャル・ハンドブック 1995 …… 67
浦和レッズ・オフィシャル・ハンドブック 1996 …… 67
浦和レッズ・オフィシャル・ハンドブック 1997 …… 68
浦和レッズ・オフィシャル・ハンドブック 1998 …… 68
浦和レッズ・オフィシャル・ハンドブック 1999 …… 68
浦和レッズ・オフィシャル・ハンドブック 2000 …… 68
浦和レッズ・オフィシャル・ハンドブック 2001 …… 68
浦和レッズ・オフィシャル・ハンドブック 2002 …… 68
浦和レッズ・オフィシャル・ハンドブック 2003 …… 68
浦和レッズ・オフィシャル・ハンドブック 2004 …… 68
浦和レッズ・オフィシャル・ハンドブック 2005 …… 69
浦和レッズ・オフィシャル・ハンドブック 2006 …… 69
浦和レッズ・オフィシャル・ハンドブック 2007 …… 69
浦和レッズ・オフィシャル・ハンドブック 2008 …… 69
浦和レッズ・オフィシャル・ハンドブック 2009 …… 69
浦和レッズ・オフィシャル・ハンドブック 2010 …… 69
浦和レッズ・オフィシャル・ハンドブック 2011 …… 69
浦和レッズ10年史 …… 69
運動会企画 アクティブ・ラーニング発想を入れた面白カタログ事典 …… 32
運動が体と心の働きを高めるスポーツ保育ガイドブック 文部科学省幼児期運動指針に沿って 178種類の運動遊びを紹介!! …… 33
運動器疾患の進行予防ハンドブック 予防・治療・リハビリテーション …… 223
運動器の痛み診療ハンドブック …… 223
運動生化学ハンドブック …… 220
運動生理・生化学辞典 …… 220
運動年鑑 第1巻(大正5年) …… 12
運動年鑑 第2巻(大正6年) …… 12
運動年鑑 第3巻(大正7年) …… 12
運動年鑑 第4巻(大正8年) …… 12
運動年鑑 第5巻(大正9年) …… 12
運動年鑑 第6巻(大正10年) …… 12
運動年鑑 第7巻(大正11年) …… 12
運動年鑑 第8巻(大正12年) …… 12
運動年鑑 第9巻(大正13年) …… 12
運動年鑑 第10巻(大正14年) …… 12
運動年鑑 第11巻(大正15年) …… 12
運動年鑑 第12巻(昭和2年) …… 12
運動年鑑 第13巻(昭和3年) …… 12
運動年鑑 第14巻(昭和4年) …… 12
運動年鑑 第15巻(昭和5年) …… 12
運動年鑑 第16巻(昭和6年) …… 12
運動年鑑 第17巻(昭和7年) …… 12
運動年鑑 第18巻(昭和8年) …… 12
運動年鑑 第19巻(昭和9年) …… 12
運動年鑑 第20巻(昭和10年) …… 12
運動年鑑 第21巻(昭和11年) …… 12
運動年鑑 第22巻(昭和12年) …… 12
運動年鑑 第23巻(昭和13年) …… 12
運動年鑑 第24巻(昭和14年) …… 13
運動年鑑 第25巻(昭和15年) …… 13
運動年鑑 第26巻(昭和16年) …… 13
運動年鑑 第27巻(昭和17年) …… 13
運動年鑑 第28巻(昭和18年) …… 13
運動年鑑 第29巻(昭和23年) …… 13
運動年鑑 第30巻(昭和24年) …… 13
運動年鑑 第31巻(昭和25年) …… 13
運動年鑑 第32巻(昭和26年) …… 13
運動年鑑 第33巻(昭和27年) …… 13
運動年鑑 第34巻(昭和28年) …… 13
運動負荷試験ハンドブック …… 221

【え】

エアロビック・エクササイズ・ガイド … 204
ACミランオフィシャルブック ………… 93
英文 日本絵とき事典 16 日本の武道 … 159
江川卓・スカウティングレポート '98 … 105
江川卓・スカウティングレポート '99 … 105
江川卓・スカウティングレポート 2000 … 106
江川卓・スカウティングレポート 2001 … 106
(絵でわかる) 楽しい英語辞典 6 ……… 14
NFLアメリカンフットボールを知り尽くす! 2004年版 …………………… 56
NFLアメリカンフットボールを知り尽くす! 2005年版 …………………… 56
NFLアメリカンフットボールを知り尽くす! 2006年版 …………………… 57
NFLを知り尽くす 初心者からマニアまで大満足のNFLパーフェクトブック … 57
NFLを知り尽くす 2001 …………… 57
NFLを知り尽くす! NFL Complete Guide Book 2002 …………………… 57
NFLを知り尽くす! NFL Complete Guide Book 2003 …………………… 57
NFL選手名鑑 '93 …………………… 56
NFLハンドブック 1993 ……………… 57
NFLファクトブック ザ・プロフェッショナルズ プロフット完全データブック 2002 …………………………… 57
NBA選手名鑑 エキサイティング・プロバスケットボール!! '94 ……………… 55
NBA大事典 …………………………… 55
絵はがきを旅する つり人水辺のアーカイブス ………………………… 217
F1グランプリ大事典 ………………… 206
F1グランプリ年鑑 1989-90 ………… 209
F1グランプリ年鑑 1990-91 ………… 209
F1グランプリ年鑑 1991-92 ………… 209
F1全史 1956-1960 ファンジオの覇権・ミッドシップ革命 ……………… 206
F1ドライバー大辞典 ………………… 206
MLB公認プレイヤーズガイド 2005 …… 133
MLB 2002 Complete guide book MLBを知り尽くす! ………………… 138
MLB2003 COMPLETE GUIDE BOOK MLBを知り尽くす! ………… 138
MTBオールカタログ 2000 …………… 195
MTBオールカタログ 2003 …………… 195
MTBオールカタログ 2004 …………… 195
MTBオールカタログ 2005 …………… 195
MTBオールカタログ 2006 …………… 195
MTBオールカタログ 2007 …………… 195
MTBオールカタログ 2008 …………… 195
MTB修理＆トラブル解決ハンドブック 緊急時に即対応! …………………… 194
MTBバイヤーズガイド 1990年 ……… 195
Lリーグ年鑑 1995 ……………………… 66

【お】

欧州クラブサッカー解体新書1995～2005 ……………………………… 93
欧州サッカー観戦ガイド 地球の歩き方プラス・ワン〈405〉改訂第4版 ……… 93
欧州サッカー選手名鑑 2002-2003 …… 89
欧州サッカー選手名鑑 2003-2004 …… 89
欧州サッカー選手名鑑 2004-2005 …… 89
欧州サッカー選手名鑑 2005-2006 …… 89
欧州サッカー選手名鑑 2006-2007 …… 89
欧州サッカー選手名鑑 2007-2008 …… 89
欧州サッカー選手名鑑 2008-2009 …… 89
欧州サッカー選手名鑑 2009-2010 …… 89
欧州サッカーリーグ最速ガイド 2004-2005 ……………………………… 93
欧州サッカー6大リーグパーフェクト監督名鑑 ………………………… 89
欧州チャンピオンズリーグ解体新書 …… 93
大型魚ぎょっと時間月齢方式 大漁時刻表 全国版 2013年6月～12月 …… 214
大型魚ぎょっと時間月齢方式 大漁時刻表 全国版 2014年1月～6月 ……… 215
大型魚ぎょっと時間月齢方式 大漁時刻表 全国版 2014年7月～12月 …… 215
大型魚ぎょっと時間月齢方式 大漁時刻表 全国版 2015年1月～2016年1月 … 215
大型魚ぎょっと時間月齢方式 大漁時刻表 2016年版 ……………………… 215
大相撲こてんごてん …………………… 167
大相撲人物大事典 …………………… 168
大相撲手帳 …………………………… 176
大相撲の解剖図鑑 大相撲の魅力と見かたを徹底図解 ………………… 176
大相撲の事典 ………………………… 167
大相撲の事典 新装版 ………………… 167
大相撲横綱大鑑 ……………………… 169
大相撲力士カラー名鑑 1993年 春 …… 169

書名	頁
大相撲力士カラー名鑑 1993年 秋	169
大相撲力士カラー名鑑 1994年 春	169
大相撲力士カラー名鑑 1995年	169
大相撲力士カラー名鑑 1995秋	169
大相撲力士カラー名鑑 1996	169
大相撲力士カラー名鑑 1997年	169
大相撲力士名鑑	169
大相撲力士名鑑 平成5年上期版	169
大相撲力士名鑑 平成5年下期版	170
大相撲力士名鑑 平成6年上期版	170
大相撲力士名鑑 平成6年下期版	170
大相撲力士名鑑 平成7年版	170
大相撲力士名鑑 平成8年版	170
大相撲力士名鑑 平成9年版	170
大相撲力士名鑑 平成10年版	170
大相撲力士名鑑 平成11年版	170
大相撲力士名鑑 平成12年版	170
大相撲力士名鑑 平成13年版	171
大相撲力士名鑑 平成14年版	171
大相撲力士名鑑 平成15年版	171
大相撲力士名鑑 平成16年版	171
大相撲力士名鑑 平成17年版	171
大相撲力士名鑑 平成18年版	172
大相撲力士名鑑 平成19年版	172
大相撲力士名鑑 平成20年版	172
大相撲力士名鑑 平成21年版	172
大相撲力士名鑑 平成22年版	172
大相撲力士名鑑 平成23年版	172
大相撲力士名鑑 平成24年版	172
大相撲力士名鑑 平成25年版	172
大相撲力士名鑑 平成26年版	173
大相撲力士名鑑 平成27年版	173
大相撲力士名鑑 平成28年版	173
大相撲力士名鑑 平成29年版	173
大相撲力士名鑑 平成11年度	173
大相撲力士名鑑 平成12年度	173
大相撲力士名鑑 平成12年度 増補第2版	173
大相撲力士名鑑 平成13年度	174
大相撲力士名鑑 平成14年度	174
大相撲力士名鑑 平成15年度	174
大相撲力士名鑑 平成16年度	174
大相撲力士名鑑 平成17年度	174
大相撲力士名鑑 平成18年度	174
大相撲力士名鑑 平成19年度	174
大相撲力士名鑑 平成20年度	174
大相撲力士名鑑 平成21年度	175
大相撲力士名鑑 平成22年度	175
大相撲力士名鑑 平成23年度	175
大相撲力士名鑑 平成24年度	175
大相撲力士名鑑 平成25年度	175
大相撲力士名鑑 平成26年度	175
大相撲力士名鑑 平成27年度	175
大相撲力士名鑑 平成28年度	175
沖縄空手古武道事典	160
沖縄ダイビングポイントマップ集 1（沖縄本島編）	204
沖縄のダイビングショップ・サービス	204
オックスフォードスポーツ医科学辞典	222
オックスフォードバレエダンス事典	201
オートキャンプ用品カタログ 外を遊ぶ道具の大図鑑 1991	193
オフィシャル・ベースボール・ガイド プロ野球公式記録集 '97	119
オフィシャル・ベースボール・ガイド プロ野球公式記録集 '98	119
オフィシャル・ベースボール・ガイド プロ野球公式記録集 '99	119
オフィシャル・ベースボール・ガイド プロ野球公式記録集 2002	119
オフィシャル・ベースボール・ガイド プロ野球公式記録集 2003	119
オフィシャル・ベースボール・ガイド プロ野球公式記録集 2004	119
オフィシャル・ベースボール・ガイド プロ野球公式記録集 2005	119
オフィシャル・ベースボール・ガイド プロ野球公式記録集 2006	120
オフィシャル・ベースボール・ガイド プロ野球公式記録集 2007	120
オフィシャル・ベースボール・ガイド プロ野球公式記録集 2008	120
オフィシャル・ベースボール・ガイド プロ野球公式記録集 2009	120
オフィシャル・ベースボール・ガイド プロ野球公式記録集 2010	120
オフィシャル・ベースボール・ガイド プロ野球公式記録集 2011	120
オフィシャル・ベースボール・ガイド プロ野球公式記録集 2012	120
オフィシャル・ベースボール・ガイド プロ野球公式記録集 2013	120
オフィシャル・ベースボール・ガイド プロ野球公式記録集 2014	121
オフィシャル・ベースボール・ガイド プロ野球公式記録集 2015	121
オフィシャル・ベースボール・ガイド プロ野球公式記録集 2016	121
オフロードバイク＆ギアカタログ 2001	198
オフロードバイク＆スペシャルパーツ	

オールカタログ 1993 ……………… 198
オフロードバイク＆スペシャルパーツ
　オールカタログ 1994 ……………… 198
オフロードバイク＆パーツオールカタロ
　グ 1995 ………………………………… 198
オフロードバイク＆パーツオールカタロ
　グ 1996 ………………………………… 198
オフロードバイク＆用品カタログ　最新
　1990 …………………………………… 198
オフロードバイクスペシャルパーツオー
　ルカタログ2000 実用百科 …………… 198
オフロードバイクライディング＆ツーリ
　ング用品オールカタログ 1991 ……… 198
オフロードバイクライディング＆ツーリ
　ング用品オールカタログ 1992 ……… 198
親子で学ぶサッカー世界図鑑 …………… 95
親子で学ぶサッカー世界図鑑 改訂版 …… 95
オリックス・バファローズパーフェクト
　ガイド 2005 YearBook ……………… 121
オリックス・バファローズパーフェクト
　ガイド 2006 yearBook ……………… 121
オリックス・バファローズパーフェクト
　ガイド 2007 YearBook ……………… 121
オリックス・バファローズパーフェクト
　ガイド 2008 YearBook ……………… 121
ORIX Buffaloes Perfect Guide 2009
　………………………………………… 121
ORIX Buffaloes Perfect Guide 2010
　………………………………………… 122
オリックス・バファローズパーフェクト
　ガイド 2011 YearBook ……………… 122
オリンピック事典 ポケット版 ………… 45
オリンピック大百科 ……………………… 45
オリンピック・パラリンピック大百科
　1 ………………………………………… 45
オリンピック・パラリンピック大百科
　2 ………………………………………… 45
オリンピック・パラリンピック大百科
　3 ………………………………………… 46
オリンピック・パラリンピック大百科
　4 ………………………………………… 46
オリンピック・パラリンピック大百科
　5 ………………………………………… 46
オリンピック・パラリンピック大百科
　6 ………………………………………… 46
オリンピック・パラリンピック大百科
　7 ………………………………………… 46
オリンピックまるわかり事典 大記録か
　ら2020年東京開催まで ………………… 46
オールスターゲームの軌跡 DREAM
　GAMES HISTORY since 1951 …… 115
温泉林道ツーリング最新オフロードバイ
　クカタログ 1991～92 ………………… 198

【か】

夏季オリンピック六ヶ国語辞典 日英独
　仏露西 1 ………………………………… 47
夏季オリンピック六ヶ国語辞典 日英独
　仏露西 2 ………………………………… 47
夏季オリンピック六ヶ国語辞典 日英独
　仏露西 3 ………………………………… 47
夏季オリンピック六ヶ国語辞典 日英独
　仏露西 4 ………………………………… 47
夏季オリンピック六ヶ国語辞典 日英独
　仏露西 5 ………………………………… 47
顎関節症運動療法ハンドブック ……… 227
格闘技がわかる絵事典 国が変わればルー
　ルも変わる!古武道から総合格闘技ま
　で ……………………………………… 167
格闘技スカウティングレポート 1998 … 166
格闘技スカウティングレポート 2000 … 166
格闘技の大事典 世界60億人必携 …… 166
学童野球グラフ 1993 ………………… 102
学童野球グラフ 1997 ………………… 102
学童野球グラフ 2003 ………………… 102
貸テニスコートガイド 首都圏版（'94）… 98
貸テニスコートガイド 首都圏版（'95）… 98
貸テニスコートガイド 首都圏版（'96）… 98
貸テニスコートガイド 首都圏版〔'98〕… 98
貸テニスコートガイド リゾート・公営
　コートも同時掲載 首都圏版〔'99〕新
　版 ……………………………………… 99
貸テニスコートガイド 首都圏版 2000 … 99
鹿島アントラーズイヤーブック 2002 … 76
鹿島アントラーズイヤーブック 2003 … 76
KASHIMA ANTLERS YEAR BOOK
　2004 …………………………………… 76
鹿島アントラーズイヤーブック 2005 … 76
KASHIMA ANTLERS YEAR BOOK
　2006 …………………………………… 77
KASHIMA ANTLERS YEAR BOOK
　2007 …………………………………… 77
KASHIMA ANTLERS YEAR BOOK
　2008 …………………………………… 77
鹿島アントラーズイヤーブック 2009 … 77
KASHIMA ANTLERS YEAR BOOK
　2010 …………………………………… 77
鹿島アントラーズイヤーブック 2011 … 77
KASHIMA ANTLERS YEAR BOOK
　2012 …………………………………… 78
鹿島アントラーズ パーフェクトデータ

ブック 2002 ……………………… 78
柏レイソル公式イヤーブック 2003 ……… 78
柏レイソル公式イヤーブック 2005 ……… 78
柏レイソル公式イヤーブック 2006 ……… 78
柏レイソル公式イヤーブック 2007 ……… 78
柏レイソル公式イヤーブック 2008 ……… 78
柏レイソル公式イヤーブック 2009 ……… 78
柏レイソル公式イヤーブック 2010 ……… 79
語れ! WWE 2016選手名鑑 …………… 177
学校体育授業事典 ………………………… 32
学校における製品安全教育のすすめ方 家電製品・スポーツ用品編 製品安全教育事業等に関する調査報告書 …… 40
CARTイヤーブック 2001-2002 ……… 209
CART喜怒哀楽の199戦 1993-2003 …… 206
「かながわ・ゆめ大会」写真集 第34回全国身体障害者スポーツ大会 ダイジェスト版 ……………………………… 36
カヌー&カヤックカタログ '97 ………… 159
カヌー&カヤック年鑑 '91～'92 ……… 159
空手道歴史年表 …………………………… 162
カルチョ・イタリア 「セリエA」選手名鑑日本語版 1994-95 ………………… 90
川井チャンの「F単」 F1中継によくでる721語 …………………………… 206
川井チャンの「F単」millennium F1中継によくでる用語 ……………………… 206
川井チャンの「F単」サードエディション ………………………………… 206
川井チャンの「F単」フォースエディション F1中継によくでる用語 ………… 206
川井ちゃんのF単 4th …………………… 206
川釣り魚の事典 お父さんのためのトラの巻 釣り方から料理まで ………… 214
韓国スポーツ産業総覧 2003／04 ……… 37
韓国プロ野球観戦ガイド＆選手名鑑 2004 ……………………………… 139
韓国プロ野球観戦ガイド＆選手名鑑 2005 ……………………………… 139
韓国プロ野球観戦ガイド＆選手名鑑 2006 ……………………………… 139
韓国プロ野球観戦ガイド＆選手名鑑 2007 ……………………………… 139
韓国プロ野球観戦ガイド＆選手名鑑 2008 ……………………………… 139
韓国プロ野球観戦ガイド＆選手名鑑 2009 ……………………………… 140
韓国プロ野球観戦ガイド＆選手名鑑 2010 ……………………………… 140
韓国プロ野球観戦ガイド＆選手名鑑 2011 オールカラー ………………… 140
韓国プロ野球観戦ガイド＆選手名鑑 2012 ……………………………… 140
韓国プロ野球観戦ガイド＆選手名鑑 2013 ……………………………… 140
韓国プロ野球観戦ガイド＆選手名鑑 2014 ……………………………… 140
韓国プロ野球観戦ガイド＆選手名鑑 2015 ……………………………… 140
韓国プロ野球観戦ガイド＆選手名鑑 2016 ……………………………… 140
肝疾患運動療法ハンドブック …………… 227
完全・NBA選手名鑑 '96-'97 …………… 55
完全・NBA選手名鑑 '98 ………………… 55
完全 大相撲力士名鑑 平成9年度版 …… 175
完全格闘家名鑑 97 ……………………… 167
完全・大リーグ選手名鑑 '97 …………… 133
完全・大リーグ選手名鑑 '98 …………… 133
完全版 プロ野球人国記 関東編 その2 … 106
完全版 プロ野球人国記 信越・北陸編 … 106
完全版 プロ野球人国記 東海編 ………… 106
完全版 プロ野球人国記 近畿編 ………… 106
完全版 プロ野球人国記 九州・沖縄編 … 106
完全photo比較!カヌー&カヤックカタログ ……………………………… 159
完全保存版 全国自転車名店ガイド …… 194
完全網羅!釣り仕掛けハンドブック 1つの仕掛けで多種の魚が釣れる! ……… 215
感動のドラマの記録 オリンピック絵事典 オリンピックがよくわかって楽しめる! ………………………………… 48

【き】

騎手＆調教師「この関係」を狙えばズバズバ当たる! 競馬界の人間模様を馬券に活かす 2005 …………………… 213
基礎から始める海釣り仕掛けハンドブック 堤防磯投げ／ボート編 ………… 215
キャンプ …………………………………… 191
Q&A スポーツの法律問題 そこが知りたい関連知識から紛争・事故の対処法まで ……………………………… 21
Q&A スポーツの法律問題 プロ選手から愛好者までの必修知識 改訂増補版 …… 21
Q&Aスポーツの法律問題 プロ選手から愛好者までの必修知識 第3版 ………… 22
Q&Aスポーツの法律問題 プロ選手から愛好者までの必修知識 第3版補訂版 … 22
Q&A日本の武道事典 1 ………………… 160
Q&A日本の武道事典 2 ………………… 160

Q&A日本の武道事典 3 ……………… 160
Q&A日本の武道事典 4 ……………… 160
球技用語事典 …………………………… 53
'91オフロードバイク＆スペシャルパーツオールカタログ ……………………… 198
急性期リハビリテーションハンドブック 理学療法士・作業療法士のためのチーム医療で必要なクリニカルポイント 原著第2版 ………………… 230
弓道人名大事典 ………………………… 165
教育本部オフィシャル・ブック 財団法人全日本スキー連盟 1999年度 …… 155
教育本部オフィシャル・ブック 財団法人全日本スキー連盟 2000年度 …… 155
教育本部オフィシャル・ブック 財団法人全日本スキー連盟 2001年度版 …… 155
教育本部オフィシャル・ブック 財団法人全日本スキー連盟 2002年度版 …… 155
教育本部オフィシャル・ブック 財団法人全日本スキー連盟 2003年度版 …… 155
教育本部オフィシャル・ブック 財団法人全日本スキー連盟 2004年度 …… 155
教育本部オフィシャル・ブック 財団法人全日本スキー連盟 2005年度 …… 156
教育本部オフィシャル・ブック 財団法人全日本スキー連盟 2006年度 …… 156
教育本部オフィシャル・ブック 財団法人全日本スキー連盟 2007年度 …… 156
教育本部オフィシャル・ブック 財団法人全日本スキー連盟 2008年度 …… 156
教育本部オフィシャル・ブック 財団法人全日本スキー連盟 2009年度 …… 156
教育本部オフィシャル・ブック 財団法人全日本スキー連盟 2010年度 …… 156
教育本部オフィシャル・ブック 財団法人全日本スキー連盟 2011年度 …… 156
教育本部オフィシャル・ブック 財団法人全日本スキー連盟 2012年度 …… 156
教育本部オフィシャル・ブック 財団法人全日本スキー連盟 2013年度 …… 157
教育本部オフィシャルブック 公益財団法人全日本スキー連盟 2014年度 … 157
教育本部オフィシャルブック 公益財団法人全日本スキー連盟 2015年度 … 157
教育本部オフィシャルブック 公益財団法人全日本スキー連盟 2016年度 … 157
教育本部オフィシャルブック 公益財団法人全日本スキー連盟 2017年度 … 157
行幸啓誌 第49回国民体育大会・第30回全国身体障害者スポーツ大会 ……… 36
行幸啓誌 第51回国民体育大会・第32回全国身体障害者スポーツ大会 ……… 36
行幸啓誌 第52回国民体育大会・第33回全国身体障害者スポーツ大会 ……… 36
行幸啓誌 第54回国民体育大会 第35回全国身体障害者スポーツ大会 ……… 36
行幸啓誌 第55回国民体育大会・第36回全国身体障害者スポーツ大会 ……… 36
業種別貸出審査事典 第8巻 第9次新版 … 39
業種別審査事典 第8巻 第10次新版 …… 40
業種別審査事典 第9巻 第13次 ………… 40
競艇選手名鑑 '98 ……………………… 211
競艇選手名鑑 '99 ……………………… 211
競艇選手名鑑 2000 …………………… 212
極真カラテ年鑑 第10号 ……………… 162
「きらりんぴっく富山」大会報告書 第36回全国身体障害者スポーツ大会 …… 36
近代キャディ事典 全面改訂版 ……… 142
近代キャディ事典 2000年規則改訂版 … 143
近代キャディ事典 2004年規則改訂版 … 143
近代キャディ事典 2008年規則改訂版 … 143
近代キャディ事典 2012年規則改訂版 … 143
近代キャディ事典 2016年規則改訂版 … 143
近代スポーツの歴史 年表式 ………… 11
近代体育スポーツ年表 1800-1997 三訂版 ………………………………………… 31
近代日本女子体育・スポーツ文献目録 1876-1996 ……………………………… 31
筋トレマニア筋トレ用語事典 ……… 233
筋肉の使い方・鍛え方パーフェクト事典 オールカラー 筋力アップからスポーツ動作の強化まで …………………… 233
筋の科学事典 構造・機能・運動 …… 220

【く】

グランプリ・イラストレイテッド年鑑 '90 ……………………………………… 210
グランプリ・イラストレイテッド年鑑 '91 ……………………………………… 210
グランプリ・イラストレイテッド年鑑 '92 ……………………………………… 210
グランプリ・イラストレイテッド年鑑 2000 …………………………………… 210
グランプリ・イラストレイテッド年鑑 2001 …………………………………… 210
グランプリ・イラストレイテッド年鑑 2002 …………………………………… 210
グランプリ・イラストレイテッド年鑑 2003 …………………………………… 210
グランプリ・イラストレイテッド年鑑 2004 …………………………………… 210

グランプリ・イラストレイテッド年鑑 2006 ……… 211
グランプリ・イラストレイテッド年鑑 2007 ……… 211
グランプリ・イラストレイテッド年鑑 2008 ……… 211
クリーンアスリートをめざして 陸上競技者のためのアンチドーピングハンドブック 2001 ……… 49
クリーンアスリートをめざして 陸上競技者のためのアンチ・ドーピングハンドブック 2003 ……… 49

【け】

慶応義塾体育会蹴球部百年史 ……… 63
競馬 騎手データ 騎手が教える当たり馬券! ……… 212
競馬騎手名鑑 2000 ……… 212
決定版!野球の英語小辞典 メジャーリーグを120%楽しむ本 ……… 133
「ケンカ」の聖書 一般市民のための護身術実践ハンドブック ……… 180
剣技・剣術 3 ……… 164
健康運動指導者必携キーワード ……… 19
健康・体力づくりハンドブック 改訂版 ……… 234
健康・体力 評価・基準値事典 ……… 233
健康と体力づくりのための栄養学ハンドブック ……… 234
健康ハンドブック 改編新版 ……… 221
現代弓道講座 第7巻 ……… 164
現代弓道講座 7 復刻版 ……… 164
現代建築集成／スポーツ・レクリエーション施設 〔1994〕 ……… 38
現代建築集成／スポーツ・レクリエーション施設 〔1995〕 ……… 38
現代ゴルフ用語事典 はじめに正しい言葉がわかればゴルフがわかる ……… 141
現代フラメンコ・アーティスト名鑑 ……… 201
現地発!ジミー鈴木のアメリカン・プロレス直行便2005 ……… 178
剣道を知る事典 ……… 163
剣道事典 技術と文化の歴史 ……… 163
剣の達人111人データファイル ……… 164
県別全国高校野球史 ……… 128

【こ】

公共社会体育施設要覧 神奈川県 平成元年度版 ……… 38
高校サッカー＆Jユース強豪・有力チーム徹底ガイド ……… 84
高校サッカー年鑑 '90 ……… 84
高校サッカー年鑑 '91 ……… 84
高校サッカー年鑑 '92 ……… 84
高校サッカー年鑑 '93 ……… 85
高校サッカー年鑑 '94 ……… 85
高校サッカー年鑑 '95 ……… 85
高校サッカー年鑑 '96 ……… 85
高校サッカー年鑑 '97 ……… 85
高校サッカー年鑑 '98 ……… 85
高校サッカー年鑑 '99 ……… 85
高校サッカー年鑑 2000 ……… 85
高校サッカー年鑑 2001 ……… 86
高校サッカー年鑑 2002 ……… 86
高校サッカー年鑑 2003 ……… 86
高校サッカー年鑑 2004 ……… 86
高校サッカー年鑑 2005 ……… 86
高校サッカー年鑑 2006 ……… 86
高校サッカー年鑑 2007 ……… 87
高校サッカー年鑑 2008 ……… 87
高校サッカー年鑑 2009 ……… 87
高校サッカー年鑑 2010 ……… 87
高校サッカー年鑑 2011 ……… 87
高校サッカー年鑑 2012 ……… 87
高校サッカー年鑑 2014 ……… 88
高校サッカー年鑑 2015 ……… 88
高校サッカー年鑑 2016 ……… 88
高校野球神奈川グラフ 全国高校野球選手権神奈川大会 1995 ……… 129
高校野球神奈川グラフ 2007 ……… 129
高校野球神奈川グラフ 2008 ……… 129
高校野球神奈川グラフ 2009 ……… 129
高校野球神奈川グラフ 2010 ……… 129
高校野球神奈川グラフ 2011 ……… 130
高校野球神奈川グラフ 2012 ……… 130
高校野球神奈川グラフ 2013 ……… 130
高校野球神奈川グラフ 2014 ……… 130
高校野球神奈川グラフ 2015 ……… 130
高校野球がまるごとわかる事典 データでびっくり!読んでナットク! ……… 130
高校野球グラフ 〔茨城新聞社〕 2006 ……… 130

書名索引　　こるふ

高校野球グラフ　〔茨城新聞社〕　2014 ⋯ 130
高校野球グラフ　〔茨城新聞社〕　2015 ⋯ 130
高校野球グラフ　〔茨城新聞社〕　2016 ⋯ 131
高校野球グラフ　〔埼玉新聞社〕　2002 ⋯ 131
高校野球グラフ　〔埼玉新聞社〕　2004 ⋯ 131
高校野球グラフ　〔埼玉新聞社〕　2005 ⋯ 131
高校野球グラフ　〔埼玉新聞社〕　2006 ⋯ 131
高校野球グラフ　〔埼玉新聞社〕　2007 ⋯ 131
高校野球グラフ　〔埼玉新聞社〕　2009 ⋯ 131
高校野球グラフ　〔埼玉新聞社〕　2012 ⋯ 131
高校野球グラフ　〔埼玉新聞社〕　2013 ⋯ 131
高校野球グラフ　〔埼玉新聞社〕　2014 ⋯ 131
高校野球グラフ　CHIBA 2012 ⋯⋯⋯⋯ 132
高校野球グラフCHIBA 2013 ⋯⋯⋯⋯ 132
高校野球グラフCHIBA 2014 ⋯⋯⋯⋯ 132
高校野球グラフCHIBA 2015 ⋯⋯⋯⋯ 132
高校野球甲子園出場校事典 ⋯⋯⋯⋯⋯ 128
高校野球甲子園全出場校大事典 ⋯⋯⋯ 128
高校野球甲子園全出場校大事典　増補改訂版 ⋯⋯⋯⋯⋯⋯⋯⋯⋯⋯⋯⋯⋯⋯ 128
甲子園　阪神タイガース大事典 ⋯⋯⋯ 105
甲子園高校野球人名事典　選手・監督から審判・解説者まで ⋯⋯⋯⋯⋯⋯⋯ 129
高等学校スポーツ・文化データブック 2004年度版 ⋯⋯⋯⋯⋯⋯⋯⋯⋯⋯⋯ 34
高等学校データブック　スポーツ・文化編 ⋯⋯⋯⋯⋯⋯⋯⋯⋯⋯⋯⋯⋯⋯ 34
公認野球規則　2006 ⋯⋯⋯⋯⋯⋯⋯⋯ 102
公認野球規則　2007 ⋯⋯⋯⋯⋯⋯⋯⋯ 102
公認野球規則　2008 ⋯⋯⋯⋯⋯⋯⋯⋯ 102
公認野球規則　2009 ⋯⋯⋯⋯⋯⋯⋯⋯ 103
公認野球規則　2010 ⋯⋯⋯⋯⋯⋯⋯⋯ 103
公認野球規則　2011 ⋯⋯⋯⋯⋯⋯⋯⋯ 103
公認野球規則　2012 ⋯⋯⋯⋯⋯⋯⋯⋯ 103
公認野球規則　2013 ⋯⋯⋯⋯⋯⋯⋯⋯ 103
公認野球規則　2014 ⋯⋯⋯⋯⋯⋯⋯⋯ 103
公認野球規則　2015 ⋯⋯⋯⋯⋯⋯⋯⋯ 104
公認野球規則　2016 ⋯⋯⋯⋯⋯⋯⋯⋯ 104
高齢者の運動ハンドブック ⋯⋯⋯⋯⋯ 221
高齢者リハビリテーション学大事典 ⋯⋯ 228
国際馬事辞典 ⋯⋯⋯⋯⋯⋯⋯⋯⋯⋯⋯ 165
国民の健康・体力つくりの現況 ⋯⋯⋯ 235
護身Hand Book　実用知識で危険を見抜く ⋯⋯⋯⋯⋯⋯⋯⋯⋯⋯⋯⋯⋯⋯ 180
ことば絵事典 5 ⋯⋯⋯⋯⋯⋯⋯⋯⋯⋯ 14
子どものスポーツライフ・データ　4～9歳のスポーツライフに関する調査報告書 2010 ⋯⋯⋯⋯⋯⋯⋯⋯⋯⋯⋯⋯ 35
子どものスポーツライフ・データ　4～9歳のスポーツライフに関する調査報告書 2012 ⋯⋯⋯⋯⋯⋯⋯⋯⋯⋯⋯⋯ 36
子どものスポーツライフ・データ　4～9歳のスポーツライフに関する調査報告書 2013 ⋯⋯⋯⋯⋯⋯⋯⋯⋯⋯⋯⋯ 36
子どものスポーツライフ・データ　4～9歳のスポーツライフに関する調査報告書 2015 ⋯⋯⋯⋯⋯⋯⋯⋯⋯⋯⋯⋯ 36
古武術・剣術がわかる事典　これで歴史ドラマ・小説が楽しくなる! ⋯⋯⋯ 163
ゴルフ英会話辞典 ⋯⋯⋯⋯⋯⋯⋯⋯⋯ 141
ゴルフ英会話辞典　改訂版 ⋯⋯⋯⋯⋯ 142
ゴルフ雑学事典 ⋯⋯⋯⋯⋯⋯⋯⋯⋯⋯ 141
ゴルフ場企業グループ＆系列　ゴルフ特信資料集　2003年 ⋯⋯⋯⋯⋯⋯⋯ 143
ゴルフ場企業グループ＆系列　ゴルフ特信資料集　2004年 ⋯⋯⋯⋯⋯⋯⋯ 143
ゴルフ場企業グループ＆系列　ゴルフ特信資料集　2005年 ⋯⋯⋯⋯⋯⋯⋯ 143
ゴルフ場企業グループ＆系列　ゴルフ特信資料集　2006年 ⋯⋯⋯⋯⋯⋯⋯ 143
ゴルフ場企業グループ＆系列　ゴルフ特信資料集　2007年 ⋯⋯⋯⋯⋯⋯⋯ 143
ゴルフ場企業グループ＆系列　ゴルフ特信資料集　2008年 ⋯⋯⋯⋯⋯⋯⋯ 144
ゴルフ場企業グループ＆系列　ゴルフ特信資料集　2009年 ⋯⋯⋯⋯⋯⋯⋯ 144
ゴルフ場企業グループ＆系列　ゴルフ特信資料集　2010年 ⋯⋯⋯⋯⋯⋯⋯ 144
ゴルフ場企業グループ＆系列　ゴルフ特信資料集　2011年 ⋯⋯⋯⋯⋯⋯⋯ 144
ゴルフ場企業グループ＆系列　ゴルフ特信資料集　2012年 ⋯⋯⋯⋯⋯⋯⋯ 144
ゴルフ場企業グループ＆系列　ゴルフ特信資料集　2013年 ⋯⋯⋯⋯⋯⋯⋯ 144
ゴルフ場企業グループ＆系列　ゴルフ特信資料集　2014年 ⋯⋯⋯⋯⋯⋯⋯ 144
ゴルフ場企業グループ＆系列　ゴルフ特信資料集　2015年 ⋯⋯⋯⋯⋯⋯⋯ 144
ゴルフ場企業グループ＆系列　ゴルフ特信資料集　2016年 ⋯⋯⋯⋯⋯⋯⋯ 145
ゴルフ場企業決算年鑑　平成4年版 ⋯ 150
ゴルフ場企業決算年鑑　平成6年版 ⋯ 150
ゴルフ場企業決算年鑑　平成11年版 ⋯ 150
ゴルフ場企業決算年鑑　平成13年版 ⋯ 150
ゴルフ場企業決算年鑑　平成15年版 ⋯ 151
ゴルフ場企業決算年鑑　平成19年版 ⋯ 151
ゴルフ場企業決算年鑑　平成21年版 ⋯ 151
ゴルフ場企業決算年鑑　平成23年版 ⋯ 151
ゴルフ場企業決算年鑑　平成25年版 ⋯ 151
ゴルフ場企業決算年鑑　平成27年版 ⋯ 151
ゴルフ場の法律に強くなる! 打球事故か

ら個人情報保護まで分かりやすくケーススタディ ………………………… 150
ゴルフなんでも大百科 ………………… 145
ゴルフなんでも電話帳 ラウンド・練習からショッピングまで…利用目的で引く 1990 ……………………………… 145
ゴルフなんでも電話帳 '92 …………… 145
ゴルフなんでも電話帳 ラウンド・練習からショッピングまで利用目的で引く 1993 ……………………………… 145
ゴルフなんでも電話帳 1994 ………… 145
ゴルフなんでも電話帳 '95-96 ……… 145
ゴルフなんでも電話帳 1997／1998年版 ………………………………… 145
ゴルフ用語小辞典 ……………………… 142
ゴルフ用語ハンドブック ……………… 142
ゴルフルール イラストレーテッド 1992 ……………………………… 145
ゴルフルール教本 改訂版 …………… 145
ゴルフルール教本 全訂新版 ………… 146
ゴルフルール教本 新・改訂版 ……… 146
ゴルフルール教本 2000年・大改訂版 … 146
ゴルフルール事典 最新版, 〔改訂版〕… 141
ゴルフルール早わかり集 2008-2009 … 146
ゴルフルール早わかり集 2010-2011 … 146
ゴルフルール早わかり集 2012-2013 … 146
ゴルフルール早わかり集 2014-2015 … 146
ゴルフルール早わかり集 2016-2017 … 147
ゴルフルールハンドブック 最新 228例＋イラスト解説でよくわかる！使いやすい!!〔2016〕 ……………………… 147
これが世界標準！実用ゴルフ英単語ブック ……………………………… 142
コンサドーレ札幌オフィシャル・ガイドブック 1997 …………………… 79
コンサドーレ札幌オフィシャル・ガイドブック 2004 …………………… 79
コンサドーレ札幌オフィシャル・ガイドブック 2005 …………………… 79
コンサドーレ札幌オフィシャル・ガイドブック 2006 …………………… 79
コンサドーレ札幌オフィシャル・ガイドブック 2007 …………………… 79
コンサドーレ札幌オフィシャル・ガイドブック 2008 …………………… 79
コンサドーレ札幌オフィシャル・ガイドブック 2009 …………………… 79
コンサドーレ札幌オフィシャル・ガイドブック 2010 …………………… 79
コンサドーレ札幌オフィシャル・ガイドブック 2011 …………………… 80
コンサドーレ札幌オフィシャル・ガイドブック 2012 …………………… 80
コンサドーレ札幌オフィシャル・ガイドブック 2013 …………………… 80
コンサドーレ札幌オフィシャル・ガイドブック 2014 …………………… 80
コンサドーレ札幌オフィシャル・ガイドブック 2015 …………………… 80
こんなに違う日米野球用語小事典 …… 100

【さ】

災害共済給付ハンドブック 児童生徒等の学校の管理下の災害のために ……… 34
サイクルペディア自転車事典 ………… 193
最新MLB情報 ベースボール英和辞典 … 133
最新 学校体育経営ハンドブック 体育の実務と運営 …………………… 34
最新 ゴルフルール事典 改訂版 ……… 141
最新ゴルフルール事典 2000年規則改訂版 ………………………………… 141
最新ゴルフルールハンドブック〔2004〕 ……………………………… 147
最新ゴルフルールハンドブック〔2008〕 ……………………………… 147
最新ゴルフルールハンドブック〔2012〕 ……………………………… 147
最新 サッカー百科大事典 ……………… 58
最新サッカー用語大辞典 世界の戦術・理論がわかる！ ……………………… 59
最新JGAゴルフルールハンドブック … 147
最新情報アトラス ワールドカップ2002 スタジアム ………………………… 61
最新スポーツ医科学ハンドブック スポーツの効果とリスク …………… 223
最新スポーツ科学事典 ………………… 220
最新スポーツ東洋医学事典 家庭で使える ………………………………… 222
最新スポーツルール百科 '98 ………… 16
最新スポーツルール百科 '99 ………… 16
最新スポーツルール百科 2000 ……… 16
最新スポーツルール百科 2001 ……… 17
最新スポーツルール百科 2002 ……… 17
最新スポーツルール百科 2003 ……… 17
最新スポーツルール百科 2004 ……… 17
最新スポーツルール百科 2005 ……… 17
最新スポーツルール百科 2006 ……… 17
最新スポーツルール百科 2007 ……… 17
最新スポーツルール百科 2008 ……… 17
最新スポーツルール百科 2009 ……… 18

最新スポーツルール百科 2010 18
最新スポーツルール百科 2012 18
最新スポーツルール百科 2013 18
最新世界スポーツ人名事典 2
最新 ソフトバレー・ハンドブック 56
最新 ソフトバレー・ハンドブック 改訂版 56
最新ダイビング用語事典 安全管理、活動の実例から医学、教育情報まで 204
最新ダンス用語大全 199
最新ダンス用語大全 増補改訂新装版 200
最新版 関西ゴルフ場ガイドマップ '92 .. 147
最新版 競馬騎手データ 当たり馬券は騎手で買え! 成績・技術・性格の分析結果が教える秘密の情報源 213
最新版ゴルフルール事典 141
最新版 スポーツ用語 14
最新版 テーピング・ハンディマニュアル 223
最新版 プロレス名鑑 177
最新版 ワールドサッカーすごいヤツ全集 90
最新野球場大事典 100
最先端＆定番! フィッシングノット事典 あらゆるフィッシングステージで使える実践ノット58種 214
埼玉高校野球グラフ 2015 Vol40 132
埼玉高校野球グラフ 2016 132
財団法人日本サッカー協会 75年史 ありがとう。そして未来へ 63
魚大全 FISH&FISHING 218
ザ・スーパースイマーズ '92 157
THE TUBE FLY 215
サッカー足ワザ大事典 毎日フェイント!200テクニック 58
サッカー＆フットサル競技規則 2000／2001 63
サッカー＆フットサル競技規則 2001／2002 63
サッカー＆フットサル競技規則 2002／2003 63
サッカーを愛する人のドイツ語 88
サッカー欧州選手権半世紀選手名鑑 Euro 2008-1960 90
サッカー監督図鑑 オールカラー!世界と日本の現役サッカー監督176人のすべて 90
サッカー競技規則 1998／99 64
サッカー競技規則 1999／2000 64
サッカー競技規則 2003／2004 64
サッカー競技規則 2004／2005 64
サッカー競技規則 2005／2006 64
サッカー競技規則 2007／2008 64
サッカー競技規則 2008／2009 65
サッカー競技規則 2009／2010 65
サッカー競技規則 2010／2011 65
サッカー競技規則 2012／2013 65
サッカー競技規則 2011／2012 65
サッカー競技規則 2012／2013 65
サッカー競技規則 2013／2014 65
サッカー競技規則 2014／2015 65
サッカー競技規則 2015／2016 65
サッカーくじtotoハンディデータブック 2001 J1 ＆ J2 前半戦 70
サッカー大百科 プレーヤー＆クラブ編 .. 88
サッカー大百科 世界サッカー編〔歴史、大会、FIFA加盟国〕 88
サッカーTV観戦入門 カウチサポーター・ハンドブック 59
サッカー7カ国語辞典 59
サッカー日本代表世界への挑戦 1936-2002 70
サッカーパーフェクト図鑑 60
サッカー・ハンドブック '91-'92 59
サッカー・ハンドブック '93 59
サッカー・ハンドブック '93 ワールドカップ・スペシャル 59
サッカー・ハンドブック '94 60
サッカー布陣図鑑 オールカラー!観戦力を鍛える41のフォーメーション 60
サッカーマルチ大事典 58
サッカーマルチ大事典 改訂版 58
The Baseball Hall of Fame & Museum 人で振り返る野球ハンドブック 2001 101
The Baseball Hall of Fame & Museum 人で振り返る野球ハンドブック 2002 101
ザ・ワールドラグビー 95
「山岳」総合索引 1906-1990 189
山岳年鑑 '90 189
山岳年鑑 '91 189
山岳年鑑 '92 189
山岳年鑑 '93 189
山岳年鑑 '94 189
山岳年鑑 '95 189
山書散策 埋もれた山の名著を発掘する .. 184
サンヨーオールスターゲーム 1997 115
サンヨーオールスターゲーム 2002 115
サンヨーオールスターゲーム 2004 115
サンヨーオールスターゲームオフィシャルプログラム 1990 115

さんよ　　　　　　　　　書名索引

サンヨーオールスターゲームオフィシャルプログラム 1991 …………………… 115
サンヨーオールスターゲームオフィシャルプログラム 1992 …………………… 116
サンヨーオールスターゲームオフィシャルプログラム 1993 …………………… 116
サンヨーオールスターゲームオフィシャルプログラム 1994 …………………… 116
サンヨーオールスターゲームオフィシャルプログラム 1995 …………………… 116
サンヨーオールスターゲーム公式プログラム 1996 …………………………… 116
サンヨーオールスターゲーム公式プログラム 1997 …………………………… 116
サンヨーオールスターゲーム公式プログラム 1998 …………………………… 116
サンヨーオールスターゲーム公式プログラム 2000 …………………………… 116
サンヨーオールスターゲーム公式プログラム 2001 …………………………… 116
サンヨーオールスターゲーム公式プログラム 2002 …………………………… 116

【し】

JOAオリンピック小事典 ……………… 47
J2白書　永久保存版 2010 …………… 80
J2白書　2011 ………………………… 80
J2白書　2012 ………………………… 80
J2白書　2013 永久保存版 …………… 80
J2白書　2014／2015 永久保存版 ……… 81
JBLスーパーリーグ2001-2002 第35回バスケットボール日本リーグ公式プログラム ……………………………………… 54
JBLスーパーリーグ2002-2003 第36回バスケットボール日本リーグオフィシャルプログラム ………………………… 54
JBLスーパーリーグ2003-2004 第37回バスケットボール日本リーグオフィシャルプログラム ………………………… 54
JBLスーパーリーグ2004-2005 第38回バスケットボール日本リーグオフィシャルプログラム ………………………… 54
JBLスーパーリーグ2005-2006 第39回バスケットボール日本リーグオフィシャルプログラム ………………………… 54
JBLスーパーリーグ2006-2007 第40回バスケットボール日本リーグオフィシャルプログラム ………………………… 55
Jリーガー白書 2002 …………………… 67

J.LEAGUE YEARBOOK Jリーグ公式記録集 1999 ……………………………… 81
J.LEAGUE YEARBOOK Jリーグ公式記録集 2000 ……………………………… 81
J.LEAGUE YEARBOOK Jリーグ公式記録集 2001 ……………………………… 81
J.LEAGUE YEARBOOK Jリーグ公式記録集 2002 ……………………………… 81
J.LEAGUE YEARBOOK Jリーグ公式記録集 2003 ……………………………… 81
J.LEAGUE YEARBOOK Jリーグ公式記録集 2004 ……………………………… 81
J.LEAGUE YEARBOOK Jリーグ公式記録集 2005 ……………………………… 82
J.LEAGUE YEARBOOK Jリーグ公式記録集 2006 ……………………………… 82
J.LEAGUE YEARBOOK Jリーグ公式記録集 2007 ……………………………… 82
J.LEAGUE YEARBOOK Jリーグ公式記録集 2011 ……………………………… 82
J.LEAGUE YEARBOOK Jリーグ公式記録集 2012 ……………………………… 82
J.LEAGUE YEARBOOK Jリーグ公式記録集 2013 ……………………………… 82
J.LEAGUE YEARBOOK Jリーグ公式記録集 2014 ……………………………… 82
J.LEAGUE YEARBOOK Jリーグ公式記録集 2015 ……………………………… 82
Jリーグオフィシャル・ファンズ・ガイド　スタジアムへ行こう! 1999 ……… 70
Jリーグオフィシャル・ファンズ・ガイド　スタジアムへ行こう! 2000 ……… 70
J.League official fans' guide Here we go! スタジアムへ行こう 2001 ……… 70
Jリーグオフィシャルファンズガイド 2002 ……………………………………… 70
J.LEAGUE OFFICIAL FANS' GUIDE 2003 ………………………………… 71
J.LEAGUE OFFICIAL FANS' GUIDE 2004 ………………………………… 71
J.LEAGUE OFFICIAL FANS' GUIDE 2005 ………………………………… 71
J・リーグオフィシャルファンズガイド 2006 ……………………………………… 71
J.LEAGUE OFFICIAL FANS' GUIDE 2007 ………………………………… 71
Jリーグ観戦ガイドブック 10倍たのしめる ………………………………………… 71
Jリーグ観戦大事典 …………………… 66
J.League Kanzen Databook 2002 …… 72
Jリーグ全40クラブ選手名鑑 2012 ……… 67
Jリーグ全40クラブ選手名鑑 2013 ……… 67

250　スポーツ・運動科学レファレンスブック

Jリーグ大事典	66
Jリーグ大事典 1994-1995	66
Jリーグ・プロサッカー選手写真名鑑 '93	67
ジェフユナイテッド オフィシャル・イヤーブック 1995	82
ジェフユナイテッド市原 オフィシャルイヤーブック 1996	82
ジェフユナイテッド市原 オフィシャルイヤーブック 1997	82
The official baseball encyclopedia 1936-1990	105
The official baseball encyclopedia 日本プロ野球記録大百科 1998	105
事故に遭いたくない人のためのダイビング生き残りハンドブック	205
JISハンドブック リハビリテーション関連機器 66	230
JISハンドブック 38	230
実戦・観戦 スポーツ辞典	1
実戦騎手データブック '05	213
実戦的最新・騎手DATA BOOK	213
実践ヨット用語ハンドブック	159
実用登山用語データブック	185
実例図解すぐわかる！野球のルール＆スコアのつけ方早見事典	100
自転車ツーリングハンドブック	194
自転車用語の基礎知識	194
SYDNEY2000サッカー五輪代表 サポートガイドブック	72
CPX・運動療法ハンドブック 心臓リハビリテーションのリアルワールド	227
CPX・運動療法ハンドブック 心臓リハビリテーションのリアルワールド 改訂2版	227
CPX・運動療法ハンドブック 心臓リハビリテーションのリアルワールド 改訂3版	227
社会人野球クラブチーム データ・ガイドブック	104
社会生活基本調査報告 平成3年 第9巻（地域 生活行動編 2）	28
社会生活基本調査報告 平成8年 第4巻（地域 生活行動（余暇活動）編）	28
社会生活基本調査報告 平成8年 第4巻（地域 生活行動編）	28
社会生活基本調査報告 平成8年 第6巻	28
社会生活基本調査報告 平成13年 第4巻（地域生活行動編）その2	28
写真で見るオリンピック大百科 別巻	48
写真でみる世界の舞踊 「知」のビジュアル百科〈42〉	199
写真とデータで見る大相撲ミニ事典	167
ジャパンゴルフツアーオフィシャルガイド 2010	151
ジャパンゴルフツアーオフィシャルガイド 2011	151
ジャパンゴルフツアーオフィシャルガイド 2012	151
ジャパンゴルフツアーオフィシャルガイド 2013	151
ジャパンゴルフツアーオフィシャルガイド 2014	152
ジャパンゴルフツアーオフィシャルガイド 2015	152
ジャパンゴルフツアーオフィシャルガイド 2016	152
ジャパンゴルフツアーオフィシャルガイドブック 2000	152
ジャパンゴルフツアーオフィシャルガイドブック 2002	152
ジャパンゴルフツアーオフィシャルガイドブック 2003	152
ジャパンゴルフツアーオフィシャルガイドブック 2004	152
ジャパンゴルフツアーオフィシャルガイドブック 2005	152
ジャパンゴルフツアーオフィシャルガイドブック 2006	152
ジャパンゴルフツアーオフィシャルガイドブック 2007	153
ジャパンゴルフツアーオフィシャルガイドブック 2008	153
ジャパンゴルフツアーオフィシャルガイドブック 2009	153
ジャパンゴルフツアーオフィシャルガイドブック 2010	153
集会・行事・運動会のための体育あそび大事典	32
柔道大事典	162
柔道名鑑	162
柔道 技の大百科 1	162
柔道 技の大百科 2	162
柔道 技の大百科 3	162
SHOOTERS JAPAN 銃砲年鑑 '90～'91	166
SHOOTERS JAPAN 銃砲年鑑 '02～'03	166
SHOOTERS JAPAN 銃砲年鑑 '06～'07	166
SHOOTERS JAPAN 銃砲年鑑 '10～'11	166
首都圏フィットネスガイド 健康がいちばん、キレイがいちばん	204

ジュニアアスリートをサポートするスポーツ医科学ガイドブック …………	223
ジュビロ磐田サポーターズマガジン Vol. 38 …………………………………	83
ジュビロ磐田 年鑑 1996年 …………	83
障害者教育福祉リハビリテーション目次総覧 続 第4巻 …………………	231
生涯スポーツのさまざま 介護福祉ハンドブック ………………………………	27
障害とリハビリテーション大事典 ………	230
小学校新体育科授業の基本用語辞典 …	32
小学校体育運動・用語活用事典 ………	32
詳細図鑑 さかなの見分け方 ……………	218
少年サッカー年鑑 '90 ……………………	66
諸外国から学ぶスポーツ基本法 日本が目指すスポーツ政策 ………………	21
史料集成江戸時代相撲名鑑 ……………	176
新アメリカンプロレス大事典 WWE用語のウラ知識! ………………………	176
新学習指導要領ハンドブック これからの授業に役立つ 2008（平成20）年3月告示 中学校 保健体育 ……………	34
新さかな大図鑑 釣魚 カラー大全 ………	218
SHINZANSHAスポーツ六法 2013 ……	22
新トレーニング用語辞典 改訂版 ………	233
新・日本人の体力標準値 2000 …………	235
新・日本人の体力標準値 2 ……………	235
新版 スポーツ施設BOOK 京都・大阪・兵庫・滋賀・奈良・和歌山 …………	38
新聞紙面でみる猛虎の挑戦 阪神タイガースの歩み チーム誕生昭和10年から平成14年星野阪神開幕奪首まで阪神タイガースの栄光と挫折の歴史 …………	116
新・山の本おすすめ50選 ………………	184
新 ワールドサッカーすごいヤツ全集 ……	90

【す】

スイミング年鑑 2001 ………………………	158
スイミング年鑑 2002 ………………………	158
スイミング年鑑 2003 ………………………	158
スイミング年鑑 2004 ………………………	158
スイミング年鑑 2005 ………………………	159
図解 応急手当ハンドブック アウトドアレスキュー 家庭 ………………………	191
図解スポーツ大百科 ………………………	3
図解 スポーツルール大事典 第3訂版 …	15
図解体育授業 高学年 ……………………	34
図解体育授業 中学年 ……………………	34
図解体育授業 低学年 ……………………	34
図解平成大相撲決まり手大事典 ………	167
図解リハビリテーション事典 ……………	228
杉山茂樹の史上最大サッカーランキング …………………………………………	60
すぐに役立つフォークダンスハンドブック …………………………………………	200
すぐに役立つ野外活動ハンドブック ……	191
すぐ役立つ 記念日の山に登ろう 日付と標高が一致する山へ …………………	186
図説 剣技・剣術 …………………………	164
図説 剣技・剣術 2 ………………………	164
図説 ダンスの解剖・運動学大事典 テクニックの上達と損傷予防のための基礎とエクササイズ ………………………	198
図説・日本武道辞典 普及版 ……………	160
図説 武術事典 ……………………………	161
ストーマ・排泄リハビリテーション学用語集 第3版 …………………………	229
ストーマリハビリテーション学用語集 …	229
ストーマリハビリテーション学用語集 第2版 ……………………………………	229
スポーツ医学研修ハンドブック 基本科目 …………………………………………	224
スポーツ医学研修ハンドブック 応用科目 …………………………………………	224
スポーツ医学研修ハンドブック 応用科目 第2版 ………………………………	224
スポーツ医学事典 …………………………	222
スポーツ外傷・障害ハンドブック 発生要因と予防戦略 ………………………	224
スポーツ科学辞典 日独英仏対照 ………	220
スポーツカードチェックリスト 1999 ……	18
スポーツガバナンス実践ガイドブック 基礎知識から構築のノウハウまで ………	44
スポーツからきた英語表現辞典 …………	14
スポーツ観戦ガイド ………………………	18
スポーツ関連資格ガイドブック '97 ………	19
スポーツ関連資格ベスト・ガイド よくばり資格情報源 取り方&活用法 ……	19
スポーツ基礎数理ハンドブック …………	221
スポーツ基本用語辞典 6版 ……………	14
スポーツ記録 オリンピックをはじめ全記録総覧 栄光と挑戦の記録 …………	44
スポーツ記録 オリンピックをはじめ全記録総覧 92年版 ……………………	44
スポーツクラブ白書 2000 ………………	28
スポーツサイクルカタログ 2003 ロードバイク編 …………………………………	195
スポーツサイクルカタログ 2004 ロードバイク編 …………………………………	195

書名	頁
スポーツサイクルカタログ 2005 ロードバイク編	195
スポーツサイクルカタログ 2006 ロードバイク編	195
スポーツサイクルカタログ 2007 ロードバイク編	195
スポーツサイクルカタログ 2008 ロードバイク&シングルスピード車編	195
スポーツサイクルカタログ 2009 ロードバイク／シングルスピード車／ツーリング車編	195
スポーツサイクルカタログ 2010 ロードバイク・シングルスピードバイク・ツーリングバイク編	195
スポーツサイクルカタログ 2011 ロードバイク／シングルスピードバイク／ツーリングバイク編	195
スポーツサイクルカタログ 2013ロードバイクトライアスロン&TTバイクシクロクロスバイク編	195
スポーツ・ジェンダーデータブック 2010	27
スポーツ事故ハンドブック	21
スポーツ施設book 京都・大阪・兵庫・滋賀・奈良・和歌山 新版	38
スポーツ施設BOOK 関西版	38
スポーツ施設BOOK 関西版 大阪・兵庫・京都・滋賀・奈良・和歌山	38
スポーツ施設book 関西版 改訂版	38
スポーツ辞典	2
スポーツ指導・実務ハンドブック	19
スポーツ指導・実務ハンドブック 法、政策、行政、文化 第2版	19
スポーツ指導・実務ハンドブック 法、政策、行政、文化 第2版ダイジェスト版	19
スポーツ指導者のためのスポーツと法	20
スポーツ鍼灸ハンドブック 経絡テストの実際とその応用	224
スポーツ鍼灸ハンドブック M-Testによる経絡運動学的アプローチ 第2版	225
スポーツ人名事典	2
スポーツ人名事典 増補改訂版	2
スポーツ人名事典 新訂第3版	3
スポーツ心理学事典	226
スポーツ心理学大事典	226
スポーツ心理学ハンドブック	227
スポーツ推進委員ハンドブック 生涯スポーツのコーディネーター	27
スポーツ生活圏構想 スポーツ豊かさ度都道府県ランキング コミュニティ再構築のカギとしてのスポーツ	28
スポーツ選手の栄養&メニューハンドブック	233
スポーツ大図鑑	4
スポーツ仲裁・調停 日本スポーツ法学会年報 第15号	25
スポーツツーリズム・ハンドブック	37
スポーツ東洋療法ハンドブック	225
スポーツと人権 日本スポーツ法学会年報 第16号	25
スポーツなんでもくらべる図鑑 1	4
スポーツなんでもくらべる図鑑 2	4
スポーツなんでもくらべる図鑑 3	4
スポーツなんでも事典 学校スポーツ	35
スポーツなんでも事典 ゴルフ	147
スポーツなんでも事典 サッカー	60
スポーツなんでも事典 柔道	162
スポーツなんでも事典 水泳	158
スポーツなんでも事典 スキー・スケート	155
スポーツなんでも事典 体操	48
スポーツなんでも事典 卓球	99
スポーツなんでも事典 ダンス	199
スポーツなんでも事典 テニス	99
スポーツなんでも事典 バスケットボール	53
スポーツなんでも事典 バドミントン	99
スポーツなんでも事典 バレーボール	56
スポーツなんでも事典 武道	161
スポーツなんでも事典 野球	101
スポーツなんでも事典 陸上競技	49
スポーツにおける契約の諸問題	25
スポーツにおける第三者委員会の現状と課題 日本スポーツ法学会年報 第21号（2014）	25
スポーツにおける紛争と事故	25
スポーツにおける法の下の平等 日本スポーツ法学会年報 第13号	25
スポーツ日本地図 1	44
スポーツ日本地図 2	44
スポーツ日本地図 3	44
スポーツ年鑑 1（1954年版）	13
スポーツ年鑑 2（1955年版）	13
スポーツ年鑑 3（1956年版）	13
スポーツ年鑑 4（1957年版）	13
スポーツ年鑑 5（1958年版）	13
スポーツ年鑑 6（1959年版）	13
スポーツ年鑑 7（1960年版）	13
スポーツ年鑑 8（1961年版）	13
スポーツ年鑑 9（1962年版）	13
スポーツ年鑑 10（1963年版）	13

スポーツ年鑑 11（1964年版） ………… 13
スポーツ年鑑 12（1965年版） ………… 13
スポーツ年鑑 13（1966年版） ………… 14
スポーツ年鑑 14（1967年版） ………… 14
スポーツ年鑑 2008 ……………………… 5
スポーツ年鑑 2009 ……………………… 5
スポーツ年鑑 2010 ……………………… 5
スポーツ年鑑 2011 ……………………… 5
スポーツ年鑑 2012 ……………………… 5
スポーツ年鑑 2013 ……………………… 5
スポーツ年鑑 2014 ……………………… 6
スポーツ年鑑 2015 ……………………… 6
スポーツ年鑑 2016 ……………………… 6
スポーツの権利性と文化性 ……………… 25
スポーツの資格オールガイド '99 ……… 19
スポーツの資格オールガイド 2000年度版 ……………………………………… 19
スポーツの本全情報 45／91 …………… 1
スポーツの本全情報 92／97 …………… 1
スポーツの本全情報 1998-2002 ………… 1
スポーツの本全情報 2003-2008 ………… 1
スポーツ白書 2001年のスポーツ・フォア・オールに向けて ………………… 6
スポーツ白書 2010 ……………………… 7
スポーツ白書 スポーツの新たな価値の発見 …………………………………… 7
スポーツ白書〔2011年〕………………… 7
スポーツ白書 2014 ……………………… 7
スポーツBiz.ガイドブック '07-'08 …… 37
スポーツ・ボランティア・データブック ……………………………………… 36
スポーツマウスガードハンドブック …… 225
スポーツまるかじり事典 テレビで見るスポーツが断然面白くなる！ ………… 18
スポーツマンのための膝障害ハンドブック ……………………………………… 225
すぐわかるスポーツ用語辞典 …………… 14
スポーツ用語辞典〔笠倉出版社〕……… 14
スポーツ用語辞典 2007年度改訂版〔笠倉出版社〕………………………………… 14
スポーツ用語辞典〔三修社〕…………… 14
スポーツ用語辞典 改訂版〔三修社〕…… 14
スポーツライフ・データ スポーツライフに関する調査報告書 1996 ………… 29
スポーツライフ・データ スポーツライフに関する調査報告書 1998 ………… 29
スポーツライフ・データ スポーツライフに関する調査報告書 2000 ………… 29
スポーツライフ・データ スポーツライフに関する調査報告書 2002 ………… 29
スポーツライフ・データ スポーツライフに関する調査報告書 2004 ………… 29
スポーツライフ・データ スポーツライフに関する調査報告書 2006 ………… 29
スポーツライフ・データ スポーツライフに関する調査報告書 2008 ………… 30
スポーツライフ・データ スポーツライフに関する調査報告書 2010 ………… 30
スポーツライフ・データ スポーツライフに関する調査報告書 2012 ………… 30
スポーツライフ・データ スポーツライフに関する調査報告書 2014 ………… 30
スポーツライフ・データ スポーツライフに関する調査報告書 2016 ………… 30
スポーツライフ白書 する・観る・視る・読む・支える・話す ……………… 28
スポーツ六法 平成3年版 ……………… 22
スポーツ六法 平成4年版 ……………… 22
スポーツ六法 平成5年版 ……………… 22
スポーツ六法 平成6年版 ……………… 22
スポーツ六法 平成7年版 ……………… 22
スポーツ六法 平成8年版 ……………… 22
スポーツ六法 平成9年版 ……………… 22
スポーツ六法 平成10年度 ……………… 22
スポーツ六法 平成11年度 ……………… 22
スポーツ六法 2000 ……………………… 22
スポーツ六法 2002 ……………………… 22
スポーツ六法 2003 ……………………… 22
スポーツ六法 2005 ……………………… 22
スポーツ六法 2006 ……………………… 23
スポーツ六法 2007 ……………………… 23
スポーツ六法 2008 ……………………… 23
スポーツ六法 2009 ……………………… 23
スポーツ六法 2010 ……………………… 23
スポーツ六法 2011 ……………………… 23
スポーツ六法 2012 ……………………… 23
スポーツ六法 2014 ……………………… 23
スポニチJリーグ選手名鑑 '93 改訂版 …… 67
スポニチJリーグ選手名鑑 '94 ………… 67
スポニチJリーグ選手名鑑 2003 ………… 67
スポニチプロ野球手帳 '91 ……………… 116
スポニチプロ野球手帳 選手ガイド 1992 …………………………………… 116
スポニチプロ野球手帳 選手ガイド '95 …… 116
スポニチプロ野球手帳 '97 ……………… 116
相撲面白事典 …………………………… 168
相撲大事典 ……………………………… 168
相撲大事典 第2版 ……………………… 168
相撲大事典 第3版 ……………………… 168
相撲大事典 第4版 ……………………… 168

相撲ロマン大事典 ………………… 168

【せ】

世紀末的ゴルフ用語学 ……………… 142
整形外科看護ポケット事典 パッと引けてしっかり使える ………… 222
整形外科看護ポケット事典 パッと引けてしっかり使える 検査・ケアからリハビリまで1冊でわかる 第2版 ……… 222
青少年のスポーツライフ・データ 10代のスポーツライフに関する調査報告書 2002 …………………… 30
青少年のスポーツライフ・データ 10代のスポーツライフに関する調査報告書 2006 …………………… 30
青少年のスポーツライフ・データ 10代のスポーツライフに関する調査報告書 2010 …………………… 30
青少年のスポーツライフ・データ 10代のスポーツライフに関する調査報告書 2012 …………………… 31
青少年のスポーツライフ・データ 10代のスポーツライフに関する調査報告書 2013 …………………… 31
青少年のスポーツライフ・データ 10代のスポーツライフに関する調査報告書 2015 …………………… 31
世界スポーツ人名事典 ………………… 3
世界73カ国代表サッカー解体新書 1978～2005 ……………………… 93
世界ラリー年鑑 1989-90 …………… 211
絶景!!富士山と花を眺める百名山 中高年のための登山術 ………………… 186
絶対にわかる イラスト野球ルール ジム・エバンスのダイアモンド・チャレンジ ………………………… 101
セリエAパーフェクトガイド! 2002-2003 ………………………… 93
セリエAパーフェクトガイド! 2003-2004 ………………………… 94
セリエAハンドブック '95-'96 …… 94
全国ゴルフ会員権相場 '93-'94年鑑 … 153
全国ゴルフ会員権相場 '94-'95年鑑 … 153
全国ゴルフ会員権相場 '95-'96年鑑 … 153
全国ゴルフ会員権相場年鑑 1990年度 … 153
全国ゴルフ会員権相場年鑑 '91 …… 153
全国ゴルフ会員権相場年鑑 '92 …… 153
全国諸藩剣豪人名事典 ……………… 164
全国スポーツ施設計画総覧 全国の官・民のスポーツ施設整備計画1020件を網羅 1995年版 ………………… 38
全国スポーツ施設計画総覧 1996年度版 …………………………… 38
全国スポーツ施設計画総覧 1999年度版 …………………………… 38
全国スポーツ施設名鑑 '93 …………… 38
全国フィットネスクラブ名鑑 2001 …… 204
全国フィットネスクラブ名鑑 2003 …… 204
全国フィットネスクラブ名鑑 2005 …… 204
全国フィットネスクラブ名鑑 就職活動資料 2007 ………………… 204
全国フィットネスクラブ名鑑 就職活動資料 2008 ………………… 204
全国リハビリテーション病院ガイド … 231
戦後体育基本資料集 16-30 ………… 31
全世界サッカー完全読本 世界114カ国のフットボール事情をナビゲート …… 94
全世界サッカークラブ選手名鑑 Koly選手名鑑Maniax〈1〉 2006／07冬 …… 90
ぜんぶわかる動作・運動別筋肉・関節のしくみ事典 リアルな部位別解剖図で詳細解説 ………………… 220

【そ】

総合ガイドブック 第29回全国身体障害者スポーツ大会 躍動のうずしお大会 …… 36

【た】

体育訓練→科学的強化メニューのすべててんこ盛り事典 私たちの授業でオリンピック選手をめざそう! ……… 32
体育資料事典 1 第1巻 ……………… 31
体育資料事典 1 第2巻 ……………… 31
体育資料事典 1 第3巻 ……………… 31
体育・スポーツ指導実務必携 平成2年版 …………………………… 35
体育・スポーツ指導実務必携 平成3年版 …………………………… 35
体育・スポーツ指導実務必携 平成4年版 …………………………… 35
体育・スポーツ指導実務必携 平成15年版 …………………………… 35
大学駅伝記録事典 箱根・出雲・伊勢路 … 53
第93回全国高校野球選手権埼玉大会 高

校野球グラフ 2011 Vol36 ……… 132
第30回全国身体障害者スポーツ大会 …… 37
第35回全国身体障害者スポーツ大会「ハートフルくまもと大会」報告書・写真集 …………………………………… 37
第37回鹿児島県身体障害者スポーツ大会プログラム ………………………… 37
第34回全国身体障害者スポーツ大会「かながわ・ゆめ大会」報告書 パーフェクト版 …………………………… 37
第7次新版 業種別貸出審査事典 第3巻 …… 40
第7次新版 業種別貸出審査事典 第7巻 …… 40
第11次業種別審査事典 第9巻 ……… 40
第12次業種別審査事典 第9巻 ……… 40
体操競技・新体操観戦ガイドブック 2004 ………………………………… 49
体操競技六ヶ国語用語辞典 ………… 48
第25回全国身体障害者スポーツ大会 はまなす大会 ……………………… 37
第85回全国高校野球選手権神奈川大会 高校野球神奈川グラフ 2003 ……… 132
ダイビングポイントマップ No.2 〔保存版〕………………………………… 205
ダイビングポイントマップ No.2 ……… 205
ダイビングポイントマップ No.3 ……… 205
ダイビングポイントマップ No.1 〔保存版〕………………………………… 205
ダイビングポイントマップ No.4 ……… 205
大リーグ・スカウティングノート 2000 …… 133
大リーグ選手名鑑 エキサイティング・ベースボール!! '90 …………… 134
大リーグ選手名鑑 エキサイティング・ベースボール! '91 ……………… 134
大リーグ選手名鑑 エキサイテイングベースボール!! '92 …………… 134
大リーグ選手名鑑 エキサイティング・ベースボール!! '93 …………… 134
大リーグ早わかり野球用語英和・和英小辞典 ………………………………… 133
体力をはぐくむチビッ子のあそびHAND BOOK 1 ……………………………… 234
体力をはぐくむチビッ子のあそびHAND BOOK 2 ……………………………… 234
体力をはぐくむチビッ子のあそびHAND BOOK 3 ……………………………… 234
体力をはぐくむチビッ子のあそびHAND BOOK 4 ……………………………… 234
体力をはぐくむチビッ子のあそびHAND BOOK 5 ……………………………… 234
体力をはぐくむチビッ子のあそびHAND BOOK 6 ……………………………… 235
竹内真治の魚探反応丸わかり図鑑 ポケット判 …………………………………… 218
卓球まるごと用語事典 知っておきたい卓球ワード600 ……………………… 99
www.US-RACING.net Vol.5 ……… 207
多摩川すいすい自転車旅マップ 河口から源流まで多摩川のすべてを知り尽くす旅 改訂版 …………………… 194
男子プロゴルフ ツアーガイドブック 選手名鑑公式記録集 保存版 1995 …… 142
男子プロゴルフツアーガイドブック 保存版 選手名鑑・公式記録集 1996 … 142
ダンス・ハンドブック ……………… 199
ダンス・ハンドブック 改訂新版 …… 199
ダンス部ハンドブック 基礎編 ……… 199

【ち】

地域スポーツクラブ指導者ハンドブック ………………………………………… 20
地域リハビリテーションの理論と実践 … 231
地域リハビリテーション白書 '93 …… 232
地域リハビリテーション白書 2 ……… 232
地域リハビリテーション白書 3 ……… 232
知的レジャー・スポーツ情報源 休日を有効に活かすガイドブック …… 182
中央競馬 騎手全鑑 ………………… 212
中央競馬騎手万馬券データBOOK 馬単・3連複対応 ……………………… 213
中央大学における体力診断テスト 20年間の推移 …………………………… 235
中学校新保健体育科授業の基本用語辞典 ………………………………………… 33
中高年登山トラブル防止小事典 …… 184
中高年の運動実践ハンドブック 指導者のための基礎知識 ………………… 20
中国太極拳事典 ……………………… 163
中国地域経済白書 2013 ……………… 20
中日ドラゴンズファンブック '93 …… 117
中日ドラゴンズファンブック '95 …… 117
釣魚・つり方図鑑 …………………… 218

【つ】

釣り魚図典 …………………………… 218
釣り仕掛け事典 川づり・海づり …… 214
釣り大事典 …………………………… 214

| 釣りの仕掛け大百科 絶対釣れる139種の仕掛けを完全ガイド 上巻 ……… 216
| 釣りの仕掛け大百科 川・湖沼で使う全88種の仕掛け作り 下巻 ……… 216

【て】

DECADE 柏レイソル10年史 KASHIWA Reysol Official History 1995-2004 …………………… 72
堤防さかな別釣り図鑑 ちょいっと検索パッとわかる 31魚種60通りの釣り方 …… 218
堤防さかな別釣り図鑑 ちょいっと検索パッとわかる! 34魚種65通りの釣り方 改訂版 ……………………… 218
ティーボール・オフィシャルガイド&ルールブック ……………………… 140
データから21世紀を読む ゴルフ場統計データ集 2000→2010 …… 154
徹底図解! 誰でもよくわかるサッカー戦術、フォーメーション事典 ……… 58

【と】

ドイツワールドカップ観戦ガイド完全版 ……………………………… 61
東海自動車箱根登山バス BJハンドブックシリーズ〈R58〉 …………… 186
冬季オリンピック四カ国語辞典 日・ロ・英・独 ………………………… 48
動作法ハンドブック 初心者のための技法入門 ……………………… 221
動作法ハンドブック 基礎編 初心者のための技法入門 改訂版 ……… 222
動作法ハンドブック 応用編 行動問題、心の健康、スポーツへの技法適用 …… 222
東北楽天ゴールデンイーグルスオフィシャルガイドブック 2005 ……… 122
東北楽天ゴールデンイーグルス オフィシャルガイドブック 2006 ……… 122
東北楽天ゴールデンイーグルスオフィシャルガイドブック 2007 ……… 122
東北楽天ゴールデンイーグルスオフィシャルガイドブック 2008 ……… 122
東北楽天ゴールデンイーグルスオフィシャルガイドブック 2010 ……… 122
東北楽天ゴールデンイーグルスオフィシャルガイドブック 2011 ……… 122
東北楽天ゴールデンイーグルスオフィシャルガイドブック 2012 ……… 122
特定サービス産業実態調査報告書 平成20年 自動車賃貸業、スポーツ・娯楽用品賃貸業編 …………… 41
特定サービス産業実態調査報告書 平成21年 自動車賃貸業、スポーツ・娯楽用品賃貸業、その他の物品賃貸業編 … 41
特定サービス産業実態調査報告書 平成22年 自動車賃貸業、スポーツ・娯楽用品賃貸業、その他の物品賃貸業編 … 41
特定サービス産業実態調査報告書 平成25年 自動車賃貸業、スポーツ・娯楽用品賃貸業、その他の物品賃貸業編 … 41
特定サービス産業実態調査報告書 平成26年 自動車賃貸業、スポーツ・娯楽用品賃貸業、その他の物品賃貸業編 … 41
特定サービス産業実態調査報告書 平成20年 スポーツ・娯楽用品賃貸業編 … 41
特定サービス産業実態調査報告書 平成21年 自動車賃貸業、スポーツ・娯楽用品賃貸業、その他の物品賃貸業編 … 41
特定サービス産業実態調査報告書 平成22年 自動車賃貸業、スポーツ・娯楽用品賃貸業、その他の物品賃貸業編 … 41
特定サービス産業実態調査報告書 平成25年 自動車賃貸業、スポーツ・娯楽用品賃貸業、その他の物品賃貸業編 … 41
特定サービス産業実態調査報告書 平成26年 自動車賃貸業、スポーツ・娯楽用品賃貸業、その他の物品賃貸業編 … 42
特定サービス産業実態調査報告書 平成21年 スポーツ施設提供業編 …… 39
特定サービス産業実態調査報告書 平成22年 スポーツ施設提供業編 …… 39
特定サービス産業実態調査報告書 平成25年 スポーツ施設提供業編 …… 39
特定サービス産業実態調査報告書 平成26年 スポーツ施設提供業編 …… 39
特定サービス産業実態調査報告書 平成21年 スポーツ施設提供業編 …… 39
特定サービス産業実態調査報告書 平成22年 スポーツ施設提供業編 …… 39
特定サービス産業実態調査報告書 平成25年 スポーツ施設提供業編 …… 39
特定サービス産業実態調査報告書 平成26年 スポーツ施設提供業編 …… 39
徳光和夫の巨人軍スカウティングレポート 1999 ………………………… 107
どこでも役立つ ひもとロープの結び方テクニック …………………… 193
登山サバイバル・ハンドブック ……… 186

登山の医学ハンドブック	186
登山の医学ハンドブック 第2版	186
登山白書 2016	189
登山白書 2016 CD-ROM付き	190
図書館探検シリーズ 第18巻	1
トップウォーター大図鑑 完全保存版 2002	219
トラキチ用語辞典虎辞苑第一版	105
ドラゴンズファンブック '91	117
ドラゴンズファンブック 2003	117
ドラゴンズファンブック 2010	117
トレイルトリップガイドブック ファストパッキング入門	191
トレーニング科学ハンドブック 最新版	233
トレーニング用語辞典 Essential 2000 words for best training	233
トレーニング用語辞典 新訂版	233
ど忘れ らくらく健康法事典	27

【な】

長嶋茂雄大事典 完全版	105
長嶋茂雄大事典 20世紀完全版	105
中田英寿「超」事典	66
長野パラリンピック日本選手名鑑 1998	48
流れを釣るドライパターン108 2	216
名古屋グランパスエイトオフィシャルイヤーブック 2004	83
名古屋グランパスオフィシャルイヤーブック 2016	83

【に】

21世紀オリンピック豆事典 オリンピックを知ろう!	47
21世紀スポーツ大事典	2
2002年W杯 韓国へ行こう 観戦&旅行完全ガイド	61
2002ワールドカップガイド&マップ 日刊ゲンダイ特別版	61
2002 World Cup Perfect Guide Top 100 Players & 32 Teams	61
2006年ドラフト先取り!!アマ球界逸材名鑑 高校生、大学生、社会人150選手一挙紹介	102

ニッポン縦断プロレスラー列伝	177
200キーワードで観るバレエの魅惑	201
日本アマチュアスポーツ年鑑 1990	7
日本アマチュアスポーツ年鑑 1991	7
日本アマチュアスポーツ年鑑 1992	7
日本アマチュアスポーツ年鑑 1993	8
日本アマチュアスポーツ年鑑 1994	8
日本アマチュアスポーツ年鑑 1995	8
日本アマチュアスポーツ年鑑 1996	8
日本アマチュアスポーツ年鑑 1997	8
日本アマチュアスポーツ年鑑 1998	8
日本アマチュアスポーツ年鑑 1999	8
日本アマチュアスポーツ年鑑 2000	9
日本アマチュアスポーツ年鑑 2001	9
日本アマチュアスポーツ年鑑 2002	9
日本弓道史料 第1巻	165
日本弓道史料 第2巻	165
日本弓道史料 第3巻	165
日本弓道史料 第4巻	165
日本弓道史料 第5巻	165
日本弓道史料 第6巻	165
日本弓道史料 第7巻	165
日本弓道史料 第8巻	165
日本弓道史料 第9巻	165
日本弓道史料 第10巻	165
日本剣客事典 決定版	164
日本ゴルフ年鑑 1990	154
日本ゴルフ年鑑 1991	154
日本サッカーリーグ・イヤーブック '90～'91	66
日本サッカーリーグ・イヤーブック '91～'92	66
日本山岳ルーツ大辞典	185
日本シリーズの軌跡 NIPPON SERIES HISTORY since 1950	117
日本スポーツ事典 トピックス1964-2005	11
日本スポーツ法学会年報 第11号	25
日本スポーツ法学会年報 第18号	26
日本スポーツ法学会年報 第19号／2012	26
日本相撲大鑑	168
日本全国フライトエリアガイド パラグライダー、ハンググライダー、モーターパラ・ハング	198
日本体育基本文献集 大正・昭和戦前期 別巻・解説	31
日本代表スカウティングレポート	67
日本と世界の最新ダイビングギアカタログ 最新のギア徹底紹介 完全保存版	206

日本と世界の自転車最新カタログ '90年度版 ……………………… 196
日本と世界の自転車最新カタログ '91～'92 ……………………… 196
日本と世界の自転車「最新」カタログ '92～'93 ……………………… 196
日本と世界の自転車「最新」カタログ '93 ……………………… 196
日本と世界の自転車「最新」カタログ '94 ……………………… 196
日本と世界の自転車最新カタログ '95 … 196
日本と世界の自転車最新カタログ 1997 ……………………… 196
日本と世界の自転車マウンテンバイク '90 ……………………… 196
日本と世界の自転車マウンテンバイク '91 ……………………… 196
日本と世界のマウンテンバイク '96 …… 196
日本の「騎手・調教師」大系図 ………… 213
日本の「騎手・調教師」大系図 2 ……… 213
日本のサッカースタジアム 今日そして明日 ……………………… 65
日本のサッカースタジアム ……………… 66
日本百名山登山案内 ……………………… 187
日本百名山山あるきガイド 上 改訂3版 ……………………… 187
日本百名山山あるきガイド 下 改訂3版 ……………………… 187
日本武術・武道大事典 …………………… 161
日本武道年鑑 第15号（平成4年版） …… 161
日本武道年鑑 第16号（平成5年版） …… 161
日本武道年鑑 平成6年版（第17号） …… 161
日本武道年鑑 平成8年版 ………………… 161
日本舞踊ハンドブック …………………… 200
日本舞踊ハンドブック 改訂版 ………… 200
日本プロゴルフイヤーブック 1990 …… 154
日本プロゴルフイヤーブック 1991 …… 154
日本プロボクシング史 世界タイトルマッチで見る50年 ……………………… 179
日本プロボクシングチャンピオン大鑑 … 179
日本プロ野球記録大百科 2004 第4版 … 117
日本プロ野球ユニフォーム大図鑑 上 … 118
日本プロ野球ユニフォーム大図鑑 中 … 118
日本プロ野球ユニフォーム大図鑑 下 … 119
日本ボクシング年鑑 2001 ……………… 180
日本ボクシング年鑑 2002 ……………… 180
日本ボクシング年鑑 2003 ……………… 180
日本ボクシング年鑑 2004 ……………… 180
日本ボクシング年鑑 2005 ……………… 180
日本マラソン100選+1 欲張りランナーが選んだ大会ガイド ……………… 53

日本ラグビー 1990 ……………………… 96
日本ラグビー 1991 ……………………… 96
日本ラグビー 1992 ……………………… 96
日本ラグビー 1993 ……………………… 96
日本ラグビー 1994 ……………………… 96
日本ラグビー 1995 ……………………… 96
日本ラグビー 1996 ……………………… 96
日本ラグビー 1997 ……………………… 96
日本ラグビー 1998 ……………………… 96
日本ラグビー 1999 ……………………… 96
日本ラグビー 2000 ……………………… 97
日本ラグビー 2001 ……………………… 97
日本ラグビー 2002 ……………………… 97
日本ラグビー 2003 ……………………… 97
日本ラグビー 2004 ……………………… 97
日本ラグビー 2005 ……………………… 97
日本ラグビー 2006 ……………………… 97
日本ラグビー 2007 ……………………… 97
日本ラグビー 2008 ……………………… 97
日本ラグビー 2009 ……………………… 97
日本ラグビー 2010 ……………………… 98
日本ラグビー 2011 ……………………… 98
日本ラグビー 2012 ……………………… 98
日本ラグビー 2013 ……………………… 98
日本ラグビー 2014 ……………………… 98
日本ラグビー 2015 ……………………… 98
日本ラグビー 2016 ……………………… 98
ニュー・アウトドア救急ハンドブック 改訂版 ……………………… 191
ニュースポーツ事典 ……………………… 182
ニュースポーツ事典 改訂版 …………… 182
ニュースポーツ100 2002年版 …………… 42
ニュースポーツ百科 ……………………… 42
ニュースポーツ百科 新訂版 …………… 42
ニュースポーツ用語事典 ………………… 14
NEWマーク・記号の大百科 1 ………… 15
NEWワールドサッカー すごいヤツ全集 ……………………… 90
妊娠中の運動ハンドブック ……………… 225

【ね】

熱球譜 甲子園全試合スコアデータブック ……………………… 133
熱心なダンサーへ贈る読むダンス用語集 ……………………… 200
熱戦の軌跡 ALBIREX OFFICIAL YEAR BOOK 2004 ……………… 83

年鑑・全国ゴルフ会員権相場 '96-'97 ‥‥ 154
年鑑バレエ 2000 ‥‥‥‥‥‥‥‥‥‥ 202
年鑑バレエ 2001 ‥‥‥‥‥‥‥‥‥‥ 203

【の】

脳卒中の重度マヒでもあきらめない！腕が上がる手が動くリハビリ・ハンドブック ‥‥‥‥‥‥‥‥‥‥‥‥‥‥ 231
脳と体のしくみ絵事典 夢をかなえるカギは脳にある スポーツも勉強ももっと得意になる！ ‥‥‥‥‥‥‥‥ 226
脳と心と身体の図鑑 ビジュアル版 ‥‥ 226
野花で遊ぶ図鑑 ‥‥‥‥‥‥‥‥‥‥ 191

【は】

ハイキング・ハンドブック ‥‥‥‥‥ 191
箱根駅伝まるごとガイド 2008 ‥‥‥‥ 53
バスフィッシング最新用語ハンドブック ‥‥‥‥‥‥‥‥‥‥‥‥‥‥‥‥ 216
バスルアー・カタログ 釣れるルアー500個の掘り下げ徹底解説＆美しいビジュアル大図鑑 ‥‥‥‥‥‥‥‥‥‥ 216
発達科学ハンドブック 4 ‥‥‥‥‥‥ 226
早わかりリハビリテーション用語・略語・英和辞典 オールカラー ‥‥‥‥‥‥ 229
バレエ 年鑑2000年バレエ徹底ガイド 2000 ‥‥‥‥‥‥‥‥‥‥‥‥‥‥ 203
バレエ 2002 ‥‥‥‥‥‥‥‥‥‥‥‥ 203
バレエ・キャラクター事典 新装版 ‥‥ 201
バレエ創作ハンドブック 名作に見る振付と表現の技法 ‥‥‥‥‥‥‥‥‥ 202
バレエ・ダンサー201 ‥‥‥‥‥‥‥ 202
バレエ・ダンスの饗宴 20世紀末の身体を表現する人々 身体と音楽が共振し、新たな地平へと歩み出る。 ‥‥‥‥‥ 202
バレエって、何？ 新版 ‥‥‥‥‥‥ 202
バレエ年鑑 1998 ‥‥‥‥‥‥‥‥‥ 203
バレエ年鑑 1999 ‥‥‥‥‥‥‥‥‥ 203
バレエの世界へようこそ！あこがれのバレエ・ガイド ‥‥‥‥‥‥‥‥‥‥ 202
バレエ用語集 ‥‥‥‥‥‥‥‥‥‥‥ 202
バレーボール医科学ハンドブックQ&A バレーボール競技関係者からのよくある質問に答えて ‥‥‥‥‥‥‥‥‥ 56
バンキシュ！騎手で勝つ・史上最強の乗り替わり事典 ‥‥‥‥‥‥‥‥‥‥ 212
バンキシュ！2004覇者編 騎手で勝つ！地上最強の「乗り替わり」事典 ‥‥‥‥ 212
阪神タイガース公式イヤーブック 2007 ‥‥‥‥‥‥‥‥‥‥‥‥‥‥‥‥ 122
阪神タイガース公式イヤーブック 2011 ‥‥‥‥‥‥‥‥‥‥‥‥‥‥‥‥ 122
阪神タイガース熱血ファンブック 2004 ‥‥‥‥‥‥‥‥‥‥‥‥‥‥‥‥ 122
パンチョ伊東のMLB名鑑 1999 ‥‥‥‥ 134

【ひ】

PGAツアーガイドブック 1997 ‥‥‥‥ 147
PGAツアーガイドブック 1998 ‥‥‥‥ 147
PGAツアーガイドブック 1999 ‥‥‥‥ 147
ビジネスマンのための健康管理事典 チェック 健診・運動・食生活 ‥‥‥‥‥ 27
ビジュアル プロレス2001年鑑 2001 ‥‥ 178
ビジュアルスポーツ小百科 '96年版 ‥‥ 3
ビジュアルスポーツ小百科 ‥‥‥‥‥‥ 3
ビジュアルスポーツ小百科 '95年版 ‥‥ 3
ビジュアルスポーツ小百科 '97 ‥‥‥‥ 4
ビジュアル博物館 13 ‥‥‥‥‥‥‥‥ 4
ビジュアル博物館 第82巻 ‥‥‥‥‥ 95
ビジュアル博物館 第83巻 ‥‥‥‥‥ 139
必携スポーツ関係六法 2004（平成16年） ‥‥‥‥‥‥‥‥‥‥‥‥‥‥‥ 23
必携スポーツ関係六法 2005（平成17年） ‥‥‥‥‥‥‥‥‥‥‥‥‥‥‥ 23
必携スポーツ関係六法 2006 ‥‥‥‥ 23
必携スポーツ関係六法 2007（平成19）年版 ‥‥‥‥‥‥‥‥‥‥‥‥‥‥‥ 24
必携スポーツ関係六法 2008（平成20）年版 ‥‥‥‥‥‥‥‥‥‥‥‥‥‥‥ 24
必携スポーツ関係六法 2009年版 ‥‥‥ 24
必携 スポーツ用語辞典 2005-2006年度版 ‥‥‥‥‥‥‥‥‥‥‥‥‥‥‥‥ 14
ヒマラヤ文献目録 〔新版〕 ‥‥‥‥‥ 184
ヒマラヤ文献目録 追加・訂正 新版 ‥‥ 184
ヒマラヤ文献目録 新選 ‥‥‥‥‥‥ 184
ひもとロープ 暮らしに役立つ結び方事典 ‥‥‥‥‥‥‥‥‥‥‥‥‥‥‥‥ 193

【ふ】

- フィギュアスケート選手名鑑 2006 …… 157
- フィッシング・ノット事典 …………… 214
- フィッシング用品カタログ この1冊でフィッシングライフがさらに充実!! … 219
- フィットネス・ニッポン全ガイド …… 204
- 4×4オフローディングハンドブック … 207
- 福祉・介護・リハビリ英語小事典 …… 229
- フジテレビオフィシャル F1 TV HANDBOOK '90 …………………………… 207
- フジテレビオフィシャル F1 TV HANDBOOK '91 …………………………… 207
- フジテレビオフィシャル F1 TV HANDBOOK '91 コンストラクターズスペシャル ……………………………… 207
- フジテレビオフィシャル F1 TV HANDBOOK '91 SUZUKA SPECIAL …… 207
- フジテレビオフィシャル F1 TV HANDBOOK 1992 ドライバーズ ………… 207
- フジテレビオフィシャル F1 TV HANDBOOK 1992 コンストラクターズ …… 207
- フジテレビオフィシャル F1 TV HANDBOOK 1993 DRIVERS' …………… 208
- フジテレビオフィシャル F1 TV HANDBOOK 1993 コンストラクターズ …… 208
- フジテレビオフィシャル F1 TV HANDBOOK 1994 ドライバーズ〔保存版〕 ………………………………… 208
- フジテレビオフィシャル F1 TV HANDBOOK 1994 コンストラクターズ …… 208
- フジテレビオフィシャル F1 TV HANDBOOK 1995 ドライバーズ ………… 208
- フジテレビオフィシャル F1 TV HANDBOOK 1995 コンストラクターズ …… 208
- フジテレビオフィシャル F1 TV HANDBOOK 1997 …………………………… 208
- フジテレビオフィシャル F1 TV HANDBOOK 1998〔完全保存版〕………… 208
- フジテレビオフィシャル F1 TV HANDBOOK 1999 …………………………… 209
- フジテレビオフィシャル F1 TV HANDBOOK 2000 …………………………… 209
- フジテレビオフィシャル F1 TV Handbook 2001 …………………………… 209
- 富士登山ハンドブック 富士山の自然を楽しむために〔1990〕改訂新版 …… 187
- 富士登山ハンドブック 富士山の自然を楽しむために〔1991〕改訂新版 …… 187
- 富士登山ハンドブック 富士山の自然を楽しむために〔1992〕改訂新版 …… 187
- 富士登山ハンドブック 富士山の自然を楽しむために〔1993〕改訂新版 …… 187
- 富士登山ハンドブック 富士山の自然を楽しむために〔1994〕改訂新版 …… 187
- 富士登山ハンドブック 富士山の自然を楽しむために〔1995〕改訂新版 …… 187
- 富士登山ハンドブック 富士山の自然を楽しむために〔1996〕改訂版 …… 187
- 富士登山ハンドブック 富士山の自然を楽しむために〔1999〕改訂版 …… 187
- 富士登山ハンドブック 富士山の自然を楽しむために〔2001〕………… 187
- 富士登山ハンドブック 富士の自然を楽しむ〔2004〕改訂新版 ………… 188
- FOOTBALL DREAM KASHIMA ANTLERS YEAR BOOK 1994 …… 83
- FOOTBALL DREAM YEAR BOOK 1996 ………………………………… 83
- FOOTBALL DREAM YEARBOOK 1997 ………………………………… 83
- FOOTBALL DREAM YEAR BOOK 1999 ………………………………… 84
- 仏和山岳用語集 登山、クライミング、山スキーのフランス語とカタカナ日本語の語源研究 ……………………… 185
- 武道＆格闘技ガイドブック …………… 167
- 舞踊手帖 ………………………………… 200
- 舞踊手帖 新版 ………………………… 200
- フライパターン全書 エキスパートが巻く、トラウトを釣るための54パターンの巻き方と114のバリエーション …… 216
- フライフィッシング用語辞典 ………… 214
- フライフィッシング用語大辞典 ……… 214
- ブラジルサッカー総覧 ブラジルサッカーの歴史から用語まで …………………… 94
- フラメンコソフト総カタログ ………… 201
- フリークライミング日本100岩場 2 … 190
- プレミアリーグパーフェクトガイド! 2002-2003 ……………………………… 94
- プレミアリーグパーフェクトガイド! 2003-2004 ……………………………… 94
- プロスポーツ界のかっこいい指示・用語事典 きびきびした体育授業をつくる …… 33
- プロスポーツ年鑑 1994 ………………… 9
- プロスポーツ年鑑 1995 ………………… 9
- プロスポーツ年鑑 1997 ………………… 9
- プロスポーツ年鑑 2000 ………………… 9
- プロスポーツ年鑑 2001 ………………… 10
- プロスポーツ年鑑 2003 ………………… 10
- プロスポーツ年鑑 2004 ………………… 10

プロスポーツ年鑑 2005 …………… 10
プロスポーツ年鑑 2006 …………… 10
プロスポーツ年鑑 2007 …………… 10
プロスポーツ年鑑 2008 …………… 11
プロスポーツ年鑑 2009 …………… 11
プロスポーツ年鑑 2010 …………… 11
プロスポーツ年鑑 2011 …………… 11
プロスポーツ年鑑 2012 …………… 11
プロスポーツの法的環境 日本スポーツ法学会年報 第14号（2007） ………… 26
プロで活躍する甲子園球児の戦歴事典 … 129
プロで活躍する甲子園球児の戦歴事典 増補改訂版 ……………………… 129
プロ・ナチュラリスト佐々木洋の野遊びハンドブック 「野性復活ゲーム」77 … 192
プロ野球イースタン観戦ガイド 2002年 …………………………………… 117
プロ野球イースタン観戦ガイド 2003年 …………………………………… 118
プロ野球イースタン・リーグ観戦ガイド 2004 ……………………………… 118
プロ野球を創った名選手・異色選手400人 ……………………………………… 107
プロ野球記録大鑑 昭和11年－平成4年 … 105
プロ野球 記録の手帖 ……………… 118
プロ野球最強列伝 沢村栄治からダルビッシュまで ………………………… 107
プロ野球最強列伝 歴代オールスター100人大集合! 新版 ………………… 107
プロ野球最強列伝 投手編 ………… 107
プロ野球人名事典 90 ……………… 107
プロ野球人名事典 増補改訂第3版 ……… 107
プロ野球人名事典 1995 …………… 107
プロ野球人名事典 1997 …………… 108
プロ野球人名事典 1999 …………… 108
プロ野球人名事典 2001 …………… 108
プロ野球人名事典 2003 …………… 108
プロ野球スカウティングレポート 1997 …………………………………… 108
プロ野球スカウティングレポート 1998 …………………………………… 108
プロ野球スカウティングレポート 2006 …………………………………… 108
プロ野球スカウティングレポート 2007 …………………………………… 108
プロ野球スカウティングレポート 2008 …………………………………… 108
プロ野球スカウティングレポート 2009 …………………………………… 108
プロ野球スカウティングレポート 2010 …………………………………… 108
プロ野球スカウティングレポート 2011 …………………………………… 109
プロ野球スカウティングレポート 2012 …………………………………… 109
プロ野球スカウティングレポート 2013 …………………………………… 109
プロ野球スカウティングレポート 2014 …………………………………… 109
プロ野球スタッツ 2004 …………… 109
プロ野球全外国人助っ人大事典 ファンを沸かせた名選手・異色選手の全記録 … 109
プロ野球選手ガイドブック 首都圏版 2007 ……………………………… 109
プロ野球選手ガイドブック 2012 … 109
プロ野球選手ガイドブック 2013 … 109
プロ野球選手ガイドブック 2014 … 109
プロ野球選手ガイドブック 2015 … 110
プロ野球選手ガイドブック 2016 … 110
プロ野球選手カラー名鑑 2001 保存版 … 110
プロ野球選手カラー名鑑 2002 保存版 … 110
プロ野球選手カラー名鑑 2003 保存版 … 110
プロ野球選手カラー名鑑 2004 保存版 … 110
プロ野球選手カラー名鑑 2005 保存版 … 110
プロ野球選手カラー名鑑 2006 保存版 … 110
プロ野球選手カラー名鑑 2007 保存版 … 110
プロ野球選手カラー名鑑 2008 保存版 … 110
プロ野球選手カラー名鑑 2009 保存版 … 110
プロ野球選手カラー名鑑 2010 保存版 … 110
プロ野球選手カラー名鑑 2011 保存版 … 110
プロ野球選手カラー名鑑 2012 保存版 … 110
プロ野球選手カラー名鑑 2013 保存版 … 110
プロ野球選手カラー名鑑 2014 保存版 … 110
プロ野球選手カラー名鑑 2015 保存版 … 110
プロ野球選手カラー名鑑 2016 保存版 … 111
プロ野球選手データ名鑑 2001 …… 111
プロ野球選手データ名鑑 2002 …… 111
プロ野球選手データ名鑑 2003 …… 111
プロ野球選手データ名鑑 2004 …… 111
プロ野球選手データ名鑑 2005 …… 111
プロ野球選手データ名鑑 2006 …… 111
プロ野球選手データ名鑑 2006 後期版 … 111
プロ野球選手データ名鑑 2007 …… 111
プロ野球選手データ名鑑 2008 …… 111
プロ野球選手データ名鑑 2009 …… 111
プロ野球選手データ名鑑 2010 …… 111
プロ野球選手データ名鑑 2011 …… 111
プロ野球選手データ名鑑 2012 …… 111
プロ野球選手データ名鑑 2013 …… 111
プロ野球選手データ名鑑 2014 …… 111
プロ野球選手データ名鑑 2015 …… 111
プロ野球選手データ名鑑 2016 …… 111

プロ野球選手名鑑 決定版 1990年度版 ‥‥ 111
プロ野球選手名鑑 決定版 1991年度版 ‥‥ 111
プロ野球選手名鑑 決定版 1992年度版 ‥‥ 111
プロ野球選手名鑑 決定版 1993年度版 ‥‥ 111
プロ野球選手名鑑 決定版 1994年度版 ‥‥ 112
プロ野球選手名鑑 決定版 1995年度版 ‥‥ 112
プロ野球選手名鑑 決定版 1996年度版 ‥‥ 112
プロ野球選手名鑑 決定版 1997年度 ‥‥ 112
プロ野球選手名鑑 決定版 1998年度 ‥‥ 112
プロ野球選手名鑑 決定版 1999年度 ‥‥ 112
プロ野球選手名鑑 決定版 2000年度 ‥‥ 112
プロ野球選手名鑑 決定版 2001 ‥‥ 113
プロ野球選手名鑑 決定版 2002 ‥‥ 113
プロ野球選手名鑑 決定版 2003 ‥‥ 113
プロ野球選手名鑑 2004 ‥‥ 113
プロ野球選手名鑑 2005 ‥‥ 113
プロ野球選手名鑑 2014 ‥‥ 113
プロ野球選手名鑑+ドラフト候補名鑑 2015 ‥‥ 113
プロ野球選手録2003 Stats ‥‥ 113
プロ野球全選手名鑑 ジュニア版 永久保存版 2010 ‥‥ 113
プロ野球データ事典 ひいきチームの主力選手のすべてが一目でわかる!これで100倍おもしろく観戦できる ‥‥ 118
プロ野球データスタジアム 2005 ‥‥ 118
プロ野球ニュース・イヤーブック '98 ‥‥ 113
プロ野球ニュースイヤーブック選手名鑑 '99 ‥‥ 113
プロ野球ニュースイヤーブック選手名鑑 2000 ‥‥ 114
プロ野球ニュースイヤーブック選手名鑑 2001 ‥‥ 114
プロ野球パーフェクトデータ選手名鑑 カラー完全保存版 2001 ‥‥ 114
プロ野球パーフェクトデータ選手名鑑 カラー完全保存版 2002 ‥‥ 114
プロ野球パーフェクトデータ選手名鑑 カラー完全保存版 2003 ‥‥ 114
プロ野球パーフェクトデータ選手名鑑 カラー完全保存版 2004 ‥‥ 114
プロ野球パーフェクトデータ選手名鑑 カラー完全保存版 2005 ‥‥ 114
プロ野球パーフェクトデータ選手名鑑 2006 ‥‥ 114
プロ野球パーフェクトデータ選手名鑑 2007 ‥‥ 114
プロ野球パーフェクトデータ選手名鑑 2008 ‥‥ 114
プロ野球パーフェクトデータ選手名鑑 2009 ‥‥ 114
プロ野球パーフェクトデータ選手名鑑 2010 ‥‥ 114
プロ野球パーフェクトデータ選手名鑑 2011 ‥‥ 114
プロ野球パーフェクトデータ選手名鑑 2012 ‥‥ 114
プロ野球パーフェクトデータ選手名鑑 2013 ‥‥ 115
プロ野球パーフェクトデータ選手名鑑 2014 ‥‥ 115
プロ野球パーフェクトデータ選手名鑑 2015 ‥‥ 115
プロ野球パーフェクトデータ選手名鑑 2016 ‥‥ 115
プロ野球プレイヤーズ名鑑1998 ‥‥ 115
プロレス語辞典 プロレスにまつわる言葉をイラストと豆知識で元気に読み解く ‥‥ 177
プロレススカウティングレポート 厳選レスラー317人 1999 ‥‥ 177
プロレス全書 ‥‥ 176
プロレス大事典 ‥‥ 177
プロレス年鑑 1995 ‥‥ 178
プロレス年鑑 1999 ‥‥ 178
プロレス年鑑 2000 ‥‥ 178
プロレス年鑑 2002年 ‥‥ 178
プロレス年鑑 2003年 ‥‥ 178

【ヘ】

ペア・グループの力でみんな泳げる! 水泳指導アイデア事典 ‥‥ 157
ベースボール・レコード・ブック 日本プロ野球記録年鑑 1991 ‥‥ 123
ベースボール・レコード・ブック 日本プロ野球記録年鑑 1992 ‥‥ 123
ベースボール・レコード・ブック 日本プロ野球記録年鑑 1993 ‥‥ 123
ベースボール・レコード・ブック 日本プロ野球記録年鑑 1994 ‥‥ 123
ベースボール・レコード・ブック 日本プロ野球記録年鑑 1995 ‥‥ 123
ベースボール・レコード・ブック 日本プロ野球記録年鑑 1996 ‥‥ 123
ベースボール・レコード・ブック 日本プロ野球記録年鑑 1997 ‥‥ 123
ベースボール・レコード・ブック 日本プロ野球記録年鑑 1998 ‥‥ 123
ベースボール・レコード・ブック 日本プロ野球記録年鑑 1999 ‥‥ 124
ベースボール・レコード・ブック 日本

プロ野球記録年鑑 2000 ……………… 124	ボウリング大辞典 ハンディ版 ………… 154
ベースボール・レコード・ブック 日本プロ野球記録年鑑 2001 ……… 124	ボクシング世界図鑑 史上最強のボクサーがわかる! ………… 179
ベースボール・レコード・ブック 日本プロ野球記録年鑑 2002 ……… 124	ぼくらの大冒険ハンドブック ………… 192
ベースボール・レコード・ブック 日本プロ野球記録年鑑 2004 ……… 124	ポケット図鑑 海釣り仕掛け集 釣り方・魚種別仕掛けと道具 ……………… 218
ベースボール・レコード・ブック 日本プロ野球記録年鑑 2005 ……… 124	保健体育科・スポーツ教育重要用語300の基礎知識 …………………… 33
ベースボール・レコード・ブック 日本プロ野球記録年鑑 2006 ……… 125	北海道コンサドーレ札幌オフィシャル・ガイドブック 2016 ………………… 84
ベースボール・レコード・ブック 日本プロ野球記録年鑑 2007 ……… 125	北海道登山史年表 1871-2012 ……… 184
ベースボール・レコード・ブック 日本プロ野球記録年鑑 2008 ……… 125	北海道日本ハムファイターズオフィシャルガイドブック 2004 …………… 126
ベースボール・レコード・ブック 日本プロ野球記録年鑑 2009 ……… 125	北海道日本ハムファイターズオフィシャルガイドブック 2005 …………… 126
ベースボール・レコード・ブック 日本プロ野球記録年鑑 2010 ……… 125	北海道日本ハムファイターズオフィシャルガイドブック 2006 …………… 127
ベースボール・レコード・ブック 日本プロ野球記録年鑑 2011 ……… 125	北海道日本ハムファイターズオフィシャルガイドブック 2007 …………… 127
ベースボール・レコード・ブック 日本プロ野球記録年鑑 2012 ……… 125	北海道日本ハムファイターズオフィシャルガイドブック 2008 …………… 127
ベースボール・レコード・ブック 日本プロ野球記録年鑑 2013 ……… 126	北海道日本ハムファイターズオフィシャルガイドブック 2009 …………… 127
ベースボール・レコード・ブック 日本プロ野球記録年鑑 2014 ……… 126	北海道日本ハムファイターズオフィシャルガイドブック 2010 …………… 127
ベースボール・レコード・ブック 日本プロ野球記録年鑑 2015 ……… 126	北海道日本ハムファイターズオフィシャルガイドブック 2011 …………… 127
ベースボール・レコード・ブック 日本プロ野球記録年鑑 2016 ……… 126	北海道日本ハムファイターズオフィシャルガイドブック 2012 …………… 127
ベースボール・レコード・ブック 日本プロ野球記録年鑑 2017 ……… 126	北海道日本ハムファイターズオフィシャルガイドブック 2013 …………… 127
ベースボール和英辞典 ………………… 100	北海道日本ハムファイターズオフィシャルガイドブック 2014 …………… 127
ヘルス・フィットネス用語事典 ……… 203	北海道日本ハムファイターズオフィシャルガイドブック 2015 …………… 128
変形性膝関節症の運動・生活ガイド 運動療法と日常生活動作の手引き …… 227	北海道日本ハムファイターズオフィシャルガイドブック 2016 …………… 128
変形性膝関節症の運動・生活ガイド 運動療法と日常生活動作の手引き 第2版 ‥ 228	北海道ランニング大会全ガイド〔'96〕… 49
変形性膝関節症の運動・生活ガイド 運動療法と日常生活動作の手引き 第3版 ‥ 228	北海道ランニング大会全ガイド '97 …… 49
変形性膝関節症の運動療法ガイド 保存的治療から術後リハまで …………… 228	北海道ランニング大会全ガイド '98 …… 49
	北海道ランニング大会全ガイド '99 …… 50
	北海道ランニング大会全ガイド 2000 … 50
	北海道ランニング大会全ガイド 2001 … 50
【ほ】	北海道ランニング大会全ガイド 2002 … 50
	北海道ランニング大会全ガイド 2003 … 50
法的観点から見た競技スポーツのIntegrity 八百長、無気力試合とその対策を中心に ……………………………………… 26	北海道ランニング大会全ガイド 2004 … 50
	北海道ランニング大会全ガイド 2005 … 51
	北海道ランニング大会全ガイド 2006 … 51
	北海道ランニング大会全ガイド 2007 … 51
防波堤釣りハンドブック ……………… 217	北海道ランニング大会全ガイド 2008 … 51
	北海道ランニング大会全ガイド 2009 … 51

骨と筋肉大図鑑 「体」と「運動」を調べよう! 1 ……………………… 222
ほほえみの石川大会 ほほえみに広がる友情わく力 第27回全国身体障害者スポーツ大会 ………………………… 37
ポーランド語スポーツ用語辞典 ………… 15
ボールゲーム指導事典 …………………… 53

【ま】

マウンテンバイク 日本と世界の自転車 1993 …………………………………… 196
マウンテンバイク入門 選び方、走り方、楽しみ方がわかるバイカーズ・バイブル …………………………………… 195
マカルー東稜 日本山岳会マカルー登山隊1995報告書 …………………… 188
マサダ・スーパースカウティングレポート 2002-03 …………………… 115
マジック・ツリーハウス探検ガイド サッカー大百科 ……………………… 95
マリン年鑑 ヨット、モーターボート関連会社編 94-95 ……………… 159
まるごとワールドカップ ………………… 62
マル貸テニスコートガイド 首都圏版'97 …………………………………… 99

【み】

湖で大物をつろう! コイ・フナ・マスにチャレンジ ……………………… 219
見てわかる海釣り仕掛けハンドブック 人気魚種の釣り方別仕掛けがひと目でわかる …………………………… 217
見てわかる カラーイラストルアー仕掛けハンドブック タックル、ルアー、テクニックがひと目でわかる ……… 217
ミニバン車中泊ハンドブック ETCと車中泊で格安・充実の旅ができる すぐに使えるノウハウ集 大人の休日マニュアル …………………………………… 192
観る・歩く・応援する箱根駅伝まるごとガイド 第83回東京箱根間往復大学駅伝競走 ……………………………… 53
観るまえに読む大修館スポーツルール 2014 ……………………………………… 18
観るまえに読む大修館スポーツルール 2015 ……………………………………… 18

観るまえに読む大修館スポーツルール 2016 ……………………………………… 18
民族スポーツってなんだろう? ………… 43
みんなで楽しむ体育あそび・ゲーム事典 ……………………………………… 33
みんなのスポーツ大百科 世界のスポーツ160 …………………………………… 42

【む】

麦わら帽子の釣り本散歩 ……………… 214
結び方百科 ロープワーク ステップ・バイ・ステップ ……………………… 193

【め】

明解 ゴルフルール早わかり集 1990 …… 148
明解 ゴルフルール早わかり集 1991 …… 148
明解 ゴルフルール早わかり集 1992 …… 148
明解 ゴルフルール早わかり集 1993 …… 148
明解 ゴルフルール早わかり集 1994 …… 148
明解 ゴルフルール早わかり集 1995 …… 148
明解 ゴルフルール早わかり集 1996 …… 148
明解 ゴルフルール早わかり集 1997 …… 148
明解 ゴルフルール早わかり集 1998 …… 148
明解 ゴルフルール早わかり集 1999 …… 148
明解 ゴルフルール早わかり集 2000 …… 149
明解 ゴルフルール早わかり集 2001 …… 149
明解 ゴルフルール早わかり集 2002 …… 149
明解 ゴルフルール早わかり集 2003 …… 149
明解 ゴルフルール早わかり集 2004 …… 149
明解 ゴルフルール早わかり集 2005 …… 150
明解 ゴルフルール早わかり集 2006 …… 150
明解 ゴルフルール早わかり集 2007 …… 150
命中!toto必勝ハンドブック ……………… 72
めざせV2!栄光の巨人軍群像 ………… 118
メジャーリーガーすごいヤツ全集 2003 ………………………………………… 134
メジャーリーガーすごいヤツ全集 2004 ………………………………………… 134
メジャーリーガーすごいヤツ全集 2005 ………………………………………… 135
メジャーリーガーすごいヤツ全集 2006 ………………………………………… 135
メジャーリーグ・完全データ選手名鑑 2004 …………………………………… 135

メジャーリーグ・完全データ選手名鑑 2005 ………………………………… 135
メジャーリーグ・完全データ選手名鑑 2006 ………………………………… 135
メジャーリーグ・完全データ選手名鑑 2007 ………………………………… 135
メジャーリーグ・完全データ選手名鑑 2008 ………………………………… 135
メジャーリーグ・完全データ選手名鑑 2009 ………………………………… 136
メジャーリーグ・完全データ選手名鑑 2010 ………………………………… 136
メジャーリーグ・完全データ選手名鑑 2011 ………………………………… 136
メジャーリーグ・完全データ選手名鑑 2012 ………………………………… 136
メジャーリーグ・完全データ選手名鑑 2013 ………………………………… 136
メジャーリーグ・完全データ選手名鑑 2014 ………………………………… 136
メジャーリーグ・完全データ選手名鑑 2015 ………………………………… 137
メジャーリーグ・完全データ選手名鑑 2016 ………………………………… 137
メジャー・リーグ人名事典 …………… 137
メジャー・リーグ人名事典 改訂新版 … 137
メジャーリーグ・スカウティングレポート 2003 ………………………………… 137
メジャーリーグビジュアル選手名鑑 スーパースターの技術から見る 2011 …… 137
メジャーリーグプレイヤーズガイド 2002 ………………………………… 137
メジャーリーグプレイヤーズガイド 2003 ………………………………… 138
メジャーリーグプレイヤーズファイル 2001 ………………………………… 138
メジャー・リーグ ベースボールを知り尽くす! 2004年版 ………………… 138
メジャー・リーグベースボールを知り尽くす! 2005年版 ………………… 139
目でみる女性スポーツ白書 …………… 26
目で見る日本登山史 …………………… 188

【も】

もっと知りたい!人物伝記事典 3 ……… 3
文部科学白書 平成22年度 …………… 21

【や】

野球グランドガイドブック 首都圏版 〔1990〕 …………………………… 104
野球グランドガイドブック 首都圏版 〔1992〕 …………………………… 104
野球グランドガイドブック 首都圏&関西版 〔1993〕 …………………… 104
野球グランドガイドブック 首都圏&関西版 〔1994〕 …………………… 104
野球グランドガイドブック 首都圏・関西版 95年度 …………………… 104
野球殿堂 2007 ………………………… 102
野球殿堂 2012 ………………………… 102
野球殿堂 2015 ………………………… 102
野球の英語A to Z 佐山和夫が語るアメリカ野球用語 ……………………… 100
野球の英語辞典 メジャーの実況放送も愉しめる ………………………… 100
野球パーフェクト図鑑 ………………… 101
野球ヒジ診療ハンドブック 肘の診断から治療, 検診まで ……………… 101
野球用語辞典 イラストと写真でよく分かる ………………………………… 100
山歩きのための山名・用語事典 ……… 185
山歩きの手帳 …………………………… 188
山を楽しむ山名辞典 …………………… 185
山をよむ ………………………………… 184
山釣り図鑑 装備から釣り方まで山釣りのすべてが分かる 新装版 ……… 219
山の救急医療ハンドブック …………… 188
山のことば辞典 ………………………… 185
山のデータブック 最新データを分析すると、山岳事情のいまが見えてくる 第1集 ……………………………… 188
山の本総目次 1～40巻 ……………… 189
山の名著30選 モダン・アルピニズムをリードした知性たち …………… 184

【ゆ】

雪と氷のスポーツ百科 ………………… 154
夢に近づく仕事の図鑑 2 ……………… 20
夢のお仕事さがし大図鑑 名作マンガで「すき!」を見つける 5 …………… 20

【よ】

幼児体育用語辞典 33
余暇・レジャー総合統計年報 '91 182
余暇・レジャー総合統計年報 '95 182
余暇・レジャー総合統計年報 '96〜'97 ... 182
余暇・レジャー総合統計年報 '98〜'99 ... 182
余暇・レジャー総合統計年報 '99 183
余暇・レジャー総合統計年報 2000 183
余暇・レジャー総合統計年報 2001 183
余暇・レジャー総合統計年報 2002 183
余暇・レジャー総合統計年報 2005 183
余暇・レジャー総合統計年報 2008 184
よく釣れる 防波堤釣り 道具選び・仕掛けすべてOK! 217
よくわかる! 記号の図鑑 5 15
よくわかるゴルフ用語 142
Yokohama F・Marinos official handbook 2009 72
横浜F・マリノス オフィシャルハンドブック 2003 72
横浜F・マリノス パーフェクトデータブック 2002 72
ヨット、モーターボート用語辞典 159
ヨーロッパ・サッカー完全選手名鑑 2000-2001 91
ヨーロッパサッカー選手名鑑 2003-2004 91
ヨーロッパサッカー選手名鑑 2014-2015 91
ヨーロッパサッカー選手名鑑 2015-2016 91
ヨーロッパサッカー選手名鑑 2016-2017 91
48式太極拳入門 163

【ら】

ランニング医学大事典 評価・診断・治療・予防・リハビリテーション 49

【り】

陸上競技審判ハンドブック 2001-2004年版 51
陸上競技審判ハンドブック 2005-2006年版 51
陸上競技審判ハンドブック 2007-2008年版 51
陸上競技審判ハンドブック 2009-2010年版 51
陸上競技審判ハンドブック 2011年版 51
陸上競技審判ハンドブック 2012年度版 ... 51
陸上競技審判ハンドブック 2013-2014年度版 51
陸上競技審判ハンドブック 2015-2016年度版 51
陸上競技ルールブック 1998 51
陸上競技ルールブック 1999 52
陸上競技ルールブック 2000年版 52
陸上競技ルールブック 2001年版 52
陸上競技ルールブック 2002年版 52
陸上競技ルールブック 2003年版 52
陸上競技ルールブック 2004年版 52
陸上競技ルールブック 2005年版 52
陸上競技ルールブック 2006年版 52
陸上競技ルールブック 2007年版 52
陸上競技ルールブック 2008年版 52
陸上競技ルールブック 2009年版 52
陸上競技ルールブック 2010年版 52
陸上競技ルールブック 2011年版 52
陸上競技ルールブック 2012年度版 52
陸上競技ルールブック 2013年度版 52
陸上競技ルールブック 2014年度版 52
陸上競技ルールブック 2015年度版 52
陸上競技ルールブック 2016年度版 52
リハビリテーション医学大辞典 229
リハビリテーション医学白書 232
リハビリテーション医学白書 2013年版 232
リハビリテーション医学用語集 2002年度版 229
リハビリテーション医学用語集 第7版 ... 229
リハビリテーション医療実施医療機関名簿 231
リハビリテーション英語の基本用語と表現 229

りはひ　　　　　　　　書名索引

リハビリテーション事典 228
リハビリテーションスペシャリストハンドブック 231
リハビリテーション白書 21世紀をめざして 第2版 232
リハビリテーション用語解説ポケットブック 229
リハビリ用語526 見てすぐわかる!すぐに役立つ 230
リフレッシュ体操ハンドブック 仕事疲れ、運動不足を解消! 27
臨床スポーツ医学用語集 223

【れ】

レクリエーションハンドブック 192
レジェンド100 アメリカン・プロレス伝説の男たち 177
レスキュー・ハンドブック 192
レスキュー・ハンドブック 新版 192
RED DIAMONDS OFFICIAL HANDBOOK 1994 73

【ろ】

ロードバイク＆パーツカタログ 2002 196
ロードバイク＆パーツカタログ 2003 197
ロードバイク＆パーツカタログ 2004 197
ロードバイク＆パーツカタログ 2005 197
ロードバイク＆パーツカタログ 2006 197
ロードバイク＆パーツカタログ 2007 197
ロードバイク＆パーツカタログ 2008 197
ロードバイク＆パーツカタログ 2009 197
ロードバイク＆パーツカタログ 2010 197
ロードバイク＆パーツカタログ 2011 197
ロードバイク＆パーツカタログ 2012 197
ロードバイクオールカタログ 2013 197
ロードバイクオールカタログ 2014 197
ロードバイクオールカタログ 2015 197
ロードバイクオールカタログ 2016 197
ロードバイクカタログ 2000 197
ロードバイクカタログ 2001 197
ロードバイクカタログ 2014 197
ロードバイクカタログ 2015 197
ロードバイクパーツカタログ 2013 197
ロードバイクパーツカタログ 2014 197

ロードバイクパーツカタログ 2015 197
ロードバイクパーツカタログ 2016 198
ロードバイクモデルカタログ これ一冊で人気の売れ筋モデル全理解 2013 ... 198
ロードレース・グランプリ年鑑 1989-90 211
ロープワーク・ハンドブック 193

【わ】

我が国の文教施策 平成4年度 21
我が国の文教施策 心と体の健康とスポーツ 平成10年度 21
ワーク・ライフ・バランスと日本人の生活行動 31
話題が広がるPOCKET雑学事典 スポーツ編 2
私がほしかったダンス用語集 初めての人にもよくわかる 世界一やさしい"英和対訳"! 200
和仏山岳用語研究 「分類山岳用語集」「和仏山岳用語集」合本 185
WORLD CUP SOCCER PERFECT GUIDE 2006 62
ワールドカップ・スカウティングレポート 61
ワールドカップ全記録 62
ワールドカップ全記録 2002年版 62
ワールドカップ全記録 2006年版 62
ワールドカップ全記録 2010年版 63
ワールドサッカーすごいヤツ全集 ワールドサッカー ヒーローズ ストーリーズ 91
ワールドサッカーすごいヤツ全集 2002-2003 91
ワールドサッカーすごいヤツ全集 2003-2004 91
ワールドサッカーすごいヤツ全集 2004-2005 91
ワールドサッカーすごいヤツ全集 2005-2006 92
ワールドサッカーすごいヤツ全集 2006-2007 92
ワールドサッカーすごいヤツ全集 2007-2008 92
ワールドサッカーすごいヤツ全集 2008-2009 92
ワールドサッカー歴史年表 88
ワールドスポーツ大事典 世界の国ぐにのいろんな競技 新しいスポーツにチャ

レンジしよう! 42
World football players top 300 92

著編者名索引

【あ】

愛知県
　行幸啓誌 第49回国民体育大会・第30回
　　全国身体障害者スポーツ大会 ……… 36
青木 洋
　インナーセーリング 3 ……………… 159
青柳 幸利
　高齢者の運動ハンドブック ………… 221
青山 英康
　健康・体力 評価・基準値事典 ……… 233
アーカイブス出版編集部
　余暇・レジャー総合統計年報 2008 … 184
赤尾 雄人
　オックスフォードバレエダンス事典 … 201
赤坂 清和
　ジュニアアスリートをサポートするス
　　ポーツ医科学ガイドブック ………… 223
　スポーツ外傷・障害ハンドブック 発生
　　要因と予防戦略 …………………… 224
赤平 隆
　プロレススカウティングレポート 厳選
　　レスラー317人 1999 ……………… 177
秋田 和彦
　地域スポーツクラブ指導者ハンドブッ
　　ク ……………………………………… 20
朝岡 正雄
　スポーツ科学辞典 日独英仏対照 …… 220
朝日新聞社
　朝日新聞で見るワールドカップ全紙面
　　2002年6月 朝日新聞縮刷版特別版 … 60
　運動年鑑 第1巻（大正5年） ………… 12
　運動年鑑 第2巻（大正6年） ………… 12
　運動年鑑 第3巻（大正7年） ………… 12
　運動年鑑 第4巻（大正8年） ………… 12
　運動年鑑 第5巻（大正9年） ………… 12
　運動年鑑 第6巻（大正10年） ………… 12
　運動年鑑 第7巻（大正11年） ………… 12
　運動年鑑 第8巻（大正12年） ………… 12
　運動年鑑 第9巻（大正13年） ………… 12
　運動年鑑 第10巻（大正14年） ……… 12
　運動年鑑 第11巻（大正15年） ……… 12
　運動年鑑 第12巻（昭和2年） ………… 12
　運動年鑑 第13巻（昭和3年） ………… 12
　運動年鑑 第14巻（昭和4年） ………… 12
　運動年鑑 第15巻（昭和5年） ………… 12
　運動年鑑 第16巻（昭和6年） ………… 12
　運動年鑑 第17巻（昭和7年） ………… 12
　運動年鑑 第18巻（昭和8年） ………… 12
　運動年鑑 第19巻（昭和9年） ………… 12
　運動年鑑 第20巻（昭和10年） ……… 12
　運動年鑑 第21巻（昭和11年） ……… 12
　運動年鑑 第22巻（昭和12年） ……… 12
　運動年鑑 第23巻（昭和13年） ……… 12
　運動年鑑 第24巻（昭和14年） ……… 13
　運動年鑑 第25巻（昭和15年） ……… 13
　運動年鑑 第26巻（昭和16年） ……… 13
　運動年鑑 第27巻（昭和17年） ……… 13
　運動年鑑 第28巻（昭和18年） ……… 13
　運動年鑑 第29巻（昭和23年） ……… 13
　運動年鑑 第30巻（昭和24年） ……… 13
　運動年鑑 第31巻（昭和25年） ……… 13
　運動年鑑 第32巻（昭和26年） ……… 13
　運動年鑑 第33巻（昭和27年） ……… 13
　運動年鑑 第34巻（昭和28年） ……… 13
アシュウェル, ケン
　脳と心と身体の図鑑 ビジュアル版 … 226
飛鳥新社データ・フットボール・プロジェクト
　Jリーガー白書 2002 ………………… 67
アセート, クリス
　健康と体力づくりのための栄養学ハンド
　　ブック ……………………………… 234
安達 仁
　CPX・運動療法ハンドブック 心臓リハ
　　ビリテーションのリアルワールド … 227
　CPX・運動療法ハンドブック 心臓リハ
　　ビリテーションのリアルワールド 改
　　訂2版 ……………………………… 227
　CPX・運動療法ハンドブック 心臓リハ
　　ビリテーションのリアルワールド 改
　　訂3版 ……………………………… 227
跡見 順子
　運動生理・生化学辞典 ……………… 220
阿部 和厚
　骨と筋肉大図鑑 「体」と「運動」を調
　　べよう! 1 ………………………… 222
阿部 達
　大リーグ早わかり野球用語英和・和英小
　　辞典 ………………………………… 133
安保 雅博
　腕と指のリハビリ・ハンドブック 脳卒
　　中マヒが改善する! ………………… 230
　脳卒中の重度マヒでもあきらめない! 腕
　　が上がる手が動くリハビリ・ハンド

ブック ………………………… 231

アメプロ事典編纂委員会
　アメリカンプロレス大事典 WWEのすべ
　　てがわかる! ……………………… 176
　新アメリカンプロレス大事典 WWE用語
　　のウラ知識! ……………………… 176

アメリカ野球愛好会
　完全・大リーグ選手名鑑 '97 ……… 133
　完全・大リーグ選手名鑑 '98 ……… 133
　大リーグ選手名鑑 エキサイティング・
　　ベースボール!! '93 ……………… 134

アメリカンフットボール・マガジン
　NFLアメリカンフットボールを知り尽く
　　す! 2004年版 …………………… 56
　NFLアメリカンフットボールを知り尽く
　　す! 2005年版 …………………… 56
　NFLアメリカンフットボールを知り尽く
　　す! 2006年版 …………………… 57
　NFLを知り尽くす 初心者からマニアまで
　　大満足のNFLパーフェクトブック … 57
　NFLを知り尽くす 2001 …………… 57
　NFLを知り尽くす! 　NFL Complete
　　Guide Book 2002 ………………… 57
　NFLを知り尽くす! 　NFL Complete
　　Guide Book 2003 ………………… 57

荒賀 忠一
　新さかな大図鑑 釣魚 カラー大全 …… 218

荒川 裕志
　筋肉の使い方・鍛え方パーフェクト事典
　　オールカラー 筋力アップからスポー
　　ツ動作の強化まで ………………… 233

荒木 雄豪
　国際馬事辞典 ……………………… 165

有賀 誠司
　筋トレマニア筋トレ用語事典 ……… 233

安藤 隆人
　高校サッカー&Jユース強豪・有力チー
　　ム徹底ガイド ……………………… 84

アンパイア・デベロップメント・コーポレー
　ション
　実例図解すぐわかる! 野球のルール&ス
　　コアのつけ方早見事典 …………… 100

【い】

飯田 昭一
　史料集成江戸時代相撲名鑑 ………… 176

五十嵐 康彦
　健康ハンドブック 改編新版 ……… 221

池井 優
　ビジュアル博物館 第83巻 ………… 139

池田 克紀
　ヘルス・フィットネス用語事典 …… 203

池田 末則
　日本山岳ルーツ大辞典 …………… 185

池田 延行
　小学校新体育科授業の基本用語辞典 … 32

池田 勝
　エアロビック・エクササイズ・ガイド … 204
　レクリエーションハンドブック …… 192

池端 裕子
　中高年の運動実践ハンドブック 指導者
　　のための基礎知識 ………………… 20

井沢 鉄也
　運動生理・生化学辞典 …………… 220

石井 直方
　筋肉の使い方・鍛え方パーフェクト事典
　　オールカラー 筋力アップからスポー
　　ツ動作の強化まで ………………… 233
　トレーニング用語辞典 新訂版 …… 233

石井 光造
　すぐ役立つ 記念日の山に登ろう 日付と
　　標高が一致する山へ ……………… 186
　山を楽しむ山名辞典 ……………… 185

石川 哲也
　プロ野球スカウティングレポート 2011
　　……………………………………… 109

石川 徹
　中央競馬 騎手全鑑 ……………… 212

石川 皓章
　ポケット図鑑 海釣り仕掛け集 釣り方・
　　魚種別仕掛けと道具 ……………… 218

石川 弘樹
　トレイルトリップガイドブック ファス
　　トパッキング入門 ………………… 191

石川 ワタル
　中央競馬 騎手全鑑 ……………… 212

石塚 紀久雄
　長嶋茂雄大事典 完全版 …………… 105

石田 泰照
　すぐに役立つ野外活動ハンドブック … 191

石原 久佳
　ダンス部ハンドブック 基礎編 …… 199

イースタンリーグ
　プロ野球イースタン観戦ガイド 2002年 ……………………………………… 117
　プロ野球イースタン観戦ガイド 2003年 ……………………………………… 118
　プロ野球イースタン・リーグ観戦ガイド 2004 …………………………… 118
泉　直樹
　プロ野球スカウティングレポート 2009 …………………………………… 108
　プロ野球スカウティングレポート 2010 …………………………………… 108
井谷　恵子
　目でみる女性スポーツ白書 …………… 26
イタリアオリンピック委員会
　イタリア・スポーツ白書 1997～98年年次報告書及び今後の展望 ………… 43
一杉　由美
　サイクルペディア自転車事典 ……… 193
一番ヶ瀬　康子
　地域リハビリテーションの理論と実践 ……………………………………… 231
一季出版
　ゴルフ場企業グループ＆系列 ゴルフ特信資料集 2003年 ……………… 143
　ゴルフ場企業グループ＆系列 ゴルフ特信資料集 2004年 ……………… 143
　ゴルフ場企業グループ＆系列 ゴルフ特信資料集 2005年 ……………… 143
　ゴルフ場企業グループ＆系列 ゴルフ特信資料集 2006年 ……………… 143
　ゴルフ場企業グループ＆系列 ゴルフ特信資料集 2007年 ……………… 143
　ゴルフ場企業グループ＆系列 ゴルフ特信資料集 2008年 ……………… 144
　ゴルフ場企業グループ＆系列 ゴルフ特信資料集 2009年 ……………… 144
　ゴルフ場企業グループ＆系列 ゴルフ特信資料集 2010年 ……………… 144
　ゴルフ場企業グループ＆系列 ゴルフ特信資料集 2011年 ……………… 144
　ゴルフ場企業グループ＆系列 ゴルフ特信資料集 2012年 ……………… 144
　ゴルフ場企業グループ＆系列 ゴルフ特信資料集 2013年 ……………… 144
　ゴルフ場企業グループ＆系列 ゴルフ特信資料集 2014年 ……………… 144
　ゴルフ場企業グループ＆系列 ゴルフ特信資料集 2015年 ……………… 144
　ゴルフ場企業グループ＆系列 ゴルフ特信資料集 2016年 ……………… 145

出野　哲也
　メジャー・リーグ人名事典 ………… 137
　メジャー・リーグ人名事典 改訂新版 ‥ 137
伊東　一雄
　パンチョ伊東のMLB名鑑 1999 …… 134
伊藤　勝治
　大相撲の解剖図鑑 大相撲の魅力と見かたを徹底図解 ………………… 176
伊藤　淳
　地域スポーツクラブ指導者ハンドブック ………………………………… 20
伊藤　堯
　スポーツ事故ハンドブック ………… 21
　スポーツ六法 平成3年版 …………… 22
　スポーツ六法 平成4年版 …………… 22
　スポーツ六法 平成5年版 …………… 22
　スポーツ六法 平成6年版 …………… 22
　スポーツ六法 平成7年版 …………… 22
　スポーツ六法 平成8年版 …………… 22
　スポーツ六法 平成9年版 …………… 22
　スポーツ六法 平成10年度 …………… 22
　スポーツ六法 平成11年度 …………… 22
　スポーツ六法 2000 …………………… 22
　スポーツ六法 2002 …………………… 22
伊藤　利之
　リハビリテーション事典 …………… 228
伊藤　晴夫
　変形性膝関節症の運動・生活ガイド 運動療法と日常生活動作の手引き …… 227
　変形性膝関節症の運動・生活ガイド 運動療法と日常生活動作の手引き 第2版 ‥ 228
　変形性膝関節症の運動・生活ガイド 運動療法と日常生活動作の手引き 第3版 ‥ 228
稲垣　正浩
　近代体育スポーツ年表 1800-1997 三訂版 ………………………………… 31
イニングス
　メジャーリーグビジュアル選手名鑑 スーパースターの技術から見る 2011 … 137
井上　貴央
　図説 ダンスの解剖・運動学大事典 テクニックの上達と損傷予防のための基礎とエクササイズ ……………… 198
今井　浩次
　新さかな大図鑑 釣魚 カラー大全 …… 218
今村　逸夫
　SHOOTERS JAPAN 銃砲年鑑 '06～'07 ………………………………… 166

SHOOTERS JAPAN 銃砲年鑑 '10
～'11 …………………………… 166
今村 修
　新学習指導要領ハンドブック これから
　の授業に役立つ 2008（平成20）年3月
　告示 中学校 保健体育 …………… 34
今村 義逸
　SHOOTERS JAPAN 銃砲年鑑 '90
　～'91 …………………………… 166
　SHOOTERS JAPAN 銃砲年鑑 '02
　～'03 …………………………… 166
入沢 充
　スポーツ事故ハンドブック ………… 21
岩井 浩一
　ビジネスマンのための健康管理事典 チェッ
　ク 健診・運動・食生活 …………… 27
イワキ マサタカ
　日本プロ野球ユニフォーム大図鑑 上 ‥ 118
　日本プロ野球ユニフォーム大図鑑 中 ‥ 118
　日本プロ野球ユニフォーム大図鑑 下 ‥ 119
岩井 木綿子
　スポーツ大図鑑 …………………… 4
岩と雪編集部
　山岳年鑑 '90 ……………………… 189
　山岳年鑑 '91 ……………………… 189
　山岳年鑑 '92 ……………………… 189
　山岳年鑑 '93 ……………………… 189
　山岳年鑑 '94 ……………………… 189
岩間 誠司
　リハビリ用語526 見てすぐわかる!すぐ
　に役立つ …………………………… 230
岩本 俊彦
　高齢者リハビリテーション学大事典 ‥ 228

【う】

ウイダー・トレーニングラボ
　新トレーニング用語辞典 改訂版 …… 233
ウイダー・リサーチ・インスティテュート
　トレーニング用語辞典 Essential 2000
　words for best training …………… 233
ヴィンサー，キャロル
　馬のハンドブック イラストガイドで馬
　に乗ろう! ………………………… 165
ヴェガ・インターナショナル
　グランプリ・イラストレイテッド年鑑
　'90 ………………………………… 210
　グランプリ・イラストレイテッド年鑑
　'91 ………………………………… 210
　グランプリ・イラストレイテッド年鑑
　'92 ………………………………… 210
　グランプリ・イラストレイテッド年鑑
　2000 ……………………………… 210
　グランプリ・イラストレイテッド年鑑
　2001 ……………………………… 210
　グランプリ・イラストレイテッド年鑑
　2002 ……………………………… 210
　グランプリ・イラストレイテッド年鑑
　2003 ……………………………… 210
　グランプリ・イラストレイテッド年鑑
　2004 ……………………………… 210
　グランプリ・イラストレイテッド年鑑
　2006 ……………………………… 211
　グランプリ・イラストレイテッド年鑑
　2007 ……………………………… 211
　グランプリ・イラストレイテッド年鑑
　2008 ……………………………… 211
植田 彰
　こんなに違う日米野球用語小事典 …… 100
上田 歩
　釣り大事典 ………………………… 214
上田 敏
　リハビリテーション医学大辞典 …… 229
上田 雅夫
　スポーツ心理学ハンドブック ……… 227
上谷 聡子
　地域スポーツクラブ指導者ハンドブッ
　ク …………………………………… 20
上野 俊明
　スポーツマウスガードハンドブック ‥ 225
ウェルネス医療情報センター
　全国リハビリテーション病院ガイド ‥ 231
ウォレス，ジェーン
　馬のハンドブック イラストガイドで馬
　に乗ろう! ………………………… 165
宇佐美 徹也
　江川卓・スカウティングレポート '98 ‥ 105
　プロ野球記録大鑑 昭和11年－平成4年
　……………………………………… 105
牛丸 成生
　近代キャディ事典 全面改訂版 ……… 142
　近代キャディ事典 2000年規則改訂版
　……………………………………… 143
　近代キャディ事典 2004年規則改訂版
　……………………………………… 143
　近代キャディ事典 2008年規則改訂版
　……………………………………… 143

近代キャディ事典 2012年規則改訂版 ………………………………… 143
ゴルフルール イラストレーテッド 1992 …………………………… 145
ゴルフルール事典 最新版，〔改訂版〕‥ 141
最新 ゴルフルール事典 改訂版 ……… 141
最新ゴルフルール事典 2000年規則改訂版 ……………………………… 141
最新版ゴルフルール事典 …………… 141

打越 俊浩
　バスフィッシング最新用語ハンドブック ………………………………… 216

内田 一成
　アウトドア百科 ……………………… 190

内田 真弓
　スポーツ大図鑑 ……………………… 4

宇土 正彦
　最新 学校体育経営ハンドブック 体育の実務と運営 ……………………… 34

宇野 要三郎
　現代弓道講座 第7巻 ………………… 164
　現代弓道講座 7 復刻版 …………… 164

UMAGEKIプロジェクト
　実戦騎手データブック '05 ………… 213

海野 敏
　オックスフォードバレエダンス事典 ‥ 201

梅田 紘子
　リハビリテーション用語解説ポケットブック ………………………………… 229

梅田 悦生
　リハビリテーション用語解説ポケットブック ………………………………… 229

梅本 二郎
　健康・体力づくりハンドブック 改訂版 ………………………………………… 234

浦和レッドダイヤモンズ
　浦和レッズ・オフィシャル・イヤーブック 1995 ………………………… 73
　浦和レッズ・オフィシャル・イヤーブック 1996 ………………………… 73
　浦和レッズ・オフィシャル・イヤーブック 1997 ………………………… 74
　浦和レッズ・オフィシャル・イヤーブック 1998 ………………………… 74
　浦和レッズ・オフィシャル・イヤーブック 1999 ………………………… 74
　浦和レッズ・オフィシャル・イヤーブック 2000 ………………………… 74
　浦和レッズ・オフィシャル・イヤーブック 2001 ………………………… 74
　浦和レッズ・オフィシャル・イヤーブック 2002 ………………………… 74
　浦和レッズ・オフィシャル・イヤーブック 2003 ………………………… 75
　浦和レッズ・オフィシャル・イヤーブック 2004 ………………………… 75
　浦和レッズ・オフィシャル・イヤーブック 2005 ………………………… 75
　浦和レッズ・オフィシャル・イヤーブック 2006 ………………………… 75
　浦和レッズ・オフィシャル・イヤーブック 2007 ………………………… 75
　浦和レッズ・オフィシャル・イヤーブック 2008 ………………………… 75
　浦和レッズ・オフィシャル・イヤーブック 2009 ………………………… 76
　浦和レッズ・オフィシャル・イヤーブック 2010 ………………………… 76
　浦和レッズ・オフィシャル・ハンドブック 1995 ………………………… 67
　浦和レッズ・オフィシャル・ハンドブック 1996 ………………………… 67
　浦和レッズ・オフィシャル・ハンドブック 1997 ………………………… 68
　浦和レッズ・オフィシャル・ハンドブック 1998 ………………………… 68
　浦和レッズ・オフィシャル・ハンドブック 1999 ………………………… 68
　浦和レッズ・オフィシャル・ハンドブック 2000 ………………………… 68
　浦和レッズ・オフィシャル・ハンドブック 2001 ………………………… 68
　浦和レッズ・オフィシャル・ハンドブック 2002 ………………………… 68
　浦和レッズ・オフィシャル・ハンドブック 2003 ………………………… 68
　浦和レッズ・オフィシャル・ハンドブック 2004 ………………………… 68
　浦和レッズ・オフィシャル・ハンドブック 2005 ………………………… 69
　浦和レッズ・オフィシャル・ハンドブック 2006 ………………………… 69
　浦和レッズ・オフィシャル・ハンドブック 2007 ………………………… 69
　浦和レッズ・オフィシャル・ハンドブック 2008 ………………………… 69
　浦和レッズ・オフィシャル・ハンドブック 2009 ………………………… 69
　浦和レッズ・オフィシャル・ハンドブック 2010 ………………………… 69
　浦和レッズ・オフィシャル・ハンドブッ

ク 2011 ……………………… 69
　　　浦和レッズ10年史 ……………… 69
漆原　智良
　　　もっと知りたい!人物伝記事典 3 ……… 3
「運動器の10年」日本委員会
　　　変形性膝関節症の運動・生活ガイド 運動療
　　　法と日常生活動作の手引き 第3版 … 228

【え】

英国ロイヤル・バレエ
　　　バレエの世界へようこそ! あこがれのバ
　　　レエ・ガイド ………………… 202
ACミラン
　　　ACミランオフィシャルブック ……… 93
江川　清
　　　ことば絵事典 5 ………………… 14
江川　卓
　　　江川卓・スカウティングレポート '98 … 105
　　　江川卓・スカウティングレポート '99 … 105
　　　江川卓・スカウティングレポート 2000
　　　　……………………………… 106
　　　江川卓・スカウティングレポート 2001
　　　　……………………………… 106
　　　プロ野球スカウティングレポート 1997
　　　　……………………………… 108
　　　プロ野球スカウティングレポート 1998
　　　　……………………………… 108
江口　敦夫
　　　大リーグ選手名鑑 エキサイティング・
　　　ベースボール!! '93 …………… 134
SSFスポーツライフ調査委員会
　　　スポーツライフ・データ スポーツライ
　　　フに関する調査報告書 2016 ……… 30
江田　昌佑
　　　スポーツライフ白書 する・観る・視る・
　　　読む・支える・話す ……………… 28
枝本　博人
　　　大型魚ぎょっと時間月齢方式 大漁時刻
　　　表 全国版 2013年6月〜12月 …… 214
　　　大型魚ぎょっと時間月齢方式 大漁時刻
　　　表 全国版 2014年1月〜6月 …… 215
　　　大型魚ぎょっと時間月齢方式 大漁時刻
　　　表 全国版 2014年7月〜12月 …… 215
　　　大型魚ぎょっと時間月齢方式 大漁時刻表
　　　全国版 2015年1月〜2016年1月 …… 215
　　　大型魚ぎょっと時間月齢方式 大漁時刻

　　　表 2016年版 …………………… 215
衛藤　英達
　　　ワーク・ライフ・バランスと日本人の生
　　　活行動 …………………………… 31
江戸川大学スポーツビジネス研究所
　　　スポーツBiz.ガイドブック '07-'08 …… 37
榎本　タイキ
　　　プロレス語辞典 プロレスにまつわる言
　　　葉をイラストと豆知識で元気に読み解
　　　く ……………………………… 177
江橋　慎四郎
　　　レクリエーションハンドブック ……… 192
エバンス，ジム
　　　絶対にわかる イラスト野球ルール ジム・
　　　エバンスのダイアモンド・チャレン
　　　ジ ……………………………… 101
Lリーグ事務局
　　　Lリーグ年鑑 1995 ……………… 66
遠藤　幸一
　　　体操競技六ヶ国語用語辞典 ………… 48
エンバッハー，マイケル
　　　サイクルペディア自転車事典 ……… 193

【お】

近江　卓
　　　釣り魚図典 …………………… 218
大井　直往
　　　急性期リハビリテーションハンドブッ
　　　ク 理学療法士・作業療法士のための
　　　チーム医療で必要なクリニカルポイン
　　　ト 原著第2版 ………………… 230
大川　弥生
　　　リハビリテーション医学大辞典 ……… 229
大久保　栄治
　　　山歩きの手帳 ………………… 188
大久保　衞
　　　中高年の運動実践ハンドブック 指導者
　　　のための基礎知識 ………………… 20
大熊　広明
　　　サッカーパーフェクト図鑑 ………… 60
　　　スポーツなんでもくらべる図鑑 1 …… 4
　　　スポーツなんでもくらべる図鑑 2 …… 4
　　　スポーツなんでもくらべる図鑑 3 …… 4
　　　日本体育基本文献集 大正・昭和戦前期
　　　別巻・解説 ……………………… 31

大阪府
　行幸啓誌 第52回国民体育大会・第33回
　　全国身体障害者スポーツ大会 …… 36
大崎 紀夫
　麦わら帽子の釣り本散歩 ………… 214
大住 良之
　浦和レッズ10年史 ………………… 69
太田 幸夫
　NEWマーク・記号の大百科 1 ……… 15
大谷 要三
　近代スポーツの歴史 年表式 ……… 11
大塚 一樹
　欧州サッカー6大リーグパーフェクト監
　　督名鑑 …………………………… 89
　最新サッカー用語大辞典 世界の戦術・理
　　論がわかる! …………………… 59
大友 信彦
　ザ・ワールドラグビー …………… 95
大野 清志
　動作法ハンドブック 初心者のための技
　　法入門 …………………………… 221
　動作法ハンドブック 基礎編 初心者のた
　　めの技法入門 改訂版 …………… 222
　動作法ハンドブック 応用編 行動問題、
　　心の健康、スポーツへの技法適用、 222
大野 千鶴
　スポーツ大図鑑 …………………… 4
大野 秀樹
　運動生理・生化学辞典 …………… 220
大場 一義
　近代体育スポーツ年表 1800-1997 三訂
　　版 ………………………………… 31
大見 信昭
　完全 大相撲力士名鑑 平成9年度版 … 175
大矢 順正
　実戦・観戦 スポーツ辞典 ………… 1
大山 喬史
　スポーツマウスガードハンドブック … 225
大山 俊治
　最先端&定番! フィッシングノット事典
　　あらゆるフィッシングステージで使え
　　る実践ノット58種 ……………… 214
尾陰 由美子
　中高年の運動実践ハンドブック 指導者
　　のための基礎知識 ……………… 20
小笠原 正
　SHINZANSHAスポーツ六法 2013 … 22
　スポーツ六法 2005 ……………… 22

　スポーツ六法 2006 ……………… 23
　スポーツ六法 2007 ……………… 23
　スポーツ六法 2008 ……………… 23
　スポーツ六法 2009 ……………… 23
　スポーツ六法 2010 ……………… 23
　スポーツ六法 2011 ……………… 23
　スポーツ六法 2012 ……………… 23
　スポーツ六法 2014 ……………… 23
岡田 知佐子
　野球ヒジ診療ハンドブック 肘の診断か
　　ら治療，検診まで ……………… 101
小川 恵子
　地域リハビリテーション白書 '93 … 232
沖縄マリン出版
　沖縄ダイビングポイントマップ集 1（沖
　　縄本島編）……………………… 204
　ダイビングポイントマップ No.2〔保存
　　版〕……………………………… 205
　ダイビングポイントマップ No.2 … 205
　ダイビングポイントマップ No.3 … 205
　ダイビングポイントマップ No.1〔保存
　　版〕……………………………… 205
　ダイビングポイントマップ No.4 … 205
オクスレード，クリス
　オリンピック大百科 ……………… 45
奥寺 康彦
　ワールドカップ・スカウティングレポー
　　ト ………………………………… 61
おくやま ひさし
　野花で遊ぶ図鑑 …………………… 191
小倉 茂徳
　川井チャンの「F単」F1中継によくでる
　　721語 …………………………… 206
小倉 伸一
　スポーツ辞典 ……………………… 2
　スポーツ用語辞典〔笠倉出版社〕 … 14
　スポーツ用語辞典 2007年度改訂版〔笠
　　倉出版社〕……………………… 14
　スポーツ用語辞典〔三修社〕 …… 14
　スポーツ用語辞典 改訂版〔三修社〕… 14
小倉 隆典
　最先端&定番! フィッシングノット事典
　　あらゆるフィッシングステージで使え
　　る実践ノット58種 ……………… 214
　フィッシング・ノット事典 ……… 214
小栗 和雄
　運動が体と心の働きを高めるスポーツ保
　　育ガイドブック 文部科学省幼児期運
　　動指針に沿って178種類の運動遊びを

　　　　紹介!! ……………………………… 33
オコナー，F.G.
　　ランニング医学大事典 評価・診断・治
　　療・予防・リハビリテーション …… 49
小佐野 淳
　　図説 武術事典 ……………………… 161
尾沢 和幸
　　脳と心と身体の図鑑 ビジュアル版 … 226
小沢 治夫
　　新学習指導要領ハンドブック これから
　　の授業に役立つ 2008（平成20）年3月
　　告示 中学校 保健体育 ……………… 34
押谷 由夫
　　新学習指導要領ハンドブック これから
　　の授業に役立つ 2008（平成20）年3月
　　告示 中学校 保健体育 ……………… 34
オズボーン，メアリー・ポープ
　　マジック・ツリーハウス探検ガイド サッ
　　カー大百科 …………………………… 95
織田 淳太郎
　　長嶋茂雄大事典 20世紀完全版 …… 105
落合 美美子
　　地域リハビリテーション白書 '93 … 232
小野崎 紀男
　　弓道人名大事典 ……………………… 165
　　日本弓道史料 第1巻 ………………… 165
　　日本弓道史料 第2巻 ………………… 165
　　日本弓道史料 第3巻 ………………… 165
　　日本弓道史料 第4巻 ………………… 165
　　日本弓道史料 第5巻 ………………… 165
　　日本弓道史料 第6巻 ………………… 165
　　日本弓道史料 第7巻 ………………… 165
　　日本弓道史料 第8巻 ………………… 165
　　日本弓道史料 第9巻 ………………… 165
　　日本弓道史料 第10巻 ……………… 165
オフサイド・ブックス編集部
　　イチロー、マリナーズからはじめる大
　　リーグ入門 …………………………… 138
小山 久美
　　バレエ用語集 ………………………… 202
オリックス野球クラブ
　　オリックス・バファローズパーフェクト
　　ガイド 2005 YearBook ……………… 121
　　オリックス・バファローズパーフェクト
　　ガイド 2006 yearBook ……………… 121
　　オリックス・バファローズパーフェクト
　　ガイド 2007 YearBook ……………… 121
　　オリックス・バファローズパーフェクト
　　ガイド 2008 YearBook ……………… 121
　　ORIX Buffaloes Perfect Guide 2009
　　………………………………………… 121
　　ORIX Buffaloes Perfect Guide 2010
　　………………………………………… 122
　　オリックス・バファローズパーフェクト
　　ガイド 2011 YearBook ……………… 122
オールター，ジェイソン・B.
　　決定版!野球の英語小辞典 メジャーリー
　　グを120％楽しむ本 ………………… 133

【か】

ガイド出版社
　　川釣り魚の事典 お父さんのためのトラ
　　の巻 釣り方から料理まで ………… 214
海堀 昌樹
　　肝疾患運動療法ハンドブック ……… 227
加来 耕三
　　日本武術・武道大事典 ……………… 161
顎関節症臨床医の会
　　顎関節症運動療法ハンドブック …… 227
格闘王編集部
　　武道＆格闘技ガイドブック ………… 167
掛水 通子
　　近代日本女子体育・スポーツ文献目録
　　1876-1996 …………………………… 31
景山 明日香
　　リハビリ用語526 見てすぐわかる!すぐ
　　に役立つ ……………………………… 230
笠井 修
　　スポーツにおける第三者委員会の現状と
　　課題 日本スポーツ法学会年報 第21号
　　（2014）……………………………… 25
かざま りんぺい
　　ぼくらの大冒険ハンドブック ……… 192
柏 澄子
　　海・山・キャンプ場でアウトドア救急ハ
　　ンドブック …………………………… 191
柏口 新二
　　野球ヒジ診療ハンドブック 肘の診断か
　　ら治療，検診まで ………………… 101
『語れ!WWE』編集部
　　語れ! WWE 2016選手名鑑 ………… 177
勝浦 正樹
　　ワーク・ライフ・バランスと日本人の生

活行動 ……………………………… 31
学校教材研究会
　イラストでわかる小学校単元別教材・教具一覧 3 ……………………………… 33
加藤 久
　スポーツ生活圏構想 スポーツ豊かさ度 都道府県ランキング コミュニティ再構築のカギとしてのスポーツ ……… 28
　まるごとワールドカップ ……………… 62
神奈川新聞社
　「かながわ・ゆめ大会」写真集 第34回全国身体障害者スポーツ大会 ダイジェスト版 ……………………………… 36
　高校野球神奈川グラフ 全国高校野球選手権神奈川大会 1995 …………… 129
　高校野球神奈川グラフ 2007 ……… 129
　高校野球神奈川グラフ 2008 ……… 129
　高校野球神奈川グラフ 2009 ……… 129
　高校野球神奈川グラフ 2010 ……… 129
　高校野球神奈川グラフ 2011 ……… 130
　高校野球神奈川グラフ 2012 ……… 130
　高校野球神奈川グラフ 2013 ……… 130
　高校野球神奈川グラフ 2014 ……… 130
　高校野球神奈川グラフ 2015 ……… 130
　第85回全国高校野球選手権神奈川大会 高校野球神奈川グラフ 2003 ……… 132
金指 基
　相撲大事典 ……………………………… 168
　相撲大事典 第2版 …………………… 168
　相撲大事典 第3版 …………………… 168
　相撲大事典 第4版 …………………… 168
金森 直治
　絵はがきを旅する つり人水辺のアーカイブス ………………………………… 217
金岡 恒治
　ジュニアアスリートをサポートするスポーツ医科学ガイドブック ………… 223
金児 昭
　私がほしかったダンス用語集 初めての人にもよくわかる 世界一やさしい"英和対訳"! ……………………………… 200
金子 直樹
　川井チャンの「F単」F1中継によくでる721語 ……………………………… 206
金子 義仁
　最新版 ワールドサッカーすごいヤツ全集 ……………………………… 90
　新 ワールドサッカーすごいヤツ全集 … 90
　メジャーリーガーすごいヤツ全集 2003

　…………………………………… 134
　メジャーリーガーすごいヤツ全集 2004
　…………………………………… 134
　メジャーリーガーすごいヤツ全集 2005
　…………………………………… 135
　メジャーリーガーすごいヤツ全集 2006
　…………………………………… 135
　ワールドサッカーすごいヤツ全集 ワールドサッカー ヒーローズ ストーリーズ ………………………………………… 91
　ワールドサッカーすごいヤツ全集 2002-2003 …………………………………… 91
　ワールドサッカーすごいヤツ全集 2003-2004 …………………………………… 91
　ワールドサッカーすごいヤツ全集 2004-2005 …………………………………… 91
　ワールドサッカーすごいヤツ全集 2005-2006 …………………………………… 92
　ワールドサッカーすごいヤツ全集 2006-2007 …………………………………… 92
　ワールドサッカーすごいヤツ全集 2007-2008 …………………………………… 92
　ワールドサッカーすごいヤツ全集 2008-2009 …………………………………… 92
兼本 成斌
　運動負荷試験ハンドブック ………… 221
嘉納 行光
　柔道大事典 …………………………… 162
狩野 洋一
　最新版 競馬騎手データ 当たり馬券は騎手で買え! 成績・技術・性格の分析結果が教える秘密の情報源 …………… 213
鏑木 裕
　MTB修理＆トラブル解決ハンドブック 緊急時に即対応! …………………… 194
加部 究
　2002 World Cup Perfect Guide Top 100 Players & 32 Teams …………… 61
　WORLD CUP SOCCER PERFECT GUIDE 2006 ……………………… 62
　World football players top 300 …… 92
唐木 国彦
　ボールゲーム指導事典 ……………… 53
刈田 敏
　湖で大物をつろう! コイ・フナ・マスにチャレンジ ………………………… 219
カルチョ2002
　ヨーロッパサッカー選手名鑑 2003-2004 …………………………………… 91
川井 一仁
　川井チャンの「F単」F1中継によくでる

721語 …… 206
川井チャンの「F単」millennium F1中継
によくでる用語 …… 206
川井チャンの「F単」サードエディション …… 206
川井チャンの「F単」フォースエディション F1中継によくでる用語 …… 206
川井ちゃんのF単 4th …… 206

川上 泰雄
新トレーニング用語辞典 改訂版 …… 233

川島 敏生
ぜんぶわかる動作・運動別筋肉・関節の
しくみ事典 リアルな部位別解剖図で
詳細解説 …… 220

川野 信之
フライフィッシング用語辞典 …… 214
フライフィッシング用語大辞典 …… 214

川村 禎三
柔道大事典 …… 162

河村 正之
山書散策 埋もれた山の名著を発掘する …… 184

関西テレビ放送スポーツ部プロ野球中継班
阪神タイガース熱血ファンブック 2004 …… 122

カンゼン編集部
セリエAパーフェクトガイド! 2003-2004 …… 94
プレミアリーグパーフェクトガイド! 2003-2004 …… 94

神元 久子
熱心なダンサーへ贈る読むダンス用語集 …… 200

神元 誠
熱心なダンサーへ贈る読むダンス用語集 …… 200

【き】

菊原 志郎
サッカー足ワザ大事典 毎日フェイント!200テクニック …… 58

菊谷 匡祐
世紀末的ゴルフ用語学 …… 142

岸野 雄三
近代体育スポーツ年表 1800-1997 三訂版 …… 31

北川 勇人
ニュースポーツ事典 …… 182
ニュースポーツ事典 改訂版 …… 182

北舘 洋一郎
NBA大事典 …… 55

北山 真
フリークライミング日本100岩場 2 …… 190

木村 浩
よくわかる! 記号の図鑑 5 …… 15

木村 穣
肝疾患運動療法ハンドブック …… 227

京極 高宣
リハビリテーション事典 …… 228

京須 利敏
大相撲力士名鑑 …… 169
大相撲力士名鑑 平成5年上期版 …… 169
大相撲力士名鑑 平成5年下期版 …… 170
大相撲力士名鑑 平成6年上期版 …… 170
大相撲力士名鑑 平成6年下期版 …… 170
大相撲力士名鑑 平成7年版 …… 170
大相撲力士名鑑 平成8年版 …… 170
大相撲力士名鑑 平成9年版 …… 170
大相撲力士名鑑 平成10年版 …… 170
大相撲力士名鑑 平成11年版 …… 170
大相撲力士名鑑 平成12年版 …… 170
大相撲力士名鑑 平成13年版 …… 171
大相撲力士名鑑 平成14年版 …… 171
大相撲力士名鑑 平成15年版 …… 171
大相撲力士名鑑 平成16年版 …… 171
大相撲力士名鑑 平成17年版 …… 171
大相撲力士名鑑 平成18年版 …… 172
大相撲力士名鑑 平成19年版 …… 172
大相撲力士名鑑 平成20年版 …… 172
大相撲力士名鑑 平成21年版 …… 172
大相撲力士名鑑 平成22年版 …… 172
大相撲力士名鑑 平成23年版 …… 172
大相撲力士名鑑 平成24年版 …… 172
大相撲力士名鑑 平成25年版 …… 173
大相撲力士名鑑 平成26年版 …… 173
大相撲力士名鑑 平成27年版 …… 173
大相撲力士名鑑 平成28年版 …… 173
大相撲力士名鑑 平成29年版 …… 173

近代ゴルフ出版協会
近代キャディ事典 2016年規則改訂版 …… 143

金融財政事情研究会
業種別貸出審査事典 第8巻 第9次新版 …… 39

業種別審査事典 第8巻 第10次新版 40
業種別審査事典 第9巻 第13次 40
第7次新版 業種別貸出審査事典 第3巻
　.. 40
第7次新版 業種別貸出審査事典 第7巻
　.. 40
第11次業種別審査事典 第9巻 40
第12次業種別審査事典 第9巻 40

【く】

草野 修輔
　急性期リハビリテーションハンドブック 理学療法士・作業療法士のためのチーム医療で必要なクリニカルポイント 原著第2版 230
楠瀬 良
　馬のハンドブック イラストガイドで馬に乗ろう! 165
工藤 雷介
　柔道名鑑 162
国柄 后子
　エアロビック・エクササイズ・ガイド .. 204
国吉 好弘
　サッカーマルチ大事典 58
久野 康弘
　流れを釣るドライパターン108 2 216
窪寺 紘一
　日本相撲大鑑 168
熊本県
　行幸啓誌 第54回国民体育大会 第35回全国身体障害者スポーツ大会 36
クラップ, ジェームズ
　妊娠中の運動ハンドブック 225
グラフィック社
　完全保存版 全国自転車名店ガイド 194
CREATE UP CO., LTD.グループ「トラキチ21」
　新聞紙面でみる猛虎の挑戦 阪神タイガースの歩み チーム誕生昭和10年から平成14年星野阪神開幕奪首まで阪神タイガースの栄光と挫折の歴史 116
栗栖 茜
　登山サバイバル・ハンドブック 186
クリッピンガー, カレン
　図説 ダンスの解剖・運動学大事典 テクニックの上達と損傷予防のための基礎とエクササイズ 198
栗山 節郎
　ぜんぶわかる動作・運動別筋肉・関節のしくみ事典 リアルな部位別解剖図で詳細解説 220
グループかくし球
　めざせV2!栄光の巨人軍群像 118
クレイン, デブラ
　オックスフォードバレエダンス事典 .. 201
グロー, アンドレー
　写真でみる世界の舞踊 「知」のビジュアル百科〈42〉 199
黒川 省三
　決定版!野球の英語小辞典 メジャーリーグを120%楽しむ本 133
　こんなに違う日米野球用語小事典 100
黒澤 尚
　変形性膝関節症の運動・生活ガイド 運動療法と日常生活動作の手引き 第3版 .. 228
黒田 善雄
　スポーツ医学事典 222
Croise
　バレエ用語集 202
郡司 篤晃
　健康運動指導者必携キーワード 19

【け】

慶応義塾体育会蹴球部黒黄会
　慶応義塾体育会蹴球部百年史 63
経済企画庁
　学校における製品安全教育のすすめ方 家電製品・スポーツ用品編 製品安全教育事業等に関する調査報告書 40
経済産業省
　特定サービス産業実態調査報告書 平成20年 スポーツ・娯楽用品賃貸業編 ... 41
　特定サービス産業実態調査報告書 平成21年 自動車賃貸業、スポーツ・娯楽用品賃貸業、その他の物品賃貸業編 .. 41
　特定サービス産業実態調査報告書 平成22年 自動車賃貸業、スポーツ・娯楽用品賃貸業、その他の物品賃貸業編 .. 41
　特定サービス産業実態調査報告書 平成25年 自動車賃貸業、スポーツ・娯楽用品賃貸業、その他の物品賃貸業編 .. 41

特定サービス産業実態調査報告書 平成26年 自動車賃貸業、スポーツ・娯楽用品賃貸業、その他の物品賃貸業編 ‥ 41
特定サービス産業実態調査報告書 平成20年 スポーツ・娯楽用品賃貸業編 ‥ 41
特定サービス産業実態調査報告書 平成21年 自動車賃貸業、スポーツ・娯楽用品賃貸業、その他の物品賃貸業編 ‥ 41
特定サービス産業実態調査報告書 平成22年 自動車賃貸業、スポーツ・娯楽用品賃貸業、その他の物品賃貸業編 ‥ 41
特定サービス産業実態調査報告書 平成25年 自動車賃貸業、スポーツ・娯楽用品賃貸業、その他の物品賃貸業編 ‥ 41
特定サービス産業実態調査報告書 平成26年 自動車賃貸業、スポーツ・娯楽用品賃貸業、その他の物品賃貸業編 ‥ 42
特定サービス産業実態調査報告書 平成21年 スポーツ施設提供業編 ‥‥‥‥‥ 39
特定サービス産業実態調査報告書 平成22年 スポーツ施設提供業編 ‥‥‥‥‥ 39
特定サービス産業実態調査報告書 平成25年 スポーツ施設提供業編 ‥‥‥‥‥ 39
特定サービス産業実態調査報告書 平成26年 スポーツ施設提供業編 ‥‥‥‥‥ 39
特定サービス産業実態調査報告書 平成21年 スポーツ施設提供業編 ‥‥‥‥‥ 39
特定サービス産業実態調査報告書 平成22年 スポーツ施設提供業編 ‥‥‥‥‥ 39
特定サービス産業実態調査報告書 平成25年 スポーツ施設提供業編 ‥‥‥‥‥ 39
特定サービス産業実態調査報告書 平成26年 スポーツ施設提供業編 ‥‥‥‥‥ 39
競馬フォーラム
　中央競馬騎手万馬券データBOOK 馬単・3連複対応 ‥‥‥‥‥‥‥‥‥‥ 213
月刊フィットネスジャーナル編集部
　全国フィットネスクラブ名鑑 2001 ‥‥ 204
　全国フィットネスクラブ名鑑 2003 ‥‥ 204
　全国フィットネスクラブ名鑑 2005 ‥‥ 204
　全国フィットネスクラブ名鑑 就職活動資料 2007 ‥‥‥‥‥‥‥‥‥‥ 204
　全国フィットネスクラブ名鑑 就職活動資料 2008 ‥‥‥‥‥‥‥‥‥‥ 204
ケリー，ジェームズ
　ビジュアル博物館 第83巻 ‥‥‥‥‥ 139

【こ】

小池 純二
　完全網羅!釣り仕掛けハンドブック 1つの仕掛けで多種の魚が釣れる! ‥‥‥‥ 215
厚生省長寿科学総合研究事業・変形性膝関節症及び変形性脊椎症の疫学、予防、治療に関する研究班
　変形性膝関節症の運動・生活ガイド 運動療法と日常生活動作の手引き ‥‥ 227
講談社文庫
　ワールドカップ全記録 ‥‥‥‥‥‥‥ 62
講談社ベック
　詳細図鑑 さかなの見分け方 ‥‥‥‥ 218
国際空手道連盟・極真会館
　極真カラテ年鑑 第10号 ‥‥‥‥‥‥ 162
国際地学協会ゴルフ編集部
　最新版 関西ゴルフ場ガイドマップ '92 ‥‥‥‥‥‥‥‥‥‥‥‥‥‥‥‥ 147
小暮 幹雄
　どこでも役立つ ひもとロープの結び方テクニック ‥‥‥‥‥‥‥‥‥‥ 193
小関 順二
　プロ野球スカウティングレポート 2006 ‥‥‥‥‥‥‥‥‥‥‥‥‥‥‥ 108
　プロ野球スカウティングレポート 2007 ‥‥‥‥‥‥‥‥‥‥‥‥‥‥‥ 108
　プロ野球スカウティングレポート 2008 ‥‥‥‥‥‥‥‥‥‥‥‥‥‥‥ 108
　プロ野球スカウティングレポート 2009 ‥‥‥‥‥‥‥‥‥‥‥‥‥‥‥ 108
　プロ野球スカウティングレポート 2010 ‥‥‥‥‥‥‥‥‥‥‥‥‥‥‥ 108
　プロ野球スカウティングレポート 2011 ‥‥‥‥‥‥‥‥‥‥‥‥‥‥‥ 109
　プロ野球スカウティングレポート 2012 ‥‥‥‥‥‥‥‥‥‥‥‥‥‥‥ 109
　プロ野球スカウティングレポート 2013 ‥‥‥‥‥‥‥‥‥‥‥‥‥‥‥ 109
　プロ野球スカウティングレポート 2014 ‥‥‥‥‥‥‥‥‥‥‥‥‥‥‥ 109
後藤 健生
　Jリーグ観戦ガイドブック 10倍たのしめる ‥‥‥‥‥‥‥‥‥‥‥‥‥ 71
　ビジュアル博物館 第82巻 ‥‥‥‥‥ 95
琴剣 淳弥
　図解平成大相撲決まり手大事典 ‥‥‥ 167

こどもくらぶ
　スポーツなんでも事典 学校スポーツ … 35
　スポーツなんでも事典 ゴルフ ……… 147
　スポーツなんでも事典 サッカー …… 60
　スポーツなんでも事典 柔道 ………… 162
　スポーツなんでも事典 水泳 ………… 158
　スポーツなんでも事典 スキー・スケート ……………………………………… 155
　スポーツなんでも事典 体操 ………… 48
　スポーツなんでも事典 卓球 ………… 99
　スポーツなんでも事典 ダンス ……… 199
　スポーツなんでも事典 テニス ……… 99
　スポーツなんでも事典 バスケットボール ……………………………………… 53
　スポーツなんでも事典 バドミントン … 99
　スポーツなんでも事典 バレーボール … 56
　スポーツなんでも事典 武道 ………… 161
　スポーツなんでも事典 野球 ………… 101
　スポーツなんでも事典 陸上競技 …… 49
　スポーツ日本地図 1 ………………… 44
　スポーツ日本地図 2 ………………… 44
　スポーツ日本地図 3 ………………… 44
　民族スポーツってなんだろう? ……… 43
小西 和人
　新さかな大図鑑 釣魚 カラー大全 …… 218
小西 英人
　新さかな大図鑑 釣魚 カラー大全 …… 218
小浜 啓次
　ニュー・アウトドア救急ハンドブック 改訂版 ……………………………………… 191
小林 明芳
　運動負荷試験ハンドブック ………… 221
小林 寛道
　運動が体と心の働きを高めるスポーツ保育ガイドブック 文部科学省幼児期運動指針に沿って178種類の運動遊びを紹介!! ……………………………………… 33
小林 智明
　スポーツまるかじり事典 テレビで見るスポーツが断然面白くなる! ……… 18
小林 勇次
　F1グランプリ大事典 ………………… 206
小原 清治
　騎手＆調教師「この関係」を狙えばズバズバ当たる! 競馬界の人間模様を馬券に活かす 2005 ……………………… 213
コラム，ロドニー
　エアロビック・エクササイズ・ガイド … 204

ゴルフ特信編集部
　ゴルフ場企業グループ＆系列 ゴルフ特信資料集 2003年 ……………………… 143
　ゴルフ場企業グループ＆系列 ゴルフ特信資料集 2004年 ……………………… 143
　ゴルフ場企業グループ＆系列 ゴルフ特信資料集 2005年 ……………………… 143
　ゴルフ場企業グループ＆系列 ゴルフ特信資料集 2006年 ……………………… 143
　ゴルフ場企業グループ＆系列 ゴルフ特信資料集 2007年 ……………………… 143
　ゴルフ場企業グループ＆系列 ゴルフ特信資料集 2008年 ……………………… 144
　ゴルフ場企業グループ＆系列 ゴルフ特信資料集 2009年 ……………………… 144
　ゴルフ場企業グループ＆系列 ゴルフ特信資料集 2010年 ……………………… 144
　ゴルフ場企業グループ＆系列 ゴルフ特信資料集 2011年 ……………………… 144
　ゴルフ場企業グループ＆系列 ゴルフ特信資料集 2012年 ……………………… 144
　ゴルフ場企業グループ＆系列 ゴルフ特信資料集 2013年 ……………………… 144
　ゴルフ場企業グループ＆系列 ゴルフ特信資料集 2014年 ……………………… 144
　ゴルフ場企業グループ＆系列 ゴルフ特信資料集 2015年 ……………………… 144
　ゴルフ場企業グループ＆系列 ゴルフ特信資料集 2016年 ……………………… 145
ゴルフマガジン編集部
　日本プロゴルフイヤーブック 1990 … 154
　日本プロゴルフイヤーブック 1991 … 154
今 靖行
　青森県力士人名辞典 ………………… 168
コンサドーレ札幌
　コンサドーレ札幌オフィシャル・ガイドブック 1997 ………………………… 79
　コンサドーレ札幌オフィシャル・ガイドブック 2004 ………………………… 79
　コンサドーレ札幌オフィシャル・ガイドブック 2005 ………………………… 79
　コンサドーレ札幌オフィシャル・ガイドブック 2006 ………………………… 79
　コンサドーレ札幌オフィシャル・ガイドブック 2007 ………………………… 79
　コンサドーレ札幌オフィシャル・ガイドブック 2008 ………………………… 79
　コンサドーレ札幌オフィシャル・ガイドブック 2009 ………………………… 79
　コンサドーレ札幌オフィシャル・ガイドブック 2010 ………………………… 79

コンサドーレ札幌オフィシャル・ガイドブック 2011 ……………… 80
コンサドーレ札幌オフィシャル・ガイドブック 2012 ……………… 80
コンサドーレ札幌オフィシャル・ガイドブック 2013 ……………… 80
コンサドーレ札幌オフィシャル・ガイドブック 2014 ……………… 80
コンサドーレ札幌オフィシャル・ガイドブック 2015 ……………… 80
北海道コンサドーレ札幌オフィシャル・ガイドブック 2016 ……………… 84

コンツァク, I.
　ボールゲーム指導事典 ……………… 53

近藤 隆夫
　格闘技がわかる絵事典 国が変わればルールも変わる!古武道から総合格闘技まで ……………… 167
　格闘技スカウティングレポート 1998 ……………… 166
　格闘技スカウティングレポート 2000 ……………… 166

紺野 晃
　ニュースポーツ百科 ……………… 42
　ニュースポーツ百科 新訂版 ……………… 42

【さ】

西条 雅浩
　これが世界標準! 実用ゴルフ英単語ブック ……………… 142

埼玉県バレーボール協会医科学委員会
　バレーボール医科学ハンドブックQ&A バレーボール競技関係者からのよくある質問に答えて ……………… 56

埼玉新聞社
　高校野球グラフ〔埼玉新聞社〕2002 ‥ 131
　高校野球グラフ〔埼玉新聞社〕2004 ‥ 131
　高校野球グラフ〔埼玉新聞社〕2005 ‥ 131
　高校野球グラフ〔埼玉新聞社〕2006 ‥ 131
　高校野球グラフ〔埼玉新聞社〕2007 ‥ 131
　高校野球グラフ〔埼玉新聞社〕2009 ‥ 131
　高校野球グラフ〔埼玉新聞社〕2012 ‥ 131
　高校野球グラフ〔埼玉新聞社〕2013 ‥ 131
　高校野球グラフ〔埼玉新聞社〕2014 ‥ 131
　埼玉高校野球グラフ 2015 Vol40 …… 132
　埼玉高校野球グラフ 2016 ……………… 132
　第93回全国高校野球選手権埼玉大会 高校野球グラフ 2011 Vol36 ……………… 132

財団法人全日本スキー連盟
　教育本部オフィシャル・ブック 財団法人全日本スキー連盟 2002年度版 …… 155

斎藤 一男
　山をよむ ……………… 184

齋藤 健司
　新トレーニング用語辞典 改訂版 …… 233

斎藤 静代
　バレエの世界へようこそ! あこがれのバレエ・ガイド ……………… 202

斎藤 文彦
　プロレス大事典 ……………… 177
　レジェンド100 アメリカン・プロレス伝説の男たち ……………… 177

阪田 尚彦
　学校体育授業事典 ……………… 32

坂本 邦夫
　プロ野球データ事典 ひいきチームの主力選手のすべてが一目でわかる!これで100倍おもしろく観戦できる …… 118

坂本 静男
　最新スポーツ医科学ハンドブック スポーツの効果とリスク ……………… 223

坂本 雅也
　流れを釣るドライパターン108 2 …… 216

坂本 洋一
　リハビリテーション事典 ……………… 228

桜井 栄七郎
　球技用語事典 ……………… 53

桜木 仁
　相撲面白事典 ……………… 168

笹川スポーツ財団
　子どものスポーツライフ・データ 4～9歳のスポーツライフに関する調査報告書 2010 ……………… 35
　子どものスポーツライフ・データ 4～9歳のスポーツライフに関する調査報告書 2012 ……………… 36
　子どものスポーツライフ・データ 4～9歳のスポーツライフに関する調査報告書 2013 ……………… 36
　子どものスポーツライフ・データ 4～9歳のスポーツライフに関する調査報告書 2015 ……………… 36
　スポーツ白書 2001年のスポーツ・フォア・オールに向けて ……………… 6
　スポーツ白書 2010 ……………… 7
　スポーツ白書 スポーツの新たな価値の

発見 ……………………………… 7
スポーツ白書〔2011年〕 …………… 7
スポーツ白書 2014 ………………… 7
スポーツ・ボランティア・データブック …………………………………… 36
スポーツライフ・データ スポーツライフに関する調査報告書 1996 ……… 29
スポーツライフ・データ スポーツライフに関する調査報告書 1998 ……… 29
スポーツライフ・データ スポーツライフに関する調査報告書 2000 ……… 29
スポーツライフ・データ スポーツライフに関する調査報告書 2002 ……… 29
スポーツライフ・データ スポーツライフに関する調査報告書 2004 ……… 29
スポーツライフ・データ スポーツライフに関する調査報告書 2006 ……… 29
スポーツライフ・データ スポーツライフに関する調査報告書 2008 ……… 30
スポーツライフ・データ スポーツライフに関する調査報告書 2010 ……… 30
スポーツライフ・データ スポーツライフに関する調査報告書 2012 ……… 30
スポーツライフ・データ スポーツライフに関する調査報告書 2014 ……… 30
スポーツライフ・データ スポーツライフに関する調査報告書 2016 ……… 30
青少年のスポーツライフ・データ 10代のスポーツライフに関する調査報告書 2002 ……………………………… 30
青少年のスポーツライフ・データ 10代のスポーツライフに関する調査報告書 2006 ……………………………… 30
青少年のスポーツライフ・データ 10代のスポーツライフに関する調査報告書 2010 ……………………………… 30
青少年のスポーツライフ・データ 10代のスポーツライフに関する調査報告書 2012 ……………………………… 31
青少年のスポーツライフ・データ 10代のスポーツライフに関する調査報告書 2013 ……………………………… 31
青少年のスポーツライフ・データ 10代のスポーツライフに関する調査報告書 2015 ……………………………… 31

佐々木 洋
　プロ・ナチュラリスト佐々木洋の野遊びハンドブック「野性復活ゲーム」77 ‥ 192

笹間 良彦
　図説・日本武道辞典 普及版 ………… 160

サッカー新聞ELGOLAZO編集部
　親子で学ぶサッカー世界図鑑 ………… 95

　親子で学ぶサッカー世界図鑑 改訂版 … 95

サッカー批評編集部
　ワールドサッカー歴史年表 …………… 88

佐藤 尚孝
　最新MLB情報 ベースボール英和辞典 ……………………………………… 133
　ベースボール和英辞典 ………………… 100

佐藤 宣践
　柔道大事典 ……………………………… 162
　柔道 技の大百科 1 …………………… 162
　柔道 技の大百科 2 …………………… 162
　柔道 技の大百科 3 …………………… 162

佐野 金吾
　新学習指導要領ハンドブック これからの授業に役立つ 2008（平成20）年3月告示 中学校 保健体育 ……………… 34

佐野 之彦
　メジャーリーグプレイヤーズガイド 2002 …………………………………… 137
　メジャーリーグプレイヤーズガイド 2003 …………………………………… 138

佐山 和夫
　野球の英語A to Z 佐山和夫が語るアメリカ野球用語 …………………………… 100

サラブレ編集部
　実戦的最新・騎手DATA BOOK …… 213

沢田 一矢
　大相撲の事典 …………………………… 167
　大相撲の事典 新装版 ………………… 167

沢田 賢一郎
　THE TUBE FLY ………………………… 215

沢田 敏典
　NBA選手名鑑 エキサイティング・プロバスケットボール!! '94 …………… 55

沢渡 要
　鮎毛バリ大図鑑 特選1200本収録 半世紀を超えるベテラン筆者が語る釣れる毛バリを選ぶ、使うポイント …………… 217

沢村 誠志
　地域リハビリテーション白書 '93 …… 232
　地域リハビリテーション白書 2 …… 232
　地域リハビリテーション白書 3 …… 232

沢柳 政義
　最新野球場大事典 ……………………… 100

【し】

JGA
 ゴルフルール早わかり集 2008-2009 ‥ 146
 ゴルフルール早わかり集 2010-2011 ‥ 146
 ゴルフルール早わかり集 2012-2013 ‥ 146
 ゴルフルール早わかり集 2014-2015 ‥ 146
 ゴルフルール早わかり集 2016-2017 ‥ 147
 最新ゴルフルールハンドブック〔2004〕
  ………………………………………… 147
 最新ゴルフルールハンドブック〔2008〕
  ………………………………………… 147
 最新JGAゴルフルールハンドブック ‥ 147
 明解 ゴルフルール早わかり集 1998 ‥ 148
 明解 ゴルフルール早わかり集 2002 ‥ 149
 明解 ゴルフルール早わかり集 2003 ‥ 149
 明解 ゴルフルール早わかり集 2004 ‥ 149
 明解 ゴルフルール早わかり集 2005 ‥ 150
 明解 ゴルフルール早わかり集 2006 ‥ 150
 明解 ゴルフルール早わかり集 2007 ‥ 150

J's GOAL J2ライター班
 J2白書 永久保存版 2010 ……………… 80
 J2白書 2011 …………………………… 80
 J2白書 2012 …………………………… 80
 J2白書 2013 永久保存版 ……………… 80
 J2白書 2014／2015 永久保存版 ……… 81

JBL
 JBLスーパーリーグ2001-2002 第35回バスケットボール日本リーグ公式プログラム ……………………………………… 54
 JBLスーパーリーグ2002-2003 第36回バスケットボール日本リーグオフィシャルプログラム …………………………… 54
 JBLスーパーリーグ2003-2004 第37回バスケットボール日本リーグオフィシャルプログラム …………………………… 54
 JBLスーパーリーグ2004-2005 第38回バスケットボール日本リーグオフィシャルプログラム …………………………… 54
 JBLスーパーリーグ2005-2006 第39回バスケットボール日本リーグオフィシャルプログラム …………………………… 54
 JBLスーパーリーグ2006-2007 第40回バスケットボール日本リーグオフィシャルプログラム …………………………… 55

Jリーグ
 J.LEAGUE YEARBOOK Jリーグ公式記録集 1999 ………………………… 81
 J.LEAGUE YEARBOOK Jリーグ公式記録集 2000 ………………………… 81
 J.LEAGUE YEARBOOK Jリーグ公式記録集 2001 ………………………… 81
 J.LEAGUE YEARBOOK Jリーグ公式記録集 2002 ………………………… 81
 J.LEAGUE YEARBOOK Jリーグ公式記録集 2003 ………………………… 81
 J.LEAGUE YEARBOOK Jリーグ公式記録集 2004 ………………………… 81
 J.LEAGUE YEARBOOK Jリーグ公式記録集 2005 ………………………… 82
 J.LEAGUE YEARBOOK Jリーグ公式記録集 2006 ………………………… 82
 J.LEAGUE YEARBOOK Jリーグ公式記録集 2007 ………………………… 82
 J.LEAGUE YEARBOOK Jリーグ公式記録集 2011 ………………………… 82
 J.LEAGUE YEARBOOK Jリーグ公式記録集 2012 ………………………… 82
 J.LEAGUE YEARBOOK Jリーグ公式記録集 2013 ………………………… 82
 J.LEAGUE YEARBOOK Jリーグ公式記録集 2014 ………………………… 82
 J.LEAGUE YEARBOOK Jリーグ公式記録集 2015 ………………………… 82
 Jリーグオフィシャル・ファンズ・ガイド スタジアムへ行こう! 1999 ……… 70
 Jリーグオフィシャル・ファンズ・ガイド スタジアムへ行こう! 2000 ……… 70
 J.League official fans' guide Here we go! スタジアムへ行こう 2001 ……… 70
 Jリーグオフィシャルファンズガイド 2002 …………………………………… 70
 J.LEAGUE OFFICIAL FANS' GUIDE 2003 …………………………………… 71
 J.LEAGUE OFFICIAL FANS' GUIDE 2004 …………………………………… 71
 J.LEAGUE OFFICIAL FANS' GUIDE 2005 …………………………………… 71
 J・リーグオフィシャルファンズガイド 2006 …………………………………… 71
 J.LEAGUE OFFICIAL FANS' GUIDE 2007 …………………………………… 71

J.LEAGUE YEARBOOK 1999編集委員会
 J.LEAGUE YEARBOOK Jリーグ公式記録集 1999 ………………………… 81

J.LEAGUE YEARBOOK 2000編集委員会
 J.LEAGUE YEARBOOK Jリーグ公式記録集 2000 ………………………… 81

J.LEAGUE YEARBOOK 2001編集委員会
 J.LEAGUE YEARBOOK Jリーグ公式

記録集 2001 ……………………… 81
塩野　宏
　　SHINZANSHAスポーツ六法 2013 …… 22
　　スポーツ六法 2005 ……………… 22
　　スポーツ六法 2006 ……………… 23
　　スポーツ六法 2007 ……………… 23
　　スポーツ六法 2008 ……………… 23
　　スポーツ六法 2009 ……………… 23
　　スポーツ六法 2010 ……………… 23
　　スポーツ六法 2011 ……………… 23
　　スポーツ六法 2012 ……………… 23
　　スポーツ六法 2014 ……………… 23
資格試験研究会
　　スポーツの資格オールガイド '99 …… 19
　　スポーツの資格オールガイド 2000年度版 …………………………………… 19
仕事の図鑑編集委員会
　　夢に近づく仕事の図鑑 2 ………… 20
時事通信出版局
　　新学習指導要領ハンドブック これからの授業に役立つ 2008（平成20）年3月告示 中学校 保健体育 ………… 34
静岡産業大学
　　運動が体と心の働きを高めるスポーツ保育ガイドブック 文部科学省幼児期運動指針に沿って178種類の運動遊びを紹介!! …………………………… 33
実務教育出版
　　知的レジャー・スポーツ情報源 休日を有効に活かすガイドブック ……… 182
GTPA
　　ゴルフルール早わかり集 2008-2009 … 146
　　ゴルフルール早わかり集 2010-2011 … 146
　　ゴルフルール早わかり集 2012-2013 … 146
　　明解 ゴルフルール早わかり集 1998 … 148
自転車生活ブックス編集部
　　多摩川すいすい自転車旅マップ 河口から源流まで多摩川のすべてを知り尽くす旅 改訂版 ………………………… 194
芝　健太郎
　　ゴルフルール教本 改訂版 ………… 145
　　ゴルフルール教本 全訂新版 ……… 146
　　ゴルフルール教本 新・改訂版 …… 146
　　ゴルフルール教本 2000年・大改訂版 … 146
柴田　晶
　　ブラジルサッカー総覧 ブラジルサッカーの歴史から用語まで ……………… 94
柴山　明
　　スポーツ基礎数理ハンドブック …… 221

ジフォード，クライブ
　　みんなのスポーツ大百科 世界のスポーツ160 ……………………………… 42
渋沢　文隆
　　新学習指導要領ハンドブック これからの授業に役立つ 2008（平成20）年3月告示 中学校 保健体育 ………… 34
清水　雅子
　　リハビリテーション英語の基本用語と表現 …………………………………… 229
清水　康行
　　完全・大リーグ選手名鑑 '97 ……… 133
清水　良隆
　　ニュースポーツ百科 ………………… 42
　　ニュースポーツ百科 新訂版 ……… 42
ジミー鈴木
　　現地発!ジミー鈴木のアメリカン・プロレス直行便2005 ………………… 178
志村　栄一
　　最新 ソフトバレー・ハンドブック …… 56
下野新聞社
　　学童野球グラフ 1993 ……………… 102
　　学童野球グラフ 1997 ……………… 102
　　学童野球グラフ 2003 ……………… 102
下間　大輔
　　NEWワールドサッカー すごいヤツ全集 ……………………………………… 90
ジャニス編集部
　　沖縄のダイビングショップ・サービス … 204
ジャネル，クリストファー・M.
　　スポーツ心理学大事典 …………… 226
JAM企画編集部
　　貸テニスコートガイド 首都圏版〔'94〕 …………………………………… 98
　　貸テニスコートガイド 首都圏版（'95） …………………………………… 98
　　貸テニスコートガイド 首都圏版（'96） …………………………………… 98
　　貸テニスコートガイド 首都圏版〔'98〕 …………………………………… 98
　　貸テニスコートガイド リゾート・公営コートも同時掲載 首都圏版〔'99〕 新版 ……………………………………… 99
　　貸テニスコートガイド 首都圏版 2000 …………………………………… 99
　　マル貸テニスコートガイド 首都圏版 '97 ……………………………………… 99
週刊サッカー・マガジン
　　サッカーマルチ大事典 ……………… 58

サッカーマルチ大事典 改訂版 58
自由時間デザイン研究会
　ニュースポーツ100 2002年版 42
舟艇協会
　ヨット、モーターボート用語辞典 159
シュティーラー, G.
　ボールゲーム指導事典 53
首都大学東京体力標準研究会
　新・日本人の体力標準値 2 235
小学館
　Jリーグ大事典 66
　Jリーグ大事典 1994-1995 66
小学館クリエイティブ
　スポーツ年鑑 2008 5
　スポーツ年鑑 2009 5
　スポーツ年鑑 2010 5
　スポーツ年鑑 2011 5
　スポーツ年鑑 2012 5
　スポーツ年鑑 2013 5
　スポーツ年鑑 2014 6
　スポーツ年鑑 2015 6
　スポーツ年鑑 2016 6
小学校体育指導者研究会
　小学校体育運動・用語活用事典 32
庄司 正実
　ビジネスマンのための健康管理事典 チェック 健診・運動・食生活 27
食品流通情報センター
　余暇・レジャー総合統計年報 '98〜'99 182
　余暇・レジャー総合統計年報 '99 183
　余暇・レジャー総合統計年報 2000 183
　余暇・レジャー総合統計年報 2001 183
シンガー, ロバート・N.
　スポーツ心理学大事典 226
新紀元社
　図説 剣技・剣術 164
　図説 剣技・剣術 2 164
新宮 正春
　プロ野球を創った名選手・異色選手400人 107
新里 勝彦
　沖縄空手古武道事典 160
真珠書院編集部
　高等学校スポーツ・文化データブック 2004年度版 34
　高等学校データブック スポーツ・文化編 34
新書館
　バレエ・ダンサー201 202
　バレエ用語集 202
新人物往来社
　剣の達人111人データファイル 164
新藤 弘子
　バレエ・キャラクター事典 新装版 ... 201

【す】

水道橋野球倶楽部
　プロ野球最強列伝 沢村栄治からダルビッシュまで 107
　プロ野球最強列伝 歴代オールスター100人大集合! 新版 107
スイミング・マガジン編集部
　ザ・スーパースイマーズ '92 157
　スイミング年鑑 2001 158
　スイミング年鑑 2002 158
　スイミング年鑑 2003 158
　スイミング年鑑 2004 158
　スイミング年鑑 2005 159
杉岡 洋一
　変形性膝関節症の運動・生活ガイド 運動療法と日常生活動作の手引き 227
　変形性膝関節症の運動・生活ガイド 運動療法と日常生活動作の手引き 第2版 ... 228
　変形性膝関節症の運動・生活ガイド 運動療法と日常生活動作の手引き 第3版 ... 228
杉田 幸三
　日本剣客事典 決定版 164
杉山 薫
　ビジネスマンのための健康管理事典 チェック 健診・運動・食生活 27
杉山 邦博
　大相撲手帳 176
杉山 茂樹
　欧州サッカー選手名鑑 2002-2003 89
　欧州サッカー選手名鑑 2003-2004 89
　欧州サッカー選手名鑑 2004-2005 89
　欧州サッカー選手名鑑 2005-2006 89
　サッカー監督図鑑 オールカラー!世界と日本の現役サッカー監督176人のすべて 90
　サッカー布陣図鑑 オールカラー!観戦力

を鍛える41のフォーメーション 60
杉山茂樹の史上最大サッカーランキング 60
ヨーロッパ・サッカー完全選手名鑑 2000-2001 91
杉山 貴宏
　メジャーリーグプレイヤーズガイド 2003 138
スクワッド
　親子で学ぶサッカー世界図鑑 95
鈴木 晶
　オックスフォードバレエダンス事典 .. 201
鈴木 澄雄
　絶景!!富士山と花を眺める百名山 中高年のための登山術 186
鈴木 紀之
　スポーツからきた英語表現辞典 14
鈴木 正治
　サッカー足ワザ大事典 毎日フェイント!200テクニック 58
須田 鷹雄
　バンキシュ! 騎手で勝つ・史上最強の乗り替わり事典 212
　バンキシュ! 2004覇者編 騎手で勝つ!地上最強の「乗り替わり」事典 212
スタジオ・ビーイング
　アウトドア ロープワーク ハンドブック 193
スタッブズ，レイ
　スポーツ大図鑑 4
スポーツ関係六法編集委員会
　必携スポーツ関係六法 2004（平成16年）... 23
　必携スポーツ関係六法 2005（平成17年）... 23
　必携スポーツ関係六法 2006 23
　必携スポーツ関係六法 2007（平成19）年版 24
　必携スポーツ関係六法 2008（平成20）年版 24
　必携スポーツ関係六法 2009年版 24
スポーツ記録編集委員会
　スポーツ記録 オリンピックをはじめ全記録総覧 栄光と挑戦の記録 44
　スポーツ記録 オリンピックをはじめ全記録総覧 92年版 44
スポーツ指導・実務ハンドブック編集委員会
　スポーツ指導・実務ハンドブック 19
　スポーツ指導・実務ハンドブック 法、政策、行政、文化 第2版 19
　スポーツ指導・実務ハンドブック 法、政策、行政、文化 第2版ダイジェスト版 19
スポーツにおけるグッドガバナンス研究会
　スポーツガバナンス実践ガイドブック 基礎知識から構築のノウハウまで 44
スポーツニッポン新聞社
　スポニチJリーグ選手名鑑 '93 改訂版 67
　スポニチJリーグ選手名鑑 '94 67
　スポニチJリーグ選手名鑑 2003 67
　スポニチプロ野球手帳 '91 116
　スポニチプロ野球手帳 選手ガイド 1992 116
　スポニチプロ野球手帳 選手ガイド '95 116
　スポニチプロ野球手帳 '97 116
　プロ野球プレイヤーズ名鑑1998 115
スポーツ問題研究会
　Q&A スポーツの法律問題 そこが知りたい関連知識から紛争・事故の対処法まで 21
　Q&A スポーツの法律問題 プロ選手から愛好者までの必修知識 改訂増補版 21
　Q&Aスポーツの法律問題 プロ選手から愛好者までの必修知識 第3版 22
　Q&Aスポーツの法律問題 プロ選手から愛好者までの必修知識 第3版補訂版 ... 22
スポーツ六法研究会
　スポーツ六法 2002 22
スポーツ六法編集委員会
　スポーツ六法 2003 22
スポニチエンタープライズ
　サンヨーオールスターゲーム 1997 ... 115
　サンヨーオールスターゲーム公式プログラム 1996 116
　サンヨーオールスターゲーム公式プログラム 1997 116
スポニチサービス
　サンヨーオールスターゲーム公式プログラム 1998 116
「相撲」編集部
　大相撲人物大事典 168
　大相撲力士名鑑 平成11年度 173
　大相撲力士名鑑 平成12年度 173
　大相撲力士名鑑 平成12年度 増補第2版 173
　大相撲力士名鑑 平成13年度 174
　大相撲力士名鑑 平成14年度 174

大相撲力士名鑑 平成15年度 ………… 174
大相撲力士名鑑 平成16年度 ………… 174
大相撲力士名鑑 平成17年度 ………… 174
大相撲力士名鑑 平成18年度 ………… 174
大相撲力士名鑑 平成19年度 ………… 174
大相撲力士名鑑 平成20年度 ………… 174
大相撲力士名鑑 平成21年度 ………… 175
大相撲力士名鑑 平成22年度 ………… 175
大相撲力士名鑑 平成23年度 ………… 175
大相撲力士名鑑 平成24年度 ………… 175
大相撲力士名鑑 平成25年度 ………… 175
大相撲力士名鑑 平成26年度 ………… 175
大相撲力士名鑑 平成27年度 ………… 175
大相撲力士名鑑 平成28年度 ………… 175

陶山 哲夫
　急性期リハビリテーションハンドブック 理学療法士・作業療法士のためのチーム医療で必要なクリニカルポイント 原著第2版 …………………… 230
　スポーツ外傷・障害ハンドブック 発生要因と予防戦略 …………………… 224

【せ】

生活科学情報センター
　余暇・レジャー総合統計年報 '91 …… 182
　余暇・レジャー総合統計年報 '95 …… 182
　余暇・レジャー総合統計年報 '96～'97 ………………………………… 182

生活情報センター
　余暇・レジャー総合統計年報 2002 … 183
　余暇・レジャー総合統計年報 2005 … 183

成美堂出版
　日本と世界の最新ダイビングギアカタログ 最新のギア徹底紹介 完全保存版 …… 206
　日本と世界の自転車最新カタログ '90年度版 ……………………………… 196
　日本と世界の自転車最新カタログ '91～'92 ………………………………… 196
　日本と世界の自転車「最新」カタログ '92～'93 ………………………………… 196
　日本と世界の自転車「最新」カタログ '93 ………………………………… 196
　日本と世界の自転車「最新」カタログ '94 ………………………………… 196
　日本と世界の自転車最新カタログ '95 ………………………………… 196
　日本と世界の自転車最新カタログ 1997 ………………………………… 196
　日本と世界の自転車マウンテンバイク '90 ………………………………… 196
　日本と世界の自転車マウンテンバイク '91 ………………………………… 196
　日本と世界のマウンテンバイク '96 … 196
　マウンテンバイク 日本と世界の自転車 1993 ………………………………… 196

関 益久
　すぐに役立つフォークダンスハンドブック ………………………………… 200

全教図
　ど忘れ らくらく健康法事典 ………… 27

全国高等学校体育連盟サッカー専門部
　高校サッカー年鑑 2014 ……………… 88
　高校サッカー年鑑 2015 ……………… 88
　高校サッカー年鑑 2016 ……………… 88

全国高等学校体育連盟サッカー部
　高校サッカー年鑑 '90 ………………… 84
　高校サッカー年鑑 '91 ………………… 84
　高校サッカー年鑑 '92 ………………… 84
　高校サッカー年鑑 '93 ………………… 85
　高校サッカー年鑑 '94 ………………… 85
　高校サッカー年鑑 '95 ………………… 85
　高校サッカー年鑑 '96 ………………… 85
　高校サッカー年鑑 '97 ………………… 85
　高校サッカー年鑑 '98 ………………… 85
　高校サッカー年鑑 '99 ………………… 85
　高校サッカー年鑑 2000 ……………… 85
　高校サッカー年鑑 2001 ……………… 86
　高校サッカー年鑑 2002 ……………… 86
　高校サッカー年鑑 2003 ……………… 86
　高校サッカー年鑑 2004 ……………… 86
　高校サッカー年鑑 2005 ……………… 86
　高校サッカー年鑑 2006 ……………… 86
　高校サッカー年鑑 2007 ……………… 87
　高校サッカー年鑑 2008 ……………… 87
　高校サッカー年鑑 2009 ……………… 87
　高校サッカー年鑑 2010 ……………… 87
　高校サッカー年鑑 2011 ……………… 87
　高校サッカー年鑑 2012 ……………… 87

全国小学校学校行事研究会
　新しい小学校学校行事 実践活用事典 第3巻 ………………………………… 32

全国スポーツ推進委員連合
　スポーツ推進委員ハンドブック 生涯スポーツのコーディネーター ………… 27

千田 益生
　変形性膝関節症の運動療法ガイド 保存

的治療から術後リハまで ………… 228
全日本スキー連盟
　教育本部オフィシャル・ブック 財団法人全日本スキー連盟 1999年度 …… 155
　教育本部オフィシャル・ブック 財団法人全日本スキー連盟 2000年度 …… 155
　教育本部オフィシャル・ブック 財団法人全日本スキー連盟 2001年度版 … 155
　教育本部オフィシャル・ブック 財団法人全日本スキー連盟 2003年度版 … 155
　教育本部オフィシャル・ブック 財団法人全日本スキー連盟 2004年度 …… 155
　教育本部オフィシャル・ブック 財団法人全日本スキー連盟 2005年度 …… 156
　教育本部オフィシャル・ブック 財団法人全日本スキー連盟 2006年度 …… 156
　教育本部オフィシャル・ブック 財団法人全日本スキー連盟 2007年度 …… 156
　教育本部オフィシャル・ブック 財団法人全日本スキー連盟 2008年度 …… 156
　教育本部オフィシャル・ブック 財団法人全日本スキー連盟 2009年度 …… 156
　教育本部オフィシャル・ブック 財団法人全日本スキー連盟 2010年度 …… 156
　教育本部オフィシャル・ブック 財団法人全日本スキー連盟 2011年度 …… 156
　教育本部オフィシャル・ブック 財団法人全日本スキー連盟 2012年度 …… 156
　教育本部オフィシャル・ブック 財団法人全日本スキー連盟 2013年度 …… 157
　教育本部オフィシャルブック 公益財団法人全日本スキー連盟 2014年度 …… 157
　教育本部オフィシャルブック 公益財団法人全日本スキー連盟 2015年度 …… 157
　教育本部オフィシャルブック 公益財団法人全日本スキー連盟 2016年度 …… 157
　教育本部オフィシャルブック 公益財団法人全日本スキー連盟 2017年度 …… 157
全日本大学野球連盟
　公認野球規則 2006 ……………… 102
　公認野球規則 2007 ……………… 102
　公認野球規則 2008 ……………… 102
　公認野球規則 2009 ……………… 103
　公認野球規則 2010 ……………… 103
　公認野球規則 2011 ……………… 103
　公認野球規則 2012 ……………… 103
　公認野球規則 2013 ……………… 103
　公認野球規則 2014 ……………… 103
全日本軟式野球連盟
　公認野球規則 2008 ……………… 102
　公認野球規則 2009 ……………… 103

　公認野球規則 2010 ……………… 103
　公認野球規則 2011 ……………… 103
　公認野球規則 2012 ……………… 103
　公認野球規則 2013 ……………… 103
　公認野球規則 2014 ……………… 103
全日本野球協会
　公認野球規則 2015 ……………… 104
　公認野球規則 2016 ……………… 104

【そ】

寒川 恒夫
　21世紀スポーツ大事典 ……………… 2
　民族スポーツってなんだろう？ ……… 43
総合就職問題研究会
　スポーツ関連資格ガイドブック '97 …… 19
造事務所
　ワールドスポーツ大事典 世界の国ぐにのいろんな競技 新しいスポーツにチャレンジしよう！ ……………… 42
総務省統計局
　社会生活基本調査報告 平成13年 第4巻（地域生活行動編）その2 ………… 28
総務庁青少年対策本部
　国民の健康・体力つくりの現況 …… 235
総務庁統計局
　社会生活基本調査報告 平成3年 第9巻（地域 生活行動編 2） ……………… 28
　社会生活基本調査報告 平成8年 第4巻（地域 生活行動（余暇活動）編） …… 28
　社会生活基本調査報告 平成8年 第4巻（地域 生活行動編） ……………… 28
　社会生活基本調査報告 平成8年 第6巻 ……………………………… 28

【た】

体育施設出版
　公共社会体育施設要覧 神奈川県 平成元年度版 ……………………… 38
体育・スポーツ指導実務研究会
　体育・スポーツ指導実務必携 平成15年版 ……………………… 35
DAI-X出版編集部
　2002年W杯 韓国へ行こう 観戦＆旅行完

醍醐 敏郎
　柔道大事典 ………………………… 162
大作 芳男
　よく釣れる 防波堤釣り 道具選び・仕掛けすべてOK! …………………… 217
大修館書店
　イラストによる最新スポーツルール 2000 ……………………………… 15
　イラストによる最新スポーツルール 2001 ……………………………… 15
　イラストによる最新スポーツルール 2003 ……………………………… 15
　イラストによる最新スポーツルール百科〔1990〕 ……………………… 15
　イラストによる最新スポーツルール百科〔1991〕 ……………………… 16
　イラストによる最新スポーツルール百科〔1992〕 ……………………… 16
　イラストによる最新スポーツルール百科〔1993〕 ……………………… 16
　イラストによる最新スポーツルール百科〔1994〕 ……………………… 16
　イラストによる最新スポーツルール百科 '95年版 ……………………… 16
　イラストによる最新スポーツルール百科 '96年版 ……………………… 16
　イラストによる最新スポーツルール百科 '97 …………………………… 16
　最新スポーツルール百科 '98 ……… 16
　最新スポーツルール百科 '99 ……… 16
　最新スポーツルール百科 2000 …… 16
　最新スポーツルール百科 2001 …… 17
　最新スポーツルール百科 2002 …… 17
　最新スポーツルール百科 2003 …… 17
　最新スポーツルール百科 2004 …… 17
　最新スポーツルール百科 2005 …… 17
　最新スポーツルール百科 2006 …… 17
　最新スポーツルール百科 2007 …… 17
　最新スポーツルール百科 2008 …… 17
　最新スポーツルール百科 2009 …… 18
　最新スポーツルール百科 2010 …… 18
　最新スポーツルール百科 2012 …… 18
　最新スポーツルール百科 2013 …… 18
　ビジュアルスポーツ小百科 '96年版 …… 3
　ビジュアルスポーツ小百科 ………… 3
　ビジュアルスポーツ小百科 '95年版 …… 3
　ビジュアルスポーツ小百科 '97 …… 4
　観るまえに読む大修館スポーツルール 2014 …………………………… 18
　観るまえに読む大修館スポーツルール 2015 …………………………… 18
　観るまえに読む大修館スポーツルール 2016 …………………………… 18
体力つくり国民会議事務局
　国民の健康・体力つくりの現況 …… 235
高木 三四郎
　プロレス語辞典 プロレスにまつわる言葉をイラストと豆知識で元気に読み解く ……………………………………… 177
高木 道郎
　見てわかる海釣り仕掛けハンドブック 人気魚種の釣り方別仕掛けがひと目でわかる …………………………………… 217
高倉 保幸
　急性期リハビリテーションハンドブック 理学療法士・作業療法士のためのチーム医療で必要なクリニカルポイント 原著第2版 ……………………… 230
高沢 光雄
　北海道登山史年表 1871-2012 ……… 184
高槻 和宏
　実践ヨット用語ハンドブック ……… 159
高橋 幸一
　雪と氷のスポーツ百科 ……………… 154
高橋 大河
　見てわかる カラーイラストルアー仕掛けハンドブック タックル、ルアー、テクニックがひと目でわかる ………… 217
高橋 健夫
　学校体育授業事典 …………………… 32
　21世紀スポーツ大事典 ……………… 2
高橋 正行
　中高年の運動実践ハンドブック 指導者のための基礎知識 ………………… 20
高橋 流里子
　地域リハビリテーションの理論と実践 ……………………………………… 231
高畑 智子
　マジック・ツリーハウス探検ガイド サッカー大百科 ………………………… 95
高宮城 繁
　沖縄空手古武道事典 ………………… 160
宝島社
　大リーグ選手名鑑 エキサイティング・ベースボール!! '93 ………………… 134
田口 知弘
　スポーツ基本用語辞典 6版 ………… 14

竹内　真治
　　竹内真治の魚探反応丸わかり図鑑　ポケット判 ………………………………… 218
竹内　孝仁
　　図解リハビリテーション事典 ……… 228
竹内　善徳
　　柔道大事典 …………………………… 162
竹尾　吉枝
　　中高年の運動実践ハンドブック　指導者のための基礎知識 ……………… 20
武久　洋三
　　早わかりリハビリテーション用語・略語・英和辞典　オールカラー ………… 229
ターザン編集部
　　フィットネス・ニッポン全ガイド …… 204
田代　翔
　　ゴルフ雑学事典 ……………………… 141
タック牧田
　　NFLハンドブック　1993 …………… 57
脱日常本舗
　　ミニバン車中泊ハンドブック　ETCと車中泊で格安・充実の旅ができる　すぐに使えるノウハウ集　大人の休日マニュアル ……………………………… 192
田中　錦三
　　リハビリ用語526　見てすぐわかる！すぐに役立つ ……………………………… 230
田野辺薫出版事務所
　　ゴルフなんでも電話帳　ラウンド・練習からショッピングまで…利用目的で引く　1990 ……………………………… 145
　　ゴルフなんでも電話帳　'92 ………… 145
　　ゴルフなんでも電話帳　ラウンド・練習からショッピングまで利用目的で引く　1993 ……………………………… 145
　　全国ゴルフ会員権相場年鑑　1990年度 ……………………………………… 153
　　全国ゴルフ会員権相場年鑑　'91 …… 153
　　全国ゴルフ会員権相場年鑑　'92 …… 153
田端　到
　　プロ野球スタッツ　2004 …………… 109
　　プロ野球選手録2003 Stats …………… 113
　　プロ野球データスタジアム　2005 … 118
田端　太
　　地域スポーツクラブ指導者ハンドブック ……………………………………… 20
田原　淳子
　　目でみる女性スポーツ白書 ………… 26

田原　泰文
　　完全網羅！釣り仕掛けハンドブック　1つの仕掛けで多種の魚が釣れる！ ……… 215
田村　博
　　ゴルフ用語小辞典 …………………… 142
為永　淑子
　　ビジネスマンのための健康管理事典　チェック　健診・運動・食生活 ………… 27
ダンスマガジン
　　ダンス・ハンドブック ……………… 199
　　ダンス・ハンドブック　改訂新版 … 199
　　年鑑バレエ　2000 …………………… 202
　　年鑑バレエ　2001 …………………… 203
　　バレエ　年鑑2000年バレエ徹底ガイド　2000 ……………………………… 203
　　バレエ　2002 ………………………… 203
　　バレエ・ダンサー201 ………………… 202
　　バレエって、何？　新版 …………… 202
　　バレエ年鑑　1998 …………………… 203
　　バレエ年鑑　1999 …………………… 203
　　フィギュアスケート選手名鑑　2006 … 157

【ち】

「地球の歩き方」編集室
　　欧州サッカー観戦ガイド　地球の歩き方プラス・ワン〈405〉改訂第4版 …… 93
千葉　功
　　プロ野球　記録の手帖 ……………… 118
千葉日報社編集局
　　高校野球グラフCHIBA　2012 ……… 132
　　高校野球グラフCHIBA　2013 ……… 132
　　高校野球グラフCHIBA　2014 ……… 132
　　高校野球グラフCHIBA　2015 ……… 132
中央大学保健体育研究所体力診断テスト20年研究班
　　中央大学における体力診断テスト　20年間の推移 ………………………… 235
中高年山の会
　　絶景!!富士山と花を眺める百名山　中高年のための登山術 …………………… 186
中国地方総合研究センター
　　中国地域経済白書　2013 …………… 20
中国電力エネルギア総合研究所
　　中国地域経済白書　2013 …………… 20

【つ】

綱島 理友
　日本プロ野球ユニフォーム大図鑑 上 ‥ 118
　日本プロ野球ユニフォーム大図鑑 中 ‥ 118
　日本プロ野球ユニフォーム大図鑑 下 ‥ 119
都並 敏史
　徹底図解! 誰でもよくわかるサッカー戦術、フォーメーション事典 ………… 58
恒川 直俊
　熱球譜 甲子園全試合スコアデータブック …………………………………… 133
　プロで活躍する甲子園球児の戦歴事典 …………………………………… 129
　プロで活躍する甲子園球児の戦歴事典 増補改訂版 …………………… 129
角山 修司
　最新版 スポーツ用語 ……………… 14
つり情報社
　基礎から始める海釣り仕掛けハンドブック 堤防磯投げ／ボート編 …… 215
つりトップ編集部
　釣魚・つり方図鑑 ………………… 218
釣り場探究会
　防波堤釣りハンドブック ………… 217

【て】

出沢 明
　整形外科看護ポケット事典 パッと引けてしっかり使える ……………… 222
　整形外科看護ポケット事典 パッと引けてしっかり使える 検査・ケアからリハビリまで1冊でわかる 第2版 …… 222
手塚 勲
　結び方百科 ロープワーク ステップ・バイ・ステップ ……………… 193
データスタジアム
　プロ野球スタッツ 2004 …………… 109
　プロ野球選手録2003 Stats ……… 113
　プロ野球データスタジアム 2005 … 118
　マサダ・スーパースカウティングレポート 2002-03 ……………………… 115

デブラー, H.
　ボールゲーム指導事典 ……………… 53
デポルテ
　江川卓・スカウティングレポート '98 ‥ 105
デュアン, ジョン
　大リーグ・スカウティングノート 2000 …………………………………… 133
デル・オネト, アーサー・E.
　障害とリハビリテーション大事典 …… 230
電通総研スポーツ文化研究チーム
　スポーツ生活圏構想 スポーツ豊かさ度 都道府県ランキング コミュニティ再構築のカギとしてのスポーツ ……… 28

【と】

土井 龍雄
　中高年の運動実践ハンドブック 指導者のための基礎知識 ……………… 20
東京都福祉保健局
　リハビリテーション医療実施医療機関名簿 ……………………………… 231
東京都立大学体力標準値研究会
　新・日本人の体力標準値 2000 …… 235
東京都老人総合研究所運動機能部門
　高齢者の運動ハンドブック ……… 221
東京放送
　スポーツ年鑑 8(1961年版) ……… 13
銅谷 志朗
　完全 大相撲力士名鑑 平成9年度版 …… 175
東洋療法学校協会スポーツ東洋療法研究委員会
　スポーツ東洋療法ハンドブック …… 225
徳光 和夫
　徳光和夫の巨人軍スカウティングレポート 1999 …………………………… 107
戸田 芳雄
　小学校新体育科授業の基本用語辞典 …… 32
　中学校新保健体育科授業の基本用語辞典 ……………………………… 33
toto GET CLUB
　サッカーくじtotoハンディデータブック 2001 J1 & J2 前半戦 …………… 70
友添 秀則
　21世紀スポーツ大事典 ……………… 2
友成 那智
　メジャーリーグ・完全データ選手名鑑

2004 ……………………………… 135
メジャーリーグ・完全データ選手名鑑
2005 ……………………………… 135
メジャーリーグ・完全データ選手名鑑
2006 ……………………………… 135
メジャーリーグ・完全データ選手名鑑
2007 ……………………………… 135
メジャーリーグ・完全データ選手名鑑
2008 ……………………………… 135
メジャーリーグ・完全データ選手名鑑
2009 ……………………………… 136
メジャーリーグ・完全データ選手名鑑
2010 ……………………………… 136
メジャーリーグ・完全データ選手名鑑
2011 ……………………………… 136
メジャーリーグ・完全データ選手名鑑
2012 ……………………………… 136
メジャーリーグ・完全データ選手名鑑
2013 ……………………………… 136
メジャーリーグ・完全データ選手名鑑
2014 ……………………………… 136
メジャーリーグ・完全データ選手名鑑
2015 ……………………………… 137
メジャーリーグ・完全データ選手名鑑
2016 ……………………………… 137

富山県
　行幸啓誌 第55回国民体育大会・第36回全国身体障害者スポーツ大会 ……… 36

豊田 和弘
　山歩きの手帳 ……………………………… 188
　山のことば辞典 …………………………… 185

豊田 博
　最新 ソフトバレー・ハンドブック …… 56

豊永 敏宏
　運動器疾患の進行予防ハンドブック 予防・治療・リハビリテーション …… 223

とよふく まきこ
　バレエ・キャラクター事典 新装版 … 201

ドーリング・キンダースリー社編集部
　みんなのスポーツ大百科 世界のスポーツ160 ……………………………… 42

トレーニング科学研究会
　トレーニング科学ハンドブック 最新版 ……………………………………… 233

【な】

仲 真紀子
　発達科学ハンドブック 4 ………… 226

永井 明
　ビジネスマンのための健康管理事典 チェック 健診・運動・食生活 ……… 27

長沢 純一
　運動生理・生化学辞典 …………… 220

長島 孝一
　現代建築集成／スポーツ・レクリエーション施設〔1995〕 ……………… 38

中嶋 寛之
　スポーツ医学事典 ………………… 222

永瀬 功二
　ペア・グループの力でみんな泳げる! 水泳指導アイデア事典 ……………… 157

永田 晟
　健康・体力づくりハンドブック 改訂版 ……………………………………… 234
　健康・体力 評価・基準値事典 …… 233

中田 誠
　事故に遭いたくない人のためのダイビング生き残りハンドブック ……… 205

中野 昭一
　健康・体力づくりハンドブック 改訂版 ……………………………………… 234

長野 由紀
　オックスフォードバレエダンス事典 … 201
　200キーワードで観るバレエの魅惑 … 201

中野 善達
　障害とリハビリテーション大事典 … 230

中坊 徹次
　新さかな大図鑑 釣魚 カラー大全 … 218

中村 史絵
　ポーランド語スポーツ用語辞典 …… 15

中村 民雄
　剣道事典 技術と文化の歴史 …… 163

中村 敏雄
　21世紀スポーツ大事典 ……………… 2

中村 浩道
　絶対にわかる イラスト野球ルール ジム・エバンスのダイアモンド・チャレンジ ……………………………………… 101

中村 隆一
　リハビリテーション事典 …………… 228

中村 良三
　柔道大事典 ………………………… 162

仲本 政博
　沖縄空手古武道事典 ………………… 160

永山 貞則
　ワーク・ライフ・バランスと日本人の生活行動 …………………………… 31
名古屋グランパス
　名古屋グランパスオフィシャルイヤーブック 2016 ………………………… 83
成田 十次郎
　オリンピック大百科 ……………… 45
　近代体育スポーツ年表 1800-1997 三訂版 ………………………………… 31
　日本体育基本文献集 大正・昭和戦前期 別巻・解説 ……………………… 31
成田 昌道
　ビジネスマンのための健康管理事典 チェック 健診・運動・食生活 …… 27
成沢 哲夫
　釣り魚図典 ………………………… 218
成瀬 臣彦
　最新版 テーピング・ハンディマニュアル ………………………………… 223

【に】

新潟日報事業社
　熱戦の軌跡 ALBIREX OFFICIAL YEAR BOOK 2004 ……………… 83
新山 善一
　写真とデータで見る大相撲ミニ事典 ‥ 167
　図解平成大相撲決まり手大事典 …… 167
二階堂 裕
　4×4オフローディングハンドブック ‥ 207
西井 哲夫
　野球用語辞典 イラストと写真でよく分かる ………………………………… 100
西尾 典文
　プロ野球スカウティングレポート 2009 ………………………………… 108
　プロ野球スカウティングレポート 2010 ………………………………… 108
　プロ野球スカウティングレポート 2011 ………………………………… 109
西口 修平
　肝疾患運動療法ハンドブック …… 227
西村 国彦
　ゴルフ場の法律に強くなる！打球事故から個人情報保護まで分かりやすくケーススタディ ……………………… 150

二杉 茂
　地域スポーツクラブ指導者ハンドブック ………………………………… 20
日外アソシエーツ
　最新世界スポーツ人名事典 ……… 2
　スポーツ人名事典 ………………… 2
　スポーツ人名事典 増補改訂版 …… 2
　スポーツ人名事典 新訂第3版 …… 3
　スポーツの本全情報 45／91 …… 1
　スポーツの本全情報 92／97 …… 1
　スポーツの本全情報 1998-2002 … 1
　スポーツの本全情報 2003-2008 … 1
　世界スポーツ人名事典 …………… 3
　日本スポーツ事典 トピックス1964-2005 ……………………………… 11
日刊現代
　2002ワールドカップガイド＆マップ 日刊ゲンダイ特別版 ……………… 61
二宮 清純
　メジャーリーグプレイヤーズファイル 2001 ……………………………… 138
　野球パーフェクト図鑑 …………… 101
日本オリンピック・アカデミー
　オリンピック事典 ポケット版 …… 45
　オリンピック・パラリンピック大百科 1 …………………………………… 45
　オリンピック・パラリンピック大百科 2 …………………………………… 45
　オリンピック・パラリンピック大百科 3 …………………………………… 46
　オリンピック・パラリンピック大百科 4 …………………………………… 46
　オリンピック・パラリンピック大百科 5 …………………………………… 46
　オリンピック・パラリンピック大百科 6 …………………………………… 46
　オリンピック・パラリンピック大百科 7 …………………………………… 46
　JOAオリンピック小事典 ………… 47
　21世紀オリンピック豆事典 オリンピックを知ろう！ ………………… 47
日本海事広報協会
　海のレジャー＆スポーツ施設総ガイド ………………………………… 38
　海のレジャー＆スポーツ施設総ガイド 2000 …………………………… 38
日本学生野球協会
　公認野球規則 2006 ……………… 102
　公認野球規則 2007 ……………… 102
　公認野球規則 2008 ……………… 102
　公認野球規則 2009 ……………… 103

著編者名索引　　にほん

　　公認野球規則　2010 103
　　公認野球規則　2011 103
　　公認野球規則　2012 103
　　公認野球規則　2013 103
　　公認野球規則　2014 103
日本規格協会
　　JISハンドブック　リハビリテーション関
　　　連機器　66 230
　　JISハンドブック　38 230
日本高等学校野球連盟
　　公認野球規則　2006 102
　　公認野球規則　2007 102
　　公認野球規則　2008 102
　　公認野球規則　2009 103
　　公認野球規則　2010 103
　　公認野球規則　2011 103
　　公認野球規則　2012 103
　　公認野球規則　2013 103
　　公認野球規則　2014 103
日本ゴルフ協会（JGA）
　　ゴルフルール早わかり集　2008-2009 ‥ 146
　　ゴルフルール早わかり集　2010-2011 ‥ 146
　　ゴルフルール早わかり集　2012-2013 ‥ 146
　　ゴルフルール早わかり集　2014-2015 ‥ 146
　　ゴルフルール早わかり集　2016-2017 ‥ 147
　　最新ゴルフルールハンドブック　〔2004〕
　　　.. 147
　　最新ゴルフルールハンドブック　〔2008〕
　　　.. 147
　　最新JGAゴルフルールハンドブック ‥ 147
　　明解　ゴルフルール早わかり集　1997 ‥ 148
　　明解　ゴルフルール早わかり集　1998 ‥ 148
　　明解　ゴルフルール早わかり集　1999 ‥ 148
　　明解　ゴルフルール早わかり集　2000 ‥ 149
　　明解　ゴルフルール早わかり集　2001 ‥ 149
　　明解　ゴルフルール早わかり集　2002 ‥ 149
　　明解　ゴルフルール早わかり集　2003 ‥ 149
　　明解　ゴルフルール早わかり集　2004 ‥ 149
　　明解　ゴルフルール早わかり集　2005 ‥ 150
　　明解　ゴルフルール早わかり集　2006 ‥ 150
　　明解　ゴルフルール早わかり集　2007 ‥ 150
日本ゴルフトーナメント運営会議
　　明解　ゴルフルール早わかり集　1990 ‥ 148
日本ゴルフトーナメント振興協会（GTPA）
　　ゴルフルール早わかり集　2008-2009 ‥ 146
　　ゴルフルール早わかり集　2010-2011 ‥ 146
　　ゴルフルール早わかり集　2012-2013 ‥ 146
　　明解　ゴルフルール早わかり集　1991 ‥ 148
　　明解　ゴルフルール早わかり集　1992 ‥ 148

　　明解　ゴルフルール早わかり集　1993 ‥ 148
　　明解　ゴルフルール早わかり集　1994 ‥ 148
　　明解　ゴルフルール早わかり集　1995 ‥ 148
　　明解　ゴルフルール早わかり集　1996 ‥ 148
　　明解　ゴルフルール早わかり集　1997 ‥ 148
　　明解　ゴルフルール早わかり集　1998 ‥ 148
　　明解　ゴルフルール早わかり集　1999 ‥ 148
　　明解　ゴルフルール早わかり集　2000 ‥ 149
　　明解　ゴルフルール早わかり集　2001 ‥ 149
　　明解　ゴルフルール早わかり集　2002 ‥ 149
　　明解　ゴルフルール早わかり集　2003 ‥ 149
　　明解　ゴルフルール早わかり集　2004 ‥ 149
　　明解　ゴルフルール早わかり集　2005 ‥ 150
　　明解　ゴルフルール早わかり集　2006 ‥ 150
　　明解　ゴルフルール早わかり集　2007 ‥ 150
日本サッカー協会
　　最新　サッカー百科大事典 58
　　日本のサッカースタジアム　今日そして
　　　明日 65
　　日本のサッカースタジアム 66
日本サッカー協会審判委員会
　　サッカー＆フットサル競技規則　2000／
　　　2001 63
　　サッカー＆フットサル競技規則　2001／
　　　2002 63
　　サッカー＆フットサル競技規則　2002／
　　　2003 63
　　サッカー競技規則　1998／99 64
　　サッカー競技規則　1999／2000 64
　　サッカー競技規則　2003／2004 64
　　サッカー競技規則　2004／2005 64
　　サッカー競技規則　2005／2006 64
　　サッカー競技規則　2007／2008 64
　　サッカー競技規則　2008／2009 65
　　サッカー競技規則　2009／2010 65
　　サッカー競技規則　2010／2011 65
　　サッカー競技規則　2012／2013 65
　　サッカー競技規則　2011／2012 65
　　サッカー競技規則　2012／2013 65
　　サッカー競技規則　2013／2014 65
　　サッカー競技規則　2014／2015 65
　　サッカー競技規則　2015／2016 65
日本サッカーライターズ協議会
　　最新　サッカー百科大事典 58
日本サッカーリーグ
　　日本サッカーリーグ・イヤーブック　'90
　　　〜'91 66
　　日本サッカーリーグ・イヤーブック　'91
　　　〜'92 66

にほん　　　　　　　　　　著編者名索引

日本山岳会
　「山岳」総合索引 1906-1990 189
日本山岳会医療委員会
　山の救急医療ハンドブック 188
日本山岳会マカルー登山隊1995
　マカルー東稜 日本山岳会マカルー登山
　隊1995報告書 188
日本身体障害者スポーツ協会
　長野パラリンピック日本選手名鑑 1998
　....................................... 48
日本水中科学協会
　最新ダイビング用語事典 安全管理、活
　動の実例から医学、教育情報まで ... 204
日本ストーマ・排泄リハビリテーション学会
　ストーマ・排泄リハビリテーション学用
　語集 第3版 229
日本ストーマリハビリテーション学会
　ストーマリハビリテーション学用語集
　....................................... 229
　ストーマリハビリテーション学用語集
　第2版 229
日本スポーツ学会
　スポーツ指導・実務ハンドブック 19
　スポーツ指導・実務ハンドブック 法、政
　策、行政、文化 第2版 19
　必携スポーツ関係六法 2006 23
　必携スポーツ関係六法 2007(平成19)年
　版 24
　必携スポーツ関係六法 2008(平成20)年
　版 24
　必携スポーツ関係六法 2009年版 24
日本スポーツクラブ協会
　スポーツクラブ白書 2000 28
日本スポーツ振興センター
　災害共済給付ハンドブック 児童生徒等
　の学校の管理下の災害のために 34
日本スポーツ心理学会
　スポーツ心理学事典 226
日本スポーツツーリズム推進機構
　スポーツツーリズム・ハンドブック 37
日本スポーツとジェンダー学会
　スポーツ・ジェンダーデータブック
　2010 27
日本スポーツ法学会
　アジア各国におけるスポーツ法の比較研
　究 24
日本相撲協会
　大相撲横綱大鑑 169

　相撲大事典 168
　相撲大事典 第2版 168
　相撲大事典 第3版 168
　相撲大事典 第4版 168
日本ソフトバレーボール連盟
　最新 ソフトバレー・ハンドブック 56
日本体育学会
　最新スポーツ科学事典 220
日本体育協会
　日本アマチュアスポーツ年鑑 1990 7
　日本アマチュアスポーツ年鑑 1991 7
　日本アマチュアスポーツ年鑑 1992 7
　日本アマチュアスポーツ年鑑 1993 8
　日本アマチュアスポーツ年鑑 1994 8
　日本アマチュアスポーツ年鑑 1995 8
　日本アマチュアスポーツ年鑑 1996 8
　日本アマチュアスポーツ年鑑 1997 8
　日本アマチュアスポーツ年鑑 1998 8
　日本アマチュアスポーツ年鑑 1999 8
　日本アマチュアスポーツ年鑑 2000 9
　日本アマチュアスポーツ年鑑 2001 9
　日本アマチュアスポーツ年鑑 2002 9
日本体育協会指導者育成専門委員会スポーツド
クター部会
　スポーツ医学研修ハンドブック 基本科
　目 224
　スポーツ医学研修ハンドブック 応用科
　目 224
　スポーツ医学研修ハンドブック 応用科
　目 第2版 224
日本代表スカウティングチーム
　日本代表スカウティングレポート 67
日本ティーボール協会
　ティーボール・オフィシャルガイド&ルー
　ルブック 140
日本登山医学研究会
　登山の医学ハンドブック 186
日本登山医学会
　登山の医学ハンドブック 第2版 186
日本発達心理学会
　発達科学ハンドブック 4 226
日本バレーボール協会
　最新 ソフトバレー・ハンドブック 改訂
　版 56
日本武道学会
　剣道を知る事典 163
日本武道館
　日本武道年鑑 第15号(平成4年版) 161

300　スポーツ・運動科学レファレンスブック

日本武道年鑑　第16号（平成5年版）‥‥ 161
日本武道年鑑　平成6年版（第17号）‥‥ 161
日本武道年鑑　平成8年版 ‥‥‥‥‥‥‥ 161
日本プロゴルフ協会
　ゴルフルールハンドブック　最新228例＋イラスト解説でよくわかる!使いやすい!!〔2016〕‥‥‥‥‥‥‥‥‥‥‥‥ 147
　最新ゴルフルールハンドブック〔2012〕‥‥‥‥‥‥‥‥‥‥‥‥‥‥‥‥‥‥ 147
日本プロサッカーリーグ（Jリーグ）
　J.LEAGUE YEARBOOK Jリーグ公式記録集 1999 ‥‥‥‥‥‥‥‥‥‥‥ 81
　J.LEAGUE YEARBOOK Jリーグ公式記録集 2000 ‥‥‥‥‥‥‥‥‥‥‥ 81
　J.LEAGUE YEARBOOK Jリーグ公式記録集 2001 ‥‥‥‥‥‥‥‥‥‥‥ 81
　J.LEAGUE YEARBOOK Jリーグ公式記録集 2002 ‥‥‥‥‥‥‥‥‥‥‥ 81
　J.LEAGUE YEARBOOK Jリーグ公式記録集 2003 ‥‥‥‥‥‥‥‥‥‥‥ 81
　J.LEAGUE YEARBOOK Jリーグ公式記録集 2004 ‥‥‥‥‥‥‥‥‥‥‥ 81
　J.LEAGUE YEARBOOK Jリーグ公式記録集 2005 ‥‥‥‥‥‥‥‥‥‥‥ 82
　J.LEAGUE YEARBOOK Jリーグ公式記録集 2006 ‥‥‥‥‥‥‥‥‥‥‥ 82
　J.LEAGUE YEARBOOK Jリーグ公式記録集 2007 ‥‥‥‥‥‥‥‥‥‥‥ 82
　J.LEAGUE YEARBOOK Jリーグ公式記録集 2011 ‥‥‥‥‥‥‥‥‥‥‥ 82
　J.LEAGUE YEARBOOK Jリーグ公式記録集 2012 ‥‥‥‥‥‥‥‥‥‥‥ 82
　J.LEAGUE YEARBOOK Jリーグ公式記録集 2013 ‥‥‥‥‥‥‥‥‥‥‥ 82
　J.LEAGUE YEARBOOK Jリーグ公式記録集 2014 ‥‥‥‥‥‥‥‥‥‥‥ 82
　J.LEAGUE YEARBOOK Jリーグ公式記録集 2015 ‥‥‥‥‥‥‥‥‥‥‥ 82
　Jリーグオフィシャル・ファンズ・ガイド　スタジアムへ行こう! 1999 ‥‥‥‥ 70
　Jリーグオフィシャル・ファンズ・ガイド　スタジアムへ行こう! 2000 ‥‥‥‥ 70
　J.League official fans' guide Here we go! スタジアムへ行こう 2001 ‥‥‥ 70
　Jリーグオフィシャルファンズガイド 2002 ‥‥‥‥‥‥‥‥‥‥‥‥‥‥‥ 70
　J.LEAGUE OFFICIAL FANS' GUIDE 2003 ‥‥‥‥‥‥‥‥‥‥‥‥‥‥‥ 71
　J.LEAGUE OFFICIAL FANS' GUIDE 2004 ‥‥‥‥‥‥‥‥‥‥‥‥‥‥‥ 71
　J.LEAGUE OFFICIAL FANS' GUIDE 2005 ‥‥‥‥‥‥‥‥‥‥‥‥‥‥‥ 71
　Jリーグオフィシャルファンズガイド 2006 ‥‥‥‥‥‥‥‥‥‥‥‥‥‥‥ 71
　J.LEAGUE OFFICIAL FANS' GUIDE 2007 ‥‥‥‥‥‥‥‥‥‥‥‥‥‥‥ 71
日本プロスポーツ協会
　プロスポーツ年鑑 1994 ‥‥‥‥‥‥‥‥ 9
　プロスポーツ年鑑 1995 ‥‥‥‥‥‥‥‥ 9
　プロスポーツ年鑑 1997 ‥‥‥‥‥‥‥‥ 9
　プロスポーツ年鑑 2000 ‥‥‥‥‥‥‥‥ 9
　プロスポーツ年鑑 2001 ‥‥‥‥‥‥‥ 10
　プロスポーツ年鑑 2003 ‥‥‥‥‥‥‥ 10
　プロスポーツ年鑑 2004 ‥‥‥‥‥‥‥ 10
　プロスポーツ年鑑 2005 ‥‥‥‥‥‥‥ 10
　プロスポーツ年鑑 2006 ‥‥‥‥‥‥‥ 10
　プロスポーツ年鑑 2007 ‥‥‥‥‥‥‥ 10
　プロスポーツ年鑑 2008 ‥‥‥‥‥‥‥ 11
　プロスポーツ年鑑 2009 ‥‥‥‥‥‥‥ 11
　プロスポーツ年鑑 2010 ‥‥‥‥‥‥‥ 11
　プロスポーツ年鑑 2011 ‥‥‥‥‥‥‥ 11
　プロスポーツ年鑑 2012 ‥‥‥‥‥‥‥ 11
日本プロフェッショナル野球組織
　公認野球規則 2006 ‥‥‥‥‥‥‥‥‥ 102
　公認野球規則 2007 ‥‥‥‥‥‥‥‥‥ 102
　公認野球規則 2008 ‥‥‥‥‥‥‥‥‥ 102
　公認野球規則 2009 ‥‥‥‥‥‥‥‥‥ 103
　公認野球規則 2010 ‥‥‥‥‥‥‥‥‥ 103
　公認野球規則 2011 ‥‥‥‥‥‥‥‥‥ 103
　公認野球規則 2012 ‥‥‥‥‥‥‥‥‥ 103
　公認野球規則 2013 ‥‥‥‥‥‥‥‥‥ 103
　公認野球規則 2014 ‥‥‥‥‥‥‥‥‥ 103
　公認野球規則 2015 ‥‥‥‥‥‥‥‥‥ 104
　公認野球規則 2016 ‥‥‥‥‥‥‥‥‥ 104
日本水処理技術研究会
　最新ダイビング用語事典 安全管理、活動の実例から医学、教育情報まで‥‥ 204
日本野球機構
　オフィシャル・ベースボール・ガイド プロ野球公式記録集 '97 ‥‥‥‥‥‥ 119
　オフィシャル・ベースボール・ガイド プロ野球公式記録集 '98 ‥‥‥‥‥‥ 119
　オフィシャル・ベースボール・ガイド プロ野球公式記録集 '99 ‥‥‥‥‥‥ 119
　オフィシャル・ベースボール・ガイド プロ野球公式記録集 2002 ‥‥‥‥‥ 119
　オフィシャル・ベースボール・ガイド プロ野球公式記録集 2003 ‥‥‥‥‥ 119
　オフィシャル・ベースボール・ガイド プロ野球公式記録集 2004 ‥‥‥‥‥ 119
　オフィシャル・ベースボール・ガイド プロ野球公式記録集 2005 ‥‥‥‥‥ 119

オフィシャル・ベースボール・ガイド プロ野球公式記録集 2006 120
オフィシャル・ベースボール・ガイド プロ野球公式記録集 2007 120
オフィシャル・ベースボール・ガイド プロ野球公式記録集 2008 120
オフィシャル・ベースボール・ガイド プロ野球公式記録集 2009 120
オフィシャル・ベースボール・ガイド プロ野球公式記録集 2010 120
オフィシャル・ベースボール・ガイド プロ野球公式記録集 2011 120
オフィシャル・ベースボール・ガイド プロ野球公式記録集 2012 120
オフィシャル・ベースボール・ガイド プロ野球公式記録集 2013 120
オフィシャル・ベースボール・ガイド プロ野球公式記録集 2014 121
オフィシャル・ベースボール・ガイド プロ野球公式記録集 2015 121
オフィシャル・ベースボール・ガイド プロ野球公式記録集 2016 121
サンヨーオールスターゲーム 1997 ... 115
サンヨーオールスターゲーム 2002 ... 115
サンヨーオールスターゲームオフィシャルプログラム 1990 115
サンヨーオールスターゲームオフィシャルプログラム 1991 115
サンヨーオールスターゲームオフィシャルプログラム 1992 116
サンヨーオールスターゲームオフィシャルプログラム 1993 116
サンヨーオールスターゲームオフィシャルプログラム 1994 116
サンヨーオールスターゲームオフィシャルプログラム 1995 116
サンヨーオールスターゲーム公式プログラム 1996 116
サンヨーオールスターゲーム公式プログラム 1997 116
サンヨーオールスターゲーム公式プログラム 1998 116
サンヨーオールスターゲーム公式プログラム 2000 116
サンヨーオールスターゲーム公式プログラム 2001 116
The official baseball encyclopedia 1936-1990 105
The official baseball encyclopedia 日本プロ野球記録大百科 1998 105
日本プロ野球記録大百科 2004 第4版 117

プロ野球スカウティングレポート 2006 108
日本野球連盟
　公認野球規則 2006 102
　公認野球規則 2007 102
　公認野球規則 2008 102
　公認野球規則 2009 103
　公認野球規則 2010 103
　公認野球規則 2011 103
　公認野球規則 2012 103
　公認野球規則 2013 103
　公認野球規則 2014 103
　社会人野球クラブチーム データ・ガイドブック 104
日本幼児体育学会
　幼児体育用語辞典 33
日本陸上競技連盟
　クリーンアスリートをめざして 陸上競技者のためのアンチドーピングハンドブック 2001 49
　クリーンアスリートをめざして 陸上競技者のためのアンチ・ドーピングハンドブック 2003 49
　陸上競技審判ハンドブック 2001-2004年版 51
　陸上競技審判ハンドブック 2005-2006年版 51
　陸上競技審判ハンドブック 2007-2008年版 51
　陸上競技審判ハンドブック 2009-2010年版 51
　陸上競技審判ハンドブック 2011年版 51
　陸上競技審判ハンドブック 2012年度版 51
　陸上競技審判ハンドブック 2013-2014年度版 51
　陸上競技審判ハンドブック 2015-2016年度版 51
　陸上競技ルールブック 1998 51
　陸上競技ルールブック 1999 52
　陸上競技ルールブック 2000年版 ... 52
　陸上競技ルールブック 2001年版 ... 52
　陸上競技ルールブック 2002年版 ... 52
　陸上競技ルールブック 2003年版 ... 52
　陸上競技ルールブック 2004年版 ... 52
　陸上競技ルールブック 2005年版 ... 52
　陸上競技ルールブック 2006年版 ... 52
　陸上競技ルールブック 2007年版 ... 52
　陸上競技ルールブック 2008年版 ... 52
　陸上競技ルールブック 2009年版 ... 52

陸上競技ルールブック 2010年版 52
陸上競技ルールブック 2011年版 52
陸上競技ルールブック 2012年度版 52
陸上競技ルールブック 2013年度版 52
陸上競技ルールブック 2014年度版 52
陸上競技ルールブック 2015年度版 52
陸上競技ルールブック 2016年度版 52
日本リハビリテーション医学会
　リハビリテーション医学白書 232
　リハビリテーション医学白書 2013年版
　　　........ 232
　リハビリテーション医学用語集 第7版
　　　........ 229
　リハビリテーション白書 21世紀をめざ
　　して 第2版 232
日本リハビリテーション病院・施設協会
　地域リハビリテーション白書 3 232
日本臨床スポーツ医学会
　臨床スポーツ医学用語集 223
日本レクリエーション協会
　ニュースポーツ事典 改訂版 182
日本ワールドゲームズ協会
　ワールドスポーツ大事典 世界の国ぐにの
　いろんな競技 新しいスポーツにチャ
　レンジしよう! 42

【ね】

根ヶ山 光一
　発達科学ハンドブック 4 226
根本 正雄
　運動会企画 アクティブ・ラーニング発
　想を入れた面白カタログ事典 32
　体育訓練→科学的強化メニューのすべ
　て―てんこ盛り事典 私たちの授業で
　オリンピック選手をめざそう! 32
　プロスポーツ界のかっこいい指示・用語事
　典 きびきびした体育授業をつくる 33

【の】

野川 春夫
　ヘルス・フィットネス用語事典 203
野地 文雄
　見てわかる カラーイラストルアー仕掛
　けハンドブック タックル、ルアー、テ
　クニックがひと目でわかる 217
野田 宗生
　完全photo比較!カヌー&カヤックカタロ
　グ 159
野々宮 徹
　ニュースポーツ用語事典 14
　雪と氷のスポーツ百科 154
野間 けい子
　サッカー大百科 プレーヤー&クラブ編
　　　........ 88
　サッカー大百科 世界サッカー編〔歴史、
　大会、FIFA加盟国〕 88
野村 良和
　日本体育基本文献集 大正・昭和戦前期
　別巻・解説 31
乗松 尋道
　図説 ダンスの解剖・運動学大事典 テク
　ニックの上達と損傷予防のための基礎
　とエクササイズ 198

【は】

バイシクルクラブ編集部
　自転車用語の基礎知識 194
バイヤー，エリッヒ
　スポーツ科学辞典 日独英仏対照 220
ハウゼンブラス，ヘザー・A.
　スポーツ心理学大事典 226
バオバブストリート
　オフロードバイク&用品カタログ 最新
　1990 198
芳賀 故城
　釣り仕掛け事典 川づり・海づり 214
萩 裕美子
　ヘルス・フィットネス用語事典 203
パーゴルフ
　ゴルフなんでも大百科 145
橋 逸郎
　中国太極拳事典 163
橋爪 静夫
　最新 ソフトバレー・ハンドブック 56
橋本 孝幸
　Jリーグ観戦大事典 66

橋本 玲子
　スポーツ選手の栄養＆メニューハンドブック ………………………………… 233
バスケットボール日本リーグ機構（JBL）
　JBLスーパーリーグ2001-2002 第35回バスケットボール日本リーグ公式プログラム …………………………………… 54
　JBLスーパーリーグ2002-2003 第36回バスケットボール日本リーグオフィシャルプログラム ……………………… 54
　JBLスーパーリーグ2003-2004 第37回バスケットボール日本リーグオフィシャルプログラム ……………………… 54
　JBLスーパーリーグ2004-2005 第38回バスケットボール日本リーグオフィシャルプログラム ……………………… 54
　JBLスーパーリーグ2005-2006 第39回バスケットボール日本リーグオフィシャルプログラム ……………………… 54
　JBLスーパーリーグ2006-2007 第40回バスケットボール日本リーグオフィシャルプログラム ……………………… 55
パセオ・フラメンコ編集部
　現代フラメンコ・アーティスト名鑑 ‥ 201
長谷川 滋利
　メジャーリーグプレイヤーズファイル 2001 …………………………………… 138
服部 しのぶ
　リハビリテーション英語の基本用語と表現 ………………………………… 229
服部 善郎
　ポケット図鑑 海釣り仕掛け集 釣り方・魚種別仕掛けと道具 ………………… 218
ハートフィールド・アソシエイツ
　全国フィットネスクラブ名鑑 就職活動資料 2007 ……………………………… 204
　全国フィットネスクラブ名鑑 就職活動資料 2008 ……………………………… 204
羽根田 治
　ひもとロープ 暮らしに役立つ結び方事典 ……………………………………… 193
　レスキュー・ハンドブック ……………… 192
　レスキュー・ハンドブック 新版 ……… 192
　ロープワーク・ハンドブック ………… 193
場野 守泰
　プロ野球スカウティングレポート 2011 …………………………………… 109
馬場 哲雄
　生涯スポーツのさまざま 介護福祉ハンドブック ……………………………… 27

羽生 大記
　肝疾患運動療法ハンドブック ……… 227
浜村 明徳
　地域リハビリテーション白書 '93 …… 232
ハモンド，ティム
　ビジュアル博物館 13 ………………… 4
早川 菊造
　ゴルフ英会話辞典 …………………… 141
　ゴルフ英会話辞典 改訂版 …………… 142
林 信次
　F1全史 1956-1960 ファンジオの覇権・ミッドシップ革命 ……………… 206
原 悦生
　2002 World Cup Perfect Guide Top 100 Players & 32 Teams …………… 61
　WORLD CUP SOCCER PERFECT GUIDE 2006 ………………………… 62
　World football players top 300 ……… 92
原田 公樹
　ワールドカップ全記録 2002年版 …… 62
　ワールドカップ全記録 2006年版 …… 62
　ワールドカップ全記録 2010年版 …… 63
バラノフスキー，Z.
　国際馬事辞典 ………………………… 165
パラワールド編集部
　日本全国フライトエリアガイド パラグライダー、ハンググライダー、モーターパラ・ハング …………………… 198
パルマティア，R.A.
　スポーツからきた英語表現辞典 …… 14
バン，エルネスト・N.D.
　サッカーを愛する人のドイツ語 …… 88
「阪神タイガースisNo.1!」
　トラキチ用語辞典虎辞苑第一版 …… 105
半藤 一利
　大相撲こてんごてん ………………… 167

【ひ】

ぴーあい出版
　スポーツ観戦ガイド ………………… 18
PHP研究所
　オリンピックまるわかり事典 大記録から2020年東京開催まで …………… 46
　感動のドラマの記録 オリンピック絵事典 オリンピックがよくわかって楽し

める! ……………………… 48

東島 新次
 スイミング年鑑 2001 ……………… 158
 スイミング年鑑 2002 ……………… 158
 スイミング年鑑 2003 ……………… 158
 スイミング年鑑 2004 ……………… 158
 スイミング年鑑 2005 ……………… 159

比佐 仁
 トレーニング用語辞典 Essential 2000 words for best training …………… 233

久恒 辰博
 脳と体のしくみ絵事典 夢をかなえるカギは脳にある スポーツも勉強ももっと得意になる! ……………………… 226

BE-PAL編集部
 ニュー・アウトドア救急ハンドブック 改訂版 ……………………… 191

BBMアカデミー
 スポーツ年鑑 2008 ……………………… 5
 スポーツ年鑑 2009 ……………………… 5
 スポーツ年鑑 2010 ……………………… 5
 スポーツ年鑑 2011 ……………………… 5
 スポーツ年鑑 2012 ……………………… 5
 スポーツ年鑑 2013 ……………………… 5
 スポーツ年鑑 2014 ……………………… 6
 スポーツ年鑑 2015 ……………………… 6
 スポーツ年鑑 2016 ……………………… 6

日丸 哲也
 健康・体力 評価・基準値事典 ……… 233

平沢 泰介
 リハビリテーションスペシャリストハンドブック ……………………… 231

平野 游
 インナーセーリング 3 ……………… 159

平山 譲
 F1ドライバー大辞典 ……………… 206

広島県
 行幸啓誌 第51回国民体育大会・第32回全国身体障害者スポーツ大会 …… 36

広瀬 謙三
 スポーツ年鑑 9(1962年版) ………… 13
 スポーツ年鑑 10(1963年版) ………… 13

【ふ】

ファンルーツ
 サッカーを愛する人のドイツ語 ……… 88

フィットネスビジネス編集部
 全国フィットネスクラブ名鑑 2005 … 204

フィット・プラス
 新トレーニング用語辞典 改訂版 …… 233

フォルタン, フランソワ
 図解スポーツ大百科 ……………………… 3

深代 千之
 スポーツ基礎数理ハンドブック …… 221

福島 功夫
 新・山の本おすすめ50選 …………… 184
 山の名著30選 モダン・アルピニズムをリードした知性たち …………… 184

福永 哲夫
 オックスフォードスポーツ医科学辞典 ……………………………………… 222
 筋の科学事典 構造・機能・運動 …… 220
 新トレーニング用語辞典 改訂版 …… 233

福永 泰
 サッカー足ワザ大事典 毎日フェイント!200テクニック ………………… 58

福西 崇史
 サッカー足ワザ大事典 毎日フェイント!200テクニック ………………… 58

福林 徹
 新トレーニング用語辞典 改訂版 …… 233
 スポーツ東洋療法ハンドブック …… 225
 ランニング医学大事典 評価・診断・治療・予防・リハビリテーション …… 49

藤井 一成
 地域スポーツクラブ指導者ハンドブック ……………………………………… 20

藤井 基男
 卓球まるごと用語事典 知っておきたい卓球ワード600 …………………… 99

伏木 亨
 運動生理・生化学辞典 ……………… 220

藤崎 敬
 図解体育授業 高学年 ……………… 34
 図解体育授業 中学年 ……………… 34
 図解体育授業 低学年 ……………… 34

藤沢 文洋
　大リーグ・スカウティングノート 2000 ……………………………………… 133
富士自然動物園協会
　富士登山ハンドブック 富士山の自然を楽しむために〔1990〕改訂新版 ‥ 187
　富士登山ハンドブック 富士山の自然を楽しむために〔1991〕改訂新版 ‥ 187
　富士登山ハンドブック 富士山の自然を楽しむために〔1992〕改訂新版 ‥ 187
　富士登山ハンドブック 富士山の自然を楽しむために〔1993〕改訂新版 ‥ 187
　富士登山ハンドブック 富士山の自然を楽しむために〔1994〕改訂新版 ‥ 187
　富士登山ハンドブック 富士山の自然を楽しむために〔1995〕改訂新版 ‥ 187
　富士登山ハンドブック 富士山の自然を楽しむために〔1996〕改訂版 …… 187
　富士登山ハンドブック 富士山の自然を楽しむために〔1999〕改訂新版 ‥ 187
　富士登山ハンドブック 富士山の自然を楽しむために〔2001〕…………… 187
　富士登山ハンドブック 富士の自然を楽しむ〔2004〕改訂新版 ………… 188
藤田 洋
　日本舞踊ハンドブック ……………… 200
　日本舞踊ハンドブック 改訂版 ……… 200
フジテレビ「プロ野球ニュース」
　プロ野球ニュース・イヤーブック '98 ‥ 113
　プロ野球ニュースイヤーブック選手名鑑 '99 ………………………………… 113
　プロ野球ニュースイヤーブック選手名鑑 2000 ……………………………… 114
　プロ野球ニュースイヤーブック選手名鑑 2001 ……………………………… 114
藤原 尚雄
　レスキュー・ハンドブック ………… 192
　レスキュー・ハンドブック 新版 …… 192
藤原 誠
　リハビリテーションスペシャリストハンドブック ………………………………… 231
扶桑社
　サッカー・ハンドブック '91-'92 ……… 59
　サッカー・ハンドブック '93 …………… 59
　サッカー・ハンドブック '93 ワールドカップ・スペシャル ……………… 59
　サッカー・ハンドブック '94 …………… 60
双葉社
　ワールドサッカー歴史年表 ………… 88

古井戸 秀夫
　舞踊手帖 ……………………………… 200
　舞踊手帖 新版 ……………………… 200
古沢 優
　赤菱のイレブンオフィシャルイヤーブック 2007 ……………………………… 73
　赤菱のイレブンオフィシャルイヤーブック 2008-09 ………………………… 73
　赤菱のイレブンオフィシャルイヤーブック 2009-10 ………………………… 73
　赤菱のイレブンオフィシャルイヤーブック 2010-11 ………………………… 73
ブルドック打越
　話題が広がるPOCKET雑学事典 スポーツ編 …………………………………… 2
プレミアシップ・マガジン
　ヨーロッパサッカー選手名鑑 2003-2004 ……………………………………… 91
ブロッド，ルース・H.
　健康ハンドブック 改編新版 ………… 221
プロ野球オールスタープログラム編集事務局
　サンヨーオールスターゲーム 1997 … 115
　サンヨーオールスターゲーム 2002 … 115
　サンヨーオールスターゲームオフィシャルプログラム 1991 …………… 115
　サンヨーオールスターゲームオフィシャルプログラム 1992 …………… 116
　サンヨーオールスターゲームオフィシャルプログラム 1993 …………… 116
　サンヨーオールスターゲームオフィシャルプログラム 1994 …………… 116
　サンヨーオールスターゲームオフィシャルプログラム 1995 …………… 116
　サンヨーオールスターゲーム公式プログラム 1996 ……………………… 116
　サンヨーオールスターゲーム公式プログラム 1997 ……………………… 116
　サンヨーオールスターゲーム公式プログラム 1998 ……………………… 116
　サンヨーオールスターゲーム公式プログラム 2000 ……………………… 116
　サンヨーオールスターゲーム公式プログラム 2001 ……………………… 116
　サンヨーオールスターゲーム公式プログラム 2002 ……………………… 116
プロレス特別記録班
　最新版 プロレス名鑑 ……………… 177
プロレス年鑑制作室
　プロレス年鑑 2000 ………………… 178
　プロレス年鑑 2002年 ……………… 178

【へ】

米国国立老化研究所
 高齢者の運動ハンドブック 221
ベースボール・マガジン社
 浦和レッズ10年史 69
 MLB 2002 Complete guide book MLB
  を知り尽くす! 138
 MLB2003　COMPLETE　GUIDE
  BOOK MLBを知り尽くす! 138
 大相撲横綱大鑑 169
 大相撲力士カラー名鑑 1993年 春 169
 大相撲力士カラー名鑑 1993年 秋 169
 大相撲力士カラー名鑑 1994年 春 169
 大相撲力士カラー名鑑 1995年 169
 大相撲力士カラー名鑑 1995秋 169
 大相撲力士カラー名鑑 1996 169
 大相撲力士カラー名鑑 1997年 169
 大相撲力士名鑑 平成11年度 173
 大相撲力士名鑑 平成12年度 173
 大相撲力士名鑑 平成12年度 増補第2版
  173
 大相撲力士名鑑 平成13年度 174
 大相撲力士名鑑 平成14年度 174
 大相撲力士名鑑 平成15年度 174
 大相撲力士名鑑 平成16年度 174
 大相撲力士名鑑 平成17年度 174
 大相撲力士名鑑 平成18年度 174
 大相撲力士名鑑 平成19年度 174
 大相撲力士名鑑 平成20年度 174
 大相撲力士名鑑 平成21年度 175
 大相撲力士名鑑 平成22年度 175
 大相撲力士名鑑 平成23年度 175
 大相撲力士名鑑 平成24年度 175
 大相撲力士名鑑 平成25年度 175
 大相撲力士名鑑 平成26年度 175
 大相撲力士名鑑 平成27年度 175
 大相撲力士名鑑 平成28年度 175
 オールスターゲームの軌跡 DREAM
  GAMES HISTORY since 1951 115
 格闘技技の大事典 世界60億人必携 166
 完全版 プロ野球人国記 関東編 その2
  106
 完全版 プロ野球人国記 信越・北陸編 ... 106
 完全版 プロ野球人国記 東海編 106
 完全版 プロ野球人国記 近畿編 106
 完全版 プロ野球人国記 九州・沖縄編 .. 106
 Q&A日本の武道事典 1 160
 Q&A日本の武道事典 2 160
 Q&A日本の武道事典 3 160
 Q&A日本の武道事典 4 160
 サンヨーオールスターゲーム 2004 ... 115
 サンヨーオールスターゲーム公式プログ
  ラム 2000 116
 サンヨーオールスターゲーム公式プログ
  ラム 2001 116
 サンヨーオールスターゲーム公式プログ
  ラム 2002 116
 スポーツカードチェックリスト 1999
  18
 スポーツ年鑑 11（1964年版）........... 13
 スポーツ年鑑 12（1965年版）........... 13
 スポーツ年鑑 13（1966年版）........... 14
 スポーツ年鑑 14（1967年版）........... 14
 2006年ドラフト先取り!!アマ球界逸材名
  鑑 高校生、大学生、社会人150選手一
  挙紹介 102
 日本シリーズの軌跡 NIPPON SERIES
  HISTORY since 1950 117
 日本プロゴルフイヤーブック 1990 ... 154
 日本プロゴルフイヤーブック 1991 ... 154
 プロ野球選手名鑑 決定版 1990年度版
  111
 プロ野球選手名鑑 決定版 1991年度版
  111
 プロ野球選手名鑑 決定版 1992年度版
  111
 プロ野球選手名鑑 決定版 1993年度版
  111
 プロ野球選手名鑑 決定版 1994年度版
  112
 プロ野球選手名鑑 決定版 1995年度版
  112
 プロ野球選手名鑑 決定版 1996年度版
  112
 プロ野球選手名鑑 決定版 1997年度 .. 112
 プロ野球選手名鑑 決定版 1998年度 .. 112
 プロ野球選手名鑑 決定版 1999年度 .. 112
 プロ野球選手名鑑 決定版 2000年度 .. 112
 プロ野球選手名鑑 決定版 2001 113
 プロ野球選手名鑑 決定版 2002 113
 プロ野球選手名鑑 決定版 2003 113
 プロ野球選手名鑑 2004 113
 プロ野球選手名鑑 2005 113
 ベースボール・レコード・ブック 日本
  プロ野球記録年鑑 1991 123
 ベースボール・レコード・ブック 日本
  プロ野球記録年鑑 1992 123

ベースボール・レコード・ブック 日本プロ野球記録年鑑 1993 ………… 123
ベースボール・レコード・ブック 日本プロ野球記録年鑑 1994 ………… 123
ベースボール・レコード・ブック 日本プロ野球記録年鑑 1995 ………… 123
ベースボール・レコード・ブック 日本プロ野球記録年鑑 1996 ………… 123
ベースボール・レコード・ブック 日本プロ野球記録年鑑 1997 ………… 123
ベースボール・レコード・ブック 日本プロ野球記録年鑑 1998 ………… 123
ベースボール・レコード・ブック 日本プロ野球記録年鑑 1999 ………… 124
ベースボール・レコード・ブック 日本プロ野球記録年鑑 2000 ………… 124
ベースボール・レコード・ブック 日本プロ野球記録年鑑 2001 ………… 124
ベースボール・レコード・ブック 日本プロ野球記録年鑑 2002 ………… 124
ベースボール・レコード・ブック 日本プロ野球記録年鑑 2004 ………… 124
ベースボール・レコード・ブック 日本プロ野球記録年鑑 2005 ………… 124
ベースボール・レコード・ブック 日本プロ野球記録年鑑 2006 ………… 125
ベースボール・レコード・ブック 日本プロ野球記録年鑑 2007 ………… 125
ベースボール・レコード・ブック 日本プロ野球記録年鑑 2008 ………… 125
ベースボール・レコード・ブック 日本プロ野球記録年鑑 2009 ………… 125
ベースボール・レコード・ブック 日本プロ野球記録年鑑 2010 ………… 125
ベースボール・レコード・ブック 日本プロ野球記録年鑑 2011 ………… 125
ベースボール・レコード・ブック 日本プロ野球記録年鑑 2012 ………… 125
ベースボール・レコード・ブック 日本プロ野球記録年鑑 2013 ………… 126
ベースボール・レコード・ブック 日本プロ野球記録年鑑 2014 ………… 126
ベースボール・レコード・ブック 日本プロ野球記録年鑑 2015 ………… 126
ベースボール・レコード・ブック 日本プロ野球記録年鑑 2016 ………… 126
ベースボール・レコード・ブック 日本プロ野球記録年鑑 2017 ………… 126
メジャー・リーグ ベースボールを知り尽くす! 2004年版 ………… 138
メジャー・リーグベースボールを知り尽くす! 2005年版 ………… 139

【ほ】

ボイス,ナタリー・ポープ
　マジック・ツリーハウス探検ガイド サッカー大百科 ………… 95
外間 哲弘
　空手道歴史年表 ………… 162
ボクシング・マガジン編集部
　日本プロボクシング史 世界タイトルマッチで見る50年 ………… 179
　日本プロボクシングチャンピオン大鑑 ………… 179
　日本ボクシング年鑑 2001 ………… 180
　日本ボクシング年鑑 2002 ………… 180
　日本ボクシング年鑑 2003 ………… 180
　日本ボクシング年鑑 2004 ………… 180
　日本ボクシング年鑑 2005 ………… 180
ボジート,マット
　ボクシング世界図鑑 史上最強のボクサーがわかる! ………… 179
ポースン,デズ
　結び方百科 ロープワーク ステップ・バイ・ステップ ………… 193
細江 文利
　学校体育授業事典 ………… 32
北海道新聞社
　コンサドーレ札幌オフィシャル・ガイドブック 2004 ………… 79
　コンサドーレ札幌オフィシャル・ガイドブック 2005 ………… 79
　コンサドーレ札幌オフィシャル・ガイドブック 2006 ………… 79
　コンサドーレ札幌オフィシャル・ガイドブック 2007 ………… 79
　コンサドーレ札幌オフィシャル・ガイドブック 2008 ………… 79
　コンサドーレ札幌オフィシャル・ガイドブック 2009 ………… 79
　コンサドーレ札幌オフィシャル・ガイドブック 2010 ………… 79
　コンサドーレ札幌オフィシャル・ガイドブック 2011 ………… 80
　コンサドーレ札幌オフィシャル・ガイドブック 2012 ………… 80
　コンサドーレ札幌オフィシャル・ガイドブック 2013 ………… 80
　コンサドーレ札幌オフィシャル・ガイド

ブック 2014 ……………………… 80
コンサドーレ札幌オフィシャル・ガイド
　ブック 2015 ……………………… 80
第25回全国身体障害者スポーツ大会 は
　まなす大会 ………………………… 37
北海道コンサドーレ札幌オフィシャル・
　ガイドブック 2016 ……………… 84
北海道ランニング大会全ガイド〔'96〕
　……………………………………… 49
北海道ランニング大会全ガイド '97 …… 49
北海道ランニング大会全ガイド '98 …… 49
北海道ランニング大会全ガイド '99 …… 50
北海道ランニング大会全ガイド 2000
　……………………………………… 50
北海道ランニング大会全ガイド 2001
　……………………………………… 50
北海道ランニング大会全ガイド 2002
　……………………………………… 50
北海道ランニング大会全ガイド 2003
　……………………………………… 50
北海道ランニング大会全ガイド 2004
　……………………………………… 50
北海道ランニング大会全ガイド 2005
　……………………………………… 51
北海道ランニング大会全ガイド 2006
　……………………………………… 51
北海道ランニング大会全ガイド 2007
　……………………………………… 51
北海道ランニング大会全ガイド 2008
　……………………………………… 51
北海道ランニング大会全ガイド 2009
　……………………………………… 51
北海道フットボールクラブ
　コンサドーレ札幌オフィシャル・ガイド
　　ブック 1997 …………………… 79
　コンサドーレ札幌オフィシャル・ガイド
　　ブック 2004 …………………… 79
　コンサドーレ札幌オフィシャル・ガイド
　　ブック 2005 …………………… 79
　コンサドーレ札幌オフィシャル・ガイド
　　ブック 2006 …………………… 79
　コンサドーレ札幌オフィシャル・ガイド
　　ブック 2007 …………………… 79
　コンサドーレ札幌オフィシャル・ガイド
　　ブック 2008 …………………… 79
　コンサドーレ札幌オフィシャル・ガイド
　　ブック 2009 …………………… 79
　コンサドーレ札幌オフィシャル・ガイド
　　ブック 2010 …………………… 79
　コンサドーレ札幌オフィシャル・ガイド
　　ブック 2011 …………………… 80
　コンサドーレ札幌オフィシャル・ガイド
　　ブック 2012 …………………… 80

コンサドーレ札幌オフィシャル・ガイド
　ブック 2013 ……………………… 80
コンサドーレ札幌オフィシャル・ガイド
　ブック 2014 ……………………… 80
コンサドーレ札幌オフィシャル・ガイド
　ブック 2015 ……………………… 80
ホッジス,デヴィッド
　F1グランプリ大事典 ……………… 206
ボトムリー,J.M.
　高齢者リハビリテーション学大事典 ‥ 228
ホランダー,ザンダー
　完全・NBA選手名鑑 '96-'97 ……… 55
　完全・NBA選手名鑑 '98 …………… 55
　完全・大リーグ選手名鑑 '97 ……… 133
堀川 虎男
　中高年登山トラブル防止小事典 …… 184
ホルダネス・ロダン,ジェーン
　馬のハンドブック イラストガイドで馬
　　に乗ろう! ……………………… 165
ボールハイマー,デーヴィッド
　オリンピック大百科 ……………… 45
Ballpark
　メジャーリーグビジュアル選手名鑑 スー
　　パースターの技術から見る 2011 …… 137
本田 哲三
　全国リハビリテーション病院ガイド ‥ 231
本多 英男
　夏季オリンピック六ヶ国語辞典 日英独
　　仏露西 1 ………………………… 47
　夏季オリンピック六ヶ国語辞典 日英独
　　仏露西 2 ………………………… 47
　夏季オリンピック六ヶ国語辞典 日英独
　　仏露西 3 ………………………… 47
　夏季オリンピック六ヶ国語辞典 日英独
　　仏露西 4 ………………………… 47
　夏季オリンピック六ヶ国語辞典 日英独
　　仏露西 5 ………………………… 47
　サッカー7カ国語辞典 ……………… 59
　体操競技六ヶ国語用語辞典 ……… 48
　冬季オリンピック四カ国語辞典 日・ロ・
　　英・独 …………………………… 48
本名 信行
　スポーツからきた英語表現辞典 …… 14
ホーンビー,ヒュー
　ビジュアル博物館 第82巻 ………… 95
本間 貞治
　川釣り魚の事典 お父さんのためのトラ
　　の巻 釣り方から料理まで ……… 214

【ま】

マイルズ, リサ
 バレエの世界へようこそ! あこがれのバレエ・ガイド ……………………… 202

前橋 明
 体力をはぐくむチビッ子のあそびHAND BOOK 1 …………………………… 234
 体力をはぐくむチビッ子のあそびHAND BOOK 2 …………………………… 234
 体力をはぐくむチビッ子のあそびHAND BOOK 3 …………………………… 234
 体力をはぐくむチビッ子のあそびHAND BOOK 4 …………………………… 234
 体力をはぐくむチビッ子のあそびHAND BOOK 5 …………………………… 234
 体力をはぐくむチビッ子のあそびHAND BOOK 6 …………………………… 235
 幼児体育用語辞典 ……………………… 33

真木 隆
 山歩きの手帳 …………………………… 188

真樹 日佐夫
 「ケンカ」の聖書 一般市民のための護身術実践ハンドブック ……………… 180

牧 秀彦
 剣技・剣術 3 …………………………… 164
 古武術・剣術がわかる事典 これで歴史ドラマ・小説が楽しくなる! ……… 163
 図説 剣技・剣術 ……………………… 164
 図説 剣技・剣術 2 …………………… 164

牧 朗
 釣り大事典 ……………………………… 214

間島 勲
 全国諸藩剣豪人名事典 ………………… 164

増沢 信二
 流れを釣るドライパターン108 2 …… 216

増田 允
 健康・体力づくりハンドブック 改訂版 ……………………………………… 234

舛本 直文
 写真で見るオリンピック大百科 別巻 … 48

松井 亮輔
 リハビリテーション事典 ……………… 228

松浦 英世
 最新スポーツ東洋医学事典 家庭で使える ………………………………………… 222

松尾 浩也
 SHINZANSHAスポーツ六法 2013 …… 22
 スポーツ六法 2005 …………………… 22
 スポーツ六法 2006 …………………… 23
 スポーツ六法 2007 …………………… 23
 スポーツ六法 2008 …………………… 23
 スポーツ六法 2009 …………………… 23
 スポーツ六法 2010 …………………… 23
 スポーツ六法 2011 …………………… 23
 スポーツ六法 2012 …………………… 23
 スポーツ六法 2014 …………………… 23

松岡 重信
 保健体育科・スポーツ教育重要用語300の基礎知識 ………………………… 33

マックレル, ジュディス
 オックスフォードバレエダンス事典 … 201

松崎 博
 競馬 騎手データ 騎手が教える当たり馬券! ……………………………………… 212

松下 茂生
 プロ野球全外国人助っ人大事典 ファンを沸かせた名選手・異色選手の全記録 … 109

松林 公蔵
 登山の医学ハンドブック ……………… 186
 登山の医学ハンドブック 第2版 ……… 186

松元 健二
 脳と心と身体の図鑑 ビジュアル版 …… 226

松本 美由季
 スポーツ鍼灸ハンドブック M-Testによる経絡運動学的アプローチ 第2版 … 225

真鍋 真
 骨と筋肉大図鑑 「体」と「運動」を調べよう! 1 ……………………………… 222

マラソン塾
 日本マラソン100選+1 欲張りランナーが選んだ大会ガイド ………………… 53

マリネリ, ロバート・P.
 障害とリハビリテーション大事典 …… 230

丸橋 英三
 フィッシング・ノット事典 …………… 214

【み】

ミー, ボブ
 ボクシング世界図鑑 史上最強のボクサーがわかる! ………………………… 179

三浦 淳寛
　サッカー足ワザ大事典 毎日フェイント!200テクニック ……………… 58
三浦 健
　大学駅伝記録事典 箱根・出雲・伊勢路 … 53
三沢 義一
　リハビリテーション事典 …………… 228
水田 敏彦
　肝疾患運動療法ハンドブック ……… 227
水谷 翔
　よくわかるゴルフ用語 ……………… 142
水庭 進
　野球の英語辞典 メジャーの実況放送も愉しめる ………………………… 100
水野 尚文
　大相撲力士名鑑 ……………………… 169
　大相撲力士名鑑 平成5年上期版 …… 169
　大相撲力士名鑑 平成5年下期版 …… 170
　大相撲力士名鑑 平成6年上期版 …… 170
　大相撲力士名鑑 平成6年下期版 …… 170
　大相撲力士名鑑 平成7年版 ………… 170
　大相撲力士名鑑 平成8年版 ………… 170
　大相撲力士名鑑 平成9年版 ………… 170
　大相撲力士名鑑 平成10年版 ………… 170
　大相撲力士名鑑 平成11年版 ………… 170
　大相撲力士名鑑 平成12年版 ………… 170
　大相撲力士名鑑 平成13年版 ………… 171
　大相撲力士名鑑 平成14年版 ………… 171
　大相撲力士名鑑 平成15年版 ………… 171
　大相撲力士名鑑 平成16年版 ………… 171
　大相撲力士名鑑 平成17年版 ………… 171
　大相撲力士名鑑 平成18年版 ………… 172
　大相撲力士名鑑 平成19年版 ………… 172
　大相撲力士名鑑 平成20年版 ………… 172
　大相撲力士名鑑 平成21年版 ………… 172
　大相撲力士名鑑 平成22年版 ………… 172
　大相撲力士名鑑 平成23年版 ………… 172
　大相撲力士名鑑 平成24年版 ………… 172
　大相撲力士名鑑 平成25年版 ………… 172
　大相撲力士名鑑 平成26年版 ………… 173
　大相撲力士名鑑 平成27年版 ………… 173
　大相撲力士名鑑 平成28年版 ………… 173
　大相撲力士名鑑 平成29年版 ………… 173
弥谷 まゆ美
　相撲ロマン大事典 …………………… 168
三原 道弘
　図書館探検シリーズ 第18巻 ………… 1

三村 寛一
　スポーツ指導者のためのスポーツと法 ………………………………………… 20
三室 毅彦
　完全・大リーグ選手名鑑 '97 ……… 133
宮尾 慈良
　写真でみる世界の舞踊 「知」のビジュアル百科〈42〉 ……………………… 199
三宅 邦夫
　集会・行事・運動会のための体育あそび大事典 ……………………………… 32
　みんなで楽しむ体育あそび・ゲーム事典 ……………………………………… 33
三宅 良彦
　運動負荷試験ハンドブック ………… 221
宮田 哲郎
　ボウリング大辞典 ハンディ版 ……… 154
宮本 英彦
　完全網羅!釣り仕掛けハンドブック 1つの仕掛けで多種の魚が釣れる! ……… 215

【む】

向野 義人
　スポーツ鍼灸ハンドブック 経絡テストの実際とその応用 ………………… 224
　スポーツ鍼灸ハンドブック M-Testによる経絡運動学的アプローチ 第2版 … 225
武藤 芳照
　変形性膝関節症の運動・生活ガイド 運動療法と日常生活動作の手引き …… 227
　変形性膝関節症の運動・生活ガイド 運動療法と日常生活動作の手引き 第2版 … 228
　変形性膝関節症の運動・生活ガイド 運動療法と日常生活動作の手引き 第3版 … 228
村石 利夫
　日本山岳ルーツ大辞典 ……………… 185
村上 雅則
　メジャーリーグ・完全データ選手名鑑 2004 …………………………………… 135
　メジャーリーグ・完全データ選手名鑑 2005 …………………………………… 135
　メジャーリーグ・完全データ選手名鑑 2006 …………………………………… 135
　メジャーリーグ・完全データ選手名鑑 2007 …………………………………… 135
　メジャーリーグ・完全データ選手名鑑 2008 …………………………………… 135

メジャーリーグ・完全データ選手名鑑 2009 ……………………………… 136
メジャーリーグ・完全データ選手名鑑 2010 ……………………………… 136
メジャーリーグ・完全データ選手名鑑 2011 ……………………………… 136
メジャーリーグ・完全データ選手名鑑 2012 ……………………………… 136
メジャーリーグ・完全データ選手名鑑 2013 ……………………………… 136
メジャーリーグ・完全データ選手名鑑 2014 ……………………………… 136
メジャーリーグ・完全データ選手名鑑 2015 ……………………………… 137
メジャーリーグ・完全データ選手名鑑 2016 ……………………………… 137

村上 宣寛
　ハイキング・ハンドブック ………… 191
村田 茂
　動作法ハンドブック 初心者のための技法入門 ……………………………… 221
　動作法ハンドブック 基礎編 初心者のための技法入門 改訂版 …………… 222
　動作法ハンドブック 応用編 行動問題、心の健康、スポーツへの技法適用 … 222
村西 博次
　仏和山岳用語集 登山、クライミング、山スキーのフランス語とカタカナ日本語の語源研究 ……………………… 185
　和仏山岳用語研究「分類山岳用語集」「和仏山岳用語集」合本 ……………… 185
村松 準
　運動負荷試験ハンドブック ………… 221
ムラン、ハリー
　ボクシング世界図鑑 史上最強のボクサーがわかる！ ……………………… 179
室井 昌也
　韓国プロ野球観戦ガイド＆選手名鑑 2004 ……………………………… 139
　韓国プロ野球観戦ガイド＆選手名鑑 2005 ……………………………… 139
　韓国プロ野球観戦ガイド＆選手名鑑 2006 ……………………………… 139
　韓国プロ野球観戦ガイド＆選手名鑑 2007 ……………………………… 139
　韓国プロ野球観戦ガイド＆選手名鑑 2008 ……………………………… 139
　韓国プロ野球観戦ガイド＆選手名鑑 2009 ……………………………… 140
　韓国プロ野球観戦ガイド＆選手名鑑 2010 ……………………………… 140
　韓国プロ野球観戦ガイド＆選手名鑑 2011 オールカラー …………………… 140
　韓国プロ野球観戦ガイド＆選手名鑑 2012 ……………………………… 140
　韓国プロ野球観戦ガイド＆選手名鑑 2013 ……………………………… 140
　韓国プロ野球観戦ガイド＆選手名鑑 2014 ……………………………… 140
　韓国プロ野球観戦ガイド＆選手名鑑 2015 ……………………………… 140
　韓国プロ野球観戦ガイド＆選手名鑑 2016 ……………………………… 140
室星 隆吾
　図解スポーツ大百科 ………………… 3

【め】

名所探訪サークルアウトドア部会
　今すぐできる!山歩きハンドブック … 186
メイセイ出版
　現代建築集成／スポーツ・レクリエーション施設〔1994〕 ……………… 38
　現代建築集成／スポーツ・レクリエーション施設〔1995〕 ……………… 38
目崎 登
　妊娠中の運動ハンドブック ………… 225

【も】

毛利 元貞
　護身Hand Book 実用知識で危険を見抜く ………………………………… 180
望月 賢二
　新さかな大図鑑 釣魚 カラー大全 …… 218
本村 清人
　中学校新保健体育科授業の基本用語辞典 …………………………………… 33
モーブレー、レスリー
　エアロビック・エクササイズ・ガイド … 204
森岡 浩
　県別全国高校野球史 ………………… 128
　高校野球がまるごとわかる事典 データでびっくり!読んでナットク！……… 130
　高校野球甲子園出場校事典 ………… 128
　高校野球甲子園全出場校大事典 …… 128
　高校野球甲子園全出場校大事典 増補改

訂版 …………………………………… 128
甲子園高校野球人名事典 選手・監督から審判・解説者まで …………………… 129
プロ野球人名事典 90 ………………… 107
プロ野球人名事典 増補改訂第3版 …… 107
プロ野球人名事典 1995 ……………… 107
プロ野球人名事典 1997 ……………… 108
プロ野球人名事典 1999 ……………… 108
プロ野球人名事典 2001 ……………… 108
プロ野球人名事典 2003 ……………… 108

森下 はるみ
　図説 ダンスの解剖・運動学大事典 テクニックの上達と損傷予防のための基礎とエクササイズ ………………………… 198

森永製菓
　トレーニング用語辞典 Essential 2000 words for best training ……………… 233

森脇 久隆
　肝疾患運動療法ハンドブック ………… 227

文部科学省
　文部科学白書 平成22年度 …………… 21

文部省
　我が国の文教施策 平成4年度 ………… 21
　我が国の文教施策 心と体の健康とスポーツ 平成10年度 …………………………… 21

文部省体育局
　体育・スポーツ指導実務必携 平成2年版 ……………………………………… 35
　体育・スポーツ指導実務必携 平成3年版 ……………………………………… 35
　体育・スポーツ指導実務必携 平成4年版 ……………………………………… 35

門馬 忠雄
　ニッポン縦断プロレスラー列伝 ……… 177

【や】

野球体育博物館
　The Baseball Hall of Fame & Museum 人で振り返る野球ハンドブック 2001 …………………………………… 101
　The Baseball Hall of Fame & Museum 人で振り返る野球ハンドブック 2002 …………………………………… 101
　野球殿堂 2007 ………………………… 102
　野球殿堂 2012 ………………………… 102

野球殿堂博物館
　野球殿堂 2015 ………………………… 102

野球用語研究会
　野球用語辞典 イラストと写真でよく分かる ……………………………………… 100

薬師 義美
　ヒマラヤ文献目録 〔新版〕…………… 184
　ヒマラヤ文献目録 追補・訂正 新版 … 184
　ヒマラヤ文献目録 新選 ……………… 184

安井 信
　川井チャンの「F単」F1中継によくでる721語 …………………………………… 206

安田 良平
　2002年W杯 韓国へ行こう 観戦＆旅行完全ガイド ……………………………… 61

山岸 恒雄
　スポーツマンのための膝障害ハンドブック ………………………………………… 225

山口 典孝
　早わかりリハビリテーション用語・略語・英和辞典 オールカラー ………………… 229

山口 満
　新学習指導要領ハンドブック これからの授業に役立つ 2008（平成20）年3月告示 中学校 保健体育 ………………… 34

山崎 暁彦
　現代ゴルフ用語事典 はじめに正しい言葉がわかればゴルフがわかる ………… 141

山崎 勝男
　スポーツ心理学大事典 ………………… 226

山下 敏彦
　運動器の痛み診療ハンドブック ……… 223

山田 悟史
　運動が体と心の働きを高めるスポーツ保育ガイドブック 文部科学省幼児期運動指針に沿って178種類の運動遊びを紹介!! ……………………………………… 33

山田 茂
　運動生化学ハンドブック ……………… 220

山田 まゆみ
　体操競技六ヶ国語用語辞典 …………… 48

山田 良樹
　スポーツ六法 平成3年版 ……………… 22
　スポーツ六法 平成4年版 ……………… 22
　スポーツ六法 平成5年版 ……………… 22
　スポーツ六法 平成6年版 ……………… 22
　スポーツ六法 平成7年版 ……………… 22
　スポーツ六法 平成8年版 ……………… 22

やまと

スポーツ六法 平成9年版 ……… 22
スポーツ六法 平成10年度 ……… 22
スポーツ六法 平成11年度 ……… 22
スポーツ六法 2000 ……………… 22
スポーツ六法 2002 ……………… 22

山と渓谷社
　山岳年鑑 '95 ………………… 189
　実用登山用語データブック …… 185
　自転車ツーリングハンドブック … 194
　登山白書 2016 ………………… 189
　登山白書 2016 CD-ROM付き …… 190
　目で見る日本登山史 …………… 188

山根 悟
　最新スポーツ東洋医学事典 家庭で使える ……………………… 222

山根 玲子
　みんなのスポーツ大百科 世界のスポーツ160 ……………………… 42

山のECHO
　山のデータブック 最新データを分析すると、山岳事情のいまが見えてくる 第1集 ………………………… 188

山の本編集部
　山の本総目次 1～40巻 ………… 189

山本 和儀
　地域リハビリテーション白書 '93 …… 232

山本 勝彦
　リハビリ用語526 見てすぐわかる！すぐに役立つ ……………… 230

山本 啓二
　日本の「騎手‐調教師」大系図 …… 213
　日本の「騎手‐調教師」大系図 2 … 213

山本 新吾郎
　運動が体と心の働きを高めるスポーツ保育ガイドブック 文部科学省幼児期運動指針に沿って 178種類の運動遊びを紹介!! ……………………… 33

山本 素石
　山釣り図鑑 装備から釣り方まで山釣りのすべてが分かる 新装版 ……… 219

山本 満
　急性期リハビリテーションハンドブック 理学療法士・作業療法士のためのチーム医療で必要なクリニカルポイント 原著第2版 …………… 230

山本 保博
　図解 応急手当ハンドブック アウトドアレスキュー 家庭 …………… 191

【ゆ】

湯浅 景元
　リフレッシュ体操ハンドブック 仕事疲れ、運動不足を解消! ………… 27

湯浅 健二
　サッカーTV観戦入門 カウチサポーター・ハンドブック ……………… 59

由倉 利広
　甲子園 阪神タイガース大事典 … 105

ユーコーポレーション
　鹿島アントラーズ パーフェクトデータブック 2002 ………………… 78

遊佐 清有
　健康・体力づくりハンドブック 改訂版 ……………………………… 234

U-23サポーターズ
　SYDNEY2000サッカー五輪代表 サポートガイドブック …………… 72

夢のお仕事さがし大図鑑編集委員会
　夢のお仕事さがし大図鑑 名作マンガで「すき!」を見つける 5 …… 20

【よ】

余 功保
　中国太極拳事典 ………………… 163

楊 進
　中国太極拳事典 ………………… 163

余暇開発センター
　スポーツライフ白書 する・観る・視る・読む・支える・話す ……… 28

横浜Fマリノス
　Yokohama F・Marinos official handbook 2009 ………………… 72
　横浜F・マリノス オフィシャルハンドブック 2003 ……………… 72

吉田 健城
　メジャーリーグ・スカウティングレポート 2003 ………………… 137
　メジャーリーグプレイヤーズガイド 2002 …………………………… 137

吉田　聡
　　福祉・介護・リハビリ英語小事典 ‥‥‥ 229
吉田　典昭
　　最新ダンス用語大全 ‥‥‥‥‥‥‥‥‥ 199
　　最新ダンス用語大全　増補改訂新装版 ‥ 200
ヨット、モーターボート用語辞典編纂委員会
　　ヨット、モーターボート用語辞典 ‥‥‥ 159

【ら】

来田　享子
　　目でみる女性スポーツ白書 ‥‥‥‥‥‥ 26
ラグビーマガジン編集部
　　日本ラグビー　1990 ‥‥‥‥‥‥‥‥‥ 96
　　日本ラグビー　1991 ‥‥‥‥‥‥‥‥‥ 96
　　日本ラグビー　1992 ‥‥‥‥‥‥‥‥‥ 96
　　日本ラグビー　1993 ‥‥‥‥‥‥‥‥‥ 96
　　日本ラグビー　1994 ‥‥‥‥‥‥‥‥‥ 96
　　日本ラグビー　1995 ‥‥‥‥‥‥‥‥‥ 96
　　日本ラグビー　1996 ‥‥‥‥‥‥‥‥‥ 96
　　日本ラグビー　1997 ‥‥‥‥‥‥‥‥‥ 96
　　日本ラグビー　1998 ‥‥‥‥‥‥‥‥‥ 96
　　日本ラグビー　1999 ‥‥‥‥‥‥‥‥‥ 96
　　日本ラグビー　2000 ‥‥‥‥‥‥‥‥‥ 97
　　日本ラグビー　2001 ‥‥‥‥‥‥‥‥‥ 97
　　日本ラグビー　2002 ‥‥‥‥‥‥‥‥‥ 97
　　日本ラグビー　2003 ‥‥‥‥‥‥‥‥‥ 97
　　日本ラグビー　2004 ‥‥‥‥‥‥‥‥‥ 97
　　日本ラグビー　2005 ‥‥‥‥‥‥‥‥‥ 97
　　日本ラグビー　2006 ‥‥‥‥‥‥‥‥‥ 97
　　日本ラグビー　2007 ‥‥‥‥‥‥‥‥‥ 97
　　日本ラグビー　2008 ‥‥‥‥‥‥‥‥‥ 97
　　日本ラグビー　2009 ‥‥‥‥‥‥‥‥‥ 97
　　日本ラグビー　2010 ‥‥‥‥‥‥‥‥‥ 98
　　日本ラグビー　2011 ‥‥‥‥‥‥‥‥‥ 98
　　日本ラグビー　2012 ‥‥‥‥‥‥‥‥‥ 98
　　日本ラグビー　2013 ‥‥‥‥‥‥‥‥‥ 98
　　日本ラグビー　2014 ‥‥‥‥‥‥‥‥‥ 98
　　日本ラグビー　2015 ‥‥‥‥‥‥‥‥‥ 98
　　日本ラグビー　2016 ‥‥‥‥‥‥‥‥‥ 98
ラジオ東京
　　スポーツ年鑑　6（1959年版） ‥‥‥‥‥ 13
　　スポーツ年鑑　7（1960年版） ‥‥‥‥‥ 13
ラドネッジ，キア
　　サッカー大百科　プレーヤー＆クラブ編
　　　‥‥‥‥‥‥‥‥‥‥‥‥‥‥‥‥‥‥ 88

　　サッカー大百科　世界サッカー編〔歴史、
　　　大会、FIFA加盟国〕‥‥‥‥‥‥‥‥ 88

【り】

李　徳印
　　48式太極拳入門 ‥‥‥‥‥‥‥‥‥‥‥ 163
李　徳芳
　　48式太極拳入門 ‥‥‥‥‥‥‥‥‥‥‥ 163
リハビリテーション医学白書委員会
　　リハビリテーション医学白書 ‥‥‥‥‥ 232
　　リハビリテーション医学白書　2013年版
　　　‥‥‥‥‥‥‥‥‥‥‥‥‥‥‥‥‥‥ 232
リリーフ・システムズ
　　ビジュアル博物館　13 ‥‥‥‥‥‥‥‥ 4

【る】

ルイス，C.B.
　　高齢者リハビリテーション学大事典 ‥ 228

【れ】

レイ，H.L.
　　スポーツからきた英語表現辞典 ‥‥‥‥ 14
レイリー，ハロルド・J.
　　健康ハンドブック　改編新版 ‥‥‥‥‥ 221
レッカ社
　　セリエAパーフェクトガイド! 2002-
　　　2003 ‥‥‥‥‥‥‥‥‥‥‥‥‥‥‥ 93
　　プレミアリーグパーフェクトガイド!
　　　2002-2003 ‥‥‥‥‥‥‥‥‥‥‥‥‥ 94

【ろ】

ローソン，ジョーン
　　バレエ創作ハンドブック　名作に見る振
　　　付と表現の技法 ‥‥‥‥‥‥‥‥‥‥ 202

【わ】

ワイルダー, R.P.
　ランニング医学大事典 評価・診断・治療・予防・リハビリテーション …… 49
鷲プロダクションズ
　MTBバイヤーズガイド 1990年 …… 195
綿井 永寿
　図解 スポーツルール大事典 第3訂版 …………………………………… 15
綿谷 寛
　日本プロ野球ユニフォーム大図鑑 上 ‥ 118
　日本プロ野球ユニフォーム大図鑑 中 ‥ 118
　日本プロ野球ユニフォーム大図鑑 下 ‥ 119
渡辺 義一郎
　中国太極拳事典 ………………………… 163
渡辺 洪
　バレエ創作ハンドブック 名作に見る振付と表現の技法 ……………… 202
渡辺 尚樹
　実戦騎手データブック '05 ………… 213
渡辺 好博
　ランニング医学大事典 評価・診断・治療・予防・リハビリテーション …… 49
ワールドアッカファンズ
　中田英寿「超」事典 …………………… 66

【英数字】

Bahr, Roald
　スポーツ外傷・障害ハンドブック 発生要因と予防戦略 ……………… 224
Callis, Jim
　大リーグ・スカウティングノート 2000 ……………………………… 133
DACO IRI
　韓国スポーツ産業総覧 2003／04 ……… 37
Engebretsen, Lars
　スポーツ外傷・障害ハンドブック 発生要因と予防戦略 ……………… 224
Froelicher, Victor F.
　運動負荷試験ハンドブック ……… 221
GIRO
　F1全史 1956-1960 ファンジオの覇権・ミッドシップ革命 …………… 206
Houston, Michael E.
　運動生化学ハンドブック ………… 220
Hunt, Howard F.
　スポーツ医学事典 ………………… 222
Kent, Michael
　オックスフォードスポーツ医科学辞典 ……………………………………… 222
Koly Football Production
　欧州クラブサッカー解体新書1995〜2005 ………………………………… 93
　欧州サッカー6大リーグパーフェクト監督名鑑 ………………………… 89
　欧州チャンピオンズリーグ解体新書 … 93
　サッカー欧州選手権半世紀選手名鑑 Euro 2008-1960 ……………… 90
　世界73カ国代表サッカー解体新書 1978〜2005 …………………………… 93
　全世界サッカー完全読本 世界114カ国のフットボール事情をナビゲート … 94
　全世界サッカークラブ選手名鑑 Koly選手名鑑Maniax〈1〉 2006／07冬 …… 90
LAT Photographic
　F1全史 1956-1960 ファンジオの覇権・ミッドシップ革命 …………… 206
Paz, Jaime C.
　急性期リハビリテーションハンドブック 理学療法士・作業療法士のためのチーム医療で必要なクリニカルポイント 原著第2版 ………………… 230
Quaglietti, Susan
　運動負荷試験ハンドブック ……… 221
Rothstein, Jules M.
　リハビリテーションスペシャリストハンドブック ……………………………… 231
Roy, Serge H.
　リハビリテーションスペシャリストハンドブック ……………………………… 231
SLAM JAM
　完全格闘家名鑑 97 ……………… 167
　完全・大リーグ選手名鑑 '97 …… 133
Suniwa
　プロ野球最強列伝 投手編 ……… 107
Tver, David F.
　スポーツ医学事典 ………………… 222
West, Michele P.
　急性期リハビリテーションハンドブック 理学療法士・作業療法士のための

チーム医療で必要なクリニカルポイント 原著第2版 …………………… 230
Wolf,Steven L.
　リハビリテーションスペシャリストハンドブック ………………………… 231
ZANDER HOLLANDER
　NBA選手名鑑 エキサイティング・プロバスケットボール!! '94 …………… 55
Zminda,Don
　大リーグ・スカウティングノート 2000 …………………………………… 133

事項名索引

事項名索引　　こんさ

【あ】

アウトドア　→アウトドア ……………… 190
アマチュアスポーツ　→アマチュアスポーツ ‥ 7
アメリカ野球　→野球（米国） …………… 133
アメリカンフットボール　→アメリカンフットボール ……………………… 56
アルビレックス新潟　→サッカー（日本／プロ） …………………………………… 66
医学　→スポーツ医学 ……………………… 222
岩登り　→クライミング …………………… 190
海釣り　→釣り ……………………………… 214
浦和レッズ　→サッカー（日本／プロ） …… 66
運動科学　→運動科学 ……………………… 220
運動器　→スポーツ医学 …………………… 222
運動療法　→運動療法 ……………………… 227
栄養学　→スポーツ栄養学 ………………… 233
駅伝　→陸上競技（駅伝） ………………… 53
NFL　→アメリカンフットボール ………… 56
NBA　→バスケットボール（海外） ……… 55
NPB　→野球（日本／プロ） ……………… 105
F1　→モータースポーツ …………………… 206
MLB　→野球（米国） ……………………… 133
MTB　→サイクリング ……………………… 193
Lリーグ　→サッカー（日本） ……………… 63
欧州サッカー　→サッカー（海外） ………… 88
大相撲　→相撲 ……………………………… 167
オートバイ　→オートバイ ………………… 198
オフロードバイク　→オートバイ ………… 198
オリックス・バファローズ　→野球（日本／プロ） ………………………………… 105
オリンピック　→オリンピック …………… 45
オールスターゲーム　→野球（日本／プロ） ………………………………………… 105

【か】

海外サッカー　→サッカー（海外） ………… 88
外傷・障害　→スポーツ医学 ……………… 222

格闘技　→格闘技 …………………………… 166
鹿島アントラーズ　→サッカー（日本／プロ） …………………………………… 66
柏レイソル　→サッカー（日本／プロ） …… 66
学校　→体育教育 …………………………… 31
カヌー　→カヌー&カヤック ……………… 159
ガバナンス　→競技団体 …………………… 44
カヤック　→カヌー&カヤック …………… 159
空手道　→空手道 …………………………… 162
川釣り　→釣り ……………………………… 214
韓国野球　→野球（韓国） ………………… 139
観戦　→スポーツ観戦 ……………………… 18
器械体操　→体操競技 ……………………… 48
記号　→スポーツ用語（記号） …………… 15
騎手　→競馬 ………………………………… 212
キャンプ　→アウトドア …………………… 190
球技　→球技 ………………………………… 53
球場　→野球（日本） ……………………… 102
弓道　→弓道 ………………………………… 164
教育　→体育教育 …………………………… 31
競技スポーツ　→競技スポーツ一般 ……… 44
競技団体　→競技団体 ……………………… 44
競艇　→競艇 ………………………………… 211
極真カラテ　→空手道 ……………………… 162
筋トレ　→トレーニング理論 ……………… 233
筋肉　→トレーニング理論 ………………… 233
クライミング　→クライミング …………… 190
競馬　→競馬 ………………………………… 212
剣術　→剣道 ………………………………… 163
拳闘　→ボクシング ………………………… 179
剣道　→剣道 ………………………………… 163
高校サッカー　→サッカー（日本／高校） … 84
高校野球　→野球（日本／高校） ………… 128
甲子園　→野球（日本／高校） …………… 128
護身術　→護身術 …………………………… 180
古武道　→武道 ……………………………… 159
五輪　→オリンピック ……………………… 45
ゴルフ　→ゴルフ …………………………… 141
コンサドーレ札幌　→サッカー（日本／プロ） …………………………………… 66

スポーツ・運動科学レファレンスブック　　321

【さ】

サイクリング　→サイクリング ………… 193
サッカー　→サッカー ………………… 58
山岳　→登山 ……………………………… 184
産業　→スポーツ産業 …………………… 37
JBL　→バスケットボール（日本）………… 54
Jリーグ　→サッカー（日本／プロ）……… 66
ジェフユナイテッド市原　→サッカー
　（日本／プロ）………………………… 66
ジェンダー　→スポーツとジェンダー …… 26
資格　→スポーツ指導 …………………… 19
事故　→スポーツと法律 ………………… 21
施設　→スポーツ施設 …………………… 38
自転車　→サイクリング ………………… 193
指導　→スポーツ指導 …………………… 19
社会人野球　→野球（日本）……………… 102
射撃　→射撃 ……………………………… 166
社交ダンス　→社交ダンス ……………… 199
ジャパンゴルフツアー　→ゴルフ ……… 141
柔道　→柔道 ……………………………… 162
銃砲　→射撃 ……………………………… 166
ジュビロ磐田　→サッカー（日本／プロ）… 66
生涯スポーツ　→生涯スポーツ ………… 27
女性スポーツ　→スポーツとジェンダー … 26
鍼灸　→スポーツ医学 …………………… 222
人権　→スポーツと法律 ………………… 21
身体障害者スポーツ　→身体障害者ス
　ポーツ ………………………………… 36
新体操　→体操競技 ……………………… 48
心理学　→スポーツ心理学 ……………… 226
水泳　→水泳 ……………………………… 157
スイミング　→水泳 ……………………… 157
スカイスポーツ　→スカイスポーツ …… 198
スキー　→スキー ………………………… 155
スケート　→スケート（フィギュア）…… 157
スポーツ　→スポーツ一般 ……………… 1
スポーツ医学　→スポーツ医学 ………… 222
スポーツ栄養学　→スポーツ栄養学 …… 233
スポーツ科学　→運動科学 ……………… 220

スポーツ観戦　→スポーツ観戦 ………… 18
スポーツ教育　→体育教育 ……………… 31
スポーツ産業　→スポーツ産業 ………… 37
スポーツ史　→スポーツ史 ……………… 11
スポーツ施設　→スポーツ施設 ………… 38
スポーツ指導　→スポーツ指導 ………… 19
スポーツ心理学　→スポーツ心理学 …… 226
スポーツ政策　→スポーツ政策 ………… 20
スポーツとジェンダー　→スポーツと
　ジェンダー …………………………… 26
スポーツと法律　→スポーツと法律 …… 21
スポーツボランティア　→スポーツボラ
　ンティア ……………………………… 36
スポーツ用語　→スポーツ用語 ………… 14
スポーツ用品　→スポーツ用品 ………… 39
スポーツライフ　→生涯スポーツ ……… 27
スポーツルール　→スポーツルール …… 15
相撲　→相撲 ……………………………… 167
政策　→スポーツ政策 …………………… 20
世界のスポーツ　→世界のスポーツ …… 42
セリエA　→サッカー（海外）…………… 88
セーリング　→ヨット …………………… 159
ソフトバレー　→バレーボール ………… 56

【た】

体育教育　→体育教育 …………………… 31
太極拳　→太極拳 ………………………… 163
体操競技　→体操競技 …………………… 48
ダイビング　→ダイビング ……………… 204
大リーグ　→野球（米国）………………… 133
体力づくり　→体力づくり ……………… 233
卓球　→卓球 ……………………………… 99
ダンス
　→ダンス ……………………………… 198
　→社交ダンス ………………………… 199
　→フォークダンス …………………… 200
　→フラメンコダンス ………………… 201
　→バレエ ……………………………… 201
チャンピオンズリーグ　→サッカー（海
　外）……………………………………… 88
仲裁　→スポーツと法律 ………………… 21

中日ドラゴンズ　→野球（日本/プロ）…… 105
調停　→スポーツと法律 ……………………… 21
釣り　→釣り ……………………………………… 214
ツーリング
　　→サイクリング ………………………… 193
　　→オートバイ …………………………… 198
ティーボール　→ティーボール ………… 140
テニス　→テニス ………………………………… 98
冬季競技　→冬季競技 ……………………… 154
東北楽天ゴールデンイーグルス　→野球
　（日本/プロ） ………………………………… 105
東洋療法　→スポーツ医学 ………………… 222
登山　→登山 …………………………………… 184
トレーニング理論　→トレーニング理論 ‥ 233

【な】

名古屋グランパス　→サッカー（日本/プ
　ロ） …………………………………………………… 66
日本サッカー協会　→サッカー（日本）… 63
日本の野球　→野球（日本） ……………… 102
日本舞踊　→日本舞踊 ……………………… 200
日本プロサッカーリーグ　→サッカー
　（日本/プロ） …………………………………… 66
日本野球機構　→野球（日本/プロ）…… 105
ニュー・スポーツ　→世界のスポーツ …… 42
脳科学　→スポーツと脳科学 ……………… 226

【は】

ハイキング　→アウトドア ………………… 190
馬術　→馬術 …………………………………… 165
バスケットボール　→バスケットボール ‥ 53
発達科学　→スポーツと脳科学 ………… 226
バドミントン　→バドミントン …………… 99
パラグライダー　→スカイスポーツ …… 198
パラリンピック　→オリンピック ………… 45
バレエ　→バレエ ……………………………… 201
バレーボール　→バレーボール ……………… 56
ハンググライダー　→スカイスポーツ … 198

阪神タイガース　→野球（日本/プロ）… 105
PGAツアー　→ゴルフ ……………………… 141
百名山　→登山 ………………………………… 184
フィギュア　→スケート（フィギュア）… 157
フィットネス　→フィットネス …………… 203
FIFAワールドカップ　→サッカー（W杯）‥ 60
フォークダンス　→フォークダンス …… 200
武術　→武道 …………………………………… 159
フットサル　→サッカー ……………………… 58
フットボール　→サッカー …………………… 58
武道　→武道 …………………………………… 159
舞踊
　　→ダンス ………………………………… 198
　　→社交ダンス ………………………… 199
　　→日本舞踊 …………………………… 200
フラメンコダンス　→フラメンコダンス ‥ 201
フリークライミング　→クライミング … 190
プレミアリーグ　→サッカー（海外）…… 88
プロスポーツ　→プロスポーツ ……………… 9
プロ野球　→野球（日本/プロ）…………… 105
プロレス　→プロレス ……………………… 176
文教施策　→スポーツ政策 …………………… 20
紛争　→スポーツと法律 ……………………… 21
米国野球　→野球（米国） ………………… 133
ベースボール　→野球 ……………………… 100
法律　→スポーツと法律 ……………………… 21
ボウリング　→ボウリング ………………… 154
ボクシング　→ボクシング ………………… 179
保健体育科　→体育教育 ……………………… 31
北海道日本ハムファイターズ　→野球
　（日本/プロ） ………………………………… 105
ボランティア　→スポーツボランティア ‥ 36
ボールゲーム　→球技 ………………………… 53

【ま】

マウンテンバイク　→サイクリング …… 193
マーク　→スポーツ用語（記号）…………… 15
マラソン　→陸上競技（マラソン）……… 53
民族スポーツ　→世界のスポーツ ………… 42
メジャーリーグ　→野球（米国）………… 133

モータースポーツ　→モータースポーツ‥206

【や】

野外活動　→アウトドア………………190
野球　→野球………………………………100
野球殿堂　→野球（日本）………………102
山歩き　→登山……………………………184
用語　→スポーツ用語……………………14
用品　→スポーツ用品……………………39
横浜F・マリノス　→サッカー（日本/プロ）……………………………………66
ヨット　→ヨット…………………………159
ヨーロッパサッカー　→サッカー（海外）…88

【ら】

ラグビー　→ラグビー……………………95
ラリー　→モータースポーツ……………206
ランニング　→陸上競技…………………49
力士　→相撲………………………………167
陸上競技　→陸上競技……………………49
リハビリテーション　→リハビリテーション……………………………………228
臨床スポーツ医学　→スポーツ医学……222
ルール　→スポーツルール………………15
歴史　→スポーツ史………………………11
レジャースポーツ　→レジャースポーツ一般………………………………………182
レスリング　→プロレス…………………176
ロードバイク　→サイクリング…………193
ロープワーク　→ロープワーク…………193

【わ】

ワールドカップ　→サッカー（W杯）………60

スポーツ・運動科学 レファレンスブック

2017年7月25日 第1刷発行

発 行 者／大高利夫
編集・発行／日外アソシエーツ株式会社
　　　　　〒140-0013 東京都品川区南大井6-16-16 鈴中ビル大森アネックス
　　　　　電話 (03)3763-5241(代表)　FAX(03)3764-0845
　　　　　URL http://www.nichigai.co.jp/

発 売 元／株式会社紀伊國屋書店
　　　　　〒163-8636 東京都新宿区新宿 3-17-7
　　　　　電話 (03)3354-0131(代表)
　　　　　ホールセール部(営業)　電話 (03)6910-0519

電算漢字処理／日外アソシエーツ株式会社
印刷・製本／光写真印刷株式会社

不許複製・禁無断転載　　　《中性紙H-三菱書籍用紙イエロー使用》
〈落丁・乱丁本はお取り替えいたします〉
ISBN978-4-8169-2675-4　　**Printed in Japan, 2017**

本書はディジタルデータでご利用いただくことができます。詳細はお問い合わせください。

スポーツ史事典―トピックス2006-2016 日本/世界
A5・570頁　定価(本体13,500円＋税)　2017.1刊

2006年～2016年秋に開催された国内外の主要大会の記録、トピックス、事件など4,000件を年月日順に一覧できる年表事典。大会記録は幅広い競技の主要大会の結果を収録。事件・出来事はFIFA汚職事件、ドーピング問題などのトピックスを掲載。「競技別索引」「人名・団体名索引」「東京五輪年表」付き。

日本スポーツ事典―トピックス1964-2005
A5・730頁　定価(本体12,000円＋税)　2006.8刊

東京オリンピックの1964年からセ・パ交流元年の2005年まで、日本スポーツ界の出来事を年月日順に一覧できる年表事典。プロ・アマ問わず、大会記録、通算記録、引退や新団体設立などの主要なトピックを幅広く収録し、記憶に残るシーン、気になることば・テーマをコラム記事で解説。

大学駅伝記録事典―箱根・出雲・伊勢路
三浦健 編　B5・350頁　定価(本体6,000円＋税)　2015.6刊

大学三大駅伝の全記録を一冊に収録した事典。箱根駅伝・出雲駅伝・全日本大学駅伝(伊勢路)の全出場校・順位・タイム、出場選手・成績がわかる「大会別記録」と、各年度の三大会の成績を一覧することができる「年度別大会記録」を掲載。出場全選手を収録、選手名索引付き。オリンピックや国際大会に出場した選手の学生当時の活躍もわかる。

最新 世界スポーツ人名事典
A5・640頁　定価(本体9,500円＋税)　2014.1刊

2005年以降に世界のトップレベルで活躍する選手・指導者など2,700人を収録。大リーグ、サッカーなど欧米のプロスポーツから、馬術やリュージュなどの五輪種目まで、様々な競技を掲載。トップアスリート達のプロフィール、記録や戦績がわかる。

認知症におすすめ図書館利用術　―フレッシュ脳の保ち方
結城俊也 著　A5・180頁　定価(本体2,750円＋税)　2017.1刊

長年にわたりリハビリテーションの第一線にたってきた著者が、実践的な認知症予防のための図書館利用術を解説。実際に全国の図書館で行ってきた活動事例・ノウハウも紹介。

データベースカンパニー
日外アソシエーツ
〒140-0013　東京都品川区南大井6-16-16
TEL.(03)3763-5241　FAX.(03)3764-0845　http://www.nichigai.co.jp/